जागजा

लो आ गई जोगन
दिव्य अनुभूति लेकर

जागजा

लो आ गई जोगन
दिव्य अनुभूति लेकर

साध्वी चेतना

First published in India in 2016 by
Falguni Publishers & Distributors

ISBN: 978-93-85494-03-1

Falguni Publishers & Distributors
204-205,IInd Floor,Durga Complex,
CSC,Mayur Vihar-II,New Delhi-110092

B.O. RTB -157-158,Royal Tower,
Shipra Sun City,Indirapuram,
Ghaziabad - 201010

0120-2606665 0120-2650504
Email: falgunipublishers@gmail.com &
falgunipublishers@rediffmail.com
www.leninmedia.com

Printed and Bound in
Delhi

₹ 500/-

ब्रह्मांड के कण कण

को

समर्पित

यह पुस्तक निराकार परमात्मा को समर्पित
जिसने मुझ पर अपनी कृपा दृष्टि बनाये रखी
शक्ति का तेज प्रवाह मेरे भीतर उतरकर छू जाता
हृदय में कम्पन्न हाथो में संनसनाहट भीगता मन
प्रभु को देख शब्द खो जाते खामोश आवाज लगाई हो
प्रभु की प्रतिक्रिया बेहद आनन्दपूर्ण प्रेमपूर्ण नजर आई

साध्वी चेतना

समर्पण

मैने जब लिखना शुरू किया मै सिर्फ प्रभु के साथ एक थी, जैसे सृष्टि का कण कण जीवन की बारीकियों से अवगत करा रहा हो। संसार के तकरीबन सभी लोग और जबरदस्ती निभा रही रिश्ते मुझसे अलग हो गये थे। मुझे प्रभु की ओर से सदैव संकेत मिलते रहे मै लिखती रही। मुझे नही पता था सालो के बिखरे पन्नो को कभी समेट भी पाउगी। मेरी जिन्दगी में कई लडके और लडकियां शिष्य बनकर आये। उनका समर्पण भाव में मेरी प्रक्रिया उनको दिव्य तत्व की खोज करा गया। उन सभी का भी मै तहदिल शुक्रिया अदा अवश्य करुगीं उन्होने मुझे अहसास दिलाया की यह पुस्तक बन कर तैयार हो गई है। उसके बाद खास तौर से बेटी की शुक्रगुजार हूँ। वर्षो बाद मेरी भावनाओं को समझ मेरा धैर्य और प्रेरणा का स्रोत बनी। मेरे उलटे सीधे लिखे शब्दों को रात भर बैठ ठीक कर लिखा। उसकी कड़ी मेहनत से पुस्तक मुमकिन हो पाई। मेरी सारी स्मृतियाँ जोड़नी मुश्किल थी। अभी भी बहुत पन्ने बिना लिखे उदास रह गये। प्रभु ने मुझे मौका दिया तो उन्हें पिरोने की अवश्य कौशिश करुगी।

मैने जो भी कहानियाँ किस्से डाले वह भागवत में सुने, कुम्भ मेलो में संतो भगतो के मुख से सुने, अखबारो, मैगजीन से लिए डाले है। कुछ सच्चे किस्से जो जो याद थे लिखे। इसमें इस्तेमाल किस्से कहानियाँ सभी संतो को मेरा कोटि–कोटि प्रणाम। दिव्य आत्माओं का मै कैसे आभार प्रकट करू मेरे पास शब्द नहीं। अगर मुझसे कोई त्रुटि रह गई हो या गलती से कुछ चुक गई हो, जाने अनजाने मै क्षमा चाहुंगीं।

मेरा अपना दिव्य अनुभव सभी के साथ बाटना चाहती थी।तेजोमयी रहस्यमयी गूढ़ ज्ञान का संदेश सम्पूर्ण विश्व में देना चाहती थी। तत्वज्ञान के प्रकाश की बराबरी कोई ज्ञान नही कर सकता। सूर्य का सा तेज सम्पूर्ण ब्रह्माण्ड में समाया उसकी महिमा को शब्दों में न बाँध पाउगी। मेरा अध्यात्मिक जन्म मेरे भीतर बहुत बदलाव कर गया। आंतरिक साक्षात्कार तत्वदर्शी बना गहराई में पहुचा गया। मै मै न रही मै प्रभु के अधीन हो गई। सब जगह एक ही प्रभु नजर आने लगा। दिन–दिन न रहा रात–रात न रही भरपूर शक्ति मिली जिन्दगी बदल गई। मै आप सभी के अपनत्व की सदैव

आभारी रहुगी आपके स्नेह की आशा करुंगी।

मै प्रभु के तत्व ज्ञान से भरी पुस्तक को कॉपीराइट (copyright) के लिए दी सारी सामग्री को इस्तेमाल करने की पूरी इजाजत चाहुगी। उनकी इजाजत के बाद मै सबके प्रति तहदिल आभार प्रकट करती हूँ।

विश्व की आत्माओं में विराजमान शक्तिशाली तत्व को मेरा प्रणाम

तत्व परिचय

प्रेम और समर्पण दृढ विश्वास के साथ मेरी अध्यात्मिक यात्रा चलती रही। मेरी आत्मा के कुंड में दिव्य अमृत झरा मैने हृदय में प्रेम की अंजुरी भरी। दूर कल्पना में प्रभु का धुंधला सा झरना था उस और भागती चली गई। सामने ब्रह्माण्ड का उत्सव गूंज उठा पर्दा सृष्टि का हटा। मै बोल उठी वाह–वाह रे प्रभु छमाछम बरस पड़ा।

वक्त कैसे गुजरा मुझे पता न चला। ध्यान में उड़ती रही मुझे जैसे पंख लगे हो। मेरा योवन कैसे बीत गया, कहाँ गया, जान न पाई। मुझे बार–बार सुंदर योवन मिले और प्रभु पियारे को यूं ही निहारती रहू देखती रहू। मेरा योवन बार–बार प्रभु प्यारे को समर्पित हो यही कृपा मांगू। अपने भीतर अन्धकार की दिवार गिराकर मुक्ति की गंध प्राणों में भरती रहूँ। मै अपने अंधकार रूपी सागर से प्रकाश की ओर झंकार कर सिद्ध ज्ञान का संदेश लाई हूँ। मूल सत्य की गंध सबके बीच भरने आई हूँ। नथुनों द्वारा श्वासों को खीचने की विधि लाई हूँ जो तन बीच प्राणों में मुक्ति गंध बन महकता है। संसार भर में सत्य का मन्त्र फुंक शान्ति का संदेश लाई हूँ। सबके भीतर छिपा सत्य खोलने का गुढ रहस्य लाई हूँ। मुक्ति का केंद्र तो सभी का बन्द पड़ा है शान्ति बाहर खोजते है। केंद्र शरीर की आत्मा है आत्मा का रहस्य जान लेने के बाद मूल तक पहुची। मेरी प्रार्थना और प्रतीक्षा सफल हुई। वर्षो आत्म अनुभूति का रस लिया हृदय के पार हुई। दृश्य से अदृश्य की खोज इन आँखों की सफल हुई।

मै संसारिक मोहजाल में वापस नही लौटना चाहती। मै क्षण–क्षण प्रभु की सत्ता में जीना चाहती हूँ। मेरा जितना जीवन बचा है। सत्य तत्व अवगत कराने में लगा देना चाहती हूँ। तडफती हुई आत्माओं मै सत्य को भर देना चाहती हूँ। ऐसी क्षमता प्रभु ने बख्शी है प्रभु का दिव्य सत्य देखने और दिखाने की दृष्टि प्रभु कृपा में प्राप्त की । यह अदभुद सत्य पता नही किस व्यक्ति में उफन कर बाहर निकल आये। साक्षात्कार हो जाए जलते बुझते दीप दिखाई पड़ जाये। हृदय की अतल गहराइयो में पहुचकर मनुष्य की विशाल उचाईयो में उड़ान भरकर सत्य उभरने लगे। तत्व रहस्य अति गहरा

है और सुक्ष्म है। जो सर्वव्यापी निराकार प्रभु है उसको हर जगह अनुभव कर आत्मिक आनन्द प्राप्त करना चहिये जो व्यक्ति भीतर से बुद्ध है वह बाहर से कुछ भी करे मानवता के कभी विपरीत नही हो सकता।

भगवान बुद्ध पूर्णतया देह से विरक्त थे अगर वे लाश न देखते। भीतर सुंदर घटना कभी घटित नही होती। सारा काम उसी का होता है। उपलब्धि भीतर बहुत बडा काम कर जाती है जिस तरह यथार्त सत्य है उसी भाँती मृत्यु का सत्य स्वीकार कर उसके पार चले जाते है। बुद्ध के पास स्त्री अपने मरे हुए बच्चे को हाथ में लिये रोती हुई आती है। उसको मौत का रहस्य समझाने के बजाए उसके हाथ में एक पहेली पकड़ा देते है। उन्हें इस बात का गहराई से पता था जब यह स्त्री वापस लौटेगी तब इसको समझ आएगी अन्यथा अभी कितना समझाऊ समझ न पाएगी। मरे हुये बच्चे के साथ कोई चमत्कार की आवश्कता नही थी। वह दुबारा जन्म ले लेगा इस समय माँ को उस दुःख से बाहर निकालने की जरूरत थी। उन्हें माँ की फिक्र थी। इस बात को अच्छी तरह जानते हुए माँ खाली हाथ लौटेगी। बुद्ध का तरीका अनोखा था माँ का मन रूपांतरित हो गया। सारा काम अति शुक्ष्म मन का है। सच्चाई सरलता से सामने आ गई।

मेरा कहने का भाव यही है की आँखों पर पड़ा आवरण हटता है तो हमारी आँखों में एक विशेष उजाला भर जाता है। हम अन्धकार से बाहर आ जाते है। गहरी तड़फती इच्छा हो तभी तत्व उपलब्धि की शुरुवात होती है। सद्‌गुण और सकारात्मक सोच मूल केंद्र तक ले जाती है तत्व की प्राप्ति करवाती है। मैने अन्तर्मुखी हो मन की विविधताओं को गहराई से जानकार ही लिखने का प्रयास किया है। स्वयं को जोडने वाली कड़ी का भेद समझना अति आवश्यक है। परमात्मा तो मौजूद है प्रभु को देखने के लिए सतत और सघन प्रयास की आवश्कता है। प्रक्रिया फलती है तो स्वयं की परिस्थिति बदलने लगती है। अंतर आत्मा में घटित हो जाता है। क्षण–क्षण स्थिति बदलती रहती है। यहाँ बदलना नही रह जाता संसार का त्याग नही करना होता है। स्वयं से निर्लिप्त हो जाता है फिर कोई भेद नही रह जाता है।

मैने प्रभु का भरपूर आशिर्वाद लेकर लेखनी चलाई है। मै अपनी अनेक त्रुटियों के लिए क्षमा चाहुंगी। आशा करती हूँ जिस तरह प्रभु ने अपनी कृपा मुझ पर बरसाई है। ईश्वर की कृपा के बगैर मुझसे कुछ भी लिखना सम्भव नही था। उम्मीद है आप सभी ईश्वर की कृपा से लिखे शब्दों को पढेगे। मेरी वर्षो की साधना प्रभु मिलन लिखने का प्रयास सार्थक समझुंगी। मै आप सभी के भीतर बैठा परमात्मा के आशीर्वाद की पात्र सदैव बनी रहूगी।

वर्षो आंतरिक अनुभूति की दिव्य यात्रा, आजीवन बाहरी संघर्ष झेलते हुए चलती रही। भीतरी अन्धकार को तोड़ते हुए नए रास्ते खोजने का मेरा प्रयास सफल रहा। मेरे मन के मंथन की अथाहचिर, दिव्य तन विशाल हृदय अनुभूति की नूतन भेंट देने मै समर्थ हुई। मै अपना निजी अनुभव तेजोमयी प्रकाश का वर्णन क्यों न करू? जब से मेरे सामने

दिव्य रहस्य खुला है, उसके दिव्य सोंदर्य का अतरंग रूप का परिचय क्यों न करवाऊ? जिस प्रकार सुने आकाश में बादलो से निकलकर बिजलियां कड़कती है। सूखी नदियाँ जल से भर सुखपूर्वक बह निकलती है। मेरी आँखों का सारा अन्धकार दूर हो अथाह प्रकाश से भर चौंध उठी। मुझे अध्यात्मिक सफलता मिली अपने भीतर प्रभु का दिव्य उजाला देखना नसीब हुआ। अन्धकार को पछाडते हुए झिलमिलाते प्रकाश में प्रवेश कर गई। देह में सूमधुर सुगन्धित झंकार उमड़ पडी। चारो और प्रकृति प्रसन्न हर्ष उल्लास करती नजर आई। दिव्य ऊर्जा के मधुवन भीतर प्रवेश कर प्रकृति के प्रांगण का परिवर्तन शीलता का संदेश लेकर आई हूँ। उस सर्वश्रेष्ठ का वर्णन मनोरम की झांकी रहस्यात्मक का वर्णन करने का प्रयास है। मै जोगन एक विरहिणी की भांति छटपटाती हुई सुंदर दिव्य ज्ञान के मानसरोवर में प्रवेश करती रही। भावना से परिपूर्ण श्रद्धा की अंजली लिए स्थिर चित हो दिव्य ज्ञान में लींन रही। प्रभु ने मेरे भीतर दिव्य अनुभूतियो की वर्षा कर आकाश से अमृत कोष बरसा दिया। कानो में सैकड़ो मधुर ध्वनियाँ गूंज पड़ी। मेरी श्रद्धा, ज्ञान, समर्पण, तप, तन सब प्रकाश से प्रकाशित हो उठे खिल उठे। यह निश्चित है किसी पुन्य आत्मा की दृष्टि में प्रभु विशालता के भेद खोलता है।

जनकल्याण के लिए यही महान संदेश है, प्रभु के मधुर मिलन का उदय भीतर से सम्भव है। मृत्यु के चंगुल से बचने का एक ही उपाय है सर्वव्यापी को जानना ब्रह्म को जानना। यह स्पष्ट कर दू विश्वास हो अंध विश्वास हो। सभी को पता है सर्वव्यापी कण कण में है। यदि बचाने वाला घट में आकर बैठ जाए तो कोई संदेह न बचेगा आधा अधूरा जीवन पूरा हो जाएगा। माया के अधीन कभी न होगा। कोई संदेह मिथ्या विश्वास न बचेगा। रहनुमा की रहमत भीतर बरसती देख आत्म संतुष्टि का अनुभव तभी होता है। विश्वास की शक्ति परमात्मा की ऊर्जा से जा मिलती है। विश्वास जीवन का आधार बन प्रेरणा स्रोत बन जाता है। मै हाजिर–नाजिर प्रभु रूप अपने भीतर देखते हुए अपने प्रभु पर अटल विश्वास गहरा ज्ञान प्राप्त कर गई। मैने अपने हृदय को तपते हुए महसूस किया। अजूबा करिश्मा गहरा ज्ञान अपने भीतर उतरते हुए देखा। जीवन की घड़ियो में श्वासों की लय को पहचान लिया। श्वासों ने अँधेरे से उजाले को निकाल लिया।

श्रद्धावान के लिए तेजोमयी दिव्य ज्ञान का संदेश
मुक्ति का द्वार स्वमं के भीतर से होकर गूजरता है

अधिक जानकारी के लिए हमारी वेबसाइड पर सम्पर्क करे।

E-mail: maaharichetna@gmail.com

website: maaharichetna-com,

09729993447, 08199060991

विषय सूची

प्रभु के साथ सर्वश्रेष्ठ रिश्ता

देह बीच घनघोर अन्धेरा श्वास आय भर जाए उजाला
देह अंधेरो की खान सत्ता न कोई अपनी किरदार है अँधेरा
अँधेरा ही अँधेरा, बदलियाँ अँधेरे में अंकुरित उजाला होगा
कहानी अँधेरे की डर, भय, भूत, काल, मौत कैसे समझाऊ
गठर अँधेरे का दर्द से भरकर सबने उठाया योनी आवागमन में फिरा
सारा खेल एक श्वास की चिंगारी का देह में उजाला भर जाता है
बिन श्वासों के व्याकुल मन उड़ जाए तन माटी हो जाएगा देखता रह जाएगा
जिस तन भीतर श्वास है उसे डुबने का डर नही तन श्वासों में तैर रहा है
अपरम्पार है शक्ति श्वास की यह तन रीझे ध्याओ श्वास को
सकूंन आ जाएगा सरेराह जिन्दगी का सफर महक जाएगा
श्वासों को जो रीझायेगा रौशनी की पहचान कर मूल को जान पायेगा

जगत को जानना आसान है अपना जीवन पहचानना उतना ही मुश्किल है। अपने जीवन को छोटी छोटी खुशियों से कैसे भरना चाहिए। वर्तमान जीवन को सुखद बनाने के लिए भीतरी केंद्र का विकास आवश्यक है। मेरा जीवन ब्रह्म ज्ञान की और उन्मुख होता गया अज्ञान के अँधेरे कूप से बाहर निकलती गई। व्यर्थ क्षय की अपेक्षा शक्ति को स्वमं की खोज में लगा दिया। संसार सागर के माया जाल से पार जाने की प्रक्रिया सिद्ध साबित हुई। जो संसार के माया पाश में बंधे है उनके लिए अपने अनुभव के बाद ढेरो सिद्ध प्रक्रिया लाई हूँ। ताकि सभी के अंतरमन दबा बिज अंकुरित हो सके। तत्व का विकास हो स्वस्थ चरित्र का निर्माण हो। दिव्य तत्व की दिशा भी परिलक्षित हो। मै तत्वदर्शी ऋषियों, मुनियों, संतो, दार्शनिक एवम विद्वानो की धन्यवादी हूँ उन सभी उच्च आत्माओं को प्रणाम करती हूँ। जिन्होंने गूढ रहस्य को जानकार अनेक सामग्री उपलब्ध कराई। मूल तत्व पर केन्द्रित हो जाना बताया जीवन का सार समझ में आया।

अध्यात्मिक तत्व स्वमं को सर्वगुण सम्पन्न बनाता है। सर्वप्रथम प्रक्रिया का अभ्यास करना होता है। निरंतर खेती की आवश्कता होती है ह्रदय को उपजाऊ बनाना होता है। गुरु के सुझाव पर परिणाम हासिल होता है खोजने वालो को मौजूद मिलेगा। विशाल अस्तित्व का हिस्सा बनने का गुर कोई महान आत्मा सिखाती है।

पुरानी कथा आती है पूर्णता की स्थिति कैसे आये? संध्या के समय एक युवक आश्रम में चला आया। वह सीधा गुरु के पास पहुच गया दंडवत प्रणाम किया और बोला,

"मै पूर्ण होना चाहता हूँ। गुरुदेव।"

गुरुदेव बोले, " सन्त होना चाहते हो या संत दिखना चाहते हो।"

युवक बोला, "दिखना ही होता तो आपके पास आने की क्या आवश्कता थी? मै तो होना चाहता हूँ।

"होना बहुत मुश्किल काम है। यहाँ तो ज्ञानी रहते है भोजनालय में उनके लिए भोजन बनता है।"

रोजाना चावल बनते है। धान कुटना पड़ता है तुम्हे रोजाना धान कुटना पड़ेगा यह सेवा तुम्हारे लिए नियुक्त की गई है। मेरे पास आने की कोशिश भी मत करना। अगर जरूरत पड़ी तो मै तुम्हें बुलाउगा। तुम आने की सोचना भी मत यह कहकर गुरुदेव शांत हो गये।

"सत्य वचन" कहकर युवक सेवा में जुट गया।

आश्रम के पीछे भोजनालय बना था। वह वहि रहकर दिन रात धान कूटता रहता। थकता वही सो जाता फिर उठकर धान कूटने लगता।

इस तरह लगातार धान कूटते–कूटते 12 साल का लम्बा समय बीत गया। गुरु नही आये वह भूल ही गया गुरु ने आने की कहा भी था।उसे एक ही चीज की याद रही – बस धान कुटना है। अपने कार्य में लगा रहा।

गुरुदेव का अंतिम समय आ गया था वे उतराधिकारी चुनना चाहते थे। शिष्य एक बार गुरु को भूल सकता है। गुरु कभी अपने शिष्य को नही भूलते उन्हें अपने एक–एक वचन की याद थी। सही शिष्य से गुरु कभी अनजान नही होता। याद शिष्य को भी होता है। उसे अपने गुरु की याद होती है।

अब गुरुदेव ने अधिकारी चुनने का एक तरीका निकाला। उन्होंने कहा जो भी शिष्य धर्म का सार अधिकतम चार पंक्तियों में सामने दिवार पर लिखेगा वहीं उतराधिकारी होगा।

सबने सुना आश्रम में बड़े–बड़े ग्यानी थे। जो सबसे बड़ा ग्यानी था उससे सबको आशा थी। धान कूटने वाले की तो ज्ञानियों में गणना भी नही थी।

सबसे बढ़ा ग्यानी एक रात उठा सामने जाकर दीवार पर लिखा – मनुष्य की आत्मा एक दर्पण भाँती है। उस दर्पण पर विकार की विचार की धूल जम जाती है। उसे पौछ

डालने का नाम ही धर्म है। उसने लिख तो दिया परन्तु स्वयं पर विश्वास न था अपना नाम नीचे न लिखा। सोचा यदि गलत हुआ तो डांट से बच जाऊंगा और सही हुआ तो दावा ठोंक दूंगा। मेरे सामने टिकने की हिम्मत किसमें है? यह सब जानते है।

सुबह गुरुदेव उठे देखा तो आवेशित हो उठे और तीखे स्वर में बोले। किस मुर्ख ने दिवार खराब की है? वह ग्यानी फौरन वहा से खिसक गया। पुरे आश्रम में सन्नाटा छा गया। ज्ञानियों में बड़ी बेचैनी उत्पन्न हुई इसमें गलत क्या है। आत्मा दर्पण भाँती ही है यह बिलकुल सत्य है। कुछ शिष्य तो यह भी सोचने लगे अंतिम समय गुरुदेव की दुर्बलता के कारण दिमागी संतुलन बिगड़ गया है। ज्ञान के अभिमानी शिष्य सदैव दुसरो पर शक करते है। अपने उपर किसी को देखना पसंद नही करते।

आश्रम में इन दिनों चारो पंक्तियों की खूब चर्चा हो रही थी। सभी बड़े गम्भीर थे माहौल शांत बना हुआ था। धान कूटने वाले शिष्य ने भी सुना हँस पड़ा। उसको हसते देख सबके कान खड़े हो गये। आज से पहले उसकी तरफ कभी किसी का ध्यान नही गया। आज उसे देख कई ग्यानी चोक्कने हुए और उस पर भडक उठे। बोले "अरे बुड्म दास" कभी शास्त्र पढ़े है तूने जो इन महान पंक्तियों पर हंस रहा है। आज तुझे भी हसी सूझ रही है। तू क्या जानता है धर्म क्या है?

वह बोला जानता तो हूँ परन्तु लिखना नही जानता और फिर कौन गुरु की गद्दी के झंझट में पड़े। यह धान कूटने की सेवा मुझे सबसे बढिया लगती है।

ग्यानी तो अपनी फिराक में थे क्या पता तुक्का लग जाए वो कहने लगे लिख तो हम देगे तू हमे बता दे। वे सोच ही रहे थे की उतराधिकारी तो लिखने वाला नही फिर इसका क्या पता लगेगा किसने लिखवाया है? कुछ अति उत्साही शिष्य बोले, "तुम जल्दी हमारे साथ चलो वही चलकर बताते जाना हम लिखते जायेगे।"

वह युवक उठ खड़ा हुआ फिर उसने कहा "कौन कहता है आत्मा दर्पण की भाँती होती है। उस पर तो धूल जम ही जायेगी। आत्मा का कोई दर्पण है ही नही धूल कहाँ जमेगी? जो इस सत्य को जान लेता है वह धर्म को प्राप्त हो जाता है।

गुरुदेव दूर से सब देख रहे थे वे उसी के बारे सोच रहे थे। युवक तो कह कर वापस मुड़ने लगा। अपने कार्य में लगने के लिए भोजनालय की तरफ चल दिया।

अब गुरुदेव से रहा न गया वे बिस्तर से उठ कर भागे और उसे पकड़ लिया। बोले मै भली भाँती जानता था जो लिख सकता है तो वो केवल तू है। जिसने 12 सालो में धान कूटने से एक बार भी गिला नही किया। धान कूटने जैसे उबाऊ काम में 12 साल तक लगा रहा। एक बार भी तुम्हारी सुध नही ली। तुमने सद्गुरु के सामान्य लगने वाले वचनो के गम्भीर रहस्य को जान लिया। यह तुम्हे पूर्णता की स्थिति में ले आई। परमात्मा का नाम रटते–रटते काम में ध्यान की एकाग्रता बनी रही। अगर ध्यान टूटता तो तुम अवश्य शिकायत करते यह स्थिति तुम्हे उच्च अवस्था पर ले आई। दीक्षा लेकर

बारह साल में कार्य की एकाग्रता ब्रह्म दीक्षावान बना गई।

प्रभु की बारीकी कैसे भी प्रकट हो जाती है। यह डगर बहुत बारीक है। आस्था वाले समपर्ण कर सब कुछ तेरा हो जाए। एकरस हो अपने भीतर कुछ तब्दीली कर आत्मा से नाता जोड़ ज्ञान की ज्योति जगा जीवन में उजाला भर जाए। दिव्य ज्ञान की महिमा गाई नही जा सकती। धरती का निखरा हुआ रूप सामने आयेगा। अपने भीतर जलते हुए घूमते हुए दिव्य दीये नजर आयेगे। सभी मन में अमृत रस का गुण भर सकते है। तत्व ज्ञान के बगैर जिव का कल्याण नही। बुधतत्व को कोई भी प्राप्त हो सकता है। जो नाकारात्मक रास्ता बंद करता है विश्वास तत्व का सृजन करता है। ज्ञान का सेतु ध्यान प्रक्रिया में टूटता है। विश्वास शक्तिशाली हथियार है।

एक नादं उगद जात, सारा ब्रह्मांड जा जगाय
सत्य धरा ताक, खोल पिटार, सब में बूंद समाय
ब्रह्म खोज से पूर्ण की प्राप्ति।परमात्मा की खोज कैसे?

परमात्मा की प्राप्ति कैसे की जाये? ब्रहम में समाया सम्पूर्ण अनंत अखंडता की और कैसे। भीतरी नाद कैसे सुना जाये जिसकी गूंज बाहर – भीतर ओंकार में गूंज रही हो। फिर समाधि में आत्मा का सत्संग कैसे सुनेः पूर्ण ब्रह्म नाद ही अहम ब्रह्मास्मि।

आज सर्वोपरी प्रकृतिक संगीत सोंदर्य को सभी भूल बैठे है। जो हमारे भीतर अनादी अनंहद मौजूद है। जीवित रहने का कारण तत्व की मौजूदगी है। दैनिक जीवन मै अध्यात्मिक सुख को प्रकट करने के बाद आनन्द दुगना हो जाता है। उगते सूर्य की कोमल किरणे जब–जब धरती पर सृष्टि में मौन रूप से समाते हुए देखा रौशनी में मधुर गूंज के साथ आत्म स्यमं की विशालता देखते नही बनती। कभी किसी ने विचार किया रात्री में अन्धकार रूपी अदभुद छतरी कैसे आकाश में उजाले को ढक लेती है। साथ ही भीतर का उजाला मिलता है तो स्वर्ग भाँती प्रतीत होता है, अत्यंत आश्चर्य जनक ढंग देखा। उसका वर्णन कर पाना असम्भव है। यहाँ व्यक्ति के बाहरी रोमांस समाप्त, असली लुप्त उत्सव सभी का शुरू हो जाता है। जो कल्पना मात्र रह गया है। सभी का जीवन बासी रोटी की तरह है जैसे रोटी अग्नि से दूर ठंडी पड़ जाती है। उसी तरह सभी तत्व ज्ञान से दूर है। सर्वोतम दिव्य शक्ति से दूर है। कभी ऐसी प्रार्थना प्रेम से करो जो कबूल हो जाए, कोई अनहोनी घटना घट जाए। सुनहरा पल सामने हो, अचानक अँधेरी रात में बिजलियाँ कडक जाए, अँधेरे में छिपे परिंदे दिखाई पड़ जाए। रंगमंच में प्रवेश कर जाए, अपनी शक्ति का रहस्य खुल जाए। सोचिये मानवीय ऊर्जा का विशाल भंडार है। मैंने अपने भीतर सदैव शक्ति पुंज देखा है। मेरा

सर्वोपरी अनुभव मेरे भीतर अथाह शान्ति भरता है। प्रभु की अनुकम्पा किसी पर भी हो सकती। आत्मा की पवित्रता बनाये रखे, मलिनता से बचाए। मुझे खोज भरी निगाहों की तलाश है। मै आज भी अपनी घटनाओं का वर्णन करते हुए वर्षो बाद भी मेरा कमरा प्रकाश से भरा हुआ है। मेरी एकाग्रता प्रकाश के आर पार झट आँख मिचोली खेल जाती है। यह सब भ्रम जाल नही है यह पूर्ण सद्‌गुरु का काम है।

आओ प्रिय आत्मन मेरी प्रार्थना भी यही अरदास भी यही सभी पर अखण्ड परमात्मा का मेह बरस रहा है। यहाँ उम्र का कोई हिसाब नही, सबका सत्कार कर, एक समान एक गुण बसाना है, एक समदृष्टि का भाव रखना है।

आओ परमात्मा के साथ एक हो जाए दिव्य उत्सव में शामिल हो स्वयं को गहराई से जान जाये।

मेरी तड़फ सिर्फ एक परमात्मा को पा गई, जिसके दीदार को दुनिया तरसती है। मेरे पास लिखने को सिर्फ दिव्य तेजोमयी तत्व है। मेरे हर शब्द में ब्रह्मांड के उत्सव की खुशी शामिल है। चलते–चलते जिन्दगी अखंड ब्रह्माण्ड में आकर रुकी है प्रभुद्वार आकर थमी है। किस और भी जाऊ सामने शक्ति खड़ी है। मुझे हर श्वास से प्रभु की खुशबु आती है जैसे कैद कर लिया हो। अब मर भी जाऊ कोई गम नही दुनिया में लोग मुस्कराने के बहाने ढूढते है। बस यु समझ लो परमात्मा की सरहद के पार ठिकाना मिल गया।यह कोई सामान्य गुण नही है। प्रभु की दिव्य रचना है बुद्धिमान वही है जो कोमल आयु में अनुशरण कर ले। समय और कारगर युक्ति कोई ज्ञानवान ही बता सकता है। आँख खुलने की बात है घटना घटने की बात है जो संसार के किसी कोने में भी घट सकती है। अपने मन में किसी प्रकार का भ्रम न पाले। जीवन का वास्तविक परिचय प्राप्त करे।

अंतर्मुख पूरा ब्रह्माण्ड

निरा ज्ञान या कोरा ज्ञान कौनसा ब्रह्मज्ञानी? ज्ञान क्या सवांरता है? ज्ञान को संज्ञा लगाई जाय तब उसका पूरा अर्थ निकलता है। आर्थिक ज्ञान, सामाजिक ज्ञान, विज्ञान का ज्ञान या सबसे उपर ब्रह्म ज्ञान, साक्षात् ईश्वरीय ज्ञान सबसे सर्वश्रेष्ट ज्ञान सबसे उपर ज्ञान इसके बगैर मानव का जीवन कोरा कागज है खाली, सूना यहाँ किताबी जानकारी का काम नही, यहा स्वयं के भीतर की जानकारी का सवाल है। वर्ना अपने आपको धोखा देना है ब्रह्म ज्ञान व्यवहार में लाया नही जाता वह तो प्रभु की कृपा से उतरता है, बहता है, ब्रह्म का आत्मा के साथ तालमेल बैठ जाता है प्यारा का परस्पर सम्बन्ध बन जाता है। यह सुक्ष्म सम्बन्ध जोड़ना मात्र कोई सिखा दे। यह अनुभूति अत्यंत सुक्ष्म है। अमृत की एक बूंद भीतर जाती है अमरबेल बन फैल जाती है वहीं साथ ही भीतर में घृणा अहंकार का बीज आया तभी सुख जाती है। बडे प्रेम से सहेजना

पड़ता है अनुभूतियो की शुक्ष्म बेल है। सैद्धान्तिक सच्चाई है, इसलिए अपने आचरण और व्यवहार को परखना पडता है।

मुझे रति भर भी फर्क नही पडता मुझे कोई ब्रह्मज्ञानी माने या न माने। मै अपने परमात्मा के रूबरू हूँ, ब्रह्म के क्रियात्क स्वरुप को देख देख प्रसन्नता से भरभूर हूँ। बुद्धिहीन व्यक्ति अपने भीतर तामसी विचार पैदा करते है। जब–जब अध्यात्मिकता का पतन होता है कही न कही अवतारी शरीर अवश्य प्रकट करता है। ज्ञान की आँखे साक्षात देखती है, बाते लिखी जाती है। जन्म और मृत्यु से पीड़ित व्यक्ति को राह दिखाने प्रमाण मात्र। अखण्ड पूर्ण परमात्मा सर्वशक्तिमान ब्रह्मांड में बैठा है। अपने विशाल हृदय के किवाड़ खोल दे परमात्मा पर विश्वास कर अपने ऊर्जा को प्रभु की और मोड दे, जीवन के कड़वाहट भरे लम्हों को याद कर अपने भीतर उदासी और निराशा न भरे, इससे स्वयं की मानसिक स्थिति बिगड़ेगी दम घुटने लगेगा। मन में जो बाते पालोगे वहीं घर कर लेगी। प्रकृति का यह नियम नही है, अपने भीतर दरिद्र विचार भरे। अपना सारा जीवन व्यर्थ की सोच विचार में गवा दे। अपने इस नकली जीवन को फैक दीजिये इस दुनिया में रहते हुए निकल जाए। इस जीवन में स्वमं पर भरोसा कर असली जीवन के ताले खोलने की कोशिश करे। सही तरीका इस्तेमाल करिये।

एक बार भगवान बुद्ध के बोद्ध मठ में एक बुजुर्ग काफी दिन से बुद्धो का संग किये था। वह कई सालो से रह रहा था। भगवान ने एक दिन बड़े भिक्षु से पूछा मित्र आप अपनी उम्र बताये।

क्या उम्र है? तब भिक्षु ने कहा भगवन आप सब जानते है फिर भी पूछते है, तो मै बताता हूँ। मेरी उम्र पाँच साल है। यह बात सुनकर भगवान बुद्ध बहुत हैरान हुए। उम्र पाँच वर्ष कैसे हो सकती है? तुम्हारी उम्र कम से कम सत्तर वर्ष होगी और पाँच वर्ष बताते हो। तब भिक्षु ने कहा हां सत्तर वर्ष जिया तो जरुर। उस जीवन को जीना नहीं कह सकते। इन पाँच वर्षो में आपका सानिध्य से जो जीवन को जाना है यह जीवन मानता हूँ। वे सत्तर वर्ष तो बीत गये निंदा में झंझट में उस जीवन का कोई महत्व नहीं। जब से अपने को जाना है उस जीवन का कोई मूल्य न रहा। उसकी गिनती न रही वह जीवन व्यर्थ हो गया है। जीवन का मूल तो अभी जाना है। मै इसी को जीवन मानता हूँ। मै ईश्वरीय शक्ति से अलग था, वह शक्ति हमसे पृथक नहीं है समस्त ईश्वरीय शक्ति तो हमारे ऊपर मंडरा रही है। पर आज समय आया जब भीतर से तार जुड़े। वह शक्तियाँ उसी प्रकार हमारे भीतर भी है, बाहर भी है। यह सत्य है इससे जान लेने के बाद कोई इन्कार नहीं कर सकता। जिस दिन परमात्मा का अनुभव भीतर से हो जाता है उसी दिन से उसका स्वरुप दिखाई देना शुरू हो जाता है। फिर सभी समाप्त सिर्फ परमात्मा ही दीखता है उसकी एक झलक की दिव्यता दिखनी चाहिए। बाकी सब झूठ शरीर को अपना मान कर कहना झूठ। एक झलक ही मृत्यु के पार ले

जाती है फिर मृत्यु कहाँ। विशाल अनंत कोष का मालिक कहलाता है। जीवन भर की कमाई पूंजी व्यर्थ नजर आती है। यही ज्ञान आत्म शक्ति देता है। आप अपनी आत्मा को बदल कर अपना भविष्य बदल सकते है । जिन्दगी की लौ पल पल घट रही है। जिन्दगी की चंद घड़िया प्रभु की और मुह फेर ले। क्या पता वक्त ठहर जाए प्रभु का साक्षात्कार हो जाए। ऊर्जा आत्मा की एकत्रित हो, लता की जड़ में अमृत की खान मिल जाए । सृजनहार परमात्मा को मन से जानना चाहिए ।

मैने राजा भर्तृहरी की कथा पढ़ी उसने संसार के सारे सुख भोगे, खूब जिया राजा था कोई कमी नही थी। महान राजा अपने जीवन के बारे सोचने पर मजबूर हो गया। सोचा सब व्यर्थ हो गया कुछ हाथ नही आया। एक विचार के साथ ही संसार त्याग दिया जंगल चला गया। हालांकि एक शक्तिशाली राजा था। जितना संसार के भोग में गहरे उतरा उतनी जल्दी विरक्ति भी हुई। जंगल में छोटी सी कुटिया तैयार की, गुरु बनाया ध्यान साधना शुरू कि लगातार ध्यान करते हुए। एक दिन वृक्ष के नीचे ध्यान में बैठा था हीरे की चमक सूर्य किरणौ की तरह आँखों से टकरा गई। उसके सामने हीरा उठाने की कोशिश की। वह कई घंटे से सिद्ध आसन में बैठा था, हिल नही पाया सिद्ध आसन में मन के पार चला गया था। वह अपने ध्यान में खो गया। कुछ देर बाद देखा दो यात्री आये पेड़ के नीचे खड़े हो गये। एकाएक दोनों की नजर हीरे पर पड़ी एक झुका दुसरे ने तलवार लगा दी, दोनों के बीच तलवार तन गई। भर्तृहरी तो अपनी मस्ती में था आँखे खोल देखा हंसा फिर आँखे बन्द कर ली। दोनों यात्री तो आपस में भिड़ गये दोनों बुरी तरह घायल कुछ देर बाद दो लाशें जमींन पर पड़ी है। भर्तृहरी आँखे खोल कर हंसा जीवन से अधिक मूल्यवान पत्थर हो गया। पत्थर के लिए जीवन गवाँ बैठे, भर्तृहरी ने कुछ देर आँखे खोली ठहरा, गहरे ध्यान में चला गया खो गया। वह अपने केंद्र में स्थित हो गया। भर्तृहरी अपने ध्यान में और गहरे उतरा वह एक हीरे के पत्थर के लिए विचलित नही हुआ। श्रद्धा विश्वास के साथ जो चलता है घटना अवश्य घटती है। ईशा ने कहा है श्रद्धा और विश्वास तो पहाड़ो को भी हिला देती है। हमारे मन भीतर जो तरल पदार्थ है वह दिव्य ऊर्जा से भरपूर है परम सत्य भी घटता है।

यह प्राचीन घटना है घटती आ रही है। परमात्मा सागर की तरह विशाल है वहा कोई स्वर्ग का महल नही। यह सृज्नात्मक ऊर्जा है जब हम सृजन शक्ति से जुड़ते है। अस्तितव् की सारी ऊर्जा हम में धीरे–धीरे अभ्यास के बाद वैसे ही अनुभव होती है। एक बात याद रखना आज साँचा मनुष्य साँचा मिला कल न जाने कौनसा साँचा मिले। मनुष्य का साँचा सबसे कीमती है। विधियों से शरीर में प्रभु की ऊर्जा का सृजन होता है। यह गहन विधि है यहाँ किसी प्रकार का संवाद अन्धकार में डालता है। जन्मो से सुनते आ रहे हो जन्म मरण का अंत आत्म साक्षात्कार से है। आज सभी भूल गये है,

यह आन्तरिक गुण सभी दफन किये जा रहे है। यहाँ विज्ञान के भरोसे नही रहना विज्ञान का इस मामले में ज्ञान अधूरा ही रहेगा। शरीर की बहुत महत्वता है, किसी के शरीर की कभी निंदा मन करना। पूरा अस्तित्व शरीर से जुडा है, स्वयं के भीतर समस्याए खड़ी होगी। कोई भी हो अपने ध्यान में किसी प्रकार का अस्तित्व के विराट को देख सकता है।

मन का विज्ञान जान लेना। साक्षात्कार में सफल होने के लिए तर्क संगत नहीं। केवल सामर्थ होना आवश्यक है संतुलित जीवन धर्म और आत्मविश्वास का साहस होना चाहिए। दिया सिलाई में अग्नि है वह सभी को पता है और वह घिसने पर प्रकट होती है चाहे कितने दिन पड़ी रहे। अग्नि छिपी है वह प्रकट नहीं होगी। अग्नि घिसने पर प्रकट की जा सकती है। इसी प्रकार मनुष्य की गूढ़ सामर्थ छिपी है, उसको प्रयत्न के द्वारा प्रकट किया जा सकता है।

एक साधारण बात कहूं या यह विधि है, नाजुक नींद यानी सोना सीखे यह भी सिख गये तो हो गया ध्यान क्योंकि सोने में ध्यान ले आओ। दिन भर का तनाव चिंता, सफलता–असफलता, सुख दुःख दिन की दिन छोड़ दे। इसका कार्य भार अगले दिन सम्भाले जैसे अगले दिन सूर्य उदय होता है। तब उसका कार्य भार समझे। क्या पता आज की समस्या का हल कल निकल आये। भविष्य में जो भी होगा आपका कल्याण होगा। सोने से पूर्व अपने वस्त्र ढीले और साफ पहने बिस्तर साफ हो सोने वाले कमरे में ज्यादा सामान न हो। दिवार साफ हो एक या दो इष्ट या सुंदर सीनरी हो जिसको देखकर आनद महसूस हो मन को खुश करने वाली या जो पुरानी यादगार हो जो मन में भीतर तक खुशी भर जाए। सोने से पूर्व कुछ बाते मन में दुहराए। कोई भी कर्म करे ध्यान पूर्वक कुशलता से करे। उसमें आसक्ती न रहे। ध्यान पूर्वक कोई असफलता का या अपमान का विचार हो वह निकाल दे अगर वह विचार आ रहा है। उससे भी खुशी अनुभव करिए। एक मौका ओर मिला अपनी कमी दूर करने का परमात्मा ने आपको किसी बड़े संकट से बचा लिया खुशी महसूस करना, खुशी एक अमूल्य टॉनिक है खुशी आनंद का बादशाह है खुशी अकेली ब्रह्माण्ड के बेताज बादशाह परमात्मा तक पहुच जाती है। चिंता और तनाव रुक नहीं पाते। फिर गहरी साँस लीजिये पांच दस मिनट तक बस जितनी ले सके। मन में प्रश्न उठ रहे हो उनका उत्तर खोजिये। फिर लेट जाये, तन और मन बिलकुल ढीला छोड़ दे। मन से इष्ट गुरु हो उसको याद करिए। अपनी दृष्टि दोनों भोवों के बीच एकाग्र करने की कोशिश करे आँखे बंद हो ज्यादा दबाव नहीं होना चाहिए या पड़ना चाहिए।

भीतर भोंवो के बीच एक बात मन ही मन दोहराए। हे प्रभु मै आपको देखना चाहता।अब मै किसी भी दुःख पीड़ा और अपमान से दुखी नहीं होऊंगा। वह तो मात्र शरीर के है बाहरी भ्रम है। जो मेरा स्वभाव है खुश रहना उसकी सच्चे स्वभाव में रहने

की कोशिश करूँगा। इस क्रिया को नींद में आने तक कीजिये।

मन में विचार करे आपके चारों ओर सुन्दर रंग बिरंगे फूल खिल गये। उन फूलों की खुशबू महसूस करिए जैसे रात की रानी चम्पा चमेली फूलों की सुगंध फैली महसूस करिये। मंद मंद हवा चल रही है। सामने कैसी भी स्थिति हो तुम आनंद में रहोगे। आनंदित नींद आएगी भीतर प्रसन्नता के भाव भरिये। यह भी एक ध्यान क्रिया है। जब भी नींद आ जाये सो जाए इस प्रकार करने से धीरे–धीरे नींद का नशा चढेगा। यह गहरी और आनंद से भरी नींद होगी। सुबह जब भी उठेगे। आनंदित होगे भीतर में शान्ति भरी होगी। यह क्रिया करते रहेंगे तो धीरे धीरे हल्के व् खुशी महसूस करेंगे। भीतर से दुःख और निराशा अपने आप बाहर निकल जायेंगे। आपको जीवन में काफी बदलाव नजर आएगा। एक आनन्द दाई नींद आएगी कोई थकान नहीं होगी और शीघ्र ही शारीरिक और मानसिक सफलता का स्वामी बन जायेंगे। यदि प्रसन्न रहना चाहते है तो अवश्य चैन की नींद लीजिये। जिसके मन में जो प्रश्न आय उनका उतर खोजिये। व्यर्थ मन के प्रदुषण को बाहर निकालिए। हट जाए उसे भीतर उपजने न दे। एक सेहतमंद आनन्द की नींद ले। सारे क्लेश अशुभ व कुलषित विचार भरना है। इसी कारण अपने चारो तरफ बैर और कटुता का वातावरण बनता है। व्यक्ति पर अपने ही वातावरण का प्रभाव अधिक पड़ता है क्योंकि प्रदूषित विचारों में साँस लेता है।

भोपाल गैस काण्ड में गैस यानी जो मन के प्रदुषण से मरे उन्ही की संख्या अधिक बताई गई। भीतरी गैस में श्वास लेने से मरे उनकी संख्या अधिक बताई गई। भीतरी गैस से मरने वालो की संख्या अज्ञात बताई। बाहरी गैस काण्ड में मरने की संख्या बताई गई, वह ज्ञात थी। इसलिए मन के प्रदुषण का निवारण शीघ्र करना चाहिए। अन्तर्मुखी होना आवश्यक है वर्ना वहीं मन का प्रदुषण मौत को करीब ले आयेगा। अपने भीतर जो भरोगे वहीं बाहर निकलेगा मन में इर्ष्या द्वेष क्रोध बन कर बाहर आयेगा क्षमा होगी क्षमा बाहर आएगी। कहने का मतलब है अपनी अनमोल सम्पदा दूसरे को दोषी या दुसरे के अवगुण देखने में निकाल दी। हमे इसी में प्रयासरत रहना चाहिए अपने अवगुण दूसरे के गुण दिखाई दे। दूसरा क्या कर रहा है नही देखना। ईश्वरीय प्रकोप से बचने का यही उपाय भी है। अध्यात्म की राह उजाले की राह है और स्वार्थ की राह में काली अँधेरी रात है। इतिहास साक्षी है विजय अर्जुन की हुई उन्होंने केवल भगवान कृष्ण को स्वीकार किया और दुर्योधन को इतनी विशाल योद्धाओं की सेना के दल और बल के साथ भी पराजय का मुह देखना पड़ा ।

इतने अधिक बाहरी होते है खुद को ही पता नहीं होता। क्या बैठ गया भीतर जो तनाव में ले जा रहा है। भीतर को घुन की तरह खा रही है। इसलिए मन का प्रदुषण बहुत हानि करता है। प्रत्येक व्यक्ति अपने विचारो का घेरा स्वयं बनाता है। कुलषित विचारों का पुंज के घेरे में आ जाता है, स्वयं दुखी होता है। कुंडली लिए ज्योतिषी के

पास घूमते है। स्वयं की वृति विचारों का पुंज होता है, व्यक्ति को मात्र इस बात का ज्ञान हो जाए तो समस्या का वास्तविक हल मिल जायेगा। ज्योतिषी जो उपाय बताता है वह क्या है? आप कुछ दान करेंगे या जल में डालेंगे। शान्ति तो मिलेगी ही। दाल या कोई अन्य वस्तु जल में डालते है। इस सृष्टि के कितने जलीय जीव जो उसको खाते है आनंदित होते है। उनका भी स्वाद बदल जाता है।

कई बार ताम्बे का सिक्का डालने के लिए बताया जाता है ताम्बा जल में डाला जाता है वह जल औषधिय हो जाता था। पहले सभी सादा पानी पीते थे क्योंकि प्राचीन काल में राजे महाराजे बहुत खजाना जल मे डालते थे। आजकल अगर कोई ताम्बे का सिक्का डालता है तो तुरंत निकाल लेते है, पहले कोई निकालता नहीं था पाप समझते थे। घरो में भी ताम्बे के लौटे का जल पिया जाता है। रोग भी कम होते है। बहुत रहस्य छिपे है, ज्योतिष शास्त्र में मैंने स्वयं इन सबका अनुभव गहराई से किया जाना। मन के शोधन की क्रिया तो स्वयं ही करनी होगी स्वयं के प्रति जागृत होना होगा। इसलिए विशाल सादगी प्रभु से भरे हृदय दिव्य तेज के साथ ईश्वरीय विधान सर्वशक्ति मान की सरंक्षण में चलता है। इसका विश्वास और आसरा अवश्य लेना चाहिए। आस्था से आस है, ईश्वरीय शक्ति का उलंघन सम्भव नही, वर्ना मनुष्य के बनाये विधान जब ईश्वर ठुकराता है तो घडी का पता नही चलता। पापी पापो की गर्त में पड़ता है खो जाता है। पुण्य आत्माय सदैव से ही इतिहास में अंतर्मन प्रवेश कर ऊर्जा सोंदर्य का बोद्ध कराती रही है। तत्व स्मृति दिलाती रही है। आस है तो अनुभूति भी होगी आदिकाल से दिव्य सत्य खुल कर सामने आता रहा।

व्यक्ति हर तरह अज्ञानी है। बाहरी ज्ञान तो पा लिया। भीतर के ज्ञान से आज भी सभी अनभिज्ञ है। अध्यात्म मार्ग तो बहुत गहरा है। लेकिन मानसिक शान्ति से समर्थ रहे। कम से कम मन की प्रसन्नता के लिए जाने। सुखी जीवन के लिए जाने। जिस भी ओर आसक्ति बढेगी उसी ओर मन एकाग्र होगा। सभी को दृष्टा बनकर अपने भीतर झाँकना चाहिए। दृष्टा व्यक्ति को सिद्ध कहा गया है जिसे भीतर झांकना आ गया वह परमात्मा को भी पा जायेगा। एक दिन अखंड ब्रह्मांड को जान जायेगा। सत्य का मूल ब्रह्म है जहाँ देखना है सुनना है जानना है तो बहुत दूर की बात हो जाती है। अनेक रोग घेर लेते है रोगों से ग्रसित हो जाता है।सारी उर्जा वही स्वास्थ्य पर खर्च हो जाती है। मनुष्य सुख सुविधाओं को जुटाने के चक्कर में अपना भीतरी विकास नहीं कर पाया। आज भी अनेक प्रक्रिया उपलब्ध है। उनके द्वारा लाभान्वित हो सकता है कम से कम श्रमता अनुसार थोडा प्रयास कर सकते ऐसे अवसर कम मिलते है।

सूखे पौधों को भी जल मिलता है। जंगलों में मेघ बरसते है सारा जंगल सुन्दरता से भर जाता है। वहां भी फूल खिल जाते है जंगलो के पौधे कितनी आंधी तूफान धूप गर्मी सहते होंगे। बरसात की बूंद गिरते ही सूनापन लहराने लगता है जैसे अपने आप

में बात कर रहे हो। नाच रहे हो वहां का वातावरण पवित्र शुद्ध और निर्मल हो गया जैसे अदृश्य घोल डाला जा रहा हो। सारा वायुमंडल प्रसन्न दिखाई देता है। साधारण व्यक्ति उसका रहस्य कभी नहीं समझ सकता ना वो आनंद देख सकता है। यह सब देखने के लिए नेत्रों की चंचलता रोकनी होती है।

उसी तरह चातक पक्षी स्वाती नक्षत्र में वर्षा की एक बूंद को तरसता रहता है वह मुँह को आसमान की ओर खोलकर घंटो इसी इंतजार में रहता है की एक बूंद वर्षा की मुँह में गिर जाए। वही बूंद सुना है मोती बनकर बाहर निकलती है। परन्तु मनुष्य कब प्रभु की ओर मुँह मोड़ेगा। इतना अस्त व्यस्त जीवन जी रहा है प्रभु के चमत्कार पूर्ण रहस्य को समझना ही नहीं चाहता। दिव्य रस को चखना ही नहीं चाहता। अंतकर्ण में स्थित ब्रह्म मंडल का अभिषेक देखना ही नहीं चाहता। सृष्टि का वैभव तो परमात्मा का दिव्य ज्ञान के द्वारा देखा जा सकता है अन्य कोई यत्न नहीं। तभी मनुष्य प्रकृति और परमात्मा का रहस्य समझ आता है।

कदली, सीप, भुजंग, मुख स्वाति एक गुण तीन,
तैसी संगत बैठिय तैसो ही फल दिन !! रहीम

स्वाति नक्षत्र के गुण तीन नही मुझे तो अनेक नजर आते है। स्वाति नक्षत्र समय का नाम है कोई ऐसा समय आता है स्वाति नक्षत्र में वर्षा की बूंद गिरती है। इसका कोई समय निश्चित नही है। स्वाति नक्षत्र की बूंद किसी भी महीने किसी समय गिर सकती है। पंचांग देखने से पता चलता है जिस प्रकार नक्षत्र यानी तारो का आपस में कोई ऐसा मेल हो जाता है। अन्य नक्षत्रो की भाँती स्वाति का समय भी आता है। स्वाति नक्षत्र की बूंद गिरती है, उस समय पपीहे खुले मुहँ में व्याप्ति है। उसको चैन आता है पपीहा पिऊ पिऊ नही करता उसका मुह खुला आकाश की और ताकता है। बूंद न मिलने पर प्राण तक त्याग देता है। इस बूंद से इतना घना प्रेम होता है। नक्षत्र से कुछ समय पहले ही पिऊ पिऊ कर खूब शोर मचाता है। एक कवि की कल्पना कहती है इसी तरह प्रभु के मिलन की आस भगत को बनी रहनी चाहिए।

कदली – यानी केला स्वाति नक्षत्र में केले पर बूंद पडती है तो कपूर बन जाती है। जो पूजा में जलाने के काम आती है। खुशबु की तरह महक जाती है।

सीप – सीप में पडती है मोती बनती है।

भुजंग – सर्प के मुख जाती है तो जहर बनाती है।

यही बूंद समुन्द्र, नदी के खुले जल में गिरती है तो शंख बनाती है।

उसी तरह स्वाति नक्षत्र की बूंद जमीन पर गिरेगी तो फसल पैदा होगी।

उसी प्रकार भगत को अपने प्रभु से कभी शिकायत नही करनी चाहिये। प्रभु का

पल–पल धन्यवाद नमन करना चाहिये। अपने अंदर शिकायत के लिए स्थान कभी नही छोडे उसे प्रभु प्रेम से भरे रहे। क्योकि मन चंगा तो कटोती में गंगा। खाली और रिक्त में आत्मा साफ दिखेगी। तो संसार भी अच्छा नजर आयेगा।

इस प्रकार यह बात तो सिद्ध है, हथियार बहुत है परन्तु प्रयोग का पता नही । सामने युक्तिया बहुत है, किस व्यक्ति पर कौनसी युक्ति काम करेगी, यह नही पता तभी तो मैने कई जगह देखा जो व्यक्ति ग्रुप में बहुत वर्षो से साधना कर रहे है। आज तक कुछ आभास भी नही हुआ। फिर अपनी बात उनको समझा नही सकती थी। इसलिए पढा हुआ डाक्टर नही जो वर्षो का अनुभवी हो कढा हुआ हो व्यक्ति बीमार होने पर वही भागता है। इसी तरह युक्तियाँ काम करती है।

एक बार एक व्यक्ति को अपने दोस्त के पास से एक चमत्कारी सिक्का मिलता है उसे एक सिद्ध फकीर ने दिया की इस सिक्के से तीन मुरादे पूरी होगी। मैने तो मांग कर देख ली कोई लाभ नही मिला। तुम दुखी नजर आ रहे हो मांग कर देख लो शायद तुम्हे लाभ मिल जाए। लेकिन तीन से अधिक मुरादें एक बार में पूरी नही करता है। व्यक्ति ने घर पहुच कर अपनी पत्नी से चमत्कारी सिक्के की सारी बात बतलाई। वह बहुत खुश हुई अब हमारी गरीबी दूर हो जायेगी, पहले यही काम करो खाना बाद में खाना धन मांग लो हमारी सारी गरीबी दूर हो जायेगी। पति ने जल्दी से बिना सोचे समझे सिक्का निकाला बगैर विचारे धन मांग लिया। जैसे ही सिक्का हाथ में रखकर धन माँगा डोर बेल बज उठी उसकी पत्नी ने दरवाजा खोला बाहर एक सिपाही खड़ा था। बोला आपका पुत्र लड़ते हुए बहुत बहादुरी से शहीद हो गया। यह उसके इनाम की धन राशि है। यह सुनकर पत्नी रोने और चिल्लाने लगी होश खो बैठी। दूसरी मन्नत में जल्दी से पुत्र मांग लो मुझे अपना बेटा वापस चाहिए जल्दी से मांग लो वह जीवित हो जाए। परन्तु जब दूसरी मन्नत मांगी गई तब सभी शहीदों का एक साथ अंतिम संस्कार हो चुका था। फिर भी मन्नत मागते ही डोर बेल बज उठी उसी वक्त दोनों घबरा उठे यह पुत्र का भूत तो नही दोनों कांप रहे थे उन्हें फोन द्वारा तभी खबर मिली अपने पुत्र की अस्थिया ले जा सकते है। पुत्र मर चूका है फिर दरवाजे पर कौन है। दोनों बुरी तरह से डर रहे थे लगता है। यह पुत्र का भूत आ गया। डरती हुई पत्नी ने कहा हमारे पास एक इच्छा बाकी है जल्दी से मांग लो बेटे का भूत वापस चला जाए। इससे यह स्पष्ट है जल्दबाजी में बगैर सोचे विचारे किया गया कार्य गलत साबित हुआ। सोचना कही छलावा तो नही जो कार्य किया गया हो। संसार के सुखो के पीछे भागने से कही दोष न ले आये।

एक आत्म गुण पाने की इच्छा ही सदगुण लाती है। सभी दुर्गुण संसार के भोग से पैदा होते है। व्यक्ति कितना भी अक्लमंद हो बुद्धिमान हो यह सभी जानते है भोग की इच्छा दुर्गुण की और ले जाती है। अपनी आत्मा को जानना या सदमार्ग का सद्गुण

की और ले जाएगा। अगर प्रतिष्ठा को पकडकर बैठ जाओगे तो प्रभु के दिव्य प्रकाश से दूर हो जाओगे।

ध्यान साधारणतया सभी करते है, कोई धन का ध्यान करता है, कोई शत्रु का ध्यान करता है, चिंता ही चिंता का ध्यान करता। दुसरो की निंदा का ध्यान या मुफ्त का कुछ मिल रहा है। ध्यान रहेगा किस तरह दूसरे का धन मिल जाय दुसरे से अधिक मेरे पास आ जाये कैसे हडप लूं दुसरे की वस्तु मेरी हो जाय दूसरे की वस्तुओ दुसरे के व्यवहार का कोई किसी तरह ध्यान कर रहे है। सभी एक दुसरे का ध्यान कर रहे है। सभी की अपनी मर्जी है, प्रत्येक व्यक्ति ध्यान तो कर रहा है लेकिन गलत वस्तु का। हां परमात्मा का ध्यान भी कुछ न कुछ मागने के लिए करते है निष्काम भाव से ध्यान करना बहुत मुश्किल है लेकिन जो प्रभु देता उसका शब्दों में ब्यान करना मुश्किल है। प्रभु का जो ध्यान करता है वही भेद जानता है सारे भ्रम का खात्मा वही हो जाता है। प्रभु की बडी अपार सम्पदा के भेद खुलते है। अज्ञानी के चक्कर में पड़कर व्यक्ति अमूल्य धन से चुक रहा है।

भगवान बुद्ध ने जब घर छोड़ने का फैसला किया उनके साथ उनका छन्न नामक सारथि था बुद्ध ने नगर से बाहर निकलने के लिए सारथि का सहारा लिया। वह सारथि गौतम को नगर से दूर ले जाकर रोने लगा। गौतम ने कहा अब तुम वापस लौट जाओ, छन्न सारथि बोला। यह क्या कर रहे है? एक बार और सोच ले यह राजपाट धन दौलत छोड़कर बहुत बडी गलती कर रहे है। मै आपका नौकर। मुझे यह बात शोभा नहीं देती छोटे मुँह बडी बात होगी लेकिन कहे बिना मेरा मन भी नहीं मान रहा, हे राजन थोड़ी समझ से काम ले आप यह राजपाट परिवार और पुत्र को छोड़कर जा रहे है। गौतम ने कहाँ प्रिय छन्न तूने ये धन की तिजोरियां दूर से देखी है किन्तु मेरे पास उस खजाने की चाबियां थी मैंने खजाने को पास से देखा है। तुमने उस राजपाट परिवार पुत्र को दूर से देखा है मैंने नजदीक से देखा है। तुम रथ चलाने वाले सारथि हो मै रथ का मालिक। मुझे अनुभव हो गया है यह वास्तविक धन नहीं है। वह धन शक्तिहीन है यह धन तो बाधा है इससे मुझे शान्ति नहीं मिल सकती। गौतम को तो ईश्वर पाने की इच्छा जाग उठी थी, धन कोई वैभव बाधा नहीं बन सकता था।

कई बार अज्ञानी समझने का यत्न करते है। कोशिश बेकार हो जाती है। यह बाहरी सुख जीवन जीना बन्द करो वर्ना इस संसार रूपी माया जाल में फंसकर ही दुर्भाग्य को प्राप्त करोगे। खोटी मृत्यु को प्राप्त करोगे। स्वयं में होते हुए भी स्वयं से दूर रहेगे। जो सवाधिक अमूल्य धन है बहुमूल्य धन है ध्यान में घटना का घटना इस जगत में सर्वाधिक बहुमूल्य धन है। वह चेतन्य अवस्था वह शून्य वह शक्ति वह उर्जा वह घड़ी जब आती है जब मैं मैं नहीं सब परमात्मा चारो ओर परमात्मा वही चेतन्य है। वही निर्विचार की भटकन समाप्त विचारों का युद्ध समाप्त वही से बुद्धत्व शुरू ब्रह्मतत्व शुरू

वही से साक्षी हुए। विचार हवा की तरह हवा हुए वही सारी समस्याए समाप्त खुद ही खुद में समा गये समाधि लग गई। खुद ही खुद में खुदा ढूंढ़ लिया, खुदा मिल गया। पुराना सब चला गया नयापन आ गया। नया जन्म हो गया। सब सफल हो गया। अब खाने में उसकी सुगंध महसुस होती है नाच में वो दीखता है। जीवन सच हो गया। सृष्टि चालक का पता मिल गया। कानों में ध्वनियाँ गूंज उठी मुख से गीत बोल उठे। सब राज खुल गया। समस्त उपलब्धि सम्पन न रही हकीकत हो गई। लोक और परलोक दोनों सुलभ हो गये। छोटा सा जीवन शक्ति शाली हो गया। अब रास ही रास है। असली रिंग मास्टर का इशारा मिल गया। चमत्कार हो गया। परमात्मा को पहचान लिया है। आँखे खुल गई। शत्रु भी मित्र दिखने लगे। मूल केंद्र आत्मा में परमात्मा का मिलन हो जाए तो ऐसा ही आनंद होता है। परब्रह्म परमात्मा से तारतम्य संध गया। सबसे महत्वपूर्ण संकल्प पूरा हो जाता है।

आत्मदर्शन के द्वारा सभी हानिकारक आदतों से छुटकारा मिल जाता है कभी आपने अपने विचारों को लाभ हानि के बारे में सोचा। चौबीस घंटे में जब सोने की तैयारी होती है उस समय एक सफेद कागज ले सदविचारों का खाता लिखे। एक बार दोहराये कितने विचार अच्छे और कितने बुरे लेकिन उनका प्रभाव कितना पड़ा।

इस प्रकार हानिकारक विचारों से बच सकते है जिसका सबसे अधिक स्वयं के उपर असर पड़ता है। लिखने से शीघ्र लाभ होगा। सदविचारो का विकास होगा। प्रत्येक दिन की लाभ हानि के विचारों का पता लगेगा। विचार और आदत जोड़ने की कोशिश करनी है। अपने भीतर आत्म स्यमं का गुण विकसित होगा। अन्दर ही अन्दर प्रतिदिन गुणों का विकास होता चला जाएगा। आत्म संयम का गुण साधना में विकास लाता है। इससे तन मन की स्थिति में सुधार आता है। विचारों का सम्बन्ध हमारे मन और ह्रदय पर पड़ता है। जितना आत्म सुधार होता है उतनी सफलता हाथ लगती है।उस परम शक्ति पर विशवास होना आवश्यक है। क्योंकि वह सदैव साथ है। पल पल पास है वही साहस की शक्ति बन जाती है सोने से पहले आत्म विचारो का या फिर मन में पांच या सात बार दोहराइए। वही सात्विक विचार बन कर शांत व् संतुलित जीवन बनाएगा। इस प्रकार विचारों को दोहराने से मन मस्तिष्क की अच्छी सफाई हो जाती है। शरीर पर अच्छा प्रभाव पडता है। मनुष्य शीघ्र उन्नति कर पाता है। प्रयत्न तो करना पड़ता है। बिना प्रयत्न के कोई फल प्रकट नहीं होता। प्रयत्न के साथ आत्म श्रद्धा होना अति आवश्यक है। अंत कर्ण में आत्म श्रद्धा घर कर गई तो अत्यंत गूढ रहस्य स्वयं के सामर्थ्य अनुसार प्रकट होने लगता है। परमपिता परमात्मा को देखने का सौभाग्य प्राप्त होगा। आत्म विश्वास को गिरने नहीं देना चाहिए। वर्ना शक्तियां क्षीण हो जाती है। आत्मविश्वास का फल अवश्य प्रकट होता है। ईश्वर का अखंड प्रवाह बहना शुरू हुआ फिर बहता रहता है। आत्म श्रद्धा तो बहुत साधारण है। कोई भी कर सकता है साथ

प्रयत्न का प्रवाह नहीं रुकना चाहिए। श्रद्धावान व्यक्ति भले ही अकेला हो साधना में सफलता उसी का वर्णन करती है। श्रद्धा मुर्ख को भी विद्यवान ज्ञानवान बनाती है। उच्च उदेश्य का निश्चय करते समय संकोच नहीं होना चाहिए। यह अनंत ब्रह्माण्ड की बाते किसी प्रकार की चिंता नहीं। आप इतिहास के पन्ने खोलकर देख ले अडिग श्रद्धावान व्यक्ति अमर हो गये। उनका नाम आज भी लिया जाता है। ऐसे व्यक्तियों के लिए प्रभु अनेक रास्ते खोल देता है। शक्ति का स्त्रोत खुल जाता है, उसी बल पर जीवन का प्रवाह चलता है। मनुष्य का जीवन सूर्योदय की तरह उपर उठ जाता है। सूर्य के प्रकाश के साथ संसार सागर से परम पिता परमात्मा का प्रकाश अंदर ही अंदर बढता है, प्रकाशमान बना देता है। शरीर के भीतर प्रकाश भर जाता है। भीतर का सारा अँधेरा समाप्त हो जाता है।

सृष्टि का वैभव देखकर आनन्दित होता है। यह परमात्मा की विशाल सत्ता का अनुभव है। अन्तकर्ण में परमात्मा के उत्सव का भागी बनता है, यही सबसे बडा सौभाग्य है। यह आनंद अदभुत है। अविद्या को पार कर जाता है। आत्म दर्शन प्रभु का दर्शन स्पष्ट नजर आने लगता है। सृष्टि का प्रकृति से गहरा सम्बन्ध दिखाई देने लगता है। शरीर की जागृत व् सृजन अवस्था स्वयं ही अनुभव होने लगती है एक विशेष प्रकार की विधुतीय शक्ति का जागरण हो जाता है। शरीर के भीतर का शास्त्र खुलना शुरू होता है यानी शरीर शास्त्र कहू बड़ा अदभुत शरीर में एक एक बिंदु एक एक चक्र खुलने का अनुभव बडा आनंददायी होता है। वही बता सकता है जिसने यह सब जिया हो इस तरह का विरला अनुभवी कोई होता है। विरला निराला व्यक्ति होता है, कोई हजारो लाखों में कोई एक ही होता है। ज्ञान प्रभु का दरबार है, घर है, कोई विरला मुक्ति दाता का दुवार पूछता है।

एक व्यक्ति तैरने के विषय में ढेरो किताबे पढ ले, तैरने के सम्बन्ध में किताव से पढ कर – पी.एच.डी– कर लेता है। उस व्यक्ति को कभी भूल से भी पानी में धक्का मत दे देना, वह डूब जाएगा उसने पानी में उतरकर तैरना नही सिखा। सिर्फ तैरना पडा है लिखा है। लेकिन किसी स्वीमिंग पुल में नही गया और नही किसी तैरने वाले ज्ञाता से सीखा। तैरना सिखाने वाला बेशक किताबी ज्ञान नही देता, यहा पढने लिखने का ज्ञान कोई काम नही देता। केवल ज्ञाता की शरण में जाकर ज्ञान सिखने की जरूरत है। इसी प्रकार सत्य के सम्बन्ध में भी पढने लिखने या कोई डिग्री की आवश्यकता नही। जरूरत है सत्य को प्रकट करने वाले की। परमात्मा की पहचान की पूर्ण ब्रह्मं ज्ञान की पहचान करवा सके।

कुछ लोग शास्त्रों की भाषा समझते है कुछ शैतान की भाषा समझते है। कुछ परमात्मा के बन्दों की भाषा समझते है। क्योंकि परमात्मा उनके भीतर बसकर बोलता है। जहाँ प्रभु प्यारा होता है, वहां शैतान भी होता है। वहां धर्म होता है वही शक्ति भी होती है।

यात्रियों से भरी एक नाव किसी दुसरे देश जा रही थी। वही यात्रियों के साथ एक प्रभु का प्यारा फकीर भी शामिल था, वह मैले दरिद्र कपड़े पहने था। कुछ व्यक्ति उसकी दशा देखकर उसको परेशान कर रहे थे। रात्रिकाल में वह फकीर परमात्मा की प्रार्थना के लिए बैठ गया। यह सोचकर वह प्रार्थना के सिवा कुछ नहीं कर सकता। यात्री लगातार फकीर को तंग करते रहे वह उसके सिर पर जुते लगाने लगे उसे प्रार्थना से हटाने लगे, वह फिर भी बैठा रहा। प्रार्थना करता रहा बल्कि पूरी तरह लीन था। आँखों से आंसू बहे जा रहे थे। तभी आकाशवाणी हुई। मेरे प्रिये तू कहे तो नाव उल्ट दू? सारे यात्री घबरा गये फिर क्या वे तो फकीर से माफी मांगने लगे। फकीर ने कहाँ तुम घबराओ नहीं फिर आकाश की ओर मुँह करके कहाँ हे मेरे परमात्मा कैसी बात कह रहे हो। यह शैतान की भाषा क्यों बोल रहे हो। कुछ उलटना ही चाहते है तो इनकी बुद्धि पलट दीजिये। नाव पलटने से क्या होगा। आकाश से फिर घोषणा हुई, मै बहुत खुश हूँ। तुमने सही पहचाना यह मेरी भाषा नहीं थी मै बहुत खुश हूं जो शैतान की वाणी पहचान लेता है। वह मेरी वाणी भी पहचान लेता है। बहुत कम व्यक्ति सत्य की भाषा पहचान सकते है। सत्य तो अज्ञात है। यह सत्य का तट है जहाँ से सत्य के सागर की यात्रा शुरू होती है। असत्य का तट छोड़ना पड़ता है। वही कठिनाई है सबके सामने असत्य को छोडना है या सत्य असत्य के बीच फासला पार करना होगा तभी सत्य स्वयं खोजता हुआ सामने खडा हो जायेगा। सत्य की कोई दिशा नहीं कोई घर नहीं वह कही भी प्रकट हो जाता है। सत्य का प्रकाश भीतर के अँधेरे से निकलता है। उघाडने का साहस होना चाहिए। स्वयं का यथार्थ तो स्वयं से ही उघड़ेगा। किसी भांति उघाड़ लो पहचान लो। बाधँ लो रिश्ता कोई विरला करवाता है प्रभु प्यारे की पहचान। एक बात याद रखना जब शरीर में रोग होते है तो उसका इलाज स्वयं नहीं कर पाते कोई और किसी और से उसका इलाज करवाते हो। उसी प्रकार अपनी आत्मा को जानना इसका भी इलाज करना चाहिए। आत्मा को खोज सामने प्रकट करना चाहिए।

आत्म चेतन आत्मा का ध्यान शरीर की सारी बर्बादी को रोकता है। असली स्वरुप जान कर आनंदमय हो जाता है। एक बार सत्य का आत्मसात हो गया, सत्य का बोध हो गया फिर बृद्ध पुरुष की कोई हानि नहीं कर सकता, वह ब्रह्माण्ड की बनती बिगडती वृतियो में लींन हो जाता है। भीतर का रस आ जाता है। एकांत बैठे रहो अकेले बैठे रहो।

कथा सुनने में आती है महावीर के कानो में खुटीयाँ ठोकी गई। कानो से रक्त बहता रहा फिर भगवान महावीर ने आँखे नहीं खोली। असली नाम वर्धमान था। वे कभी रणभूमि नहीं गये न ही कभी हाथ में बंदूक उठायी। न कोई तींरनबाजी की फिर भी लोगो ने उन्हें महावीर कहकर बुलाया। कान में कील ठोकना इतनी बडी बाधा। उनके

लिए कोई विघ्न नहीं कोई बाधा नहीं। वे अपने स्वरूप में रहे अचल रहे। अपने भीतर गहराई में डूबे रहे, उन्हें कोई हटा न सका। हर हाल में विजयी हुए, जीत हुई तभी उन्हे महवीर कहा गया।

देवता भी आये उन्होंने कहाँ आप को नादाँन लोग परेशान कर रहे है इतना दुःख दे रहे है कानो में लकड़ी की खुटीयाँ ठोक कर चले गये आप कुछ न बोले। खून बह रहा है देवताओं से देखा नही गया। सामने प्रकट हो बोले आप कहे तो हम आप जैसे सज्जन की रक्षा के लिए आये है, हमे एक मौका दे। आप जैसे परम सज्जन को तंग कर रहे है, ये नादाँन तो समझ नहीं पाएगे। आप जैसे सूक्ष्म जगत में रहने वाले सज्जन की हम रक्षा करना चाहते है। महावीर ने कहाँ मुझे क्षमा करो। वे लोग कील ठोंककर द्वेष उत्पन करते है तुम सेवा करके राग पैदा करना चाहते हो। मुझे तो तुम क्षमा करो। पिछले कई जन्मो में सहारा लिया, अब तो निसहारे रहने दो। यह सहारा ही तो पंगु बनाता है।

मुझे मेरा प्यारा प्रभु मिल गया। असली साथी मिल गया मृत्यु तक का साथी फिर से बच्ची बन गई हूँ नया जीवन मिला भरपूर प्रेम मिला सब सफल हो गया। पूर्ण ब्रह्म की सैर ब्राह्मण ही ब्राह्मण। वेदों का सार गीता के उपदेश सब लाइव चल रहे है पूर्ण परमात्मा को जानकर किस मे भेद करोगे। क्या गीता–बाईबल–कुरान के पूर्ण भेद जान कर कोई मुर्ख भेद करेगा। सभी में एक ही संदेश है। सृष्टि की रचना कर्म उसी तरह पवित्र कुरान में सृष्टि का चलायमान चक्र का जिक्र किया गया है, बाइबल में उत्पति का विवरण लिखा गया है। इसी तरह भागवत पवित्र शास्त्र में पूर्ण परमात्मा को पूरी तरह समझाने का प्रयत्न किया है।

आजकल गुरु केवल अपने प्रमाण दे रहे है अधिक से अधिक शिष्य बनाकर। अपनी योग्यता दिखाना चाहते है, आश्रम की शोभा मानते है। शिष्य भी अंधे है जहा भीड़ होती है वहि भागते है क्योकि उन्हें आत्मदर्शन नही माला और मन्त्र चाहिए अच्छा लगता है। माला जपी चलो आज का काम हो गया कल सुबह वहीं चक्रव्यूह चलता है। शान्ति मिलती है प्रभु का नाम ले लिया। कोई समझाने वाला नही कोई तत्वज्ञानी नही। तत्व ज्ञान हो वहि ब्रह्म ज्ञान की बात करेगा। बेचारी भोली आत्माए स्वमं के काल रूपी जाल में स्वमं ही फसती जा रही है।

पुराणों में कथा आती है–––

जब राजा परीक्षित को पता चला सातवें दिन उसको साँप डसने वाला है और मृत्यु निश्चित है। इस बात का जब राजा परीक्षित को पता चला। सातवे दिन मृत्यु निश्चित है इसका उपाय सभी ने सोचा और राजा परीक्षित को भागवत की कथा सुनाई जाय। ताकि मन संसार से हट जाए और प्रभु की और मुड़ जाए प्रभु चितन में लग जाए। मृत्यु समय जो भावना मन में हो वही गति होती है। अंत समय जैसी मती वैसी गति होए। सभी ने कहा भागवत सुनाई जाय।

लेकिन इस समय कथा कौन कहे? इस बात पर प्रश्नचिन्ह लग गया। उस समय सभी ऋषियों व वेद व्यास जी ने भी अपने को श्रीमत भागवत कथा कहने के योग्य न समझा।

क्योकि उस समय कथा करना किसी जीव को नष्ट कर वे पाप के भागी नही बनना चाहते थे। वे तत्व ज्ञानी गुरु थे सब जानते थे। जबकि महर्षि वेद व्यासजी भागवत के रचयीता वे भी पाप के भागी नही बनना चाहते थे। किसी जीव को बचाने की सामर्थ अपने भीतर महसूस नही कर रहे थे। सातवे दिन ने अपना परिणाम देना था। कथा सुनाने का कोई साहस न कर पाया, फिर कहते है स्वर्ग से सुखदेव जी को भागवत कथा कहने के लिये बुलाया गया। कथा कही गई और सुनाइ गई। कथा सुनकर राजा परीक्षित का जगत मोह समाप्त हुआ कहते है स्वर्ग की प्राप्ति हुई। स्वर्ग भोगने के पश्चात फिर नरक लोक मिला क्योकि चौरासी का चक्कर काटना ही होगा। प्रभु के भी अपने नियम है, अटल सत्य है, कोई हार्ड – फास्ट रुल नही उपलब्धी बगैर मुक्ति का कोई साधन नही। आत्म साक्षात्कार कर व्यक्ति अपने आप में सक्षम हो जाता है। यह मौत पर जीत और मोक्ष की राह है। कहने और सुनने में बहुत साधारण लगती है। यह दिव्यता से भरी मौत मोक्ष की ओर ले जाती है तत्व दर्शन के बाद स्वमं जीते जी मुक्त जीवन व्यतीत करता है।

आत्म ज्ञान का मार्ग आत्म कल्याण का मार्ग है सभी शास्त्र ग्रन्थ ज्ञानी गुरुओ का कहना है खोज ले पूर्ण गुरु जो ब्रह्माण्ड के वास्तविक उत्सव में शामिल हो सके परम शान्ति और खुशी के भागी बन सके। प्रभु के काल का जाल तो फैला है देखना चाहते है तो आना होगा। काल के काराग्रह से छूटने का एक ही उपाय आत्मा में परमात्मा के दर्शन। ब्रह्म ज्ञान पढ कर सुनकर जो मन में बसा लेता है, वह भी पुण्य का भागी है। तत्व दर्शन से तो करोड़ो अश्वमेघ का फल जीते जी मिल जाता है। गर्भ से छुटकारा मुक्ति का साधन आत्मसाक्षात्कार।

रब, खुदा, गॉड, राम, कृष्ण सब में एक ही तत्व विराज मान जिसने जाना अपने धर्म भाषा अनुसार लिखा। सभी भिन्न भाषा प्रायवाची शब्द है। एक ही शक्ति एक ही ऊर्जा है, वास्तविक रूप मानव के भीतर समाया है। सच्चाई तो प्रकाश के साथ भीतर से आती है। बाइबल, कुरान, भागवत यह केवल सच्चाई के प्रमाण मात्र है। जमींन आसमान के भीतर कितनी दिव्यता शामिल है वास्तविकता यह किसी (बाखबर) यानि किसी तत्व ज्ञानी से पूछो । पूर्ण प्राप्ति संत से पूछो, जो पूर्णता को प्राप्त होगा जो भी जागा हुआ होगा, वह जगाने की कोशिश करेगा। वह संसारी दुःख के बारे नही पूछेगा वह भीतर की कली जो बन्द पडी है उसके खिलने की बात करेगा उसमे सुगंध भरने की बात करेगा ।

बुद्धत्व के पास भावनाए स्वेंदनाये अनुभूतियो का ढेर लग जाता है। शांतझील की तरह अमृत पिलाता ही चला जाता है। परमात्मा का सिस्टम बहुत बढिया है दिखा कर

भी सब लुका दिया। आनन्द तो बहुत आता है जिसे कोई नही देख पा रहा मै सबके फंदे देख रही हूँ, मेरा ब्रह्मज्ञान किसी धनी या किसी विद्वान या किसी ओहदे का मोहताज नही। जो जो बुद्ध बुद्धतत्व को प्राप्त हुए सच कह गये यह तो अविचारणीय और अविवर्णीय घटनाऐ है। प्रभु का सारा सिस्टम इतना गुप्त है कि है यह विधा बाजार में सजाई या खरीदी नही जा सकती।

खोज लो राह, रास्ता मिलने की देर है, सेतु भी मिलेग । मौन का रास्ता शीघ्र फलदाई है, गहरा मौन मन में उतरता है, मौन में गहरा मुकान छिपा है। छुपी बहुत बडी प्रक्रिया है, जिसका मौन सध गया। गहरे अँधेरे में शून्य भी बोल उठता है, शून्य में विभिन्न वाणियाँ गूंज उठती है। वह सौभाग्य शाली आत्मा होती है, जहाँ सत्य प्रमाण स्वरूप सामने प्रकट होता है। मौन में मुख का तेज तो निखरता है वाणी अंधेरो के पार पहुच अनदेखे राज खोलती है मौन का आनन्द एकांत में है। मौन और एकांत की बहुत गुप्त विधि है, भीतर के पट बहुत शीघ्रता से खोलती है। मैनें ऐसा दिव्य आनन्द की कडी खुलती कही नही पढी। मैने सब गहराई से देखा और कइयो पर इस्तेमाल किया। बहुत दिव्य विधियां है शायद ज्ञानियों तक ही गुप्त रही है। भीतर आनन्द उत्सव का उद्रेक होगा, वेदों की सरिता बह चलेगी, पवित्र बाईबल खुल जायेगी, पवित्र कुरान बोल उठेगा। पवित्र गुरुग्रंथ साहिब में तत्व ज्ञानी गुरुओ की वाणियां चहकने लगेगी, प्रेम और प्रमोद की बाढ आ जाएगी। इसलिए कहना उचित है साहित्य का मुख्य स्रोत भीतर से ही होकर जाता है। पवित्र गुरुग्रन्थ साहिब में खीले हुए फूलो की वाणिया है। जहां जागृत वाणी गूंजती है पूरा वातावरण महकने लगता है। चारो तरफ फैली गंध के संदेश दूर दूर तक फैल जाते है। सभी के भीतर परमात्मा की कली तो सिकुड़ी पड़ी है, बन्द पड़ी और बढती उम्र के साथ सूखती चली जाती है। इसलिए मन ही मन अपने इर्द–गिर्द फैली माया से बचे। वृक्षों से घिरे पर्वत जैसे बाहर मौजूद है। वैसे ही भीतर के प्रदेश में स्थित है बडी आश्चर्य जनक दिव्य माया है।

मैने देखा पूरा ब्रह्मांड भूमि के भीतर वृक्ष, लताये, फुल सम्पूर्ण समूह में व्याप्त है। यह समझ लो पक्का अखरोट की भाति सब भीतर खोल में विराज मान है। यहाँ बुद्धि का काम नही ध्यान प्रक्रिया श्वास का काम है। श्वास लेने की प्रक्रिया है, इसके सिवा कोई नियम नही सर्वमय आत्मा को जान्ने का परम प्रकाश के शुद्ध सागर में प्रवेश का मार्ग है जब तक नही जानते तब सभी सृष्टि में समाई प्रकृति हमारे मनोरथ सम्पूर्ण करती है। यह बात मैने गहराई से जानी मैने वर्षो ज्योतिष का कार्य किया और अनुभव से जाना। जो भी उपाय बताये सब सृष्टि सम्बन्धित रहे व्यक्ति को लाभ पहुचता रहा। सब रहस्य जानकर मै ज्योतिष के कार्य से अलग हो गई। कई बार मैने अनुभव किया जो उपाय मै लिखती मुझे भीतर से संकेत प्राप्त होते यह ऐसे नही इस तरह मै बहुत देर बाद ये बात समझी। जब हम भीतर गहरे से अपने भीतर और बाहर सृष्टि से जुड़ते

है, हमारा नियन्त्रण प्रभु के हाथ में पहुचता है, कोई मै नही सब प्रभु का जो भी है जैसा भी है। सर्व ब्रह्माण्ड को रचने वाला हाथ पकड़ता है, वही भीतर बैठ सब रचता है ब्रह्मांड में फैले ब्रह्म के बंधन के जाल से मुक्त करता है। इसका प्रमाण पवित्र वेदों में भी मिलता है। वही देव स्वरूप पवित्र हंस आत्माए रहती है। यहाँ कुछ आत्माय वो है जो अटल विश्वास और पाप रहित रही। वे आत्माय सत्य के जाल में फंस कर मनुष्य जन्म लेने के लिए दुबारा आ गई। इस बार मनुष्य जन्म मृत्यु के काल चक्कर से मुक्त हो जाए।

सत्य की कमाई कर सुखदाई परमात्मा का साक्षात्कार कर सके। परमात्मा के साथ अखंड परमात्मा के साथ निवास कर सके। इस प्रकार की असख्य मुक्त आत्माओं का वर्णन पवित्र वेदों में भी प्रमाण मिलता है। मैने प्रभु के आदेश पर अपना निर्मल ज्ञान तत्व ज्ञान की तह तक जा आपके सामने प्रकट किया। मै प्रभु की एक–एक बोली और एक–एक ध्वनी का वर्णन करने की मेरी सामर्थ्य नहीं। मै अपने में समर्थ जीवन जी रही हूँ। यह आनन्द जगत जननी प्रकृति देवी का भरपूर आनन्द, गंध, और मधुर ध्वनी सम्भाले नही सम्भलती। चारो और से मधुर नित नयी धुन सुनाई देती है। पूर्ण खुशी प्रकृति की तय में खुशी छिपी है सभी उपरी छोर देख रहे है। प्रकृति की गहराई तो विरला ही देख पाता है।

मौन में आँख, नाक, कान, और जिव्हा का रस सबकी ऊर्जा एकत्रित होती है। जो उर्जा का स्रोत ब्रह्म रन्द तक पहुचता है वही जो सोचते है सम्भोग से समाधि में जाना वहि गुदा देव उन्हें मृत्यु की और भी धकेलता है। आज का व्यक्ति विविध विकल्पों में आसान विकल्प खोजता है। बहुत समझदार है आनन्द भी चाहता है साथ ही मोक्ष भी। उसी जिव्हा से हड्डी भी चुसे उसी से सुबह राम–राम भजे क्या सम्भव है? तत्व ज्ञान होगा। जिस ज्ञान के लिए समस्त ब्रह्माण्ड की आत्माए तडफ रही है। चाहे पशु हो पक्षी हो किसी प्रकार की आत्मा हो। सभी में आत्माओ का मोह जाल है कुछ समय भूल जाती है। ब्रह्म ज्ञान का सागर भरा है देखना यह कौन कितना अंजली भर पाता है। ज्ञान की धारा बह रही है उसको आपके पास पहुचाने का प्रयास बहुतो ने किया होगा। प्रभु ने कृपा में कोई कसर नही छोड़ी दुर्भाग्य वंश कृपा के पात्र नही बन पाते।

मै अपने अनुभव से कहना चाहूंगी की हमारे अखाड़ो में जहाँ स्त्री का प्रवेश भी नही है मैने वहाँ के वातावरण में एक शुद्धता अनुभव की है। मै उन्हें नतमस्तक हूँ, यह लोगो का भ्रम है की सम्भोग से समाधि में शीघ्रता से प्रवेश कर जायेगे।

मै तो सदैव ही प्रभु से प्रार्थना करूंगी यही कहूगी मेरे भीतर दिव्य अमृत के सिवा कुछ और है ही नही। मै इन आँखों से सर्वत्र विशालता यूं ही देखती रहू। मेरे भीतर प्रभु प्रेम की वीणा सुनु मुझे तुम्हारी उपेक्षा है। प्रभु सर्वत्र आपके बोल सुनु जो ज्ञान दृष्टि सर्वत्र देखने की मुझे दी है। मै सर्वत्र आपका अक्श देखू जैसे सूर्य की रौशनी में तपिश और गर्मी होती है सूर्य की मौजुदगी में रौशनी ही नजर आती है वर्ना अन्धेरा छा जाता है।

प्रत्येक व्यक्ति को आस्था का सहारा लेकर अपने भीतर तत्व के धार्मिक रंग भरने की कोशिश करनी चाहिए। साक्षी भाव से भीतर का सूर्य उदय भी देखे और सूर्य पिघलते भी देखे। बात बडी अटपटी सी लगती है पिघलते हुये कैसे जैसे बर्फ पिघलती रही है, मिट रही है, उसका अस्तित्व समाप्त हो रहा है, फिर से पानी में मिल रही है। जगत के दिखावे और छलावे से पूरी तरह बाहर आये अपने पूर्ण स्वरूप को पहचानिए मात्र भीतर की क्रिया को पहचानना है बाहरी सब प्रक्रिया मात्र है उसका मोक्ष के साथ कोई सम्बन्ध नही। अद्धभुद विराट को जानने की प्रक्रिया बिलकुल भिन्न है यहा करना भी बहुत कुछ है, कुछ करना भी नही। यही अद्धभुद विराट ललाट में बन्द पड़ा है। वक्त और मौका जरुर मिलता है सबको बदलने के लिए। बस जिन्दगी दुबारा नही मिलती।

मनुष्य जीवन का एक ही सत्य है, हवस टिकती नही तमाशबीन अपनी बीन बजाते रहते है। क्योकि आत्मा की ऊर्जा पहचानने के बाद मै मै खत्म हो जाती फिर सर्वत्र एक ऊर्जा अनहद नादं से निकलती धारा उसको कोई काट न पाए सामने आये सब झुलस जाए।

एक बार मै पहाड़ के सहारे सुबह–सुबह खड़ी बडी सुवावनी सुबह प्रकाश के गर्भ से प्रकाश का निकलना बड़ा अदभुद नजारा। नांद की धुनों के साथ पक्षियों के गीत गूंज उठे। ईश्वर जाने मेरा तो तन मन महक उठा मुझे ये किस से इश्क हो रहा था। स्वमं से जुड़कर सब शून्य हो रहा था ईश्वर से जुडकर मेरी कीमत बढ रही थी। मुझे यकीनन कुछ हो रहा था ईश्वर की नजर में बेहतरीन हूँ। विशाल झरने नजर आ रहे थे, पहाड़ो को चीरता हुआ पानी देख मन रोमांचित हो उठा। मेरे सारे सम्बन्ध टूट गए एक सम्बन्ध गहरा जुड़ता गया। जैसे घने रेत में धसती जा रही हूँ उफनती घाटियों की हस्ती पहाड़ो पर भारी पड रही थी। पहाड़ो पर गिरता पानी जैसे अपना संदेश लिख बह रहा हो। जाने मै कोंन से सफर में आ गई हूँ। सभी अपने होने का आभास करा रहे हो। सभी अपनत्व का भाव प्रकट कर रहे हो हवा का झोंका भी मुझ पर अपना दबाव बना रहा था जैसे मुझे अपने साथ ले जाना चाहता हो। ये कौन है मेरी जिन्दगी की बिना कही बात कैसे समझ जाता है। कौन बस गया मेरे भीतर? मै बिलकुल नासमझ बनी थी समझ कर कुछ समझ नही पा रही थी। चारो तरफ खामोशी भी कितना शौर मचा रही थी। बड़े लंबे वृक्षों की छाया लहरा रही थी जैसे धरती पर स्वर्ग अवतरित हो रहा हो। नदियाँ पहाड़ो ह्वावों सारी सृष्टि का सत्संग चल रहा हो। सभी बिछुड़े एक दुसरे में समाये हो मै सौभाग्य शाली एक अंश भीतर समा गई हो। मैने एकांत का भरपूर आनन्द लिया थोड़ी देर बाद मुझे दूर से आवाज आई कोई बुला रहा है सच में मैने पीछे मुड कर देखा बहुत दूर निकल आई थी।

इसलिए वास्तविक गुरु खोज दिव्य सौन्दर्य के हकदार बनो। मेरे अँधेरे रौशनी में कोई फर्क नही रहा। अंधेरो से मत टकराओं अपने भीतर का दीया जलाओ। बुझी बती

को खोज लो भर लो ध्यान का तेल सब प्रकाशित हो जाएगा। नही तो उम्र का सफर सब बहा ले जाएगा। नैनों में प्रक्रिया भर विश्वास कर अंर्तज्योति जाग जायेगी।

शक्ति सर्वाधिक रहस्यमय

हे प्रभु एकमात्र मेरा दृश्व्य तू ही तू बना रहे । जिस तरह बूंद सागर में मिल जाती है और बर्फ जल में गल जाती है। अंत मै इसी तरह तुझमे मिल जाऊं। अब मै किसी से पराजित नही मृत्यु के समक्ष भी उपस्थित हूँ। ज्ञान अदुवेत रूप है श्रद्धा अनन्य रूप है। लक्ष्ण दोनों में समान है। हे मेरे पियारे प्रभु तू सागर मै बूंद तुझसे समा आनन्द मग्न हो गई हूँ। तेरा ही ध्यान करती रहू मै समस्त दुखो के विमुख हो गई हूँ। यह महिमा वही कह सकता है, जिसने अनंत अखंड में तय तक की महिमा जानी हो। यह काल चक्र समझना आसान नही मुझे उसी प्रकार नजर आता है।

जिस प्रकार नागिन अपने पूछ से अन्डो के चारो और एक घेरा बनाती है उनमे से जो कुछ अण्डे तो भीतर कोशिश करते है अपने आप फुट जाते है मृत्यु के घेरे से बाहर हो जाते है और कुछ को नागिन फन से फोडती है वो बच नही सकता। जितने घेरे भीतर रह जाते है उन्हें निगल जाती है। यह काल के जाल भाँती है। जो व्यक्ति अपने भीतर आत्म साक्षात्कार कर लेता है वह बच जाता है। वर्ना जन्म मृत्यु के चक्कर लगाते रहो। प्रभु ने अपना काम कर दिया एक तेजो मयी काया देकर भेजा है। प्रभु ने किसी काया में कोई फर्क नही किया।

अंधा ना रहियो कोई, सर्वत्र फैला ज्ञान अपने भीतर भरियो। सब कोई त्यागो आधा–अधूरा जीवन पुर्ण जीवन जीवो सम्पूर्णता और दिव्यता की और बढो अपने जीवन में परमात्मा पर्यायवाची शब्द जोड़ो। गहन प्रेम भर एक अलौकिक जीवन जीओ जो लोक और पारलौक के बाहर है। जीवन में अपनी आत्मा के वास्तविक अस्तित्व में शामिल हो जाओ। बहुत हो गये बाहरी उत्सव अब अपने भीतरी आकाश की गूंज सुनो। वक्त एक बार और आ गया है। भीतर बजने वाली नांद सुनो अपने जीवन के पेड़ की देख–रेख करो। आओ सम्भालो यहाँ आत्मा का मानना आवश्यक नही है।

जो पेड़ भगवान बुद्ध और माहावीर ने लगाया, धर्म का पेड़ लगा कर चले गये। यह सभी का पेड़ है यह सूखने वाला नही है कुछ बुद्ध भिक्षु आते रहेंगे यह पेड़ सदा हरा रहेगा। जानने वाली बात प्रक्रिया है पेड़ के पुराने पत्ते गिरते रहेंगे नये पत्ते आते रहेंगे। ध्यान क्या है? ध्यान श्वास का भेद है और योग में प्राणायाम श्वास को भीतर बाहर फैकना बताया है लेकिन उस समय श्वास का भेद नही जाना जाता। श्वास का अदभुद भेद आंखे बन्द कर भीतर से जाना जाता है। आंखे खोल बाहर से भी जाना जाता है।

बुद्ध ने यह बात कही ईश्वर की मानो मत जान लो क्योकि दर्शन से मुक्ति सम्भव

है। बाहरी शब्दों में पड़ोगे वे शोर है तमाशा है व्यक्ति को सिर दर्द करते है। मौन का मर्म समझो जबान से कहो मौन में जो भाषा बोलती है गुजती है मै चाहू भी तो उन शब्दों को लिख न सकू। ये अपने उपर है कितना पकड़ते हो समझते हो कितना सुनते हो। आत्मा को जगाना आत्मा का पौधा लगाना जब पौधा खिलेगा तब सुगंध उठेगी, सुबास महकेगी समझ लेना, मुक्तिदाई सुगंध की और बढ रहे है। असली गुरु है उसका काम आँख का बिना छेड़छाड़ अपने आप बदल जाना है। जब तक आँख न खुले समझना अभी मंजिल बाकी है, जिस दिन भी खुल गई जनम जन्मान्तरो का अंधापन दूर हुआ।

ज्ञान में ज्ञानी की चेतना तैरती है ज्ञानी की महिमा का बखान करना असम्भव है। वो अखण्ड ब्रह्माण्ड में फैला तत्व में लींन रहता है। तत्व ज्ञानी गुरु मिल जाय, ज्ञान की पूंजी, ज्ञान की चाबी मिल गई समझो लगानी सीखनी है। सही प्रक्रिया लग गई तो पूरा अखण्ड ब्राह्मांड खुल जाएगा। ज्ञानी गुरु जब मिलता है, सब कर्मकांड वेद शास्त्र सबका रहस्य मिल जाएगा। वह तत्व ज्ञानी गुरु घर मे ही मिल सकता है। घर में रहते हुए भी वह घर में नही रहता है, वह सभा बिच भी मिल सकता है और सभा बिच भी नही वह अखण्ड ब्रह्माण्ड में कही भी मिल सकता है। ज्ञानी सुख में जीता पल पल प्रभु उत्सव की खुशी आनन्द मन बीच भरता है। वह वहीं बांटेगा जो सुख, खुशी उसके पास है, ज्ञान तो भीतर ही भीतर मुख में मिश्री की तरह घुलता है। अज्ञानी व्यक्ति के पास न सुख होगा न समझ होगी या दुनियादारी की समझ काम नही देती। ज्ञान का दाता तत्व ज्ञानी गुरु है ले लो कही भी मिले सुधार लो लोक और परलोक जीवन में ज्ञान की आवश्यकता सभी को है।

गोरखनाथ जी को जब एक किसान ने देखा महाराज दोपहर हो गई अब घर से खाना आने वाला है। आप थोड़ा भोजन कर लेना फिर थोडा विश्राम करना। शाम को अपनी मौज में जहां चाहे विचरण करना। किसान ने उसमे एक साधू देखा उसके भीतर एक समझ थी सम्मान था की थोड़ी सेवा कर लू उसने गोरखनाथ जी को किसी बहाने से रोक लिया रिझा लिया। प्रेम पूर्वक भोजन करवाया फिर गोरखनाथ जी थोड़ा सुस्ताये आराम किया शाम को रमते भये जोगी तब किसान ने प्रणाम करते हुए कहा महाराज मै खेती करते हुए जानवरों जैसा जीवन जी रहा हूँ, कभी आप जैसे संत पधारते है तो कुछ न कुछ थोडा उपदेश सुनने को मिलता है। आज आप भी मुझे कुछ उपदेश देकर जाए। गोरखनाथ ने उसे गौर से देखा चोटी से पैर तक निहारा सोचा पात्र तो शुद्ध है। उपदेश किया दू बस यही कहता हूँ, जो मन मै आये वो मत करना। यही वचन गोरखनाथ को उनके गुरु मछन्दर नाथ ने कहे थे वे ही वचन उन्होंने किसान से कह दिये। जोगी रमते भये, संध्या हुई किसान हल कंधे पर रख कर जैसे ही पावँ उठाये। घर की ओर चलने लगा। तभी गोरखनाथ के कहे वचन याद आ गये। " मन में आये वह मत करना" वह वही रुक गया ऐसा रुका की उसका मन भी रुक गया। जो भी

मन में आता वह नहीं करता। इसी तरह मन से पार हो गया। चौरासी सिद्धो में उसका नाम आ गया। वह भी सिद्ध हो गया। उसका नाम पड़ा हालिपावं मतलब हल उठाया पाँव रखा। गुरु माना उनके वचनों में टिक गया सिद्ध हो गया। कहा तो साधारण किसान था कहा हालिपावं सिन्धु हो गया। किसान ने गोरखनाथ के वचनों को मन में बसा लिया।

कर्म तो सभी के पास है लेकिन कर्मों में ज्ञान निष्ठां का दीया जल जाता है तो वही सिधु हो जाता है। उस किसान के कर्मो में निष्ठां जब ज्ञान निष्ठां का दीया मिला तो वह संत सुंदरदास हो गये। वह उच्च कोटी के संत थे। एक बार उनसे किसी ने पूछा स्वामी जी भगवान की भगती में मन कैसे लगता है? कैसे मन लगाए? तब उन्होंने कहाँ भगवान के दर्शनों में संदेह हो सकता है। जब श्रद्धा और समर्पण जागता है तो अखंड का दर खुलता है। जन्मो के पापो का अंत हो ज्ञान से होता है। ज्ञानी के पास कोई प्रवचन नहीं कोई माला नहीं कोई भगवा नहीं कोई श्रृंगार नहीं। ज्ञानी का ज्ञान सबसे पार है उससे भी परे चेतन्य से होता है, ज्ञानी का अपना आप नही होता है, स्वयं खो जाता है ब्रह्मय होकर सारे ब्रह्माण्ड में विचरता है जो अनंत ब्रह्माण में फैला है। जो सामर्थ्य अनुसार सभी को मिल सकता है। ज्ञानी पुरुष अपने को ज्ञान में डूबकर कर्म करता है। वह सुख दुःख से निरलेप रहता है। वही अच्छा भगत कहलाता है।

अंखा भगत नाम से संत हुआ। मस्त आत्मज्ञानी संत वे निकला सत्य को पाने ले लिए मार्ग में चलती हुए बहुत आंधी तूफान आये पर अखा को न रोक पाए। पढने सुनने में आया वह कई मंदिरों में मठो में गये। महंत मण्डलेशरों के पास गये घूमते घूमते जगन्नाथ पूरी पहुचे। वह दर्शन किये वही किसी मठ मे गये तो वहा के मंहत ने आँख उठाकर नही देखा। जो बडे बडे सेठ बैठे थे उनसे बात करते रहे। अगले दिन अखा भगत किराये पर कोट पगड़ी मोजडी और सुंदर छड़ी आदि धारण कर महंत के पास पहुच गया और प्रणाम कर बैठ गया फिर जेब से स्वर्ण मुद्रा निकाल कर सामने रख दी। महंत तो खुश हो गया, उसने चेलो को आवाज लगाई। चेले ने आज्ञा अनुसार फल मेवा, मिठाई लेकर आया, सामने रख दी। महंत बोला लीजिये जल पान कीजिये। अखा भगत जो सामान किराये पर लाये थे बोले कोट, पेंट, पगड़ी, को बोले खा–खा छड़ी को कहने लगे खा जितना खाना है। अब यह देख मठाधीश कहने लगा सेठ जी यह क्या कर रहे है। आप कही पागल तो नहीं है। नही महाराज मै ठीक हूँ, जिसको तुमने खाने को दिया मै उसी को खिला रहा। पागल तो मै हूँ, परमात्मा के लिए रुपयों के लिए नहीं। मठो मन्दिरों के लिए नही। मै पागल हूँ अपने प्यारे प्रीतम के लिये, अज्ञान का हरन करने वाले के लिए। ऐसे भगत होते है, ज्ञान को पाने वाले। अन्य तो अज्ञान को बढाने वाले होते है। अखा ऐसे ही भगत कहलाते है। तत्व अनुभव आँखों से देखा जाता है। अनुभव आँखों से देखा जाता है, कानो से सुना जाता है, नाक से सुंघा जाता है, यही ज्ञानी का अनुभव है।

ऐसे ही किसी को तत्व ज्ञान नहीं दिया जाता। यह ज्ञान का रास्ता निराला है मेरे परम प्रिय को देखने के लिए श्रद्धा समर्पणता चाहिए। सरलता होनी चाहिए। आज समय नहीं है किसी के पास मै भी क्यों ईश्वरीय मस्ती को छोडकर किसी के पिछे अपना समय बर्बाद करू। जिन्हें बार बार मरना है, बार बार जनना है, बार बार भटकना है, कुछ व्यक्ति तो संसार में भवरो की भांति भटकते हुए ही जीवन पूरा करने आये है। यह मानव देह यह बुद्धि इस संसार में खाक कर रहे है। अगर व्यक्ति जगत की चिन्ताओ को छोडकर परमात्मा के ज्ञान को प्राप्त करना है उसके पास अखंड ज्ञान का खजाना प्रकट होने लगता है। उसके सामने ब्रह्माण्ड के पर्दे खुलने लगते है। जहाँ स्वर्ग भी छोटा जान पडता है।

एक बार मुझे एक स्त्री मिली वह बहुत दुखी थी पति के अत्याचार के कारण बहन के घर रह रही थी। पागल सी हो गई थी। भाग्यवश वह मझे कीर्तन में मिली थी सत्संग समाप्त होने पर जाने से पहले उसने अपनी सारी गाथा सुनाई मैंने उसे एक ध्यान की प्रक्रिया बताई। समय बहुत था उसके पास वह कहे अनुसार साधना करने लगी। नियम की पक्की थी शान्ति मिलने लगी ध्यान में भी प्रगति करने लगी। धीरे–धीरे उसके सामने सूक्ष्म जगत के पर्दे खुलने लगे। एक रहस्यमय लोक में वह गति करने लगी। फिर उसे बाहरी वस्तुओ में कोई दिलचस्पी न रही। इस तरह रास्ता अपने आप सुलझता चला गया। उसका पति सही रास्ते पर आ गया वह उसे घर ले गया। दोनों आनंद पूर्वक जीवन बिताने लगे। पवित्र ह्रदय में ही प्रभु का प्रेम उपजता है। धनी है वे जिनके ह्रदय में प्रभु की परम रसमयी धारा उमड़ पडती है, तब धन्य घडिया हो जाएँगी। वो एक एक क्षण धन्य हो जाता है। ज्ञान का कोई अंकुश नही वह तो ह्रदय रूपी मन्दिर में भर जाता है। उदय होने की देर है।

आज जो भी अनुष्ठान पूजा पाठ कर रहा है जांचो अपने आपको किस लिए कर रहे है इस लोक के लिए या परलोक के लिए। क्या मतलब साधना है देखो क्या अपनी सेहत के लिए कर रहे हो? या यश के लिए कर रहे हो। स्वर्ग प्राप्ति के लिए अथवा ईश्वर प्राप्ति के लिए। मानव जन्म तो केवल ईश्वर प्राप्ति के लिए है कोशिश करने से मृत्यु पार हो जायेगा। भगवान की शरण जाने वाला व्यक्ति ही ईश्वर को जान पायेगा। आखिर सभी ह्रदय में क्या रहस्य छिपा है? विज्ञान भी इस प्रकार के प्रश्नों का उतर जानने के लिए वर्षो से लगा हुआ है। यह रहस्य अपने आप खुलता है साधक मौन हो जाता है। यह बहुत विस्तृत विज्ञान है। मनुष्य के तन मन की सूक्ष्म क्रिया और प्रतिक्रिया का आपसी सम्बन्ध। मनुष्य के शरीर का मन पर प्रभाव और मन का शरीर पर प्रभाव यदि मन के सारे विचारों को ध्यान में पिरोया जाये। एक कर प्रक्रिया में लगाया जाय। शरीर मन के विचार की और चलना शुरू हो जायेगा। यह काम बहुत आसानी से बिना कष्ट के कर लेगा। शुरू शुरू में थोडा कष्ट कारक व् कठिन हो

सकता है क्योंकि शुरू में रक्त नाड़ियाँ भावनाओं का प्रवाह एक तरफ बहना थोडा मुश्किल होगा। कोई वस्तु हो चित्र हो या सुगंध हो निरंतर एक और ध्यान चलना चाहिए। सभी में शक्ति तो किसी न किसी रूप में छिपी है। वही शक्तियाँ कोई उच्च आदर्श में लगाता है कोई अपनी प्रेमिका को पाने में लगाता है। व्यक्ति अपने मन द्वारा जो जो विचार और सुझाव ग्रहण करता है। वही ध्यान में एकाकार होते चले जाते है। बाकी अन्य प्रभाव भूल जाते है। यह प्रक्रिया एक रहस्य है। धीरे धीरे साधक भीतर के अँधेरे व् दुर्भितियो से मुक्त हो जाता है।

ध्यान इतना गहरा होता चला जाता है। किसी शोर का भान नहीं रहता। शरीर में प्रक्रिया रहस्यात्मक तरीके से काम करती है कोई भी प्रक्रियां कहाँ से कहाँ ले जाती है यह महांचेतन मन समस्त शक्तियों का आधार है। समय स्थान और मृत्यु से पार है। वही आत्मा परमात्मा का अंश भी कहाँ गया है परन्तु इसे पूर्ण ईश्वरीय बुद्धि कैसे बनाया जाया। असल बात यही उस मार्ग का पता कैसे चले। हम परमात्मा की ओर किस तरह चल सकते है। कौन बता सकता है? यह गहरे अनुभव की बात है। ज्ञान में चलने वाला ही साक्षात साक्षात्कार कर सम्पूर्ण प्रवाह मई सूक्ष्मता का वर्णन करेगा।

यह आपको तय करना है, प्रक्रिया के दुवारा सम्बन्ध बनाना है, भ्रमणशील तेजोमयी ऊर्जा का दर्शन पाना है या नही। अभी अँधेरो का इन्तजार है, मै तो सभी को तरंग–तमंग के साथ चलने का आग्रह करूंगी। अभी कौनसे सूर्य उदय का इन्तजार है। फसल काटने का समय आ गया है वर्ना सड़ जाएगी। सभी जंजीरों में बंधे हुए है। काल भयंकर रूपसे भोंक रहा है प्रवृति के कारण कोई समझ नही पा रहा। अत्यंत कठिन यातनाए तो सहन करनी पड़ेगी। शारीरिक कष्ट सहना पड सकता है। प्राण हानि का खतरा पल–पल बना रहता है खोज का कार्य भी साहसिक व्यक्ति कर सकता है। यह प्रयास भी बर्फ से ढके आकाश को छूना है आकाश पर चढने का प्रयास है। स्वमं के अच्छे बुरे कर्मो की कसौटी में खरे उतरना है।

कोई तो सुबह लाओ प्रभु को अपने ह्रदय के आंगन में झूलता हुआ देखे। अन्धेरा तो ढलने वाला है नही। गुरु जाने को तैयार है पर कोई यात्रा आरम्भ करने को तैयार नही। जीवन का महत्व प्राण से है प्राणतत्व जो प्रकृति के मूल में समाया है, पल–पल प्रभावशाली रूप प्रतिपादित हो रहा। सृजन शक्ति पत्तो की मंद–मंद ध्वनी में खनक रही है। रचयिता की शक्ति बार–बार कम्पित कर ह्रदय में मस्ती का आनन्द भर जाती है। मन की सारी भ्रान्तिया दूर करने का भ्रम मिटाने का कार्य प्रक्रिया है। तत्व का विशष्ट सौन्दर्य ह्रदय में प्रतिपल तरंगित हो रहा है।

आत्मिक तत्व या फिर उपरी चमक धमक देखे। वास्तव में आत्मिक ज्ञान में जगमगाहट होगी जिसने भीतर के सारे मौसम देखे होते वही बसंत की बात करेगा। वही अन्य लोगो की सुशुप्त शक्तियों को जगा सकेगा। अध्यात्मिक जीवन श्रद्धा अनुसार

आगे बढता है। सफलता मनुष्य के उत्साह उमंग और उलास पर मिलती है। श्रद्धा सच्चे मायने में जीना सिखाती है। शक्ति का जीवन में एक प्रवाह चलता है। शक्ति का स्त्रोत श्रद्धा से खुलता है। आत्मा में श्रद्धा आशा दिखाई देती है। जिसमे श्रद्धा नहीं उसकी आत्मा में शक्ति का प्रवाह कैसे चल सकता है?

विज्ञान जगत में एडिसन का नाम सबने सुना है। शुरू शुरू में उसने कई प्रयोग किये प्रत्येक प्रयोग में कोई न कोई कमी रह जाती। इस तरह गलतियाँ होती रही। हजारो लाखो के यंत्र सामग्री लगाई परन्तु कोई परिणाम हासिल न हुआ। वह बार–बार नया तरीका खोजता रहा। बार बार प्रयोग करता रहा। फिर भी गलती हो ही जाती। आगे क्या करे वह समझ ही नहीं पा रहा था। एक रात्री उसकी प्रयोगशाला में आग लग गई। सब जलकर खाक हो गया।

सुबह एडिसन ने उसी राख के ढेर पर खड़े होकर अपनी डायरी में लिखा। दैव्य प्रकोप की भी अपनी कीमत होती है। रात की भयंकर आग ने मेरी सिद्धियों के साथ मेरी गलतियाँ भी जला दी। ईश्वर का मै बहुत आभारी हूँ। अब मेरा काम नये सिरे से शुरू होगा। दुसरे ही क्षण एक छोटी सी झोपडी में साधारण सामान के साथ अपने प्रयोग शुरू कर दिए। सब कुछ भस्म कर देने वाली आग उसके उत्साह हो भस्म नहीं कर पायी। एडिसन ने अपनी गलतियों की कभी अवहेलना नहीं की। आज उसके नाम से दो हजार से भी ज्यादा खोज न लिखी होती। रास्ता तो स्वयं ढूढना है। अनेक रास्तो में भी अपना रास्ता निकालना है। मुश्किल कितनी भी हो सफलता मिलती है। वह एक पल लगता है बनने में चाहे कितने पल लग जाए उसी तरह प्रभु को खोजने में एक ही पल की देरी कौनसा पल हो सामने साक्षात देख रहे हो। आत्म श्रद्धा जीवन में परिवर्तन ले आती है। असफलता के बादल छट जाते है। सुनेहरा सूरज चमकने लगता है।

अपने मन में किसी के प्रति कोई शिकायत नही भरे अपने आसपास जो भी माहौल बन रहा है या कोई बना रहा है उसको जीने की कोशिश करिये विधि का नियम कुछ व्यक्ति बहुत जल्दी बात समझ जाते है कुछ कभी नही समझ सकते। शायद यही माहौल आपके लिए बहुत कुछ लिये खड़ा हो। सभी से प्रेम पूर्वक पेश आये सभी में प्रभु का अंश है वो नासमझ है जो प्रभु के स्वरूप को बिगाड़ रहे है। क्योकि आदि हो चुके है उनको इन्ही में आनन्द आता है। अच्छे बुरे कर्म का परिणाम है इस कसौटी में खरे उतरना है। साधारण व्यक्तियों के आनन्द का कारण जानने की कोशिश न करना। स्थिति तो भीतर से बनती है, भाव विस्तृत होते है। इसलिए बाहरी किसी परिस्थिति से दुखी मत होना।

ध्यान के लाभ ध्यान प्रक्रिया प्रभावशाली विज्ञान है। आज वर्तमान जीवन मनुष्य का कठिनाइयों परेशानियों से भरा है। ऐसी स्थिति में ध्यान मानसिक परेशानियों से मुक्त करता है। हम सर्जनात्मक और रचनात्मक सभी कार्यो में ज्यादा से ज्यादा लाभ उठा

सकते है। मै चाहती हूँ ऐसी स्थिति में ज्यादा से ज्यादा व्यक्ति लाभ उठा सकते है। मेरा अपना गहरा अनुभव के बाद लिख रही हूँ आप सभी विशवास के साथ लाभ प्राप्त हो।

रोग का निवारण साधारण कई प्रकार के तरीके है। शरीर में छोटे छोटे कई रोग लगे रहते है जिनका समाधान औषधि से नहीं होता कई बार दवाई काम नहीं देती। इसका भी ध्यान प्रक्रिया के द्वारा कई युक्तियाँ बताई जाती है शीघ्र समाधान है। ज्यादातर मानसिक चिंता रहती है उसका कारण भी स्वयं में छिपा होता है। ध्यान द्वारा धीरे धीरे मन की चिंता स्वयं घटती है स्वयं की खोज के बाद धीरे धीरे ध्यान के द्वारा साधक को शुरू में नींद बहुत आती है। मानसिक चैन मिलता है। चिंता से मुक्त होता चला जाता है। चिंता के तो पार हो जाता है बाकी मन में कोई घटना छिपी हो वह भी जड से बाहर निकाल दी जाती है। मानसिक और दिमागी परेशानियों से मुक्त किया जाता है। वह स्वस्थ होकर एक आनंदमय जीवन जीने लगता है। मन और मस्तिष्क के विचार शून्य हो जाते है।

यहा कहूंगी एक लाभ और होता है जो ह्नदय के रोगी होते है उनका ह्नदय को बल मिलता है बिना हानि के शरीर में कोई विपरीत प्रभाव नहीं पड़ता। कई रोग जैसे सिर दर्द, शरीर में दर्द, पेट दर्द, थाइराइड, खासतौर से हार्ट की बिमारी आदि से छुटकारा सफलता पूर्वक पाया जा सकता है। ध्यान प्रक्रिया का सही प्रयोग कर सुविधापूर्वक सफलता मिलती है। सबसे अधिक लाभ मानसिक रोगों में मिलता है। सीधा प्रभाव ही मन मस्तिष्क पर पड़ता है। कई बार चोट के कारण गिरने से या गहरा सदमा व्यक्ति को पुरानी बाते याद नहीं रहती। ध्यान प्रक्रिया से सोया अंतरमन जाग्रत हो जाता है। कुछ अभ्यास के बाद धीरे–धीरे स्मरण आने लगता है।

आज विज्ञान भी काफी विकसित हो रहा है। मै स्वयं हैरान हूँ। बच्चो पर जबरदस्ती भार लादा जा रहा है उनकी रूचि हो या न हो। उनको गणित में न रूचि हो उस वक्त विषय जरुरत से ज्यादा कठिन हो जाता है जब कोई बच्चा अध्यात्मिकता से जुड़ता है वह इस बात को भूल जाता है कौन सा विषय आसान है। कौनसा अत्यन कठिन उसकी रूचि बढ़ने लगती है। किसी को विषय की कमजोरी के अलावा अन्य कमजोरी भी निकल जाती है। जबरन कुछ भी सिखाने से कुछ समय बाद उसका मन भटकने लगता है सभी का निवारण सम्भव है। आंतरिक मन जागने से भय, डर सभी समाप्त हो जाता है।

उसी प्रकार हमारे सैनिको को एक साल का कोर्स कुछ ही महीनो में पूरा कराया जाता है। मै पढ रही थी। कुछ प्रयोग सैनिको पर किये जाते है। कुछ प्रक्रिया है जो शीघ्र ध्यान को एकाग्रित करती है उनका सैनिको पर प्रयोग किया जाता है। मन को नियंत्रित कर इच्छा अनुसार उनका संचालन किया जाता है। उनके अंतरमन और बाह्य

मन दोनों को शून्य किया जाता है। कुछ दिनों के महीनों के अभ्यास से सैनिको को ब्रह्म मन विचार शून्य हो जाता है। इससे वह स्पष्ट होता है मनुष्य को अंतरमन में ही शक्ति का वेग भरा है। भले ही वह अंतरमन की गहराई में न उतर पाए पर फिर भी मिलन का द्वार न खोल पाए। सैनिको को अपने शरीर पर पूरा नियन्त्रण करना आ जाता है। इस प्रकार ध्यान क्रियायो से अपना जीवन सुखी बना सकता है। वह अपने आने वाले जीवन में समस्याओं का समाधान कर खुशी जीवन बीता सकता है। जवानों को सरहद पर लड़ने के लिए इसी प्रकार की गुप्त क्रिया बताई जाती है। कुछ टेकनिक में वे पारंगत होते है। युद्ध काल ने ऐसी कई बाते सिद्ध हो चुकी है।

राणा सांगा का किस्सा कई बार सामने आता है। यह काल्पनिक भी हो सकता है। वह युद्ध लड़ते थे केवल जीत के लिए। एक बार युद्ध लड़ते–लड़ते उनका सिर कट गया पर फिर भी लड़ते रहे उनके सिपाही ने बडी हैरानी से देखा और कहा महाराज अब तो बस करो सिर भी कट गया तब ज्ञात हुआ और वह रुक गये। अन्यथा तो उसे पता न था लड़ता रहा मन की आँखों से देखता रहा। आम आदमी की समझ में यह बात नही आएगी। एक साधारण व्यक्ति इस बात को समझ ही न पायेगा। मन की आँखे कैसे देख सकती है। फूल जब खुलता है सभी को दिखाई देता है मनुष्य की गहरी तीव्र ऊर्जा को देखना अत्यंत मुश्किल है। यह सब व्यक्ति पर निर्भर है वह अपनी ऊर्जा को किस और लगाये भीतर वहीं दिशा खुलती है जिस दिखा में ऊर्जा का खिचाव बढता है। ऊर्जा उसी और बहती चली जाती है और जिस दिशा में बन्द करनी हो वह दिशा बन्द हो जाती है सारा खेल ऊर्जा का है। यह सब साधारण व्यक्ति की समझ से बाहर इस बात से बिलकुल अनजान है। इसी प्रकार संसार भर में देश अपने सैनिको को अंदर और बाहर पूरा नियन्त्रण करने योग्य बनाते है। जो समझ नही पाते या देर से समझते है उससे और अधिक सजा के तौर पर मेहनत कराई जाती है।

अमरीका के प्रसिद्ध सैनिक शिक्षक ने कहा है। डाक्टर वाकर ने बताया हमारे शरीर में जो मन है वह नो खंडो का प्रतिनिधित्व करता है। यह आंतरिक मन ही है जो प्रतिनिधित्व करता है। भीतरी मन नो खंडो का प्रतिनिधि करता है यह किसी को नही पता उपरी मन एक–नौ यानि एक का प्रभाव नौ भागो पर पड़ता है। इसलिए शिक्षा आन्तरिक मन को दी जानी चाहिए। सुविधापूर्ण ग्रहण करता है, मन थोड़ी देर में काबू आता है, यह अपने उपर निर्भर करता है। फिर कोई बाधा नही, डाक्टर वाकर ने सही कहा बाहरी मन बहुत जल्दी भटक जाता है। बाहरी दृष्टि भीतर के नो चक्रो हिस्सों से भटक जाता है। भीतर प्रवेश के बाद कोई भटकाव नही इसलिए डाक्टर वाकर का कहना है भीतरी मन जागृत होने के बाद कोई भटकाव नही बचता। भीतरी मन जागृत होने के बाद कठिन से कठिन भाषा भी आसानी से सीखी जा सकती है।

आंतरिक मन के द्वारा ही अध्यात्म को जाना जा सकता है। यह सब अभी तक गुप्त

रखा गया है। आज तो नए–नए रोगों के लिए नयी टेकनिक अपनाई जाती है जिसमे कुछ तो कारगर हो जाती है कुछ रोग बढा देती है। इसी कारण व्यक्ति के स्वास्थ्य की सीमा घटती जा रही है। व्यक्ति दवाई के साथ योग प्रक्रिया अपनाने के साथ पूर्णत स्वस्थ हो जाता है। इस प्रकार रोग का उपचार कर जड़ सहित समाप्त कर सकते है।

सामान्य व्यक्ति की ऊर्जा रोग की और या संसार की और बहती है, चलती है। जीवन में कोई न कोई छोटा मोटा रोग लगा रहता है या सदैव साथ चलता है जिसके भीतर रोगों का सघर्ष चलता है उसके भीतर की क्षमता घटती चली जाती है। दवाइयों के सहारे जीना मनोबल समाप्त हो जाता है। ध्यान में कुछ इस प्रकार की प्रक्रिया है जो स्वाथ्य भी अच्छा रखता है। शक्ति का केंद्र बताया जाता है। व्यक्ति अपनी ऊर्जा एकत्र कर रोग पर नियन्त्रण पा सकता है। जिन्हें विभिन्न प्रकार की एलर्जी है वह भी अपने रोग से धीरे धीरे राहत पा सकते है। रोग कोई भी हो प्रभाव मन पर पड़ता है। चरम रोगों का भी इसी प्रकार है। मै हिंदी अखबार में लेख पढ रही थी चरम रोग मानसिकता के कारण तीव्रता से फैलता है। डाक्टरों ने सिद्ध कर दिया मानसिक प्रभाव के कारण चरम रोग शीघ्रता से फैलता है। शरीर पर थोड़ा भी चरम रोग दिख जाए रोगी घबरा जाता है। उसके भीतर भरी नाकारात्मक सोच का उसकी मानसिकता पर प्रभाव के कारण शीघ्रता से फैलता है। यह सही है डाक्टर की दवाई से ही रोग की क्षमता घटती है। यह विश्वास के कारण होता है ध्यान की सिद्ध प्रक्रिया में मानसिक चिताओं के साथ सभी रोग का निदान है।

देखा गया है उदर रोग के रोगी बहुत परेशान पाए गये है। अस्सी प्रतिशत लोगो को भोजन के कारण पेट दर्द पाया जाता है। अधिक खा लिया पचा नही पाते बाहर का खा लिया बीमार हो जाते है। पेट का रोग उनको पाया जाता है जिन्हें रोजगार की चिता है यह भी मानसिक चिता का एक कारण है। अधिकतर पेट के रोगी कंजूस व्यक्ति पाए गये। उनकी सारी ऊर्जा नाभि के इर्द गिर्द जमा हो पीड़ित करती है । जिसकी लपटे सिर तक पहुचती है। उनकी ऊर्जा को शीघ्रता से जागृत नही किया जा सकता।संसार में रह कर मानसिक चिंताओं के कारण कोई न कोई रोग के कारण ऊर्जा व्यर्थ गवा देता है।

सबकी अंतर मन की ऊर्जा कही खो गई है। जीवन की सारी बैचेनी छटपटाहट प्रक्रिया से दूर की जा सकती है। यह तो अपने अनुभव से पता चलेगा अपने आप पर भरोसा बताने वाले पर भरोसा। हमारे ब्रह्मांड में दिव्य शक्तियों के साथ चुम्बकीय शक्तिया भी है। यह तरंगे जिस प्रकार का व्यक्ति का व्यक्तित्व होगा उसी प्रकार का प्रभाव डालती है। व्यक्ति के भीतर भी एक विभिन्न प्रकार का आत्म विस्वास जागृत होता है।

अब सवाल स्मरण शक्ति का है जैसे ही व्यक्ति निर्बल विचारों से बाहर आता है स्वस्थ विचार भरता है। फालतू के विचार बाहर निकाल फैकता है उसकी स्मरण शक्ति का भी विकास होता है। वर्ना वास्तविक विचारों के लिए तो जगह ही नही बचती। आखिर मस्तिष्क की एक सीमा होती है। अध्यात्म का पहला पाठ ही विचार शून्य होना है। जब खाली होंगे तभी मस्तिष्क के केंद्र में दिव्य तरंगो का जागरण होगा। यह जीवन में पूर्णता की और शुरुवात है। मस्तिष्क भी अनुकूल विचारों से नियंत्रित किया जा सकता है। विचारों की चंचलता में बैठ कही की कही सैर करा देती है। मन का क्या पता किस वस्तु में चलने लगे किस व्यक्ति में चलने लगे। कहाँ से कहाँ की सैर करवा देता है। यह मुश्किल भी नही है कम समय में सफलता पाई जा सकती है।

प्रक्रिया की जानकारी होनी चाहिए एक बिंदु पर विचारों का झुंड कैसे रोका जाए? कैसे बचा जाए? इन सभी के साथ वाणी का भी महत्व है। वाणी और विचार एक साथ मिल जाए व्यक्ति सहज शून्य को प्राप्त होता है।

ऊर्जा तो हाथ से उतना ही काम करती है तभी तो जीवन में मुद्राओं का बहुत अधिक महत्व है। व्यक्ति के मस्तिष्क में कोई विचार चल रहा है। यदि किसी को मारना है। हाथो में सारी ऊर्जा एकत्र हो मस्तिष्क के इशारे पर काम करेगी। व्यक्ति विचारों अनुसार चल कर दूसरे स्थान पर जाकर उस व्यक्ति को घायल कर या पेट में चाकू घोंप देगा। अर्थात चाकू चला कर मार देगा क्योकि विचारों का अंधा व्यक्ति कुछ देख ही नही पायेगा। ऊर्जा किस और ले जा रही है पता ही नही चलता। उस समय व्यक्ति को देखा जाय उसकी नाडी की ऊर्जा गति तेज होगी। श्वास की गति भी अनियंत्रित होगी। जब व्यक्ति सब कर गूजरता है तब भय जागता है। इन्द्रियों की ग्रन्थिया सक्रीय होती है, शरीर के तापमान में बदलाव आता है। यह सभी लक्ष्ण व्यक्ति की उम्र तो घटाती ही है साथ ही जीवन भर भारी रहता है। जीवन क्या है? व्यक्ति जीवन भर समझ नही पाता जीवन में कल्पनाये कभी काम नही आएगी। जीवन जीने का फल मृत्यु तक है समय का पता नही। समय बहुत थोडा है। आत्म दर्शन से परमात्मा की पूर्ण स्मृति बनी रहती है।

मृत्यु का सामना सभी को करना है, सृष्टि के अनुसार अपना खाता स्वयं तैयार कर लो यह मनुष्य जन्म मौका मिला है यह क्षण दुबारा नही आयेगा। यत्न स्वमं करना तब यमराज भी कुछ न बिगाड़ पायेगा। दुनिया के साथ उच्चे उच्चे सोदे करते हो एक सौदा प्रभु प्यारे के साथ भी कर के देख लो। अंतरयामी परमात्मा से जब रिश्ता बिगड़ता है। सब कुछ बिगड़ जाता है। बाहर के सम्बन्ध कब तक ढोओगे जबरदस्ती लादे रहोगे रिश्ते तो वैसे भी यही छूटने वाले है। सिर्फ एक रिश्ता परमात्मा का है जो भीतर से गहरा जुड़ता है दिखता भी नही जो अंत तक साथ निभाता है।

कभी एकांत में बैठ अपने भीतर की आवाज सुनो मन क्या कहता है, बुद्धि क्या

कहती है, समाज क्या कहता है। अपने हृदय की आवाजे सबसे करीब है शुद्ध है सुनकर भी अनसुनी करते हो। भीतर आती आवाज परमात्मा के करीब की आवाज को सुन कर महसूस करो। भीतर कुछ तो खाली पन है जो परमात्मा चाहता है जन्मो जन्मो का जन्म का अंत जो साक्षात्कार के बगैर सम्भव नही। गुरु वहि जो ज्ञान का मार्ग बतलाये। जो किसी भ्रम में न डालता हो माला पाठ का कोई काम नही। माला का काम समाप्त हो गया।

एक बार मै मन्दिर गई देखा पडतानी बैठी धडाधड पाठ किये जा रही मुझे हाथ से इशारा किया बैठो। मै भी सोचूं रुके तो बात करू मै मन्दिर में बैठ गई आधे घंटे बाद पडतानी ने बताया मै कल रिश्तेदारी में चली गई इस कारण पाठ नही कर पाई इसलिए कल का भी आज करना पड़ा। पर पडंतानी इस तरह रेल चला रही थी जैसे अगले स्टेशन पर उतरना हो भागी चली जा रही है। मैने कहा पडंतानी इस तरह प्रभु का पाठ जरा प्रेम से करो मिठास से करो। प्रभु के साथ इतनी बेरुखी। प्रभु के साथ इतना रूखापन अच्छा नही। मंदिर में बैठे हो थोडा प्रेम से मूर्ति का ध्यान कर पाठ करो भीतर के पट भी खुल जाए मंदिर के पट रोज खोलते हो। बोली नही मेरा ध्यान नही लगता सही साठ साल हो गये पाठ रटते हुए जो जीवन भर किया वही तो शरीर के साथ होगा। मै तो नमस्कार कर घर चली आई।

सोचती रही प्रभु मुझे बहुत अच्छी सेवा मिली इन आँखों से दिन रात तुझे देखू प्रभु फिर भी दीद ना भरे। अपने मन मंदिर में दीया जलाए बैठी हूँ। तेरी जगमगाहट देख जी भर भर आये। इस प्राप्ति के आगे सब कुछ फीका दीखता है। सभी दुखी है दरिद्र है भगवान के असली प्रसाद से सभी वंछित है, दूर है। इसलिए कहती हूँ बहुत भयावह स्थिति न आये मोड लीजिये अपने को। मन की दरिद्रता समाप्त हो जायेगी। असली प्रसन्नता के अधिकारी बनोगे अपने आप में समृद्ध हो जाओगे।। बाहरी दशा वैसी की वैसी रहेगी उद्‌गम स्रोत तो भीतर से होकर निकलता है। अपनी इच्छा शक्ति पर उपलब्धि सम्भव है। कोयले की खान में कैसे हीरा निकलता है यह भी दृष्टि घुमाने की प्रक्रिया है तभी भीतर का सूर्य दिखेगा असली सौभागय दाई सूर्य दूर नही है। बस सभी भटक गये है नजदीक होकर भी दूर है सबकी आँखे बन्द है संसारी आंखे खुली है। कम से कम अपनी आँखों की स्वस्थता के लिए यत्न करे।

सभी की आँख के भीतर प्रभु ने एक बीज दबाया है वह अंकुरित नही होता तो वह या तो मोतिया बन जाएगा या सुख जाएगा। वह बीज किस तरह आँख के उपर आता है या आँख की रौशनी धीमी करता है। वहि किसी न किसी रूप में आता जरुर है जैसे धरती में दबा बीज उपर आता है। ज्ञान के साथ ही मनुष्य जन्म पूरा होता है। सिंचाई मूल की करनी होगी वर्ना या तो पौधा सुख जायगा या फिर किसी बीमारी रूप में उभर कर बाहर आयेगा।

श्रद्धा और आत्म विश्वास के साथ अंत कर्ण की सुशुप्त शक्तियों को जागृत कर मनुष्य जन्म का पूरा लाभ उठा सकता है। श्रद्धा बढेगी तो ऊर्जा का कार्य भी बढेगा, इतिहास के पन्ने खोल कर देख ले। तत्व ज्ञानियों का नाम गाया गया वे अमर हो गये है जिन जिन ने यह अमृत पिया है। अंतर में प्रकट होने वाला वही स्वयं का असली सुख है। भारतीय विद्या आधुनिक काल से ही प्रचलित है भारतीय योगियों को साधनाओ के कारण ही गर्भ काल का स्मरण भी हो जाता था।

भगवान बुद्ध व्यक्ति का तीन जन्म देख लेते थे। यह मुझे भी मालूम था ऐसा होता है मैंने स्वयं अपना पिछला जन्म देख मै एक साधू वेश में कुर्ता पहने थी। वह गावँ आज भी याद है पर किसी ने मुझे बताया की अगर आप इस तरह पिछला जन्म देखेंगी तो अध्यात्मिक यात्रा रुक जायेगी। आज भी कोई व्यक्ति सामने आता है तो उसकी कुंडली पहले आ जाती है।

पुराणों में सभी ने पढ़ा है की अभिमन्यु को गर्भ में ही चक्रव्यूह भेदन का ज्ञान हो गया था। यह ज्ञान उसने अपने पिता से प्राप्त किया था। महाभारत के युद्ध में अर्जुन रणक्षेत्र के बाहर था। तब चक्रव्यूह भेदन की जिम्मेवारी अभिमन्यु पर आ पड़ी। उसने कहाँ मुझे चक्रव्यूह भेदन का ज्ञान तो है लेकिन मै अन्दर जाकर बाहर नहीं आ सकता। यह ज्ञान मै अपने पिता से गर्भ में लिया मैंने केवल चक्रव्यूह भेदन का ज्ञान पा लिया लेकिन मेरे पिता ने चक्र व्यूह से निकलने का ज्ञान जब मेरी माँ को दे रहे थे तो वह सो गई। उसी के कारण मुझे भी नींद आ गई। मै उस ज्ञान से वंचित रह गया। मै पूरा ज्ञान न प्राप्त सका, मेरा ज्ञान अधुरा रह गया। विचारों का प्रभाव कितना पड़ता है गर्भकाल का स्मरण भी रह जाता है। देखा जाए वह विद्या आलोकिक नहीं है। गर्भकाल में ही जानकारी प्राप्त हो सकती है। गर्भ धारण के चौथे महीने के बाद बच्चे का जीव संस्कार होता है। उस समय उसका आंतरिक मन धडकता है। चार महीने के बाद आंतरिक धडकने शुरू होने के बाद से लेकर जब तक जन्म नहीं ले लेता तब तक की घटनाए भी उसे याद रहती है। जबकि यह घटनाए माँ से सम्बन्धित होती है। माँ के सारे सुख–दुःख चिंता, परेशानी का सारा प्रभाव गर्भ में बालक पर पड़ता है वे सारी घटनाए याद की जा सकती है। बालक का आंतरिक मन इन प्रभावों को भीतर ही भीतर स्वीकारता रहता है। सारी घटनाओं से उसके व्यक्तित्व का सारा पता लगाया जा सकता है। भाव यह है विचारों का प्रभाव गर्भस्थ बालक पर विशेष रूप से पड़ता है कई क्रियाये है जिससे गर्भस्थ शिशु को शिक्षित भी किया जा सकता है। जब माँ ध्यान क्रिया करती है उसका उपरी मन सो जाता है और आंतरिक मन सक्रीय बना रहता है। इस प्रकार बालक प्रत्येक प्रभाव को स्वीकार करने में समर्थ रहता है। माँ अपने अंतरमन में जो भी ज्ञान स्वीकार करती है वही ज्ञान गर्भस्त बालक स्वीकार करने में समर्थ होता

है। सदाचार और शुद्ध विचार वाले पति पत्नी एक सुशील बालक को जन्म देगे। पति पत्नी मौन और शुद्ध विचार ध्यान धारण करने पर सात्विक बुद्धि के बच्चे को जन्म देगे। उनके लिए ऋषियों ने बहुत सी प्रक्रिया खोज निकाली जो अभी तक गुप्त बनी हुई है।

गर्भ धारण से पहले की बहुत सी प्रक्रिया जो स्वयं ऋषि मुनि अपनाते है। प्रभु की मुझ पर ऐसी कृपा बरसी इतना गुप्त होने पर कैसे समझ आया यह मै भी नही कह सकती। हाँ मेरे पास बहुत प्रसाद है बांटने के लिए। लेकिन श्रद्धा समर्पण की फीस होगी तभी मिलेगा। वर्ना समय तो समय किसी के पास नही मेरे पास तो बिलकुल नही मै थोडा भी किसी से बात करती हूँ मेरा ध्यान प्रभु की और से हटता है। मेरे आनन्द का स्रोत तो प्रभु के साथ बंधा है अन्य कोई बन भी नही सकता है।

ज्ञान के जानने वाले तो यहाँ तक कहते है हमारा आधार और विचार क्या है? ज्ञान वर्तमान जीवन की एक कड़ी है, जो बिखरी कडियो को एक श्रृंखला में लाता है बाँधता है। व्यक्ति अपने जीवन में पूरी तरह बिखरा है जीवन तो जिस प्रकार माँ के गर्भ में एक कड़ी यानी नाभि केंद्र से जुडा होता है गर्भ से बाहर आते ही जैसे जैसे बढता है। बिखरना शुरू होता है पहले तो शुद्धता में बिखरता है फिर अशुद्धता की ओर बहने लगता है, अनजाने में उसके पाप कर्म शामिल होते है।

ध्यान क्या है ध्यान एक शांत जलाशय है वही ध्यान होश है एक सघन पुंज है। ध्यान स्वयं की सृजन विधि है। पूर्व स्मृतियों और विचारों को अपने भीतर से निकलना है सघन पुंज सुप्त अवस्था में आ गया। गर्भ में बालक दृष्टा बनकर अपने अंतर में स्थित होता है। सभी गत कडी को भावी कड़ी को भूल बैठे है। इन कड़ीयों को पहचाने का एक मात्र सहारा है। प्रक्रिया अन्य कोई सहारा नहीं बाहर तो घूमना नहीं भटकना है। विभिन्न कडियां जब जुडती है उसकी गति अनन्तं बन जाती है। आंतरिक मन के द्वारा गत जीवन का ज्ञान प्राप्त किया जा सकता है। अनन्त जीवन को जान सकता है। एक ही केंद्र जहाँ सारे विचार समाप्त हो जाते है। वही जीवन उठने लगता है वही जीवन् को पूर्णता की और ले जा सकता है। एक लक्ष्य पर पहुच कर जीवन धनी बनाया जा सकता है। यही से एक स्वस्थ, सबल और प्रभाव युक्त जीवन बनता है। सवाल यही है जीवन को प्रभु की ओर अग्रसर कैसे करे। चिंता ही आत्मा से ऊर्जा शक्ति दूर करती है। अपनी सरलता सहजता ही आत्मा के करीब लाती है। चिंता और इर्ष्या अपनी ही आत्मा को मलिन करती है। यही से रुकावट शुरू हो जाती है अखंड आनन्द की सत्ता में परमात्मा का दिव्य सुधारस तो नितं बरस रहा है। वह दिख नहीं रहा वह अनुभव नही हो रहा वही सबसे नजदीक है।

मुनि शार्दूल वशिष्ट जी ने श्री राम को उपदेश दिया। तत्वज्ञान का सत्संग सबसे उंचा होता है। तत्व ज्ञानी की बाते परम पूज्य पद दिला देती है। मन आत्मा की गहरायियों को छूकर तृप्त होता है। बड़ा आनंद आता है। संसारी बातो में सब बिखर

जाता है। तत्व ज्ञान से उच्ची कोई बात नहीं। इर्ष्या और द्वेष तत्व ज्ञान को अन्त कर्ण से साफ कर देती है दूर कर देती है। तत्वज्ञान कहाँ ठहरता है वही आत्म ज्ञान भी ठहर जाता है। वही बेडा पार सब बेड़ियाँ खुल जाती है, आत्मज्ञानी ही आत्मसुख भोगते है वही बुढ़ापा और मौत उसको डराते नहीं, पकड़ते नहीं, जकड़ते नही क्योंकि ज्ञानी अपनी आत्मा में स्थित होकर सब देखता है। बुढ़ापा और मौत उसको डराते नहीं पकड़ते नहीं ज्ञानी अपनी आत्मा में स्थित होकर बुढापा और मौत से दूर हो जाता है। व्यक्ति को सावधान होकर सत्वगुण की ओर बढना चाहिए। ज्ञानी व्यक्ति सदैव अकर्ता भाव से काम करना है इसलिए जहाँ भी रहो अकर्ता बनकर रहो। कर्म बधन नहीं लगेगा। चेतन मन कभी भी समस्यायों का हल नहीं कर सकता। वह सारा भार अचेतन मन पर डाल देता है। चेतन मन उनको रोक न पाया। स्वप्न देखने का यही कारण है। ज्यादातर स्वप्न दीमाक की इच्छाओ और समस्याओं का प्रतीक है। ध्यान प्रक्रिया द्वारा इन समस्याओ का चेतन मन में स्थिर किया जा सकता है। अधिकतर शारीरिक और मानसिक रोग अपने आप दूर हो जाते है। मनोविज्ञान ने अचेतन मन का बडा महत्व बताया है। उसका ज्ञान चेतन मन को नहीं होता। मनोविज्ञान से तंत्र विज्ञान की बाते दूर बैठे बैठे सभी जान लेना। किसी की वस्तु खो गई है या पूर्वजन्म के बारे में जानना है। किसी आत्मा को सम्पर्क करना है यह सब बहुत गहरी अवस्था है। जिसमे जाने के बाद सब साफ दिखाई देता है। यदि विशेष ध्यान क्रिया गहरी होती चली जाती है। ऐसे योगी सभी आसानी से देख पाते है।

भगवान बुद्ध, ईशा, मुहम्मद जन्म आसानी से देख लेते थे। एक बार भगवान बुद्ध अपने शिष्यों के साथ घूमते हुए जंगल से निकल रहे थे रास्ते में देखा एक सापं को बहुत सी चींटियाँ चिपक कर काट रही है और परेशांन कर रही है। वह बुरी तरह से चटपटा रहा था। शिष्यों ने पूछा–चींटियाँ साँप को चिपक कर काट रही है इतना बड़ा साँप इन चींटियों का कुछ नहीं कर पा रहा और परेशान होकर चटपटा रहा है। ऐसा क्यों भगवन? क्या यह अपने किन्हीं जन्मो के कर्मो का फल भोग रहा है।

बुद्ध ने उतर दिया– हाँ, कुछ साल पहले जब हम इस तालाब के किनारे से गुजर रहे थे तो एक मछुआरा मछलिया पकड़ रहा था। हमने कहाँ भी था यह पापकर्म मत करो। केवल पेट भरने के लिए जीवों की हत्या मत कर। उसने हमारी बात नहीं मानी। वही अभागा मछुआरा साँप की योनी में जन्म उसके द्वारा मरी हुयी मछलियॉ ही चींटी बनी वह अपना बदला ले रही है। वही मछुआरा निर्दोष जीवो की हत्या का फल भुगत रहा है।

इसी तरह महाभारत के युद्ध के बाद की घटना सामने आती है। भीष्म पितामह जब शरशय्या पर लेते हुए थे तो महाराज युधिष्ठर का मन चिंता और शोक से भर गया। उन्हें चिंतित और शोककुल देखकर भगवान कृष्ण उन्हें भीष्म पितामह के पास ले गये

और बोले पितामह युद्ध के पश्चात धर्मराज युधिष्ठर बड़े शोकाग्रस्त हो गये है। आप इन्हें धर्म का उपदेश देकर उनके शोक का निवारण करे। तब पितामह बोले आप कहते है तो मै उपदेश अवश्य दूंगा। किन्तु हे केशव पहले मेरी शंका का समाधान करे यह मै भली भांति जानता।शुभ अशुभ कर्मो के फल भोगने पड़ते है परन्तु इस जन्म में तो मैंने कोई भी ऐसा कर्म नहीं किया ध्यान करके देखा तो पिछले बहत्तर (72) जन्मो में भी कोई क्रूर कर्म नहीं किया इसके फलस्वरूप भी आज मुझे वाणों की शय्या पर शयन करना पड़ा।

भगवान श्री कृष्ण ने कहाँ– पितामह आपने बहत्तर (72) जन्म तो देख लिए एक जन्म और देख लेते पिछले तिहत्तर (73) वे जन्म में आम के पत्ते पर बैठे हरे रंग के टिड्डे को पकड़कर उसके भीतर बबूल के कांटे बोंके थे। कांटे चुभाने के कारण आज वही कांटे बाण के रूप में मिले है। कर्म के अनुसार यह कांटो की शय्या मिली है। देर सवेर कांटो का फल भोगना पड़ता है। सावधानी से किया गया कर्म भोगने में प्रसन्नता देता है। उसी प्रकार ईश्वरीय बुद्धि से लिया गया कर्म अन्तकर्ण शुद्ध कर देता है। कर्ता का कर्तापन आत्मानुभव में लय हो जाता है। वही मुक्त आत्मा कहलाती है। सभी को कर्म का फल भी समझकर उचित ढंग से कर्म करना चाहिए अन्य मरण के चक्र व्यूह से मुक्त होने का साधन करना चहिये। साधन ऐसा न हो जो अपनी गाडी चलाना नही जानता। जिसे गाडी चलाना नहीं आता ऐसे व्यक्ति के भरोसे यात्रा कैसे सफल होगी?

इसी प्रकार हमारे भीतर अज्ञात चुम्बकीय शक्ति के कारण शरीर से अज्ञात जन्मों को देख सकते है। अज्ञात रहस्यों का ज्ञात हो सकता है। मनुष्य को अपने एक–एक क्षण का लाभ लेना चाहिए। पहचानना चाहिए कुछ तो भूल रहे है कुछ तो गुम है कुछ खो गया है याद नहीं है क्या है।

डॉक्टर चार्कोट ने इस उर्जा का अध्ययन करते हुए, बहुत खूबसूरती से कहा उन्होंने इसी ऊर्जा को भावना का पुट दिया जाए तो यह उर्जा धनत्व को प्राप्त कर लेती है उन्होंने इसी भावना का भाव कहा और बताया की यदी किसी व्यक्ति में किसी व्यक्ति से मिलने की चाह होती है। उसकी आँखों में एक विशेष प्रकार की चमक होती है। उसके पैर तेजी से चलने लगते है यदि वह व्यक्ति जिस व्यक्ति से मिलने जा रहा है और यदि उसका मेल जिस व्यक्ति से नहीं खाता उस व्यक्ति से मिलने पर कोई चमक नहीं होगी कोई खुशी नहीं होगी। उसी क्षण उसके प्रिय पात्र का वर्णन किया जाए तो वही चमक आ जाएगी।

बात बस इतनी सी है तन से फकीर मत होना, मन से फकीर होना किसी को कानो कान खबर भी न हो जाए यह भी खलल डालती है। लोग आयेंगे मिलने इधर उधर की बात करेंगे यह भी खलल है। एक बार तार जुड़ जाए टूटने न दिए जाए। तार को पकडे रहे तभी सवेरा होगा। दुनिया की सुन्दरता और बढ़ जायेगी। कृष्ण आते रहेंगे, बुद्ध आते रहेंगे, महावीर आते रहेगे, किसी को पता न चलेगा। ना ही किसी की किसी

के साथ तुलना की जा सकती है, सबका मार्ग अलग–अलग है ध्यान अलग–अलग है। कृष्ण का मार्ग चांदनी रात में गोपियों संग बांसुरी बजाते मिलेंगे पेड़ों के नीचे रास रचाते मिलेंगे। क्या किसी ने कृष्ण की कोई मूर्ति ध्यान में बैठ कर देखी है कही पेड़ के नीचे बैठे हो। नहीं कृष्ण तो बांसुरी बजाते मिलेगे, उन्हें बांसुरी बजाते देखा है। सोचो उनकी तुलना बुद्ध से की जा सकती है। बुद्ध का मार्ग अलग है वे वृक्ष के नीचे सिद्ध आसन में बैठे मिलेंगे। बुद्ध और कृष्ण दोनों का मार्ग अलग है। असल में मुहम्मद, मंसूर, मूसा, लाओत्सु, च्वाग्त्सु, कृष्ण, बुद्ध, महावीर, कबीर, नानक, सरहपा यह सब परमात्मा के रूप है। सबने अपने–अपने अनुभव से विधियाँ दी है। सभी अलग–अलग प्रक्रिया देकर चले गये। क्या कोई बुद्ध दुबारा आया महावीर आया नहीं। यह सभी सागर की लहरें थी जो हमे खोज दे कर चले गये ऐसा होता रहा है और होता रहेगा परमात्मा के मिलने की राह दे गये, तरकीब बता गये। गावँ–गावँ घूमकर संदेश दिया फिर कितने लोग समझ पाए। परमात्मा कहाँ है? पता नही है, किसी को पता नहीं कैसे मिलेगा? परमात्मा तो सामने खडा है

परमात्मा को पाने की पीड़ा तो उठनी चाहिए। वह बडा सौभाग्यशाली है जिसे यह मीठी पीड़ा उठती है। प्रभु के लिए जो रोया नहीं, नाचा नहीं, गाया नहीं तो भीतर विरह की अग्नि जली नहीं कानो में अनंत नाद गूंजे नहीं कोई खलबली नहीं मची, प्यास ही नही उठी कैसे देख पायेंगे? फिर तो प्रभु से पीठ किये बैठे हो। प्रभु को जान लेने के बाद ही असत्य सत्य हो जाता है।

लाऔत्सु के सामने जब विराट का सत्य प्रकट हुआ। तो वे मौन हो गये बिलकुल चुप रह गये। गहरी चुपी साध ली, कई बार पूछा गया पर नहीं बोले बाकी सभी के बारे बोले सत्य की बात आती तो मौन हो जाते अंत में जब बहुत जोर दिया गया और कहा गया की जीवन के आखरी क्षणों में कुछ तो ज्ञान देते जाओ सत्य के बारे में कुछ तो ज्ञान देते जाओ। सत्य के बारे में कुछ तो बोलो तब उन्होंने पहला वचन लिखा– सत्य को बोला जाए तो झूठा पड़ जाता है। अगर बोला गया तब सत्य सत्य नहीं रह जाता है। वह तो निशब्द है वह शून्य है सही बात है।

जिसने उसका स्वाद चख लिया फिर परिभाषा मत पूछो शब्द छोटे पड़ जायेंगे। परमात्मा का प्रकाश उन्ही के पास है जिन्होंने जाना, बाकी सब अनजान है। यह एक छुपा गुप्त रहस्य है महान लोग ही जान पाए। इसे अंधा व्यक्ति तो अँधेरे और उजाले का कोई फर्क नही कर पायेगा। वह अँधा व्यक्ति ओपरेशन करा ले फिर भी दिव्य उजाला कोसो दूर है। हां दिव्य उजाला देखना चाहे वह अंधेपन में भी छिपा मिलेगा। आँखों का सारा रहस्य अंहकार के पीछे तली में बैठ जाता है। जैसे ही अहंकार विदा हुआ क्षण में उजाले का रहस्य प्रकट हो जाएगा। कोई ऐसा सतगुरु मिल जाए क्षण भर पास बैठने से अनुभव हो जाएगा गंगा की शीतलता कैसी होती है और गंगा में नहाने

से पाप ना धुले अगर कोई प्रकाशवान मिले धन्य समझना। असली गंगा स्नान कराते सागर पहुंचा देगा। उजाले से सम्बन्ध जुड़ गया तो दर्शन भी हो जाएगा। जो जीवन का पारखी होता है वह जीवन में दुःख से रोता नही बल्कि दुःख उसे निखारता है। धन्यवाद देता है दुःख में कारण नही खोजता दुःख में मजंता है, पकता है, निखरता है, शुद्धता सामने आ जाती है। तभी वह अनमोल घड़ी सामने आती है, प्रभु का साक्षात्कार होता है। सोना जितना पकाओ निखरता है। सोने की सारी अकड़ खतम हो जाती है। सुंदर जेवर बन जाते है। उसी समय संसार की सारी भ्रान्तिया समाप्त हो जाती है। टूट जाती है, जिस हाल में है चलो खुश चलते रहो यहा महल झोपड़ी का कोई फर्क नही पड़ता। यह तो होता रहेगा ज्ञानी तो परमात्मा की राह दे गया मिलने की तरकीब बता गया। गावँ घूम संदेश दिया कितने समझ पाए। परमात्मा कहाँ है? किसी को नही पता कैसे मिलेगा?

परमात्मा का प्रकाश उन्ही के पास है जिन्होंने जाना है, बाकी सब अनजान है।

जो भीतर बैठा है उसके लिए पहाड़ पर जाने की जरूरत नही है इधर उधर भागने में कुछ नही रखा। अन्धकार में अंगारा दबा पड़ा है। राख तो हटानी होगी, जरा पर्दा तो सरकाना होगा। शिला सामने पड़ गई थोड़ा तो प्रयास करना होगा। अँधेरे में शिला ने सारा नजारा रोक रखा है।मैले मन को धोना पड़ेगा, कौन धोएगा नजारा तो तभी प्रकट होगा।

ध्यान परमात्मा की धुन है गहरे अनुभव की बात जो–जो धुनें सुनी वो–वो साज हाथ में आ गए। प्रभु का दुवारा ज्ञान में होंटो पर बांसुरी बज उठी या इकतारा बोल उठा, कभी अल्लाह हु की हुंकार उठी कहकर गाया, शंख, घंटिया बज उठती है। ज्ञान कभी शांत नही होता प्रभु के प्यारे भगत किसी न किसी रूप में बोल उठते है। अभी भी अनेक शब्द खामोश है खामोश शब्दों की डोर गहरी बंधी है। कभी भी खामोशी के शब्दों को बोझ मत समझना वर्ना बेकार थक जाओगे। उनको समझना कोशिश करना शब्द बहुत गहरे बैठे है।

प्रभु प्यारा हमारे ही भीतर तली में वासनाओं इच्छाओं में बैठ गया। मेरे भीतर प्रभु पियारे के अभी बहुत अनकहे शब्द रह गए। ज्ञान में अपना अनुभव हो तो तभी ज्ञान निखरता है दुसरे का अनुभव सुनने से नहीं होता करने से जल्दी सिद्ध होता है। सबसे कीमती ज्ञान मुफ्त उपलब्ध कराया जाय उसकी कीमत नही आंकी जा सकती। अगर साधक को उपलब्ध हो जाय तभी साधक बता सकता है। यहाँ किसी उपकरण की कोई जरूरत नही जो तरना चाहता है वहि ज्ञान का लाभ उठा सकता है। ज्ञान कोई अकांक्षाये नही जो जबर दस्ती थोपा जाए। ज्ञान वा ज्ञानी के प्रतिकूल जाने वाला सदैव डूबता है। ज्ञान प्रभु की ऊर्जा है जो नदी के जल की तरह बह रही है। ज्ञान में बहना होता है, प्रभु की ऊर्जा के विरुद्ध किया गया कार्य व्यक्ति को साथ ले डूबता है। मनुष्य

जन्म की घडिया कोडियो की भांति व्यर्थ चली जाती है। सच्चा जिज्ञासु ही सदमार्ग खोजता है। रोटी–रोटी कहने से भूख नही मिटती, रोटी खाने से भूख मिटती है। सिमरन से अधिक ज्ञान कहने में छोटा शब्द नजर आता है बीज में जिस प्रकार विशालता छिपी होती उसी प्रकार ज्ञान की महिमा की विशालता बरसने के बाद पता चलती है।

सुकरात से किसी ने कहा आपने इतना कुछ सिखा क्या जाना। सुकरात ने कहा मैने तो सही जाना की कुछ नही जाना संसारी दृष्टि से जानो तो मैने कुछ जाना लेकिन अध्यात्मिक दृष्टि से जानो तो कुछ नही जाना। अध्यात्मिक दृष्टि से बहुत सीखना बाकी है। मैने जान जान के जाना की कुछ नही जाना। एक बच्चा हाथ में मोमबती लिए जा रहा था सुकरात ने बच्चे से पुछा यह जोत कहा से आई। तो बच्चे ने फट मोमबती को बुझा दिया बोला अब बताओ ये जोत कहा चली गई। तब सुकरात ने कहा मैने बच्चे से भी बहुत कुछ जाना। यही जान जान कर भी लगता है कुछ नही जाना। यही ज्ञान का मार्ग है मानसरोवर की यात्रा है। हृदय में प्रवेश कर परब्रह्म पूर्णसत्य को जानकर बादशाह होय। जीवन का रहस्य प्रकाश का खुलना आँख की उपलब्धि, खुला रहस्य खुलना बाकी है। परमात्मा से प्रार्थना करो खुलके सब जान सको। जर्रा–जर्रा वाकिफ है इन्सान को छोडकर पशु, पक्षी, कीड़े, मकोड़े तो यत्न भी नही कर सकते है। मनुष्य है जिसको प्रभु मौका देता है अब भी जान ले गर्भ से बच जाएगा। परमात्मा के दरबार में कोई आडम्बर नही चलता सारा काम भाव का है भावना का है। श्रद्धावान को प्रभु द्वार पर बुलाता है और सत्य का ज्ञान प्रकट करता है।

मै तो दाता की रजा में राजी हो गई हूँ मेरे अंदर झाँक कर देख सकते हो तो देख लो। मुझे विश्वास है सभी स्वीकारेंगे मेरे रोम रोम में शक्ति बसी है प्रभु की शक्ति साथ दे रही है। मै उनसे दूर होने की सोच भी नही सकती। मेरी हृदय रूपी धरती में ज्ञान के सिवा कोई उपज नही। टटोलते रह जाओगे अन्य कुछ न मिलेगा। सभी के हृदय रूपी धरती के लिये प्रभु संदेश का बीज पहुंचाना चाहती हूँ। बीज कितनी ही पत्थरीली धरती पर गिरे कई व्यक्ति ऐसे उपर से सख्त भीतर से नर्म एकदम शुद्ध उनके भीतर कोई पाप नही छिपा होता। प्रभु के संदेश सुनते भी है किसी को पता नही होता वहाँ बीज अंकुरित अवश्य होगा। संसार में रहकर अनासक्त भाव से कर्म करे उसी में आनन्द छिपा है। मै मेरा का भाव रह गया तो कभी अनासक्त सम्भव नही है। मै मेरी के भाव से उपर उठ जाए। कोई भी कर्म अर्पण भाव से करे। अनाशक्ति भाव से सारी चिंता क्लेश की समाप्ति हो जायेगी। मै मात्र प्रभु की सेविका हूँ प्रभु की अपार सम्पदा का पता पा गई। अपनी डयूटी निभाने आई हूँ प्रभु है घर–घर मेरा संदेश पहुच जाए। जीवित रहने का मतलब जीवन का बोध भी आवश्यक है। जो बाहरी ज्ञान पढकर बोलता है समझो वह थोथा है भीतर से खोखला है ज्ञान भीतर से सधता है जिसका

ध्यान सध गया वह पार हो गया उसका जन्म जन्मातंरो की भटकना समाप्त हो गयी। मैनं अपनी आत्मा की गहराई में उतरकर आत्मकथा लिखी यहां क्या लिखु आत्मा बचती ही नहीं? अपना जीवन जानकर बुलबुले जैसा लगता है जीवन एक सपना भांति हो गया। जीवन जीना बहुत कठिन हो गया। सब जानकर भी सब खो गया। सपष्ट होने के बाद असल जानने के बाद यह संदेश लिखना जरुरी हो गया मै और हल्की हो गयी बस इतना कह सकती हूं सागर कभी लहरों से अलग नहीं हुआ तो हम परमात्मा से अलग कैसे हो सकते है?

प्रभु के बन्दों के जज्बात समझना सरल नही,
उनसे दूर दौड़ जाना अति आसान है कितने नादाँ है,
प्रभु के अजीज बन्दों की कही बस्तियां नही मिलती,
वे मौन मिलते है प्रभु की कृपा अधिक बरसती है,
गर्मी तड़फती धूप की हो दया धर्म का मूल समझते है,
प्राण उनके घट बिच अभिमान पाप मूल से दूर रहते है,
मूल पथ पर चलना घट बंधन खोलना काम उनका है,
रह रौशनी की सत्ता जगत से कर सघर्ष उन्ही दीयो में उजाला भरते है,
आज भ्रम में घूम रहा इंसान मुकदर अपना ढूढ़ रहा अपने आपसे दूर है,
समुन्द्र टकराने से बचता है अपनी मौत का पत्थर ढूढ़ पानी में फेकता है,
समुन्द्र उछलता है टकराने को पत्थर ढूढता है फिर समुन्द्र में समाता है,

भ्रम का अर्थ है अपने भीतर भरी गलतफैमियाँ और संदेह दूर करना।

संसार में लोगो ने अनेक भ्रम जाल के कारण कई प्रथाए बाँध रखी थी। घर में आई नई बहु को अपशकुन मान लेना, स्त्रियों का शिक्षा ग्रहण न करना, पति मर गया सती होना, जाती प्रथा। जो धीरे–धीरे महान पुरुषो की वजह से ही दूर हुई। मुंशी प्रेम चंद ने बहुत सुंदर लिखा संसार रूपी वाटिका में देखोगे तो सुंदर फूलो के अतिरिक्त कुछ भी नजर नही आएगा। भ्रम को काँटे का रूप दिया हमे काँटो रूपी भ्रमजाल से बचना चाहिए। अज्ञानता का मूल कारण ही ईश्वर की पहचान न होना। अपनी आत्मा के स्वामी होते हुए सभी गुलाम है। जीवन शक्ति का गजब का रहस्य सभी के पास उपलब्ध है। खुलता किसी महान गुरु की प्रक्रिया से है। कितना ही वर्णन करो सबका अपना निजी अनुभव है। सबका अपना प्रभु के साथ वास्तविक परिचय है। हांड मांस के जीवित व्यक्ति में सौन्दर्य शक्ति का अतरंग परिचय है। अध्यात्मिकता में स्पष्ट है गुरु की सिद्ध प्रक्रिया हासिल हो तो बात बन सकती है।

त्याग दो ख्वाहिशे, निकाल दो मन का मलवा,
जीवन का अर्थ जानने के लिए राम ने अपनों को छोडा,
श्री राम कहलाने के लिए दर्द तो उन्हें भी उठा होगा,
सरे आम शहर में कैसे रोते, दिल अकेले में भर आता होगा,
इन्द्रधनुष सा दिखता है जख्मो की रंगत क्या लिखू
मिश्री से मीठे बोल हिन्दू धर्म में अनमोल राम
आखिर रिश्तो से कैसे चुके राम ये भ्रम था राज था
हृदय के अँधेरे में दर्दो का बैठना सीता के नाम की शोक शहनाई बजना
लेखक लेखनी की धार से रामायण निखारते चले गये राम को संवारते चले गये
सच्चाई और प्रेम का अलग होना, देखने भीड़ उमड़ आई होगी,
उस घडी में बल था, टूटने का दर्द था, एतबार था, नकार था,
पश्चाताप था, मलाल था !! क्या था? बिखरे सवालों की तलाश

मै अजीब सी भटकन में हूँ इस उतर की तलाश में हूँ । आपको जवाब भीतर में उतर आये तो अवश्य दे मै जानने को बेकरार हूँ । आखिर राम सुबह शाम एक फासले में सीता को ढूढने गये होगे। दिल में कुछ खोफ तो होगा उपर वाले का मन की दशा कितनी भी प्रबल हो परन्तु बुद्धि अपना यंत्र अवश्य घुमाती है। मानती हूँ सत्य सदैव प्रबल होता है मगर फैसला भी खुद का होता है। संसार में कालिमा कल भी थी आज भी है क्या रावण का रक्त श्वेत था जो सीता को छोड़ दिया अनसुलझे उनसंदिग्धों को सत्य बनाकर रामायण में थोप दिया विरोध विरल है और सत्य को सबल दिखा दिया

बड़ी मासूमियत से लिख रही हूँ, जगत की पत्रकारिता की कलम ने कोई नया आयाम न दिया सतयुगी एक कहानी अधूरी छोड़ दी। दूसरी बार बनवास काट कर भी सीता माता कितना सूनापन खालीपन अपने भीतर लेकर वहाँ से गई होगी क्या समाज का डर था या फिर कोई सवाल राम पर उठेगा राम के पास कोई जवाब न होगा। भूल गए सीता के हादसे को या नजर अंदाज किया। वक्त निकला मुश्किलों में अनजानों ने दिया सहारा या पहचान वाले साफ मुकर गये। वक्त आने पर नजरे सबकी झुक गई। गरीबी भी नही थी जो चिथड़ो में रहना पडा। आन बान के साथ जंगल में छुडवा दिया। कितनी बार पुरानी साड़ी को रफू किया होगा खुशी के चंद लम्हों को याद कर आँखों को भिगोया होगा। कितना कुछ नजर अंदाज करेंगे आंखे बन्द कर रामायण का पाठ करेंगे।

मुझे तो केवल सीता माता की याद आती है। जी चाहता है निकाल लाऊ रस्ता खोद कर। फर्क इतना सा है सबकी अपनी सोच है। वर्ना क्या राम को मुहब्बत कम होगी धड़कनों में सीता दौड़ती होगी। सीता जंगल में रोई होगी तो ऑखें राम की भी गीली

हुई होंगी। गर्भवती करके यूं जगंल में ना छोड़ते? कौन बोलता कोई राम की बराबरी का न होगा। राम के परिवार से सब डर गये होंगे। दादागिरी उस समय भी होगी लोग पैदल चलते होंगे राम रथ पर होंगे।

उनकी ग्रहस्थी के बीच क्या सागर आया होगा? प्रेम भरा विश्वास संदेह शूल तनिक भी न दूर हुआ। यह सारा वृत्तांत क्या रामायण पर भारी पडा? सीता अगर पढी लिखी होती कितना चाह राम को अपनी जगह क्या लिखती? या विरोध कलम से अपना लिखती। सीता की छोड़ो राम पे क्या गुजरती होगी कितनी बार बाहों में दिया सहारा यू ही याद कर तकता होगा। अब कब आएगी दर्मिया राम के मुहब्बत में मुस्करा के खुशबु पागल की तरह भीतर भरता होगा।

आज तक किसी शायर का दिल मजबूर क्यों नही हुआ लिखने को? किसी ने नजदीक से समझ कर न पढा रामायण को या दबा दिया रामायण में किस्सा राम सीता के प्यार को। उफ सच जानना आवश्यक है। सीता माँ गर्भवती जंगल में गई फिर घास–फूस का बच्चा मिला। अपनी कलम से सीधा वास्तविक परिचय कैसे लिखू। यह सवाल अक्सर मेरे दिमाग में घूमते रहे। क्या यह सम्भव था? सीता का दर्द लिख रही हूँ कोई शायरी नही समझना। क्या इसे काल्पनिक कहानी कहेगे? या कहेगे सारी रामायण बहुत सोच समझकर लिखी गई। आज कलयुग में मेरे प्रश्नों को खोजना आसान नही क्योंकि यह समझ से बाहर है। तर्क वितर्क के लिए बहुत लोग सामने आ जायेगे फिर भी इन शब्दों का हल निकला तो मुझे बहुत खुशी होगी। मुझे साधारण व्यक्ति के जवाब का इन्तजार रहेगा।

हे ईश्वर वो तो लवकुश हो गये राम के विकल्प हो गये। सीता कही भी रही रोती रही मुस्कराती रही। क्या उसके अधरों पर खामोशी रही। गजब का राज था राम का आखिर आज तक खड़ा है। ये मेरे शब्द है सीता कैसे कच्चे मकान में रही होगी बरसात के मौसम में मिटटी की खुशबु आई होगी या सारा आंगन कीचड़ से भरता होगा। राम तो फिर भी महल में थे लोग बेवजह रामायण में राम की तारीफ करते है। सीता थक गई होगी खुद को साबित करते करते। दिल में चोट कहाँ तक कर गई समझ न आया होगा धरती में समा गई।

मुझें तो ऐसा लगता है सब झूठ है दो बच्चो की माँ कैसे आत्महत्या करेगी। मन गवाही दे गया होगा। माँ बेटे के बीच की बात थी अपने दो दो बेटो को छोड़ इतनी बडी कुर्बानी किसके लिए दे गई। क्या कहता है हिन्दू धर्म? स्थति में कैसी अराजकता रही होगी। बहुत जल्दी अपना लिया सीता की कुर्बानी को। यह सीता का राज समुन्द्र की तरह बहुत गहराई लिए खड़ा है। गहराई में खुलता है।मेरा किसी से कोई विरोध का मतलब नही है। एक स्त्री होने के नाते मेरी सोच है। सीता की जिन्दगी में कभी अच्छे दिन आये। महलो के बदले कुटिया मिली। कौन से लंगूर ने उनकी मदद

की जो उन्हें बचा लाये। कहाँ गये सारे लंगूर आज एक भी चीख सुनाई नही देती। आज बुरे को बुराई दिखती है अच्छाई लुप्त हो गई। कहाँ गये श्रेष्ठ लेखक वैसे तो भीड़ वाली जगह खड़े मिलते है। आज हर उस लडकी को इन्तजार है जिसकी इज्जत दाँव पर लगी हो। कोई तो चिम्पाजी आयेगा इज्जत उसकी बचाएगा।

कुछ लोग आते है केवल दे जाते है क्या कहूं खेत तो नही थे वे दर्द की बरसात की और खेती कर गये। वैसे भी बरसात में अच्छे भले रोड़ भी मिटटी बन जाते है। वो तो बेचारी सीता थी अपने खून से सीचा होगा अपना तन। यूं जंगल में घूमते घूमते देखा होगा क्या है जिन्दगी में? समझा नही कोई उसको मुहब्बत की भी इन्तहा हो गई। बदन का दुपट्टा जब भी सरकता होगा नजर झुका लेती होगी। भविष्य में कभी सीता पर किसी को दुःख नही हुआ। यह सब सोचने के बाद बचपन याद आता होगा गुरुजी की प्यारी प्यारी बाप की दुलारी डॉट याद आती होगी। अब त्याग पत्र किसको देती जा समाई धरती में। क्या घोषित करती उसका आत्म सम्मान जबरन ले गया होगा सुनसान खाली धरती पर।

अजीब इतफाक था लम्बी रिश्तेदारी माँ बाप बच्चे सब आमीर दिखे, वह अमीरी में जीना नही, चाहती थी। बहुत खुबसुरत थी अब झुरिया पड गई होगी या अपने को अब राम से बचाना चाहती थी। उसका कोई स्पर्श नही चाहती थी। कांश ठहर गया होता वह वक्त झूठी शान के लिए रुक जाती सीता माँ की कुर्बानी। क्या होता एक बार फिर जंगल जाना पडता। एक बार फिर बजरंग बली मदद करते। बजरंग बली भी अवतारी पुरुष रहे होंगे जिनकी सिद्धी में वानर सेना होगी या सम्मोहन वानर सेना होगी।

माँ सीता तेरी शान के बादल भी छट जाते क्यों बरसने से पहले मिट गई क्यूं ऊंची उड़ान भरने से पहले अपने में सिमट गई। क्यू पीछे हट गई जाने किस मोड़ पर भीतर से राम मिल जाते है। तपस्या का फल लेने से पहले क्यूं मिट गई। जख्म भरे न सहारा लिया क्यूं वापस लौट गई। सच्ची मुहब्बत कभी खत्म नही होती। क्या हुआ सब छोड गये तुमहारे भीतर का दीया तो जल रहा था। क्यू बुझा दिया या ये एक्सीडेंट था। राम महलो में भोग खाए तुम्हे सुखी रोटी क्यों? भूख का मजहब तो समझ आता है। जख्मी थी बीमार थी या प्यार यहाँ तक चोट कर गया मौत का कष्ट उठाना पड़ गया। या फिर सबके घरो में रामायण रूप धार लाइम लाईट में रहना चाहती थी। दहलीज मुहब्बत की न चडी चुपचाप गुजर गई बडा जानलेवा दर्द लिया। कैसे समेटा अपनी साँसों को किस कद्र धडकन और ह्रदय को रोका। अंत समय किसकी फिक्र कर गई।

खुद की तपन की खुद साजिश बन गई माँ सीता तेरी झुल्फो से भी गंग नीर टपका होगा।

किससे रंजिश थी क्यों मौत की चपेट में आ गई जान जाये सभी कौन कौन आशिक थे सतयुगी इश्क का भ्रष्टाचार कलयुग में सामने आता, मैने अनजाने में अपनी खोज

कर जाना रामायण लिखने वाले बहुत सत्य प्रिय रहे होगे झूठ और अत्याचार लिखते थर्रा गये होगे सारी रामायण से यही अफवा आ रही है बजरंगी ने सीता की इज्जत बचाई बेचारे बजरंगबली को आज ये बात समझ आती होती तो खुजलियाते–खुजलियाते पागल हो जाए पत्थर की मूर्ति की बजाए दुःख के समय कभी जिन्दगी में बजरंगबली के रूबरू हो जाए फिर बताना जिन्दगी का एहसास खुद का इतना सा अनुभव कमाल का था। श्रेष्ठ जन से मिलन का सीता के रिश्ते की व्याख्या सारे रिश्तो को पार गई क्यूं आसमा को देख धरती में समा गई जान है तो अस्तित्व का जहाँन है यह बात क्यों समझ में न आई दर्द कभी बेकार नही जाते काँटों की चुभन दुनिया से मिलती है तड़फन दुनिया से मिलती है तनहाई में मुझे अहसास हुआ साँसों ने गजब कर डाला चक्र को भेद निकाल लेता है सुरक्षा चक्र प्रभु दर्शन सबसे बडी उपलब्धि आंचल अस्तित्व का बांह फैलाए खड़ा है कर्मो के तूफान से दरवाजा प्रभु का खुल जाता है। उपज हृदय की भीतर से घुमती हुई मस्तिष्क से बाहर निकल आती है फिर विराट का दर्शन पाता है। खिली उड़ाने वालो को भी सबब मिलता भले कटाक्ष मिलता सुनती पथ के काँटों से ही विजय मिलती है। दुखो को महसूस करने के लिए दुखो से गुजना होता।

न जाने प्रभु ने सीता की कैसी तकदीर लिखी, जिसका दिल दुःख की आग में जला या जलने को छोड़ा? दिल की तपश आहो की ठंड क्या–क्या कहती होगी, हक न कोई जमाया जिन्दगी पूरी कर गई, मरने से पहले हवा की महक में आंसू बूंद–बूंद टपके होंगे। भिन्नी भिन्नी सी चलती हवा दिल बार बार धड़कता होगा। मन दुखो में भीगा होगा कई रात सुबह से शाम निहारी होगी। तपती सूर्य की किरणों में रही होगी दुखो में पिंघली होगी। हंस कर कबूल कर गई सारी सजाये।

सीता प्रमाणिक स्त्री थी सच्चाई का दुःख झेला उसके भीतर कोई ढोंग नही था। अपने अनुशाशन में रहकर प्रतिशण दुःख सहा। यह सच्चाई का दुःख था। इतना बड़ा दुःख भोगना सारी पीड़ा सह गई। मन में घृणा थी प्रेम था यह सब ले धरती में समा गई यह भी मूढता थी। असल में सालो से एक वर्तुल में घूमते हुए होता है। शायद से दुःख से भागना चाहती थी। दुःख ने आग की भाँति जला डाला। इस तरह दुःख से गुजरते हुए सच्चे सुख को तड़फती मन की कैद से आजाद हो गई। सारी उम्मीद छोडकर अपने आपको छोड़ गई।।

चलो सीता माँ ने अपना रास्ता चुन लिया उसकी झोपडी में राम नही आये रोज नई सुबह इन्तजार किया होगा। दिल की भी हद हो गई। अपनी दो दो जवानी की निशानीयाँ छोड़ गई। कुछ सकुन मिला होगा। जो उसकी दुनियाँ का छोटा सा हिस्सा थे यह संदिग्ध रिश्ता कोई न समझ पायेगा। कुछ लोगो ने पूछा होगा। क्या कहती? कहाँ से शब्द लाती। सीता के पास शब्दों का खजाना होगा। यादो का खजाना किस पर लुटाती। स्वयं के बुझने से पहले कुल के दीपको को महल में पहुचां दिया। बच्चो

की जिन्दगी में खुशियों का घडा भर गई। सीता का समझ आता है उनकी जिन्दगी में बहुत भूकम्प आये। राम अपना किरदार अच्छा निभा रहे थे। अच्छा भला अपने जीवन में राज का लुत्फ उठा रहे थे। अपने जीवन की अधूरी कहानी को खत्म कर कहाँ जा रहे थे। सभी जानते है सीता तो धरती में समा गई। लेकिन राम की मृत्यु को जल समाधि कहा गया। राम का मरना भी उत्सव बनाया गया। राम के राज्य के हजारो लोग उनके साथ हो लिए। यह सब पहले से नियुक्त था या राम ने घोषणा कर कर दी थी। आज राम समाधि लेने वाले है, हजारो की संख्या में लोगो ने राम के साथ समाधि ली। ढोल नगाड़े बजाए गये। सबसे बडी बात जीवित आत्माएं जल में जा रही थी उनका दर्दनाक शौर किसी को सुनाई न दे। क्या ऐसा था? उनकी तड़फन से वाकिफ न हो। इतिहास में सब लिखा जाता। जीवित आत्मा का मरना कितना दर्दनाक है सभी जानते है। राम अपना निर्णय जनता को बता सकते थे वह क्यों नही लिखा गया या दबा दिया गया। अगर रामायण कोई भी समझ कर सलिखे से पढता तो रौशनी बहुत दूर तक जाती है। राम पर कौन सी मुसीबत आ पडी जो प्रभु को याद कर लिया। यह ख्याल मेरे दिमाग में वर्षो से बेजान पडा था। बडी मुशिकल से मेरे प्रभु की अपार कृपा बरसी है जो ख्याल सालो से सुलगता रहा आज उसको हल करने का वक्त आया है। जरा जिंदा लोगो में इस विचार की क्या झलक दिखाई देती है देखनी चाहिए। अपने गम को भीतर लेकर सागर में समा जाना अच्छा था या भीतर से निकाल बाहर फैकना अच्छा था। उस वक्त राम को भी कुछ साबित करना था। उस आत्मविश्वास की दाद देनी होगी। बहुत मतलब निकलते है। राम कही रोगी तो नही थे कही पानी के अंदर छुपकर बैठ गये हो और बहुत लोग उन्हें बचाने के लिए पानी में कूद गये हो। कुछ भी हो सकता है लेकिन आप सभी क्या कहते है। जो घर से निकले होगे घुमने पहुच गये सरयू नदी पर। मै उस घाट पर बैठ कर अपने सवालों के प्रश्न खोजती रही। परन्तु किसी को आज तक पता नही चला मेरे मन में क्या चला।

मै केवल इतना सोच रही थी तत्व ज्ञान होने के बाद मृत्यु का सवाल ही नही उठता। फिर राम की मृत्यु जल से क्यों?

हांलाकि राम मेरे इष्ट है सकल ब्रह्माण्ड में समाया राम का अति सौन्दर्य कहा नही जा सकता। मै तो कहूंगी ऐसा सौन्दर्य बार–बार देखने को मिले। मनुष्य जन्म बार–बार मिले। मै तकरीबन राम के सभी धर्म स्थलों पर गई। मेरे भीतर एक जनून राम के प्रतिबदृता बढती गई । राम सीता की भीतरी जिन्दगी जानने का जनून बढता गया। संतो महंतो के मुख से जो सूना मेरे भीतर घूमता रहा। हवेली बनानी आसान है उच्चे ओहदे पाने भी आसान है अपने को गहराई से जानना बहुत मुश्किल है। लेकिन जीवन में ब्रह्म ज्ञान की प्राप्ति और सच्चे संत का सानिध्य अत्यधिक मुश्किल है। सच्चा ज्ञान मिलता है तभी ऊंची सच्ची दिशा अपने आप मिलती है। मन के भाव से वाणी बदलती

है। कर्म में धर्म का प्रवेश होता है। जब अपने सामने परमात्मा का स्वरूप देख लेते है।

आज मुझे सती प्रथा का दर्दनाक किस्सा भी याद आ रहा है। उसको याद आते ही मेरी आँखों से पानी झरना शुरू हो जाता है। हमारा जरा सा हाथ अग्नि पर जाता है तो हम पूरा हिल जाते है। एक स्वस्थ स्त्री को जलती लाश की अग्नि में डालना क्या आप आसान कह सकते है? पहले मृत्यु की सुंदर सेज सजाई जाती होगी। फिर चारो और बड़े–बड़े ढोल नगाड़े वाले गोल बडा घेरा बनाते थे उसको बिलकुल गोलाई में ढक दिया जाता था। बीच में पाँच–छ पंडित होते थे उनके हाथो में भाले होते थे। स्त्री को कपड़े बदलवा कर तैयार किया जाता था। अच्छी तरह आँखों पर पट्टी बाँध दी जाती थी उसके बाद दो पंडित उसको पकड कर ले जाया करते थे। उस स्त्री को अर्थी के साथ बैठाने के बाद अग्नि जलाई जाती थी। तेज अग्नि से बचने के लिए स्त्री इधर उधर भागने लगती थी। हाथ भी बाँध दिए जाते होगे वर्ना आँखों से भयानक दृश्य देखना आसान नही। स्त्री के भागने पर बीच में खड़े पंडित भालो से उस स्त्री को अंदर तेज अग्नि में धकेलते थे। इस तरह का जलना कितना दर्दनाक रहा होगा। कितना चीखती होगी कितना रोती होगी परन्तु ढोल नगाड़े की आवाज भी उसी तरह बढ जाती होगी। कितना मजा लेते होगे वो लोग जो इस दर्दनाक हादसे में शामिल होते थे। साधारण व्यक्ति आज भी इन सब बातो से अनभिज्ञ है। उस समय भी इस किस्से को बहुत मजे लेकर सुनाया जाता था ताकि किसी के ह्रदय में डर न बैठ जाय। स्त्री का किस्सा प्राचीन काल से दर्दनाक रहा है। मेरा सम्पूर्ण बेटियों को यही संदेश है धर्म का पालन करे। पुरुषो के बगैर भी सृष्टि सम्भव नही। एक निर्लिप्त जीवन जीयो सुख तुम्हारे पीछे है।

संसार की बेटियों को समर्पित

लौट आये एक बेटी सभी घर उड़ान भर घरोंदो में
पनाह जहाँ मिले प्रेम की गजल बन दौडती आना
नयनो की ज्योति और धडकनों में अंतरज्योति बन उतरना
खामोशी से उतरना शक्तिरूपा बन गुलाब की तरह महकना
किस देहरी में बचपन की रौशनी छोड़ उदास आंगन कर जाओगी
कोन देहरी द्वार खोलेगी किस देहरी पे दीप जलाओगी
किस बूडे वृक्ष की छाँव बनोगी ना ऐसा काम करोगी बुजुर्गो को घर से बाहर करोगी
सच्चाई से प्रेम की मिसाल बनोगी बुजुर्गो का सम्मान करोगी
बुजुर्ग को तड़पने के लिए अपनी जिन्दगी से ना अलग करोगी
जिन्दगी के सभी इम्तेहान पास करोगी मनकी ज्वालामुखी दबा कर रखोगी

सम्बन्धो का सम्बन्ध दिन रात की साजिश कोई न रचना ये चेतावनी सृष्टि की समझना
उनकी आँखों से टपका हर आसू साफ करोगी उम्दा लिखते हुए उनमे ईश्वर को तलाश करोगी
बरसेगी दुवाये ब्रह्माण्ड में चारो और से पूरा अस्तित्व गवां बनेगा कोई दुःख दर्द न आ घेरेगा

यहाँ स्त्री पर ऋषि की पुत्री की एक कथा याद आती है, गुरु मृत्यु के अंतिम क्षणों में अपने एक शिष्य से प्रण लेते है की मेरी पुत्री से तुम विवाह करोगे। शिष्य बिना सोचे गुरु के वचनो का पालन करता है। विवाह करने के पश्चात उस स्त्री को अपनी कुटियाँ में ले आते है। उसके बाद ऋषि एक लम्बी साधना में लग जाते है। साधना के समय संकल्प ले एक ग्रन्थ लिखने में इतना व्यस्त हो जाते है की बारह साल का लम्बा वक्त निकल जाता है। उनकी पत्नी ऋषि की पुत्री थी वह सब जानती थी। उसने बारह साल तक प्रतीक्षा की कोई अपेक्षा नही रखी। रोज उसकी बगल में सवेरे–शाम खाना रख जाती। संध्या में नियमित दीया जलाना सब बारह साल करती रही। अपने होने का ऋषि को कभी आभास नही दिलाया। ऋषि लिखने में इतना मग्न थे उसको कोई ध्यान न रहा। उसने कभी ध्यान नही दिया कौन भोजन की थाली बगल में रख जाता है। जिस रोज उसका ग्रन्थ सम्पूर्ण हुआ उसको भोजन की थाली के साथ स्त्री का हाथ नजर आया। उसी तरह संध्या के समय रात को जब दीया रखा तो ऋषि की नजर हाथ पर गई। ऋषि ने पूछ लिया तुम कौन हो देवी? यहाँ क्या कर रही हो, तुम कहो तो मै तुम्हे कही छोड़ आऊ।

वह इस लम्बे वक्त में वह सब भूल चुका था। स्त्री ने जवाब दिया में आपकी पत्नी आप भूल गये। अच्छा ये तुम थी दीया जला जाती थी और भोजन की थाली रख जाती थी। तुमने अपने होने का अहसास पहले क्यों नही कराया। मै आपके कार्य में बाधा नही बनना चाहती थी।

उसने कहा लेकिन मैने तो निर्णय ले लिया। जब मेरा ग्रन्थ पूरा हो जाएगा मै सन्यास ले लूंगा। मेरे पास तुम्हे देने को कुछ नही। ऋषि तो बहुत हुए इस दुनिया में लेकिन तुम्हारे जैसी स्त्री जिसमे दिव्य गुण भरे हो मिलना मुश्किल है। जिसमे इतना धर्य ह्रदय में इतनी पवित्रता हो निस्वार्थ प्रेम भरा हो इसलिए इस पुस्तक का नाम तुम्हारे नाम पर भामती रखता हूँ। जो भी इस पुस्तक को पढ़े तुम्हारा त्याग उसको अवश्य नजर आयेगा।

उस ग्रन्थ का नाम भामती दिया गया और वह ऋषि सन्यास के लिए चले गये।

स्त्री की आँखों में आसू आ गये उसे लगा जैसे वह किसी अतिथि के सामने खड़ी हो उसका बारह साल का तप सबल हुआ या असफल हुआ। यह तो पता न चला उस

स्त्री के बारे में इसके बाद कुछ नही लिखा गया वह स्त्री कहा गई। फिर भी उस स्त्री ने ऋषि से आशीवाद लिया और धर्म के मार्ग में बाधा नही बनी और कहा मेरी खुशी इसी में है। आप निर्मोही होकर धर्म मार्ग में आगे बढ़े। ऋषि की आँखे गीली जरुर हुई होंगी उसका सेवा भाव देख कर। ऋषि ने अपना भरपूर आशीर्वाद दिया और कहा तुम धर्म की साक्षात स्वरूप हो।

वे स्त्रियाँ कितनी महान रही होगी उनके दिल को कितने गहरे आघात मिले फिर भी उफ तक नही की। उनका जीवन गीतों से नही गूंजा नही मीठी मुस्कान से महका। क्या संदेश दे गई जगत को। उनके संदेश का मातम भी नही दिखा। क्या कहूं जीवन में पीड़ा का भी आनन्द लिया उनके पास जीने–मरने की कला थी या फिर दुःख और मौत से उपर उठ गई थी। मेरा महान स्त्रियों को कोटि–कोटि नमन।

जीवन में विरोधी युगल सदैव रहे है। सभी व्यक्ति के जीवन में विरोधी युगल साथ चलता है। दिन–रात, शुभ–अशुभ, भीतर–बाहर, सुख–दुःख, अमीर–गरीब, ऊंच–नीच, तेरा–मेरा, उतार–चढ़ाव फिर जीवन–मृत्यु यह सारा कर्मशास्त्र का विरोधी युगल कहा जा सकता है। विरोधी युगल के साथ जीवन है विरोधी युगल समाप्त तो जीवन भी समाप्त समझना। मनुष्य जीवन में जिस प्रकार बाहरी विरोध चलते है उसी प्रकार मनुष्य के शरीर भीतर बहुत से आपसी युगल विरोध चलते है।

जैसे प्राण और अपान वायु दोनों में सबसे महत्वपूर्ण प्राण शरीर में उपर से नीचे नाभि तक उसका स्पदंन पहुंचता है भले कोई महसूस करे या न करे और अपान नाभि के आस पास घूमता है जब तक दिशा विपरीत गमित्व बना रहता है। परस्पर विरोधी दिशाएं बनी रहती है तब तक जीवन है। इसी तरह प्राण धारा के पाँच प्रकार बताये गये है। प्राण उपर से नीचे दबाव बनाता है अपान का दबाव विपरीत बना रहता है। यह धारा श्वासों का कर्म टूटते ही मृत्यु हो जाती है। जीवन धारा प्राण–अपान वायु से चलती है जब भीतर प्राण वायु अशुद्ध होती है तो बीमार करती है।

आँख बन्द कर सभी को अपने आज्ञा चक्र के ध्यान में तलाश कर अपनी खोज शुरू करनी चाहिए। धर्म ज्ञान की गुफा में बैठा मिलेगा। गहरे ध्यान में सोया आनन्द जाग जाएगा। ध्यान की तलवार बडी पैनी होती है जरा सम्भलकर निकलना चाहिए वर्ना फिसलकर गिरना निश्चित है। प्रेम के सहारे ध्यान में फिसलना आसान है।

बुद्ध से एक व्यक्ति ने पूछा जहर क्या है? भगवान बुद्ध का अति सुंदर जवाब था। व्यक्ति के जीवन में आवश्यकता से अधिक कोई भी वस्तु का होना जहर समान है। चाहे धन हो, भूख हो, लालच हो, घृणा हो, प्रेम हो सभी वस्तु जहर समान है। इन्ही वस्तुओ का जहर सबसे अधिक अपनी जिन्दगी को तबाह करता है।

सबसे ज्यादा व्यक्ति खुद ही खुद का गुलाम है। किसी अध्यात्मिक वैद्य से सलाह अवश्य लेनी चाहिए। वर्ना दुःख, घृणा किसी प्रकार की साजिश अपने भीतर ही भीतर

पित्त बनकर उष्मा बनाकर अपने आपको नष्ट करने की भूमिका निभाता है। दिमाग जवाब दे जाता है। परिणाम स्वरूप अपनी समस्या आप बन जाता है। शरीर मन दिमाग व्यर्थ हो जाते है। विभिन्न प्रकार के रोग उत्पन्न होते है स्मरण शक्ति दुर्बल होती है।

उपलब्धी ध्यान में होती आश्चर्य ध्यान में घटता है। सभी अपनी जिन्दगी में परमात्मा को पूजते है खोजते नही है खोद्ते भी नही है खोदते भी है तो आधा अधूरा खोदते है घबरा जाते है। जरा सिर दर्द हुआ पेट दर्द हुआ। परमात्मा को जानने के लिए गहरा उतरना पडता है तमाम उम्र भी लग जाती है। हां थोडा बहुत प्रकाश अवश्य आता जाता दिख जाता है।

अंदर ही अंदर चक्रब्यूह तोड़ने का कौशल आना चाहिए। बंद फाटक में गाड़िया निकाल लेना बड़ा जोखिम भरा काम है। भीतर छिपा राज बाहर निकलना आसान नही प्रभु का नियम है कर्मो और योनी को भोगना पड़ेगा कोई क्षमा नही। इसलिए एक–एक क्षण गुण भरने की कोशिश करनी चाहिए। जीवन में अगले जन्म का इंतजार नही करना चाहिए। अपनी कभी किसी से तुलना करने की कोशिश नही करनी चाहिए। ईश्वर की सर्वोतम अदभुद प्रत्येक रचना का शुक्रिया अदा करना चाहिए। प्रभु ने सभी को सर्वश्रेष्ट बनाया है सभी एक सा काम नही कर सकते। सभी में गुण की क्षमता का आकर्षण भरा है।

अपने अनुभव से जानकारी होती है अनुभव कभी भूलता नही सदैव साथ रहता है। जानकारी विलुप्त हो सकती है। जानकारी में शंशय रहेगा और जानकारी सदैव सही हो यह निश्चित नही। ।

मै खेलती उम्र में मिटटी के तन से खेल गई, जिस्म के सन्नाटे में गूंजते नादं के अल्फाज का पिटारा खोलती गई। कायनात की तय अखण्ड की शरण मोक्ष में पहुच गई। रहस्यमयी अनमोल रिश्ता परमात्मा से जोड़ गई। सूक्ष्म जगत का भंडार मन मस्तिष्क में पा गई। अनजाने प्रभु प्रेम मंथन हुआ, घट ने प्रकाश के द्वार खोले, भीतर अमृत तत्व की बूंद पड़ी। मै पहुचीं अमृतलता की जड मेरे जीवन का असली परिचय प्रभु प्यारा व्याप्त इस देह में, मीठी–मीठी सी गूंज भीतर उतरती बाहर देह से निकलती इस देह से, नर्म अहसास प्रभु फैलता और झरता नजर आया। पत्तियों की तरह दिखता है, तय में पेड़ की तरह। बडे उलझे–उलझे धागे है प्रभु प्रेम के, देखे जो कोई सुलझे खेल प्रभु का ज्ञात होय रोमांचकारी काया अंकुरित होय। मेरे विरह की व्याकुलता में सफल हुई प्रक्रिया अनजाने में प्रभु प्रेम मंथन हुआ। मेरी नाभि ने ली अंगडाई कुंडलीनी शक्ति कमल रूप लिए भीतर कीचड़ में ऊर्जा कमल खिली। हे प्रभु मै आपको पूर्णतौर से समर्पित हूँ किन शब्दों में महिमा गाऊं की तुम मेरे ह्रदय में उतर आये। मेरी आत्मा की पुकार सुनी चंद शब्दों में कैसे लिखू। मेरी देह के कांटे निकाल दीदार का रस भर दिया। प्रभु प्रिय की चतुराई देख मेरा ह्रदय कांप जाता है। प्रभु मेरी आँखों के समीप

हाथ ला अपना हिला जाता है। मेरा जीता हुआ ह्रदय प्राकँपित प्रफुल्लित स्थिति में आ जाता। मेरे ह्रदय में प्रभु का सुंदर रूप उद्घृत होय शीघ्र विलीन भी होय।

मेरे जीवन में अतिशय आनन्द की राह खुली, स्याहकाले अन्धकार के रहस्य में उजाले की सुंदर मूर्ति उभरती गई। दुनिया से छिपकर बिखरा पूरा जीवन प्रभु रूपी धागे में पिरो दिया उसमे डूब गई। मेरे जीवन के दिव्य उजाले का खुलासा। जीवन में छोटी सी घटना मृत्यु के पार ले जाती है।

प्रभु ने मेरी श्वासों को सवार मुझे सम्भाला। सागर में मधुमय लोक दिखाई दिया। मुझे तो सभी दिव्य आत्माओं का दर्शन हुआ। सर्वसंसार का पालन कर्ता ने मेरा मोक्ष द्वार खोल दिया। जो संसार में विधमान है फैला हुआ है। वहि सोंदर्य का शून्य जिसकी पकड़ में आ गया स्वयं शून्य हो गया। प्रभु के सिवा कुछ नही बचता मोक्ष द्वार की सीढ़ी चढ़ गया। शब्द का सार यही है कोई काल दूत नही। सत्य का बोध आँख की उपलब्धी है, तभी जीवन सफल है। सत्य खुद की जानकारी है, यहा आयु कोई महत्व नही रखती। कम आयु में ज्ञान जल्दी फलता है। दिव्य घटना घटती है स्वमं से परिचित होना। सम्पूर्ण जीवन की जानकारी स्वयं का अंकुर फूटना है। यही जीवन जीना वास्तविक जीवन जीना है। संसार में व्यक्ति आते है अपना जीवन पूरा करते है। जीवन का कोई अर्थ नही, यह बड़ी विचित्र बात है मुझे बहुत खलती है स्वयं से परिचित हुए बिना जीवन बिता कर चले जाते है। सभी के भीतर दिव्य शक्तिया भरी है, चूक जाते है। ऐसे व्यक्तियों पर मुझे बहुत दुःख होता है उनके लिए क्या कहूं उनका मनुष्य जन्म बेकार है अपने भीतर लुप्त शक्तियों को देख नही पाते। प्रभु के दर्शन नही कर पाते, अपनी योग्यता की पहचान नही कर पाते। मानव अपनी योग्यता को साथ लिए समाप्त हो जाता है। यह शक्तियों के प्रति और प्रकृति के प्रति भारी अपराध है। जो अपनी सृजनता को नही पहचान सकता। छोटा सा बीज भी कही डाल दो वह अपनी सृजनता पहचानता है। वह वहि अंकुरित हो जाएगा। स्वयं को जानना सबकी अपनी समस्या है, सृष्टि यही चाहती है स्वयं का परिचय दे। प्रभु को मनुष्य जन्म का परिचय देना नितांत आवश्यक है। यह स्वमं के प्रति सृजनता के प्रति व्यक्ति भारी अपराध कर रहा है, मनुष्य गुरु किस लिए बनाता है। इसलिए मनुष्य जन्म सफल हो सके, लेकिन गुरु भी फला फूला ही राह दिखा सकता हो, वर्ना सभी अँधेरे में जीवन जी रहे है। सच्चे ज्ञान की उपलब्धि स्वयं पर निर्भर करती है। स्वयं के कर्म पर निर्भर करती है। दिव्य ज्ञान जीना सिखाता है, स्वमं का विश्वास सामर्थ्य अनुसार ज्ञान उपलब्ध होता। धनी है नही है कोई फर्क नही पड़ता, बुद्धि जब फलती है साधारण भी असाधारण हो जाता है।

कुछ सौभाग्य शाली व्यक्ति होते है जो आत्मज्ञान के लिए आगे बढ़ते है प्रयास करते है। आत्मवान बनते है। यह उनकी जिन्दगी का विशेष दिन समझे, उत्सव का दिन समझे। उत्सव की ओर कदम बढ़ा लिया तो समझो पहचानना आरम्भ कर दिया। उनके

जीवन में घटनाएं फिर दूर नही है। सही गुरु मिलने पर जल्द घटित हो जाता है। प्रभु देर नही लगाता, प्रत्येक व्यक्ति के भीतर आत्म ज्ञान की क्रांति घट सकती है। मेरा स्वयं का प्रचंड अनुभव और आत्म ज्ञान की गहरी खोज के बाद कह रही हूँ। मेरे जीवन के सभी क्षण महान हो गये मै क्षण–क्षण प्रभु को सामने देख रही हूँ, कई बार कार्य करते–करते प्रभु की लीला सामने आ जाती है। प्रभु को देख मेरा क्षण–क्षण आनन्द उत्सव से भर जाता है। क्या आप सभी नही देखना चाहेगे? कभी न कभी प्रत्येक के जीवन में वह क्षण जरुर आया होगा अपने बारे में सोचने की कोशिश की हो, या किसी कारण मजबूर हुआ हो।

एक बार इंजीनियरिंग का छात्र मेरे पास आया, वह काफी शांत और आराम से काम करने वाला था उसकी गर्ल फ्रेंड मेरे पास लेकर आई उसे उसका व्यवहार कुछ बदला–बदला नजर आ रहा था। उसे लगा कोई बात है मुझे बताना नही चाहता। मुझे बात–बातो में पता चला अनायास उसके साथ घटना घट गई, उसके भीतर उजाला भर गया. वह थोड़ा डरा हुआ था। वह इंजीनियरिंग का विधार्थी था। उसका पढाई में मन नही लग रहा था। विधार्थी जीवन लगभग उसका समाप्त हो रहा था। बहरहाल नियति भी अजीबो गरीब खेल खेलती है। उसके पिता उसको मनोविज्ञानिक चिकित्सक के पास ले गये, उसका छात्र जीवन बिना जानकारी के अस्त व्यस्त हो गया। मैने सारी बात सुनी और समझाया जो अपनी शक्तियों को नियंत्रित नही कर सकता किस प्रकार वह असफल हो जाता है। शक्तियों का संचित करना सीखना होगा। मेरी बताई कुछ विधियाँ करनी होगी। मैने आवर्धक लेंस के बारे पढ़ा था वहीं उदाहरण स्वरूप समझाया। तुम्हे पता है सूर्य की किरणे कागज के एक छोटे से टुकड़े के उपर सीधा प्रभाव डालती है। यदि किरणे आवर्धक लेंस द्वारा एक छोटे से बिंदु पर एकत्रित किया जाए उससे भीषण गर्मी पैदा होगी कागज को भीतर से जला कर एक सुराख कर देगा। इसलिए सफलता इसी में है प्रभु की अपार कृपा के अनजाने में पात्र बने हो। सफलता के लिए अपनी बिखरी हुई शक्तियों को समेटना शुरू कर दे। मैने सारी ज्ञान की बाते प्रक्रिया विस्तार से समझा दी। जाने के बाद उसने मुझे बताया आपके बताये आसन पर जैसे ही बैठा प्रक्रिया करते ही पूरा शरीर तेज करंट से भर गया। रात के समय दिव्य प्रकाश के भीतर उसे अपनी असफलता का कारण दिखाई दिया आप मेरी बात समझ सकते है।

मेरा कई बार धन्यवाद किया, बताया कमरे में अन्य विधार्थी भी मौजूद थे वह जोर से चिल्लाया और खड़ा हो गया हाथ उपर कर, सभी छात्र हैरानी से देखते रहे। प्रभु मुझे समझ आ गया आप मेरे सामने है उस समय जोश पूर्वक चलता रहा। कुछ देर बाद शांत हुआ बहुत प्रसन्न भी था यह क्या हुआ? भरपूर उजाला देखना उसके नसीब में था उसका नया जन्म हुआ। बाद में दोस्तों से सरल ह्रदय माफी मांगी, उनकी पढाई

में उसके कारण खलल पड़ा। उसने बताया कुछ देर बाद अन्य छात्र कमरे से बाहर चले गये थे। कुछ दिन बाद फोन आया उसकी फ्रेंड ने उसे छोड़ दिया था। इस बात का भी धक्का लगा ध्यान परमात्मा की तरफ से टूट गया। दिव्य ज्ञान अति सूक्ष्म है जरा सा ध्यान हटा सब खत्म फिर पढाई समाप्त करने के बाद विदेश चला गया। मै भी अपने ज्ञान में मस्त रहती ज्यादा किसी का अता–पता नही रखती, जिन्दगी में व्यक्ति मिलते रहे बिछड़ते है। मुझे तत्व ज्ञानी की ही तलाश रहती इसी वजह से ज्योतिष कार्य से अलग होती जा रही थी।

मै एक प्रबल कार्य में लगना चाहती थी और व्यक्तियों को लगाना चाहती थी। बताना चाहती थी कोई भी व्यक्ति स्वयं की खोज कर सकता है। मेरा ढेरो अनुभव ढेरो अनुभूतियाँ बाटँना चाहती थी। सभी के भीतर पोष्टिक बीज का रोपण करना चाहती थी। साथ ही सभी की योग्यता विकसित हो, सत्य विकसित हो सच्ची समझ विकसित हो। समय का क्या पता रहे न रहे हमारे अस्तित्व को जानना अति आवश्यक है। ब्रह्माण्ड की विशालता कोई विरला ही जान पाया। इसके बगैर व्यक्ति बिलकुल थोथा है, नगण्य है। मनुष्य जन्म मुझे तो अनोखा चमत्कार नजर आता है। मनुष्य भले कितनी मशीने बना ले, स्वयं से बडी मशीन कभी नही बना सकता। जीवित जीव कोई हो पशु, पक्षी, जानवर, मनुष्य सभी बच्चे पैदा करते है। कभी आज तक सूना हो किसी मशीन ने मशीन पैदा की हो। जीव केवल सदियों से ब्रह्माण्ड में मशीन पैदा करता रहा है आगे फिर वही कड़ी चलती जा रही है। वह संतानों को जन्म दे सकता है, प्रभु का बड़ा अनोखा कार्यालय है। दुसरा स्वयं को जानना, स्वयं की खोज कर सकता है। यह गूढ़ रहस्य प्रभु के अधीन है। प्रभु ने हमे पूरी आजादी दी है। संसार में अस्तित्व की विशालता दर्शाई है इस धारणा को जन्म दिया है। तत्व ज्ञान के बगैर व्यक्ति संसार में रहता हुआ अंधा है। जो अत्यंत अनिवार्य है, उसी से सभी विमुख है।

मैने विभिन्न प्रकार की तरंगे अपने मस्तिष्क में महसूस की। तत्व ज्ञान के द्वारा ब्रह्माण्ड में हमारे मस्तिष्क के अंदर मैने विशेष बदलाव देखा। मैने मस्तिष्क का सृजन होते हुए महसूस किया। इस प्रकार का मस्तिष्क हम सभी के पीछे दबा हुआ है या यूं कहूं गहरे अन्तस् में छिपा हुआ। आज वैज्ञानिक इस गूढ़ रहस्य को जानने के लिए भरसक प्रयत्न कर रहे।

हमारे ब्रह्मांड में जितनी विशालता है उसी विशालता को जो सर्वत्र दिखाई देती है उसी तरह मस्तिष्क में व्याप्त देखती हूँ, महसूस करती हूँ। ऐसा लगता है जैसे पौधा भीतर भी अंकुरित हो रहा है, बढ़ रहा है, कुछ तो आश्चर्य जनक है। जैसे आँख खोल कर देखती हूँ सृष्टि में वैसे ही भीतर चलती हुई महसूस करती हूँ, आँख बन्द कर सब वैसे ही दिखाई देता है।

व्यक्तियों को अपनी योग्यता पर विश्वास तो करना होगा। मै अपने भीतर मधुर गूंज

सुनती हूँ और सच्चाई की सरगोशिया शौर मचाती है। समृद्ध तान में लयबद्ध हो जाती हूँ। आँखों की क्षमता मत पूछो दूर तक की वस्तुओ को देखने की क्षमता तत्व के साथ मौजूद रहती है यह अपने उपर निर्भर करता है। देखने की चाह होनी चाहिए वह स्वयं ही प्रकाशमान दृष्टि के दुवारा दिखाई पड़ रहा था।

हम कौन है? या मै कौन हूँ? इसका उतर खोज लो, मैंने अपना रास्ता खोज लिया सागर के मूल में निवास शक्तियों का भंडार है। समूह में शक्तिया दिखाई पड़ती है। पहले पहल भले तेजी से भीतर न जाए सही युक्ति और अभ्यास के बाद यात्रा तेजी से दिन पर दिन बढ़ती है। अपने भीतर प्रक्रिया में सिमट कर बैठ जाना, फिर बढने से कोई रोक नही पायेगा।

ब्रह्मज्ञान साधारण विषय नहीं यह स्वयं की गहनतम अनुभूति है। ब्रह्मानुभूति सारे भेद अनुभव के बाद समाप्त करती है। सत्य का उजाला आश्चर्यजनक होता है लेकिन इसकी परिभाषा में अपना जीवन लगाना होता है। सभी एक बुझे दीप की तरह बुझा हुआ जीवन जी रहे है। सभी की अपनी जिम्मेवारी है अपना अत्मविश्लेष्ण करे। अपना निरिक्षण करे। अंहकारविहीन होना ही जीवन सार्थक है और हमारे जीवन में स्पष्ट परिलक्षित हो। अपने जीवन के पवित्र पलो और क्षणों की ऊर्जा के आनन्द प्रवाह को पहचानो वर्ना भविष्य में श्वासों की घडियाँ टिक–टिक करती निकल जायेगी। आओ स्वयं को जानो। स्वयं को जान गये तो ब्रह्मं को जान गये। उसके लिए स्वयं को अपने लिए कार्य करना होगा। स्वयं है क्या? अपना यानी केवल अपना, किसी का कोई साझा नही। शरीर के भीतर पूरा अस्तित्व छिपा है अगर सागर से एक लोटा जल निकाल ले तो सागर में कोई फर्क नही पड़ेगा। वही जल नजर आएगा उसी तरह संत–महात्माओं के फरमान है बूंद में सागर छिपा है। और मेरा स्वयं का अनुभव है पूरा परमात्मा जिस तरह सृष्टि के कण–कण में समाया है। अति सूक्ष्म परमात्मा तत्व इस देह में समाया है। यह सब अध्यात्मिक है आंतरिक दृष्टि और बाहरी सजगता से देखा जा सकता है। देखने की सीमा भी हमारी हो सकती है। शरीर रूपी पिंजरे में आत्मा बन्द आजादी को तड़फती है। आजादी तो ध्यान प्रक्रिया है यह अनुपम कृपा प्रभु की प्रक्रिया से सम्भव है। आत्मा को आजादी चाहिए तो आत्म् समर्पण खर्च करना होगा कोई आडम्बर नही। प्रभु तो अपनी माला लिए सुमेरु रूप में बैठा है मनके पिरोयेगा जो घट में दर्शन पायेगा। ब्रह्म की माला बडी दिव्य माला है, बहुत तेज भरा है। आनन्द से भरपूर है मन आत्मा में लींन हो जाता है।

यह तन विष की बेलरी,गुरु अमृत की खान।
शीश कटाए गुरु मिले,तो भी सस्ता जान ।।

कबीरदास

गुरु अमृत की खान

गुरु का अर्थ केवल इतना नही की जिन्दगी में दुःख सुख की क्षणिकाएं नही घटे आहट न दे। हां दुःख आये दुःख न रहेगा सुख आये सुख न रहेगा। कब समय निकल जाए पता भी न चलेगा। गुरु जीवन में हस्ताक्षर भाँती हो जाता है। जीवन की असलियत से पहचान हो जाती है हम फकीर से अमीर हो जाते है। गुरु एकाग्र होने का कीमती गुर बताता है। बाहर की सारी भटकना समाप्त हो जाती है। गुरु की पहचान सबसे कीमती और अनमोल है जो खुदा के दर का दरवाजा खोल दे। अपार और असीम जिन्दगी में छलकता हुआ उतर जाये। गुरु कृपा बरस जाए हवा भी बदली बदली बुँदे बादल में नजर आये। सुरत पी की पाइया जा संसार में अलख जगाइया।

मै इस पुस्तक के द्वारा अपने तेजोमयी दिव्य ज्ञान को उतारना चाहती हूँ।आज ध्यान यानि अध्यात्म पर बहुत जोर दिया जा रहा है। स्वस्थ जीवन और अनेक रोगों की दिव्य चमत्कारी अचूक दवा है। सकारात्मक बदलाव आते है सर्वोपरी ब्रह्म ज्ञान से सब चूक जाते है। कोई नुक्सान नही लाभ ही लाभ लेकिन लाभ कब होता है। जब स्वयं की इच्छा जागती है तभी मार्ग खुलता है। एक सलाह और देती हूँ सबसे बड़ी बात डिप्रेशन दूर होता है। जिन्होंने भी यह मार्ग अपनाया रोग दूर कर स्वयं की बंधी कड़ियो को खोला। आनन्द से भरपूर सर्वोपरी ज्ञान भीतर ही भीतर उच्चाई भरता जायेगा।

सकारात्मक सोच सेल्फ हीलिंग की शुरुआत करता है। व्यक्ति विभिन्न प्रकार के नाकारात्मक विचारों से छुटकारा पा जाता है। हृदय दिमाक को पौस्टिक तत्व मिलता है। जीवन यात्रा में कुछ तो अधूरा है,सभी एकांत बैठकर सोचना। कई मामलो में मेरा जीवन पथ कुछ अधूरा सा रहा मै एक सुंदर और खुशहाल जीवन की खोज में थी। मेरी सम्भावनाये यथार्त को जाने–अंनजामे में पाने की थी। अपने ही स्वरूप की खोज में रही। मेरे सामने अनेक मुश्किलें और बाधाये थी मै उनके साथ चलती रही। मेरे जीवन में कुछ था जो कहना चाहती थी पाना चाहती थी। मेरे दिमाक की क्रियाये बहुत धीमी और क्षीण महसूस होती थी। मेरी आस्ता मेरा विश्वास ब्रह्म खोज की और ले गया। मुझे सोचने पर मजबूर कर दिया। क्या था? ऋषियों, मुनियों के पास जो जंगल में

रहकर भी प्रसन्न रहे।सर्वोतम जीवन की खोज ने यथार्त की खोज करवा दी। मै ध्यान के द्वारा जीवन में दिव्य ज्ञान को प्राप्त कर स्थाई तौर से शान्ति और संतोष पा गई। उपलब्धी के बाद चाह और बढ़ गई मैने जितनी मेहनत की उतना भीतरी गहरा सुख प्राप्त होता चला गया।आज बेहद प्रसन्नता के साथ मेरा भीतरी जीवन यथार्त को प्राप्त कर लिख रही हूँ। मैने जीवन में केवल मूल का अवलोकन किया, दृष्टि बिन्दुओ के माध्यम से भीतरी बदलाव महसूस करती रही। बड़ी चमत्कारी क्रियाये हाथ लगी कैसे कहूं या प्रभु की ओर से आदेश मिलते रहे। कुछ समझ नही आ रहा, इस बारे कैसे लिखू। यही सबसे बडा भीतरी बदलाव है अनजाने में यथार्त को पाना।

सत्य का प्रकाश अपने भीतर जानकर ही अज्ञानता का अँधेरा हटता है। आज जगत ने धरती को जान लिया, चाँद सितारों को पहचान लिया कायनात को भले जीत लिया। केवल मनुष्य को छोड़ दिया सारी कायनात व्यक्ति के भीतर से होकर गुजरती है।उसी को न देख पाया, व्यक्ति सब जानकर भी खाली का खाली रह गया।

शास्त्र पढ कर अपने को अध्यात्मिक कहना बिलकुल गलत है।जब तक अपने अंदर से न जाना जाए। अपने अंदर को न जगा लिया जाय। सत्य की रौशनी, यह कोई एक दिन का अनुभव नही, वर्षो की तपस्या फलती है, फूलती है, तब भी केवल तत्व ज्ञान शुरू होता है। क्योंकि शुरू में जब तत्व ज्ञान होता है वैसे ही हैरान होता जाएगा। लिखेगा क्या? बतायेगा क्या?मै इसे अध्यात्मिक विज्ञान ही कहूँगी। आध्यामिकता ऐसा विज्ञान है जिसे अपने भीतर जानकर लिखने का आनंद ही अलग है। लिखा तभी जाता है जब प्रभु होश में लाये सब प्रभु की मर्जी पर निर्भर करता है। अपने अंदर की अदभुत सैर आश्चर्यजनक नजारा लम्बी यात्रा वहाँ पहुचना ही मुश्किल है। बिना गिरे चलना बहुत बडी बात है।ज्ञान की उपलब्धि ही मोक्ष है यानि मुक्ति आत्मा का परम सुख है, उपलब्धी के बाद जीते जी मुक्त। दुसरे पर जाहिर भी नही होने पाए आपने आप प्रभु के उजाले से भरता जाए। वही मुक्त गहरे स्वप्न से जागना कहो या गहरी नींद से जागना। भीतर में अज्ञान का सारा संघर्ष समाप्त। ज्ञानी का सच में श्वास जाग जाता है। भीतर सब बदल जाता है। ज्ञानी सचखंड में श्वास लेने लगता है। जगत के सभी व्यक्ति मुक्ति की खोज करना चाहते है। आनन्द की नहीं उत्सव भी नहीं चाहता। प्रभु का आनन्द जब तक जीवन है तब तक रहेगा और अंत में भी रहेगा। विज्ञान इस बात से अनभिज्ञ है व्यक्ति के भीतर की घटना यह घटना ही अपने आप में शक्तिशाली और अनोखी घटना है। ईश्वर से मुझे जो मिला उसका कर्जा कभी न चूका पाऊंगी। मुझे मेरी प्रतिभा मिली ईश्वर की सदैव आभारी रहूंगी।

धर्म तो कहता आया, चिल्लाता रहा की व्यक्ति के भीतर घटनाये घट रही है। पूरे अस्तित्व का विराट स्वरूप बडा अनमोल है अद्वैत भाव से देखने का आनन्द परिवर्तन सर्व शक्तिमान में विलीन हो रहा है सब सीमाये टूट जाती है कोई सीमा नही, सीमा के

भी पार है। अखंड और असीम के साथ जुड़ना है वही अद्वेत का ज्ञान है। सृष्टि का अदभुद रहस्य अपने भीतर घटना केवल उसके घटने के बाद समझ आता है। सभी व्यक्ति अँधेरे में जी रहे है उनका नकाब कभी तन की तय पर न पहुचने देंगा। देखना अपने चहरे से ही होगा। इतिहास उठाकर देख लो जिन्होंने भी प्रभु को पाया उन सभी ने अपनी ध्यान प्रक्रिया का हथियार भीतर में इस्तेमाल किया, उनकी बात कुछ ही व्यक्ति समझ पाए, अधिकतर को ज्ञान की बात समझ पाना मुश्किल है। परन्तु जब दुनिया से चले गये तब उनका नाम गाया। उनके चहरे के भीतर उनकी दिव्यता छिपी होती थी असली विचार छिपे होते थे। असली और शक्तिशाली व्यक्ति नजर आने लगते। किसी का नाम बुद्ध, महावीर ,जीजस, नानक, कबीर, रविदास और भी अनेक देश विदेश में बहुत से अध्यात्मिक सिद्ध फकीर हुए, जो भले ही बाहरी दुनिया न जानते हो परन्तु बाहरी और भीतरी दुनिया के पार थे।

सारी सृष्टि में ध्यान से देखो सब देख रहे सभी का आकर्षण एक दूसरे के प्रति है एक दूसरे के बगैर सब अधूरा है सभी जैसे एक दूसरे के लिए बने है। आकाश, सूर्य, चन्द्रमा, वृक्ष, जल, हवा, सबका एक दूसरे से गहरा संबध है उसी तरह हमारा भी गहरा संबध का रहस्य घटना घटने के बाद परत दर परत खुलता है। यह बहस का विषय नही ध्यान केन्द्रित करने का विषय है। मै तो केवल डूबतो की मदद करने आई हूँ। दूसरो की बातो के बारे में सोचना बन्द करे। अपने अंदर दुःख मानना या दुःख भरना यह संक्रामक रोग है। यह अपने लिए ही मुश्किलें बढ़ाना है, इससे भीतर में कमजोरी, बदकिस्मती ही बढ़ेगी और उसी तरह के व्यक्ति आकर्षित होगे। अपनी समस्याए स्वयं उत्पन्न करना है। व्यक्ति को संसार में शाश्वत नियम दिखाई पड़ना ही मुश्किल है। यह दिखाई पड गया कोई अपवाद नही एक दिन मेरी मौत होनी है। मै भी धरती पर गिरुगा धूल में मिल जाऊँगा। तब कोई पद प्रतिष्ठा या रिश्तेदार मुझे बचाने वाला नही। धन का अम्बार लगा हो पर मौत से कोई सुरक्षित नही और न ही धन सुरक्षा कर सकता है। जिस दिन यह बात व्यक्ति सोचने पर मजबूर हो गया उसी दिन उसके भीतर एक क्रान्ति भरी लहर दौड़ जायेगी। जो भीतर के विचारों को खींच कर ब्रह्म के पार ले जायेगी और भीतर क्रांति मच जायेगी घटना घट जायेगी। सारी तड़फ भीतर प्रभु की तरफ नियोजित होती चली जायेगी।

मै एक गावँ में गई वहाँ बहुत पुरानी हवेली थी।ध्यान से देखने पर उसकी सुन्दरता का आभास हो रहा था। सुन्दरता के साथ बहुत मजबूत दीवारे थी जिसे कोई हिला नही सकता।वर्षो से सुनसान पड़ी हवेली बेजान नजर आ रही थी। हवेली का मालिक तो स्वर्ग सिधार गया था और बच्चे पढ–लिख कर शहर आ गये। वर्षो सूनी पड़ी हवेली पर केवल पक्षियों का बसेरा रह गया था। उस हवेली की दिवार पर किसी पक्षी की चोंच में कोई बीज आया और गिरा होगा और अन्य कई वृक्षों के साथ एक पीपल का वृक्ष

उग गया। पीपल इतना भारी वृक्ष बन गया की पत्थर से बनी मजबूत दीवारे हिलने लगी। पेड़ की वजह से हवेली का अपना वजूद समाप्त हो गया। केवल वृक्ष का प्रभाव नजर आने लगा। हवेली अपना आभामंडल खो चुकी थी। हवेली अपनी आन्तरिक चमक खो चुकी थी। आंतरिक गुणों की बजाए बाहरी प्रभाव बढ गया। इसलिए व्यक्ति को अपने मन के प्रति सदैव सतर्क रहना चाहिए। मष्तिष्क को शोक, भय, विचारों से सावधान रखना चाहिए कि कही बाहरी प्रभाव बढ जाए और भीतर का संतुलन गडबड़ा जाए। दूसरो के बारे में ज्यादा सोचना, दूसरो में विचरण करना है। ऐसा करने से स्वयं का अस्तित्व समाप्त हो जाता है। दूसरो के बारे में बातें करना अपने चारो ओर जो भी आभामंडल जो व्यक्ति आपके पास नहीं है। सामान्य तौर पर ऐसे व्यक्ति का स्वयं का आभामंडल गायब हो जाता है। आंतरिक गुण बाहरी सोच तले दब जाते है। दूसरो की फिजूल बाते नजर अंदाज करे, फिजूल बातो से शक्ति कही खो जाती है। अपनी सामर्थ्य योग्यता को बटोरिए। अपने आपको कई जगह बांटने की बजाय एक जगह बांधे रखिये। दिखावे का खेल खतरनाक होता है। अपनी सफलता का राज एक लक्ष्य पर केन्द्रित होना आवश्यक है।अपने आपको पहचानना खुद के भीतर लोटना यही समाधान है। सभी दिशाओं से ध्यान हटाकर अपनी ओर खींचना। अपने चहरे की असली पहचान करना ही प्रभु की अपार सम्पदा को पहचानना।

जैसे सभी के चेहरों पर एक आवरण पड़ा हो तभी तो संसार के बगैर कुछ और नजर नही आता। दृष्टि को सीमित कर लिया जाए, तो अनंत को देख पायेगे। असीम को देख पायेंगे, अखंड को देखने की फुर्सत किसी को नही। अगर कोई पहचान करवाना भी चाहे, तो मानने को तैयार नही। सदैव अध्यात्मिक व्यक्ति को अपमानित किया गया, पागल कहाँ गया। जीजस को सूली चढ़ा दिया गया। भगवान बुद्ध पर थूका गया। भगवान् महावीर के कानो में लकड़ी की किले ठोकीं गई। संसार के पास जो कुछ है वही देगा। देने को निंदा, चुगली, अपमान है और कुछ नही देने को। ईश्वर की सर्वोच्च सत्ता का प्रतिनिधि कौन? समाज में यह सवाल पहले भी था और आज भी है।संसार का जंजाल काटने के लिए ऋषियों, मुनियो, संतो ने सबसे हटकर एकांत जाकर अपने को विचार शून्य किया, अपने को जानने की कोशिश की। यह जानने के लिए न धन की आवश्यकता थी, न भाग दौड, न कोई इच्छा की। जिन्होंने अपनी सारी शक्ति को एकत्र कर पुंज स्वरुप को केवल प्रभु की ओर मोड़ दिया, अपना उदेश्य केवल उपलब्धि रखा। तब जाके उनके भीतर घटना घटी। मन को इच्छाओ से खाली किया, मन में पनपती इच्छाओ पर रोक लगा दी। अपनी फैली शक्तियों को समेटने के अनेक उपाय खोजे और भीतर झाँकने का प्रयास किया।

इसमे सारा काम मन का है। बाहरी मन अंतरमन इस प्रकार दोनों मन को कैसे अपने अनुसार चलाना है।इसकी बहुत विधिया है। मेरा चलना बहुत आश्चर्यजनक था।

मै चढ़ती चली गई, मैने जाना ध्यान ही एक गूढ़ रहस्य है इसमें बहुत सी आसान विधियॉ है जिनको कोई ज्ञानी करवाता है।शीघ्र फलित होती है, तब प्रभु का साक्षात्कार होता है। प्रभु सामने खड़ा मिलेगा, एक बार घटना घटने वाली बात है। वो घटना ही मुश्किल है केवल एक अनुभवी ही उस ओर ले जा सकता है। अनुभवी की बात ही अलग होती है। सभी का ईश्वर को अनेक रुपों में पूजना यह अज्ञानवंश है। ईश्वर को जानने के बाद रूप तो कुछ बचता ही नहीं सब खो जाता है। ब्रह्मांड का कण–कण शक्ति से रौशन है, दिव्य तरंगे विधमान है, अनेक आश्चर्यजनक रहस्य भरे है। वहाँ आनन्द के बगैर कुछ नही बचता। वर्षो के अनुभव के बाद आनंद ही आनन्द उत्सव कुछ और नही। मैने शक्ति के मुख्य स्रोत को जाना है और उसका विवेचन करुँगी शक्तियों को जानने के बाद अपने और प्रभु के बीच बहुत रहस्य खुलते है। रहस्य के साथ–साथ हमारे शरीर के ऐसे चक्र खुल जाते जो हमें अनेक रोगो से बचाते है। हमारे ह्रदय की ओर दिव्य ऊर्जा बहने लगती है। ध्यान में उर्जा का स्रोत बहने लगता है जो मन को शुद्ध और निर्विचार बनाती है। वही ऊर्जा व्यवहारिक जगत में चिंता, फिक्र, काम–क्रोध में निकल जाती है। यह पुस्तक पढकर व्यक्ति अपने जीवन का निर्माण कर सकता है। शारीरिक और मानसिक उन्नति में सिद्ध साबित होगी। वर्तमान में इसकी बहुत आवश्यकता है गुरुओ की सच्चाई सामने लाने के लिए। मै अपने सर्वप्रिय सत्य को कहने के लिए शब्दों का केवल निचोड़ आपके सामने रखूंगी। मेरे मन का मौन कभी बाधा नही बन सकता है। मै घट–घट बरसता प्रतिक्षण देख रही हूँ। आज तक प्रगाढ़पूर्ण सत्य की अनुभूति कहने में असमर्थ थी। प्रतिक्षण श्वासों में प्यारे की अनुभूति कर अंतर्नाद की धुन सुन शब्दों में सत्य की परिभाषा समाप्त हुई। मै "मै" को भूली और सारी चेतना एक प्यारे में सिमट गई। अध्यात्मिक तलब जिसे लग जाए वह ईश्वर को पाने में समर्थ हो जाए। जिसने आत्मा में साक्षी झलक पाई हो वह शरीर में रहते हुए अस्तित्व में विलीन हो जाता है। उसके लिए दूरी, समय और स्थान का कोई महत्व नही रह जाता।

महान संत कन्फ्यूशियस का शरीर अन्तिम् दिनों बहुत दुर्बल हो गया था। स्वयं को मृत्यु के नजदीक देखा तो अपने शिष्यों को बुलाया। उपस्थित शिष्यों को सम्बोधित करते हुए बोले। मै शरीर त्यागना चाहता हूँ। सभी शिष्य गुरु के अंतिम आदेश को सुनने के लिए लालायित थे। कन्फ्यूशियस ने कहा सभी मेरे मुंह में झाँको और मुंह खोल दिया। कन्फ्यूशियस ने पूछा क्या दिखाई दिया? सभी ने कहा जीभ तो दिखाई दी दांत एक भी नही था। गुरु जी बोले जीभ जन्म से उपस्थित रहती है बुढ़ापे तक रहती है। दांत बाद में आते है बुढ़ापा आते–आते दांत टूट जाते है ऐसा इसलिए दांत अभिमानी टूट जाते है। जीभ विन्रम (नर्म) होती है मुहँ में सदैव कायम रहती है। याद रखना अभिमानी व्यक्ति टूट जाते है विनम्र सदा फलते फूलते है। ईर्ष्या और अभिमान

से बचना जो भीतर ही भीतर घुन की तरह खोखला कर देती है। ऐसा व्यक्ति कभी प्रभु को प्राप्त नही कर सकता तत्व ज्ञान से दूर हो जाता है। इसलिए व्यर्थ के अभिमान से सदैव बचना चाहिये।

यह सोचने वाली बात है कि गुरु हमें क्या देता और क्या देना चाहिए? जिससे हमारे जन्म–मरण सुधरे सारे बंधन कटे। हमारे इस तन के भीतर रहस्य की गुथी छिपी पड़ी है। शरीर और जीवन की गुथियो को सुलझाने की प्रक्रिया समझनी होगी। मन संबंधी सभी समस्याओं का निदान, भीतर छिपे गुप्त रहस्य के साथ गुप्त रोगो का निदान भी है। जैसे सिर दर्द, माइग्रेन, सर्वाइकल, हाथ–पैरो में दर्द का रहना आदि अन्य बहुत से गुप्त रोगों का निवारण। यह कोई पढ़ कर या पुस्तकों का सार नही है, मैने वर्षो की साधना सिद्धियों के बाद जो जाना है वही सरलता और स्पष्ट से सामने रखूंगी ताकि अध्यात्मिकता में चेतना और जागृति पैदा हो सके। यह जान सके मोक्ष क्या है? और उसे कैसे पाए? वो कौन सी राह है? जिस पर चल कर अपना बाहरी और भीतरी प्रत्येक रूप को सही ढंग से जान और समझ सके। मै प्रभु की सदैव आभारी रहूंगी क्योंकि प्रभु ने ही शरीर की श्रेष्ट रचना से मुझे अवगत कराया। स्वयं के भीतर अदभुद शक्ति के भंडार की पहचान कराई। अगर दिव्य अमृत प्राप्त करना है तो संकल्प और विश्वास की आवश्यकता है। तन में जब तक प्राण शक्ति है तभी तक शक्तियों का वास्तविक यथार्थ ज्ञान प्राप्त कर सकते है। वर्ना निष्प्राण शरीर व्यर्थ है, मिट्टी है। फिर जो भी करेगा काल करेगा। इसलिए दिव्य ज्ञान के सामने सब ज्ञान व्यर्थ है। आज के व्यक्ति ने बाहरी ज्ञान अपनी बुद्धिमता से प्राप्त कर लिया और पूर्णता तक पहुँच गया। भीतरी ज्ञान से जो प्रभु की ओर से वरदान स्वरूप है उससे वंचित रह गया। मै इस पुस्तक में उसी भीतरी गुप्त ज्ञान का विवेचन करुँगी।

हमारे भीतर दिव्य स्वरूप शक्तियों का भंडार है जिनको मैने अपने जीवन के कीमती वर्ष देकर जाना। जो शक्ति सभी के भीतर मंद व शिथिल पड़ गई है। भीतर का श्रृंगार सभी भूल गये जिस शक्ति को पहचानने से नेत्रों की ज्योति बढती है मुख मंडल पर तेज उभर आता है। शरीर की सुप्त अवस्था में पड़ी, नस नाड़िया दृढ हो उनमे स्वस्थ रक्त का संचार सुचारू रूप से होता है। आओ स्वयं के भीतर प्रतिभा के भण्डार को जाने और पूर्णता तक पहुचने का प्रयास करे। स्वयं के भीतर बीज बीजो भीतर पड़ी थैली को अंकुरित करे, ईश्वर के लिए ही नही स्वयं के काल चक्र से छुटकारा पाने का प्रयत्न करे। सौभाग्यशाली व्यक्ति ही भीतर का फूल खिला सकते है।विश्वास के साथ आशा की किरणे अवश्य फूटेगी और अवश्य देवकृपा होगी। स्वयं का महत्व समझे, यही शक्ति हर सुख साधन से परिपूर्ण करती है। अपने भीतर के खुदा को पहचान लो उसको नाराज न करो और यह कोशिश करो कि मिलाप हो जाए। अपने को जानने के लिए सत्य को जानना आवश्यक है। यहाँ शास्त्रज्ञान या डिग्री की आवश्कता नही, यहाँ

आत्मज्ञान के लिए सत्य को उपलब्ध होना आवश्यक है। जीवन को काटो नही, बिताओ भी नही। समय एकसा नही रहता पल पल का उत्सव मनाओ हर घ़डी खुश रहने का प्रयास करो छोटी सी खुशी का आनन्द मनाओ उत्सव मनाओ। जीवन के पल का भरोसा नही जीवन क्षणभंगुर है यानि समय की बहुत कमी है। इसलिए अपनी आत्मा में बैठे प्रभु को अपनी इच्छाओं तले न दबाओ। इच्छाएं अज्ञान मात्र भीतर डेरा जमाए बैठी है। जो प्रकृतिक खुशी, प्रेम और प्रभु से दूर किए बैठी है।

ध्यान एक मात्र ऐसा रास्ता है जो तुम्हे उस प्रभु की ओर लेजा सकता है। ध्यान धरो और प्रभु प्रेम तक पहुंच जाओ। आत्मा के प्रकाश से इच्छाए तिरोहित हो जायेगी। ध्यान में भीतर का सारा विष बाहर व् अमृत की प्राप्ति। स्वयं के श्रृंगार का और जो प्रभु प्रेमी है वह बिना किसी तर्क वितर्क विद्वानो की श्रेणी में शामिल होने की हिम्मत रखेगा। जो जीवन परमात्मा से उपहार स्वरूप प्राप्त हुआ है। क्या उसका अध्ययन नही करेगे? यह सच है मेरे जीवन में परमात्मा सदैव प्रथम रहा है। सारी सुन्दरता और उल्लास तो प्रभु ने भीतर भर दिया। मुझे परमात्मा से प्यारा शब्द कोई नही लगता और नही दिखता है। प्रभु प्यारा एक दार्शनिक शब्द है, जो भी सोचे पागल सा भी दिखता है क्योकि प्रभु शास्त्रों में लिखा शब्द भांति प्रतीत होता है जबकि जीवन वास्तविक अस्तित्व से भरा है। अपने अंदर और बाहर आत्म विभूति के बाद नजर आता है। प्रभु का वास्तविक परिचय ब्रह्म ज्ञान के साक्षात्कार से होता। इस भेद को अपने भीतर से जान कर ही प्रभु के साथ एकीकरण कर जीवन खुशियों से भर सकता है। इस रहस्य को समझने के पाँच तत्व से बने तन में ही समझ सकते है। प्रभु प्रकट भी इसी सृष्टि के भीतर से होता है। सामान्य दृष्टि का यहा कोई महत्व नही। सोचने वाली बात है भाव से कर्म बनता है भाव जो विचार आपके भीतर उठते है। आधा अधूरा जीवन मत जीवो, जीवन सम्पूर्णता से जीयो। जीवन में जो मिला है उसे स्वीकारो। सुख मिला उसे भी भोगो दुःख मिला है उसे भी जीयो। किस कारण मिला वह कारण कभी मत खोजना वर्ना उलझ जाओगे। दुःख को भी आनन्द से जियो, प्रेम करो धन्यवाद करो जो भी कारण बना हो। जीवन के पहलु में दुःख और सुख ही गिरेगे। सुख आते है आवाज नही आती सुख का समय कब निकल जाता है पता नही चला चुपचाप निकल गया। दुःख आया और पूरा हिला गया। व्यक्ति दुःख से जीना ही नही सीखता। जरा सा दुःख पहाड़ समान दिखाई देगा। दुःख सागर के तूफान की तरह हिला जाता है भीतर की धुलाई अच्छी कर जाता। भीतर की सारी गंदगी बाहर निकाल फैकता है। दुःख तूफान की तरह आता है लगता है ठहर गया क्योंकी हम स्वयं दुःख पर ठहर जाते है। दस साल हो गये बात को पकड़े रहते है, छोड़ते भी नही भूलते भी नहीं। छोड़ दो प्रेम के सिवा अपने भीतर कुछ न पनपने दो, जब भी मिलो सभी से प्रेम से मिले। एक बात और दुखी व्यक्ति या बीमार वह कभी किसी का बुरा नही सोचेगा। अगर कोई आदि भी है

कुछ समय वह भूल जाता है। क्योकि दुखी व्यक्ति में ऊर्जा का बनना भी कम हो जाता है जो ऊर्जा रोज बनती है वह दुःख पर खर्च हो जाती है। श्वास से प्राण ऊर्जा मिलती है यह सभी जानते है उसके बाद भोजन से जो ऊर्जा बनती है वह बडी तीव्रता से काम करती है। बीमार व्यक्ति की भोजन की मात्रा घट जाती है। बहुत अधिक भोजन लेने वाला भी सुस्त पाया जाता है उसकी कार्य क्षमता घट जाती है। हमारे शरीर को पंच तत्वों व भोजन से जो ऊर्जा प्राप्त होती है। अगर व्यक्ति की कार्य अवस्था आराम देह है तो ऊर्जा किसी और दिशा में भागेगी। सबसे अधिक ऊर्जा व्यक्ति की काम में दौड़ लगाती है। भीतर–भीतर भागती है जुगाड़ लगाती है। अपनी ऊर्जा को एकत्र कर यही उर्जा प्रभु की पहचान कर साक्षात्कार करवा सकती है।

सबसे गहरी बात यही है कि दुःख के अति की खोज में छिपा अस्तित्व का बीज अंतर ध्यान का बीज, प्रभात का बीज भीतर गहन अँधेरे में छिपा है। धर धीरज कर ध्यान फिर होगा प्रफुल्लित, अस्तित्व का बीज। क्षण भर के लिए अपने को भूल कर भीतर सरक जाओ। ध्यान में समुन्द्र मंथन किया जाए तो अमृत निकलता है खजाना ही खजाना मिलता है। फिर प्रभु लबालब झोली मस्ती और खुशियों से भर देता है। अनगिनत फूल खिल जाते है। तन के अनगिनत रहस्य खुलते है, बाहर निकल आते। अदभुद शक्ति का जागरण हो जाता है जैसे मै प्रभु के मुखातिब हूँ तुम भी हो जाओगे। प्रभु तो खड़ा है हृदय की गहराई में खुदा को खोदने के औजार नही पता और बताने वाला भी नही फिर सही राह कौन दिखाए? घूमते रहो अज्ञान लिए अंजानो के पास अनमोल जीवन ही पूरा हो जाए। कभी सोचा है कोई खजाना सामने रख कर बैठ गया हो और बुला–बुला कर कहे देखो मैने इतना धन कमा लिया और इतना जोड़ लिया। खजाना जिसके पास आ जाए वह छिपाकर रखेगा, बतायेगा ही नही दिखाना तो दूर की बात। उसी तरह यह खजाना भी पूर्णतया गुप्त है यह उन्ही के लिए है जो इस धन की कमाई के लिए भागता है, मेहनत करता है। यह अत्याधिक कीमती कमाई है सिर्फ मागने वालो के लिए है, प्रयास करने वालो के लिए है, श्रद्धावानो के लिए है बेशुमार कीमती दौलत है।

मै तो कहूँगी एक अनुभूति ही सही जहाँ से मिले ले लो। मौका मत चूकना क्या पता कोई प्यारा मिल जाए। जिसे भीतर की अनुभूति हो वही तारनहार है। किसने रोका है संसार भी चलाते रहे, काम भी करते रहो बस दलदल में मत फंसो इसी में संसार की भलाई है ही तक रहने वाली है। अपना स्वार्थ कभी मत देखना भला करो सोचना नही दुसरा भी भलाई करेगा। तुम्हारी सामर्थ्य थी मदद की।

ईश्वर चन्द्र विधा सागर का नाम सभी ने सुना है। वे बुद्धिमान ज्ञानी धर्मात्मा होने के साथ परोपकारी का कोई मौका नही चूकते थे। एक बार मोहल्ले में कहीं दूर से रोने की आवाज सुनकर बाहर आए। उन्होंने लोगो से पूछा क्या हुआ? एक व्यक्ति ने बताया

एक गरीब मजदूर जिसके पास कुछ नही था। अकेला कमाने वाला परिवार का एक ही सहारा था। वह दुनिया से चला गया घर में पत्नी और बच्चे बिलख–बिलख कर रो रहे है। दुर्भाग्यवंश कफन का सामान खरीदने को पैसे नही है। घर में लाश पड़ी है, कोई उठाने वाला दिखाई नही देता। यह घटना सुनते ही ईश्वरचन्द्र विधासागर की आँखों से पानी बहने लगा। वहाँ जाकर देखा बच्चे रो रहे है पत्नी रो रही है। ईश्वरचन्द्र दरवाजे के पास जाकर खड़े हो गए। हाथ जोड़ उस बहन की तरफ देखकर बोले मुझे माफ करना बहन मै तुम्हारा अपराधी हूँ। उस बहन ने हैरानी से देखा पूछा आप कौन है? ईश्वरचन्द्र कहने लगे मैने बहुत पहले आपके पति से कुछ पैसे उधार लिए थे परन्तु वापस नही कर पाया। आज मेरा जमीर जाग गया मेरी आत्मा ने कहा उसके पैसे वापस कर आऊं। पूरे पैसे एक साथ लौटा नही पाऊंगा लेकिन थोडे–थोड़े कर वापस करता हूँ। कुछ पैसे निकाले और उस स्त्री के सामने रख कर चले गए। उन्ही पैसों से अंतिम संस्कार हुआ। वह स्त्री सोचने पर मजबूर हुई कि हमारी ऐसी स्थिति कभी नही रही कि ज्यादा पैसे रहे हो। शायद पति के पास रहे हो और चुपचाप दे दिए हो। शायद बच्चो की खातिर रखवा दिए हो। ईश्वरचन्द्र तो महीने पर आते और पैसे देकर चले जाते। कई महीनों इसी तरह चलता रहा।

एक दिन पड़ोस की महिला आकर पूछने लगी गुजारा कैसे चल रहा है। स्त्री कहने लगी मेरे पति ने थोड़े पैसे रखवा दिए थे। वो सज्जन महीने पर आते है खर्चे लायक पैसे दे जाते है बस उन्ही पैसो से खर्चा चल जाता है। महिला ने पूछा वहीं जो सवेरे आये थे। स्त्री बोली हाँ वही। वह महिला बोली, "वह व्यक्ति न जाने इस तरह कितने घरो में सेवा सहायता करता है। मुझे तो उस व्यक्ति में भगवान का स्वरूप दिखाई देता है। पैसे वाले इस दुनिया में बहुत हुए है। लेकिन ईश्वरचन्द्र विद्यासागर कोई धनपति नही थे। जितना कमाया भलाई में लगा दिया।" इसलिए भगवान से बस कृपा माँगना। कर्म करके वापसी की आशा कभी मत रखना।

संसार का चक्र बहुत तेजी से चल रहा है। प्रभु जब लेने पर आयेगा तो सीधा इस तत्व को निकाल ले जाएगा, शरीर यही छोड़ जाएगा। फिर तन का क्या करते हो कुछ भी करो। जलाओ, बहाओ, दफनाओ, चन्दन रगडो कोई फर्क नही पड़ता। संसार का चक्र वकत अनुसार नहीं चलता है। पहले वक्त कुछ और था अब कुछ और है। फिर रोते रहो उन्ही बातो को याद कर।मैने तो अक्सर यही देखा है जो करता है वो सदैव उन्ही बातो मै पड़ा रहता यह सब व्यर्थ की बाते है। कीमती समय बर्बाद करते है आप ऐसा क्यों नही सोचते आपकी सामर्थ्य थी आपने मदद की भूल जाओ या फिर करो नही और अगर करो तो वापसी की कामना न करे। सृष्टि चुपचाप दिए जा रही है। एक इंसान को भगवान ने बहुत अधिक बुद्धि दी लेकिन वह किसी की मदद में भी स्वार्थ देखता है। स्वयं को आगे बढाने की न जाने कितनी रणनीति रचता रहता है इस बात

से बिल्कुल अनभिज्ञ कि अपने भीतर कितना आंतक उत्पन्न कर रहा है अनजाने बेकार का कचरा भीतर भर रहा है। यही कचरा श्मशान की और धकेलता है अवरुद्ध श्वासों का लाश बना आग में जलना है। फिर तो कब्र में सोई मुर्दों से मुलाकात है।

सम्भावना है ज्ञान की कोई सीमा नही यहाँ असम्भव का कोई नाम नहीं है। थोड़ा सा फेरबदल है। कही ढूढने भी नही जाना है सारा झगड़ा भीतर पनप रही ख्वाहिशो का है।

सभी अपनी आदत अनुसार भागे चले जा रहे है, अपनी पगडंडी पर सबको चलाना चाहते है। सब कुछ अपने नियन्त्रण में लेना चाहते है और इसी कारण जिन्दगी में भूकम्प और तूफान आते है। जो कोई व्यक्तियों को अपने अनुसार चलाता है समझो उसकी स्वयं की आत्मा का लीवर अस्वस्थ है। ऐसे व्यक्ति के व्यवहार से लड़ाई ही जागृत होगी। दूसरे की तरह न सोचे क्योंकि सारी बाधाओं की जड़ दुसरे का आग्रह मानना है। चाहे गलत हो सही हो वहीं निर्णय लेना, इससे प्रभु की ओर से अपना व्यक्तितत्व गिरता नही। सारी भीतर की सच्चाई और धुंधली हो जाती है। ज्यादातर लोगो को मैने देखा अपने विचारों में इतने अंधे होते है कि दूसरे की बात भी समझ नही पाते चाहे कोई सही बात भी कहे क्योंकि नकारात्मक सोच के पीछे सच्चाई गिर जाती है। शायद सच्चाई खुलने का डर रहता है, अपना लाभ और अपना फायदा नजर आता है, यह चाहे रिश्ते बाँधने वाली डोर हो सदैव कमजोर रहेगी। स्वार्थ की रस्सी ढीली और कमजोर रहेगी। यहा अपना मन चमकाने वाली बात है। लोगो को अपनी स्पष्टता की सच्चाई दिखाने का प्रयास नही करना। अपनी भूमिका स्वच्छ निभाये, कोई भी अपनी कमजोरी कितनी भी छुपाये वह सदैव प्रभु के सामने उजागर रहती है। हर पल, हर जगह साथ साथ चलती है गंध की तरह जो तत्व ज्ञानी है वह गंध भी पहचान लेता है। सच्चाई कड़वी जरुर होती है लेकिन अमृत हाथ लग जाए अखंड सौभाग्य शाली। मृत्यु की शाखाएं सिकुड़ती नजर आयेगी, दृश्यों का सोपान–परम्परा सी नजर आई। कैसी मनमोहक शोभा मेरा लगाव बढ गया। अनायास ही ऑखें झुकती खुलती नजर आई। निश्चित ही भीतर सत्य ने सत्य का भेद खोला मै में जो था वहीं बोल उठा।

अध्यात्मिक कार्य उतना आसान नही जितना सब सोचते है। सभी अँधेरे में जी रहे है खोज का तरीका, जाँच का रहस्य प्रक्रिया विश्वास में छिपी है। यह स्वयं पर निर्भर है कितना ठोस तरीका अपना सकते है, बहरहाल कोई भी प्रक्रिया अपनाने से पहले सावधानी का प्रयोग करना आवश्यक है। सच्चाई कम लोगो में होती है ज्यादातर में तो छलावा ही भरा होता है। यहाँ तो खालिश मन की आवश्कता होती है सच्चा रहस्य छिपा है अपने भीतर का सच उजागर कर सकते है।

इस संसार में दो आँखों वाले तो बहुत मिलेगे लेकिन यह संसारी आँखे सबको मिली है। जिसकी तीसरी आँख खुल जाए, जो विराट सम्पदा देती है यानि ईश्वर के विशाल

खजाने का द्वार खोल देती है। जिसकी दृष्टि बन्द आँखे दूर तक देखने में भी सक्षम होती है। दिव्य आँख के बिना कोई अपने भीतर की गहराई कभी नही देख पायेगा। मेरी सबसे बडी उपलब्धि युवा अवस्था में पूर्णता की ओर बढ़ना, ज्ञान का होना अपने भीतर ज्यादा से ज्यादा गहराई में सब देखते हुए उतरना। अपने आपमें एक अनोखा चमत्कारी अनुभव है। प्रत्येक स्थिति से पहले पूर्व ज्ञान होना। आत्माओं और देवी देवताओ से बात होना इस तरह की घटनाए ज्योतिष शास्त्र से भी कभी पता नही लग सकती क्योंकि मेरा वर्षो का ज्योतिष का अनुभव रहा है। आध्यात्मिकता का सम्बन्ध मन से है मन का पतन होने पर मानव जन्म व्यर्थ चला जाता है।

कई जन्मो में हुआ पतन प्रारब्ध फल उपलब्धी में बदल सकता है। जहाँ मन में उपद्रव भरा वही पतन मन को निंदा आलोचना विषय विलाप से बचाना आवश्यक है। इस जन्म का पतन न होने पाए भीतर के शत्रुओ को कुचल डाले ताकि शरीर और आत्मा का कोई नुक्सान न होने पाए। सबकी आँखों में उपस्थित है प्रबल दिव्य रौशनी पर उसका दायरा सकरा है सबकी आँखों के सामने प्रदर्शित है दिखती भी नही। भीतर अपनी कमियाँ दूर कर उस खाली स्थान को प्रक्रिया से भरना पड़ता है। तभी नया जीवन के साथ आँखे भी मिलती है। खासकर यह सब सच्ची योग्यताओं का काम है जो दिव्य ज्ञान के रूप में फलती है। मन की बागडोर स्वयं के नियन्त्रण में आ जाती है। अपनी स्थिति अनुसार कोई भी कारगर ध्यान का उपाय अवश्य कर सकता है।

जैसी दृष्टि वैसी सृष्टि! प्राचीन काल का किस्सा है एक बालक गुरुकुल में ब्रह्म वेता आचार्य की सेवा में उपस्थित हुआ। वह उनकी सेवा में रहकर विधा ग्रहण करना चाहता था। उसे अपने कुल आदि के बारे कुछ नही मालूम था। एक दिन जंगल में महात्मा को घूमते देखा उनके प्रति तीव्र आकर्षण पैदा हुआ। वह लकडियां बीनने जंगल गया था महात्मा को देख लकडियां छोड़ उनके पीछे हो लिया उनकी शरण में आ पहुचा।

बालक का तेज मुख से ही प्रतिभाशाली लगता था।उसका स्वास्थ्य अच्छा और वाणी में उत्साह था। जिस प्रकार निर्भीकता और नम्रता पूर्वक गुरुदेव के समक्ष अपनी बात कही थी। उससे स्पष्ट था की वह बालक जरुर किसी उच्च कुल से सम्बन्धित होगा। गुरुदेव ने भी दयालुता पूर्वक उसे अपनी शिष्य मंडली में शामिल कर लिया।

बालक आशा के अनुरूप ही निकला। वह मेधावी और कर्मठ था परन्तु उसके अंदर एक कमी थी वह उत्साही बहुत था। गुरु की आज्ञा मिलने से पहले कई काम कर लिया करता। अपने दिमाग से सोच लेता गुरुजी ऐसा करने को कहेगे और काम अपने से कर डालता। इससे कई बार आज्ञा पालन की बजाय आज्ञा की अवज्ञा हो जाती। जिससे गुरूजी खुश होने की बजाय रुष्ट हो जाते।

गुरूजी की नाराजगी के कारण उसकी विद्या में देरी होती जाती। एक दिन गजब हो गया। रोज की तरह उस दिन भी उसने गुरु का पूजा स्थल साफ करके सब सामान

रखा, तभी उसने देखा पेड़ के सबसे उपरी डाल पर एक पक्षी बैठा है। उसने सोचा यदि इस पक्षी ने शौच कर दी तो सारी सफाई का सत्यानाश हो जाएगा। उसने पक्षी को उड़ाना आवश्यक समझा। उसने आव देखा न ताव एक ढेला उठाया पक्षी को दे मारा। पक्षी को चोट इतनी गहरी लगी की उड़ने की बजाय जमीन पर गिर गया मृत्यु को प्राप्त हो गया। अब मृत पक्षी को देखकर बहुत दुःख हुआ वह तो केवल उड़ाना चाहता था।

वह उस पक्षी को उठाकर अन्यत्र रख पाता गुरु आ गये। आसन पर मरे पक्षी को देखकर बहुत दुखी हुए। उन्हें पूरी घटना समझ आ गई। बालक नीची गर्दन किये खड़ा रहा जिससे स्पष्ट था दोष उसी का था।

गुरुदेव रुष्ट होकर बोले "अति उत्साह में भरकर तुम्हे निरीह पक्षी की जान लेली। जिसे तुम जीवन दे नही सकते हो, उसका जीवन लेने का तुम्हे कोई अधिकार नही? अब तुम्हे 12 साल तक पक्षियों की सेवा करनी होगी और प्रायशिचित करना होगा तभी शिक्षा पूर्ण होगी।

बारह साल की लम्बी बात सुनकर बालक घबरा गया। जबकि विद्या का अंतिम दौर चल रहा था यह घटना उसके लिए अत्यंत दुखदाई रही। बारह साल की प्रतीक्षा उसके लिए उसे मौत से भी अधिक भयंकर नजर आई। इस समय एक क्षण भी प्रतीक्षा नही कर सकता था। उसके बारह वर्ष की प्रतीक्षा? यह कार्य उसे बहुत मुश्किल लगा। अब इसके सिवा कोई चारा नही था।

वह नित्य प्रातः उठता पूरे आश्रम की सफाई करता और पक्षियों को दाना डालता। जख्मी पक्षियों की मरहम पट्टी करता। धीरे–धीरे इस कार्य का अभ्यस्त हो गया। पूरे दिन उसे कोई अभाव न खलता क्योकि वह इस कार्य में व्यस्त हो गया। परन्तु रात्री में उसे कठिनाई होती सभी सखा जा चुके थे। उसके विचारों का कर्म शुरू हो जाता इस समय वह भी आश्रम से जा चुका होता। उसके साथियो को गये महीनों हो गए। नए विधार्थी आ गए थे लेकिन वह अभी यही था। अपने उदेश्य के बिना यूँ ही समय जा रहा था। पूरे दिन पक्षियों की सेवा में जुटा रहता परन्तु रात्री में असंतोष से घिरा रहता।

यूँ ही करते करते साढे ग्यारह वर्ष बीत गये। अब वह बालक नही रहा, उसका शरीर लम्बा चौड़ा हो गया। अपने भविष्य के बारे में वह चिंतित रहता था इसलिए स्वास्थ्य बहुत बढ़िया नही था। अब प्रायशिचित के दिन थोड़े ही रह गए थे।

वह सोने को जैसे ही जाने लगा एकाएक दिमाग में आया "6 महीने क्या कम होते है।" अब शरीर का क्या भरोसा कब साथ छोड़ जाए?

वह अपने भविष्य की सोच चिंतित हो उठा। अगर मेरा शरीर 12 वर्ष पूरे होने से पहले छूट गया तो।" उसके मन में उथल पुथल मच गई एकदम अशांत हो गया। यह सब बार–बार सोचकर बुरी तरह पसीना आ रहा था। सोचा यही मर जाने से क्या फायदा यहाँ से निकल बाहर चला जाऊं कम से कम दुनिया देख लूंगा। यह सब

सोचकर उसी समय उठा और आश्रम छोड़कर चल दिया।

इस समय कदमो में तेजी थी। उत्साह से भरा भागा चला जा रहा था। उसके मन में बाहरी दुनिया को जानने की ललक थी एक जनून था। तभी दूर से उसके कानो में तबले की थाप की आवाज पड़ी। वह मन्त्र मुग्ध हो उस दिशा की और बढ़ गया।

राजधानी में गीत संगीत का कार्यक्रम चल रहा था। नर्तकी पूरे उत्साह से नाच रही थी। ढोल की आवाज के साथ उसके पैर उठते गिरते थे। नाचते–नाचते कई घंटे हो गये थे कार्यक्रम चल रहा था। नर्तकी अब थकने लगी थी तभी संगीत पार्टी के मालिक ने डांट दिया जोर का ताड़ा। नर्तकी के चेहरे पर थकान उभरने लगी थी। तभी मालिक ने जोर की आवाज में एक पद गाया। पद का अर्थ था, "हे नर्तिकी तूने इतने समय से मनमोहक नृत्य किया है सब लोग तुझसे बंधे हुए है।" अब नृत्य का परिणाम निकलने वाला है लोग तुझे उपहार देने वाले है की अब तू थकने लगी है। अगर अब तू थक गई तो पूरी मेहनत धूल में मिल जायेगी इसलिए थक मत जाना। नाच पूरे जोश से नाच आज परीक्षा की रात है।

इस पद पर प्रायशिचित करने वाले किशोर पर जादू जैसा असर किया उसने तुरंत अपना कम्बल उस नर्तकी को दे दिया जो ओढ़ कर आश्रम से निकला था। लोगो ने भी नर्तकी को खूब उपहार दिए। वहा बैठे मंत्री ने उस तपस्वी से दीखते किशोर से व्यंग्य से पूछा, "क्यों वत्स। तुम्हारा दिल भी विद्या छोड़ कर इधर आ गया। तुमने कम्बल क्यों दिया?"

किशोर बोला, "महोदय इस नर्तकी से मुझे बहुत प्रेरणा मिली है। आज इससे मैने नया सबक सिखा है।"

मंत्री उसका चेहरा देखता रह गया और बोला नया "सबक इस स्त्री से कौनसा नया सबक सिखने को मिला?"

वह बोला महाराज, "मै पिछले 18 वर्षो से विधार्जन में लगा था। अभी मेरा प्रायशचित चल रहा था पूरा होने ही वाला था की अचानक सोच बैठा अगर 12 वर्ष पूरे होने से पहले मै मर गया तो जीवन अधूरा ही रह जाएगा। इसलिए आश्रम छोड़कर इधर आ गया। नर्तकी ने मुझे बता दिया थोड़ा ही समय बाकी है फिर इतने दिनों की मेहनत क्यों छोड़ता है?

पगले वापस गुरु की शरण चला जा।मेरा तो उद्धार हो गया। मौत की क्या पता? आज यदि यही मर गया तब कौनसा सफलता मिलेगी। आज यदि मेरे पास कुछ होता अपना सब दे देता परन्तु कम्बल के सिवा मेरे पास कुछ नही।

यह कहकर वह किशोर आश्रम वापस लौट गया।

उसने सद्‌गुरु के वचनों को मानना ही अपना धर्म समझा और इसी में भलाई नजर आई। इसलिए भलाई गुरु के वचनों में सदैव छिपी होती है। उसका रहस्य अति गहरा होता है। जो सिखने के इच्छुक होते वह प्रत्येक घटना से सीख लेते है।

रहस्य सिर्फ ब्रह्म ज्ञान से उजागर होते है। सज्जन व्यक्ति सदैव प्रयास करते है। जिसकी नजरे थमी वही ज्ञान का अधिकारी होता। वर्ना शरीर की चंचलता भगाती है जिसकी कोई सीमा नही। नजरे जमती है प्रक्रिया भीतर जमाने से। जैसे ठण्ड में शरीर पर सूर्य की किरने पडती है शरीर की सर्दी दूर होती है शरीर में गर्मी प्रवेश करती है। उसी प्रकार प्रक्रिया भीतर में उतरती है तो नजरे जमनी शुरू होती है।

प्रभु से सम्बद्ध बाँधना है तो तन के तल में प्रेम सहित खोज करनी होगी। यहा सवाल मत पूछना कब किया सब अकारण होने वाला है। दीया तो जल रहा, लेकिन किसका दीया कब भबक उठे, किसके भीतर कितनी गर्त जमी है, सब स्वयं जानते है। सबकी अपनी समझ अपनी जिन्दगी है, अपना जीना करना कर्म है। सभी दूसरो का अनुभव जानना चाहते है एक बार फाटक बन्द होने के बाद सभी को पता चल जाता है ट्रेन आने वाली है अब सड़क पार जाना बंद। खतरे से खाली नही, व्यक्ति फिर भी जुगाड़ लगाने के तरीके खोजते रहते है। मै भी एक बार फाटक पर खड़ी थी करीब आधा घंटा हो गया। मेरे पीछे दो युवा बच्चे आपस मै बात–बातो में शर्त लगा बैठे ट्रेन से पहले निकल जाऊंगा वह साइड ले नीचे से निकला बस क्या होना था ट्रेन ने फैक दिया रेलगाडी में मोटरसाइकल काफी देर तक फंसी रही। जान से हाथ धोना पड़ा वो अलग। वैसा ही गुरु खोजते है शिष्य का पतन तो होता ही है साथ कुछ समय बाद गुरु का पतन भी निश्चित है। सत्य के साथ कोई खिलवाड़ नही कर सकता। पवित्र सत्य अपने अनुभव से गुरु की बताई तरकीब से प्रकट होता है अन्य कोई उपाय नही। भगवान बुद्ध ने अपना धन का पात्र जैसे ही खाली किया असीम से भर गया अनंत से भर गया सब भेद खुल गये। दृष्टि परमात्मा से मिल गई।

बिंदु

प्रभु का उमड़ता प्रेम देख
होगा मेरा कब्रिस्तान निराला
ब्रह्मांड के सागर में डेरा मेरा होगा
मन में मेरे स्मृति दिव्य उर्जा की होगी
मन भीतर मैने आत्म सुख आविष्कार किया
इस पृथ्वी पर एक बिंदु से स्वर्ग घनीभूत हुआ
मेरी जिन्दगी की अधूरी कहानी में क्षण–क्षण कमाया
मत पूछो मेरे बीते क्षणों की जर्र–जर्र कहानी न सुना पाउगी बर्बर
आज पूछलो मेरे प्रविष्ट शुद्ध व्यक्तित्व उपलब्ध गहरा राज दे जाउगी
अपनी मलकीयत की खोज देह की घाटी साँसों के पार आनन्द उत्सव में ले जाऊगी

सर्वश्रेष्ठ प्रभु का दिव्य जागरण

अध्यात्मिक जागरण स्वयं का है भीतर का है बिना गिरे पहुंचना थोडा कठिन है,पता नही मुझे भीतर से ही एक स्त्री होते हुए बाहरी काम करने में बडी दिक्कत महसूस होती थी। मेरे मन में जो आता मै वही करती, एक आजाद जिन्दगी जी मुझे एकांत बहुत मिला जो मुझे पसंद था। मै अपने सच्चे मन से जो जी में आता करती। मुझे कोई समझे या न समझे इस बात का कोई खोफ नही था मै अपने मन से सही और सच्ची थी। मैने अपने प्रभु से सच्चा प्रेम सम्बन्ध बाँधा मेरा मन तो अपने प्रभु की कल्पना उडान मन ही मन भरता रहा, ना जाने मुझे क्यों विश्वास था। बहुत बड़ा रहस्य जो खुल नही रहा अवश्य भीतर एक दिन धमाका होने वाला है। अब थोडे में अपने को बहला पाना मुश्किल था। मेरे आभामंडल का धुंधलापन छटने लगा था मन में कल्पना को उड़ने की जगह मिलती रही। यह सब सामान्य नजर आने लगा प्रभु की उपस्थिति को ज्यादा महत्व देने लगी। प्रबल उर्जा एकत्रित कर ध्यान प्रक्रिया में लगाई प्रक्रिया भी फलित होती रही। प्रभु की उपस्थिति सदैव आँखों के सामने देखती रही। जैसे लुका छिपी का खेल आँखों के सामने चलता रहा हो। प्रभु के जबर्दस्त हस्ताक्षर देख आन्दित होती रही।

पल–पल का प्रमाण स्टेट्स सिम्बल बनते जाए, रोज मर्रा प्रभु के नये नये प्रभावशाली खेल रहस्यपूर्ण शैली गजब की जाहिर होने लगी। प्रभु के वर्तमान स्टेट्स सिम्बल में गजब का आभा मंडल बनता। एक बात और स्वयं को सत्य के नए शुद्ध साचे में ढाले। खुद को प्रक्रिया के साँचे में ढालने का प्रयत्न करे, प्रयत्न भी नही करना ढलना है। आत्म चिंतन की प्रक्रिया का पहला काम स्वमं का निर्माण है।

अपनी बिगाड़ी तकदीर, खुदा को मत दोष देना,
शिकार हुआ अपने पाप कर्मो का बच नही सकता है
अपने स्वार्थ खातिर दूसरो को ओछा दिखाता है,

यह सोच इंसान नही हैवान की दिखती है,
सौ गज हवेली खातिर खुद घोटाले करता है,
फिर सारा दोष खुदा पर छोड़ता है,
मंच पर खड़े होकर अपने को सत्य साबित करता है,
अफसोस अभी बिगड़ने का वक्त नही आया,
सामने बैठा मालिक है हिसाब का वक्त नही आया,
खुदा का पहरा 24 घंटे खामोश बोलता नही है,
एक एक लम्हा खुद सार्थक कर धर्म निभाना होता है,
जिन्दगी दी जिसने चंद लम्हे सत्य को कमाना होता है,

यह जिन्दगी में सबसे महत्व् पूर्ण कार्य है जो जिन्दगी बरकरार रहे ही हो सकता है। खुद का मन पर काबू भरपूर विश्वास के साथ प्रक्रिया का अनुसरण करे। यहाँ विश्वास तन्त्र को हासिल कर प्रभु की शक्ति की दौलत प्राप्त कर सकते है। शक्तिया खुलने की देर है तत्काल उत्पन्न हो जाती है। शब्दों का जाल शोर्ट–सर्किट की तरह है यहा सोचने और शक करने की जगह बिलकुल नही है। जो विद्वान हुआ नये नए शब्द देता रहेगा ज्ञान के शब्द संगीत की तरह विचारों से उपर छलांग लगा जाते है। मन में प्रभु की छवि खुद–ब–खुद जवाब देती है। मन की छवि शक्ति का मूल साधन है।

इसमे सारा काम मन का है, बाहरी मन और भीतरी मन दोनों को अपने अनुसार कैसे चलाया जाये? आंखे बंद करते ही भीतर की कोठरी में प्रवेश कर जाना यह बहुत बड़ा रहस्य है, जो मुझे समझ आने लगा इसकी विधियां भी बहुत है यानि अपने ही भीतर प्रवेश कैसे पाया जाये?मै जाने कैसे यह रहस्य जान गई और चढ़ती कला होती गई प्रभु ने ब्रह्म की अपार दौलत से भरपूर नवाजा।

मै विरहणी मनोदशा हृदय सुलग रहा था फिर परिवर्तन भीतर प्रभु का अत्यंत मधुर दर्शन होय।

मैने जाना ध्यान का स्थान आज्ञा चक्र है जो हृदय से उत्पन्न होकर निकलता है। मेरे भीतर अचानक धर्म प्रकट हुआ प्रभु को जान पाई कितना गहरा सम्बन्ध है। मेरा केंद्र विकसित होता गया।

धीरे–धीरे प्रक्रिया सफल हुई। तेजी से भीतर प्रवेश करती हुई नासिका से श्वास का आभास होता रहा। श्वासों का उचारण मूल बिंदु पर ठहर जाना सुगंध और शीतलता का अनुभव होना, अपने आप में चमत्कृत करने वाला था। मैने अस्तित्व की दिव्यता का भरपूर रसपान किया।

प्रभु तो सबके सामने खड़ा है चमत्कार होने की देर है। एक बार ध्यान सध गया, घटना घट गई बस फिर आनंद ही आनंद है, वो घटना ही मुश्किल है वो एक अनुभवी

ही ले जा सकता है।अनुभवी व्यक्ति की बात ही अलग है, थोडा भी अनुभव हो। ज्ञान की आँख खुल भी जाये उसको स्थिर रखना बहुत बडी बात है। यहाँ भी सबकी अपनी गति है अपने को तपाने की बात है। अपने को खालिस ध्यान रूपी अग्नि में तपाना होता है। परमात्मा ने व्यक्ति को शांत बना कर भेजा है व्यक्ति ने स्वयं को संसार में इतना दूषित कर लिया।स्वयं ही सभी ने प्रभु को दूर कर लिया।प्रकृति से जुड़ी आत्मा को छल, कपट, काम, क्रोध से भर लिया और उसमे डुबो दिया।

शरीर की दो ही जरूरत दिखती है शरीर के भीतर क्या भरना है क्या निकालना है। अपनी मर्जी नही चलती डालते जाओगे तो बीमार हो जायेगे। चाहे भूख हो वासना हो या किसी प्रकार की निंदा चुगली हो। भरना और उगलना चाहे कोई वस्तु हो। अगर नहीं उगलेगे वैसे मर जायेगे। शरीर का अपना नियम है भरो और निकालो नही तो ज्यादा गंदगी में श्वास का छोड़ जाना निश्चित है। आज तक कम खाने वाला वाला कभी मरता देखा है। बल्कि अधिक स्वस्थ पाया गया है। ज्यादा सामग्री शरीर को बीमार करती है। शरीर की यही दुनिया है जब व्यक्ति बीमार होता है वह अपने को बहुत खाली और हल्का अवश्य महसूस करता है।

कुछ होश नही इसीलिए बीमारियों ने जन्म लिया। बीमारियां तभी जन्मती है जब आत्मा की मेहनत बढ़ जाती है असली खुराख तो मिलती नही। चौबीस घंटे इस आत्मा को सोचने पर मजबूर कर दिया इर्षा, द्वेष के कारण आत्मा का अपना स्वभाव समाप्त हो गया। इस पुस्तक में अपने प्रभु प्यारे के बारे में लिख कर आपको जगाना चाहती हूँ। सभी मनुष्य जन्म लेकर तो आये है लेकिन सभी सोये है जागना तभी होगा। जब एक बार भी भीतर दर्शन पा जाओगे सीधा साक्षात्कार हो जाएगा।

आगोश में लिया प्रभु ने नींद मेरी खुली, मजाक मत समझो
तराशने के लिए छोड़ा संसार में जिन्दगी को तराशा करीब के हर इंसान ने
मुकद्दर सवंर गया मेरा थक गई थी दर्द छुपाते–छुपाते, अब जीने का अंदाज बदला
घर्षण हुआ आत्मा का परमात्मा से, बिजलियाँ सी उत्पन्न हुई, तरंगे ह्रदय के आर पार हुइ
मै ब्रह्माण्ड नगरी की निवासी फकीर निकली, कहो मत बंद अस्तित्व खुलने पर अमृत रिसता है
बात साफ करदू भीतर की गाँठ खुल जाए इतना आसान नही, खेल आत्मा के साथ कोई खेल जाता है
मुझे फिक्र क्या कश्ती लाइ हूँ तूफानों से निकाल कर
सच्चाई की रौशनी में धुवाँ गमो का उड़ा सत्य खोज लाइ हूँ
तराशा है अपने को उम्रभर खोज कर उजाला पल पल खोल गया

तकदीर को तराशने का मंजर रिश्तो से दूर सुकून देता गया
हृदय का कलुषित दर्पण साफ हो ईश्वरीय सत्ता का आभास होता है
गलतियां स्वयं की देखकर इंसान अनजान बनता है अपना इल्जाम दूसरो को देता है
खुद की रणनीति में जिन्दगी पूरी करना आसान है पल का हिसाब भगवान के पास है
मुझे पता मिला जज्बातों का हर शब्द को कागज पर उकेरना है उड़ेलना है
अब ना आलस करना है पैसों का ना लालच करना है महान तत्व को ब्यान करना है
तत्व ज्ञान की रौशनी का कतरा–कतरा मेरी नैनो की पलको में उतरा है
चमक यूँ आती है अब आया ख्याल प्रभु के बिछडी जन्मों की मिली
दिव्य घटनाक्रम देख वर्षो मूक दर्शक बनी रही श्वास देने की रसम प्रभु की जान गई
प्रकृति का सौन्दर्य मुझे मानसून वर्षा भाँती भिगोता रहा शब्दों में अंदाज शायरी का भरता गया
आँखों में रौशनी का आकर छुपना प्रभु ये कैसा पर्दा है ज्योती गजब की नैनो में समाई है

मूल केंद्र नाभि

ध्यान करना सभी का मूल केंद्र नाभि से होकर निकलता है। नाभि के इर्द गिर्द खास शक्ति का स्रोत बँधा है। सर्प रूप धार पूरे शरीर की उर्जा शक्ति भीतर ही भीतर निगलती रहती है। इसका मुंह वासना केंद्र की और घुमा हुआ है। यह शरीर में यंत्र भाँति कार्य करता है। रीड की हड्डी के जैसे एक–एक तन्त्र उसके साथ जुड़ा हो। लेकिन उलटा पड़ा नाग मुह खुला शरीर की सारी ऊर्जा निगलता रहता है। जब तक ध्यान न किया जाय कोई प्रतिक्रिया उपलब्ध नही होती। ध्यान द्वारा नाभि केंद्र हिलता है। यही शक्तियाँ अपना रुख बदलती है। भीतर उलटा पड़ा सर्प सीधा होने होने लगता है।सामने के सारे चक्र खोलता हुआ आज्ञाचक्र तक पहुचता है। यहाँ तक भी पहुच जाये यह चक्र बहुत काम कर जाता है। इसका प्रभाव हमारे शरीर की सोई हुई नाड़ियो पर पड़ता है। नाडियाँ भी जागृत होने लगती है। अचानक देखते देखते भीतर से शरीर की अवस्था बदलने लगती है। भीतर एक अनुभव होना शुरू हो जाएगा। जब तक साधक पूरी ध्यान प्रक्रिया सावधानी के साथ करता जाता है वह टेढ़ा मेढ़ा पडा सर्प उमडते हुए भीतर गर्जना करता है। यह खोजने वाला ही जान सकता है वहीं सागर के पास तट पर अक्सर रेत पर भटकते फिरते है। सागर की गिरती उठती लहरों का आनन्द भी वहीं लेते है। यह अन्दरुनी और गहरी शक्ति का मामला है सहायता के लिए अवश्य कोई जानकार होना चाहिए। कई बार बडी बडी समस्याये भी उत्पन्न हो जाती है। सारा नर्वस सिस्टम उतेजित हो ज्वाला बन भडक सकता है। जो खतरनाक साबित हो सकता है। भीतर का सारा तूफान बाहर निकलता है। बिमारी, गुस्सा, चिडचिडाहट, भीतर की दुर्ब्लता बाहर निकलती है। प्रभु ने शरीर की महानतम रचना की है।

यदि व्यक्ति गुणों से भरा है वह कुण्डलिनी शक्ति के तूफान को झेलने की क्षमता रखता है। यह विस्फोट प्रभु के कुछ फरिस्तो के भीतर होता है। अपनी छवि को झाँकर कोई देखने की हिमत करता है।सभी के बस की बात नही अपने अँधेरे जीवन में एक झरोखा खोल ले स्वमं झलक पा ले। अफसोस प्रभु की भव्य मूर्ति देखने से सभी चुक

जाते है। यह आत्मा का मल युद्ध जो करने को तैयार होता है उसी की इन्द्रिया दृढ हो संतुलन में आती है। यह कार्य विवेकी और परिश्रमी व्यक्तियों का है। न मूर्खो का न धनी लोगो का है, कोई बाध्य भी नही प्रभु के कार्य में लगने के लिए। प्रभु की और से सभी आजाद है।

सारा काम बिना औजार भीतर की सर्जरी स्वयं करने का है गुरु के आदेश पर तभी उपलब्धि होती है। अपनी आत्मा का कौशल देखना तपी आत्मा का काम है। जो तप चुका निखर चूका अपने मस्तिष्क से संघर्ष कर ज्ञान के शिखर पर पहुचता है। या जो व्यक्ति अपनों का ठुकराया हो भीतर में बेहद पीड़ा भरी हो। आँखों की पीड़ा में तपी हो गदला पानी बह निकला हो पीड़ा में प्रखर हुई हो धुनें रच डाली हो अन्तस् धो डाला हो वहि विजयी होकर संतोष से केंद्र में स्थिर हो जाता है।

कभी बाज पक्षी के बच्चे को ध्यान से देखना उनकी पहली उड़ाने कितनी दर्द भरी होती है। जैसे जैसे बाज पक्षी का बच्चा उड़ने लायक होता है। माँ को लगता है अब यह उड़ने लायक हो गया। वह उसको उड़ाना शुरू करती है। भारी होने के कारण उड़ना सीखना बहुत कठिन होता। वह डरता है दुबक कर वापस बैठने की कोशिश करता है। व्यस्क बाज उसको बैठने नही देते उसके पंखो पर बार–बार चोंच मारते रहते है। ताकि वह पंख खोले उड़ने लगे आगे आगे व्यस्क बाज उड़ते है उनको देखकर उड़े। छोटा बाज बुरी तरह घायल हो जाता है लेकिन उड़ना सिख जाता है। लहुलुहान तो होता लेकिन लम्बी उड़ान भरने लगता है। शून्य आकाश का सौन्दर्य उसको लुभाने लगता है फिर बार बार उड़ता है।

आज का व्यक्ति केवल सच्चाई की यात्रा समझ नही पाता। बाकी सभी पाखंड लुभाते है क्योकि स्वयं के भीतर पाखंड भरा है। जिन्दगी निकल गई पाखण्ड रचते रचते अब सत्य की बाते कैसे लुभाए। अध्यात्मिक जीवन सर्वोतम जीवन है जो व्यक्ति उच्चाई का होगा उसके साथ यात्रा मुश्किल होती। पाप कर्म उसके सानिध्य से दूर हटा देगे। साथ चलने न देगे छोटी छोटी बातो से दूर हो जाएगा। पापी की यात्रा बुराई के संघ लम्बी चलेगी। यह रहस्य साधारण व्यक्ति को कभी समझ न आएगा।

भीतरी केंद्र सभी का बन्द है असली प्रसन्नता का केंद्र पीड़ियो से रुका पड़ा है। अध्यात्मिक प्रगति की फुर्सत नही सभी बहुत व्यस्त है।केंद्र खुले बगैर सौन्दर्य देखना कभी मुमकिन नही। प्रक्रिया केंद्र तक पहुचने का मार्ग है। मै सादगी के साथ सभी बाते कहना चाहूंगी ताकि सभी को अपना केद्र स्मरण हो जाए। सर्वोतम सौन्दर्य को देखने से कोई वांछित न रह जाए।

सिद्ध ध्यान प्रक्रिया सभी के केंद्र में गुरुत्वाकर्षण का काम करती है। एक दिव्य गुरुत्वाकर्षण शक्ति की धारा भीतर से होती हुई उपर पहुचती है? आप केंद्र से चिंता, इर्षा, द्वेष को लेकर मस्तिष्क तक पहुचते हो। फिर क्या मिलेगा? वही मिलेगा जो आप

अपने भीतर डाल रहे है उसी सामग्री का मंथन होगा जैसे रोग अशांति और कुछ नही। ध्यान के द्वारा आध्यात्मिकता की सीढ़ी चढ़ा जा सकता है जाना जा सकता है। अपने आपसे मिला जा सकता है, आत्मा की जड़ो तक या मूल तक पहुचा जा सकता है। भीतर में मुड़ना आत्मा की जड़ से जुड़ना आत्मनिरीक्षण करना है। आत्मा की खोल को तराशना होता है आत्मा के उपरी तल पर खरड सा जम गया उसे निकालना होता है। आत्मा का असली रूप दिखाई दे। जन्मो की कालिमा काँटों की झाडिया झड़ जायेगी तभी आत्मा में परमात्मा का दर्शन होगा। ज्ञान मार्ग में भी प्रक्रिया अंधभगती का काम देती। प्रभु की और से मनुष्य जीवन एक बहुमूल्य सौगात है। पूर्व जन्मो से जो आत्मा की तड़फ है स्वमं की खोज उसी तत्व से अवगत कराती है। व्यर्थ मोह में न पड़कर तत्काल प्रभु की और यात्रा शुरू करे।

अध्यात्मिक जगत मै राबिया का बहुत नाम सुनने आता है। मेरे यहाँ अक्सर धार्मिक व्यक्ति आया करते। हम धार्मिक बाते ही किया करते भले किसी को पता न हो धार्मिकता अपने भीतर से होकर गुजरती है। परन्तु मुझे कथायें सुनने को मिलती थी मेरा सौभाग्य था।

इसी तरह एक बार राबिया की वास्तविक सेवा भगती की बात सुनाई। यह सभी जानते है उनका जन्म टर्की में हुआ। बचपन बहुत कष्टो में बिता सोना तपकर ही वास्तविक चमक पाता है। राबिया के कष्टों ने उसे परमात्मा की और उन्मुख किया प्रभु की कृपा बरस पडी। अटल विश्वास के कारण प्रभु ने राबिया के जीवन के सभी कष्ट दूर कर दिए।

एक बार दो सन्त उनके दर्शनों के लिए आये। राबिया की कुटिया तक पंहुचते पंहुचते जोरो की भूख लग गई। भूख से बुरा हाल भूख से व्याकुल हो उठे। भोजन का समय भी हो रहा था राबिया समझ गई भूख से व्याकुल है उसके पास थाली में दो रोटी थी। उसके सामने धर्म संकट उत्पन्न हो गया। दो रोटिया दो महात्मा एक का भी पेट नही भर सकता। संयोग वश उसी समय द्वार पर एक भूखा भिखारी और आ गया। उसने भी भोजन माँगा राबिया ने निःसकोच दोनों रोटी भिखारी को देदी। भिखारी तो रोटी लेकर चला गया।

महात्मा के मन विचार उठने लगे कैसा मजाक है? हम भूख से तड़फ रहे है यहाँ दोनों रोटी दान कर दी बोले कुछ नही चुपचाप देखते रहे। वे रहस्यो उद्घाटन की प्रतीक्षा में थे। कुछ समय बाद एक स्त्री रोटी लेकर आई। राबिया को रोटी की आवश्यकता तो थी ही प्रभु ने उनकी समस्या हल कर दी।रोटी देख महात्मा भी खुश थे राबिया ने रोटी गिनी और वापस कर दी। तुम रोटिया शायद भूल से ले आई हो। स्त्री बोली मालकिन ने भेजी है आप रख लीजिये। राबिया बोली नही आप भूल कर रही हो कह कर वापस भेज दिया। यह सब देखकर महात्मा तो कुढ़ने लगे कैसी अजब

लीला है प्रभु खाना सामने है खा नही सकते। चुपचाप सोचते रहे अध्यात्मिक रहस्य समझना आसान नही है।

राबिया तो मस्त थी प्रभु भक्ती में वह उन्हें परमेश्वर के मधुर वचन सुनाने लगी। भूख में कहा उपदेश सुहाए। गहरी आध्यामिकता वाले इन सबकी प्रवाह नही करते। कुछ समय बाद वह स्त्री रोटी लेकर फिर आई बोली माँ ये रोटियाँ आपके लिए ही है। आप रख लीजिये अबकी राबिया ने रोटी रख ली। संतो के तो जान में जान आई। राबिया ने खाना परोस दिया दोनों ने पेट भर खाना खाया। खाना खाकर बोले देवी हमको आपकी बात समझ नही आई।

राबिया बोली आपके मन में जो बात है निःसंकोच कहिये। पहले तो आपने वो दो रोटिया भिखारी को क्यों दी? आपके घर में दो दो भूखे मौजूद थे। राबिया बोली दो रोटी थी दोनों में से किसी का भी पेट नही भरता। मेरे पास एक ही उपाय था रोटी तीसरे भूखे को दी जाए।

यह प्रकृतिक नियम है परमात्मा की धरती पर जो नियम से बीज बोया जाएगा। वह दस गुना फलता है।इसलिए मैने वो रोटिया भूखे को खिला दी उनके बदले बीस रोटी मिली थी।

महात्माओं ने पूछा वह स्त्री पहले रोटी लाई वापस क्यों करी। यही कारण था मैने रोटिया लौटाई पहले वह अठारह रोटी लाई मैने कहा यह मेरे लिए नही है। दुबारा वह बीस रोटी लाई। मुझे बीस रोटियाँ मिलनी थी।

महात्मा इतनी बात सुनकर धन्य धन्य बोल उठे। धरती पर धर्म पहले भी फलता था है आज भी फलता है। सद्‌गुरु आदेश अनुसार जो बीज बोया जाय वह आज भी फलता है। सद्‌गुरु सामान्य अवश्य लगता हो परन्तु गम्भीर रहस्य छिपे होते है साधारण व्यक्ति कभी नही समझ सकता। ब्रह्म विधा प्राप्त करना पहले भी सरल नही था आज भी सरल नही है। ब्रह्म की दीक्षा बह्म वेत्ता ही दे सकता है।

जिसका स्वमं का मूल केंद्र जागृत हो जानता हो मूल केंद्र में नाभि के आस पास शक्तियों का जमावड़ा है किस प्रकार शक्तियों को जगाया जाता हो। केंद्र से उस पार जाना सिखा दे जिन्दगी का असली ढंग सिखा दे। जिन्दगी में रहते अँधेरे से बाहर निकलने का रास्ता बता दे। सभी भारी अँधेरे में फंसे है। अँधेरे से निकाल रौशनी लौटा लाये ऐसा गुरु देख ले। फिर कोई बीमारी नही झेलनी जो अंतिम पीड़ा से बचना चाहते है। वो भीतर केंद्र बिंदु में स्थित हो जाए खोज ले प्रक्रिया जिससे वीणा भी सुनाई दे जाये। प्रभु की भीतरी अदभुद बांसुरी से धुनें निकलती सुनाई दे जाएगी। यहा दिन रात का कोई भेद नही कोई पाबंदी नही जिन्दगी क्या मौत सिद्ध हो जायेगी। गुलाब चाहते है या कांटे सभी का अपना फैसला है। अध्यात्म युवा के पास भागता चला आता है। बूढ़े के पास तो थम जाता है अध्यात्म जवानी का इन्तजार करती है जवानी में गुप्त की

खोज सहज की जा सकती है। व्यस्त ना रहना थोडा उम्र का हिसाब कर लेना। व्यर्थ जीवन न गवाना जीवन में छोटी सी घटना अदभुद दिव्य लोक ले जाती है। जीवन का रस अध्यात्म में है। जानने की जिज्ञासा रखना। संदिग्ध बात यही है सारा संबंध शरीर से है। जीवन रस खोजोगे तो मिलेगा खोजी को मिलता है वह खोता चला जाता है।

बिना जाने परिश्रम बेकार न करना । एक बार कुछ महानुभाव हरिद्वार से प्रयाग राज जाने की सोच रहे थे। सभी ने सोचा चलो एक किश्ती खरीद लेते है। सारी रात बारी–बारी चप्पू चलाते रहेगे। रात भर सफर भी तय हो जाएगा। यह सोचकर पौड़ी पर गये एक किश्ती लेली। अँधेरी रात थी वातावरण शांत था ठंडी हवा चल रही थी। सभी एक नाव में बैठे सवार हो गये सारी रात बार बार चप्पू चलाते रहे। सभी के मन में प्रयाग राज की बाते घूम रही थी। उसी में मग्न रहे एक थकता दूसरा चप्पू हाकने लगता। इस तरह बारी–बारी चप्पू चलाते रहे। बातो में व्यस्त रहे जब आधी रात गुजर गई। सोचने लगे अब सुबह होने वाली है। सफर काफी तय हो गया होगा अब बहुत जल्दी प्रयाग राज पहुच कर देवी दर्शन का आनन्द लेगे। जब एक थकने की बात कहता दूसरा कहता अब प्रयागराज के सुंदर वातावरण में ही आराम करेगे। थोड़ी देर में सुबह होने वाली थी सभी बहुत थक गये थे।

जब हल्की रौशनी ने उन्हें झिंझोडा वे सभी हैरान थे हरिद्वार की पौडी के सामने ही थे। जहाँ से रात को चले थे प्रयागराज का नाम भी दूर तक नही था। खोज करने पर पता चला किश्ती का लंगर अभी भी किनारे खुंटे से बंधा है। बात बातो में वह खोलना ही भूल गये जहाँ से चलना शुरू किया वहीं थे। बेकार अँधेरे में चप्पू चलाते रहे मेहनत करते रहे। कैसे पहुचते? सारे अज्ञानी थे किसी को भी किश्ती चलाने का अनुभव नही था। इसी तरह सभी माया के खुंटे से बंधे है वहीं खोलना भूल जाते है तो अध्यात्म मार्ग में प्रवेश कैसे मिले? सफर कैसे तय हो आनन्द की मंजिल कैसे मिले? उसी तरह आत्मिक आंनद तक बिना अनुभवी के पहुचना कठिन है।

क्यों बार–बार लगता है प्रभु तू तकता रहता हरदम
दिन आज का भी बिदा हुआ जल्द बदलेगा
दिल के अंदर का मंजर झाँक लू तरसता है ह्रदय मेरा
जिन्दगी की रेलगाड़ी में पाप के झटके खाए हिचकोले

ध्यान क्या है?

ध्यान क्या है? अपने को निर्मल कर दर्पण में देखना। ध्यान श्वास को परमात्मा से जोड़ने की विधि है। आखरी श्वास तक प्रीत प्रभु से जुड़ी रहे हर श्वास के साथ परमात्मा का नाता निभा सके। प्रभु से मिलने की चाह जागना अपना पता खोजना। अपना पासपोर्ट स्वयं तैयार करना, जिस पर अपना पता लिखा हो। अपनी सबसे बडी आईडी तैयार करना जो जीवन का अंत होने तक काम आएगी। चारो तरफ का झूठा स्वांग खुलता चला जाएगा दूर होता जाएगा। ध्यान को समझने की दिव्य ऊर्जा मिल जायेगी। विशाल ब्रह्माण्ड चारो और दिखाई पड जाएगा। ध्यान दिव्य ऊर्जा से अवगत कराता है। ध्यान घटने की तैयारी करनी होती है – चलना तो पड़ेगा – यह कोई छोटी सी घटना न समझ ले। यह एक बड़ा उत्सव है बड़े उत्सव में शामिल होने की कुछ तो तैयारी करोगे,कुछ समय तो देंगे। छोटी से छोटी पार्टी में जाने की इतनी तैयारी,यदि बाहरी सोंदर्य से रीझ जाते है तो उनके लिए क्या कह सकती हूँ। बिन वर्षा की एक बूंद में खुश रहने को तैयार है, सच इतना बड़ा सौंदर्य में शामिल होने का पता नही है, या अभी तक किसी ने न्योता नही दिया, न्योता वही दे सकता है, जो जानता हो पहले जी भर के सोंदर्य को निहार चुका होगा, जिसने गीत सुने होगे, वह उस सोंदर्य का परखी रहा होगा। जान लिया होगा प्रभु के हाथ बहुत बड़े है सब पर हाथ रखे हुए है। जो झुकता है, वो पा लेता है, झुकना ये झुकना नही सामने खड़ा है, जो देख लेता है। यह जीवन की देंन प्रभु की अदभुद कृपा है,अनुभव जानकार तो कोई भी स्वागत करेगा, बादल छट जाये सूर्य निकल आये तो सभी जान लेगे लेकिन बिना जाने भी स्वागत है। कायनात का रस टपकता हुआ महसूस करे, क्षण भर को सही तरंग का रंग तो चढेगा रंग देख न पाओगे तो क्या उसमे खो जाओ, कुछ समझ आएगा कुछ तो रस आएगा,कुछ करीब तो जाओगे, परमात्मा को पा भी वे सकते है। जो अदभुद रहस्य को जान कर समझ गए। अपने अनुभव से देखोगे तो शीघ्र पा जायेंगे, यह बात सच है। भीतर का भोलापन कहां मिलता? प्रभु को भोलापन शीघ्र भाता है। जिन्होंने

अपने को कुछ क्षणों के लिए समर्पित किया। वह प्रभु के करीब सरक गया।

यहाँ माया अपना पूरा असर दिखाती है जब तक सारे चक्रो की गाँठे नही खुल जाती। तन की महिमा नही खुलती। घट भीतर हाजिर परमात्मा को देख लेने के बाद ही सौन्दर्य की अनुभूति होती है। वास्तविकता को जानने की कोशिश करो, भीतरी एक प्रवाह है जो सतत बह रहा है देखो। तार जुड़ने के बाद आत्मा तल को छूने लगती है। एकरस होने लगती हृदय की सुन्दरता तभी निखर कर आती है। कल पर कभी मत छोड़ना कल तो काल का नाम है। वर्तमान क्षण हमारा है जो करना है आज इसी पल में करे। ब्रह्म का सुंदर सत्य देखना आरम्भ कर दे। मूल सत्य ब्रह्म पर ही ठहरता है। ब्रह्म का तेज सत्य सामने खड़ा दिखाई देगा। एक बूंद से पूरे सागर का राज खुल जाएगा सारा भेद पा जाओगे। सुन्दरता खुलनी शुरू हो जायेगी।

चिंग चांग एक चीनी दार्शनिक था, वह सौंदर्य प्रेमी बहुत बड़ा सौंदर्य कवि भी हुआ। उसके सम्बन्ध में कहाँ गया उस जैसा सौदर्य दार्शनिक नहीं हुआ। उसने सौदर्य पर, एन्एस्पेटिड बहुमूल्य एक से एक सौ शास्त्र लिखे, कहा जाता है वह बीस साल तक, ग्रंथो में सौदर्य पिरोने की कोशिश करता रहा, सोंदर्य खोजता रहा। सुनने में आया जैसा उसने लिखा कोई और न लिख पाया। वह सोंदर्य की गहराई में उतरना चाहता था, डूबना चाहता है, देखना चाहता था।वह सौंदर्य की खोज में था,और अचानक एक रात लिखते – लिखते पुस्तक की लिखाई की गहराई से उठा, खड़ा हुआ खिड़की का पर्दा सरकाया, बाहर झाँक कर देखा। चन्द्रमा अपना सौदर्य लिए आकाश में चड़ा था, धरती पर अपनी सुनहरी किरणे फैक रहा था। बड़े–बड़े वृक्षों पर गिरती बौछारे सोंदर्य में चार चाँद लगा रही थी, कहा गया कुछ क्षण वह वही रुका ऐसा सोंदर्य, अगाध शांति बड़े –बड़े वृक्षों की और देखता रहा नजर जैसे थम गई हो। मंद –मंद समीर बह रही थी, मानो अपने होने का अहसास दे रही हो बडी ही मस्ती में बह रही होगी बिना किसी खलल के उसी समय अपने को भूल गया सोंदर्य में मिल गया होगा,अपने भीतर एक खुशबु महसूस की क्योंकि असली सोंदर्य का मिलन हो गया। सोंदर्य भीतर घुल गया। ऑह आनन्द से भरी गहरी साँस ली और आपने आप से बहुत सी बाते की, मै कितनी बडी भूल मै था। पक्षियों की कल कल बहुत देर तक सुनता रहा,जो सोंदर्य वह खोज रहा था आखिर सफल हो गया। पुस्तक का सोंदर्य पीछे रह गया, आत्म साक्षात्कार हो गया। अनजाने मै सध गया चढ़ गया प्रभु वाली सीढी, सब घट गया, संसार के पार का सोंदर्य हाथ लग गया। तुम किस घड़ी मौन, स्तब्ध रह जाओ, उसी घड़ी में ध्यान का फूल खिलता है। निर्विचार अवस्था में ध्यान सध जाए भीतर का जगत और बाहर का जगत दोनों का पर्दा हट जाए। पहले अनुभव न भी हुआ हो बात समझने के बाद फिर अनुभव आसान हो जाता हैं। आसान क्यों हो जाता हैं? क्योंकि यह बात समझने में आ जाती है कुछ है जो हम से दूर है,जिसे पूरा कर सकते है। सीधे–सीधे संबंध बना

सकते है ध्यान पाने के उपाय है, परोक्ष मार्ग है। थोड़ी ही देर अपनी साँस की खबर रखनी है, यहा दुनिया से बैखबर होना है। एक पारखी एक जानकार ही, अपार सुख शांति को प्राप्त करता है, राह दिखा सकता है। जीते जी अपने भीतर इस जीवन में प्रभु का दिया जलाना जो मृत्यु के भी पार है फिर कोई अन्धेरा नही। बिन पंखो के आकाश की यात्रा, बिन पंख प्रभु की माया में तैरते हुए पार हो जायेगे।

इस धरती पर आदमी रिश्ते खोजता है दुखी होता है। क्योंकी जो व्यक्ति स्वयं एक कपट भरी जिन्दगी बिता रहे है जी रहे है। सारी जिन्दगी दूसरो को केवल मात देना वे क्या दे देंगे। देने की लिए कुछ नही, क्या सिखा सकते है? वे स्वमं भीतर से खोखले है। दुखी व्यक्ति सम्बद्ध खोजता है, कही कोई अच्छा मित्र मिल जाए कोई रिश्तेदार मिल जाए। जो प्रभु से मिल गये आनन्दित है, वे थोड़ी देर सोच सकते है। क्योकि वो प्रभु से सम्बन्ध जोड़ असलियत जान लेते है। यह तो मै अच्छे से जान गई प्रभु का खेल बड़ा निराला है, हम किसी आत्मा को दुःख न दे बाकि प्रभु ने सबको आजादी दी है। कर्मो का लेखा तो प्रभु के हाथ है अंत में पीड़ा भी उन्ही को भुगतनी है। लेकिन जो स्वयं कितना भरा हुआ है कितनी कडवाहट भरी वह किया दे सकता है। अच्छी तरह देख ले सारा जगत दुःख से भरा है सभी सुख पाना चाहते है लेकिन देना नही चाहते सुख का नाम यहा प्रेम से है, सभी दुखी है, खोखले है, सूखे बांस की लक्कड की तरह बस जीवन जी रहे है। वर्तमान जीवन सभी का नकली और अधूरा है। सभी सुख की खोज में इधर उधर भाग रहे है। प्रभु का दिया स्वरूप बिगाड़ लिया। स्वयं अपना स्वरूप बिगाड़ रहे है, इसमे दूसरे का कोई हाथ नही।

जब भीतर से सच्चा ज्ञान प्रवाहित होता है तो धर्म की स्थापना होती है। सभी भ्रम में गुमराह जीवन जी रहे है। क्योकि व्यक्ति आंशिक बुद्धि भी इस्तेमाल नही करता प्रभु का पुर्ण रूप समझ सके। जब से मैने अमर अविनासी परमात्मा को जाना उस पूर्णता को जाना उसका आंशिक भी कोई समझ ले तो भी कल्याण है। तत्वदर्शी संत जीते जागते चलते फिरते ग्रन्थ पूर्णता की प्राप्ति होने के बाद बाहरी शब्द–शब्द रह जाते है। ब्रह्मांड में सभी देवता उसका सत्कार करते है। प्रभु पल पल अपना प्रमाण देते है वह दूसरो के प्रमाण की प्रवाह नही करता है।

मेरे चक्रो को खुलने के बाद सागर का तेज प्रवाह मुझे हंसो के पार ले गया। मै धारा में बहती चली गई प्रभु प्रेम में घुलती चली गई। धर्म परमात्मा की अपार शक्ति में छिपा है।जन्मो के भटकाव का कारण परमात्मा की शक्ति को भूल गए। व्यक्ति को भूल पड़ गई कोई विरला होता है याद रह जाती है तो अपने भीतर शक्तियों का जागरण कर लेता है, जगा लेता है। भूख प्यास, वासना के घट का सबको पता चल जाता है । परमात्मा का घट भूल गया उसकी प्यास दिखाई नही देती और ना महसूस होती। अगर व्यक्ति प्रकृति सोंदर्य का रहस्य भी जान ले महसूस कर ले तो भी प्रभु के नजदीक

होने का कदम तो बढेगा लेकिन दिखाई तो स्वयं के ठहराव से देगा। यह जन्म बड़ा अनमोल मिला है ग्रन्थि अविधा की दबी है भारी, ग्रंथि तो भीतर दबी पड़ी है। जब यह ग्रन्थि खुलेगी तभी यह काया बहुमूल्य होगी इसके सामने सारी दौलत फीकी पड़ जायेगी। खुशी का अनमोल क्षण हाथ लग जाएगा।

हमारी जिन्दगी में कुछ अनमोल लम्हे जरुर आते है जो अनजाने में बहुत सुकून दे जाते है। प्रकृति तो आधार है हम प्रकृति से अलग नही है। प्रकृति की चाल देखनी हो तो घुंघट उठाना होगा स्वयं का घट खोलना होगा। आग से धुंआ उठता तो सभी ने देखा है पर उसे कोई पकड़ नही पाया ना धुंऐ का पार पाया कैसे बना कहा विलीन हुआ। उसी तरह प्रकति का रहस्य खुलता है प्रकृति से बनती, बिगडती, उठती, बिखरती, अठखेलिया करती ऊर्जा का स्रोत दिखाई पड़ता है। उसका पार नही पा सका कोई अपरम्पार है।

मै बैठी दिल की कुटिया मै, प्रभु को पुकारा, ढूढा भीतर पाया हरी का निवास,
निर्गुण ब्रह्म की हो गई दासी मग्न हो नाच उठी, बैठी देखू ये कौन ह्रदय ऊभर आया,
महकती रहती हूँ प्रभु की खुशबु में दिन रात, धीमी–धीमी सी खुशुबू मद्धम–मद्धम सा संगीत,
रंग खुदा का खुद पर चढ़ आया, अब फायदा नही हिना रचाने का, सर्वत्र विराट चेतन शक्ति,
घनघोर घनेरी काली रात, मेरी और प्रभु के बीच हो गई मुलाकात, शब्दों का सहारा है मेरे पास
किस इशारे से समझाऊ पता खुदा है मेरे पास, मृत्यु भय भागा जीवन का आनन्द जागा।

संकल्प

संकल्प कुछ टूटे ना कुछ छूटे न कुछ पकडे ना
संकल्प दिव्य तत्व का संकल्प से प्रवाहित ऊर्जा
संकल्प के साथ संसय का बीज भीतर न भरना
बिन पकड़े प्रक्रिया के तहत चलते रहना ही संदेश
भरोसा अपने आप करना सब पकड में आ जाएगा
तत्व पकड़ में आया खुशिया लाया रुख मृत्यु का बदला

तत्व ऊर्जा

मेरी खुशी एक तत्व पाने में तत्व बिन जीवन अधूरा
रात को रोशन करता चाँद । मेरा तन उजागर तत्व से
पहाडो से फूटा जल कौन प्रक्रिया जा मिला समुन्द्र
बहता जाये उछलता जाए कौन राह दिखाए
कभी फूलो पे चढ़ जाए कभी पहाडो से जा टकराये

जैसे गुनाहों की माफी मागता जाए बहता जाए
सौदा नही अज्ञानी का गौर से देख अपने को आईने में
खुद इस कदर उलझे हो नजर अंदाज किया खुदको
एक हुंकार भरनी है जो छू जाए आत्मा के तल को
दबंगई उजाले की शुरुवात करनी है आत्म आहुति देनी है
यज्ञ से होगा उजाला जागरण चेतन्यता और निर्मलता का होगा
ज्ञान की धारा बहेगी भीतर जीवन महान बनता जाएगा
होगा जन्म मरण का छुटकारा बंधन मोक्ष का खुलता जाएगा

आत्मज्ञान के बगैर सारा ज्ञान अधूरा है

अध्यात्मिक जगत को जानकर ही,जो कल्याणकारी है,जो शाश्वत है, वही सुख समृद्धि और अपार शान्ति को प्राप्त कर सकता है। उसी को धर्म कहाँ गया है। जो धर्म का आचरण भी पालन कर लेता है वह व्यक्ति जीवन में उन्नति प्राप्त करता है। मै बताना चाहती हूँ हमारे नैनो मे परमात्मा छिपा है,नजर में परमात्मा छिपा है ध्यान मै परमात्मा छिपा है। वह दिव्य शक्ति छिपी है,परमात्मा के शून्य एक बूंद में दिव्य रहस्य छिपे। प्रभु की एक बूंद का भी जो भागी हो जाए उसके भाग खुल, अमृत की एक बूंद ही तारने के लिए बहुत है। प्रभु पाने के बाद सारे क्लेश समाप्त। ध्यान से मन भीतर जमी मेल, धूलि दूर हो, ज्ञान की गंगा बहने लगती है। भीतर जैसे ही प्रकाश हुआ फिर कोई भेद न रहा। मन का फूल खिल गया। मै अदभुद जंजाल से भीतर बाहर आ गई, जीवन और मौत का भेद जाना, प्रेम की साँस ने गजब कर डाला। भीतरी साँस की नली मै मौत और जीवन का रहस्य खोल डाला। साँस का गहरा राज जाना। जाने कोंनसी साँस ने प्रभु प्यारे का सम्बन्ध करवा डाला, मेरे भीतर आनन्द और उत्सव का दरवाजा खोल डाला।

ढूंढं रही थी जिस प्यारे को बाहर,मुक्ति का द्वार तो भीतर ही मिल गया। अपने अन्तस् में खुला, अपने भीतर ही मिला, प्रभु तो भीतर खड़ा मिला।माया के बंधन खुल गये, प्रीतम की नगरिया में पहुच गई। ऑह मेरी आंख खुल गई, खुली आँख जैसे ही जीवन ने करवट ली। मैने पाया इस संसार में परमात्मा के अतिरिक्त कोई सत्ता नही, परमात्मा सिर्फ हमें मोका देता है, गर्भ से छुटकारा पाने का।परमात्मा का साक्षात दर्शन करने का, भीतरी ज्ञान ही प्रभु की पहचान है। मनुष्य की देह भीतर सब छिपा है अमृत भी प्रकाश भी है। सिल्वर की हांडी भरी लालो लाल है। यही प्रभु की तय में उतरने की पहचान है।

आत्मज्ञान के बगैर सारा ज्ञान अधूरा है, कितना पढ़ा,लिखा, सुना गया, सारा का सारा ज्ञान निरर्थक हैं व्यर्थ है। जब तक स्वयं को अनुभव न हो। स्वयं को आत्मज्ञान

न हो जाये सारा ज्ञान सब व्यर्थ है निरर्थक है बेकार है सुना हुआ, पढ़ा हुआ, ज्ञान–ज्ञान नही है ज्ञान को जानने का मार्ग है तत्व ज्ञानी गुरु है,सामने सीडी पडी है चढना स्वयं को है नजारा तभी दिखेगा, ज्ञानी गुरु सीढी दिखाने मात्र है। राह बताने आता है, तरकीब बताता है, प्रक्रिया बताता, ये रही चढजा जिसको चढ़ना है ज्ञान वाली सीढी ।आँख वाली सीढी, प्रभु के दीदार वाली सीढी,प्रेम वाली सीढी ।प्रभु इस तरह साथ है जैसे परछाई रहे स्वयं के साथ देखना गुरु सिखाता है।

एक झलक भौतिक जगत के पार है। इतनी गहराई है उतनी ही गुप्त है कोई विरला जान पाए। जो जान ले वो मुट्ठी भर बीज बोये अब ये ना देखे उल्टा पड़े या सीधा पडें। अंकुरित तो होए, सींचने की भी एक प्रवृति है। मन की संचालित गतिविधि जानने का कारगर उपाय है। सोच का अस्तित्व स्वयं पर निर्भर है, हमें प्रतिक्षण प्रभु को याद रखना चाहिए, ओरो को प्रेरित करना चाहिए ताकि असाधारण व्यक्ति भी प्रभु को जान सके अपनी प्रवृति बदल सके। मैने तो बस यही नही जाना है,ये जाना है ये शरीर ही पवित्र गुफा है,मंदिर है,भीतर अदभुद खजाना भरा है। संसारी जीव को अँधेरे में रहना पसंद है क्योकि प्रकाश भीतर प्रवेश करते ही मनुष्य मनुष्य ही नही रह जाता ।भीतर के सारे दुर्गुण तत्व बाहर निकल जाते है। आज के व्यक्ति को प्रकाश नसीब नही अंधकार में रहना पसंद है उसी प्रकार के सहज गुरु भी ढूढ़ लेता है,इसी कारण अज्ञानता और अन्धकार में पड़ा है, अंधकार में रहने के बाद यह मानव देह में आया, अन्धकार को भूला न पाता है, मैंने बहुत कोशिश की समझाया जाये प्रकाश का संकेत दिया जाए सब बेकार हुआ, क्योंकि गहरी दिव्या ज्वाला को जानने के बाद ही मै आज लिख पा रही हूँ। आत्मा को प्रज्ज्वलित करने के लिए एक किरण ही काफी है,एक चिंगारी ही काफी है ।मनुष्य सत्यता से बिलकुल अनभिज्ञ है। जब तक स्वयं को प्रत्यक्ष अनुभूति नही होती,तब तक शब्दौ का उच्चारण कितना ही करो मुक्ति नही।

बिना जाने जो कहे मै सब जानता हूँ वह इस जन्म में भी अपने लिए नरक निर्मित कर रहा है और अगले जन्म के लिए भी नर्क निर्मित कर रहा। पढकर या रूप धारण कर कहे, बिना भीतरी प्रकाश के बारे में जाने बिना, प्रभु की दिव्यता के बारे में कुछ भी कहना,ऐसा व्यक्ति स्वयं प्रभु के बिछाए जाल में बुरी तरह फस जाता है।

फिर ना जाने किया हाल होगा, पत्ता टुटा डाल से ले गई पवन उड़ाय अब के बिछड़े कब मिलेगे दूर पडेंगे जाये। अभी तो प्रभु सभी के साथ है, अंग– संग है। सभी को दो– दो ऑखें शरीर में देकर भेजा है ।ये सोचले जब से जन्म हुआ समय शुरू हो जाता है। प्रभु को देखने के लिए हमको सिर्फ एक आँख खोलनी है। मनुष्य जन्म का पहला काम यही है,पर भूल जाता ।सभी काम पहले प्रभु बाद में हो जाता है। मुझे तो आज जहाँ से मै सब देख रही हूँ ऐसा लग रहाँ है जैसे बचपन में बच्चे गुड्डा – गुड्डी से खेलते है बस खिलोने थोड़े बड़े हो गये। पहले मांग छोटी थी,आज कुछ ज्यादा बडी है,मांगे

तब भी थी मांग आज भी है वही मांग कभी समाप्त होने वाली नही है। बात बस मानव तन की है,प्रभु ने सारी सामग्री से भरपूर कर भेजा है। सब कुछ डाल दिया इस शरीर में चाबी कोई विरला गुरु जान पाय।जिसके हाथ लगी है। कोई भाग वाला है व्यक्ति जिसने वो चाबी खोज ली।

मै परमात्मा के दिव्य तत्व को जानने वाले सभी ज्ञानी गुरुओ, पुरुषो –स्त्रियों के भीतर बैठे परमात्मा को शत–शत बार दंडवत प्रणाम करती हूँ। साथ ही सभी के भीतर बैठा परमात्मा को भी प्रणाम करती हूँ। मेरे जीवन में जो उजाला प्रभु ने भर कर भेजा है। कुछ भी हो मेरा तो मार्ग प्रभु ने निश्चित करके भेजा था,उस परम धाम तक पहुचने का था। मेरी यात्रा स्वयं प्रभु ने हाथ पकड़ कर करवाई है। भले इस बात पर कोई विशवास करे या न करे मुझे कोई सरोकार नही। मै प्रभु को आज अपनी साँस से भी अधिक निकट देख पा रही हूँ और प्रभु का कहना यही है कि मै तेरे दर अंदर बैठा हूँ, तू पुकार तो सही मै भी सुनुगा। जो प्रभु पर विश्वास करता है समर्पण करता है वो ही प्रभु के दर्शन का अधिकारी होता है। प्रभु के दर्शन की इच्छा रखने वालो को ही प्रभु का दर्शन होता है।

प्रभु प्रेम में मेरे प्रेमाश्रु बह निकले जिस प्रकार फल के वृक्ष पर फूल आने के बाद जब फल बढने लगता है फूल अपने आप गिर जाते है दिव्य ज्ञान का देव तत्व भी उसी प्रकार है ज्ञान बढ जाता है,तब उसका मनुष्य तत्व समाप्त हो जाता है।ऐसा व्यक्ति न रहते हुए भी सभी के भीतर विचरण करता है। अब संसारीयो का काम केवल निंदा है वह निंदा मे सही दिव्य आत्मा को सदैव जीवित रखते है।वो क्या जानेगा ––

"भूषण शोभा क्या जानेगा कोई, भीतर कैसे हीरो बिच माणिक पिरोया
ऐसा दर्पण हाथ लगा है, मुखडा देखू बारम्बार कैसे माणिक गल पिरोया"

गुरुद्वारे में एक अंधे व्यक्ति का प्रवेश देख कर सभी बैठे व्यक्ति हंसने लगे। गुरुद्वारे में आये हो क्या गुरु के दर्शन कर पाओगे, अन्धे ने कहाँ, तुम आँख वाले होते हुए भी अंधे हो।मै आँख न होते हुए भी आँख वाला हूँ। यह बात जिसे ज्ञान की आँखे मिल जाये तो पता चलता है ,संसार की आँखे अलग भगवान को देखने की आँख अलग,बस आँख–आँख का फर्क है। इस अनुभव के बाद फिर मेरा अनुभव हैं। आसान नही है समझाना, यह बात समझ नही आएगी। आँखों का सीधा–सीधा सम्बन्ध ध्यान से है। सीधे ध्यान को पाने का कोई मार्ग नही है।परोक्ष का मार्ग है। शिथिल होना है,आहिस्ता चलना है, बेकार की भाग दौड़ बन्द करनी है,आपा धापी छोड़ने वाली बात है।कम से कम एक घंटे की बात है, लीन होना है प्रकृति के भी भीतर जाने की कोशिश जैसे कमरे के भीतर घुसने की देरी, गीत सुनने है प्रकृति में छुपी नादं सुनो, पक्षियों– भवरों को

सुनो, देखो, आँख बंद कर लो, यहाँ करना भी कुछ नही और करना भी बहुत कुछ हो जाता है, प्राकृतिक ध्यान, अपनी सांस को देखना, सुनना है। इश्क अगर प्रभु से हो रूह में छलकता नजर आएगा।

जीवन को वक्त रहते तराशना है वक्त रहते चेत जाए। वक्त गुजर जाएगा यजमान कोई ढोंग काम न आयेगा। दूसरी सुबह का इन्तजार क्यों यहाँ पल की खबर नही।

प्राचीन कथा आती है, पंडित जी कार्तिक मॉस में पीपल के पेड़ के नीचे कथा कहा करते थे। भगतो अन्य श्रोताओं को अंत में राम नाम सुमिरन कराया करते। सभी आनन्द मग्न हो राम नाम कीर्तन किया करते थे। उठते समय कहते। राम भजन सो बंधन टूटे। पीपल वृक्ष शाखा पर एक पिंजरा टंगा था। वहा बाग़ के मालिक ने मैना को पाल रखा था। मैना भी रोज कथा सुनती यह वाक्य सुनती राम भजन सो बंधन टूटे। वह भी पिंजरे के बंधन से छुटकारा चाहती थी। उसे आसार नजर आने लगे वह रोज जोर–जोर से गाने लगती। राम–राम जपना शुरू कर देती। वह स्वतंत्रता पूर्वक उड़ना चाहती थी, मुक्त हो विशाल आकाश की सैर करना चाहती थी।

एक दिन बाग के मालिक ने सुना मैना जोर–जोर से उच्चारण कर रही है। उसके मन में आया कही यह उड़ न जाए इतनी भगत मैना। उसने पिंजरे पर ताला लगाना शुरू कर दिया। यह सब देखकर मैना बहुत छटपटाई राम नाम जपने से बंधन टूटने से की बजाय बंधन और कड़े हो गये। दो तीन दिन बाद पंडित जी उसी तरह राम नाम गाने लगे। दो दिन तो चुप रही दुखी मैना से रहा न गया उसने पंडित से कह दिया वृथा वचन मत कहो। पंडित भी मैना के वचन सुन घबरा गये शीघ्र अपना सामान लपेटा चल दिए। श्रोतागण भी अपने घरो को चल दिए। एक सजन कुछ देर से आये थे वह वही रुक गया। सभी के जाने के बाद उसने मैना से उसका कारण पूछा ऐसा क्यों कहा पंडित से। मैना ने अपनी व्यथा गाथा कह सुनाई। मैना की बात सुनकर वह सज्जन बोले मै तुम्हे एक गुर सुनाता हूँ तुम स्वतंत्र होना चाहती है तो जीते जी मरना होगा। आज शाम जब सेठ आये तो श्वास रोक कर गर्दन ढीली कर लेटे रहना। सेठ समझेगा तुम मर गई वह पिंजरा खोलेगा तुम फुररर से उड जाना। मैना को बात जच गई, मैना ने वैसे ही किया।

शाम को तो सेठ आया नही सुबह आया, सेठ बोला मैना राम कहो, कहो राम–राम मैना चुप लेटी रही कुछ न बोली। सेठ बोलता रहा मै तुम्हारे लिए स्वादिष्ट चुरी लाया। पिंजरे को हिलाया डूलाया। मैना बिलकुल नही हिली यूं ही पड़ी रही। सेठ ने सोचा लगता है बेचारी राम को प्यारी हो गई बहुत राम–राम गाती थी। सेठ ने जैसे ही पिंजरे का ताला खोला मैना को बाहर निकाला हथेली पर रखा। मैना पहले से इसी प्रतीक्षा में थी फुररर से उड़ गई। सेठ बेचारा हाथ मलता रह गया। बाद में सुबह जब पंडित कथा करने आया।

कथा समाप्त होने पर वहीं वाक्य दोहराया राम भजन सो बंधन टूटे। मैना वृक्ष पर बैठी सब सुन रही थी उपरी शाखा से उतरी चहकती हुई बोली। वृथा वचन मत कहो झूठे पंडित !! सद्गुरु मिले सो बंधन टूटे। इसलिए सद्गुरु वही गुढ़ रहस्य बताता है, प्राप्तियां कराता है उपलब्धि कराता है, उपलब्धि का उजाला सतगुरु ही करवा सकता है। जिनको उजाले की खोज है उनको उजाला भी खोजता पायेगा वर्ना अन्धेरा तो पकडें रहता है। परमात्मा का बोध होना मनुष्य जन्म की विशेषता है। मनुष्य को मूल से जुड़े रहना ही मोक्ष है इसलिए अपना नाता सत्य से जोड़ना अपना आधार बनाले इसमें ही कल्याण है, सभी ने कहा सोया मत रह अब तो जाग्जा स्रोत से जुड़ जाओ।

मेरे शब्द मत समझना मेरी साँसों की लय में प्रभु का सत्य बसता है

मेरे सारे शब्द भावनाये खमोश ह्रदय की सरगम बनी अब सत्य को कैसे लिखू।। हीरा हाथ में आया ये घड़ा हीरा है मेरे मौला ने सत्य को यकीन में बदल दिया, बडा खूबसुरत है ।। फडफड़ाने वाले अक्सर जमीन पर गिरा करते है यहाँ हौसले उडान भरते है मंजिल दूर नही है ।। सत्य को तलाश करोगे समुद्र भी मिल जाएगा।। सत्य सार्वजनिक नही यह बात साफ कर दू ।। बिजली सी दहकती है दिल में जब सत्य खुलता है खामोश बैठ यूं ही नजर ठहर जाएगी ।। कायनात के जलवे बेपनाह खुलते देख सत्य की कश्ती समुन्द्र पार कराती है ।।

पपीहे की तड़फ एक बूंद जल स्वाति नक्षत्र
चातक है पियासा चाहत दो घूंट जल की ,
बादल बरसता है कभी कभी स्वाति नक्षत्र मै

एक बार संत कबीर गंगा किनारे मौज में घूम रहे थे, अचानक उन्होंने देखा पपीहा प्यास से बेहाल होकर नदी में गिर पड़ा। पपीहा वर्षा ऋतू की स्वाति नक्षत्र में पड़ने वाली बूंद को ही पीता है उसके अलावा वह कोई पानी नही पीता। उसके चारो और कितना ही पानी कियो न भरा हो। पपीहे को कितनी ही प्यास लगी हो वह पानी नही पियेगा। कबीर ने गिरे हुए पक्षी को देखा भयानक गर्मी और प्यास की तडफ फिर भी नदी के पानी की एक बूंद न पी !! मरना मंजूर था पर प्यास नही बुझाई। भयानक गर्मी नदी में गिरे पक्षी को देर तक देखते रहे और सोचा पपीहे की निर्मल वर्षा के प्रति श्रद्धा भगती देख उन्हें सतगुरु के प्रति अपनी भगती तूछ नजर आने लगी। हर व्यक्ति को शिक्षा लेनी चाहिए छोटा सा पक्षी अपने प्राणों का त्याग करने के लिए तैयार है लेकिन जल चाहिए तो केवल स्वाति नक्षत्र का। अगर व्यक्ति भी संसारी मोह माया छोड़ कर सतकर्म करते हुए रूहानियत की सैर करना चाहे या दिव्य आकाशमंडल तक पहुंचना चाहे सब उस के बस में है परन्तु प्रयास तो स्वयं करना होगा।

ध्यान है केवल अपनी विधि, अपने भीतर की कला है, पर्दा ही नही मै तो कहुगीं बुर्का हटाने की कला है। अपने भीतर झांकना है तो खुदाई भीतर की करनी होगी। बाहर केवल भटकना है। ध्यान सीखना बडी हिम्मत का काम है। जिन्दगी के इतने सालो बाद पता चला मै कहां पहुँच गई। यह सब जवानो का काम है क्योंकि बुजुर्ग कभी विश्वास नही करेगा उसके पास अपना अनुभव भरा पड़ा है, संसारी अपना अनुभव लिए बैठा है, विश्वास भी कैसे करेगा। प्रत्येक व्यक्ति के बाहर एक बुर्का है और भीतर एक पर्दा है। पर्दा सभी के भीतर पड़ा है। अंतरमन पर पडा है। ध्यान है उसी पर्दे को हटाना है।

भगवान बुद्ध ने क्यों श्वास पर जोर दिया। अपनी श्वास को देखने को कहा। आयी–श्वास गई श्वास, बस इसी तरह आई श्वास, गई श्वास इसको छोडो नही इसकी की माला बना कर पहन लो। फिर हर धडकन माला बन जाएगी। इससे बढिया माला कही मिल नही सकती है। हाथ की माला तो जड माला है। यहां श्वासो की माला है। जीवित श्वास की माला जो भीतर चल रही है, श्वांस की घडी की पहचान करले, अभी श्वास की माला प्रभु के हाथो फेरी जा रही।श्वास की आवा–जाही यह जो भीतर स्वांसो का चक्र चल रहा है। इस कालचक्र को पहचान लो। इसको जान लो, एकाग्र मन से मौन से इसकी तहकीकात करो। मौन धरकर टकटकी बाँधना प्रकिर्या बन जायेगी। यह बंधना ही तुमको हैरान कर देगा। तूमने बाहर दही खूब जमाया फिर मंथन किया मक्खन निकाला। परन्तु कभी अपने बहुमूल्य शरीर का दही नही जमाया, टिकाया नही, शांत नही किया, मोंन नही किया, वरना कोई मुहूर्त निकल आता ताल बैठ जाता है।कभी अचानक परमात्मा के साथ एक हो जाता, तुम एक के लिए मिट गए होते तो सब मिल जाता, जैसे संसार के लिए मिटे पड़े हो। जिस तरह संसार है उसी तरह एक तरफ परमात्मा है। एक बार परमात्मा की चाह की होती, हमारे भीतर परमात्मा का घटना फिर बस साक्षी भाव और देखना रह जाता है। मन की शुक्ष्म प्रयोगशाला को समझने के लिए मन में जागरूकता का सूर्य और होश उदय होना आवश्यक है। भीतर से जागरूकता जागी अस्तित्त्व में आत्मा की चेतना पहुच जाती है। ध्यान की शुक्ष्म शुद्ध रूप समझ में आना चाहिए। यह काम कोई शांत भाव माला जपने या पूजा अर्चना का नही है। यह मन की अति शुक्ष्म कार्यविधि को समझने वाली बात है। यह अपने आप का मिलन है अपने विचारों का मिलन है। दुसरे को न देख हम क्या कर रहे है जानने की बात है उसी में कल्याण है। जो वक्त आज गुमसुम सा नजर आता है। इसे उत्साह पूर्वक भीतर भर लो वक्त बदल जाएगा।

तत्व दर्शी तो तत्व दर्शन की बात करेगा। व्याकुल व्यक्ति इधर उधर की बात करेगा। मन इधर–उधर ही दौड़ेगा। सच्चाई छुपाने की कोशिश करेगा। झूठ के सहारे लेता है झूठ में कभी सत्य नही उतरता सत्य का पात्र शुद्ध वा खालिश परमात्मा जानता है और

वहि अमृत झलकाता है चरित्र का बोध परमात्मा को होता है। उसके सिवाय अन्य कोई किसी का चरित्र जानने में समर्थ नही।

हर श्वास से पूछा पता श्वास का। कुपात्र को तो बीमारियों की और धकेल दिया वह सत्य की सीढी कभी नही चढ़ सकता है। मूल ज्ञान प्रभु ने बहुत छिपा कर रखा है, गहरा सहेज दिया,प्रभु की माया अदभुद नजर आती है। एक शब्द भी कान में पड़ता है, वह तरता चला जाता है।

जो ज्ञान गोरखनाथ जी ने बहुत तप करने के पश्चात प्राप्त किया। उन्होंने बहुत साधनाएं की पर मुक्ति की राह न पा सके। तत्व प्राप्ति न हुई। तत्व गुरु से तत्व का ज्ञान मिला फिर घट में ध्वनी सुनी और आनन्दित हुए फिर नो नाथ चौरासी सिद्ध हुए। ब्रह्माण्ड के पार हुए शरीर में पूर्ण परमात्मा का प्रसाद भर गया। शक्ति का जागरण हो गया। काल को रोंदते हुए भवंर गुफा में पहुच गये शब्दों की झंकार गूंज उठी। जन्म मरण के पार शरीर पिंड से छुटकारा मिला। शरीर में रहते मुक्त हुए निर्लेप जीवन जिया।

आत्म दर्शन मेरा अनुभव

मै अपने माथे की बीचो बीच एक दिव्य ज्योति देखती आई हूँ। सूर्य उदय होने को सदैव तैयार ऐसा तेज बचपन से महसूस करती रही।हमेशा एक हलचल महसूस करती रही इसी कारण मेरा मन किसी काम में नही लगता था। अगर जिन्दगी में दुःख की रफतार नही चलती। तो भगवान् की याद् भी नही चलतीं। इसी वजह से भगवान को खोजने का जनून भी साथ चलता गया। अपने में ज्यादा रहने की वजह से जगत के रिश्तों से दूर दोस्तों की जुदाई होती चली गई। मूर्तियो से मिलकर मधुर मिलन सोचती रही। दिन बीतते चले गए बाहर ही बाहर उस परमात्मा को खोजती रही। मुझे लगा बाहर तीर्थ पर जाने से भगवान मिलेगा, कुम्भ नहाने से परमात्मा मिलेगा या मंदिरो में मिलेगा एक से एक सिद्ध स्थानों तीर्थो पर जाती रही। पूजा अर्चना करती रही। किसी की परवाह किये बगैर श्मशान घाट पर पूजा करती रही, कोई कार्य सोचती वह पूरा हो जाता। मेरे मन का सारा डर चला गया मन की भटकना अभी भी बाकी थी वहि की वहि अपने आप में कुछ खोया–खोया सा था।

श्मशान घाट के मन्दिर में बहुत जाती वहा ध्यान पूजा में बहुत मन लगता। बैठते ही एकाग्रता आ जाती या तो भीड़ कम होती इस वजह से खैर मैने इस बारे कभी सोचा नही।

स्त्री होने के नाते कई बार लोगो ने पूजा से ध्यान से हटाने की या किसी न किसी बहाने मुझे उठाने की बहुत कोशिश करते, पर मै बडी हटी, अटल थी जो करना है तो हिलना भी नही। कई बार मन्दिर में मै इमरती का प्रसाद लेकर जाती। मै अक्सर श्मशान घाट के मंदिर पर पूजा के लिए जाया करती थी। रात का समय मंदिर में तो फिर भी पुजारी अन्य व्यक्ति होते, लेकिन एक बार मन में आया जहां मुर्दा जलाया जाता था वहाँ चली गई। उस रात पूजा समाप्त कर रात के समय वहाँ चली गई। वो अधेंरी रात मुझे आज भी याद है। उस रात मै अकेली मुर्दाघर घुस तो गई, मरघट में कई मुर्दे जल रहे थे गेट के काफी दूर एक चोकीदार बैठा था, वह भी बाहर निकली

तो पता चला। मेरे मुर्दाघर प्रवेश करते ही ज्योति की तरह आत्मा सामने आई और बात करने लगी ऐसा पहली बार था थोडा डरी पर सम्भल गई, मैने सुन रखा था कैसे पेश आना चाहिए। मुझे इलाहाबाद में एक रहमान भाई मिले थे वो करीब अस्सी वर्ष के थे, लगता नही था उनको देखकर उनकी आयु अधिक है। इलाहाबाद में उनको मै काफी देर निहारती रही बार–बार मुझे खिंचाव सा पड रहा था उनसे बात करू, फिर वहा के एक व्यक्ति से उनके बारे मै पूछा तो पता चला। वे जवानी में घर और बच्चो को छोड भाग गये थे, खोजने पर भी नही मिले, फिर अजमेर मस्जिद के बाहर पानी पिलाते देखे गये घर लाया गया। अभी इनको मुंह का लकवा है तो एकांत इस कोठरी मे ही रहते है। यह सुनकर मै सीधे उनके कमरे चली गई और कहा मै आपको ठीक कर सकती हूँ, मुझे पता है आपकी कोंन सी नाडी बंद है फिर उन्होंने मेरे सामने शर्त रख दी ऐसा है तो मैने जो भी ज्ञान एकत्र किया है वह आपको देना चाहूगा मुझे बहुत खुशी हुई। मै करीब दस, बारह दिन रुकी, हाँ इतना कह सकती हूँ, वे रोटी खाने लायक हो गये थे। भीतर का ज्ञान हल्का था, वे परिचित अवश्य थे कुछ ऐसा है उन्होंने बताया मुझे भी लगता है, वर्षो बाद आज भी खाली हूँ। मेरा मन नही लगता। फिर मैने कई बार गहरे ज्ञान की चर्चा शुरू की तो किसी और बात पर पहुंच जाते खैर एक अनुभवी व्यक्ति थे, थोडा संसारीयो से हट कर बात करते थे। बाहरी अनुभव भी बहुत अधिक था, इसलिए उन्होंने मुझे बहुत कुछ बताया।किस तरह जो उच्च कोटि की आत्मा होती अक्सर कमजोर आत्माए अपने उद्दार के लिए उनके पास आती है। उसी तरह मैने भी सलूक किया, अपने हाथ से इमरती वहां रखी और कहा यह आपके लिए है। उनको नमन किया एक प्रार्थना बताई वह की। पर पीछे नही देखा जो जो बताया वह मैने किया, फिर मुझे पता चल गया किस तरह इनके साथ व्यवहार करना चाहिए।फिरमै अपने साथ किसी न किसी को अक्सर ले जाया करती,मेरे पास बैठता कोई नही था सभी मरघट के बाहर इंतजार करते थे या मेरे पाठ की समाप्ति पर आया करते थे।मै घंटो ध्यान पाठ में मस्त हो जाती कई घंटे गुजर जाते। वो भी इसलिए की मुझे कुछ हो जाये तो सम्भाल ले। मै जो आज तक कभी किसी से कह नही पाई आज लिख कर बहुत आनन्द महसूस कर रही।

एक बार का किस्सा और मुझे याद आ रहा है।एक जवान मौत हुई सताईस साल का बच्चा था शादी शुदा था,पर उसके बच्चे नही थे।दूसरी मंजिल बिजली का काम करते हुए छज्जे से गिर गया। मौत हो गई उसकी पत्नी ने बताया कुछ समय पहले बात हुई खाने के लिए आने वाला है।मै उनके घर जैसे ही अंदर गई पहले इधर उधर बात करती रही, बात करते करते एकाएक ध्यान लाश पर गया। वह आत्मा ज्योंति रूप सामने आ गई मैने मन ही मन बात की लेकिन वो भूखी थी मैने उसे अगले दिन का वादा किया,अगले दिन आते समय उसके नाम का प्रसाद रास्ते में रखा। मै गई ध्यान नही दिया, इस तरह मुझे सभी का पिछला जन्म नजर आने लगा मै ध्यान नही

देती। शक्ल से सब नजर आने लगा। ध्यान का सलीखे से बैठ जाना, आत्मा की घाटी को ठीक से समझ लेंना। ज्ञान को उपलब्ध होने के बाद समझना आसान है।

मानव जब प्रेत योनी में जन्म लेता है तो सबसे अधिक तड़फता है। अन्य योंनियो में भान नही होता जन्मा–मरा चक्रब्यूह पूरा करता है। लेकिन प्रेत योनी भुत, प्रेत, राक्षस, बाह्मराक्षस, चुडैल, शैतान आदि भी सम्मलित है। ये आत्माए अत्यंत बलशाली जिस किसी कमजोर आत्मा में जगह मिले प्रवेश कर जाते है। यह वे आत्माये है जो आकाल मृत्यु कुकर्म किये मानव जन्म में दुसरो को तड़फाया। वही प्रेत योनी में जन्म लेकर मुक्ति को तड़फती है, कोई मुक्ति दिला दे। मैंने जाना प्रभु ने हमें पूरी आजादी दे रखी है हम जैसे चाहे कैसे भी कर्म कर सकते है। जन्म कर्मो अनुसार मिलता है जरा अपनी रील उलटी चला कर देख सकते है। दूसरो को जानबूझकर दी गई पीडा का कोई निवारण नही। इसलिए जीवन में दूसरो की मंगल कामना करेगे तो स्वयं का मंगल होगा। जीवन यात्रा में अपवित्र कर्म न करे, जिसके कारण प्रेत प्रवेश कर अपना विराट स्वरूप को खोना पडे। अपना स्वरूप पहचानने की कोशिश करे कभी–कभी चांदनी रात्री मै अपने तन की छाया को एकांत ध्यान से देखे, आँखों से पानी बहने दे, आकाश में अपना स्वरुप खोजने की कोशिश करे। इस प्रकार अपना स्वरूप देखते हुए प्रभु का अकक्ष नजर आने लगेगा।

बन्दे

मन की विरानियत पर रौशनी की आहट का इंतजाम करले
अपने ह्रदय की खुफिया गुफा को खोज कर आँखों में उतार ले
काली रात की काजल हटा आँखों में कोई सवेरा रौशनी भर जाए
सृष्टि की हकीकत देख कानो में कान्हा की बासुरी सुन जाए
मस्तिष्क के घनेरे अँधेरे में जन्म सुदर्शन चक्र का हो जाए
इशारा ईश्वर का हो जाए सफर जिन्दगी का पसंदीदा गजल हो जाए
पहाडो पर उड़ते बादलो की अठखेलियो में जन्म घाटी का हो जाए
क्यू विरह के संदेश प्रभु मै बैरन तड़फती रही वर्षो आहट को
क्यूं मुसाफिरों की तरह अंधेरो में अपने भीतर ढूढती रही उजाले को
रिमझिम सा सुलगा रहा था मन प्रभु दर्शनों को तरस रहा था
जिन्दगी में कोई हादसा घट जाए तेरी दहलीज पर संवर जाऊ
मेरे कर्मो की प्रति ध्वनि क्यूं लौट कर वापस आ जाती है
प्रभु नजर तेरी दहलीज से हटती नही तू ही मंजिल है जिन्दगी मेरी

कोई विरला तपता है निखरता है

अध्यात्म में उतरने से पहले अध्यातम को समझना अत्यधिक आवश्यक है,वर्ना ऐसा महसूस होता है जैसे सभी के साथ इस प्रकार की घटनायें घटती है, जबकी किसी विरले के साथ परमात्मा की दिव्य घटनाये घटती है। कोई विरला तपता है, निखरता है, कुंदन बनता है, प्रत्येक व्यक्ति की अपनी यात्रा है।मैने अध्यात्मिक यात्रा में जो जो कठिनाइयां सही उनका वर्णन करना मुश्किल है, जो याद आएगा में जरुर लिखूगीं। जो ध्यान करते है, उनको समझने में किसी प्रकार की परेशानी न हो इस पुस्तक में अध्यात्म पूरी तरह सरलता से समझाने का प्रयत्न है। यह एक तरह अध्यात्म विज्ञान ही नही जीवन विज्ञान भी है स्वयं में जीना आ जाता है। जीने का ढंग आ जाता है। पूरा–पूरा आपना अध्ययन मनन चिन्तन जो भी किया वह सब का कितना महत्व है। यहाँ एक बात अवश्य लिखूंगी श्रद्धावानम लभ्यते ज्ञानम।यहा सारी समस्याओं का छुटकारा है। इसका मन से गहरा सम्बन्ध है मनुष्य के मन में पनप रही घृणा, द्वेष समाप्त हो परमात्मा के द्वार की और बढ़ता है। सारे संशये मिट जाते है अध्यात्म जीवन को सुलझाने की चमत्कारी गुथी है। भीतर में एक प्यास महसूस होती है, मन में एक सुनापन सदैव महसूस होता है। कुछ खोया–खोया तो लगता है। जिसे केवल मनुष्य जन्म में ढूढ़ सकते है। केवल मनुष्य अपना मूल केंद्र समझने की शक्ति रखता है। जो शक्ति सब जीवो से अलग करती है। केवल मूल वृतियो को नियंत्रित कर ले अपने भीतर का सूनापन किसी तरह भी भरने की कोशिश करता है। केवल इसी कारण पूजा पाठ किया जाता है। इधर उधर भागता है, तीर्थ करता है। मन की तृप्ति बिलकुल नही है अध्यातम एक मात्र ऐसा विज्ञान है। जो मनुष्य की पहली और आखरी यात्रा है। सब बन्धनों से मुक्ति दिलाता है, प्रभु का साक्षात्कार हो जाये तो भी जीवन धन्य मानो। व्यक्ति का तन किसी कमजोरी से नही बना, व्यक्ति अनंत से भरपूर है। शक्तियों से भरपूर तन निर्मित है।आलोकिक खजाने से मालामाल व्यक्ति व्यर्थ की चिंता कर स्वयं को निर्बल बनाता है। व्यर्थ की चिंता को जगह देना मनुष्य की सबसे बडी भूल है। मेरा सभी से यही निवेदन है जो भी मिला है उसे प्रेम से स्वीकार करे प्रभु का पल पल धन्यवाद करे मेरे लिए जो उपयुक्त समझा प्रभु आपने मुझे दिया।

दुःख और अपमान किसी भी रूप में आये वह कुछ न कुछ देकर जाता है। कभी व्यर्थ नही जाता सारी कमजोरिया लेकर जाता है। कुछ न कुछ सिखाकर जाता है कभी न कभी किसी न किसी रूप ने तुमने भी किसी को दिया होगा बैठ कर सोचना और वैसे भी प्रतिकूल अवस्था में भी अनुकुलताएं छिपी है। वह भी पथ प्रदर्शक होता है समय बहुत बलवान होता है वह कभी प्रतिकूल नही हो सकता।

अध्यात्म ज्ञान बिलकुल पानी से भरे घड़े पर रखे गिलास जैसा है।

एक बार पानी से भरे घड़े पर रखे गिलास ने घड़े से पूछा तुम्हारे पास किसी भी बर्तन को लाया जाये तुम भर देते हो। किसी को खाली नही जाने देते, घड़ा बोला हां यह बात सही है मैं दूसरो के खाली पात्र भरता। तुम बिलकुल मेरे सिर पर अहंकार, अभिमान वश बैठे रहते हो फिर भी खाली रहते हो पूर्णता की प्राप्ति तो पात्रता और नम्रता और प्रेम से होती है। बदलना अपने को होता है। हम दूसरो को नही बदल सकते।

एक बार अपनी यात्रा पूरी कर शिष्य गुरु के पास पंहुचा, यात्रा लम्बी थी नंगे पावँ था। पैरो में बहुत कांटे चुभ गए। परेशान हो बोला दुनिया बडी खराब है। पग–पग पर कांटे बिछे है। गुरु ने कहाँ इतने परेशान क्यों होते हो पैरो में खडाऊं या बूट पहन लो। दुनिया के कांटे बिनना तो बहूत कठिन है, सीधा सा उतर है।अपना स्वाभाव सज्जनता परिस्थिति के अनुकूल बना ले। जिसका मन उंचा वही मनुष्य सच्चा है। जो काँटों की सेज पर सोकर भी सदैव मुस्कराता रहता है।

अहंकारवश इसी तरह एक बार दार्शनिक सुकरात के सामने एक जागीरदार अहंकार वश अपने वैभव, विस्तार की दिन भर डींगे हाकता रहा। सुनते सुनते रात हो गई तब सुकरात ने एक नक्शा निकाला और पूछा तुम्हारा ठिकाना कहा है, बताओ इस नक्शे में। अब ठिकाने का कोई अता–पता नही था तब दार्शनिक सुकरात ने कहाँ किस बात का अंहकार प्रभु की कृपा का सहारा ही महान सहारा है।

सबको अपना मानो किसमें भेद करोगे क्या पशु–पक्षियों में भेद कर सकते हो। पक्षी एक जगह से दूसरी जगह खुले आकाश में सरहदों के पार उडते है, नदिया बह रही है। सागर देशो के आर पार बह रहा है। सूरज–चाँद बिना किसी भेदभाव सबको समान रौशनी प्रदान करते है। अंतरमन और प्रज्ञा के द्वारा ही हृदय मन के सागर से निकलती नदिया देखी जा सकती है। दिव्य ज्ञान का हमारे विचारो के पीछे सतत परवाह बह रहा है। लेकिन हमारे आंतरिक शत्रुओ के कारण दिव्या ज्ञान बन्धनों में बंधा है। अनेक प्रकार के बंधन अज्ञानता के कारण भीतर ही भीतर रोके हुए है।परमात्मा परम आकाश के सामान सर्वव्यापक है। आकाश की शुन्यता में दिव्य प्रकाश का एक बिंदु है। शक्ति चक्र छिपा है, एक शून्य बन्द है, शून्य खुलता है, जिससे आँख खुलती है। अदभुत दिव्य दर्शन।

तेजोमयी अमृत ज्ञान की पूर्ण आहुति

मुझे धीरे–धीरे अंदर से सब अपने आप समझ आ रहा था। भीतर से संकेत मिल रहे हो जैसे मेरे बस का कुछ नही रहा जैसे कोई और मुझे चला रहा हो। मेरी आपनी ना कोई सोच थी ना कोई समझ थी।यह घ्यान कहो मन कहो जिधर लगाये उधर ही लग जाता है, जो रंग चढाए वही चढ़ जायेगा। मन में गहरे राज चल रहे थे मन में यह जानने की बडी उत्सुकता थी मन में इसी बात की भटकना थी बाकी बाहरी बातो का मुझ पर कोई असर नही होता था। भीतर से अंतर मुखी तो हो रही थी बहुत कुछ चल रहा था समझ नही आ रहा था कैसा जंजाल है। मुझे लग रहा था बहुत धीमी गति से सब हो रहा था। मै कई घंटे ध्यान पर बेठी रहती, रात को नींद भी नही आती। किसी को बताऊ तो क्या बताऊ कौन समझता। मेरे स्वमं सब समझ से बाहर था।

मै ध्यान में बढ तो रही थी परन्तु मुझे ऐसा लगा रहा था की बहुत धीमी गति से। इन्ही दिनों मुझे हल्का पेट दर्द उठा, जो धीरे धीरे असहनीय हो गया।मै सारा दिन दर्द से तडफती रही लेकिन रात को नो बजे के बाद रहा न गया तो डाक्टर के पास जाना पडा। मेरी हालत देखते ही डाक्टर ने मुझे दाखिल कर लिया। मुझे इंजेक्शन लगाये दवाई दी, दो घंटे बीत गये कोई आराम नही आया फिर मुझे नींद का इंजेक्शन दिया गया मै उसी प्रकार तड़फती रही। कभी सीधा लेटू कभी उलटा लेटू इसी तरह तडफती रही। चुपचाप अपनी पीडा सहती रही। रात भर परेशान रहने के बाद सुबह मैने छुट्टी मांग ली। घर आई आपना स्नान करने के बाद हल्का भोजन लिया ध्यान किया। कुछ आराम महसूस हुआ। सब भूल गई इस तरह पाच छः घंटे बीत गए। कुछ आराम महसूस किया हल्का महसूस हुआ। यह सब अनजाने में होता रहा। जैसे–जैसे यह पीडा कम होती गई में भी भूल गई।मै शास्त्रों का अध्ययन में लग गई कर्म कांड से मन हटता चला गया।मै एक प्रकार से हट योगी रही।

मै जल्दी–जल्दी सब पाना चाहती थी मन की तृष्णा बढती गई। कई प्रकार की इच्छाए पैदा होती एक आजीब सी तड़फ महसूस करती। इन्ही दिनों मेरे हाथ महर्षि

पंताजली कृत योग दर्शन हाथ लगा। मेरे साथ यह घटना घटना और यह पुस्तक का मिलना सोने पर सुहागा सिद्ध हुई। इधर अनजाने मेरी कुंडलनी शक्ति खुली उधर शक्ति का पता चल गया। मेरे लिए यह लम्हा बहुत आनन्द दाई रहा। जैसे प्रभु की कृपा मुझ भरपूर बरस रही हो। यह रहस्य जानकर मेरी प्रसन्नता का ठिकाना न रहा। कुण्डलिनी शक्ति से प्रचलित दर्द का बोध पीछे छोडकर मूल शक्ति में प्रवेश कर गई। धीरे–धीरे झलकी जलती बुझती पर्णकुटी में प्रवेश कर गई। सारी बाधा दूर यहा सम्बन्ध केवल तत्व से रह जाता है।

इच्छा केवल प्रभु को पाने की थी मै घर से अलग रहने लगी। किसी काम में कोई रूचि नही रही वैसे भी इस और कोई रूचि नही थी। इस मामले एक स्त्री होने के नाते बहुत विरोध सहना पड़ा।दर्द मिलने के कारण मेरा रिश्ते नातो से कोई मोह नही रहा।मै अपने मन अनुसार चलती रही। मुझ पर किसी का कोई प्रभाव नही पडा। ध्यान साधना तो चलती रही।शुद्ध शुद्धी करण का नियम चलता रहा।मेरे लिए कोई बाधा नही रही। मै अपनी धुन में रहती जो चाहे करती। मेरा कमरा बिलकुल अलग में एकांत हो गई। रात रात भर ध्यान मानसिक मोन जप तो करती रही। खाना भी नाममात्र लेती, अभी भी कुछ अधूरापन सा लगता था। मुझे लगता था सभी साधू महात्मा बहुत ज्ञानी है। धीरे धीरे बाहर की भटकना तो बिलकुल समाप्त सी हो गई थी।मै मोंन ज्यादा रहती तीर्थ वगैरा अभी भी बहुत जाती थी।

मै हाथ में ज्यादा माला रखती किसी से बात ना करनी पड़े। मै किसी की निंदा चुगली में शामिल होना नही चाहती थी। मै अपने को हर प्रकार से शुद्ध रखती। बाहर का खाना नही खाना और खाना भी नामात्र लेना। इतना तो जान गई थी रहस्य बहुत बडा है। जो धीरे–धीरे खुल रहा है।जो सर्वव्यापक परमात्मा है, मै बहुत से नजारे देखती अभी भी किसी से बात नही कर पाई। यह पता चल गया था आत्मा और परमात्मा का मिलन होता है यह सुनती रही मेरे साथ अनजाने में सब होता रहा। आत्म तत्व को परमात्मा से अलग नही किया जा सकता। मेरी बाहर की भटकना भाग गई समाप्त हो गई। यह बात अच्छे से समझ गई बाहर किसी से कुछ मिलने वाला नही।

अपने भीतर परमात्मा की कृपा चलती रही अंदर ही अंदर अखंड के रोज नए दृश्य सामने नजर आने लगे। हृदय की गुफा में छिपा प्रभु का धरा दीया बल उठा। मेरे भीतर का दीया जल उठा, जो बिन बाती और बिन तेल जल उठा। हल्का प्रकाश तेज आनन्द दाई हो उठा। भीतर आनन्द दाई अनुभव चलता रहा सब समझ आ रहा था कि प्रभु कही न कही विशालता लिए हृदय की गुफा में छिपा बैठा है। रोज नया दिव्य दर्शन देख मेरी जीवन धारा ही बदल गई।

भगवान ईसा मसीह ने श्रद्धा के प्रति वाक्य में सब कह दिया अंध विश्वास, अडिंग आस्था और पूर्ण श्रद्धा हो तभी सम्भव है। वर्ना कोई काम सम्भव नही है। श्रद्धा विश्वास

पूर्वक पूर्ण वेग से किया गया कार्य।वह कार्य निश्चय ही सफल रहता है।

मुझे अध्यात्म ज्ञान का अक्षय भंडार जो मिल गया था।मेरी आंखे आंखे न रही आँखों में तेज भर गया। आँखे चोंधियाँ गई सब प्रत्यक्ष देख रही थी। खोलते बंद करते सब तरफ फैला प्रभु साक्षात नजर आने लगा सब सामने था। आँखे बन्द करू या खोलू अब प्रभु के केंद्र बिंदु पर एकाग्र हो जाती आपने आप सब होने लगा ओटोमेटिक सारी विचार धारा समाप्त हो गई ।

अब इस प्रकाश को आत्म ज्ञान का प्रकाश कहो या ज्ञान का प्रकाश कहो। इसे ही में पूर्ण परमात्मा मानने लगी धीरे धीरे प्रकाश के बढने के साथ प्रभु के अनेक रूप नजर आने लगे। अनेक रंग नजर आने लगे। इंद्र धनुष की तरह कई रंग दिखाई देने लगे। आनन्द ही आनन्द मन में भर गया मन में पूरा शरीर दिव्य उर्जा से भरता जा रहा था।मै घंटो आँखे बंद किये बैठी रहती। आप ही बनते जाये आप ही बिछडते जाये। इसी दौरान मुझे कई प्रकार की धवनियां सुनाई देने लगी मेरा आनंद और बढ गया मै ज्यादा समय अंतर्मुख रहने लगी। घंटो इसी तरह बीत जाते समय का पता नही चलता। मैने अनुभव किया मेरा बाहरी सारा आनंद टीवी हो या खाना हो सारा आनन्द चला गया। बाहरी सारा आकर्षण अपने आप चला गया। अपने अंदर विशेष गंध महसूस होने लगी। खुद की खुदा की खशबू में मस्त होती गई। देवताओ की दिव्य गंध लगती थी।

मै तो यही कहूंगी ज्ञान की इन्द्रिय आंख, कान, नाक ,जिव्या ,मष्तिष्क, दिमाग या मन कहुगी।मेरे अनुसार एक बाहिये मन एक आन्तरिक मन है। सभी इन्द्रिया वंश में आने के बाद मन अपने आप वंश में आ जाता है। मेरा सब अपने आप हो रहा था बडा अदभुद अनुभव चल रहा था। मन से ही सुख दुःख की अनुभूति महसूस होती। प्रभु को बार बार नमन करती। बडी अदभुद काया रची है। मन का पूरे शरीर पर नियन्त्रण सहज आने लगता है। ज्ञान के प्रकाश के साथ मन एकाग्र होता चला गया। सारी भटकना समाप्त होती गई मै रही ही नही।जैसे अंदर ही अंदर गहरा समुन्द्र हो जाने कौन से लोक चलती गई। मेरा भीतर का आनंद बढता चला गया आनंद दाई नजारों के साथ देवताओं के चित्र नजर आने लगे।सब साफ साफ दिखाई दे रहा था जैसे मुझे कुछ कहना चाहते हो। मन का आत्मा पर प्रभाव बढता चला गया। हमारी आत्मा में ही परमात्मा का वो ब्रह्म रूप समाया है मुझे वह स्वयं् दिखाई देने लगा। इस मन को क्या कहेंगे जो नाडी है ना इन्द्री है कुछ नही फिर भी इस शरीर में बहुत बडा काम करती नजर आती है। दिखाई नही देती केवल अभ्यास के द्वारा परमात्मा के साथ सम्बन्ध बनाया जा सकता है।बात वही आ गई परमात्मा सब जगह है, सब के भीतर है। मै सत्संग या कीर्तन में कही भी जाती मेरा मन इतना एकाग्र हो गया में उसकी धुन में खो जाती। आंखे बंद घंटो नाचती मुझे होश नही रहता। मै कहा हूँ कब बैठती कब होश आता। बहुत दिन इसी प्रकार चलता रहा। मुझे पता ही नही चला अनजाने

में कई सिद्धिया प्राप्त हो गई। मुझे जो दिखाई देता वह सत्य हो जाता मुझे कुछ भी आभास होता वह भी सत्य हो जाता।

धर्म शक्ति का रहस्य ही नही खोलता, सच्चे अर्थो में धर्म का अनुभव करना साक्षात्कार करना भी है। स्वयं हासिल करने के बाद आनन्द अधिक बढ़ जाता है। मेरे साथ रात दिन आश्चर्य जनक घटनाएं घट रही थी। जैसे घोर अँधेरी रात में बिजली कौंधं जाए। अध्यात्मिक रहस्य जानना अपने आप में शक्तिशाली है। जब एक से एक दृश्य उजागर होते है धीरे धीरे विशाल शक्ति पुंज की कडी खुलती जाती हो। सही माइने में मेरी जिन्दगी की अनजाने में सच्ची खोज पूरी हो रही थी।

अब मुझे जब भी समय मिलता धार्मिक ग्रन्थ पढती।मै ज्यादा समय अपने में एकाग्र रहने लगी। अंदर ही अंदर समाधि में जाने लगी। में कई घंटो समाधि के बाद बाहर आती। जब आंखे खुली होती तो सृष्टि जैसे मेरे साथ बात कर रही हो। मेरे जीवन का रंग बदलता रहा और अंदर ही अंदर दिव्य रंग चढ़ता रहा। यह सब अनजाने में हो रहा था किसी को पता न चला। मेरे अंदर किया चल रहा है। अगर अनजाने में किसी से बात कर भी कर लेती समझ नही आती।

मेरी प्रार्थना कहो पुकार कहो अंदर ही अंदर प्रभु के साथ चलती रही। प्रभु के प्रेम भरे सागर की लहरों में डूबती जा रही थी। मेरे जीवन का एक ही आधार प्रभु तुम हो। अपने प्रेम सागर की लहरों में डुबो दे, अपना बना ले, में खो जाना चाहती थी, भीतर ही भीतर मेरी युक्तिया फलित हो रही थी। जैसे मुझे कोई बताता जा रहा हो रोज नई युक्ति भीतर में उतरती रही समझ कर भी नासमझ बनी हुई थी प्रभु अपने आप बताता जा रहा था। यह मेरे जीवन का सबसे बडा दिव्य चमत्कार था। लेकिन यह प्रसाद जबरदस्ती का नही है किसी से खाया ही नही जाएगा इतना पवित्र दिव्यता भरा कोरा मन भी चाहिए जहाँ समा सके।जो लिखना मेरे लिए सम्भव नही। जिसको समझ होगी भूख होगी वह आयेगा जरुर रुक न पायेगा।

यह बात भी मुझे समझ आने लगी कितने शास्त्र पढ लो यह सब बाहरी ज्ञान लगने लगा। ज्ञानी कभी अशांत रह ही नही सकता। वह तो अपने आप शांत हो जाते है। जितने भी तत्व ज्ञानी गुरुओ के नाम ले भगवान बुद्ध, भगवान महावीर, भगवान ईसामसीह, नानक साहिब, कबीर साहिब, रविदास ये तत्व ज्ञानी गुरु हुए। प्रमाण स्वरूप बहुत कुछ दे गए बहुत अमूल्य धन सृष्टि रचने वाले का वास्तविक ज्ञान। इन्हें न धन का लोभ रोक पाया न महलो का सुख रोक पाया इस प्रकार तत्व को जानने वाले सच्चे गुरु हुए है। यह त्याग दिव्यता को पाने के लिए था, बहुत बड़ा था। आज इतिहास खोल कर देख ले, भारत ही नही विदेशो में भी इस प्रकार के गुरु हुए है। मेरे पास कई बार लोग मिलने आते और कहते हमने यह फल छोड दिया यह सब्जी छोड दी। मेरा अनुभव तो यही मै यही कहती जो फल व् सब्जी कुदरत ने स्वंय हमें दिए है। हम कैसे

छोड सकते है। प्रकृति द्वारा प्राप्त स्वादिष्ट फल–सब्जी का स्वाद क्यो छोड़े क्यों मिस करे।मैने कभी किसी चीज को छोडा नही। सब अपने आप छूटता चला गया। इच्छाए चली गई मोह चला गया, अब संसारी मेरे पास कुछ बाकी नही रहा। मै और मेरा प्रभु कुछ और बाकी नही बचा। हा मेरा सारा स्वाद बदल गया रहने खाने का सोने का सब कुछ अपने आप बदलता रहा। मेरा सारा अनुभव आन्तरिक था जो एक ज्ञानी ही जान सकता है। अज्ञानी के बारे में वह तो उसके व्यवहार से ही जान लेगा, ज्ञानी मन से जान लेगा ।

एक रिझाई भिक्षु की कहानी याद आती है एक गरीब भिक्षु सन्यासी था। एक बार सर्द रात में अपनी कुटिया में गहरे ध्यान में लेटा था। कुछ ही समय बीता होगा वहा एक चोर घुस आया इधर उधर ताकने लगा एक कम्बल को छोड़ कर वहा उसके पास कुछ नही था। वह कम्बल भी भिक्षु ने ओढ़ रखा था और जमींन पर सो रहा था। अब भिक्षु बडी परेशानी में पड़ गया सोचने लगा न जाने चोर कितनी दूर से आया होगा, बडा दुखी हुआ। मेरी कुटिया में कम्बल के सिवा कुछ नही है। चोर में इतना साहस तो था नही की कम्बल खींच ले। अब भिक्षु ने सोचा चोर को खाली हाथ जाने देना सही नही वह कम्बल छोड़ अँधेरे कोने में सरक गया। चोर तो मोका देख कम्बल लेकर भाग गया। रात बडी सर्द थी संत का हृदय बडा नर्म था वह सारी रात खिड़की मे बैठा रहा।आकाश की ओर देखता रहा तकता रहा चाँद तारो को निहारता रहा, निखरता हुआ देखता रहा। उस रात उस भिक्षु ने बहुँत सुंदर पंक्तिया लिखी ...... मैने क्या खोया? केवल एक कम्बल।क्या पाया? ऐसा हृदय की आज की रात की चाँद की चाँदनी भी चोर को दे सकता तो में दे देता। उसकी वजह से मुझे इतनी सुन्दरता देखने को मिली। चोर मुझे जगा गया, चोर की वजह से चोर का भी धन्यवाद आज मुझे सब कुछ मिल गया। सेवा मिली परम की सुगंध मिली। श्रद्धा मिली सरलता और आनन्द मिला ज्ञान का भंडार मिला।

ज्ञानी भूल से भी कभी किसी का बुरा नही सोच सकता। ज्ञानी खुद धूप सहकर दूसरो को छाँव देता है। पर यह संसार के लोग किया समझे समझाना भी किया। संसार में या तो धन को सलाम है या फिर उंचे ओहदे को सलाम है। ज्ञानीओं को जीते जी सम्मान नही मिलता मरने के बाद पता चलता है किया था। ज्ञानी के पास अखण्ड का भंडार होता है, ज्ञानी सदैव मरने के बाद भी जीवित रहता है। ज्ञानी संतो को न समझ कर आज का व्यक्ति भयंकर भूल कर रहा है। समझे भी कैसे अन्धकार में जो जी रहा है, लेकिन ज्ञानी का अपमान उसको बहुत भारी पडेगा। ऐसी गलती करने वाले महान कष्ट भोग योनियों में भटकते रहेगे। ज्ञानी सदैव परीक्षा देता है, जो भी उसके साथ व्यवहार होता है वह स्वीकार करता हुआ आगे बढता है, क्योकि उसने तो प्रभु के दरवाजे की घंटी बजाई और भीतर का दरवाजा खुल गया। जीवन में सर्वोतम हासिल हो गया। सच्ची खोज प्रभु अपने भीतर बाहर देखना तभी पूरी होती है।

सभी निर्मल आत्माओं, मै प्रणय निवेदन करती हूँ
आवाज धीमी कानो में न सुने इसलिए संदेश तुम्हे भेजती हूँ
प्रभु के हाथ खंजर है जड़ से कतरे जाओगे
प्रभु के ज्ञान से खामोश हो बेखबर मत बैठ
ज्ञान की आखरी वसीयत प्रभु की नाम अपने कर जाओ
मौत का दिन दूर नही बस ये कहने आई हूँ
हल्का–हल्का ही भर ले उजाला मौत को लांघ जाएगा
काशी न जाना काबे न जाना अपने दिल में उतर के देख लो
बेजोड़ आइना है खुद को जान जाएगा प्रभु को पहचान जाएगा।

ऋषियों का भी द्वंद युद्ध

पुराणों में कथा आती हैं कि दुर्वासा ऋषि ने अभिमान वंश अमब्रिश ऋषि को मारने की सूझी। अमब्रिश ऋषि को मारने के लिए अपनी शक्ति से एक सुदर्शन चक्र छोड दिया। वह सुदर्शन चक्र अम्ब्रिक ऋषि के चरण स्पर्श कर वापस दुर्वासा ऋषि की और मुड़ गया। अपनी और मृत्यु आते देख दुर्वासा ऋषि घबराया। सोचा बहुत बड़ी गलती कर दी समय था नही। भागा–भागा ब्रह्माजी के पास गया बोला बचाओ भगवान मुझसे गलती हो गई। कृपया इस सुदर्शन चक्र से बचाओ। इस पर ब्रह्माजी भी टालते हुए बोले ऋषि यह मेरे बस की बात नही अपने सिर से बला टालते हुए भगवान् शंकर के पास भेज दिया। वे ही बचा सकते है उनके पास जाओ। अब भगवान शंकर के पास जाकर बोला भगवान् इस सुदर्शन चक्र से बचाओ। इस पर भगवान शंकर ने भी टालते हुए कहा तुमको भगवान विष्णु ही बचा सकते है। उनके पास जाओ वही बचा सकते है अन्य कोई रास्ता नही। इसके बाद भागा–भागा विष्णु भगवान के पास गया और कहा। हे भगवन – हे कृपा निधान – अब आप ही इस सुदर्शन चक्र से मेरी जान बचा सकते है। वर्ना यह मुझे मार डालेगा काट डालेगा, इस पर भगवान ने कहा यह सुदर्शन चक्र क्यों मारना चाहता है। क्यों काटेगा? तब दुर्वासा ऋषि ने उपरोक्त सारी बात विस्तार से कही। सारी कहानी सुनने के बाद विष्णु भगवान ने कहा – हे दुवासा ऋषि यदि आप अमब्रिक ऋषि के चरण पकड़ कर माफी मांग लेगे तब यह सुदर्शन चक्र जान बक्श सकता है, अन्यथा कोई उपाय नही। मै क्या कोई देव तुमको बचा नही सकते। मौत सामने मरता किया न करता? कोई विकल्प सामने नही था। अमब्रिश ऋषि के पास जाकर चरण पकड़ लिए रोने लगा ह्रदय से माफी मांगी तब अमब्रिश ऋषि ने वह सुदर्शन चक्र हाथ में पकड़ कर दुर्वासा ऋषि को वापस दिया। कहा संतो, ऋषियों, मुनियों के साथ कभी बेहूदगी नही करनी चाहिए उसका परिणाम बहुत भारी पडता है, बुरा फल भुगतना ही होता है।

भगवान कृष्ण के गुरु महर्षि दुर्वासा की ये हालत हो गई तो साधारण व्यक्ति काल

से कैसे बच सकता है? ज्ञान का मार्ग केवल प्रभु के प्यासो के लिए होता है। जो दुखो से निवृर्ति चाहता हो और परमात्मा को पाने की चाह हो।

प्रभु को पाने की जिज्ञासा ही गुरु के सामने लाती है। परमात्मा को पाने के लिए सिद्ध प्रक्रिया के साथ तीन–पांच–सात–नौ दिन का एकांत अनुष्ठान करो। भोजन की मात्रा कम हो सादा भोजन हो। अनुष्ठान भीतर किसी से बोलना नही, मिलना नही, मोंन एकांत में जब आँखे खुली हो प्रकृति को निहारो खुले आसमान की और गौर करना एक बीज रूपी बिंदु में सारा रहस्य शामिल है। शून्य आकाश में छिपा है मिल सकता है प्रकृति में मिल जाए या स्वयं शून्य हुए तो शून्य में शून्य नजर आयेगा। जो बड़भागी होगे साक्षात्कार हो जाएगा। आँख बन्द कर स्वयं को निहारो अपने भीतर क्या चल रहा है कोंनसे विचार दौड़ रहे है कही आप विचारो के साथ स्वयं तो नही बह रहे। परखो अपने आपको, बुरे विचार किसी के प्रति हो वह बोस हो, दोस्त, रिश्तेदार, के प्रति या किसी रूप में वह नर्क के गंदे गटर में ले जाएगा। अपने को भीतर से सुधारों साफ करो जो भी व्यवहार कर रहा है। उसे अपने लिए अच्छा मान स्वीकार कर छोड दो पकडो नही, भीतर भरो नही, जो व्यक्ति बातो से चोट पहुचा रहा हो वह उसका काम है। स्वयं को सुधारों उसको काल की चोट के लिए छोड़ दे। काल के हथोड़े पड़ने में देर लग सकती है उसका नही सोचना। स्वयं का अनुसरण ही ब्रह्मं के पार ले जा सकता है। एक दिन अवश्य स्थिति प्रभु को करीब ले आएगी, आनन्द महसूस होगा। सबका भला सोचो प्रकृति या भगवान हमारे कर्म के जिम्मेदार नही हम स्वमं होगे यही सत्य है।

थमी इन्तजार में

राह में ठोकरे बहुत थी नजरे मंजिल की और थी
चुपचाप चली थोड़ा अपने में गुम तो जरुर थी
योजना न कोई व्यवस्था थी बेहद तडफ भरा दिल था
बाटँना न कोई चाहता था ये मेरा नसीब था
राम से कहती चली मुसाफिर तेरी राह की हूँ
अथाह सिन्धु की जो बूंद भीतर पड जाए
क्या हुआ मै भी तेरे बाग का एक फूल हूँ
बिन देखे अब निगाहों को चेन कहाँ
सुबह का इन्तजार खिलने को बेकरार
कही कोई खुलासे का इन्तजार है
नजरो की भूख रूकती नही
मुसाफिर बन जागना चाहती हूँ
देखने की नजर जुटाना चाहती हूँ
इन नजरो में तुझे समेटना चाहती हूँ

स्वयं का एकांत अनुभव

जर्रे जर्रे में छोडी खुदा ने निशानी, जिस्म से रूह निकलने के आलम कई,
धरती पर रह ध्यान में बैठ, खोल उडान के पंख सैर आकाश की कर,

मै अनेक गुरुओ से मिली मन की भटकना समाप्त नही हुई थी।कर्मकाण्ड का रहस्य भी खुलता गया परन्तु इस बारे यहा कुछ न लिखुगी। इसी दौरान कई साधू संतो से मिलती रही मुझे भीतरी ज्ञान का तो कोई लाभ नहीं मिला। मै जब भी भीतरी ज्ञान की चर्चा करती। सभी जगह अनसुनी सी बात हो जाती। बात प्रवचन पर आ जाती,मैने कई अनुष्ठान किये सवा लाख जप दशाश हवन दान सब किया।मेरी अपार श्रद्धा के कारण था। ध्यान में गहरे उतरने के बाद सारा ध्यान प्रक्रिया में था, मेरे लिये लाभकारी सिद्ध हुई। अवस्था और पागल जैसी आनन्द दाई हो गई थी। यह चित्रकूट की बात है,वहां मुझे एकांत रहने का मौका मिला। सभी मुझे देख जान गए थे ये बडी साधक है।

उस दिन में अपने कमरे एकांत बैठी और बहुत रोई, रो रो कर कह रही क्या प्रभु मै किसी से बात नही कर सकती। पुकार कर रही थी, आसू अविरल ही बहे जा रहे थमने का नाम नही ले। मुझे अपने भीतर शक्तियों का तीव्र गति से घुमने का अहसास हो रहा था।शरीर जैसे फटने जैसा लगता था। शक्तियों का तीव्र वेग मै महसूस कर रही थी।प्रभु को पुकार रही थी और कह रही थी आज के बाद में तुम्हारी कोई ध्यान पूजा नहीं करूगी। इन दिनों भोजन की मात्रा स्वयं ही घट गई थी। मुझे महसूस होता था कुछ दिव्य शक्ति तो जरुर है। जो मुझे अनजाने में दिख भी रही थी महसूस भी होती थी।

मै अपने भीतर शक्ति का तेज प्रवाह महसूस करती रही। अंदर से आँख तो खुल गई लग रहा था अभी कुछ रुका–रुका सा है अभी कोई बंद के पीछे गहरा राज है। भीतर जैसे बचपन में हाथो के आगे हाथ लगा लेते है, लाल –लाल नजर आता है। उसी तरह आखं तो खुल गई पर पर्दा अभी भी है जो मुझे दिखने के बाद भी धुंधला

सा दिखाई दे रहा था। भीतर सूर्य उदय हो गया था दिन का तेज चढना बाकी था।मै सब देखना चाहती थी अब मुझे लगता था। एक जिन्दगी क्या प्रभु के लिए सौ जन्म भी मिले तो मेरे प्यारे प्रभु पर कुर्बान ऐसा आनन्द करोडो खर्च करो तो भी न मिले।मनुष्य जन्म धन्य है आज समझ आता है। कैसे विरले संत होते? असली संत का मतलब समझ में आ गया। यहाँ तो कुछ बाकी बचता ही नही, कौन सा प्रवचन, कौनसा शास्त्र, सब पीछे रह जाते है। प्रभु प्यारे से मिलन हो जाता है। दोनों एक हो जाते फिर कैसा मरना फिर जीना ही जीना।

कोई मुझे तंग करता तो कुछ ऐसा हो जाता अपने आप दूर हो। मेरी साधना में कभी कोई बाधा नहीं आई। मुझे कुछ नही करना पडता बस प्रभु की मुझ पर नजर थी बाकी सब अपने आप हो जाता है। मैने सुन रखा था हमारे देश विदेश में सिद्ध साधू संत हुए है। जो एकांत जाकर साधनाएं करते और सिद्धियां प्राप्त करते।

चित्रकूट में इसी दौरान मेरी मुलाकात एक सिद्ध संत से हुई। मै परिक्रमा के समय एक स्थान पर कुछ देर आराम के लिए रुकी। वहाँ वह संत एकांत प्रक्रिया कर रहे थे मुझे उस प्रक्रिया का पता था। मै उनके पास गई नमन किया कहा महाराज ये प्रक्रिया मै जानती।यह प्रक्रिया बडी चमत्कारी लाभ देती है जल्दी फलती। फिर उन्होंने अपने गुरु की बहुत सी बाते मुझे बताई बात–बातो में ज्ञान की बहुत सी बात बता गये। मैने भी जो सावधानी लेनी चाहिए उन्हें बताई। मुझे भी बहुत लाभ मिला। मैने उसी तरह सावधानी से उनकी बाते सुनी सभी बातो पर अमल किया। मेरी तो प्रभु ने ब्रह्मांड की मुफ्त की टिकट कटा दी हो जब मर्जी अदभुद नजारा मै देख–देख निहाल होती गई, जैसे किसी सरोवर में स्नान कर रही हो। उनके बारे में ज्यादा पूछ नही पाई। मुझे संत का नाम पूछना ध्यान नही रहा थकी थी परिक्रमा बाकी थी सबके कहने चल दी। उनके गुरु सिद्ध संत थे जो उस समय चोला छोड़ गये थे। उस दिव्य विभूति को मेरा शत–शत प्रणाम।

उस दिन मुझ पर बहुत कृपा बरस रही थी एक से एक दिव्य संत से बात हो रही थी। कुछ दूर चलने के बाद एक और संत रास्ते में खडे मिले। मुझे भीतर से आया भी जैसे मेरा इंतजार कर रहे हो। मै भी जैसे ही सामने से निकली टोक दिया मैने नमन किया रुकी उन्होंने बोलना शुरू किया परिक्रमा में साथ–साथ चलते रहे। पर उन्होंने मुझे देखते ही कहा तुम सिद्ध हो चुकी हो। तुम पहुच चुकी हो बेटा तुमको एक तरकीब करनी होगी।वे संत कुछ दूर प्रभु की चर्चा करते चले।मै उन सभी बातो के बारे में सोच कर बहुत परेशान हुई। मुझे ऐसा महसूस हो रहा शक्तिया मेरे भीतर चल रही बस देख नहीं पा रही थी। कुछ बंधा–बंधा सा अभी भी महसूस हो रहा था। मेरा शरीर एक दम गर्म रहता। दो दिन बाद मुझे वापस दिल्ली आना था मैने सोचा एक बार माँ कामख्या देवी के दर्शन कर आऊ। मै माँ के दर्शनों के बाद चित्रकूट के घाट के किनारे पर बैठ

गई। मै जब भी चित्रकूट जाती वहा जरुर जाती थी। घाट पर बैठने का आनन्द अवश्य लेती। मेरे पास अक्सर एक अपाहिज लडका आता मुझे अपनी नाव में बैठने के लिए मना लेता। मै उसी की नाव में सैर करती अदभुद नजारा आज भी इतने गहरे ज्ञान में चलना उन पलो का याद आना भी आनन्द भर जाता है। कच्चा पक्का फल का अपना स्वाद है। पक्का फल तो बीज ही तैयार हो जाता है। उस एक बीज से न जाने कितने बीज तैयार होते है।

घाट पर काफी देर बैठने के बाद जैसे ही चलने लगी वहाँ वही संत मुझे दुबारा मिल गये मेरे पास आकर बात करने लगे।मै फिर से बैठ गई संत बोले गुरु बनाया बेटा मैने हाँ कहा फिर बोले मुझे चलो चाय पिलाओ वहा नजदीक में चाय की दूकान थी। मैने उन्हें दूध में पत्ती डलवा बढ़िया चाय पिलाई मैने भी पी उस दौरान मै हैरान थी, उन्होंने बहुत रहस्य मेरे सामने उजागर किये। मुझे बताये मैने कहा यही बाते करने के लिए तडफ गई थी। आपका धन्यवाद कैसे करू मुझे समझ नही आ रहा। इन दिनों ज्योतिष के माध्यम से मुझे पैसा मिलता था। वह दान पुण्य में खर्च करती थी। उन्होंने जो रास्ता मुझे दिखाया मुझे जो रहस्य समझाया मै उनको आज भी नतमस्तक हूँ। हालाकि दुबारा मिल नही पाई कुछ सालो लगातार जाती रही उसके बाद मुझे मौका नही मिला। मै उन संत से दुबारा नही मिल पाई। उन्होंने मुझे जो रास्ता दिखाया शायद कोई भागवान के रूप में थे। मैने उन्हें जो भी मेरे पास रूपये–पैसे थे दक्षिणा रूप में दे दिए।

मै उस रात यह सब सोच कर सो नही पाई सुनकर कर हैरान थी मैं सोचती रही। अगले दिन चाय नाश्ता करने के बाद बताया उस पर मनन करती रही। सब रहस्य के बारे में समझाया बताया। मुझे एक साधारण विधि बताई और अच्छी तरह बताई समझाई। बताया गहरे रहस्य प्रकट होने वाले है। डरना नही है, भागना नही है,वर्ना मृत्यु हो सकती है। तुम जीवन छोड सकती हो मृत्यु भी बिलकुल नजदीक होती है इस बात का खास ख्याल रखना। एक लड़की की इसी तरह डर के मारे जान चली गई। सामने बहुत बडा रहस्य खुलने के बाद भागना नही वही शांत बैठे रहना।जो भी हो देखना। दो दिन तो मैने कुछ किया नही दो दिन बाद सोचा चलो उन गुरु की क्रिया भी कर के देख लू तीसरे दिन हल्का सा खाना खाया अपने कमरे में गुरु की बताई प्रक्रिया में बैठ गई रात दस बजे का समय था ।

मुझे पता नही चला कितना समय बिता अंदाजन एक घंटा बिता होगा मेरे सामने एक दिव्य तेज लाइट आई दिव्ये प्रकाश देख कर मेरी आँख खुल गई कमरा पूरा दिव्य प्रकाश से भर गया इस तरह प्रकाश देख कर मेरी हालत बहुत खराब हो गई थी मै बुरी तरह डर गई थी। लेकिन मुझे उन संत की बात अच्छे से याद थी।उनकी बात याद आ गई वर्ना मैने बिस्तर से एक पैर निचे कर लिया जैसे भाग जाऊ मै उसी समय सभल गई। एकाएक पैर उपर कर लिया फिर आँखे बंद कर ली अब आँखों के भीतर भी दिव्य

तेज प्रकाश भर गया। आँखे बंद करू या खोलू वह दिव्य प्रकाश उसी तरह आखों में बस गया। ऐसी दिव्य लाइट से पूरा शरीर भर गया जैसे धरती पर सूर्य उतर आया हो डर तो बहुत लगा ध्यान हटाने की भी बहुत कोशिश की पर नजरों के सामने रही। लेकिन वह संत से तो दुबारा मिल नही पाई उनकी बताई बात और तरकीब मुझे बहुत लाभ दे गई जो घट जन्म जन्मान्तरो से बंद पडा। वह घट खुल गया,जहां मै हल्की लालिमा के साथ हल्का प्रकाश देख पा रही थी। वही जैसे अपार भंडार मिल गया हो। अब आंख बंद करू तेज प्रकाश खोलू प्रकाश ही प्रकाश देखू ऐसा दिव्य प्रकाश।सच्चाई को आँखों से देखकर परमात्मा की दिव्य ज्योत को देखकर पूर्ण मुक्ति में पहुच गई। परम शान्ति और शाश्वत स्थान मिल गया। धीरे–धीरे सृष्टि के रचयिता अखण्ड ब्रह्मांड में पहुच गई। कुछ ही पवित्र आत्माए तत्व प्राप्त कर परंधाम में मोक्ष का अलख जगाती है। यहाँ सारा खेल श्वास का है यथार्थ ज्ञान श्वास को परमात्मा से जोड़ शब्द ध्वनि का सुनाई देना।

इस सच्चाई ने मुझे बहुत गहराई में पहुचा दिया कुछ बाकी न रहा। मेरी तो जैसे काया पलट हो गई हो। भगवान की उस्थिति चौबीस घंटे देखना बाकी देखना सब पीछे रह गया। मेरी आत्मा को स्पर्श का रहस्य सम्पूर्ण सम्पन्न हुआ। जिस प्रकार गदला पानी तली में बैठ जाता है। मेरे भीतर शक्ति का संचार शुरू हुआ। मेरे जीवन की सबसे बडी उपलब्धी जीवन का रहस्य खुल गया। मेरा तो जो भी था प्रभु को समर्पित था। मेरा निजी अनुभव बहुत गहरा राहा वर्षो की तपस्या का अपार फल मिला। सारा रहस्य मस्तिष्क से जुडा है। मै अपने मस्तिष्क भीतर बादलो का गर्जना महसूस किया जैसे एक–एक तार कोई खोल रहा हो। सब सह पाना भी कठिन था बडा विचित्र महान रहस्य खुला।

भीतर कोई प्रक्रिया अपने आप चल रही हो धुनें चल रही हो मेरे लिए यह अनुभव सबसे आश्चर्य जनक था। जो आज तक कही पढ़ भी नही पाई, नहीं किसी के सामने अपनी बात रख पाई। मुझे समझ पाना किसी के बस की बात नही थी। मस्तिष्क का सघंर्ष सबसे अधिक रहस्य खोल गया। मेरी जिन्दगी का यह दौर सर्वाधिक मुश्किल था। लेकिन जवान थी सह गई अन्यथा मौत निश्चित थी। मेरे इस अनुभव को नकारा नही जा सकता। मेरी आँखों में तेज भर जाने की वजह से सामने सब दिखने लगा। मैने देव आत्माओं से बात की अपने आप बात करते थे। यह सब मेरी सोई शक्तिया जगा गया मेरी पूर्ण प्रतिभा उघाड गया। सारी रुकावट दूर हो शक्ति का प्रवाह तेजी से खोल गया। बीज का अंकुरण तो हो के ही रहता है चाहे दीवारों के बिच गिर जाए या कंकड पत्थर में गिर जाए बीज अंकुरित हो अपना रास्ता स्वयं बनाता है बाधाये भले अधिक सहनी पड़े। अपना ताना बाना एक बीज भी बुन लेता है।

अब ऐसा लगता है मुझे कि मै ब्रह्माण्ड के केंद्र में खडी हूँ अदभुत दिव्य लोक अमर

लोक में पहुच गई। ब्रह्माण्ड के साथ अटूट सम्बन्ध बैठ गया। मेरे शरीर के भीतर का सभी अनावश्यक कचरा गल गया। प्रभु की बनाई मनुष्य जीव अदभुद कारीगरी है। एक शानदार अभिव्यक्ति है क्या कहू प्रबल कारिगिरता है। अब मनुष्य और दानव का मतलब समझ आता है। मै अच्छी तरह मस्तिष्क में इलेक्ट्रान और सितारों का जमावडा समझ सकती हूँ। यहाँ आकर लगता संसार जो देता है वह सब तुच्छ जान पडता है। प्रभु जो दे सकता है वह सबसे महान है आलौकिक सौन्दर्य जहाँ सब पीछे रह गया।

मैने---

श्वास से श्वास जोड़ फासले को मिटा दिया,
मुझमे बैठा देव श्वास ने जगा मिला दिया,
खण्डरो में भटकती मेरी खामोशिया, तार तार मुझे कर जाती,
गर दर खुदा का शकुन न मिलता,
ये जन्नत का दरवाजा भी भीतर से न खुलता
जरा नजरो से धुंध जो हटा ली जाए,
सारा अंधियारा लो बेअसर हो जाए,
निर्मोही बंदे एक खुदा को याद कर,
खुदा तक रहा तुझे पल पल,
छोड़ जग के ताने सितमगर के लिए,

शून्य शब्द का रहस्य

अध्यात्म में विचार शून्य शब्द का प्रयोग बहुत सुना था यह रहस्य जानने के लिए अपने आप मस्तिष्क शांत व् विचार मुक्त हो जाता है। आखें बंद करते ही एकाग्र हो जाती लगता मै अपने शारीर में ही कही और दिव्य लोक में आ गई हूँ यह रहस्य जानने के बाद मेरा सारा ध्यान यही रहता कैसे इसको स्थिर किया जाये यहाँ तो सब चल रहा है, बह रहा है। बड़ा अलोकिक महल खुल गया।एक दुनिया इस पार एक दुनिया उस पार बड़ा आश्चर्य जनक नजारा। पूर्ण तौर से सब गतिमान। अब मेरी श्रद्धा सन्यासीयों के प्रतिमान–सम्मान बहुत बढ गया। मेरा ध्यान उसी और रहता मेरी उत्सुकता दिनभर बढती गई केवल इसी रहस्य के बारे पूछती रही अब मुझे पूजा पाठ में कोई आनन्द नही रह गया था सोचती थी किसी से इस बारे में खुल कर बात करू। केवल इस रहस्य को बताना चाहती थी। दुसरो के मुह से उनका अनुभव सुनना चाहती थी। मन में बहुत सी बाते उबलने लगी या तो इस रहस्य के बारे कोई बताना नही चाहता या कोई कुछ जानता नही।मेरे मन में तरह–तरह के सवाल उठते रहे पर किसी के पास कोई जवाब नही था। यह बाते मुझे भीतर ही भीतर खलने लगी ऐसा सिद्ध कोई नही। मै लगातार अपने को भीतर देखती रही एक स्थान पर आखें बंद कर जैसे ही बैठती आपने आपको बाहरी वातावरण से अलग महसूस करती धीरे–धीरे अंदर गहरे उतरती गई अपने आप ही अभ्यास होता गया। मस्तिष्क स्वयं शांत होता गया। सब प्रेक्टिकल मेरे सामने जैसे प्रभु के बन्दे हो जो हाथ पकड सब दिखा रहे हो, दिव्य लोक की सैर करा रहे हो। यह कोई साधारण सैर नही असल में, मैने जाना सभी द्वार स्वमं से खुलते है। शून्य से खुलते हैं। आप पत्थर मिटटी का घर बनाते है।उसमें एक मेन दरवाजा होता हैं। जब तक भीतर प्रवेश न हो घर का कैसे पता चले। मेरे साथ वही हो रहा था। भीतर जाने पर रहस्य खुलते ही दिव्यलोक में आ गई।

उसी तरह सबको पता तो है कुछ रहस्य है कभी खयाल नहीं किया, कि दरवाजे का रहस्य क्या है? सिर्फ एक शून्य है। एक होल है, बंद है, जहां सामग्री पड़ी है,

धुल जम गई है। स्वमं का वह दरवाजा है। समझने वाली बात यही है, संसारी सब सिख लिया।जहां कुछ भी नहीं मिलेगा, सब बैकार है। अपने भीतर प्रवेश नहीं होगा कोई रहस्य नही खुलेगा। परमात्मा के प्रवेश का एक ही केंद्र है। एक ही ठिकाना है जहा बैठा है अत्यंत गोपनीय स्थान, गुप्त स्थान का मतलब जहां शून्य में आप प्रवेश करते हैं। वहा गोपनीयता समाप्त हो जाती है और जहां सब कुछ शुरू होता है, वहां में प्रवेश हो जाता फिर सब गिर गया टूट गया कुछ नही बचता।

तत्व महिमा

क्या है क्या बताऊं अरे वाह
क्या खुबसुरत नजारा उफ
मेरी तबियत ठीक नही है
मै सर्वव्यापी के घर आ गई हूँ
ये तो सब जगह है कोई जगह खाली नही
मै कहा जाऊ आराम कर सकू
मुझे सोये बहुत दिन हो गये
किसे बताऊ कोन सुनेगा मेरी बात
किसको समझाऊ सर्वयापी ईश्वर की बात
भाँती भाँती के द्वार दृश्य अदृश्य हो रहे है
क्रियाये बोल पडी है बर्फ पिघल रही है
पिघलने का संकेत मिल चुका है सब पुराना नया हो रहा है
मुझे सब का बोध हो रहा है अंश रूप में मिल रहे है
मेरा पता उन्हें मिल गया या मैने पता सर्व्यापक का खोज लिया
अनेक शब्द एक हो गये भगवान, प्रभु, परमात्मा, जगदीश सब परमेश्वर में खो गये
स्वयं का अनुभव करते करते लिखते लिखते अचानक क्यों रुकी विचार से भरी
किसी का कोई सहारा नही मूल में पहुच गई भंडार का अनुमान लगाना ही असम्भव
जो मिला निरंतर मिलता गया ईश्वर की आकाशवाणी बढती गई मै सुनती गई

लो आ गई जोगन पूर्णता की अनुभूति लेकर
खुद की कश्ती करले तैयार फिर होजा सवार
साझाँ है ब्रह्माण्ड सबका साझाँ है ब्रह्माण्ड
आहिस्ता–आहिस्ता खोलो मन के द्वार
आँख बन्द कर देख सब है तेरे आस पास

फिर एक बार बचपन का खेल
खेल ले परमात्मा के साथ जैसे
बचपन में आँखों पर हाथ रख चोरी –चोरी
झाँकता था दोस्तों की– वोही नजर खोज ले
आज वो खेल प्रभु अपने के साथ खेल ले कोई चोरी नही
तू सीधा ही देख ले देखेगा तो दिखेगा वो भी खेलता पायेगा

भटको को राह का विषय

प्राचीन काल की बात है। किसी गाँव में एक सेठ रहा करता था उसका नाम धनुराम था। पहले उसके पास धन नही था। व्यापार में अचानक लाभ होने से उसके पास धन आ गया।लोग उसको धनुराम सेठ के नाम से जानने लगे। वह कही भी गली बाहर शहर से निकलता लोग उसे नमस्ते सलाम करते। वो सभी को जवाब मे मुस्करा कर सिर झुका देता। बहुत धीरे धीरे कुछ बोलता था गुनगुनाता था। घर जाकर बोल दूंगा।

एक बार उसके साथ कोई परिचित भी था वह दुसरे गाँव जा रहे थे। रास्ते में सेठ को किसी ने नमस्ते की उस समय परिचित व्यक्ति ने सेठ की यह बात सुनी घर जाकर बोल दूंगा। उससे रहा न गया भीतर कौतुहल वश यह बात पुछ ही ली। सेठजी आप ऐसा कियो बोलते हो घर जाकर बोल दूंगा। तब सेठ ने जवाब दिया, पहले मेरे पास धन नही था, उस समय लोग मुझे धनु धनु कह कर पुकारते थे।आज समय ने मुझे धनवान बना दिया। लोग मुझे सेठजी कह कर पुकारते है। यह सम्मान मझे नही मेरे पास आया धन को दे रहे है इसलिए मै रोज घर जाकर तिजोरी खोल कर धन देवता को यह बता देता हूँ। तुमको कितने लोगो ने सलाम किया है, नमस्ते की है। इससे मेरे मन में किसी प्रकार का अभिमान या गलत फहमी नही पनपती जो लोग मुझे मान सम्मान इज्जत दे रहे है वह मुझे नही धन को दे रहे है। आज इज्जत इन्सान की नही सिर्फ पैसे की है। असली सच्चाई यही है।

इसी तरह भगवन बुद्ध तो ज्ञान के भंडार थे क्योंकि वह आपनी भीतरी चेतना को जानते थे। लेकिन वह आईस्टीन वाला ज्ञान नही जानते थे।फिर भी वो ज्ञानी है, यह सभी जानते है। जिसने अन्तस् चेतना को जान लिया जो सर्वव्यापी है अंतस चेतना ही सर्वयापी है उसके बाद कुछ जानने की इच्छा बाकी नहीं रह जाती यहा सभी प्रश्नों का अंत हो जाता है। सारी उत्सुकता समाप्त हो जाती है। अपने भीतर शांति और प्रकाश से भर जाता है। परिपूर्ण मौन और आत्म जागरण यही है।

मेरा भी भीतरी जागरण इसी तरह चलता रहा रात–रात भर घंटो समाधि में रहती।

भीतरी उडान भरती रही ध्यान गहरा होता गया। कई तरह का प्रकाश अनेक रूपों में दिखाई देता रहा। वह बहुत बलशाली था चेतना को बदलता रहा। मै चेतना के साथ चलती रही। चेतन मन के निचे अचेतन मन दबा पडा है बचपन से जो दबाया गया संसार से रिश्तो से जो मिला सब निकलता रहा। मैने जाना पूरे मन का केंद्र विवेक है वहि केंद्र अचेतन है। अचेतन का कोई काम नही है अचेतन मन के पीछे सब दबा पडा है छिपा पडा है। प्रकाश वही दबा पडा है,यही सारी उलझने समाप्त होनी शुरू हो गई। मेरा यह अनुभव चमत्कार जैसा था। रोज नए नए अनुभव नए नए दरवाजे खुल रहे थे। मेरे अनुभव में आई घट्नाओ के बारे में मै दुसरो से जानने के लिए बहुत उत्सुक रहती थी।

कोई व्यक्ति गुरु संत मिले मै बात कर पाऊं।अदभुद घटनाओ के दृश्य देख कर आश्चर्य में पड जाती। बहुत लुभावने आनन्द दाई दृश्य होते। इसी शुभता के साथ मार्ग दर्शक समझती रही आगे बढती रही। मेरे जीवन में बदलाव होता रहा परन्तु यह बदलाव किसी और को दिखाई नही दे रहा था। यही सोचती मेरे भाग्य का सूर्य उदय हो चूका है मुझे भीतर लौ लाग जाग चुकी है। मेरे मन की भ्रान्तिया मिटती जा रही थी। मन से वैराग्न सी होती जा रही थी। दिल तो उस दिव्य जोत कहो प्रभु कहो अस्तित्व का अनुरागी होता जा रहा था। संसार से दिल हटता जा रहा था संसार से दिल लगाना कोई बडी बात नही। सभी लगाते है। इन्ही में फंसे रह जाते है, मेरे तो रोम –रोम में परमात्मा बस गया हो, जैसे रम गया हो। संसार से अपने को अलग सा महसूस करने लगी। दूर होती जा रही थी किसी भी शुभ कार्य में हिस्सा नही लेती थी न ही किसी रिश्तेदार के यंहा जाती। इस कारण परिवार वालो से अलग होती जा रही थी।मै सभी से मेलजोल का तारतम्य जोड नही पा रही थी. और नहीं इन सबकी कोई जरूरत महसूस हुई न मुझे कोई परवाह रही।मेरे लिए बहुत मुश्किल हो गया था। प्रभु जो करता है बहुत अच्छा करता है। मेरा तो एक ही काम रह गया था शांत और एकांत रहना। रिश्ते नाते दोस्त सभी से अलग ऐसे लगता जैसे प्रभु की कृपा भीतर भी बरस रही हो और बाहर भी बरस रही है।मै प्रभु का और धन्यवाद करती। मेरा रास्ता साफ कर दिया मै यात्रा में आगे बढती रही प्रभु कृपा इसी तरह बरती रही।प्रभु की कृपा हुई तभी मेरी आँखों का पर्दा खुल गया।

भीतरी यात्रा तेजी से आगे बढती रही कई बार मन में विचार अवश्य आता अपने आनंदायी किस्से किसे सुनाऊ । किसी से बात करू इस संदर्भ में जिन्होंने मन्त्र लिया वो तो कहते हमारे गुरु कहते है। भीतर सचखंड है, अमृत झरता है, पर पी जाओ किसी से न कहो। पर इतना गहरा ज्ञान कैसे पी जाओ। मेरा धेर्य साथ देता रहा, गहरी समाधि में चलती रही। गहरे उतरो गहरे से अखण्ड को जाना जाये। मेरा सारा समय इसी तरह बीत जाता, समय मिलते बैठ जाती ध्यान में समाधि चली जाती। मुझे अजीब

सा भीतर में नशा रहने लगा। मै तो जैसे आत्मविश्वास से भरपूर चाँद–सितारों के पास पहुच गई।

सिकन्दर के पास क्या था आधी दुनिया जीत ली थी, वह केवल आत्म विश्वास के बल से भरा था। अगर उस समय सिकन्दर के मन में जरा भी शंशय भर जाता मै कैसे कर सकता हूँ? या फिर कैसे जीत हासिल की जाय? फिर कभी कामयाब नहीं होता। इसलिए आत्म विश्वास ही कुछ करने की प्रेरणा देता है। ऐसे व्यक्तियो में ना के लिए कोई जगह नही होती वे भीड में भी अपनी जगह बना लेते है। आज तो बहुत सुविधाये है अपने ही घर में सब सम्भव है, मशीनी युग में भी आपना आविष्कार तो स्वयं ही करना होगा।

परमात्मा का आविष्कार अपने से सम्भव है। पेड से सेब गिरते तो न जाने कितने लोगो ने देखा होगा। लेकिन न्यूटन के मन मे ही क्यों आया? की सेब नीचे ही क्यों गिरा उपर भी जा सकता था। उसने (law of gravity) लॉ ऑफ ग्रेविटी का आविष्कार किया।

नाकारात्मक सोच वाले व्यक्ति कभी प्रभु की खोज नहीं कर सकते। आत्मा की शक्ति में जो चमत्कार छिपा है। जो रहस्य छिपा यह मुश्किल नही हमारे अनुकूल क्रिया हो हमे पता होना चाहिए। यह पहचान एक ज्ञानी ही करवा सकता है, सहज क्रिया बता सकता है। आत्म विश्वास और हिम्मत समर्पण के साथ ऊर्जा शक्ति जागृत हो जाती है। मजबूत इरादे वाला ही सफलता प्राप्त करता है। स्वमं का दृष्टिकोण ही ऊर्जा का साक्षात्कार करवाता है। भीतर ऊर्जा बढती है खोज होती है। वर्ना आत्मा कभी शांत नही होती, हाड मॉस के पिंजरे में कैद फडफडाती रहती है विभिन्न विचारो में घुमती है। भीतर का तूफान कोई नही देख पाता है। मेरी बाते पढ कर अस्सी प्रतिशत तो भ्रम में पड जायेगे। यहा विश्वास की बात है कोई जादू नही सबको आजादी है। सबकी अपनी जिन्दगी की दौड है, कोई कुछ भी सोच सकता है।

एक बार एक व्यक्ति अपनी लिखी पहली कहानी लेकर पत्रिका कार्यालय में पहुचा। सम्पादक महोदय ने कहानी पढी और उसके हाथो में थमा दी कहा यह आपके बस का काम नही है। कहानी वापस कर दी वह घर गया एक और कहानी लिख डाली। अब दो कहानी हो गई उसका आत्म विश्वास, जिन्दादिली और मेहनत रंग लाइ। किसी के कहने से क्या होता है वह व्यक्ति महान कहानीकार अरनेट्स हेमगव नाम से प्रसिद्ध हुआ। इसलिए हमारे विचार किसी से न मिलते हो लेकिन किसी के पीछे लगकर अपना नुक्सान क्यों उठाये। अपने विचारों में अपनी सोच सुंदर सपने भरे कामयाब हो। हमारी सोच में सब भाव पैदा होते है चाहे वह शक, लालच, डर हो। यह पिशाच योनियों का काम है। आपने देखा पिशाच अक्सर दुसरो की देह खोजते है, उन्हें तंग करते। अगर मनुष्य योनी में आकर भी यह बात समझ नही आई तो यह पिशाच का बहुत बड़ा विषय

है। यहा मै इतना ही कहूंगी उसकी मुक्ति कभी नही हो सकती।

जरा सम्भलकर जगत में व्यवहार करे जाने अनजाने किसी को चोट अथवा कष्ट न दे। अपने पर नियन्त्रण करे। हम सब कुछ शंक के बल पर कह जाते है। कई बार किसी अपने की दी पीडा पल–पल खलती है। यह बहुमूल्य समय अपनों को दे, अपने भीतर के तनाव को निकाल दे। अपने जीवन को अनमोल और महत्वपूर्ण समझे। बार–बार जीवन मिलने वाला नही एक बार मिला प्रभु का शुक्रयादा अवश्य करे। चेतन अवस्था में रह जीवन जिये।

एक बार सोने ने लोहे से पूछा हथोडा तुम्हे भी पडता है हथोडा मुझे भी पडता है। मै तुमसे ज्यादा नाजुक हूँ मुझे पिटते है तो मै आवाज नही करता तुम्हे जब चोट पडती है तो तुम बहुत चिल्लाते हो। ऐसा क्यों? मै ऐसा नही करता। तब लोहा बोला यह राज तुम नही समझ पाओगे। अपनो की दी हुई चोट जब पिट्ती है वह दर्द असहाय रहता है। यह सुनकर सोना चुप हो गया।

मेरे नैनो के कमल खिल उठे फूलो की पंखुडियो की तरह दिव्य नेत्र खुल उठे मेरा मन प्रसन्न हो गया। मेरा मस्तिष्क शुद्ध निर्मल हो गया। मेरे भीतर एक अजीब सा परिवर्तन हो गया। जैसे कोई सुगन्धित इत्र डाल रहा हो मै अपने आप में परिपूर्ण होती जा रही थी। मेरे जीवन की भरी सारी कडवाहट जीवन की कठिनाइयाँ बाहर निकल गई। मधुर संगीत के बंधन खुल गए, प्रभु दर्पण की तरह सामने खडा हो गया। अब दर्पण में चेहरा अपना देखू मुझे प्रभु का चेहरा नजर आये। अपना चेहरा देखना मुश्किल हो गया बडी एकाग्रता चाहिए थी अपने को देखने की।

पल–पल का आनन्द आ गया, प्रभु को देख रास मेरे नैना नीर भर आया।मेरे सुने नैनों में जैसे रस भर आया हो। मन में बस यही भाव कैसे और प्रभु प्रेम में अपने को डबोया जाये। मेरे कानो में जब से प्रभु प्रेम की धुन पडी अब कोई और धुन भाति नही थी। कुछ और अच्छा नही लगता था। एक नशा हो गया था एक लत लग गई थी भीतर ही भीतर एक गहरे समुन्द्र की खुदाई होती चली गई खुद की खुद में, खुदाई होती गई। सारा भीतर का मलबा अपने आप बाहर हो गया। मन अपने आप काम कर गया। यहाँ कोई पुन्य की बात नही यहाँ सिर्फ परमात्मा की बात है अकेले ही रिक्त हो गई और खुले रिक्त शून्य आकाश में घुमने लगी। एकान्त बैठा जाये खुले आकाश की सैर की जाये। गहरे समुन्द्र में गोते लगाये जाये। सभी से बोलना बंद जैसे किसी से नाता ही नहीं रह गया। मै अपने आनन्द में रहने लगी। किसी की बातो का मुझ पर कोई असर नही होता।मेरा तो प्रभु प्रेम बढता जा रहा था मेरे जीवन का नया आयाम उदय हो चूका था। मै एक गहरी शक्ति गहरी सुरक्षा के घेरे में आती जा रही थी। अस्तित्व की परते स्वम खुलती जा रही थी।मै एक दिव्य तेज से भरती जा रही थी। अनुभव करते करते प्रभु का सारा प्रयोजन समझ आने लगा।

परमात्मा जीवन मृत्यु सभी का रहस्य खुलने लगा। भेद खुलने पर ही कोई समझ सकता है वर्ना पढ कर बहुत लोग मिलेंगे बहस करने वाले। क्योंकि इतना गहरा ज्ञान किसी को हो जाये यह बात हजम नही होती। इस तरह की बहस में लोग इतने पक्के है वह मुझमे भी केवल शब्दों की गलतिया पकड़ते रह जाते। फिर मैं हाथ जोड़ लेती हूँ, क्योंकि यहाँ बहस का मुद्दा ही नही ज्ञानी तो शांत हो जाता है वह बोलता नही। सदैव अधूरे जल का भरा घड़ा ओच्छा जल उछलता है, वह उच्छल उच्छल कर बोलेगा। मेरे साथ कई बार ऐसा हुआ, प्रभु की विशालता के बारे में कहना सूर्य को दीया दिखाना है। एक ज्ञानी और एक अज्ञानी की वार्तालाभ तभी हो सकता है, ज्ञानी बोले अज्ञानी सुने, वर्ना असम्भव है। हा दो अज्ञानी वार्तालाभ कर सकते है बात करते करते एक दुसरे का सिर फोड़ सकते है, खून निकाल देंगे। ज्ञानी मोंन की भाषा बखूबी समझते है।

यहाँ एक नानक साहिब का किस्सा याद आता है। नानक सहिब को फरीद मिलने आते है नानक साहिब कई रोज से शिष्यों को बोल रहे थे संत फरीद आने वाले है। संत फरीद आने वाले है। एक रोज फरीद मिलने आ ही गए नानक फरीद दोनों गले मिले। एक साथ बैठे, एक दुसरे को देखते रहे।दो दिन इसी तरह बीत गये, बीच बीच में गले मिलते रहे। आँखों से पानी (आंसू) बहता रहा। फिर दो दिन बाद फरीद चले गए। जाने के बाद शिष्यों ने पुछा हमने सोचा आपके प्रवचन सुनने को मिलेगे। दो ज्ञानी संत बैठे है, आप दोनों तो शांत बैठे रहे। तब नानक ने कहा मै किया करू वो मोंन की भाषा समझता था। ज्ञानी आंख से बात कर लेते है ज्ञानी एक दुसरे की रूहानियत की खुशबु लेते है। जहाँ ज्ञान आ जाता वहा शब्द भी समाप्त हो जाते है।

मेरा इसमे कुछ नही है जो कुछ है सो तेरा। जो मेरे भीतर प्रभु बैठा है उसी अनुसार सब कर रही हूँ,यह प्रभु की शक्ति काम कर रही है।प्रभु प्रेम में भीगती जा रही थी। ऐसा अमरस बाहर कहा प्रभु का असली दुवार पा लिया था। मेरी राहे अनजान थी दुनिया से अलग मै बेखबर चलती रही। अंदर ही अंदर मेरा रोम रोम रोशन हो रहा था। इस बेजान शरीर में रोमांच का आभास हो रहा था।

अब मेरे प्रभु ने ऐसा घेर लिया, चारो और से मेरी आँखों के आगे एक पर्दा सा छा गया। मुझे अपने चारो और प्रभु के अनेक रूप नजर आने लगे। मै अनेक रूपों को देखती रही एक रूहानियत की खुशबु लेती रही अंदर ही अंदर महसूस करती रही। जितना प्रभु के करीब जा रही थी उतना ही भीतर की प्यास बढती जा रही। मै घंटो समाधिस्त होने के बाद बाहर आती मुझे कई घंटो खुली आँख में भी वही नजारा चलता रहता। मेरे लिए भीतर बाहर का कोई फर्क नही रह गया। बाहर का आनन्द देखते बनता था। दिन पर दिन गहरे गूढ रहस्यों को समझ पाने में सक्षम हो रही थी। उसी प्रकार यात्रा भी तेजी से बढती जा रही थी। इस दिव्य आध्यात्मिक सफर में स्वयं बढ

रही थी। मुझे भी नही पता सब अनजाने में होता रहा। प्रभु की कृपा बरस रही थी। प्रभु का प्रसाद पा रही थी,जैसे कोई शक्ति मुझे हाथ पकड़ कर आगे ही आगे धकेल रही हो। मुझे स्वयं अनुभव हो रहा था। यह सब पहले से तय हो मै एक दम अनजान राही की तरह थी। हाँ कभी कभी प्रभु का इतना प्रेम देख आंखे भर आती।आसुओ की धारा बह निकलती प्रभु का धन्यवाद् करती। यह आज तक किसी को पता नही चला। आज मै यहाँ सब लिख देना चाहती हूँ, जो जो मेरे साथ घटित हुआ, कभी कभी रात को मै खुले आगन में चली जाती आकाश की तरफ मुह कर पूरे–पूरे बह्मांड का धन्यवाद करती। सभी दिशाओं का धन्यवाद करती, पेड़ पोधो पूरी सृष्टि का न जाने किस किस का आंखे बंद सब अपने आप होता। सब इतना करीब से देखती जैसे आकाश मेरे लिए धरती पर उतर आया है या मै आकाश में आ गई हूँ। कैसा अदभुत नजारा ब्यान करना मुश्किल है। आंखे बंद होती या खुली सारा अस्तित्व मेरे सामने देख आँखों से पानी बहता रहता।

मै प्रार्थना करती रहती, जो आज भी करती हूँ।प्रभु इस दिव्य ज्ञान के लिए मुझे चुना। मुझ साधारण स्त्री को असाधारण बना दिया इतना प्रेम बरसा दिया इतनी कृपा, हे प्रभु मै जोगन हो गई, मै फकीर थी अमीर हो गई।मै क्या धरु भेंट, मेरे पास कुछ भी नहीं तेरे चरणों में भेट चढाने को। अब बस मै तुझे समर्पित हूँ। मुझे इसी कार्य के लिए भेजा है, घर का मेरा ज्यादा सम्बन्ध किसी से नही रहा। कुछ बनता करती वर्ना मुझे कोई फर्क नही पड़ता। कोई कुछ बोल रहा है या नही किसी अन्य से कोई सम्बन्ध नही रहा था। थोड़े बहुत जरूरत के लिए पैसे चाहिए होते तो ले लेती बस इतना सा रिश्ता था।

अब संसार से अलग मेरी एक दुनिया बस गई थी। अभी भी मंदिर बहुत जाती पता लगने लगा सारा रहस्य ये देवी देवता कियो कहलाये इसी प्रकार प्रभु को पा लिया होगा। बह्मांड की शक्तिया बरसी होगी, तभी देव कहलाये। केवल शिव भगवान् के तीसरा नेत्र दिखाया गया। तीसरा नेत्र इसी प्रकार खुलता है। यह विरला भाग्यशाली होता है।मैने आखिर शिव बाबा को आपना गुरु बनाया।तभी शिव बाबा देवो के देव कहलाये। अब मै साक्षात्कार को अहंम मानती चली गई। लगा जैसे पूरा अस्तित्व मेरा इंतजार कर रहा हो। में पुरे अस्तित्व में प्रवेश पाकर खुश थी वैसे ही अस्तित्व भी खुश था।मै बिन बुलाये मेहमान की तरह शामिल हो गई। समूचे अस्तित्व में प्रेम ही प्रेम बरस रहा है। आध्यात्मिकता को पाना पुनर्जन्म से छुटकारा है। गर्भ से छुटकारा जो उर्जा सहस्रनार चक्र पर एकत्रित है।वह पुरे बह्मांड में मिल जाती है। जो प्रत्येक व्यक्ति में है। यह सब अनुभव के रहस्य है गुरु चाहे करवा सकता है। सारा रहस्य शून्य का है, सत्संग में एक पल आता व्यक्ति शुन्यता को प्राप्त होता है। उसमे प्रवेश होने की विधि कोई नही जानता यह सभी गुप्त है। यह मै भी मानती हूँ। सत्संग भी बहुत कुछ

कर सकता है। सत्संग में श्रद्धावान ही बैठ सकता है। जिस तरह दान भी श्रद्धावान कर सकता है। कम व्यक्ति सत्संग के लिए आते कुछ अपनी मांगे ले कर आते है, कुछ चोरी भी करने आते है। जो बहुत अच्छे भजन गाते है आगे बैठते है साथ ही चोरी करते देखा है। मैने कई बार आपनी आँखों से देखा में तो हमेशा ध्यान में होती सब दिखता था।मै बहुत देर में नार्मल होती इसलिए कभी किसी से कुछ कहा नही फिर मैने इस और ध्यान देना छोड दिया। यह सब संसार के लोगो के लिए है सही है जिसको जो भाये वह कर सकता है प्रभु ने सबको आजादी दी है किसी पर कोई बधंन नही। हम अच्छे कार्य कर सकते है बुरे भी। प्रेम भी कर सकते हे नफरत भी, प्रेम का भाव लायेंगे तो देना है वहि प्रेम सुरक्षित है। घृणा का भाव जागते ही असुरक्षता पैदा हो जाएगी। घृणा कमजोर बनाती है। देना मजबूत बनाता है। यह सब अपने अंदर का अनुभव है आज व्यक्ति कमजोर है स्वयं को देख ही नही पा रहा है। शास्त्र कंठस्त कर रहा है, कर्म कांड कर रहा है। वेद, पुराण, कुरान, बाइबल पढ रहा है। केवल बाहय ज्ञान मिलेगा शब्द मिलेंगे। ऋषि, मुनियों के बारे में जानने को मिलेगा। वे कैसे साधना करते थे।उनके भीतर किया घटनाए घटी। साधनाओ से क्या पाया, उनकी जीवनिया मिलेगी, ज्ञान की बाते मिलेगी। आधी समझ आएगी आधी नही आएगी। अपने भीतर तो स्वयं का प्रयास सफल होगा।

मुझे सत्य का साक्षात कार तो अपने भीतर ही हुआ। सत्य को जानने के बाद सब समझ में आ जाता है। वेद, पुराण, बाइबल, कुरान के भेद खुल जाते। फिर पढने का आनन्द कुछ और है। किसी में कोई फर्क नजर नही आता सबके वचन सत्य प्रतीत होते है। उनकी जरुरत नही रह जाती है। गुरु पूरा होना चाहिये सत्य को जानने वाला होना चाहिये। जो सत्य को सीधा जान लेता है वहा कोई शास्त्र बचता ही नही।

कुरान मै राबिया का किस्सा आता है।राबिया अलअदाबिया एक सूफी फकीर औरत थी। एक बार रास्ते से गुजरती थी। उसने हसन फकीर को एक मस्जिद के सामने हाथ जोडे खडे देखा। वह फकीर हसन जोर जोर से कह रहा था। हे प्रभु !! द्वार खोलो, द्वार खोलो, कब से पुकारता हूं। कृपा करो। मुझ दीन हिन् पर अनुकंपा करो। द्वार खोलो।हसन की आंखों से आंसू बह रहे जा रहे थे। राबिया वहां से निकलती थी, वह खड़ी हो गई, हंसने लगी और कहने लगी, भाई मेरे जरा आंख तो खोलो, जरा देखो भी, कोशिश तो कर देखने की, द्वार बंद कहां है? द्वार तो खुला ही है, जरा देखो तो। वह कभी बन्द नही हुआ।वह सदैव खुला रहता है। हसन ने शास्त्रों में पढा होगा सुना होगा।

जीसस का वचन, पूछो, और मिलेगा। खटखटाओ, और खुलेगा। शास्त्र में पढा था, चीखो– पुकारो। तुम्हारी भीतर से पुकार हो तो परमात्मा का द्वार खुलेगा। यह राबिया शास्त्र से पढी हुई नहीं है। इसने देखा कि द्वार परमात्मा का कभी बंद ही नहीं होता।

वह कहने लगी, भाई मेरे आंख तो खोलो बैकार ही शोरगुल मचा रहे हो। द्वार बंद कब था? द्वार खुला ही है। अपनी देखने वाली आंख चाहिए।

यह जीवन बहुत जन्मो के बाद मिला है। कुछ लम्हे प्रभु के लिए निकाल कर बहुमूल्य बनाये। प्रभु के उत्सव में शामिल कुछ क्षण भी बहुत सकूंन देते है। मेरा कहने का मतलब यही है की संसार हमे भाँती–भाँती की चिंता, भाँती–भाँती का दुःख से जरुर भर सकता है। फिर शांत प्रकृति में हमारा जीवन जीना व्यर्थ हो जाएगा। हम यत्न कर सकते है जिन्दगी को सुंदर स्वर्ग का एहसास करा सकते है मरने के बाद किसने देखा है यहाँ तो जीते जी स्वर्ग है। बदलना स्वयं को है, छोटे–छोटे प्रयत्न से सुंदर वातावरण तैयार होता है। घर में सुदर अच्छे फूलो के पौधे लगाये उन्हें खिलता हुआ देखे। उच्ची आवाज में बात करना झगडा आपसी तकरार भूल जाए। प्रभु के उत्सव में ऐसा ही होता वहा खुशी और खुशहाली का वातावरण है। फूल बिछायेगे तो फूल मिलेगे कांटे बिछायेगे तो कांटे मिलेगे। यहाँ दिखावा नही वर्ना प्रगति में गिरावट आ जायेगी।

मैने तो केवल प्रभु को जाना उसके सिवा किसी को नही जाना। मै तो यही कहती हूँ इस शरीर रूपी पिंजरे में रहू या न रहू अब कोई फर्क नहीं पडता। तमाशबीन बोलते रहेंगे, मै खुश नसीब उस तूफान तले से भी निकल जाऊगी। हे प्रभु मन के दरवाजे खोल तुम्हारे गीत गाउंगी। गहरे सन्नाटे में भी सरगम सुर ताल सुनाउगीं। किसको कहू अपनी बात हुई कैसे सुर ताल सुनाऊ। बहरा है जग सारा किसको ताल सुनाऊगी। भाषा की सुन्दरता मुझे नही आती मेरे गंभीर नपे तुले शब्द किसे सुनाउंगी। मेरे भीतर की कसावट पूर्ण शक्ति का विकास तुम समझोगे। मेरी प्रतिभा का गुढ़ रहस्य तुम्हे बताने में समर्थ हूँ। यह भ्रम नही है देखा जब से दीपक जलता साँची आत्म् उपलब्धि तुम समझोगे।

प्रभु का देख रास मै जोगन हो गई
मै शामिल हो गई माहारास में मुझे रास आ गया
कोई न जाने प्रभु की बंदगी मेरी जिन्दगी का फसाना
मै जोगन हो गई
प्रभु का देख रास मै जोगन हो गई
बदले जहां सारा कोई गम नही
मुझे मालिक का मिल गया ठिकाना
मै जोगन हो गई
मेरी आरजू यही नैना भीतर दर्शन हो गए
पुकार हुई पूरी नैनो में साहिब बस गया
बड़े भाग साईं के नैनो से नैन मिले

मै जोगन हो गई
नजर कुछ और न आये मै जोगन हो गई
हर पल बरसे नूर झूम झूम उठे मेरा मन
जीवन मै भर गया उल्लास प्रभु पहचान गई
मै जोगन हो गइ 'प्रभु भाग इधर उधर जाय मेंरा मन व्याकुल होय
पल–पल नवनीत क्रन्दन देख करू अभिवादन
सृष्टि का एक–एक अंग बरसाए आशीष सब संग
मै जोगन हो गई

सच में ऐसा ही होता है दिन में देखो रात में देखो प्रभु पल पल तैयार खड़ा है। जो सत्य जान लेता है मन मौजी हो जाता है। वह एकांत हो जाता है मै सालो अमीरस में डूबी रही जिन्दगी का आखरी पड़ाव कब आ पंहुचा इसका पता ही नही चला। कैसा नशा कैसी खुमारी आनन्द से भर गई। अब ख्याल आया सत्य से सबको अवगत कराया जाए। सत्य के सब रूबरू हो सकते है। सत्य से न कोई अलग हुआ न कोई अलग है। सभी स्वयं से अलग है सत्य से सभी दूर भाग रहे है। किसी को नही पता क्या खो रहे है। सत्य का जानी ही सत्य की बात कर सकता है। सत्य का जानकार सिद्ध गुरु होना चाहिए। वह कभी भीड इक्कठी नही करेगा। वह वैसा ही शिष्य दुहराता है। जिसे लग्न हो तत्व ज्ञान की खोज में हो सच्चा शिष्य पाकर अपने को धन्य मानता है।

राम किशन परमहंस ने आपने सामने विवेकानन्दा को देखा पहचान गए।यह पिछले जन्म का तत्व ज्ञानी है। अपना शिष्य बनाया हांलाकि मठ में उनके बहुत शिष्य थे। फिर भी सबसे ज्यादा विवेकानंद को प्यार करते थे। अन्य शिष्य बहुत नाराज रहते थे। उनको गले में कैंसर का फोड़ा था एक रात वो बहुत तड़फ रहे थे। मठ के लोगो ने वैद्य को बुलाया। वैद्य ने कहा मवाद बहुत अधिक भर गया है। इसे निकालना होगा अगर आपका कोई शिष्य मुंह से मवाद खीच कर निकाल बाहर फैंक देता है।कुछ राहत मिलेगी। सभी शिष्यओ को आवाज लगाई। यह बात सुनकर सभी शिष्य छिप गये।आवाज सुनकर सभी ने अनसुनी कर दी कोई शिष्य नही आया। तभी विवेकानंद को पुकारा गया जिसको प्यार से नरेंद्र कहा करते थे। एक आवाज सुनी नरेंद्र तभी भागा आया और मुहँ से खीच कर सारी मवाद बाहर निकाल फैंकी। गुरु को बहुत राहत मिली चैन मिला। मै यह परीक्षा ही कहुंगी, यह गुरु सेवा नरेंद्र को अध्यात्म में कितनी उंचाई पर ले गई होगी। वहि अन्य शिष्य पिछड़ गए पीछे रह गए !! चूक गये ज्ञान से सच्चे ज्ञानी गुरु हो या शिष्य उसके जैसा निर्मल मन किसी का हो ही नही सकता।क्योंकि उनके मन मै स्वयं प्रभु आसन लगाकर विराजमान हो जाते है। ज्ञान सफेद बालो से नही आता ज्ञान भीतर से आता है।

मै भी इसी तरह आत्मबोध कहो असली स्वरुप कहो भीतर असली स्वरुप चल रहा था। जैसे टीवी ओंन करना चैनल बदलने सब चलता रहा किस तरह भीतर–भीतर तरकीब सिद्ध होती जा रही थी मुझे भी पता नही चला। मै दुसरो के मुख से जानना चाहती थी सुनना चाहती थी। मुझे समझ नही आ रहा था अध्यात्म को ना जाने बगैर लोग कैसे कह देते हम आध्यात्मिक है किस नजरिये से देखते है मै समझ नही पाई। सब जो भी बोलते है पढा लिखा ही या फिर भागवत, रामायण पर प्रवचन मुझे इसके सिवा कुछ नही मिला।

मेरा बहुत मन होता किसी से प्रभु प्रेम की बात करू भीतर की बात करू। मेरे मन मै तो यही गाना चल रहा था। चल उड़जा रे पंछी (मन चल) उस देश जहा पीया (प्रभु) बसत है। अब और अधिक प्रभु का आभास होने लगा रोज नए रंग नए देश मै इसे पहुच जाती जैसे पंख लग गए हो। अब कण–कण में जर्रे–जर्रे में दिखाई देने लगा। धुंधला शीशा साफ होता गया परन्तु आँखों का देखने का नजरिया ही बदल गया। साधारण दिखना बंद हो गया। अब शरीर का अंग– अंग बदलता जा रहा था जैसे मेरा कुछ रहा ही नही कुछ अपने बस का नही रहा। कब उठना है कब सोना कुछ रहा ही नही। नींद तो जैसे गायब ही हो गई। आँखे खुली हो तब भी वो नजरे बंद हो तब भी वही नजारे। पल–पल का होश रहने लगा कई बार शरीर बहुत दुखता मै लेट जाती खराटे बजते दुसरो को लगता मै गहरी नींद मै हूँ परन्तु मुझे अपने खराटे उसी तरह सुनते इससे मुझे भी हैरानी होती।सब कुछ पता चलता रहता मेरे आस पास किया हो रहा है। नजर वहि कान वही देख सुन–सुन कर निहाल हो जाती। सब भीतर होता रहा, देखती जब आँखे खुलती निहाल होती मुझे तो सब खुली आँखों से भी दिख रहा था। प्रभु ने इतनी बारीक चादरों से सब डाप रखा है साधारण व्यक्ति देख ही नही सकता। प्रभु के सिवा कोई कल्याण नही कर सकता। यह सब जान कर अब लगता प्रभु संग प्रीत इसी तरह चलती रहे मेरे मन में प्रभु प्रेम भरता जा रहा था पता लगता जा रहा था। यंहा मै कह सकती हूँ, गुरु अमृत खान है। वह एक बूंद भी मिल जाये वह कभी डूबता नही है तैर जाता है मै प्रभु प्रीत मै डूबती जा रही थी।

इसी दौरान मैने अपना पिछला जन्म देखा। वो दृश्य आज भी याद है। मै किसी गाँव मैं बडा सुंदर पंजाब का गाँव दिख रहा। शायद कभी जाऊं तो पह्चान लू वो दृश्य आज भी याद है मैने कुर्ता पहना हुआ भगवा कुर्ता हाथ मै चिंमता अपनी मस्ती मै गाती जा रही हूँ। वही मस्ती आज भी महसूस करती हें। मै शुरू से कुर्ते पहनती थी कुरते मुझे बहुत पसंद है। बहुत दिन भगवा पहना फिर लगा यह भी दिखावा है अध्यात्म किसी कपडे या कलर का मोहताज नही। फिर भी पहनती हूँ मुझे अच्छा लगता है भले समाज के लिए भगवा पहनो सभी की नजर जाती हो पर ढीले होने के कारण ध्यान साधना में बहुत आराम दाई पौशाक है।

इसी कारण कई बार संतो से मेरी बात भी होती मै थोडा अलग दिखती थी मुझे भी लगता ज्ञान में होंगे चर्चा की जाय। एक बार एक सन्यासी से मेरी बात हुई अध्यात्म पर काफी चर्चा हुई बहस हुई बाद में मैंने कहा आप सही है। बाद में मैने सोम्यता से पूछा आप दो (2)साल के इस आश्रम में है अभी छबीस (26) साल की उम्र है। मै आपकी बात का मान रख कह दिया ठीक है आप सही मै गलत।क्या आप अपने अंदर से प्रभु देख पाते है? तब उन्होंने कहा हमे शास्त्र रटे पडे है भगवान है आप कहोगी है मै कहुगा नही मै आपको जितने नही दूंगा। फिर मुझे उस बात का बहुत गहरा धक्का लगा उसके बाद मैने कभी किसी से बहस नही की।

यही लगा सब सोये है या अँधेरे मै जी रहे अंधे नजर आ रहे है जो यहाँ प्राप्त किया है ज्ञान वह तो यही रहने वाला है। कितना कमा लो सब बुढापे में बच्चे छीन लेंगे। मुझे तो लग्न लग चुकी थी में तो भीतर से जाग चुकी थी। भीतर मंगल दर्शन करती जा रही थी। लगता था मन रूपी पंछी शरीर रूपी पिजरा तोड छोडकर जाने कब उड़ जायेगा। नहा लो गंगा है, असली गंगा तो भीतर ही है। अब प्रभु से यही विनती बारम्बार मनुष्य जन्म मिले और बार बार तेरा दर्शन पाऊ प्रभु सागर की तरह है, हम सभी एक बूंद की तरह है। मै आत्मा रूपी बूंद अपने मालिक से बिछड़ना नही चाहती थी। मै जैसे तैसे परमात्मा को ओझल भी नही होने देना चाहती थी।

प्रभु भी बहुत मायावी है। हाथ तो आता नही जरा सा अच्छे से आँख खोल ली गायब नजरे बंध जाती है नजर का मामला है सारा ध्यान की तरकीब है बस प्रभु बंध जाते है। अब मै संसार रूपी कीचड मै पड़ना नही चाहती थी। मैली नही होना चाहती थी क्योंकी गन्दा पानी किसी काम का नही। उसमे तो बदबू ही आती है, मै अपने मन मंदिर को निर्मल रखना चाहती थी अपने प्रभु के सिवा किसी को नही बसाना चाहती थी। मेरी पवित्रता और निर्मलता प्रभु के और करीब ले आई।यह सब लिख जरुर रही मेरे साथ अपने आप होता चला गया। मेरा ध्यान कहो ज्ञान कहो सब पक्का होता चला गया। मै और अधिक रूबरू रहने लगी, मेरी प्रभु से बात होने लगी। मन मै कभी कोई सवाल आता उसका जवाब मिलने लगा कई बार आवाज भी आती बोल कर जवाब आता। प्रभु से बात होना और भी चमत्कारी था। किसी से कुछ कह नही सकती थी, मै अपनी चीजो का ध्यान नही रख पाती थी।

जब मैं साधना में लीन होती थी कई बार दूसरों की वजह से मुझे बहुत परेशानी उठानी पडती अनुष्ठान में सदैव एकांत होती थी। मेरा पैसा, सामान गायब हो जाता था। परन्तु मै फिर भी प्रभु मे लीन हो जाती और प्रभु से प्रार्थना करती प्रभु भक्तो की बहुत परीक्षा लेते हो अच्छाई और सच्चाई का कोई मोल नही। उस दिन आधी रात का समय था मै ध्यान में बैठी मेरे पास दो बड़ी बड़ी आंखे आई बकायदा आवाज भी आई देख मेरी सब पर नजर है। ऐसा लगा जैसे आकाश के भीतर से एक शकल बाहर निकली

और कह रही हो। मै यह जान गई ज्ञानी होना आसान काम नही बहुत मुश्किल है। बाहरी हवन कितने कर लो वह वातावरण को शुद्ध करता है असली हवन अपने भीतर का है। प्रभु सभी के बहुत करीब है और देख रहा है।

अपने भीतर का जमाव निकाल बाहर फैकना होगा। ऐसा सिद्ध गुरु चाहिए मार्ग दर्शक चाहिए जो जागना सिखा दे। असली गुरु का यही काम है। संत महात्माओं ने इसी को जागरण कहा है। भीतर का जागरण। सच में प्रभु इसी अहसास का नाम है जो रहे तो सभी के साथ देख कोई विरला ही पाए। मै महसूस कर रही थी खुदा ने सब छिन कर मुझे भी छिन लिया हो। अब प्रभु के बगैर एक सन्नाटा नजर आने लगा, प्रभु की दीवानगी का नशा चढता गया। हे प्रभु ये जिन्दगी आपकी है, अब आप बिन जग में मेरा मन नही लगता। इच्छा यही ध्यान की मौज हरदम बनी रहे, मै यूं ही बैठी रहू सदा लगता नहीं है आप बिन जग में मेरा कुछ भी है। प्रभु के लिए प्रार्थना ही उभरती क्या गुण है, मुझमें जो आपने अपना लिया। दुनिया आज भी अवगुण ढूढ़े मुझमें। अब जग में आपके बगैर मेरा कोई मोल नही कोई अस्तित्व नही। बिन देखे मन भरता नही ना दिन मै चैन न रात में नींद प्रभु तेरी खुमारी युही चढी रहे दिन–रात।

पडाव पार करते करते मेरी जिन्दगी उस मुकाम पर आ पहुची। अब मुझे भूत का न भविष्य का न दुःख का न सुख का न खुशी का न गम कोई भान नही रहा। न अभिमान रहा, अब मै अपनी अनोखी परिकल्पना का आनन्द कैसे कहू, सिर्फ मै प्रभु के साथ आनंद में हूँ, अब मेरे सामने जीवन का कोई मतलब नही रह गया है न त्याग है न अपना है न पराया है। ऐसा लगने लगा सभी ने वस्त्र पहन रखे। जाती के धर्म के साथ नजर आने लगे। मुझे वो समुन्द्र साफ दिखने लगा जो दुनिया को नजर ही नही आ रहा। सब डूबते नजर आने लगे। मै उस पानी के उपर खडी हूँ। प्रभु ने मेरा हाथ खीच लिया बिलकुल साफ दिख रहा था। मै किनारा साफ देख पा रही थी। मै सब से अलग सी होती जा रही थी या यूं कहो सारा भेद समाप्त हो गया था।

अब साक्षात् परमात्मा के दरबार में घुमती मुझे साँस लेना भी बेकार लगता। हाँ प्रभु के बगैर साँस नही चलती थी। प्रभु के बगैर ये हाल हो गया सांसे लेना छोड़ दू।दिव्य शक्ति के बगैर सब अहसास समाप्त हो गये थे। ये शरीर अपना नही पराया लगने लगा है। पल पल प्रभु के नित नए नजारे अपने अंदर और बाहर सब एक जैसा बाकी तो सब लिखे लेख नजर आने लगे।

मै तो यही कहुगी पढ़ना है तो अपने आपको पढ़ लो ढूढ़ लो आपना मास्टर जो अपने आपको पढ़ना सिखाये जो तरकीब वो जानता है वो आपको बताये। मत उलझो किसी पाखंड में, मै एक बात जरुर कहूंगी जितनी भीतर में लग्न होगी काम उतना आसान होगा। देखा होगा लोहा जितना अधिक गर्म होगा उतना अधिक तरल होगा। उपर से भले ही कितना सख्त रूप दिखाई दे। इसी तरह सभी का कैसा स्वभाव हो,

आकार हो, सभी प्रभु के अंश है, सभी मै प्रभु की धरी जोत जग सकती है।सभी में प्रभु की दिव्यता भरी है, वो भूल गए है, रास्ता भटक गए है। सभी को भीतरी बाहरी आवरण को साफ करना होगा। भीतर बहुत ही तरल और सरल है। सच तो यह है सभी ने अपने बाहरी घर बहुत बनाये अपने भीतरी और असली घर की तरफ ध्यान नहीं दिया। उसको जानने की कोशिश ही नही की प्रवेश तो बहुत मुश्किल है। भीतर का दीया कैसे जल सकता है? कुछ तो मेहनत करनी होगी। यह कोई जादू नही जो दिखा कर लुभाया जाये। यह स्वम के भीतर घटता है चमत्कार स्वयं के भीतर छिपा है सभी बाहर खोजते है ।

एक बार एक व्यक्ति ने अपनी सत्य घटना बताई, मै सुन कर हैरान थी। कही बाहर से आ रहा था। रास्ते में बस खराब होने के कारण आधी रात हो गई। बस ने उतरा तो रास्ता बडा था। शमशान से होकर गुजरना पड़ता था। पुरानी बात है, तब बस भी कम होती थी दूर बस स्टेंड होते थे, लोगो को काफी कठिनाई झेलनी पडती थी। जब वह बस से उतरा रात के तीन–चार बज रहे थे अंदाजे से बताया, रास्ते में शमशान वहां से होकर गुजरना बहुत खतरनाक था। वह उस शमशान की अक्सर भूतो की घटनायें बचपन से सुनते आये थे। मन में डर था रास्ता लम्बा था रात का समय पैदल डर के मारे पसीना आ रहा था। सुन रखा था शमशान के पास बहुत भूत घुमते है वह आगे पीछे देखता रहा और चलता रहा। कुछ दूर चलने के बाद महसूस हुआ कोई उसका पीछा कर रहा है, और पीछे देखा सच में एक परछाई दिखाई दी। परछाई भी हाथी जैसी, आज नही बचूंगा अब डर के मारे उसका शरीर कांप उठा पेट में दर्द हो गया। उसने आंव देखा न तांव जौर की दौड लगाई। भागते–भागते एक पत्थर से टकरा गया गिर गया बेहोश हो गया। वो जो भूत था आराम से चला आ रहा था। जब उस व्यक्ति की आंख खुली तो किया देखा हल्का दिन निकलना शुरू हो गया था । वह भूत सामने खड़ा था। उस बन्दे को भूत समझ कर पूछा तुम हो खडे क्यो हो । (भूत) व्यक्ति भी सोच में पड़ गया। बोला मैने सोचा तुम मरे हुए हो तुम्हारी नाडी भी रुकी थी में दस मिनट से देख रहा हूं तुमको शमशान कैसे पहुचाऊ। वह व्यक्ति बोला मुझे भी कुछ पता नही बस से उतरा चल दिया कुछ तुमको भूत समझ कर भाग लिया। पर एक बात बताओ यह साइकिल हाथ में लेकर क्यों चल रहे थे। रास्ता खराब था साइकिल चली नही मैनें हाथ उपर किये उठा ली।अब जवान रहा होगा जो उठा ली। अब देखो भ्रम भूत का वो जो डर भय सब उस व्यक्ति का जबर्दस्त शुद्धिकरण कर गया। जो अनजाने में असाधारण तरीके से हुआ जान भी जा सकती थी। इसी घटना के बाद एक तरकीब से ध्यान सिद्ध हो गया तत्व ज्ञान हो गया। इतना भी हो जाये व्यक्ति पार है समुन्द्र में उतरो तो सही गहरे जाना तो अपना अपना नसीब है।

इस तरह किसी भी क्रिया से अपना शुद्धिकरण नही करेंगे। किसी को तत्व ज्ञान

नही हो सकता है। कुछ देर कितना नाच लो गा लो ये भी आनन्द है। यह सब मोज मस्ती में आता है। किसी को भजनों में आनन्द आता है। वही आनन्द होटल मै ड्रिंक करते है डांस करते है कुछ पल सब भूल जाते है। असाधारण तरीके का आनन्द है, वहा से हटते ही दूसरी दुनिया। हटना नही है सब काम करते ध्यान होना चाहिए यहाँ तरकीब काम कर सकती है। होटल मै कई विधियाँ काम कर सकती है। उनको भी कुछ पल की कोई टेकनिक बताई जाये वो भी पा सकते है। लेकिन विधि के बगैर सब अंधे है यह अनुभवी बता सकता है। हा एक बात और है सत्य को पाने के लिए कुछ नही करना असत्य का त्याग करना है। झूठ, षड्यंत्र, इर्ष्या, द्वेष का भी त्याग करना है। बाकि कोई घर नही छोड़ना काम नही छोड़ना। सब करते करते हो जाता है। थोडा बाहरी अपने आपको सुधारना होता है, अपने भीतर तरकीब के सकारात्मक सोच भरनी होती है। तभी सफल हो सकते है वर्ना जैसा कर्म वैसा फल चक्रव्यूह चलता रहेगा। इसे कोई नही रोक पाया प्रभु का नियम है। अपने सभी अंगो का सही प्रयोग करना चाहिए।

प्रभु ने कोरा भेजा है जीवन की किताब बिलकुल कोरी है। पूरी स्वतंत्रता दी जो भी लिखना है स्वम लिखना है रंग स्वमं भरने है वो सभी का अपना निर्णय होगा। गिरना है उठना है पाप करने है पुण्य करने है। जो जो भरते जाओ वो वो पाते जाओ जब दुःख आये प्रभु को याद करो सुख आये भूल जाओ। सुख और दुःख एक ही जीवन के दो पहलु है। सुख तो उसी समय समाप्त दुःख को हम पकड़ कर बैठे रहते है। पकड़ना ही कष्ट कारक है, स्वयं का बोध पूर्ण हो जाये तो नही सुख में नही दुख में परेशान होंगे। किसी भी परिस्थति में परेशान नही होना चाहिये। सभी का अपना अनुभव और विचारों की लम्बी कतार बनती चली जाती है।

मै ज्ञान में तरोबर रहती ज्ञान में हा हा भूख पियास सब खत्म हो गई। ये बात सही है मुझे जीवन और मृत्यु से कई बार झुझना पडा। परन्तु मेरी भीतर की तृष्णा वो मन्त्र गुरु नही मिटा पाए। अध्यात्म गुरु की भूख रह गई चलो प्रभु की मर्जी। इस कारण मेरी भीतर की परिक्रमा मै बहुत खतरनाक हादसे हुए।मेरी समाधि लगने में ये नही मालुम था इतनी गहरी समाधि लगेगी। किसी को पता न चला मै अपने कमरे में गहरी समाधि में चली जाती। किसी को बताती भी क्या सब अपने आप घट रहा था। मै एक आसन पर घंटो बैठी रहती बैठे बैठे पता ही नही चलता कब अन्तर्मुखी हुई। गहरी समाधि में चली जाती। कई बार मैने देखा मै इस शरीर से बाहर निकल जाती जब वापस आती तो मुझे गहरी सुबकियां आती। मुझे ऐसा महसूस होता जैसे मेरी साँस रुकी थी और बहुत देर बाद साँस ली बडा आश्चर्य जनक था। मै स्वम बहुत हैरान थी साँस अच्छी तरह नोर्मल हो जाती तब अपार शान्ति महसूस करती।

मेरी जिन्दगी में मैने इसके सिवा और कुछ नही किया सभी का यही कहना। पर मुझे अनजाने में जो मिल रहा था यह सब पिछले जन्म की अधूरी साधना पूरी हो रही थी यह मै देख चुकी थी। मुझे भीतर से सब जवाब मिलते रहे बाहरी मैने कोई प्रवाह नही की। अब इसे अंदर का आनन्द कहो अनंत की यात्रा कहो ब्यान करना मुश्किल है। पर मुझे ये नही पता था समाधि के बाद एक दम उठना नही चाहिए।ऐसा मेरे साथ कई बार में हुआ समाधि से उठी एकदम बाह्यमन की बात याद आ गई मै उठ कर चल दी। दो कदम भी नही चली जमींन पर गिर गई।बेहोश हो गई मुझे कुछ पता नही यह कैसे हुआ। आज भी पूरा वाक्य अच्छी तरह याद है, जब मुझे होश आया, मै सोच मै पड गई यंहा क्यों सो रही हूँ। फिर पूरा वाक्य याद किया मैने दस बजे दूध पिया और गहरे ध्यान में चली गई। समाधि खुली रात तीन बजे। गैस का ध्यान रहा गैस जल रही हो मुझे एकाएक याद आया गैस पर दूध रखा छोड़ दिया हो। किसी ने बंद किया होगा सब को पता था। ये भूल जाती है दुसरे इस बात का खास ध्यान रखते थे।इस दौरान मुझे सिर में काफी चोट आई। उठ कर बैठी वो किस्सा आज भी अच्छे से याद है, फिर मैने कही पढा एक दम समाधि से नही उठना चाहिए। मै आराम से उठने लगी मै भीतर समाधि में जो जो भी देखती वह सभी साथ बाहर भी नजर आने लगा।

सृष्टि में अदभुद रहस्य भरे पडे है वह सब साफ दिखने लगे। अपने साक्षीभाव को साधना होता है। यहा साक्षी का मतलब क्या है? साक्षी का मतलब ही देखने वाला, गवाह बन जाऊ, मैं शरीर नहीं हूं, ऐसा अनुभव करना होता है? मन एक तत्व है हमारे भीतर दर्शन का, दृष्टि का, द्रष्टा का, देखने का है साक्षी जो देखता है, वही जगता है, जो देख रहा है, वही हूँ। मैंरे हाथ खजाना लग गया था लाटरी खुल गई। अचानक बेशुमार दौलत दिखाई पड़ गई है।

अध्यातम का अर्थ है कि देखने की कोशिश कर दिख जाएगा। जो दिख रहा है, वह भूल है, यह समझ भीतर से आ सकती है। जो दिखाई पड़ रहा है वह मत समझ लेना। अंतयंत शुद्ध तत्व है, तत्व को खोजना पडता है जो सदा ही देखने वाला है और थोड़ा कठिन है। अपने को छोड़ कर आप अपने को देख सकते है। देखने से कैसे एक ऐसी घड़ी आती है, सब दृश्य खो जाते हैं। एक दृश्य टिक जाता है नजर के साथ चलता है एक ऐसी घड़ी आती है। साँस के साथ न जाने कब वो घडी आये। थोडा चौकन्ना होना पडता है। ज्ञान मौन है, मौन हो कर सुनना पडता, देखना पडता है। जब दिख जाता है, स्वयं ही गहन चुपी साध लोगे कहना भी चाहोगे, जबान बन्द हो जाएगी हिलेगी ही नही लाख बोलना चाहोगे अपने आप चुप्पी पकड़ लेगी। इतना बड़ा ज्ञान है कि शब्दों में समाता नहीं समा भी नही सकता। शब्दों की बात बड़ी आसान लगती थी मै क्या कहना चाहती हूँ, जताना चाहती हूँ। ज्ञान जाना ही नहीं, स्वयं कुछ पता नहीं, मैं क्या कह रही हूँ, समझ ही नही पाओगे। सभी के भीतर सच्चा आनंद है।

आपके भीतर भी दिव्या अमृत का महासागर है। बीज बोना पडेगा खाद पानी देना होगा। मनुष्य झांक तो सकता है। झाँकना ध्यान बन जायेगा झाँकना ही ध्यान की प्रकिया बन जाएगी। कोई भी अधिकारी हो सकता है कोई भी दिव्य आत्मा हो सकती है। ये श्वासें तो आज चलती हैं, कल क्या पता नहीं चले, सत्य तो एक ही है, वह जो भीतर छिपा है, वह हम जन्म से साथ ले कर आये हैं। आत्मा को जगाना है तो उसके लिए न तो बहुत पढने की आवश्यकता है। न बहुत सुनने की बात है। इसका जागरण तो केवल आत्म अनुभूति से सम्भव है। भरोसा और श्रद्धा काम आती है। यहा कोई तन्त्र मन्त्र काम नही आता। यहां पैसे का कोई काम नही। आत्मा का अनुशरण करना है वही पार ले जाएगा। ज्ञान मन से आता है बुद्धि से आता है।

कितना सुनना पडता है। मुझे आज भी कहते है काम न करना पडे काम से बचने के लिए आँखे बंद करके बैठी रहती है और काम किया है। यहाँ एक काम है, जिसको ये आ जाये कुछ और जरूरत ही नही। यह परमात्मा की खोज है यहाँ पहले ही लग जाना चाहिए इस पर के चक्कर में मत पड जाना दुसरे क्या कहेगे। दूसरे को देखोगे स्वयं को भूल जाओगे।

महावीर से किसी ने पुछा साधु की परिभाषा, भगवान महावीर क्या कहते है ––सुता अमुनि ––जो सोया–सोया भी चल रहा है – सुता – वह असाधु जो जागा जागा जी रहा है, असुता साधु सोया भी जागा। कृष्ण ने गीता में यही कहा हैं कि जब सब सो जाते हैं, तब भी योगी जागता है। जहां सब मूर्छा से भरे हैं बेहोशी में है। वहाँ भी योगी होशपूर्ण है। परमात्मा ही समस्त जीवों का आदि, मध्य तथा अन्त है। अतः अध्यात्म विद्या आत्मा और ईश्वर के संबंध को प्रकट करती है। आज सभी बाते समझ आती है। तत्व ज्ञान क्या होता है गुरु होतो तत्व ज्ञानी होना चाहिए। जो हमारे भीतर सत्य का प्रकाश कराए हमारा जीवन आनन्द से तभी भर सकता है। सत्य प्रकाश की एक किरण भी भीतर प्रवेश करती है हमारा रोम रोम प्रकाशमय हो जाता है। प्रकाश ही प्रकाश नजर आयेगा अधेरा भी प्रकाशमान नजर आएगा। अंधेरा भी आनन्दित करता अनेक जुगनू चमकने शुरू हो जाते है जाने कहां से अँधेरे में दिव्य किरणे झरने लगती अनंत शांति महसूस होती है भीतर अँधेरे में गजब प्रकाश छिपा है। न कोई त्याग की आवश्यकता है न कोई कमंडल लेने की आवश्यकता है।

अध्यात्म का अर्थ है ?

अध्यात्म शब्द आत्म में अधि उपसर्ग से बना है। यानि आत्मा को ऊपर उठाना या आत्मा की उन्नति ही इसका अर्थ है।आत्मा का अँधेरा हटाना प्रक्रिया दुवारा धुँवा उडाना आत्मा को प्रकाशित करना। आत्मा का चिराग जलाना हीरे की चमक जैसा अँधेरे में रौशनी भरती है वर्ना सूर्य की रौशनी में तो शीशा भी चमक उठता है।अध्यात्म की विशालता विश्वास के छोटे से शक्तिशाली बीज में छिपी है। उसी बीज को रौशन करना

अध्यात्म है। जहाँ मन शून्य हुआ अध्यात्म मूल्यवान हो जाता है। जो व्यक्ति परमात्मा को सर्वत्र तथा प्रत्येक जीव में समान रूप से देखता है और यह समझ लेता है कि यह शरीर तो नश्वर है। शरीर के भीतर न तो आत्मा, न ही परमात्मा से कभी भी अलग हुए है। वास्तव में आत्मोन्नति की चरम अवस्था को प्राप्त होता है। परमात्मा समस्त जीवों का आदि, मध्य तथा अन्त है। अध्यातम विद्या अपने भीतर आत्मा और ईश्वर के संबंध को प्रकट करती है। तुम्हारे भीतर जो प्रभु का भरा संगीत दबा पड़ा है उसे जगाओ भीतर तो हर पल वही धुन हर जगह वही संगीत है जो अपने आप में गुम है। वहीं आनन्द है प्रकट रहेगा फिर उत्सव ही उत्सव उससे पहले जो सुना सब बेकार है।

पीकी लत जिसको लागी वोही मतवाला होय बल बल जाये ऐसे पी को जो सुधबुध बिसराए।इस देह में आत्मा पर जो खोल चढा पडा है। खोल तो खोलना होगा छिलका उतारना तो होगा, साफ करना होगा। तभी प्रकृति स्पष्ट साफ नजर आएगी, प्रकृति को परमात्मा का आवरण माना है लेकिन वह सभी को साफ साफ नजर आती है वह दृष्टि तो सभी को मिली है। आवरण प्रकृति के भी पार है उपर पडा है। प्रकृति सबको दिखाई पड रही है। प्रकृति पर भी चादर पडी, प्रकृति इतनी सुंदर है तो ये समझो परमात्मा कितना सुंदर होगा। प्रभु ने सब खुला छोडा है वह सुन्दरता हर कोई भी देख सकता है।दृष्टि का निर्मल हो जाना आवश्यक है। – देह में ही आत्मा साफ सामने दिखाई देने लगती है, बात करने लगती है। इसी तरह प्रकृति में ही परमात्मा का बीज फूटना और दिखाई देने लगता है। प्रकृति के भीतर मूल छिपा है खोज लो नामुनकिन नही है। सब नजर का खेल है। जिन्दगी के सफर में खुशियों की गजल भर लो, मै जागी हूँ तुम भी जाग सकते हो। परब्रह्म पूर्ण से परिपूर्ण है अतिशय खुलम खुला आनन्द लुट लो। सबकी राहे खुली है, जन्म सुधार लो मरण सुधर जाएगा।

मै जोगन जगत को छोड स्वर्ग से होकर आई हूँ,
ब्रह्मं भेद का संदेश भूतल (पृथ्वी) पर लाइ हूँ,
मेहरबां हुआ परमात्मा जमी से हटाया पर्दा,
मुक्त हुई मै बाधा विहीन नैन डूबे परमानन्द,
पलके मचली आनन्द,
नैन भरे नीर ने सीची पीड़ा मन भीतर,
घुंघट घोला दीप जलाए,
नयनो में तैरती झलकियाँ आईना हुई,
क्षितिज बंधा काली जंजीरों में नैनो ने चुप निहारा,
आह मस्तक पर दस्तक ह्रदय हुई गर्जन,
मुसलाधार बरसा कृपानिधान,

अभ्यास प्रक्रिया से परमात्मा

कबीरा मन निर्मल भया – जैसे गंगा नीर ।। पीछे पीछे हरि चले – कहत कबीर कबीर ।।

यह बात बिलकुल सही है, एक बार कोशिश करके परमात्मा मिल जाता है। फिर तो वह सामने खड़ा नजर आता है, साथ साथ चलता है, रुकता नही है बंधता नही। कस्तूरी कुंडल बसै। जाने सब कोई। जान कर सब अनजान है। क्या करे कोई जीवन में कहीं पहुंचना हो तो राही को राह में दिखाने वाले प्रत्येक व्यक्ति की बात पर ध्यान देना होगा। व्यक्ति के भीतर छिपी हुई चेतना अंतस शक्ति को खोजती है। किसी अनुभवी का सानिध्य मिले तो बहुत सहायता मिलती है, अपनी निजी जिन्दगी के साथ अभ्यास जारी रखना है। यात्रा मै रूकावट नही आती यह मेरा अपना अनुभव है। गुरु यही काम करता है अपनेपन से ही सभी से कहना चाहुगी।अब बहुत समय हो गया, अब उठो याद कर लो। क्या करने आये हो? दर्पण तुम्हारे सामने है देखना तुमको है। अपने चेहरे को देखना है बिलकुल नदी के किनारे पर खड़े हो। एक छलांग लगानी है, जरा झांको, देखो और सुनो नाद किसी क्षण सुन सकता है।आप रुक नही सकते है किसी भी क्षण यात्रा निरंतर जारी रहती है। कठिन यात्रा भी सहज लगती है। वर्ना मुझे यह जीवन रूपी संसार बबूल के जंगल रूपी नजर आता है। सभी व्यवहार में फसे है जैसे बबूल के जंगल से निकलेंगे तो लहू लुहान हुए बगैर नही रहेगे। तार–तार तो होना ही पड़ेगा वैसे ही संसार है, आप कितने अच्छे काम करो फिर भी कमी निकालने से कोई नही हिचकता। इसलिए मनुष्य जन्म के मूल को जानना जरुरी है।

ध्यान लगालो भक्तो ,
ज्ञान मिले पहचान मिले
अपने भीतर छिपा भगवान मिले ,
विष भीतर का बाहर निकले ,

अमृत का पान मिले इंसान बने ,
सच्चा गुरु मिले अगर ज्ञान का भंडार,
अन्धकार मिटा दे ज्ञान से परिचय करा दे,
दीपक तो अपने आप कुछ न बोले ,
उजाला आप ही आप में बोले .

सभी को पता है भारतीय लोगो का जीवन ज्यादा अन्तर्मुखी रहा है ध्यान योग के द्वारा अंदर उतरने की कोशिश की है किस प्रकार इस प्रभु के दिए शरीर को जाना जाए कुछ शक्तिया तो है जो इस शरीर को चला रही है। हमारे ऋषि मुनियों ने देखा जाये जंगलो में एकांत रहकर प्रभु का चिन्तन किया उस तत्व का चिन्तन किया जिससे यह शरीर बना है। शक्ति के सामने सिर झुकाया उन रहस्यों को जानने के लिए उमर लगा दी। पूरा जीवन लगा दिया सुखो का त्याग किया। साधारण मनुष्य सदैव बाह्य मुखी रहा है वह बाहर की वस्तुओ को देखता है उन्ही को पाने की कोशिश करता वस्तुओ को पाने को लालायित रहता है अंदर झाकने का प्रयास ही नही किया। अपने को जानने की कभी कोशिश ही नही करता। देह क्या है? कौन सी शक्ति चला रही है। वह सदैव बाह्य रहा। बाहरी आचार विचार,खान पान, रीती रिवाज में रहा। उस एक के साथ अनेक रिश्ते जुड़े होते है। जिम्मेवारी का बोझ उठाते जिन्दगी निकल जाती है अपने कार्यो में व्यस्त रहने के कारण अपने बारे में सोच ही नही पाता। अगर एक पुरुष घर को चलाता है उसमे अहंकार भरा होता है सभी काम उसी अनुसार हो सारी सत्ता जैसे उसी के हाथ मै है उसका ही अस्तित्व है बाकी कुछ नही इस तरह मनुष्य पूरा बाहरी हो गया है बाहरी वस्तुओ में लिप्त हो गया और सुख सुविधाओं की लत पड गई कुछ व्यक्ति होते है उनको यह समझ जल्दी आ जाता है। इतना सुख यानी नौकर–चाकर धन दौलत होते भी सुख की अनुभूति नही। संसार की और जितना अधिक जाओ उतना ही प्रभु से दूर हुए। प्रभु कोई बाधा नही है सभी कर्म करते हुए भी प्रभु को याद रखा जा सकता है। कई बार लोगो ने मुझे कहां हम हर घडी मन्त्र जप रहे है। मन्त्र की जगह आप कुछ भी याद करे यहाँ तरकीब काम आती। किस तरकीब से मन्त्र का जप किया।

एक सच्चा साधू उसके पास कुछ नही फिर भी उसके चहरे पर एक संतोष देखा गया। वह निर्धन है, फिर भी उसके पास मन कि शान्ति है, यह आश्चर्य की बात है। साधू जंगल में है भोजन का कोई अता पता नही फिर भी चहरे पर तेज और चमक आश्चर्य जंनक देखी जा सकती है। लेकिन संतोषी साधू कोई विरला ही पाया है। उसी तरह ग्रहस्थी भी गरीब होते हुए संतोषी हो सकता है यह तत्व वहीं शक्ति है। जो किसी को भी सुखी प्रसन्न कर सकती है। कुछ न होते हुए भी किसी को भी सुखी कर सकता

है। यह बात मै अच्छे से समझ गई, घर परिवार मोह माया में पड़ कर शान्ति हरगिज नही मिल सकती, परिवार रिश्ते नाते सब छलावा है, कुछ समय के लिए सब मिला है यही मिला यही छोड़ देना है। मै शक्ति को जान गई थी रास्ता मिल गया था। मै पूर्ण तौर से शक्ति सम्पन्न होना चाहती थी।

जान गई सागर सामने है अब रुकने वाली कोई बात नही थी। पैसे से कोई सुखी नही हो सकता यह सब जान गई थी। समझ गई मन लगातार तत्व की नई अनुभूति में लगा रहा। परमात्मा एक ही है देखने के बाद सारे नाम सारे आकर, हिन्दू, मुस्लिम, सिख, इसाई, का झगडा कुछ नही सब समाप्तः कोई किसी भी प्रकार का भरम नही कोई जात नही कुछ नही। एक शुद्ध आवरण प्रभु का तैयार हो जाता है। अपने वहा अखंड में पहुचने के बाद आनन्द ही आनन्द बचता है। मै जोश और होश से लबालब भर गई।मेरी मस्ती का किसी को क्या जवाब दू । प्रभु की शक्ति के होश से भर जाऊं कि बेहोशी भी अच्छी लगती है।सब के भीतर में अपने मन नामी तत्व की खोज में लग जाओ। मै सभी अच्छे से जान कर ये लिख रही हूँ, उस समय कोई होश नही था। अपने प्रभु प्यारे के लिए तन–मन से प्राण में मिश्री घुल रही थी। अपने प्रभु के साथ एक हो जाने की, समस्त के साथ एक हो जाने की आकांक्षा रह गई थी। मेरे हृदय मैं अपने आप ऐसी आग लग गई कि प्रभु की प्रीति के बगैर जीना मुश्किल था। मै अपने मन नामी तत्व को गहराई से जानने की कोशिश करती रही। मेरा मानना है गुरु उसी तत्व को सहज अनुभव करवा सकता है सब समझ आ रहा था। मन ऐसा तत्व है जो चलाये मान है हर समय चलता ही रहता है जिसकी कोई सीमा नही मन को कही घुमा लो कही की भी यात्रा करा लो। वह करता चला जाएगा।इसी मन के कारण मन हँसता रोता है। दुःख सुख महसूस करता है, सब मन के कारण होता है। मैने यह भी देखा जाना मन तत्व ही परमात्मा से मिला सकता है।

इसका बहुत बड़ा काम है हांलाकि मन नामक कोई ग्रन्थ नही है शरीर में ढूढ़ने से कोइ ग्रन्थि नहीं मिलेगी। मन को जगा लिया जाए तो परमात्मा तक सहज पहुच सकते है सारा रहस्य समझ आ रहा था पूरा शरीर मन के अधीन है। इस मन के द्वारा हम शरीर के भीतर जा सकते है गहरे उतर सकते है मन नामक समुन्द्र में उतरे, गहरे पानी पेठ जानो पहचानो।मन नामक तत्व से सहज प्रभु तक पहुच सकते है। सब अपने आप भीतर हो रहा था मुझे पल पल की खबर रहने लगी सभी इससे बिलकुल अनजान है कोई भी सिद्ध योगी के सामने थोडा भी समर्पण करता है, इन रहस्यों को जल्दी जान लेता है। अपना जीवन सुखमय बना लेता है।मैने महसूस किया मन की शक्ति अदभुत है मन यदि एकाग्र हो जाए वह दिव्य शक्ति का जागरण करवा सकता है मन ईश्वर तक पहुंचने का जरिया है मन सारे रहस्यों को शीघ्र उजागर कर सकता है मन पर एक किस्सा याद आ रहा है।

शहर मे रहने वाले एक पंडित जी की ख्याति दूर–दूर तक फैली थी पास में स्थित एक मंदिर के पुजारी का आकस्मिक निधन होने की वजह से, उन्हें शीघ्र वहाँ का पुजारी नियुक्त किया गया।

एक बार वे अपने किसी कार्यवश बाहर की और जाने के लिए बस मे चढ़े, पुजारी ने कंडक्टर को किराए के लिए रुपये दिए और सीट पर जाकर बैठ गए।

कंडक्टर ने किराया काटकर बाकी रुपये वापस दिए पुजारी ने पाया की कंडक्टर ने दस रुपये अधिक दे दिए है। पुजारी ने पहले तो सोचा थोड़ी देर बाद फालतू रूपये कंडक्टर को वापस कर दूँ। पूरा रस्ता मन इसी उधेड़बुन में रहा।

मन में विचार घूम गया कुछ देर बाद मन मे विचार आया की बेवजह दस रुपये जैसी मामूली रकम को लेकर इतना परेशान हूँ, आखिर ये बस वाले भी तो कमाते है, इससे बेहतर है। इन रूपयो को भगवान की भेंट समझकर अपने पास रख लूं वहां इनका सदुपयोग भी होगा।

मन मे विचार तेजी से चल रहे थे। बीच में उनका स्थल आ पहुचा बस से उतरते ही उनके कदम अचानक रुके जेब मे हाथ डाला और दस का नोट निकाल कर कंडक्टर को देते हुए कहा भाई साहब आपने मुझे किराया काटने के बाद गलती से दस रुपये अधिक दे दिए।

कंडक्टर मुस्कराया बोला क्या आप ही गाँव के मंदिर के नए पुजारी नियुक्त किये गये है?

पुजारी ने हामी भरने पर कंडक्टर ने कहा मेरे मन मे कई दिनों से आपको सुनने की इच्छा थी, आप प्रवचन अच्छे देते है। आपको बस मे देखा तो ख्याल आया कि चलो देखते है कि मैं अगर अधिक पैसे अधिक दूँ तो क्या आप लोटाते है? मुझे यकींन हो गया कि आपके प्रवचन जैसा ही आपका आचरण भी है। इसी से सभी को सीख लेनी चाहिए बोलते हुए, कंडक्टर आगे निकल गया बस बढ़ा दी।

पुजारी बस से उतरकर पसीना पसीना तो था ही उसने हाथ जोड़कर भगवान का धन्यवाद किया। प्रभु आपने समय पर बचा लिया प्रभु तेरा लाख लाख शुक्र है।मैने तो दस रुपये के लालच मे सारी शिक्षाओं की बोली लगा दी पर तू कृपानिधान है। सही समय पर मुझे सम्भालने का मौका दे दिया।

इसी तरह छोटे छोटे प्रलोभन में व्यक्ति पड़ जाता है।अपने जीवन की चरित्र पूंजी का दांव खेल जाता है। यह समझकर अपने पास ही रख लिया जाए वह इनका सदुपयोग करेगा। यहाँ भी दूसरे का ध्यान स्वयं को जैसे कोई लोभ नही यह लोभ ही प्रभु के चरणों में चढाऊंगा यह भी लोभ है।

आंतरिक मन की रहस्यमयी ऊर्जा की पहचान

मन में अज्ञात शक्ति का बहुत बड़ा रहस्य छिपा है। इन रहस्यों को जानना ही मनुष्य का असली धर्म है यहाँ असली धर्म तो पीछे रह गया। मन एकाग्र हो गया तो व्यक्ति अदृश्य शक्तिओ के करीब पहुच गया अदभुद शक्तियों का मालिक बन जाता है। असल तक जाने की कोशिश किसी ने की नही यह केवल साधू, ऋषि, मुनियों तक ही सीमित रह गई या कुछ सीमित लोगो तक रही कोई देना नही चाहता।एक बात और यह भी आश्चर्य की बात नही है। हमारे शरीर में दो मन है।एक मन जो बाहरी चीजो को देखता है। दूसरा अंतर मन कहॅुगी बाह्य मन बहुत चंचल होता है। आंतरिक मन शांत होता है। बाह्य मन में एक लालच होता है। जिस किसी भी वस्तु को देखेगा। यह मेरी हो जाये आंतरिक मन शांत और निष्क्रय होता है।जब हम सो जाते है बाह्य मन का कोई काम नही रह जाता जब हम आंख बंद कर लेते है। ऑखें बंद करते ही बाहरी, सब दृश्य बंद हो जाते है, आखें बंद करते ही अंतर मन सक्रीय हो जाता है।अब उसका काम शुरू हो जाता है एक साधारण व्यक्ति का अंतर मन भी उन दृश्य और घटनाओ को देख लेता है। जो कभी नही देखे जैसे मैने अपने पिछले जन्म की घटना देखी और कई बार किसी दूसरे को बहुत ध्यान से देखती उसका जन्म दिखने लगता इस बात से मै बडी हैरान थी। इसलिए ज्यादा किसी और पर मैने कभी ध्यान नही दिया।

कई बार पहाड़ नदियाँ पर्वत आदि के सुंदर दृश्य देखे ऐसे दृश्य जहां जाने की मै कभी सोच भी नही सकती थी। उन पहाड़ो में अक्सर अपने को घुमते पाया। आखें खुलने के बाद पता चलता मै कौन सी दुनिया में थी, यह समझ नही आता वह दृश्य कहा के थे, मुझे यह क्यों दिखाई दे रहे थे। यह प्रभु का या दिव्य तत्व का रहस्य समझ आ रहा था। मै अंतरमुखी गहरी हो रही थी यह सब अंतर मन का काम था घटनाओं को देखना यह अंतरमन की गति का शुक्ष्म और वेगमय रहस्य है। इसी कारण भूतकाल और भविष्य की घटनाओ को देख पा रही थी। कई दृश्य दीखते घटनाए घट जाती या घटने वाली दिखती। जो दीखता सत्य हो जाता, मेरे लिए यह सब बहुत आश्चर्य जंनक

था। कई बार मै भी हैरान थी। उन घटनाओं को सत्य होता देखकर मैने एक बात और अनुभव की, कई बार व्यक्ति मुझे मिलने आते अपने सपनों के बारे में बताते यह दिन भर जो व्यक्ति काम करते है। रात को थक कर सो जाते है तो अंतरमन जाग्रत हो जाता है जो उनकी घटना गहरी होती है। वह स्वप्न रूप दिखाई देती है। कई व्यक्तियों की थोडी भी एकाग्रता होती है उनके स्वप्न सत्य हो जाते है बात वही आ जाती है एकाग्रता काम में हो उस व्यक्ति का सपना भी सत्य हो जाता है जो भी घटित होता है। सब अंतर मन का कमाल होता है क्योंकी उस समय बाह्य मन निष्क्रिय हो जाता है।थके हुए व्यक्ति का बाह्य मन निष्क्रय हो जाता है। वह थक जाता है अंतरमन का काम शुरू हो जाता है इसी तरह मैने पाया अतर्मुखी होने के बाद भीतरी मन अपने आप सक्रीय हो जाता है घटनाओं को देखने में सक्षम हो जाता है। जो हमारे मन में देखना चाहते हो वह सब देख सकते है। जीवन का अर्थ जानने की कोशिश किसी ने नही की। अपने मन को किसी ने नही टटोला। मन क्या चाहता है? मन की शुद्धि अकेले में सम्भव है। अपने विषय में एकांत ही जंनवा सकता है। मन क्या चाहता है और हम कर क्या रहे है। गुरु की बताई कोई सिद्ध प्रक्रिया से गुजरना होता है। सब कुछ भूल जाना होता है। मन के तनाव को बाहर कर दूर से आ रही परमात्मा की आवाज सुननी होगी। बिना भीतरी कोई चिंता के जीवन प्रेम और आनन्द से भरना होगा। स्वयं का संग में परमात्मा का संग खोजना होगा। उसके लिए कुछ मेहनत तो करनी होगी। भीड़ में भी अकेला होने की कला खोजनी होगी या भीड़ में रहते हुए खोना होगा। छोटे–छोटे प्रयत्न से भीतर का सुंदर वातावरण तैयार करे।

पृथ्वी अपने नियम पर अटल है धरती 24 घंटे एक नियम पर घूमती है। यह दिन रात का घर्षण (घूमना) है, एक बिंदु पर किसकी शक्ति घूमती है। यह सृष्टि के अस्तित्व में होता आया है और होता रहेगा। यही शक्ति हमारे भीतर भी लगातार घूम रही है। सभी अनजान है सृष्टि का प्रत्येक घटनाक्रम अपने नियम से घटित होता है। छोटे से शरीर में जन्म लेकर कालान्तर अनुसार जीवन में शरीर बढते–बडते कैसे लम्बा चोडा शरीर बालक से जवान, बुढ़ा होता चला जाता है। यह कौन सी शक्ति है? कौन बना रहा है?

श्रृष्टि निर्माता की ऊर्जा केंद्र पर घुमती शक्ति जो सभी के भीतर केंद्र में भी उसी तेजी से काम कर रही है। क्योकि बीमार बच्चे का विकास क्यों नही हो पाता उसकी सारी ऊर्जा बीमारी पर खर्च हो जाती है। परमात्मा की शक्ति कण–कण में किसी भेद भाव के बगैर व्याप्त है। पेड़ पौधो का विकास भी इसी शक्ति पर निर्भर है। आज करीब से प्रभु की शक्ति का गहरे से रहस्य देखने के बाद जो आनन्द महसूस कर रही हूँ। शायद कभी किसी से कह नही सकती थी। समझा पाना मेरे लिए मुश्किल था। संसार में आकर सारे भेदभाव अज्ञानता के कारण स्वयं व्यक्ति ने खड़े किये है। प्रभु तो सभी

वर्ण, राष्ट्र, सभ्यता, संस्कृति, धर्म, जाती आदि सभी से प्रेम करता है। जो प्रभु के नियमो का उल्लघंन करता है। नियम टूटते है, पृथ्वी का प्रकोप बढता है। पर्वत अपने किनारों को छोड़ देते है भूकम्प, चक्रवात, बाढ आदि आते है। तत्व ज्ञानी ही शक्ति से दर्शन करवा मोक्ष का मार्ग दिखा सकता है।

तत्व ज्ञान की बातो को समझ कर नासमझ कर देना। उस पर अपशब्द बोलना घोर नर्क का भागी होता है। भक्तो की रक्षा स्वयं प्रभु किसी न किसी रूप में अवश्य करते है। श्रीकृष्ण ने महाभारत युद्ध में शस्त्र न उठाने की प्रतिज्ञा की थी। फिर भी प्रतिज्ञा भूलकर भीष्म पर चक्र लेकर दोड़े। भगत प्रहलाद हेतु नरसिंह रूप धार अवतार लिया। भगवान नरसिंह जो पूरी तरह न पशु थे न नर थे। भगवान राम ने महाबली बलि पर छिप कर वार किया। गर्म तेल से भरा कड़ाह में प्रहलाद को डाला उसी तेल को शीतल जल में परिवर्तित कर डाला। मीराबाई को ससुराल वालो ने कितना कष्ट दिया जहर भेज दिया वहीं जहर अमृत बन गया। यह सभी सुनते आये है, यही है जो प्रभु के बनाये नियम तोड़ता है, देर सवेर सर्वशक्तिमान शक्ति से कोई नही बच सकता। इसलिए सृष्टि में अपने गुनाहों की माफी का एकमात्र उपाय तत्व ज्ञानी गुरु को सर्वस्व समर्पण से ही सुरक्षित हो सकता है। जिस प्रकार माँ के गर्भ में बालक का पूर्ण समर्पण होता है। उसी तरह समर्पण से सुरक्षित भगत का कोई बाल भी बांका नही कर सकता है। मन रूपी पंछी को व्याकुल इधर उधर न भागने दो ऊर्जा रूपी पेड़ पर ठहर जाओ। शीघ्रता से आत्मज्ञान प्राप्त होगा। ज्ञान का आँख से देखना सबसे बड़ा अनुभव है देह का छुटकारा है, गर्भ से मुक्ति परम मोक्ष की प्राप्ति है। असम्भव तब होता जब मर्यादा का उल्लघंन होता है। अपने गुरु पर आशाये उपेक्षाएं मन कर्म वचन से विश्वास रखिये। शिष्य का सिद्ध होना परमावश्यक है। यहाँ जिम्मेवारी का सदैव आभाव रहेगा स्वयं की जिम्मेवारी रहेगी गुरु का काम प्रक्रिया का बताना है। जिम्मेवारी टकराव को जन्म देती है। टकराव सदैव टूटते है, अलगाव पैदा करते है। जिम्मेवारी आजादी का अर्थ खो बैठती है। गुलाम बनाती है। प्रेम का धागा बांधे भी रहता है, प्रेम शब्द में अत्यधिक आजादी भी है। बंधा भी रहता है सीमाहीन आजादी भी रहती है। आजादी से एक संतुलन बैठ जाता है। आसक्ति गुरु, प्रभु की रखने प्रेम मार्ग की परिस्थिति उत्पन्न होती है।

वचन और प्रवचन क्या है? एकमात्र प्र शब्द दोनों के बीच क्या अर्थ है?

प्र प्रभु से है प्रभु को समर्पित है, यानी कहे गए शुद्ध वचन यानि वाणी का सम्बन्ध प्रवचन से है। वाणी द्वारा बोले शुद्ध प्रभु के वचन प्रवचन है। प्रवचन में सदैव सुवचन सकारात्मक वचन कहे जाते है। प्रवचन का महत्व है, जीवन का उद्धार इसी में है। यहा नकारात्क का कोई महत्व नही कोई अस्तित्व। साधारण कहे गये शब्द वचन है।

बोझ का बंधन जह्मे पर अक्सर टूट जाते है
प्रेम का कोमल बंधन बड़ा अबोध होता, अबोध (नाजुक)
नजरिया अपरिपक्व होता है, शीघ्र सवेरा लाता है
मष्तिष्क में विचारों की लहरे लड़ते–भीड़ते दूर हुई
उधड़े गहरे राज खुद ही उलझती, सुलझाती रही
खोल गया हृदय के किवाड़ जाने कौन अमरो से आया
मधुर मिलन में पी का घुंघट सरकाया झरना अमृत का बहाया
लिखना किया भीतर की रुतो ने बहलाया सुनहरे सावन रंग बरसाया

मेरा अध्यात्म की और बढना सारे रहस्यों का खुलना सब हैरान करने वाला था। प्रत्येक घटना से आनन्द बढ रहा था मन दो है मै अच्छे से सब अनजाने में देख पा रही थी उसी तरह ज्ञान की आंखे मिलने के बाद आखों का रहस्य सामने आया। भीतरी आँखे प्रभु की करीबी चौबीस घंटे करवाती है गजब की आंखे है, प्रभु की लीला चल रही है, सारा रहस्य भीतरी आँख खुले बगैर कोई नही देख सकता। बाहरी आंखे जो भी बाहरी काम करते है, जो देखते है यह सब आंतरिक मन सुनता है, याद रह जाता है। कल क्या किया कोन सा कार्य किया या कल कौन–कौन सा कार्य करना है।

यहाँ मन के साथ दिमाग भी काम करने लगता है। दिमाग और मन को मिला देंगे तो स्मरण शक्ति बन जाती है इसी शक्ति के सहारे बीती बाते याद रहती है इसलिए संसारी लोगो की शक्ति बाहरी कार्य में लग जाती है जैसे अपनी महत्वपूर्ण तारीख जन्म की, शादी की एक बार सुनले याद रह जाती है वह कभी नही भूलता। उसका बच्चा कब पैदा हुआ या कब कार ली या मकान बनाया यह एक बार होता है याद रहता है यह सब मन मै दोहराता रहता है व्यक्ति के मन में छप जाती है। वह जब तक चाहे याद रख सकता है जो जो आँखों के सामने घटित हुआ याद रह जाता है बाहरी मन इन सभी बातो को याद रखने में सक्षम होता है। बाहरी मन का काम यही जो जो देख रहा है घट रहा है,या जिन बातो का गहरा प्रभाव पड़ता है वह कभी भुला नही पाता। कितना भुलाने की कोशिश करे कुछ हादसे सदैव ताजे रहते है। जरा किसी ने बात भी छेड़ी अभी की बात है आँखे तक भर आएगी जैसे पानी से भरी हो। हा बाहरी मन भूतकाल भविष्य काल कभी नही जान पाता। वह केवल अंतर मन के जागरण के बाद ही देख सकता।

मेरी जिन्दगी का अनुभव चलता रहा अपने शरीर में एक–एक बदलाव को देखती रही। अनुभव करती रही लेकिन होश पूरा था। समझ अभी भी बाकी थी यह सब दुसरो के लिए होता जो आता बता देती लोग मिलने आते रहे। बस जिन्दगी एक नशे में चलती रही प्रभु प्रेम का नशा इसके अतिरिक्त कुछ और सोच ही नही पाती कई बार मैने ये

भी देखा प्रभु के आवरण के बाहर कोई बात कही, वह गलत भी हो जाती।

जैसे एक बार एक स्त्री मेरे पास किसी की कुंडली लेकर आई तो पूछा पुत्र सन्तान होगी। मैने देख कर कहा कुंडली में कोई योग नही दिखा रहा, कुंडली में योग नही है। फिर भी पुत्र सन्तान का योग दीखता है। हांलाकि उसने मुझे बताया सभी ने कुंडली से मना किया है। आपने अपने अनुभव से कहाँ फिर भी लेकिन उसके जाने के बाद लगा उस स्त्री का समर्पण भाव बहुत अधिक था। एक तड़प देखी चेहरा ही बोल रहा था। जो मै साफ साफ देख पाती थी इसको अवश्य मिलेगा पुत्र, एक साल बाद पता चला वह पुत्र की माँ बन गई।मिल कर चले जाने के बाद जो तरंगे छोड़ जाती वह मुझे टच करती। इसी तरह प्रत्येक घटना का कुछ देर असर रहता। कोई मिल जाता उसकी तरंगे भी बोलती है जो छोड़ता है। हम कितने व्यक्ति बैठ कर बात कर रहे है वह भी साफ अहसास होता। मै प्रत्येक बात सरलता से करती उसी समय जो सच होता बोलती इसी वजह से मुझे काफी नुकसान उठाना पड़ता दूसरे की बात समझे बिना की वह इस बात का किस तरह इस्तेमाल कर सकता है। हालाकि मेरे सर्कल की एक स्त्री को मैने कहा की आपकी वजह से मुझे बहुत सहना पड़ा इस पाप का भुगतान तो करना होगा, बहुत ही सहज जवाब दिया सभी पापो का प्रायश्चित पूजा पाठ से हो जाता है। खैर मुझे इस सब से कोई शिकवा नही जो होता है अच्छा होता है। मै उन सभी की धन्यवादी हूँ जो किसी न किसी रूप में एकांत के सहयोगी रहे है। उन्ही की वजह से प्रभु के उत्सव में शामिल होने का मौका मिला वरना मै कभी परमात्मा को गहराई से जान नही पाती ।

असली काम अन्तस् का है अन्तस् मन जागरण से प्रभु का पता चलता है वही उर्जा का भण्डार है। अंतर मन में दिव्य तत्व को जगा लेना। अंतर मन उजागर हो जाता है। हा यह काम कोई पल का नही आधी से अधिक जिन्दगी चली गई अब दुनिया का होश आया। कैसी दिखती है? प्रत्येक व्यक्ति का शीशा साफ–साफ नजर आता है। व्यक्ति के बात करने का ढंग बोलने का ढंग सब पता चलता है। लेकिन फिर चुप रहना बेहतर लगता है मै यह समझ गई सभी को अपने जीवन में आपने तरीके जीने का अधिकार है। हम कभी दुसरो को नही बदल सकते स्वयं बदल सकते है।

आंतरिक मन में एक किरण का फूटना यह व्यक्ति के जीवन की बहुत बड़ी सफलता है। मन का दिव्य तत्व मजबूती से पकड़ में आ जाता है। इससे शरीर को बहुत बल मिलता है। एक ताजगी महसूस करता है, जैसे सूर्य के उदय होने पर व्यक्ति ताजगी महसूस करता है वैसे ही भीतर का सूर्य फूटता है ताजगी के साथ आनंद भी भर जाता है। मैने सबसे पहले उस तत्व को सीधा एक दिव्य चक्र रूप मे देखा। वह चक्र मुझे आंखे बन्द कर अँधेरे में ही नजर आया बड़ा दिव्य तेज चक्र, बहुत दिन तक लुभाता रहा। वैसे ही पकड़ पाना मुश्किल है पर आँखों से नेत्रों की ज्योति के साथ चलता जैसे

ही पकड़ में आता शरीर हष्ट –पुष्ट हो जाता। हमारे शरीर में जो नाड़ी काम नही कर रही हो वह भी सक्रीय हो जाती काम करना शुरू कर देती है। शरीर अस्वस्थ होने परपूर्ण तौर पर स्वस्थ होने लगता है।

कई बार व्यक्ति मुझे मिलने आते कहते हमारे मन में लगातार सारा दिन विचार उठते रहते है। मन एक मिनट भी शांत नही होता यह मानव का असली स्वरूप नही है। मन का मूल रूप शांत है यह मन का रूप नही है। मूल से हट कर इच्छाओं का दास हो गया मन में से कई इच्छाये चलती रहती है, एक इच्छा पूरी हुई दूसरी खड़ी हो जाती है व्यक्ति लगातार इच्छाओं को पूरा करने में लगा रहता है। दुःख का कारण यही है, मनुष्य दुखी रहता है। इन्ही इच्छाओ को पूरा करने का प्रयत्न करता है। इन्ही में उलझा रहता है, अशांत रहता है।लगातार इच्छाए पूरी भी हो रही है मकान बन गया गाड़ी भी है धन भी है कोई समस्या नही फिर भी समस्या दूसरे को देख कर समस्या खड़ी हो जाती है। आज के व्यक्ति का स्वाभाव बन गया है। एक इच्छा का आनंद ही नही ले पाता जो लेना चाहिए कुछ ही दिन में अपनी गाड़ी छोटी नजर आने लगती है। कितनी मेहनत की होगी कोई भी वस्तु लेने के लिए। खूब मेहनत की लेकिन थोड़ी देर में आनन्द भूल जाता है,क्योकि वह उसकी अपनी हो गई अधिकार हो गया अब भी दूसरे पर नजर है। इसलिए आनंद महसूस भी नही कर पाता भीतर से मन दोड़ता रहता है। एक मन कई दिशाए कई इच्छाए व्यक्ति मन को दौड़ाए रखता है। इसी कारण मन को कमजोर बना लेता है।इस तरह का व्यक्ति कमजोर मन का कहलायेगा। इस प्रकार के व्यक्ति की नाडियाँ बंद होने लगती है, वह बीमार रहने लगता है। क्योंकि इच्छाओं पर अधिक जोर देता है इसका असर दिमाग और मन पर पड़ता है और बीमारियों का सामना करना पड़ता है। बड़े–बड़े ओपरेशन कराने पड़ते है, सारी ऊर्जा जो भी बनती है वह बीमारी में खर्च हो जाती है। इच्छाओं के कम करने से मन की शक्ति भी कम खर्च होगी कम से कम स्वस्थ तो रह सकता है। शरीर को स्वस्थ रहने के लिए उर्जा चाहिए। व्यक्ति वह उर्जा अपनी कामनायें पूरी करने में लगा देता है। स्वयं की ऊर्जा का स्त्रोत स्वयं ही घटा देता। स्वयं कहा चल रहा है स्वयं को ही पता नही होता। दौलत एक तरफ कमाता है एक तरफ खर्च करता है उसी तरह अपने शरीर की ऊर्जा काम करती है। शान्ति तो अपने भीतर झाँकने से मिलती है, बाहर कितने महल खड़े कर लो धन एकत्र कर लो शान्ति परमात्मा का असली स्वरुप जानने में है। यहाँ सिकन्दर का घमंड याद आ रहा है सिकन्दर ने एक फकीर के बारे में सुन रखा था। वह मिलना चाहता था, देखना चाहता था, फकीर कैसा होता है?

सिकंदर भारत से लौट रहा था। तुरंत वह एक फकीर को मिलने गया। उस फकीर ने सिकंदर की और नजर उठाई देखा और वह हंसने लगा। तब सिकंदर हैरान हुआ कहा यह मेरा अपमान है। जानते नही हो मैं कौन हूं? मै सिकंदर महान फकीर मस्त

था मस्ती में वह और जौर से हंसने लगा। फकीर ने कहा कि कैसी महानता मुझे तो कोई महानता दिखाई नहीं पड़ती। मुझे तो तुम बड़े दीन–हीन् और दरिद्र दिखाई पड़ रहे हो। सिकंदर बोला या तो तुम पागल हो और या तुम्हारी मौत नजदीक आ गई है। मैने सारी दुनिया को जीत लिया है। फकीर ने कहा, यह बकवास है छोड़। मैं पूछता हूं अगर तुमको मरुस्थल के घने जंगलो में छोड़ दिया जाये, और तुझे जोर की प्यास लगी हो और चारों तरफ आग ही आग बरसती हो और कहीं कोई हरियाली न दिखाई पड़े, मरूस्थान का कही कोई अता–पता न चलता हो–उस समय एक घूंट पानी के लिए कितना राज्य दे सकोगे?

अब सिकंदर ने थोड़ा सोचा और कहा चलो आधा राज्य तो दे ही दूंगा। फकीर बोला अगर आधे में मैं बेचने को तैयार नही हुआ, सिकंदर ने सोचा, और कहा कि अगर ऐसी हालत होती है, तो पूरा राज्य दे दूंगा। तब फँकीर हंसने लगा। कहा सिर्फ एक घूंट पानी और सारी जमा पूँजी। ऐसे ही अकड़ में मरा जा रहा था। वक्त ने एक मोड़ दिया। सारी पूँजी एक घूंट पानी में निकल जाएगी। सब अकड़ यही धरी रह जायेगी। फिर कोई राज्य तेरी प्यास तो न बुझा सकेगा। उस क्षण में खूब चिल्लाना–महान सिकंदर, महान सिकंदर, कुछ न होगा। वहां मरुस्थल बिलकुल न सुनेगा।

एक घूंट पानी में सारा राज्य चला जायेगा। अगर तुमसे कोई कहे कि परमात्मा मिलने को तैयार खड़ा है।

क्या तुम सब खोने को तैयार हो? बोलो तुम क्या दांव पर लगाने को तैयार हो? सिकंदर हिम्मत वाला था, उसने कहा, एक घूंट पानी के लिए आधा राज्य दे दूंगा । तुम परमात्मा के लिए क्या देने को राजी हो? तुम शायद शायद कुछ नही दे पाओगे मोह के कारण। ये दूकान, ये मकान, धन दौलत, सब यही रहने वाला है सब जानते है फिर भी सब पकड़ के बैठे है। तुम क्या कहोगे प्रभु, को अभी और बहुत काम करने हैं, तिजोरी अभी कैसे खाली कर दूं? अभी लड़की की शादी करनी है, अभी लड़का पढ़ रहा है। कल यूनिवर्सिटी भेजना है। पर अभी नही दे सकता समय बतायेगा तुम कुछ देने को राजी नही हो सकते।

यह सब भी छोडो मै कहू एक घंटा निकाल लो तुम वो भी नही कर सकते। वहा भी एक घंटे की कमाई जाती है। लोग मुझे कहते है अभी फ्री नही है। फ्री तो कभी नही हो सकते जो लत जवानी में पङ गई वो कभी हट नही सकती। अपने को जिस साचे में डालोगे वैसे ही ढलते चले जाओगे, बनते चले जाओगे। सभी प्रभु का बनाया ढांचा बेकार कर रहे। जाने कैसी –कैसी चित्रकारी कर रहे है।कैसे कैसे रंग वह रंग यही के है यही उतरने है।उतरे किस रूप में ये वक्त पर निर्भर करता है।

कभी अपने मन से पूछना, अगर प्रभु द्वार पर आ खड़ा हो और कहे कि मैं मिलने को तैयार हूँ, तुम क्या कुछ देने को राजी होगे? तब तुम क्या दे सकते हो ? तुम्हारे हाथ से कुछ दे पायेगे।

प्रभु इसी तरह घुंघट में है, सभी ने अपना अपना घुंघट स्वयं उठाना है। भीतर का अन्धकार सभी का अपना है अब कौन जाने कितना गहरा है, कितने जन्मों की कालिख जमा पडी है। जीवन में किये उलटे–पुल्टे कार्यो का जमावड़ा भरा। प्रभु ने तो कृपा कर दी मानव जन्म देकर, संवारना तो सभी को अपने आप है, यह काम स्वयं ही करना है। परमात्मा ने बहुत सुन्दर मन देकर भेजा, मन पर राज करना आ गया उसी दिन प्रभु की सत्ता मै शामिल होने का अधिकारी होगा। मन को अन्धकार में मत डूबो यह उजाले से भरभूर है, आज सारा संसार ही उजाले से दूर है। गिनती के व्यक्ति होंगे जो किसी कोने में बैठे मिलेगे। क्या पता किस हाल में होगे? लोग पत्थर की मूर्तियों को भोग लगा लेंगे, ऐसे व्यक्ति मिल भी जाय उनको बाद में खिलायेगे। सब अज्ञान वश प्रभु से दूर है, कुछ पाने से पहले ही मन भरा पड़ा है, अज्ञान के सवालों से इतना सूक्ष्म तत्व कहा बच पायेगा। एक सवाल के साथ ही उड जाएगा, अगर किसी को दिव्यता देखनी आती है। मै कहती हूँ, देख लो मुझमें, परख लो, बहुत प्यारा प्रियतम बैठा है, प्यारे प्रभु को पाना है,तो भीतर सुन्दरता पैदा कर अपने को उपजाऊ बना। तभी कृपा बरसती है।

जरा साँस को रोक प्राणायाम कर खुद को छूने की कोशिश कर
हल्का सा छू गया खुशी को महसूस कर जैसे सारा जहाँ पा लिया

मैने कई बार देखा व्यक्ति सैर करते है योगा करते है। बहुत खुश होते है जैसे ही घर पहुचते है। उनका स्वभाव भी धीरे धीरे अपने स्वरूप में आना शुरू हो जाता है। वह सब थोड़ी देर के लिए होता उपरी स्वभाव कितनी देर टिकता व्यक्ति पर निर्भर करता है। इसलिए तत्व ज्ञानी साधू कुछ पास में कुछ न होते हुए भी मस्त रहते है। अपने मन और दिमाग पर कोई बोझ नही रखते। जो विचार शून्य रहते है। वह योगी है, योगी वही बन सकता है जो विचार शून्य रखता है।विचार के साथ मन से भी किसी के प्रति इर्षा, द्वेष की भावना भी न हो।एकदम शुद्ध विचार वहीं मन को एकाग्र कर सकता है। मन में किसी प्रकार का संदेह, भय आया, वह मन अस्थिर और डांवाडोल हो जाएगा। भीतर चिन्ताओं का घर होगा, उस व्यक्ति की मानसिक शक्तिया वैसे बिगड़ी रहती है। दिव्य शक्तियां तो उससे कोसो दूर है, ऐसे व्यक्ति पर अगर किसी प्रकार की विपत्ति आती है। शांत रह कर अपनी परेशानी को भी भोगे,परेशानियों को देखे उसको महसूस करे आपके भीतर क्या बदलाव चल रहा है। आपको ज्ञात होगा किसी विपति का निर्णय भी मन और मस्तिष्क को शांत रख कर ही किया जा सकता है।कष्ट व्यक्ति हो हिला जाते।जो सत्ता सब देने वाली है वह सबसे पहले व्यक्ति की कमजोरियों को दूर भगाती है, ध्यान देर नही करता है ध्यान टिक जाता है। मन को विकारों का अधीन न बनाये, विकारों को दूर कर मन को स्वस्थ बनाये। ध्यान की मधुर प्रक्रिया किसी ज्ञानी से सीखे। सीधा और सरल उपाए इसके सिवा कही न मिलेगा।

मुख्य रूप से हम जो साँस लेते है, इसके द्वारा हमारे भीतर ऊर्जा का स्रोत जाता है, जो प्राणों की रक्षा करता, जैसे –जैसे अपनी साँस रोकेगे या रोकने की कोशिश करेंगे दम घुटने लगता है। इसलिए हमारी साँस के द्वारा हमारे भीतर एक अदभुत शक्ति हमारे भीतर प्रवेश करती है। सूर्य, आकाश, वायु, पृथ्वी सृष्टि के तत्व व्यक्ति को भरपूर ऊर्जा देते है, फिर जो भोजन लेते है उसके द्वारा ऊर्जा का स्रोत बनता है। इस तरह मनुष्य पूर्णता तो प्राप्त करता है। साथ ही प्रत्येक साँस के साथ प्रतिक्षण शक्ति भी प्राप्त यही पूर्ण बनाता है। हमारे भीतर कुछ विशेष शक्तिया भी है। जो दबी पड़ी है कुछ विशेष व्यक्तियों ने अपनी शक्तियों को पहचाना किर्याओ द्वारा परमात्मा की खोज की और दिव्य ज्ञान को उपलब्ध हुए।

आज का व्यक्ति धन एकत्र में ही आपना कीमती जीवन गुजार देता है। अत्यधिक कामनायें होने के कारण या स्वार्थ के कारण दिल कमजोर होता है। कुछ पूरी हो जाती है कुछ अधूरी रह जाती है इसी में जीवन निकल जाता है, अगर एक स्वस्थ जीवन जीना भूल जाता है। अपने कामनाओ पर थोड़ी लगाम लगानी होगी, उन कामनाओं पर ध्यान देना चाहिये, जिन्हें पूरी कर सकते। इच्छायें व्यक्ति को गुलाम बनाती है। एक साधारण व्यक्ति भी अपने मन पर थोड़ा अधिकार पा सकता है। मैने देखा व्यक्ति जितनी कठिनाई से पैसा कमाता है उतनी कठिनाई खर्च करने में महसूस करता है। घर के दूसरे लोग उसी पैसे को आसानी से खर्च करते है। मौज मस्ती करते है बुढापे में देखता रहता है, सारी कंजूसी यहीं रह जाती है। क्योकि धन का पर्दा पड़ा था, धन की वासना जगी थी। कुछ और दीखता नही था।अपने को कभी धन से ही अलग नही कर पाया। मन में जो भरोगे वही नजर आएगा। मन में जो है वहीं दिखाई देगा। इस तरह मन पर ज्यादा भार आ जाता है, मन कमजोर होने की वजह से सह नही पाता। वह अपना प्रभाव शरीर के दूसरे हिस्सों पर डालता है। मन की सहने की शक्ति कमजोर हो जाती है। मन में इच्छाओं का दबाव कम सहना होगा मन को उतना अधिक बल मिलेगा।

सच्चे साधू का मन बलशाली रहता मन पर कोई दबाव नही होता है। मन शक्तिशाली है तो स्वयं भीतर झाकने में बल बढ जाता है, मेरे अध्ययन में यही आया। मन को भरना बहुत आसान है। कितना भरलो कितना घुमा लो। जितना अधिक प्रयोग उतना कमजोर। ऋषि मुनि एकाग्र रहते है, उनके मन पर कोई बोझ नही विचार शून्य रहते है। हमारा मस्तिष्क विचार शून्य है, मन अपने आप शून्य रहेगा। लक्ष्य भी जल्दी पूरा हो जाता है यदि इच्छाए और विचार मन से दूर रखे जाए। हमारा मस्तिष्क विचार शून्य हो जाएगा। मन निर्विचार हो जाएगा। मन अपनी पूरी शक्ति से काम करना शुरू कर देता है। साधारण व्यक्ति के लिए थोडा मुश्किल है, लेकिन नामुकिन नही।

मैने अपना जीवन एकांत बिताया अपना जो भी शरीर का बदलाव हो रहा वह प्रेक्टिकल देखती रही अनुभव करती रही। यह मेरा सौभाग्य था।अपने भीतर अमूल्य

सम्पनता को गहराई से जानने का मौका मिला। मै प्रभु की सदैव आभारी रहुगी।

कबीर साहब ने सही कहा है निंदक नेडे राखिये। संसार में रहकर आप कुछ अच्छा करो तो भी निंदा। क्योकि कुछ लोगो का काम है, मै तो यही कहूँगी, प्रभु ने उनकी ड्यूटी लगा रखी है। मै यह भी नहीं कह सकती प्रभु ने ड्यूटी लगाई है। बल्कि स्वयं ही हाथ ले लेते है, उनको निंदा के सिवा कुछ नही भाता। मै उन आत्माओं का भी धन्यवाद करुँगी जो सदैव मेरी बहुत सहयोगी रही। मै बोल सकती थी झगङा कर सकती थी। पल पल प्रभु के दरबार में मेरी परीक्षा भी तो चल रही थी। बहुत अच्छा हो रहा था, संसार की और जरा भी ध्यान दिया जाए मुझे दुःख से सिवा कुछ नजर नही आया। लेकिन मुझे इतनी फुर्सत नही मै सुनती हाव भाव से ही पता चल जाता। अब अपना दाना पानी यहा पूरा हो चुका है। कहना कुछ नही बहुत कम लोग थे जिनसे मै बात करती उनकी शुक्र गुजार भी हूँ, मेरी जो भी मदद की है। सारा काम मन से है मैने मन को निर्विचार बना लिया था मुझ पर किसी का प्रभाव समापत हो चूका था। मन वहि कार्य करेगा जो हम चाहेगे। इस तरह अपने अंतर्मन पर नियन्त्रण कर सके यह कहना जितना आसान है उतना आसन नही है जितना कहने मै आता है। सोचने से भी कुछ नही होता लेकिन जब करना हो बहुत मुश्किल है। आप सोचेगे आसान है वर्षो लग जाते है।अपनी एक जरा सी आदत छोडने मै इतनी कठिनाई, कितनी मुश्किल होती है।

यह तो सबसे उपर अध्यात्म की ज्ञान की बात है। इतना सहज होता तो सभी तत्व ज्ञानी हो जाते। इसका अभ्यास करते करते कई वर्ष निकल जाते है। जब भी खाली रह जाते है, यह मैने अच्छे से अनुभव किया। अगर किसी ज्ञानी का सानिध्य मिले तो सोने पर सुहागा और यात्रा भी तेजी से चलती फिर कोई नुक्सान भी नही होता। सबसे बड़ी बात यह है आगे से आगे मार्ग दर्शक होना अति आवश्यक है। इसकी कई विधियां कई तरीके जो हमको पहले गुरुओ द्वारा उपलब्ध होते थे। उन पर विश्वास भी होता था इसलिए लाभ भी जल्दी मिलता था। आज का व्यक्ति कमजोर है विशवास और समर्पण की कमी है। केवल सम्मान की लड़ाई है, समर्पण झुकाता जरुर हर पल वह भीतर की शक्ति को घटने नही देता। ज्ञान पाने के लिए समर्पण की शक्ति बहुत बड़ा काम कर जाती है, जबर्दस्त शक्ति है। आम आदमी इन्ही शक्तियो प्रकृति में देख सकता है। जो सदैव परिवर्तनशील नजर आती है। प्रकृति और धरती का बड़ा सुंदर मेल नजर आता है, प्रकृति का खेल गतिशील और सघर्षमयी देखते में आता है, उसी तरह परमात्मा को जानने वाला वह व्यक्ति होता है जो झुकता है प्रभु की प्रसन्नता नीचे की और से आती है। नीचे से आकाश की और जाती है या यूं कहूं आकाश जमीन पर उतर आता है। धैर्य समर्पण ही आत्म नियन्त्रण सिखाता है। मै तो यह कहुंगी जगह–जगह घुमने की बजाय अपनी दिव्य ऊर्जा का सदपयोग करे अपने शरीर की

सारी शक्ति एक बिंदु पर केन्द्रित कर सारी ऊर्जा मजबूत करे, कई जगह पढा़, सुना हुआ आजमाने की बजाय। एक जगह ध्यान एकत्र कर प्रभु की और बढे। अपने को विभाजित मत करिए, अपने मस्तिष्क को एक दिशा मै स्थापित करिए। सबका समाधान स्वयं के भीतर पड़ा है। सफलता का रहस्य भीतर है।

हे मालिक तेरे बगैर वजूद ना कोई मेरा, मेरी जिन्दगी का तू सार है
तेरा वजूद तो सारा ब्रह्माण्ड जर्रा जर्रा पहचान है, मै मात्र कतरा हूँ

आम आदमी अपने मस्तिष्क को शांत नही कर पाता। अंदर ही अंदर कई तरह की चिंता घेरे रहती है। बाहरी और से पता ही नही होता भीतरी अवस्था पागल जैसी हो जाती है भीतर का सारा सिस्टम हिल जाता है। व्यक्ति फिर सोचता है, अब कोई गुरु बनाया जाये भारत में गुरु का चलन है, गुरु के बैगर गति नही यह बात सही है, गुरु भी तो ब्रह्म ज्ञानी हो तत्व ज्ञानी हो एक वट वृक्ष जैसा उसकी छत्र छाया में जो भी आये शान्ति मिले उस पर घनी छाया का आशीर्वाद हो। पर व्यक्ति गुरु भी शानो शोकत वाला देखता है जिसका नाम हो प्रवचन देने आते हो रिझा सके। तत्व ज्ञानी गुरु क्या कहेगा? जो उसके पास है वह वहि देगा साधारण भी हो सकता कही किसी कोने बैठा मिल सकता है। मिल जाए पहचान मुश्किल है। आजकल कौन ढूढता है ऐसा गुरु गुरु चाहिए जो माला पकड़ा दे मन्त्र पकड़ा दे क्योकि मन के रहस्य समझाना बहुत कठिन है। स्वयं का अनुभव हो वही कहेगा मन्त्र, माला से बाहर आ जाओ सबसे बाहर सब छोड दो। अब श्वास–श्वास की माला हो जाए वो कुछ देगा नही प्रभु के द्वार की राह बतायेगा चलना है तो चल भाई और चलना भी नही है वहा तो ठहरना है। अपने भीतर ठहरना रुकना है तभी तो देख पाओगे द्वार वरना मन्त्र की दौड माला की दौड लगाते रहो दस, पच्चीस, माला का कोई अंत नही। गुरु के बताये निरंतर मन्त्र जप में भागते रहो बेचारे मन को भी भगाते रहो। हां थोड़ी फिलिंग अच्छी आएगी आप अन्य व्यक्तियों से कुछ अलग कमाई कर रहे है। बल्कि एक अहंकार भी पलता जाएगा। कई बार ध्यान की विधियाँ भी बताता निरंतर मन्त्र जाप ध्यान करता है ताकि शान्ति मिले लगातार जपता भी है अभ्यास भी करता है कोई लाभ नही।

ध्यान की समग्रता तभी आती जब भीतर से खाली हो। खाली हुआ सारी हलचल समाप्त प्रभु के अस्तित्त्व से दूर नही।सारा ध्यान एक बिंदु पर सिमट जाये।एक बिंदु में सारा विस्तार छिपा है, प्रभु के दर की चाबी है यही मास्टर की है जिसकी लग गई खजाना ही खजाना अनमोल खजाना। एक जगह रुकना सारा ध्यान एक बिंदु पर रोकना है, इस प्रकार बहुत विधियाँ है, जैसे एक बिंदु पर सिमट जाए वैसे–वैसे ध्यान में एकाग्रता बढेगी। वैसे वैसे विचार भागते जायेंगे उडते जायेंगे। पता ही नही चलेगा

वो घड़ी कब आ जायेगी। कब शक्ति से रूबरू हो जाये। एकाग्रता ध्यान की कुंजी है। अगर ध्यान स्थिर हो गया ध्यान सध गया समझो सब पा लिया। प्रभु और मनुष्य का सारा भेद समाप्त हो गया। मेरे साथ यही हुआ मै एक हो गई प्रभु के सिवा अन्य कुछ दिखाई नही पड़ता था। एक पल में सारा भेद जाने कहा गया ब्रह्मांड के कण कण की शक्ति साक्षात् देखने को मिली। सुनते तो सभी से थे देखने और सुनने में बहुत फर्क है। साक्षात् शक्ति को देखना बहुत आनंद दाई है एक तो केवल पिक्चर का नाम सुनना एक उसको देख कर बोलना,दोनों में बहुत फर्क है। प्रभु की एक किरण नूर भर जाती है, कण–कण रोशन नजर आता है।

मुझे कोई समझे ना समझे मुझे इस सबसे कोई सरोकार नही जब प्रभु ने स्वीकार कर लिया दुनिया की मुझे कोई प्रवाह नही। यहाँ मै सम्मान में पड गई तो फिर संसार के कीचड़ में फस जाउंगी। इसलिए भाग जोगी भाग अपनी एक ही राह है। प्रभु प्यारे कि राह और कोई क्यों दे सम्मान यहाँ किसी का कार्य तो सिद्ध हो नही रहा जो मुझे सम्मान दे। मै परमात्मा तक पाहुची हुँ, मैने अपनी जवानी का उपयोग कर लिया, लेकिन इस भीतर न जाने कितने लोग मुझसे दुःखी हुए होंगे। मेरी पुकार केवल परमात्मा तक रही, मेरे प्रीतम–प्यारे तक पहुंचती रही थी–मेरा अंतरमन पुलकित हो उठा – मैं नाच उठी लय में लय मिल गई– मै प्राण प्यारे के संग – संग खेलने लगी–संग संग नाचने लगी – गाने लगी–सोने लगी – दिव्य रास में रचने लगी। अपने आप से छुटती रही प्रभु किस किस रूप में फूटता रहा। मै बैरंन कैसे थमती प्रकाश पुंज में रमती गई।

थम गया शरीर श्वासों में उजाला भरने लगा।अब साँसो की धारा भी महसूस होने लगी। हर साँस के साथ प्रभु के वेग का पता चलने लगा। अब जरा भी ध्यान संसार में भागने न पाता साँसों के कंट्रोल में सब आ गया।अब प्रभु के बिना साँस लेने का कोई मतलब नहीं रहा। वो सांसे ही बेकार लगती जो प्रभु को जाने बगैर ली अब कोई कहे प्रभु को छोड़ दे तो सांसे खत्म हो जायेगी वो भीतर बस गया। मै ही साँस छोड़ दू प्रभु ने पक्का हाथ पकड़ा है, ये दुनिया का हाथ नही जो छोड़ दे मेरे प्यारे का हाथ है। यहाँ सब अहसास समाप्त हो गये। मै शक्ति के चक्रव्यूह में घिरती जा रही थी। संसार से बिलकुल अलग होती जा रही थी। मझे तो बस ऐसा लगता था कोई प्रभु का जानी मिले जिससे मै जी भर के चर्चा करू,या कोई प्यासा मिल जाए उसे राह दिखा दू। इस बात से मुझे कभी –कभी बैचेनी होती। बताने की एक तड़फ थी मै अपने अंदर गहराई में उतरती जा रही थी। अपने अंदर की गहराई केवल परमात्मा के सिवा कुछ नही समा सकता है। व्यक्ति जरा सा दुःख पड़ता है नशा करता है, नशे से भूलना चाहता है। क्या वो भुला सकता है? सागर में एक पत्थर डाल कर निकाल सकते है, वहाँ से हटना है, वो हटना ही ध्यान हो जाएगा। नशा तो और डूबो देगा और भिगो देगा। अपनी काया का बिगाड़ का तो बिगाड़ होगा, साथ में धन की परिवार की सब गडबड़ा जायेगा। एक

दुःख संभालने में सब बिगड़ गया। वो स्थान प्रभु ने अपने लिए खाली छोड़ा है वहा प्रभु के सिवा कुछ और समा नही सकता। कुछ और जबरन डालने की कोशिश जिन्होंने की है वो आखिर जाने किस रूप में भुगतान कर गये होंगे। बीमारी हो या किसी और तरीके से यहाँ का प्रभू ने नियम बहुत अच्छा बनाया है। जो जान लेगा वो प्रेम के सिवा कुछ नही डालेगा। एक ही कड़ी है प्रभु से जुड़ने की प्रेम की कडी।

मै हर पल ज्ञान गंगा के सरोवर में तरोबर रहती। यहाँ कितना भी लिख लो ज्ञान के सामने सारे शब्द व्यर्थ है, फीके है, अब समय आ गया कोई मुझे पढ़ ले, मुझे बहुत ठंडक मिलेगी जब इस दुनिया से जाऊंगी ये तसल्ली होगी किसी सोई आत्मा को जगा कर आई हूँ। किसी दीये में उजाला भर कर आई। मुझे कोई श्रद्धावान मिल जाय, जिसे अध्यात्मिक प्यास हो मुझे बहुत शान्ति मिलेगी। क्योंकि यह ज्ञान इतना भी सस्ता नही बिन मांगे बांटा जाए। मेरी जिन्दगी का सफर थम सा गया है। मेरी जिन्दगी में दस्तक हुई उजाले का एक झोंका अन्धेरा बहा ले गया। मै जगी यहा सब जगा है, तुम भी अन्धेरा काटो जाग जाओ, खुशबु आएगी मेरी बातो से मैने वर्षो फूलो की बगियाँ में कांटे है। मै जड़ हो गई हूँ, मुझसे जुड़ी कड़ियाँ सारी टूट गई है, बिखर गई है उत्सव में घुल गई, ढल गई। मेरा सदेश यही है प्रभु की दस्तक है, प्रभु को पहचान लेना।

उच्च सत्ता को, मै नतमस्तक
मेरा प्रेम सहित. निष्कपट नमन
मै मूल मणि का मोल, चूका न पाऊंगी
समस्त सुंदर अनंत देख, करू आलिंगन
सदियों से रहा बुझा–बुझा, ये माटी का तन
सुलग उठा अलौकिक तेज, हृदय की गुफा
मै सहमी–सहमी खड़ी किनारे, सागर देखू
अगणित प्रेम अंकुरित होय मन शान्ति अपार
प्रज्जवल शक्ति प्रेम शक्ति सींच रही ब्रह्मांड

समय की थोड़ प्रभु की ओट

एक सेठ के घर दावत के दौरान बात बातो में चर्चा चली की मौत की सजा भयंकर है, या उम्रकैद? सेठ का विचार था की पल–पल मरने से तो फाँसी की सजा अच्छी है। लेकिन वहाँ एक वकील उन सब की बाते सुन रहा था। वह पूछता है। क्या मै अपनी राय दू? सेठ बोला अवश्य। मै आपके विचारों से कतई सहमत नहीं हूँ। मेरे अनुसार व्यक्ति को जीना चाहिए, जिन्दा रहना बेहतर है। इस बात पर सेठ को गुस्सा आ गया। वह सेठ बोला यह बात बिलकुल झूठ है। सेठ ने कहा मै आपको पन्द्रह लाख रुपया दूंगा अगर आप मेरे यहाँ कैद मै पन्द्रह साल रहे। मुझे यकीन है की आप पांच साल भी नहीं बिता पायेंगे। वकील भी तैश में आ गया और बोला की मै पन्द्रह साल तक कैद में रह सकता हूँ। इस तरह बहस करते करते बात बढ़ गई और तय हो गई। सेठ ने भूमिगत कमरे में वकील को बंद कर दिया। उसमे पढ़ने लिखने और संगीत खाने–पिने की सब सामग्री रख दी। बाहर दरवाजे पर चौकीदार बैठा दिया। पहले वर्ष तो वकील को कुछ अकेलापन महसूस हुआ और थोडा कष्ट भी हुआ लेकिन वह संगीत और किताबो से अपना समय व्यतीत करता रहा।

दूसरे वर्ष ग्रन्थ साहित्य की पवित्र पुस्तक पढ़ी। तीसरे वर्ष खाने पीने और सोने में बिताया। फिर कुछ वर्ष उसने इतिहास और नई भाषा की पुस्तके पड़ी। पांचवे वर्ष उसने बाईबल का एक खण्ड पढ़ा। फिर अंतिम वर्षो में उसने ज्ञान से सम्बन्धित सभी पुस्तके पढ़ डाली। इस तरह उसने पन्द्रह वर्ष कैद में व्यतीत किये। दिन बीतते गये और वकील की कैद का अंतिम दिन आ गया। उधर सेठ बहुत परेशान था की आज वह पन्द्रह लाख रुपये खोने वाला है। इसी चिंता मै उसने एक षड्यंत्र रचा। एक युक्ति मन में सोची, जिसके तहत उस वकील को मारना चाहता था। जब वह कोठरी पर गया तो देखा की कैदी सो रहा है। सेठ ने देखा की इन पन्द्रह सालो में वह एकदम कमजोर और दुर्बल हो गया था। जैसे ही वह अपने कैदी का गला दबाने जा रहा था, उसकी नजर एक कागज पर पड़ी। वह वकील को छोड़ उस कागज को पढने लगा और बहुत

आश्चर्यचकित रह गया। उस कागज में कैदी ने लिखा था की जो कुछ भी हुआ उससे मै घृणा करता हूँ, आज सबूत के तौर पर मै अपने सारे पैसे छोड़ रहा हूँ। ऐसा करने के लिए मै शर्त तोड़कर निश्चित समय से पांच मिनट पहले ही भाग जाऊंगा।

सेठ ने कागज वही मेज पर रख दिया, बहुत शर्मसार हुआ अपने अंदर दुःख महसूस करने लगा। वह वहा से लौट गया, पश्चाताप में रोने लगा और स्वयं से घृणा करने लगा। जब वह सुबह उठा चौकीदार ने बताया की कैदी भाग गया। सेठ कमरे में गया, वह कागज उठा लाया तिजोरी में लाकर रख दिया।

सोच में पङ गया आखिर वकील इतना रुपया क्यों छोड गया। ऐसा क्या हुआ जो अंत में पैसा छोड़ पांच मिनट पहले अपनी शर्त तोड़ सब छोड़ चला गया। वह जीवन की अनमोल सच्चाई जान गया। अंतिम अस्तित्व की सीमा असीम को जान गया। प्रत्येक व्यक्ति में अस्तित्व छिपा है। सागर की एक बूंद भी मिल जाय। अध्यात्म दृष्टि से देखा जाय पूर्णता ही बचती है, हर खण्ड असीम है कैसे भी मिल जाए। अफसोस सेठ को यह अनमोल बात कभी समझ नही आएगी। वकील ने जिन्दगी के सफर में ज्ञान पिरो लिया, अपनी आँखों से उजाले में तारो को टिमटिमाता देख लिया होगा। उसके भीतर भी दस्तक हो गई होगी, उजाले का झोंका प्रभू का संदेश दे गया होगा। अब वह डुबने वाला नही, इसलिए सेठ को और उसके पैसों को 5 मिनट पहले अलविदा कह कर चला गया।

मैने जगत की ओर कोई ध्यान नहीं दिया जगत के मूल में समस्याएं ही समस्याएं भरी है। मुझे समझ आ गया जिदगी बहुत छोटी है, जाने कब शरीर का अंत हो जाए जो कोई कुछ कह रहा है। सब स्वीकार है मै जिस साफें के पास खडी हूँ वहाँ पहुचकर कुछ कहना यानि सोंफे में खलल डालना है।प्रभु ने मुझे जो प्रेम और आनंद से भर दिया। वह भरपूर है वहाँ सभी का अंत हो जाता है वहाँ कुछ भी टिकता नही है। आज समझ में आता है फूल तो बहुत है लेकिन कमल का फूल लक्ष्मी का स्वरूप क्यों माना गया। यह दर्शाता है प्रभु जब अपने अंदर प्रवेश कर जाता है तब संसार रूपी कीचड़ से उपर उठ जाता। जो सम्पदा मुझे मिली बेशुमार कीमती, मेरी चेतना का कमल खिल गया था। देवताओं ने जिस सोमरस की बात की है, जिन्होंने पिया। उन्होंने ही जाना की सोमरस है क्या? वह ही समझ सकता है। रसों में रस सूक्ष्म रस जी भर कर पीओ। मेरी इस पवित्र पुस्तक का रस सभी के भीतर टपकता रहे। एक बूंद ही भीतर का वातावरण अमृत रस से भर देगी। जैसे–जैसे प्रेमरस से पढेगे उसी प्रकार आनंदित होंगे जिस प्रकार मै देख–देख आनन्दित होती रही हूँ। घोर अँधेरा घट–घट देखू जगत की रौनक देख कैसे भ्रमित होय? मुझे डुबने का कोई खोफ क्यों? प्रभु की कश्ती खोज दरिया में गोता लगाउ रोज। शुद्ध मन से भीतर की तहों के मै किस्से लिख जाऊंगी।

अपने ही जीवन का अनुभव स्वयं से देखोगे तो पा जाओगे। मेरी राह जैसे जवानी

अल्हड होती है वैसे ही मेरा वैराग अल्हड़ रहा। मैं बैरागन मस्त राह का कोई पता नही चले जा रही हूँ। मस्ती में तेजी से चलती रही। मैने जाना प्रभु हमारे जीवन मै पवित्र गंगा की तरह बह रहा है परमात्मा उसी प्रकार है। जैसे बादलो में पानी छिपा रहता है किसी को दिखाई नही देता बरसता है तो दिखता है बादल बरसने से पहले गरजते है। इसी तरह परमात्मा हमें दुःख पर दुःख देता है हमे सींचता है अपने और खीचने की कोशिश करता है, प्रभु के संकेत को कोई समझ नही सकता। भीतर क्या–क्या रचता रहता है? नैनो का एक बड़ा अनुभव ये भी है। क्या हमारी आत्मा यानी तत्व का स्वर से तालमेल है जो प्रकाश है या तत्व है वह स्वर पूर्ण है, मैने दोनों को बहुत अच्छे से अनुभव किया और देखा। मेरे साथ दोनों घटनाए एक साथ घट रही थी। जैसे–जैसे घटनाए घट रही थी मै आनन्द दित और प्रफुलित हो रही थी। आँखों और कानो दोनों का एक साथ काम हो रहा था। आँखे वह दृश्य देख रही थी कान सुन रहे थे। मुझे लग रहा प्रभु एक झूनझूना बजा रहे है कैसे ना आनन्द विभोर हो प्रभु स्वयं खडा सब कर रहा जैसे आगे आगे बढने का संदेश हो।

यहाँ रेवत का बहुत सुंदर किस्सा एक संत से सूना था।

रेवत सारिपुत्र के छोटे भाई थे सारिपुत्र बुद्ध के सभी शिष्यों में से एक थे। सारीपुत्र के छोटे भाई रेवत थे। वे विवाह के बंधन में बंधने जा रहे थे,सारी तैयारी हो चुकी थी। मंडप सज गया था, मंडप के पास पुजारी तैयार थे। बैण्ड बाजा स्वागत आयोजन सब तैयारी हो चुकी थी। मधुर संगीत बज रहा था जैसे ही बारात दरवाजे पहुची रेवत झट घोड़ी से उतरे और भाग लिया।फिर पीछे मुड कर नही देखा।

जंगल में पहुचे तो भगवान बुद्ध के भिक्षु मिल गए उनसे रेवत ने संन्यास लिया। और घने जंगल में एकांत ध्यान और मौन धारण कर लिया। सुनने में आया सात वर्ष समग्रता से घोर साधना की और दिव्य तत्व को उपलब्ध हुए।

अभी तक तो भगवान बुद्ध के दर्शन भी नही किये थे। मन में पहले सोचा कुछ शुद्धता तो प्राप्त कर लू फिर भगवान के सामने जाऊं, पहले योग्य तो हो लूं तब दर्शन को जाऊं। पहले कुछ पात्रता तो प्राप्त कर लू। पहले अपने को निखार लू, भीतर का मलवा तो साफ कर लू, प्रभु से आखँ मिलाने लायक तो हो जाऊ, तभी तो प्रभु से आंखे मिला पाउगा। ह्रदय थोडा निखार लूं जो देख सके उन्हें। पहले दर्शन पाने योग्य हो जाऊ। वही घने जंगल में एक स्थान साफ किया और बैठ गया।

रेवत सात वर्षों तक जंगल में एकांत बैठ गया वह भगवान बुद्ध के दर्शन को नहीं गया। इन सात वर्षो में अपनी सारी उर्जा लगा दी।रेवत का तप फूट पडा तत्व को उपलब्ध हो गया। उपलब्धी से रेवत खिल उठा। पहले गया नही कैसे जाऊं अभी पात्र नही। भगवान को देखने कैसे जाऊं और जब अर्हत्व को उपलब्ध हो गया। तो सब मिल गया अब जाने की कोई ऐसी बात ही न रही। भगवान यह जान गये।

बिना देखे जाना जाता है वह तो भीतर उदय होता है किरण फुट गई। पौधा अंकुरित हो गया।जान लिया भगवान ने भगवत्ता भीतर से उगती है।

अब रेवत दुविधा में पड़ गया।बडी मुश्किल हो गई। पहले तो गया नहीं । अब सोच–सोच रोने लगा आँखों से प्रेम अश्रु बहने लगे। अब क्या करू जिसे देखने चला था उसके दर्शन तो अपने भीतर ही हो गए। जिस गुरु को बाहर खोजने चला था वह गुरु भीतर मिल गया। वह प्रभु भीतर मिल गया। रेवत मग्न होकर वहि समाधि मस्त हो गया और जंगल में ही रहा।

तत्व को घटा देख भगवान वहां पहुंचे। साथ में स्वयं सारिपुत्र आदि स्थविरों के साथ भयंकर रास्ते ऊबड – खाबड़ वह जंगल बहुत भयंकर था। जंगली जानवरों की दहाड़े भरी दोपहर में भी सुनायी पड़ती थीं। भगवान के साथ होने पर भिक्षुओं को इस बात कोई खबर ही न हुई। कुछ पता भी नहीं चला। न तो रास्तों का न जंगली जानवरों की दहाड़े सुनायी दी।उनकी जगह सुंदर ध्वनी कानो में पड़ी। न कांटे ही दिखाई पड़े, उन्हें तो सब तरफ फूल ही फूल खिले दिखाई पड़े और उनकी खुशबु की महक पड़ी। उन्हें कोई जंगल नही सुंदर उपवन मालुम पड़ा।

अब रेवत क्या देखता ध्यान में भगवान चले आ रहे है। वह कही से एक उंचा सुंदर पत्थर लाया। प्रभु का सुंदर आसन तैयार किया। जो भी उसे मिला जंगली सामग्री फूल पत्तो से सजा दिया सुंदर आसन तैयार कर लिया। आसन के चारो और फूल बिछा दिए।

भगवान घने वन (खादिरवन) में एक माह रहे। फिर वे अपने साथ रेवत को लेकर लौटे। रास्ते में कुछ दूर निकलने के बाद याद आया। कुछ सामान पीछे छूट गया फिर दो भिक्षुओं को वह सामान तेल की फोंफी और जलपात्र लेने के लिए भेजा। वे उसी मार्ग से जब उपाहन लेने गए तो जो उन्होंने देखा वह आश्चर्य जनक था उस पर उन्हें भरोसा नहीं आ रहा था। विश्वास नही हुआ करते भी कैसे किसी को भी न आता।

रास्ते बड़े खतरनाक लग रहे थे। जंगली जानवरों के दहाड़ने की आवाजे कान में पड़ रही थी। सब खो गया था, जैसे रास्ता भटक गये हो। कही कोई फूल नही था। सारा जंगल कांटेदार नजर आ रहा था। जैसे कांटे ही कांटे भरे हो। हा इतना ही नहीं रेवत का जो निवास स्थान था घड़ी भर पहले दमक रहा था। दो घड़ी पहले जैसी रम्यता न रही था। स्वर्ग कही खो गया, वे हिचकिचाए। कांटों ही कांटों से भरा, और जो परम सुंदर आसन रेवत ने भगवान् बुद्ध के लिए बनाया था उन्हें बैठाया था। उस समय कोई भिखारी भी बैठने को राजी न हो। घड़ी भर में इतना बदलाव, इतना कुरूप बडी हैरत में थे। रहा न गया दो घड़ी में वह स्थान खंडहर बन गया था बियाबान जंगल दिखायी पड़ रहा था। पहले कैसे महल जैसा चमक रहा। जंगल में रेवत के स्थान की सुन्दरता देखते न बनती थी, इस समय एक उजडा खंडहर नजर आ रहा

था। एक सपने जैसा लग रहा था करते भी क्या?

उन भिक्षुओ के लोटने बाद श्रावस्ती महोपासिका विशाखा ने उनसे पूछा —— कैसा था आर्य रेवत का निवास? पूछो मत कुछ उपासिके भिक्षु ने जवाब दिया। ऐसी जगह हमने पहले कभी देखी। डरावना जंगल वह स्थान खंडहर हो चुका था। बस किसी तरह बच कर निकल आये। अब बात मत करिए यही कहिये उपासिके बच कर आ गये। जाते समय कुछ नजर नही आया।

आते समय जैसे रास्ता बदल गया हो भयंकर साप, बिछु अन्य जानवर नजर आ रहे थे। रेवत कैसे अकेला उस जगह रहता था। कैसा खंडहर था दिन में आदमी का पता न चले।

जो भिक्षु भगवान के साथ वापस आये वो तो स्वर्ग जैसा बता रहे थे इतना सुंदर स्थान कभी नही देखा। आनन्द ही आनन्द बरस रहा था। अपार शान्ति महसूस हो रही ।

भगवन वार्तालाब सुन कर हंस पडे बोले जब तक रेवत था, वहाँ स्वर्ग का वास था, देवता विचरते थे। रेवत जैसे तत्व ज्ञानी के निकलने के बाद सब खत्म हो गया।

सिद्ध गुरु का आशीर्वाद हो तब भी जाग जाता है जन्म जन्मान्तरो की नींद खुल जाती है। जो जागा वह जाग गया फिर सोया नहीं ये सोये लोग क्या समझेगे जागना क्या है। किताबे पढ के जागते तो दुनिया जाग जाती।

राबिया जैसी अनपढ क्या प्रभु को पा सकती थी? राबिया बडी अदभुत औरत थी। स्त्रियों ने भी प्रभु को पाया है बहुत कम है गिनती की जा सकती है ——राधा, मीरा, दया, लल्ला, सहजो, आदि – बहुत थोडी सी स्त्रियाँ है, जिन्होंने प्रभु को पाया चंद नाम उंगलियों पर गिने जा सकते। राबिया की अध्यात्मिक उचाई अत्यधिक थी उसे कोटि – कोटि नमन है। वह स्त्री काम करते प्रभु को पा गई, जिस कोटि के बुद्ध, महावीर, कृष्ण, ईशा आदि हुए। इतनी उच्चाई जो देख पाता है वहीं समझ पाता। दुनिया की तरफ देखना यानी बंद दरवाजा और प्रभु से दूर वास्तविक धर्म से दूर हो जाता हैं। मजेदार घटना से दूर दिव्य तत्व से दूर प्रभु तो भीतर आसन जमाए बैठा है।देखा जाए स्त्री अपने भाग्य मै सेवा लिखवा कर आती है । बुढापे तक सेवा ही लिखी होती है चाहे फिर वह किसी भी रूप मै हो। पुरुष कैसा भी हो घर में बैठ कर खायेगा। मै इस तरह की जिन्दगी मै किसी को भी खुश नही रख पाई। मेरे भीतर प्रभु के सिवा कुछ और नहीं चला। मुझे कुछ पता नही था मेरे साथ क्या चल रहा है कोन करवा रहा है मेरा प्रयास केवल प्रभु को जानने का था। उस असीम को पाना चाहती थी मेरी सारी उर्जा एक और चल रही थी। मुझे जाने कौन सी उर्जा मुझे चला रही थी। जितना जान जाती थी लगता था अभी और बाकी है। पूरा का पूरा अमृत एक झटके में पीना चाहती थी। प्यास बढती जा रही थी। मन को निर्मल रखना था मन के सारे दुश्मन

काम, क्रोध, लोभ, मोह, अहंकार यही विकार अपने आप दूर हो गये। जब मन में किसी की चाह नही तो मन अपने आप शुद्ध हो जाता है। तब घर रहता हुआ भी सन्यासी होता है। जिसके जीवन में ऐसा दिव्य प्रकाश उतर आये वहा कुछ ठहरता ही नही।

जिसके जीवन में यह दिव्य प्रकाश बढने लगता है सागर में समाने के लिए एक बूंद ही काफी है यहाँ तो लग रहा था। प्रभु के दिव्य तत्व की उर्जा मुझे जो मिल रही थी, कई बार मै बैचेन हो उठती एक तो एकांत जीवन उपर से प्रभु मेहरवान। मै प्रभु का धन्यवाद करती थक जाऊं कर नही सकती।चित की सारी भ्रान्ति शून्य हो गई थी शून्य शब्द का अपना रसीला सन्नाटा भर गया।

इन्ही दिनों मुझे इलाहाबाद में रहने को मिला वहाँ कुम्भ मेला भी था कई संतो से बात हुई वहाँ रैकी विधा के बारे चर्चा हुई फिर मैने रैकी की सारी डिग्रीयां ली थी वहाँ शक्तियों को इमेजिन किया जाता है। रैकी मे प्राण शक्ति का अभ्यास किया जाता है। मुझे वह सब कुछ करने की जरूरत नही पड़ी मेरे भीतर पहले ही बहुत उर्जा थी वह ही समेट नही पा रही थी। लेकिन एक बड़ा लाभ हुआ। मै रैकी देने लगी जो भी आते लाभ भी होता । इस तरह पैसा भी मिला शक्ति सदपयोग भी हुआ।मैने इंसान से ज्यादा ज्यादा जानवरों पक्षियों को उर्जा देनी शुरू की। मेरे सामने कोई बीमार जानवर आता उनको उर्जा पास करती इससे मुझे अपार शान्ति मिली। मै कुदरत के करीब और पशु, पक्षी के शायद बहुत करीब आ गई। सब अनजाने में सही मेरी बात समझने लगे। यह मुझे नही मालूम सब कैसे हो रहा था। एक बार मै एक महिला के साथ बात कर रही थी। एक अनजान बिल्ली आई मेरा कुर्ता पीछे से पकड़ा मैने पूछा क्या हुआ भूख लगी है मैने दूध पिलाया। थोड़ी देर बाद पिछले आंगन में बच्चे दे दिए मै बहुत हैरान थी। पंडित जी ने मेरे पास एक महिला को भेजा उस महिला का जवान लड़का स्वर्ग सिधार गया था उसकी आँखों से पानी बहता रहता। एक साल से उसका बुरा हाल था। मैने उसको उर्जा ट्रांसफर की सिर्फ एक बार ऊर्जा देने के बाद ही उस स्त्री के आसु बंद हो गये। मेरा जीवन बिलकुल अलग सा था, खाना बहुत कम हो गया। मै अपने भीतर गहरी उतरती जा रही थी मैने भोजन लेना शुरू किया थोडा बाहरी मंजर समझ आने लगा। अब बाहरी जीवन केवल दिखावा लगता था कुछ दुसरो के हिसाब से भी जीना पडता है।

ग्रहस्थ अनेक संसारी कामनाओं और इच्छाओं के पीछे भागता है। अनेक रिश्ते जुड़े होने के साथ उनकी कामनाये भी जुड़ी होती है। रिश्ते नाते लेंना देंना सुख –दुःख यह तो चलता रहेगा। यही रिशतेदार थोड़ी सी कमी रहने पर रिश्ते तोड़ने की कगार पर रहते है। वक्त अच्छा हो सब ठीक है वरना अपने उपर मुसीबत आने पर सभी किनारा कर जाते है। संसारी रिश्तो में दुःख के सिवा कुछ नही छिपा। यहाँ मै कहुगीं सन्यासी और ग्रहस्थ में बहुत अंतर है। ग्रहस्थ संसार में इच्छाओं और कामनाओं के पीछे भागता

है। सच्चा सन्यासी वही जिसमे स्वयं सन्यास आ जाये। स्वयं नियास आ जाये कुछ भी छोड़ा नही। यह ज्ञान जब भीतर अंकुरित होता है तो अपने आप छूट जाता है छोड़ने वाली कोई बात नही दिखावे वाली कोई बात नही। जब सत्य टिकता है तो साधारण से साधारण व्यक्ति भी टिक जाता है और वह असाधारण हो जाता है।

सन्यास के लिए भगवा धारण करना आश्रम में रहना कोई जरुरी नहीं है जिसको ध्यान में रास आ गया वहीं सन्यासं हो गया। मुझे कई जगह आश्रम में बुलाया भी गया मुझे अपने भीतर से रहने का कोई संदेश नही मिला। यह फैसला मेरे लिए बड़ा कठिन था। मै ध्यानी परमात्मा का भीतर ही भीतर आनन्द ले रही थी। मैने सब वहीं का वहीं छोड़ दिया। मुझे इस सब से उपर की यात्रा मिल गई, मेरी यात्रा युं ही चलती रही। बस यही कहुगी जो पूंजी मैने पाई। उस पूंजी का कही कोई ठिकाना नही मिला। मैने जीवन के सत्य को जानने के लिए जीवन का दावँ खेला। पूरी कायनात के सामने त्याग बडी छोटी बात लगती है। जो जीवन के सत्य को नहीं पहचान पाते तो बडी कठिन बात है, इससे बडी कठिन और बडी बात कोई नही हो सकती। निष्कर्ष निकालते रहो देखते रहो। एक रुपया दान करोगे तो हजार कहोगे। दान भी करेंगे देखो दिखा दिखा कर। दान भी सम्मान के लिए। सत्य किसी लेन देंन का मोहताज नही। मै अपने भीतर पूरा ब्रहमांड देख भी रही, एक दैवीय उर्जा महसूस भी कर रही थी। मै सत्य को जितना करीब से देख पा रही थी, उतना ही समझ पा रही थी। दिव्य तत्व से जुड़ रही थी उतना ही मुझे अपनी ओर खींच रहा था। मै बराबर शक्ति की और खींच रही थी मै यह सब देखकर आज मानती हूँ। परमपिता परमात्मा ने कुछ सोच समझ कर यह मनुष्य जन्म दिया है, सत्य के प्रकाश को केवल मनुष्य जन्म में जान सकते थे। अब मेरे जीवन में ईश्वर का मतलब ही बदल गया था। वह प्रकाश अनंत असीम होता चला गया। उस तत्व को न आँखों से बांध सकते थे न कानो से बंधने के बजाय सुनने के तरीके में परिपूर्ण होती जा रही थी। ईश्वर की चाह या तत्व की चाह में, मै अंदर ही अंदर प्रवेश करती चली गई। उस असीम की और बढती जा रही थी ।

प्रभु तत्व नाम की शक्ति पूरे ब्रहमांड से जुडीं है। मै उस शक्ति की गुलाम होती जा रही थी। संसार से मुक्त होती जा रही मैने अपने भीतर कितने सुहावने बसंत देखे उसका ब्यान करना आसान नही ऐसी दीपावली किसी न देखी होगी। दिव्य उज्वलता तेजोमयी किरणों से भरी लाईट आँखे ही न खुले मेरी आँखे चोंधिया गई। मेरी प्रसन्नता का कोई ठिकाना नही भीतर ही भीतर प्रसन्नता और ह्दय प्रेम से भर जाता। मन गदगद हो जाता, मै तो प्रभु को खोजने चली थी, प्रभु खोजते– खोजते खुद खो गई। मै तो जैसे गायब ही हो गई मै –– मै न रही मै अपने साहिब की और साहिब मेरा हो गया। मै घुल गई अपने मालिक के साथ एक हो गई । कुछ होश न रहा, खुदा के लिए

खुद को खुदा मै मिला दिया। जब ज्ञान को पहचान लिया प्रभु को ह्रदय से बाहर निकाल लिया। एकांत बरसो बरस निकल गये न जाने कितने सावन निकल गये, अब प्रकृति कब बरसी अनगिनत दिन निकल गये, बाहरी कोई भान न रहा। कुछ पता न चला जब भीतर का सूर्य उदय हुआ तो बाहरी तो सबके लिए है। भीतर का सूर्य उदय ऐसा हुआ जो कभी अस्त न हुआ। वो सुबह आ गई मेरा प्रभु साक्षी बन गया, आसमान में नगाड़े बज उठे सारा आसमान जैसे धरती पर आ गया। में देख–देख झूम उठी, मेरा–रोम जाग उठा तत्व का चमत्कार देख मेरे नैन भर आये दिल बोल उठा नैना खोल गया एक तत्व जादू कर गया। मै उस सब को ब्यान नही कर सकती फिर भी प्रभु का प्रेम मुझे रुला गया। खूब रोई फिर एकात शांत बैठी मुझे कह रहा अब लिख। भीतर टीवी की तरह एक पिक्चर चल रही थी। खुद का प्रभाव खत्म हो चुका था खुदा ही खुदा नजर आ रहा था। मन की सारी गुथिया खुल गई, खुद ही सुलझ गई। वह अद्वितीय था।

मै कहुगी सचमुच की गंगा आओ उतरो नहाओ जी भर कर डुबकी लगाओ।यही असली संगम है गंगा, यमुना, सरस्वती असली संगम भीतर ही भीतर सागर की और ले जाएगा।सागर का संगम कराएगा, अंदर ही सारे तीर्थ है जितने सिद्ध हुए है बुद्ध, महावीर, नानक, कबीर इन्होने केवल ब्रह्म की बात की है, अपने को नही पुजवाया, और नही अपने बच्चो को गद्दी दी, वो जानते थे गहराई क्या होती है। उन्होंनें केवल शक्ति की बात की है, तत्व की बात है, जिसने जाना वहि चुप हो जाता है। थोड़ी सी खनक–थोड़ी सी झलक ही चुप करा देती है। जो बाहरी शास्त्र पढ़ कर खनकता है, बोलता है, समझो थोथा है, भीतर से खोखला है। ज्ञान भीतर से सधता है। जिसका ध्यान सध गया वो पार हो गया उसकी जन्म–जन्मान्तरो की भटकना समाप्त हो गई। वो अन्तर्यामी हो गया अपने को भी जान गया दुसरे को भी जान गया। भीतर ही भीतर अदभुद मार्ग खुल गया यह मेरा अनुभव है,वहा प्रेम ही प्रेम बचता है।

उसी तरह एक अच्छा सच्चा गुरु मिलता है, उससे जुड़ जाए वह शक्ति का स्रोत है। वह कही बैठा हो ब्रह्माण्ड की उर्जा ही फेकेगा। शक्ति का बिज एकाग्रता में छिपा है। अपने भीतर प्रफुल्लित विचार भरिये। पुलकित मन सहित अपनी आत्मा में सुख व संतोष अनुभव करे।इस प्रवाह में आनन्दपूर्ण तल्लीन रहने की कोशिश करे। आपके मुखमंड़ल की दिव्यता छोटे–छोटे प्रयोग से बढनी शुरू हो जायेगी। अपने भीतर हास्य की मधुर आभा प्रकृतिक सोंदर्य के साथ खुश रहने की कोशिश करिए। जुड़ना है तो भीतर की सम्पदा से जुड़े, मालिक बनने का एक ही उपाय है अपने आप से जुड़ जाना ध्यान में अंदर हो जाना। जीवन के दीये में ध्यान भर देना, प्रतिफल प्रभु प्यारे का ध्यान कर लेना है। भीतर के अधेरें को सम्भालना है, उजाला भरना है। बाहर ध्यान नही देना है, पहले पहल भीतर उतरना है। भीतर उतरना ही धार्मिक हो जाएगा वही परमात्मा

मिल जाएगा। वहीं अनहद नाद की धुन कान में पड़ जाएगी, वही मुरली कि धुन है, एकतारा धरा नादं में मंगल धुन पर ब्रह्मनाद करे नाच ज्ञानी सुन –सुन आनन्द विभोर होय। जर्रा – जर्रा ब्रह्मांड का खिल उठे ध्यान मे, बहुत कुछ हो रहा था मेरी जिन्दगी में उतनी ही मै हल्की और ज्ञान में बहे चली जा रही थी। जाने कोन मेरे हाथ देवलोक का अमृत दे गया, मुझे मस्ती चढ़ गई, खुमारी चढ़ गई जैसे सुखी नदियाँ जल से भर गई। इस तरह जिन्दगी में मेरी सारी साधना भीतर की बाहर की पूरी हो गई।

पातंजली के बारे मैने पढ़ा उन्होंने इन्ही शक्तियों को तीन हिस्सों में बाटा है। ध्यान धारणा और समाधि –– मंदिर में धारणा छूट जाती है, जब ध्यान शुरू होता है जैसे – जैसे ध्यान सधने लगता है तो समाधि शुरू हो जाती है । ––मै प्रेक्टिकल सब जानती थी बस ऐसा ही हुआ। आत्मा रूपी बूंद जैसे सागर में मिलने को बेचैन थी।मै अपने अंदर अथाह शान्ति महसूस कर रही थी फिर भी बहुत कुछ अभी है जो मुझे देखना है बस सागर में मिलना चाहती थी। बूंद रूपी सागर में मिलकर खो जाना चाहती थी। मै इतनी खुश थी खुले आकाश में प्रभु का बार बार धन्यवाद करती। हाथ खोलकर गाती थी नाचती थी खुले आसमान के नीचे।

हे मेरे प्रभु मेरे करुनानिधान तेरी करुणा में कमी नही। तूने मुझे स्वीकारा इस बच्ची को स्वीकारा तूने मुझ पर भर–भर मण–मण रस बरसाया तेरा यह प्यार ही काफी है।अब जमाना चाहे समझे या न समझे कोई दरकार नही।तेरी किसी अदा से इंकार नही तेरी हर अदा पर कुर्बान हो जाऊ।

यह जिंदगी बहुत छोटी है या कहे कल का भरोसा नही जाने कब चली जाएगी।पता भी नहीं चलेगा हाथ से निकल जायेगी। यह किसी को बता कर नही जायेगी अभी कितना समय बाकी है यु ही बैठे देखते रहना मौत का द्वार स्वयं के आभा मंडल में छुपा है कब तुम गायब हो जाओ इसका पता किसी को नही। ज्ञानी तो इस पार से उस पार सहज हो जाता है, कोई कष्ट नही होता।

जो भी बुद्ध हुआ उसने एक शब्द पर जोर दिया एक ही शब्द बोला। ध्यान पर जोर दिया एक ही शब्द बार बार दोहराया वो है ध्यान। अब सागर का पानी कही से पीओ एक ही स्वाद आएगा, किनारे हाथ बढाना पड़ेगा। जैसे जैसे बीच मै उतरते जायेगें भीतर का आनंद महसूस करेगे। ध्यान की ऐसी विधि है काम भी करते रहेगे ध्यान भी चलेगा दूसरो को दिखेगा भी नही न ही दिखना चाहिए। आपका ध्यान सहजता से भीतर प्रवाहित हो रहा होगा। काम भी करते रहेगे अपने आप एक प्रतिभाशाली छवि भी बनती जायेगी। इस बात से हैरानी होगी मेहनत भी कम ध्यान भी सिद्ध हो गया। अपने भीतर अतीत की झलक महसूस होने लगेगी बहरहाल ध्यान की आसान प्रक्रिया के बारे में आप ज्यादा सोचेगे यह समझ से बाहर है। सोचेंगे चक्रव्यूह में पडेगे कही और चले जायेगें, यहाँ साधना है, होश चल रहे ध्यान वहीं है एक पग दूसरा पग चल रहे है होश में है चलना

मस्ती हो जायेगा, ध्यान हो जायेगा प्रक्रिया जगने लगेगी, भीतर सधने लगेगा **प्रक्रिया से जो प्राप्त होता है वेदों में उसको सोमरस कहाँ।**

वेदों ने सबसे श्रेष्ठतमव स्थूल रस कहा है ऋषियों ने उसी सोम रस को पाया।वह सारी सृष्टि का अमरस है जो पा लेता है उसके भीतर में टपकता है। भीतर ही भीतर जाने कहा से झरता है। झड़ी लग जाती है अमीरस की बहता जाए।जो एक ध्यानी ही पा सकता है जो दिव्य ज्ञान में लयबद्ध होता है उसी को मिलता है वह किसी फूल पोधे का रस नही निचोड़ा और पी लिया। भीतर का फूल खिलता है तो मिलता अन्य पौधो से नही मिलता। चारो और अलोकिक गंध फैल जाती है। यह अत्यंत शुक्ष्म गति का चित्रण है यह अनंत ज्ञान और अनंत शक्ति का प्रमाण है। यह भेद रहित परम तत्व है जो केवल ज्ञान की निर्मल दृष्टि से ही देखा जा सकता है। अखिल ब्रह्मांड में व्याप्त शक्ति दिव्य दृष्टि के द्वारा जानकर देखा जा सकता है तभी आज मेरे लिए लिखना आसान है। ये एक ऐसा सत्य का रहस्य है ब्रह्मांड का रहस्य तो सामने आता है।साथ में अपनी काया का विलक्षण रहस्य भी सामने आता है।अपने ही स्वरुप का प्रकाश निखर आता है प्रभु के साथ एक होकर भी सब अलग अलग नजर आते है। प्रभु का परिचय इस देह में ही संभव है। परिचय होने पर स्वमं की उपस्थिति नजर आती है। वर्ना सभी एक होकर भी अलग है यह साफ नजर आता है।

शरीर से आत्मा भिन्न है ऐसी जानकारी सबको है लेकिन अनुभव के बगैर मानना आसान नही। भगती मार्ग में तत्व प्राप्ति कठिन है मन में सभी के प्रति सदभाव लाना कठिन है। कोई तुम्हे थप्पड़ मारे तो दूसरा गाल भी सामने करना थोड़ा कठिन है। क्योंकि मन की मनीलता साफ किये बगैर विराट का दर्शन असम्भव है। अगर ध्यान में तीव्र वैराग बरसता है।तो प्रभु भी शीघ्र बरस पड़ता है, ललाट मै ब्रह्म का दर्शन हो जाता है।

भक्तमाल में अमरदास की कथा का विवरण आता है की एक बरात को जाते देख अमरदास अपनी माता से एक अनोखा सवाल करते है माता मै आपके विवाह के समय कहाँ था, माँ कहती है बेटा शादी के बाद तुम्हारा जन्म हुआ पुत्र ने कहा तूम गलत कहती हो उस समय भी मै कही पर तो था। वह मेरा मूल स्थान कहाँ है?

जगत में तो जीव केवल भटकता है विषयों में फसा हुआ है। मूल स्थान भीतर ही समाया है। आत्मा परमात्मा का अंश है परमात्मा का एक अंश भीतर जाते ही रोम रोम जागृत हो जाता है । जो देह से बिलकुल भिन्न है जब आत्मा का ज्ञान हो जाए तो जीव न ब्राह्मण है न वैश्य स्त्री –न पुरुष है देह का विस्मरण हो जाता है तभी होता जब आत्मा का जागरण हो जाए। यह मुक्ति मनुष्य जीवन रहते है आत्मा का बोध होता है।

ध्यान ही ऐसा विज्ञान है जो अपने आप से मिला सकता है अपनी आत्मा की जड़ो

या तय तक पहुचने का अन्य कोई मार्ग नही।

मै गहरी गुफा मै उतरती चली गई, एक नया संसार जो दिव्यता से भरपूर। कइयो को साथ लेने की कोशिश की सब रास्ते में छूटते गये पीछे रह गये। मोह माया का जाल जल्दी हटने वाला नही। जब भी कोई ध्यान शुरू करे शुरू–शरू नियम में हट अवश्य हो वर्ना मोक्ष सहज होता तो सभी को मिल जाता। हमारे भीतर भरी जन्मो की सामग्री शीघ्र नही निकल पाएगी । वर्षो की कही सुनी, मान – अपमान का सारा कचरा बाहर निकाल फैकना होगा। तभी आत्मा पर पड़ा बोझ निकल पाएगा, भीतर से हल्के हो पाओगे। शुरू में थोड़ा प्रयास करने की आवश्कता है। एक बार प्रभु हाथ पकड़ ले फिर वो चलता ही चला जाएगा। हमें छोड़ना कुछ नही सब अपने आप होता चला जायेगा, छूटता चला जाएगा पता भी नही चलता भीतर बदलाव होना शुरू हो जाता है। प्रभु को कुछ नही चाहिए कोई लेन देन नही, जहा संसारी अवगुण सब समाप्त शुद्धता से परमात्मा का दर खुलता है। अपना मूल स्वरूप न बिगड़ने दे मूल ही मूल्यवान है। यही खूबी है कोई दुसरा विलक्षण ज्ञान को जान नही सकता अपनी क्षमता अनुसार अपने भीतर झाँक सकता है। यहाँ मुद्दा प्रेम का है प्रभु को पैमाने से आँका नही जा सकता है। व्यक्ति भी अपनी जिन्दगी में प्रभु के अदभुद दृश्य अंदर से उगते देख सकता है। यह बडी अक्लमंदी शुद्ध बुद्धि का काम है। उड़ान भरने के लिए कामयाबी के लिए कुशलता पूर्वक ध्यान में चढ़ने के लिए कुशलता हासिल करनी होगी।

आत्मसाक्षात्कार किसी को भी हो सकता है एक बूंद का अधिकारी हर कोई है, लग्न, विशवास प्रेम, समर्पण है,ऐसे व्यक्ति के भीतर प्रभु स्वयं प्रकट हो जाते है फिर जानने को कुछ बाकी नही रह जाता। सारा सस्पेंस खत्म हो जाता है। गुप्त रहस्य प्रकट हो जाएगा। धीरे धीरे एक–एक रहस्य खुलता जायेगा। इसी को आत्म साक्षात्कार कहा गया है यानी परमात्मा शब्द साथ परम तत्व के दर्शन हो जाते सामने प्रकट हो जाता है। सभी परमं तत्व से जुदा है परमात्मा परम़ आत्मा यही आत्मा से परमात्मा का मिलन है। प्रश्न यही है सबका मिलन कैसे होता? या पऱ मा.आत्मा प्रत्येक दूसरी आत्मा में परमात्मा बसता है और प्रत्येक आत्मा परम आत्मा है। इसलिए हमें किसी भी आत्मा का अपमान नही करना चाहिए। प्रत्येक जीव में यही तत्व विद्यमान है। व्यक्ति स्वयं को विद्धान मानता है मै यही कहुंगी सभी अंधे है अंधे– अन्धो को रास्ता दिखा रहे है। निश्चित ही सारे अंधे कुए में गिरेगे दूसरा व्यक्ति भोगो की तरफ भागता है कितना कुछ आ जाये उसकी तृष्णा नही मिटती। ज्ञानी व्यक्ति कुछ अलग होता है उसका दृष्टिकोण ही अलग होता है क्योकि दिव्य तत्व के चमत्कार उसके भीतर होते रहते है सच में दिव्य तत्व की गजब की माया है न रूप है न आकार है। चमत्कारी शक्ति अंदर ही अंदर खिचता चला जाए प्रभु दूर नही वो तो हम ही दूरी बनाये रखते है। अगर कोई युवक किसी स्त्री के प्रेम में पड़ा खिचता चला जाये, इसी प्रकार कोई युवती किसी युवक के

प्रेम में पड़ती है। गहरा प्रेम वह अदृश्य शक्ति दूर–दूर रहकर भीतर ही भीतर प्रगाड होती चली जाती है। यह दुसरे को पता नही चलता भीतर प्रेम घटना शुरू हो जाता है। उसी तरह प्रभु प्रेम भीतर से घटता है दीखता नही।

परमात्मा ने सभी को प्रेम से भरकर भेजा। किसी में कोई भेद नही किया, सारे भेद मनुष्य के बनाये हुए है मनुष्य का बस चलता ना जाने किस किस मै भेद करता ।

इस प्रकार प्रभु ने हमारे भीतर दिव्य शक्ति तो भरी है पर उसको एक डिब्बी में बंद भी कर दिया जो सभी के भीतर फीट है । डिब्बी का खोलना कोई जानकार ही बता सकता है। अन्यथा कितने तीर्थ नहालो इसकी जानकारी पाना कठिन है। मेरे साथ यही हुआ शास्त्र पढ़ने पर केवल ये पता चलता है घटनाएं घटती है मुझे यही कह चुप करा दिया जाता यह गुप्त है इसकी चर्चा नही करनी चाहिए।

आज सभी बाते समझ में आती है ऐसा क्यों कहते थे, मै तो उम्र के साथ साथ दिव्य प्रकाश में बेहोश चलती गई। मुझे तन का भी बोध न रहा, आंख बंद जो नजारे देखती उसका ब्यान अति मुश्किल है जिसने भी प्रभु को गहराई से जाना अपने शब्दों में उतारा सभी ज्ञानियो की भाषा मिलती जुलती होगी समझने वाले समझा सकते है। मै भी प्रभु के अस्तित्व का संदेश सबको दे सकु। कुछ प्यासी आत्मा को जगा सकू अपने को धन्य मानूगी या कुछ की अध्यात्मिक प्यास बढ जाती है । मै उनकी किसी प्रकार की सहायता कर सकू अपने को धन्य समझुंगी। अहंकार वंश नकारना नही, मैने भीतर ही भीतर अनगिनत दीवाली देखी बाहरी तो कोई इच्छा न रही। मैने जाना प्रभु जितना प्रेम भरा है उतना ही दयालु भी है। मै प्रभु की झांकी देख रोमांच से पुलकित हो रही हु। आनन्द से परिपूर्ण जब मै इस दिव्य गंगा में डुबकी लगा सकती हूँ तो आप क्यों नही। मुझे एक पल का भी अवकाश नही मै कही और ध्यान दू हां सुनती हूँ वही छोड़ देती हूँ व्यक्ति जब चलता है तो उसका इतना अभ्यास हो जाता है पहला पैर जमता दूसरा उठता है पहला पैर रखने पर दूसरा अपने आप उठता है अगर ऐसा न हो व्यक्ति गिर जाय। उसी तरह भगवान को पकड़ो संसार को मन से मत पकड़ो। चित में रिक्त स्थान होगा तभी बात बन सकती है।

शेक्सपियर ने बहुत सुंदर लिखा है। संशय हमे धोखा देते है इसी कारण बहुत सी चीजो से हम चुक जाते है संशय वृति सबसे ज्यादा खतरनाक है। संसारी तो चुकते ही है लेकिन बेशुमार दौलत भीतरी सम्पदा से भी चुक जाते है जो आपके मन की जड़ो की तय में पड़ी शक्ति का भंडार है। भय निंदा चुगली से चरित्र गिरता है चरित्र से सारी आकांक्षाएं नष्ट हो जाती है पाचन किर्या का नष्ट होना सबसे पहले पाचन शक्ति निष्क्रिय बनती है रक्त का निर्जीव होना। बाहर की सफलता भीतर से अनजाने में खोखला करती जायेगी। यहाँ सारा अंदरूनी है सफर भीतर से शुरू होता है। इसलिए निरंतर ध्यान यानी लगातार ख्याल रखना है। अपने खेत को बीजते हो किस प्रकार

पल–पल ख्याल रहता है उसी प्रकार ध्यान की सही प्रक्रिया को बीजना होता है। अपने भीतर सफलता और प्रसन्नता कोई भी प्राप्त कर सकता है। सफलता इसी में है अस्तित्व को छू लो आत्मसंतुष्टि मिलेगी खोखली जिन्दगी से छुटकारा।

बात दिमाग में आई ध्यान का अध्ययन करने में चतुराई है।
प्रभु के साथ संधि करने में बड़ाई, मानव और प्रकृति के भेद खुले अनेक।
छोटे छोटे कदम भी खोल देते है भेद, बात दिमाग में डाल लो मेरे भाई।
खेवनहार एक है बैठ कशती हो जा सवार, जग के दुःख से होजा पार।
शब्दों में ना उसको तोल, बेहतर होगा तल से जुड़ मूल्य उसका जान।
मुस्कराते फूलो को देख पहाड़ो से गिरते झरने देख मिटने दे अवसाद।
तारो में कोई दीप नही सत्य का प्रकाश भरा भरपूर लड़ना पड़ता है मगर।
यह हृदय की कोरी कल्पना नही अँधेरो को आगे धकेल सत्य का दीप जलाए।

अध्यात्मिक सूर्य का प्रकाश

आनन्द के स्रोत का भागी बनना, यह मनुष्य के स्वभाव में स्पष्ट है आकर्षण आनन्द जिस तरह प्रिय है अँधेरे में एक दीया और पतंगे की लौ अपनी और खिचती है दोनों की सीमा की पहचान न्यारी है उसी प्रकार प्रभु के आकर्षण का हाजिर जवाबी वरदान सभी को नही मिलता यह सब व्यक्ति के अपने गुणों पर निर्भर करता है । हमारे भीतर अध्यात्मिक सूर्य पूरा ब्रह्मांड लिए बैठा है जो दिव्यता से भरपूर है ध्यान में आँख खुल जाय तो तकक्षन ही भीतर का सूर्य चमकने लगता है। सभी जानते है पृथ्वी सूर्य का चक्कर लगाती है जबकि हमको सूर्य घूमता नजर आता है जिस प्रकाश के कारण सृष्टि जीवित है वर्ना पेड़ पौधो के साथ हमारा जीवन भी समाप्त हो जाए। रात भर मिटटी में बीज दबा रहता है, सूर्य की किरणों के साथ वह अंकुरित नजर आता है । जिस तरह प्रत्येक बीज अधेरे मै पड़ा रहता है किस बीज को कितना सघंर्ष करना होता है। सबकी अपनी क्षमता अनुसार है अँधेरे से निकलने मै कितना समय निकला, कोई –कोई एक रात में बाहर आता है उसी तरह व्यक्ति के भीतर बीज तो पड़ा है, व्यक्ति तो कोशिश ही नही करता। प्रकाश तो भीतर छिपा है समाया तो सभी मै है परन्तु कोशिश ही नही करता। मनुष्य जन्म का महत्व ही भूल गया भूल गया मनुष्य जन्म बार बार नही मिलता । दिव्या प्रकाश समाया तो सभी में है, लेकिन बाहरी जीवन और बाहरी इन्द्रियों से परे है। दिव्य प्रकाश या प्रभु का रहस्य जानने के लिए मानव तन की आवश्यकता है।

अनेक अध्यात्मिक गुरु हुए है भाग्यशाली लोगो ने पहचान की है और लाभ उठाया । गुरु बनाया और गुरु को अपना समर्पण देकर अन्धकार दूर किया। अपने भीतर दिव्य ज्योति जगाई, दिव्य प्रकाश के साथ अपना सारा अन्धकार दूर अपने को आनन्द से भर लिया। दिव्य प्रकाश के साथ अपने सभी संस्कार व् कर्म के साथ उजाले से भर लिया। यहा मनुष्य का जन्म तो प्रभु प्रकाश को जानने के लिए बना है। प्रभु सम्पदा का अधिकारी होना आसान नही है, मुक्ति का साधन एक प्रकाश है।

भगवान् बुद्ध अकेले इतनी विराट सम्पदा के मालिक रहे,वे वट वृक्ष की तरह अदभुद

अद्वितीय बुद्ध थे, वट वृक्ष की तरह उनकी शाखायें भी विराट थी। भगवान् बुद्ध जिन्होंने बहुत मार्ग खोले, उनकी शाखाय विराट और प्राशाखाये बढती गई। अज्ञानी का ज्ञान बंधन मै डालता है, ज्ञानी के पास मुक्ति की राह होती है अज्ञानी का सम्प्रदाय बांधता है रोकता है मुक्ति का कोई कारण नही होता है ।

बुद्ध के जाने के बाद पेड़ फलता रहा फूलता रहा जीवित रहा बुद्ध का बोया बीज सुंदर वृक्ष बना जितना सुदर पेड़ बना । शाखाए जितनी फली– फूली उतनी ही छाया से भरपूर हुई, ना जाने कितने छोटे बड़े पक्षियों को आश्रय मिला कितने यात्रियों को ठंडी छावं में ठिकाना मिला। जीवन की विशालता को जानने का अवसर मिला। जो वृक्ष झूठे थे वे ठूठ रहे यानि बाँझ रह गये। बुद्ध आज भी जीवित धारा है कल भी बुद्ध स्रोत है, बुद्ध ने मनुष्य जाती की सम्भावनाओ को जन्म दिया बुद्ध ज्ञान का स्रोत सदैव बहता रहेगा।

जबकि भगवान महावीर ने जंगल में जाते ही पुरे ब्रह्माड को समर्पित हो नग्नता का श्रृंगार किया, अपनी नग्नता के साथ मौज में थे, महावीर से भी दो शाखाएं फूटी दिगम्बर – श्वेताम्बर। उधर जीजस की भी दो शाखाएं फूटी प्रोते प्रोटेस्टेंट – कैथोलिक। बुद्ध अनूठे महान और अद्वितीय उनकी शाखाओं की विशालता आज भी देखने को मिलती है।

वेदों ने इसी सत्य को गाया है, दिव्य जागरण को गाया है उस तत्व की व्याख्या की है शक्ति का बखान किया है। एक ज्ञानी परब्रह्म धाम का आनंद लेता है। वेद तो सीधे सीधे ज्ञान मार्ग के लिए है।

हम देखते है सिख धर्म में भी श्रीगुरु ग्रन्थ साहिब में भी वेदों की महिमा अपार बताई है। सिख धर्म ने कंठ से स्वीकार किया इसीलिए गुरु ग्रन्थ साहिब की सभी वाँणीया गाई गई। सभी वाँणीया प्रेम, मिठास सकीर्तन सहित आनन्द के साथ गाई गई, सिख धर्म की कुर्बानी उनका ज्ञान व् महिमा को सभी जानते है, सत्य और दिव्य प्रकाश के तेज से ही पूरा ग्रन्थ साहिब महकता है, गुरु ग्रन्थ साहिब में उन गुरुओ की सभी वाँणीया डाली जो स्वमं तेज शक्ति से भर गए ओरो को बाटा। यह ज्योतिपुंज दिव्य वाणी साधारण से साधारण व्यक्ति के कान में पड़े उसका भी उद्धार हो। अगर कर्म से स्वच्छ है वह भी तर जाये। कोई दो श्लोक भी अर्थ सहित समझ कर भीतर में उतार ले। उसका भी बेडा पार हो जाये। सिख गुरुओ ने और सरल मार्ग निकाला, जहां कोई कर्म कांड नही रखा गया शांति से दो घड़ी बैठ कर मन को टिकाकर संत बाणी सुनने से भी पार है। गूरु ग्रन्थ साहिब एक पूजनीय ग्रन्थ है इसको मै कोटी – कोटि नमन करती हुं, वेद साधारण व्यक्ति को समझ नही आ सकते वेद सदैव पूजनीय रहेंगे, मेरा

वेदों को कोटी–कोटि नमन। दिव्य ज्ञान से ओतप्रोत संत विरले ही होते है जो न जाने कितने व्यक्तियों का अज्ञान का अंधकार दूर करने में सक्षम होते। उनकी कोई मांग, नही। वे अमृत का प्याला हाथ में लिए घूमते है कोई ऐसा प्रेमी मिल जाये जिसे पिलाया जाए, सत्य का प्यासा मिल जाय, कोई योग्य हो कोई पात्र हो, जो प्रभु प्यारे के लिए पागलपन लिए बैठा हो ।

प्रभु के परमानन्द का अनुभव चाहता हो। जो संसार में रहकर कमल की तरह पानी से अलिप्त हो गया हो। वह ज्ञान के योग्य हो जाता है जिस तरह ज्ञानी संसार में रहते हुए भी अलिग्त भाव में होता है। संसार की उपेक्षा आन्तरिक बंधन है, नौका दिखती तो जल में है, ज्ञानी जन बड़े सतर्क रहते है वह दृश्य पदार्थ से हटकर दृष्टि में स्थिर होता है उसकी नोका डूबती नही वह तर जाता है। वह कभी नष्ट नही होता वह स्थिर हो जाता है।

रे मन तू अनुशरण कर कई बार वैराग उत्पन होता है वह क्षणिक ही होता स्थाई नही हो पाता, मन संसारी विषयों के साथ एक नही हो सकता क्योंकि संसार जड़ है मन अर्धचेतन वह संसारिक विषयों के साथ नही चल सकता उसका मेल नही है। पिछला तन छोडकर नया तन मिला है मन को मना प्रभु को हृदय में बसा । संसारी वस्तुए संसार में बारम्बार मिलती रहेगी, बिगड़ा मन न मिलेगा। जहां तन गया मन साथ गया। मन में वासना जमी रहती है, अज्ञान का मूल वासना है।

इन्द्रियों को ध्यान के दुवारा मोड दिया जाता है, वासना का धीरे – धीरे नाश होने लगता, मन पवित्र होता ऑखें शुद्ध वा निर्मल हो प्रभु का भगवत रूप बसने लगता है। अब सवाल ये उठता है कैसे किया जाय ध्यान?

खुद की खुद में, सबकी मंजिल गुम है,
श्वांसो में खो खुद की शिनाख्त कर, मंजिल दूर नही है,
अदभुद संगीत का जायजा ले हाजिर है,
रास्ता मिलो का नही, श्वास–श्वास में मंजिल पकड़ लोगे,
मै–मै को भगा जगत में रह स्वयं को जगा

ध्यान –– ध्यान के या एकाग्रता के प्रत्येक व्यक्ति ने अपने अनुसार मन्त्र व तरीके बना दिए अब आम आदमी उसी में उलझ कर रह जाता है, हर मजहब का अलग तरीका सभी उसी अनुसार बंटते चले गए हमारे मंदिर हमारी मस्जिद हमारी चर्च इसके बाद भी बटवारा इतना बढ गया। अपने भीतर भी परमात्मा का बटवारा कर लिया सभी बाहरी हो कर रह गए, परमात्मा की असली सत्ता का पता होता तो ऐसा न होता।

ज्ञान अंधा हो गया ज्ञानी बेचारा क्या करे। नैनो से अन्धेरा फोड़ रास्ता श्वासों से निकाला है।

ज्ञानी बेचारा तो परमात्मा को देख–देख ही निहाल हो जाता है, वह जितना प्रभु के करीब जाता है। उतना ही चुप होता चला जाता है, एकांत होता चला जाता है। उसका जीवन कोई साधारण जीवन नही, ज्ञानी असली घर को जान लेता, मन मन्दिर में प्रभु का दरवाजा खुल जाता है। फिर उसकी मस्ती में खो जाता है उसकी मस्ती में बाहर का कुछ नही रह जाता । वह असली अमृत चख लेता, उसे रस आ जाता है फिर कहते है ना !! नाम खुमारी नानका चढ़ी रहे दिन रात वह हाल हो जाता है, नशा हो जाता है मस्ती चढ़ जाती है। जिस तरह मीरा को हुआ उसके लिए कृष्ण हमेशा जीवित रहे, वह नाचते नाचते अपनी मस्ती में मस्त हो कृष्ण में लींन हो जाती। तभी जहर भी अपना असर न कर पाया । परमात्मा जब सामने होता है तब सब फेल हो जाता है।

अब कुछ भी कहो है बड़ा मदमस्त है सालो यूं ही बीत जाते है कुछ होश नही अनंत का दर्शन। एक चिंगारी बढाती है आग –– फिर आग लगा भीतर उजाला कर जाती है भरपूर उजाला भर जाती है। छोटी सी चिंगारी, इस तन को रोशन कर जाती है। छोटी सी चिंगारी से भीतर गजब की रासलीला शुरू हो जाती है, यहाँ सारे भेद गिर जाते है। अपने भीतर का आकाश खिल उठता है फूल वृष्टि शुरू हो जाती है विराट स्वरूप प्रकट हो जाता है, फिर मेरी कोई इच्छा न रही । प्रभु आनन्द ही आनंद बरसा रहा था वह दिन रात मंत्रो का उचारण चल रहा है।

मैने कई बार भीतर अन्य ध्वनियो के सिवाय मन्त्र ध्वनिया सुनी परन्तु कभी ध्यान नही दिया भूल जाती इन्ही दिनों मैने एक ध्वनी सुनी, उसको मैने लिख लिया। जो कोई बहुत कष्ट में हो करने से दर्द मै शीघ्र आराम मिले ।

कोटिज हृदय शूल शितिज शितिज शीथल या –

कोटि हृदय शूल शितिज शितिज शीथल

हमारे भीतर जितना भी दुःख दर्द भरा है वह धीरे धीरे समाप्त हो जायेगा , शांत हो जाएगा । धैर्य रखो सारा दुःख शांति से निकल जायेगा, यहाँ कुछ ठहरने वाला नही। सब चला जायेगा निकल जायेगा, सारा दुःख बह जाएगा।

वहि ध्यान हमें होश सिखाता है, होश एक दीपक का काम करता है । कमरे में एक दीपक से अँधेरा दूर रहता है नजदीक नहीं, फटकता उसी तरह जब भीतर का दीपक जब जलता है तो अंधेरा नही रह जाता। अब जिसके भीतर जलता है या जो ध्यान द्वारा जलाता है, वहि होश में आता है।धीरे धीरे उर्जा का गहरा स्रोत बनता है हमारे तन में तत्व ऊर्जा बहने लगती है अंग–अंग में स्पार्किंग होती है, दिव्य तरंग उठती है। अब ध्यान के द्वारा मरना भी आ जाता है जीना भी आ जाता है।मरना यानि जो कष्ट एक साधारण व्यक्ति को भोगना पड़ता है ज्ञानी को वो कला आ जाती मरने की कला सीख

जाता है वह कला जीते जी सीख लेता है। इस शरीर से बाहर निकलना और ध्यान से जीना सीख लेता है जीवन का असली आनन्द पा लेता है। ध्यान में उठे विचारों का भूकम्प धीरे– धीरे सब शांत हो जाता है अपने मन को तन को समझने का मोका मिल जाता है। आत्मा का सारा रहस्य समझ में आ जाता है,मन के सारे आंधी तूफान मिट जाते है । मन शांत होता है तो अस्वस्थ शरीर भी स्वास्थ नजर आने लगता है। ध्यान के बगैर कोई ऐसी वस्तु नही मन स्वस्थ और शांत हो सके । तन की सारी ऊर्जा ध्यान के द्वारा भीतर बहने लगती है। बाहरी बिखरा हुआ सारा ध्यान एक धारा में सिमट जाता है वह एक धारा भीतर से तन को चीरती हुई अनेक घटनाओं को अंजाम देती हुई निकलती है । व्यक्ति अनेक दिव्य घटनाओं के पार चला जाता है कही रुकता नही कही डरता नही अनेक अवस्थायें आती है। कई बार डर सकते है कांप सकते है गुरु की यही आवश्यकता होती है वह इन सबसे बचाता हुआ शिष्य को आगे निकाल लेता यहाँ गुरु की शिष्य के प्रति बहुत बडी जिम्मेवारी बनती है। गुरु न होने पर शिष्य का पतन हो जाता है गिर जाता है हट सकता है। फिर कैसा भव सागर पार करेगा, भवसागर के पास होकर बहुत दूर हो जाता है भय को दूर करने वाला तो गुरु ही होता है। फिर कैसा भव सागर ? मानव तन का लक्ष्य भव सागर पार करना है। तभी महानता है संसारी महानता कोई काम आने वाली नही। ध्यान का लक्ष्य भीतर का एक–एक अंग आनन्द से भर देता है। किसी के प्रति कोई बैर बिरोध नही जो जैसा है वैसा ही स्वीकार कर लेना है। जितना पास है या जो मिल रहा है उसी में खुश रहना आ जाता है।

ध्यान से सघर्ष कर सुनहरी किरने फूट आएगी
नया सवेरा उदय दिखेगा गूंज पंछियों की सुनेगी
चलोगे ध्यान में सहारा प्रभु का मिल जायेगा
मै उड़ती गई एक अल्हड़ परिंदा ध्यान की उड़ान में
मिली जब उजाले से रात खो गई दिन खो गया
मेल हो गया ज्ञान का फिर एक बुद्ध हो गया
खुदा की महफिल में मेरे साथ फरियाद मेरी पहुच गई
वो देख रहा था परख परख कर मुझको
कोन कहता है अजनबी है पागल है पागल
मुझे पता मिल गया चेतनता विलसती का (चेतनता– विराट चेतना शक्ति)
(विलसती–क्रीडा करती)
क्षण–क्षण उजवल झरत–अमीरस का

ध्यान में अक्सर आँखे बंद करके बैठना बताया गया है आप दिन में आंखे बंद करे या रात, अन्धेरा ही नजर आएगा। ऑखें खोलने पर रौशनी हो तो रौशनी, यह दिन के जैसे नजर आयेगे। ध्यान में जैसे –जैसे आप बढते है, अँधेरा हटता नजर आयेगा। बादल छटते नजर आयेगे, एक गहरी अमावस की रात आएगी बादलो के बीच से वो शक्ति नजर आएगी। यह अपने भीतर घटता है अगर शक्ति के बीच एक चक्र नजर आये तो सबसे बड़ा चमत्कार है।मैने सदैव उस चक्कर को देखा बड़ा चमत्कारी है आनन्द दाई है सुखदाई है वह यूं कहे खजाने की चाबी है। मै अक्सर जब भी आँख बन्द करती थी शुरू से ये शक्ति चक्र महसूस करती थी और मुझे पता भी नही था। अँधेरे में तेज चक्र का देखना आश्चर्य जनक था इसी की वजह सब देखना नसीब हुआ। कैसे वक्त के अनुसार इतना साफ देखना मेरे मन का पूर्णतया प्रफुलित होने का यही कारण रहा है मेरा मन शक्ति चक्र के प्रति सदैव सतर्क रहा, इसी कारण मस्तिष्क फुर्तीला और सावधान बना रहा, मुझे कुछ करना नही पड़ा। यह मेरे जीवन में प्रभु का एक चमत्कारी वरदान स्वरूप था।

अन्य व्यक्तियों के साथ यही मुश्किल आती वे दुःख चिंता मै पड़ते है, यही भय का सबसे बड़ा कारण है, प्रयत्न करिए वे आप पर प्रभावी न हो, पूर्णतया उपेक्षा कर दीजिये मन में घर न बना ले। भीतर जमावड़ा मचा तो समझो कीचड़ मच जाएगा। टिकने मत देना, अपने को चेक करते रहीए। फोरन अपनी विचारधारा बदल लीजिये, मन को बिलकुल विपरीत दिशा में ले जाए। ध्यान में प्राप्ति के लिए अपनी सामर्थ्य और योग्यता को तैयार कीजिये। ध्यान मै पहला कदम पूरे उत्साह, जोश का है सफलतापूर्ण विजय प्राप्त कर, प्रभु के दरबार का भागी बन सकते है। सारी शक्तिया एक स्थान पर केन्द्रित कर सफल बनने की सामर्थ्य आ सकती है। अपने विचारों में जगह केवल प्रसन्नता, विश्वाश,हिम्मत को जगह दीजिये। सबसे पहले यही काम है विचार धारा को पूर्णतया बदलना होगा। पहले पहल सबसे बडी उपलब्धी यही है,मन के भीतर आनन्द भाव रखे, मन आनन्द से भरने के लिए ऐसी घटनाओं को याद करे जो आपके चहरे तक को मुस्कराने पर मजबूर कर जाए। भीतर खुशी का उत्सव बन जाये । प्रभु की घटना तो सभी के भीतर दफनी पड़ी है। प्रभु के करीब आने का सबसे कारगर उपाय है। प्रभु ने सभी का तन एकसा बनाया है, बस आत्मा को जितनी जल्दी सुधार लिया या आत्मा को बल दिया जाये असली दीवाली मन जायेगी। मै असली दीवाली उसी को कहुंगी फिर आपकी रोज दीवाली मनेगी सालभर का इन्तजार नही करना होगा न ही किसी प्रकार की सामग्री तैयार करनी है थोड़ा एकांत हुए, हो गई दीवाली हां एक बात जरुर है किसी की जल्दी घटती है किसी को थोड़ा समय लग सकता है लेकिन घटती जरुर है । प्रभु का सबसे बड़ा न्याय यही है सभी के इस पंचतत्व शरीर में सब भरकर भेजा है यह पंचतत्व का पुतला एक दिन इसे तो अपने ही तत्वों में मिलना है। सभी ने अपनी

योग्यता के अनुसार समय अवश्य तय कर लिया है। अपनी सोच के अनुसार अपना समय तय कर लेते है ध्यान मै अब मै तो सब गहराई से सारा देख चुकी। अनुभव होने के बाद प्रभु के हुक्म अनुसार लिख रही हूँ।

चांदनी रात अम्बर करे झीनी झीनी बरसात, मोतियन जैसी बिखर बिखर जात,
बाँध मन खुशियन की कड़ी, धीमी धीमी चमक, दिन रात निहारत न सौ पाऊ,

अम्बर भी गुनगुनाया, चन्द्रमा मुस्कराता आया ,
संगीत मधुर, जाने छुप–छुप कौन गुनगुनाये,
फुल बरसाए ह्रदय से करे खिलवाड़ भीतर बाहर करे मिलाप,
उलझन हुई विलीन अनायास रंगो की बरसात,
धुंधली सी दूर पहाड़ी बिजलिया जगमगाती,
रंगीन कल्पनाये भीतर की बाहर उभरती नजर आई,

एक बार मै एक बच्ची को ध्यान करवा रही थी, वो लगातार ध्यान भी कर रही थी।मैने सोचा इसे कुछ संकेत दिए जाए ताकि डर ना लगे। कभी डर जाये कालेज की पढ़ाई कर रही थी। मैने उसको बताया देखो कभी ऐसे साँप जैसे या मकड़ी के जाला जैसा इस तरह का जंजाल नजर आएगा या फिर दीवारों पर छिपकली जैसे चलती नजर आएगी। हां ये बात भी बताई फूल तो हर वक्त खिले रहते है,किस रूप में ध्यान उभर कर आये। इतना ही बताया दिमाग का सारा ध्यान सांप पर एकत्र हो गया, दो दिन बाद ही मुझे फोन आया माँ मुझे आज सांप ही सांप दिखाई दे रहे है रात सपने में सांप नजर आ रहे थे, मैने पूछा। वो कैसे बताती है? मै गाड़ी में थी, आगे बाइक पर दो बन्दे बैठे है पीछे वाले व्यक्ति ने हाथ में एक बड़ा साँप मुंह पर से पकड़ा है। मै आंखे खोलके बाहरी सब देख रही हूँअब सब समझाया ऐसा नही होता। वह सारा अनुभव तो बाहरी है भीतरी अनुभव या भीतर दिखना वह आनन्द से भरी घटना है। सांप जैसा बताने पर बच्ची डर गई और ध्यान करना छोड़ दिया । जबकी उसकी ध्यान यात्रा बहुत अच्छी चल रही थी। किसी भी अवस्था में ध्यान छोड़ना नही चाहिए । सुनहरी मोके को खोना नही चाहिए जाने कोनसी सुभ घडी थी। तब आपके भीतर ध्यान करने का भाव जागा, बहुत भाग जागते है जब भीतर ध्यान जगता है ।

मौत का ताना–बाना, साँस जब तक तन में जाने किया बुनती है
अँधेरे और उजाले के बीच एक अंतहीन अदृश्य दृष्टि की खोज है

इसलिए भीतर की यात्रा या ध्यान की यात्रा कभी नही छोडनी चाहिये, बाहरी कार्य

भी नियम अनुसार करते रहे उसी तरह ध्यान में उतरने के लिए भीतर की यात्रा का एक नियम बना ले। धीरे धीरे ही सही चलते रहना है परन्तु ध्यान नही छोड़ना है।

ध्यान के साथ अपनी वाणी और शरीर को जितना पवित्र रखा जाये उतना शीघ्र परम धाम का पता मिल जाए। मेरे पास बहुत सी गुप्त युक्तिया है लेकिन यहां लिखना संभव नही है, वो गुरु के सानिध्य से की जाय तो ज्यादा बढ़िया है। फिर देखिये आपका अन्तस् प्रभु प्रेम से कैसे भर जाएगा अन्तस् में फूल खिल जाएगा। किसी विकार के लिए कोई जगह नही रह जाती।ऐसा व्यक्ति गुस्सा कर ही नही सकता और करता है उपरी मन से जिससे उसका कोई नुक्सान नही होता। मेरा कहना यही है प्रभु के लिए सब मुहर्त बढ़िया है, प्रभु के लिए मुहर्त तैयार है करना कुछ नही हो भी बहुत कुछ सकता है। ध्यान की सीढ़िया चढ़ो और चढ़ते जाओ कोई रुकावट नही कोई नुक्सान नही प्रेम वाली गली है प्रभु प्रेम ही प्रेम भरा है, पाना है तो आना पड़ेगा, हाथ बढाना पड़ेगा कोशिश करनी होगी। प्रकृति का यही नियम है, हम उससे अलग नही है। हम उससे जुडे है, लेकिन आज जरा सा पसीना आ जाता है तो घबरा जाते है। जिस तरह बाहरी मौसम आप बदलते देखते है उसी तरह हमारे भीतर भी मौसम बदलते है। अन्धकार के बादल छटते है जब प्रकाश फैलता दिखाई देता है तो हमारे बाहर भी चारो और प्रकाश फैल जाता है पर यह बहुत उच्ची अवस्था है काफी चढाइ के बाद आती है। जैसे आज आप सभी को आंख बंद करके अन्धेरा दिखाई पड़ता है उसी तरह एक ध्यानी प्रकाश देखता है, एक ज्ञानी को प्रकाश ही प्रकाश दिखाई देता है।

ध्यान साँस से शुरू होता है साँस की गहराई, साँस का संतुलन बनाये रखना अपनी ही साँस पर नजर रखना तो मौत की भी खबर हो जाती है। तनाव ग्रस्त और चिंतित साँस भीतर बडा प्रदुषण फैलाती है अगर कोई लंबी आयु जीना चाहता स्वस्थ जीवन जीना चाहता है। यह मुझसे स्वयं सिख सकता है फिर भी मै कुछ साधारण तौर पर लिख रही हूँ। साँस की प्रक्रिया में उसकी कुशलता छिपी है बडी गहराई है। साँस का बराबर चलना या साँस का बराबर लेना। किसी भी आराम देह अवस्था में आपको अपनी सुविधा अनुसार आना है शुरू में आँखे बंद करेंगे तो अच्छा रहेगा, अब बैठ कर करना है या खडे होकर करना है। अपना निर्णय है सभी को स्वयं लेना है अपना पूरा ध्यान साँस पर एकाग्र करले साँसो पर ध्यान रहे साँस का भीतर आना देखना है। बाहर जाना देखना है बच्चे बन जाये खेल पूर्ण देखना भीतर छिपी शान्ति और संतुलन को अनुभव करो।इस विधि से स्वयं तय तक जाने की कोशिश करे। स्वमं के मनोभाव सहज शांत और बराबर संतुलन में दिखेंगे। अत्यंत सरल विधि है अतसं घट प्रवेश करने की विधि।

ऐ खुदा मुझे हर शक्स में तेरा ही अक्श झलकता नजर आया
हर उजियारे हर अंधियारे तेरी हकीकत का मंझर नजर आया

हे प्रभु मुझे हर आत्मा में झाँकता नजर आया, जिसमे भी देखा तुझे ही पाया। तेरी ही शक्ति का संकेत पाया, घोर अँधेरे में तुझे देखा वहा अँधेरा न रहा जर्रा जर्रा रोशन पाया तेरी रौशनी की किरणे सारे जहाँ मै नजर आई। तेरे इस रहस्य को स्पष्ट जाना सारे प्रश्न का हल जाना। यह तो सागर है पार न पाए, तय तक कोई विरला जा पाए। कोई सम्भावनाये बनती बिगडती नजर आई। यहाँ व्यवहारिक ज्ञान का तो कोई प्रश्न ही नही रहा, प्रयत्न करती रही मुझे सफलता मिलती रही। मेरी प्यास बढती रही मुझे एक बूंद में तृप्ति नही थी। हा साधारण कोई हो जल का प्यासा मात्र एक बूंद से तृप्त मिल जाए। मैने तो अपने को ऐसा खाली किया की खालीपन मुश्किल था। प्रभु को मेरा खालीपन भरना ही पड़ा । यहाँ जो–जो जानती गई जिज्ञासा बढती गई। अब सारे शास्त्र अधूरे नजर आ रहे थे, कई बार थोड़ा सा ज्ञान पा लेने पर अपने को महान समझ लेते है। मै यहाँ कहुगी यहाँ केवल साक्षात्कार की बात नही अदभुत खजाने की बात है।

प्रत्येक व्यक्ति का पहला फर्ज यही होना चाहिए अपने आपको जानना, किसी प्रकार करे अपनी खुदाई अवश्य करे। बाहरी कितना भी बनाओ कितना भी जोड़ो सब यही रह जाने वाला है। साथ तो यह तन भी नही जाना यह तन भी यही छूटना है, इसको साध ले फिर काया को चलाने का ढंग आ जाएगा। जीना आ जाता है पल–पल का रस आ जाता है। सारी कीच–कीच बाहर रह जाती है। कोई कार्य करे आनंद आ जाता है, आप फिर थकते नही आन्दित रहते है। प्रेम और आनन्द से भर जाते है। जीवन जीने का तरीका बदल जाता है।

आज मै एक कप चाय भी पूरे आनन्द के साथ पीती हूँ पूरे अस्तित्व के साथ बड़ा आनन्द महसूस करती हूँ। जैसे में किसी की गोद मै बैठी हूँ कभी कभी ऐसा हो जाता है लगता है पूरा आसमां जमी पर उतर आया सब नजरो के साथ होता चला जाता है मेरी सुबह ताजगी भरी आनन्दमय होती है। हर पल आनन्द से भरा जब तक हमारी आत्मा के पर्दे नही हटते या परते नही खोली जाती जब तक कोई इस रहस्य को जान नही सकता। कुछ नजर नही आयेगा, इसके लिए हमें जीते जी हमें ध्यान में पड़ना परता है ध्यान में मरना पड़ता है। अगर अपने अंदर सोई आत्मा को जगाना है, तो भले आपने योगशास्त्र में अनेक क्रियाओं को पढा हो। योग हमारे शारीर को स्वस्थ रखने में काफी लाभदायक रहा है। योग का इस्तेमाल कहो ज्यादातर शरीर को स्वस्थ रखने के लिए ही करते है लेकिन जैसे जैसे उम्र बढती है या अकस्मात बीमार हो जाता है सब छूट जाता है बल्कि कई बार रोग का कारण भी बन जाता है।

ध्यान प्रक्रिया में तो बैठना होता है यहाँ थोड़ी देर का नही यहाँ ज्यादा का काम है। बड़ा काम ध्यान के द्वारा अपने भीतर प्रवेश करना है धीरे धीरे शरीर रूपी रथ पर पकड़ पाना है शरीर को नियन्त्रण करना है, कंट्रोल करना है । अपने को देखना दूसरो

को नही देखना । दूसरो में नही चलना स्वयं के विचार से मुक्त होना सबसे बडी बात है। असल से जुडना है सबसे बडी बात है। मैने ध्यान के अतिरिक्त कोई साधना नही जानी जानने के साथ ही कुछ पा सकते है। अब स्कुल के टीचर को कहो कोलेज के प्रोफेसर की जगह पढाये तो क्या मुमकिन है कभी नही चाहे कितना किताबी तैयारी कर ले और पढा भी दे आप संशय में रहेगे जब तक प्रोफेसर से हल न कर लेगे। उसी प्रकार ध्यान कराने का भी माहिर होना चाहिए योगा कराने वाले बहुत मिलेगे लेकिन ध्यान की गहराइ में जाने के बाद साधना का रंग ही अलग चढता है। मन को विचार रहित बना सकते है? कैसे शून्य में ले जा सकते है? बाहरी सब कैसे छोड़ा जाये और अंतरमन पर किस तरह प्रभाव बनाया जाय । प्रक्रिया द्वारा ही सहज धीरे धीरे भीतरी होते चले जायेगे । एक होते चले जायेगे, बाहरी मन और भीतरी मन एक होता चला जाता है । सहज भीतर प्रवेश पा जाते है पता भी नही चलता मन, मष्तिष्क दोनों पर प्रभाव पड़ेगा दोनों शून्य हो जायेगे । यह अनुभूति भी बहुत आनन्द दाई है सच में मुझे कभी कभी लगता था हमारी चार आंखे है दो भीतरी दो बाहरी दोनों आंखे रौशनी से भरी है जब भीतरी आँखे खुलती है उनकी बात ही अलग है साधारण आँखे तो जैसे गायब ही हो जाती है, पहले तो यह क्रियाये मुश्किल लगती है लेकिन बाद में आसान हो जाती है। यहा सारा का सारा युद्ध मन का है।मन ऐसा भँवरा है जाने किस–किस फुल है बैठता फिर भी अधूरा का अधुरा। मन बगैर यात्रा के कहाँ–कहाँ की खाक छनवाता रहता है यह किया कोई सहज काम है। यदि इसे आवारा छोड़ दिया तो यह दिन रात चेन न लेने देगा भटका देगा उसी पदार्थ की खोज कर लो जिससे यह स्थिर कर लिया जाए बस विचार श्रृखला को तोडना होगा। अभ्यास द्वारा बुद्धि में स्थिर करना होगा ताकि पूरी की पूरी खोपड़ी का बल्ब जल सके। ईश्वर के अस्तित्व का पता इस देह में है यह खाली विचारों का अस्तित्व नही है। खाली तो होना होगा खाली मन ही भर सकते है। पहले भरा हुआ है भारी है कभी प्रभु को नही प्राप्त कर सकते।

शरीर में ढूढो कौनसी दुनिया में है सभी पहचान कर लो अगर कर सकते हो। विचारों को भस्म कर होश को जगालो दीपक के बगैर अन्धेरा दूर नही हो सकता। विचार आते रहेगे उन्हें भी देखो आते जाते भीतर प्रवेश न करने दो भीतर से निकालने की कोशिश करो। छु न पाए बस इतना ध्यान कर करना है। मेरी अनुभूतियाँ तो है, रोज रोज बढती रोज कुछ नया देखने को मिलता है मेरे लिए जैसे रोज नया सवेरा नई अनुभूति मुझे भी कुछ पता नही चल रहा था कहने के लिए शब्द नही प्रकाश के भीतर ही भीतर घंटो तारतम्य जोड़ बैठी रहती क्योंकि टूटते ही गायब मै भी कुछ होश नही भीतरी कहाँ–कहाँ सैर कर आती। जहां जाने की कोई साधन की आवश्कता ही नही बची। अपने भीतर गजब की तृप्ति छा जाती रही थी। कितनी ही घनी घहराई हो अंत तो है फिर टिकता है भले सब चलायमान है लेकिन एक स्थिति आती है गहराई मै जाकर

लोट सकते है तैरने का अभ्यास हो जाता है फिर कितने गहरे उतरो कोई डर नही अब किसी की बाह पकड उतार दू ऐसी कृपा बक्श दी प्रभु ने, हां यही जी में आता है।

बुद्ध की वाणी, महावीर की वाणी गाता कबीर को गाता है, नानक को गाता है मुझे समझ नही आ रहा मै कैसे गाऊं उनके दिव्य तत्व को कितनी गहराई थी। मुझे उस दिव्य तेजोमयी तत्व के सिवा किसी को कहानिया नही सुनानी। कहानी तो सभी स्वयं पढ सकते है। बहुत प्रवचन वाचक है, टीवी खोलो प्रवचन मिलेगे मेरे पास कोई प्रवचन नही मेरे पास केवल प्रभु का प्रसाद है कोई भाग वाला आएगा जिसने जागना है जिसने आपने आप को जगाना है।मै केवल जमावंन देने वाली हूँ दही भी जम जायेगी मंथन सभी को स्वयं करना है। तभी असल का दर्शन कर पाओगे ज्ञान की महिमा अपरमपार है। जो समझ जाये सहज वो ही हकदार भी होगा। हां कहानिया मैने भी लिखी है ताकि सबको समझ आ सके कईयों को पढ कर समझ आती है। बहुत बडी बात असल की समझ आ जाये। अध्यात्मिक खजाना आपका इन्तजार कर रहा है राधा कृष्ण एक उचाई ही नही अध्यात्मिक प्रेम भी है। विशवास पहली सरल हानि रहित विधि है। यह विधि प्रत्येक व्यक्ति की मानसिकता पर निर्भर करती है। मेरे पास कोई जादू नही। कोई अंध विश्वास नही लेकिन लाभ विश्वास दिलाता है। हां मेरे हाथ पारस अवश्य लग गया है मै जिसको चाहू सोना बना सकती हूँ। बशर्ते वो मेरे नियम अनुसार यानि प्रक्रिया की विधि जान ले विश्वास काम करेगा विश्वास लाभ दिलाएगा ।

रात भर घुमती रही छत पर, पूरा अस्तित्व् था अंग संग
अमावस की रात थी चांदनी भरी सौगात कांड था ब्रह्मांड का
रूह की तह को छु गया ब्रह्मांड में आकाश भी घडी भर को खेल गया

भीतर का दिव्यामृत का महासागर खोजना तो पड़ेगा, आत्मा सब से पार है इसका प्रकट होना इसी देवीय विधान को जानना है आत्मा का सच्चा आनन्द उसकी सच्ची भूख इच्छित पदार्थ अमृत है, यहाँ कोई मोह नही, कोई आसक्ति नही सबसे निर्लेप बनाना है तभी शरीर में आत्मा से परमात्मा का दर्शन कर पाएंगे। हमारे जन्म मरण का चक्र की समाप्ति यही पर हो जाती है आत्मा का किसी भी ज्ञान से कोई लेना देना नही है यहाँ सीधा सम्बन्ध परमात्मा से बनाना है। परमात्मा भी नही साक्षात ब्रह्म से प्रकाश से तालमेल जोड़ना है। मूढ मत बनना अँधेरे में प्रकाश को ढूढना।

एक आदीवासी गावँ उसमे एक परिवार ऐसा था वो जैसे ही रात होती अँधेरे को भर–भर टोकरे बाहर फैकने लगते। सारा परिवार रात भर अँधेरे को फैंकता सुबह प्रकाश होता बड़े खुश होते। हमने अँधेरे को बाहर फैक दिया। उनके परिवार में बड़े लडके की शादी हुई घर में जो लडकी आई वह रात हुई उनको यह सब करते देख

बडी हैरान हुई बोली यह क्या कर रहे हो? उन्होंने बताया हम अँधेरे को बाहर फैक रहे है। तुम भी आओ हमारे साथ वह बोली मै कल से करूंगी आज देखूंगी। अब रात भर वह उनको देखती रही जगती रही वो इसी तरह अँधेरे को बाहर फैकते रहे। वह समझदार थी बाजार गई एक लालटेन और दियासलाई ले आई। अब जैसे ही रात हुई वे लोग लगे अँधेरे को फैकने। उस लड़की ने कहा रुको उसने दियासलाई ली लालटेन जला दी अँधेरा दूर कर दिया वे हैरान थे यह कैसे? इसी तरह बिना अनुभवी के बताई युक्तियां कभी सफल नही होती। अपने बारे में सोचे आप क्या चाहते है? क्या कर रहे है? यह तो असीम शक्ति का विषय है। जिसे सभी अपने भीतर छिपाए बैठे है। शक्ति को बाहर लाये और अपनी प्रतिभा बढाये शक्ति को ढूढने की सही प्रक्रिया जाने। इस भागदौड़ भरी दुनिया में समय भी स्वयं को निकालना है। स्वयं की खोज की सही प्रक्रिया भी स्वमं को खोजनी है। मोक्ष का रास्ता चाहिए तो सही खोज करे।

जिसने भी समुन्द्र का अमृत खोज लिया सब मिल गया बहुत बडी जीत हासिल कर ली ।

मेरे अनुभव में क्रिया अहम है जो भीतर प्रवेश करा दे। लोहा जितना गर्म उतना जल्दी मुड़ता है उसी तरह क्रिया भी अहम है। मेरी नजर मै दूसरी दुनिया में प्रवेश करती जा रही थी, जहाँ प्रकाश और दिव्य ध्वनिओ से भरी पूरी सृष्टि मेरे सामने थी। सब कुछ स्पष्ट नजर आ रहा था। मुझे अजीब सा नशा रहने लगा मै स्वयं प्रकाश के साथ एक होती जा रही थी आँखे बंद यात्रा शुरू। अब ऐसी हालत हो गई लगता था पूरी सृष्टि मेरे भीतर से होकर गुजर रही हो। मै किसी को भी भीतरी तौर से देखने में समर्थ होती जा रही थी। किसी भी व्यक्ति को बगैर कुंडली के उसको पढ सकती थी जो भी भविष्य वाणी करती वहीं सत्य हो जाती यह सब कैसे हो रहा था मुझे भी मालुम नही। मेरे सामने रोज नए चित्र सामने आ जाते तो समर्थ कैसे हो सकती भेद ही बहुत बड़ा है। मै आपने भीतर किसी प्रकार का अहंकार नही भरना चाहती थी यानी अहंकार को स्वीकारना प्रभु के अस्तित्व को हंकारना इसलिए ज्यादा ध्यान नही देती। क्योकि अहंकार पिशाच देह से उत्पन्न होता है। देह में ही रहता है देह को खाता है खोखला करता है देह ठूँठ के समान प्रतीत होती है। शरीर में देखो अंहकार कही नही मिलेगा। अहंकार कैसा होता है कैसी आकृति कुछ नही पता चलेगा। स्वयं देखभाल करनी है अपने तन क्या बीज बो रहे है यह अपने को स्वयं देखना है।

मै दिव्य प्रकाश के साथ उड़ना चाहती थी नाचना चाहती थी मेरे साथ ऐसा ही हुआ घंटो घंटो आनन्द में प्रेम में एकांत कोई होश नही कब आँखों से प्रेम के आसू बहने लगते कैसे फूटते अश्रु फिर कोई होश नही क्या कहेगा कोई। हमारे अन्तस् में तरह तरह के भाव उठते है दिव्य प्रकाश के साथ अपना जीवन ही नही दीखता बल्कि अपना मृत्यु से पहले और बाद का जीवन भी नजर आने लगता है। मैने कई बार अपने को

भगवा पहने देखा जो भगवा आज भी मेरा पसंदीदा है। इस स्थिति में पहुचने के बहुत रास्ते है।क्रिया ही पहुंचने का साधन है। मै कभी सोच नही सकती थी इस तरह जीवन में मै प्रभु से रूबरू हो जाउंगी दिव्य प्रकाश की दिव्य तरंगो को देख मेरा मन भर–भर आता था खुद को खुद का होश नही रहा और होश में रह पाना मुश्किल था। अब घोर समाधियों के बाद ऐसी अवस्था आ गई थी। डुबकी लगाओ और भर–भर पियो अमीरस। आनन्द मग्न रहो बाहरी किसी से क्या बात करूं हम कौन से महासागर का पीते है नशा ऐसा नशा कभी न उतरने वाला नशा था।

अगर कोई व्यक्ति ध्यान कर रहा है उसका ध्यान भंग हो रहा है ध्यान भंग होना ध्यान लगना सब अन्धकार में पड़ना है। थोडा भी अन्धकार छटा है वह फिर और गहरा होता चला जाएगा। फिर से घोर अन्धकार प्रभु बदले में कुछ चाहता ही नही। तभी तो बस थोड़ी मेहनत अपनी मर्जी आप ध्यान करना चाहे आपकी मर्जी है, किसी प्रकार का कोई बंधन नही। हम अपनी सारी ऊर्जा भीतर मोड़ सकते है सारी ऊर्जा भीतर बहने लगेगी।

ध्यान पूरे शरीर को तो ऊर्जा देता है साथ ही ऊर्जा के कारण हम बहुत से झंझट से पहले ही परिचित हो जाते है। बाहय कष्टों दुःख तकलीफ आदि से लडने में सक्षम हो जाते है। जीवन तो वैसे ही हर प्रकार से सुखी हो जाता है भीतर में मुड़ने पर ऊर्जा हमारे गुप्त रोग हदय रोग यानि दिल का दौरा आदि की सम्भावना कम हो जाती है इस प्रकार भीतरी कई बीमारियों से भी बच जाते है ।

अगर पुरुषो की बजाय स्त्री ध्यान करती है जल्दी प्रभाव पड़ता है क्योंकी स्त्री में समर्पण की भावना अधिक होती है। जबकि पुरुषो की मानसिकता महिलाओं से अलग होती है। पुरुष का समर्पण भाव देर से जागता है। अगर पुरुष का समर्पण भाव जाग जाए तो वह बहुत पा जाता। पुरुष की झोली जल्दी दिव्य ज्ञान से लबालब भर जाती है। सदैव से पुरुष प्रधान रहा है वह झुकना नही झुकाना जानता है और यह बात घर से ही शुरू हो जाती है, लडकी का क्या ये अगले घर चली जायेगी बस अपनी जिम्मेवारी पूरी करने वाली बात होती है। पुरुष तो ताड़ के वृक्ष की तरह खड़ा रहता है। स्त्री जब झुकती है तो झुकती चली जाती है फिर उसको कुछ नही दिखता स्त्री का समर्पण अंधा होता। पुरुष को प्रारम्भ में इन सभी बातो को स्वीकार करना मुश्किल होता है, पुरुष का समर्पण भाव देर से जागता है। पुरुष थोड़ा आजाद है, पुरुष का बेहतरीन स्वभाव अपने भीतर बदलाव करता है फिर शंका नही टिकती। प्रभु जब कबूल करता है तो प्रभु आनंद की कोठरी का दरवाजा झट खोल देता है। प्रारम्भ मै इन बातो को स्वीकार करना भी मुश्किल होता है मै सबसे ज्यादा समर्पणता पर जोर देना चाहुगी।क्योकी यह शब्द बहुत बड़ा काम कर जाता है जितना जल्दी प्रभु को समर्पित उतना जल्दी क्रिया में सफलता ध्यान में बढोतरी मन की सारी कमजोरी दूर हो। भीतर

की सफाई मन गुलाम होता चला जाएगा। जीवित व्यक्ति के साथ यह ऊर्जा है जिसको ईश्वरीय शक्ति का नाम दिया गया है। असल में व्यक्ति भीतर की शक्तियों से बिलकुल अनभिज्ञ है बाहरी ऊर्जा तो व्यक्ति काम में लाना सीख लेता भीतरी ऊर्जा को नही जानता। उसके लिए तो केवल कल्पना मात्र है हकीकत जानने की कोशिश नही करता। तलाश ही नही कर पाता भीतर भी एक दैवीय शक्ति का प्रवाह निरंतर बह रहा है। मेरी जिन्दगी की सर्वोतम अनुभूति दक्षिणा में मेरा जीवन प्यारे प्रभु को समर्पित है। जिसने कबूल कर अँधेरे की कड़ियो से सुरक्षा कर जीवन उजाले से भर दिया। यकीनन विश्वास के साथ चुनाव सभी का अपना है। प्रभु को पाना चाहते है या संसार को झेलना चाहते है। जिन्दगी में दिव्य ऊर्जा को शामिल करना प्रभु की और से सबसे बडा तौफा है। जिन्दगी की क्षमता जाने बगैर जो जिन्दगी को गुजारता है, यह सबसे बडी अज्ञानता है।

तत्व गुरु के चरणों में बैठ कर मिले नित नया अनुभव !!
गुरु मुख से ब्रह्म के भेद खुले घट शीश बसे ब्रह्म ज्ञान !!

ध्यान वो मंजिल है जिसको लगाओ तो अपनी मंजिल ढूंढ़ लेती है जो करने को तैयार है पाने को तैयार है। उनको पता नही कौनसा सुरमा लगाया जाय कैसे लगाया जाये।

जो नैनो के पट खोल दे मिटा दे सारा धुंधलापन। यहाँ तो खुद की आँखों का सवाल है जो बिज आँखों में दबा पड़ा है वह फलेगा तो अवश्य अब आँख में मोतिया बन कर फूटे, बीज तो फूटना है, बीज है अब वह ठुँठ बन कर बाहर आये या अंकुरित हो।किसी रूप में अंकुरित होय। भीतर यह पक्की बात मुझे आँखों का एक–एक रहस्य ऐसा मालुम हुआ जाने लगता है पकड–पकड़ सबकी आंख ठीक कर दू सबके भीतर खुदाई कर दू जिससे पडा बिज अंकुरित हो। बहुत रहस्य छिपा है।

कितनी ही डिग्री लेले कोई फिर न जान पायेगा। क्योकि अँधेरे में रहना व्यक्ति का स्वभाव बन गया वह जानकार भी नही जान पायेगा। बगैर जानकार के यह दिव्य काम बेहद मुश्किल है। आप पेड़ की टहनियों को कितना पानी खाद डालो इससे कोई पेड़ हरा नही होगा। जब तक पेड़ की जड़ को यानि तय में पानी खाद डालेंगे तो हरियाली बनी रहेगी। पेड़ फलता फूलता रहेगा कोई बाधा नही होगी।

सहज ध्यान करना अभी आंखे मुद कर शांत बैठ जाना और अपने से बात करना अपने से सवाल करना अँधेरे से डरना नही ये मत सोचना क्या सवाल करू? कैसे करू? जो खोजते है उनको अँधेरे मै भी आवाज आती है जीवन का उदेश्य बस यही खोज है जो खोजने निकलेंगे वो कभी न कभी पा लेगे। जो सोच में भी नही चलेगे उनके तो

सारे रास्ते बंद नजर आयेंगे बड़े बड़े ताले लग जाएगे। किसकी खातिर करना है एक यही काम है जो अपने लिए है अपने उद्धार के लिए, मोक्ष के लिए है। रास्ता है बहुत रास्ते है खोजोगे तो मंजिल मिलेगी मंजिल तैयार है।

अपने सुख दुःख में ईश्वर का कोई काम नही, अपने ही जाने अनजाने में किये कर्मो के भोगी है यहाँ किसी प्रार्थना वाली कोई बात नही प्रभु तो दे रहा वह निष्फल दे रहा है। अपने किये कर्मो को प्रभु पर मत डाल बन्दे अपना कर्म और अपना फल भुगतन हार भी स्वयं है यहाँ प्रभु का कोई लेना देना नही है। फूल तो जंगल में भी खिलते है उपवन में भी खिलता है। जबकि जंगल में न खाद डाली जाती न पानी दिया जाता फिर भी जंगलो में सुंदर फूल खिले रहते है बंजर जमींन में भी फल लग जाते है वो बिज हवा के जरिये न जाने कौनसे झोके के साथ उड़ आया होगा। कौनसी आंधी घसीटती हुई लाई होगी कितना सह कर आया होगा। हवा ने कितनी बार जमीन पर पटका होगा। छिल भी गया होगा। लेकिन हिम्मत नही हारी हवा के थपेड़ो के साथ चलता रहा। न छावं पाई न पानी न खाद मिली, हिम्मत और ताकत नही छोड़ी जंगल में मंगल कर गया खिल गया फूल, लग गये फल। साधने वाली बात है साध ले आंख अर्जुन की तीर सी कोशिश तो करनी होगी। हल सामने है देर से सही हल तो निकलेगा।

मृत्यु को भी जानना चाहता है मोक्ष भी पाना चाहता है तो इन्तजार किसका सांसे पूरी होने का या इच्छाओं की पूर्ति का जिन्दगी तो चलती रहेगी जीवन में करना क्या है ये आपको तय करना है। यह सत्य का व्यवहार करना है बंधना नही है। जिन्दगी के साथ मौत भी दौड़ रही है।सत्य की राह नजर आये चल लेना वर्ना मौत का हाथ नजर नही आता। सोचना दुनिया से क्या मिला जिमेंदारी निभाने के बाद क्या मिला दुःख। उनके पास जो है वहि देगे इसलिए मानो या न मानो सत्य तो है दिखता तभी है खुद को साफ करना खुद को मंदिर बनाना फिर आँख खोल या बन्द कर हर वक्त आनंद ले। जिस दिन भीतर का जागरण हो जाएगा फिर देखना सफलता तृप्ति का कितना आनंद है। सभी काल के शिकंजे में फसे है अपना शिकंजा कोई नही देख पा रहा है। सत्य के दर्शन बगैर जिन्दगी अधूरी है ज्ञान वही है जिस दिन शून्य को जान पाओगे ज्ञान का अमृत ही शून्य के पार ले जाएगा। प्रभु हमारे भीतर जीता है अपने जीवन में प्रभु को प्रवाहित होते देखना चाहते हो जो श्वास देता है। उसी को देखना है उसी हर श्वास के साथ धन्यवाद करना है।

जिस तरह पूरी सृष्टि को प्रवाहित होते देख रहे हो उसी तरह अपना जीवन भी प्रवाहित होते देख सकते है। आत्मा का अन्धकार मिटाकर ही आलौकिक नव जीवन का तेज देख सकते है। जब जीवन को अपने हाथो में थाम लेते है तब सारी सृष्टि का हाथ भी दिखने लगता है कुछ तो अपनी जीवन धारा को बदलना होगा कुछ तो व्यर्थ की छटाई

करनी होगी जीवन की देख भाल स्वयं का जिमा हो जाता दूसरो की जिमेवारी समाप्त हो जाती है। अपनी फिक्र किसी को नही मनुष्य आपनी फिक्र कर सकता है।

केवल एक यही बात मनुष्य को दूसरे जीवो से अलग करती है। मनुष्य तप कर सकता है, यही सबसे बड़ा अपने आप में चमत्कार है। असम्भव सा लगता है, आकाश को करीब से देखना दिव्य सूर्य दैवीय शक्ति के गजब चमत्कार है। प्रत्यक्ष अनुभव तो अपनी इच्छा पर निर्भर करता है। असल तो कोई जान न पाया ,प्रभु को कोई जान न पाया । प्रकाश पुंज तो सभी मै है मैने तो जाना बगैर प्रकाश के जीव निर्मित ही नही हो सकता। वो पशु की आत्मा के समान है जो मनुष्य जन्म लेकर अपनी आत्मा प्रकाश को जान नही पाता। कोई भी जीव जब अपना शरीर छोड़ता है आत्मा का प्रकाश निकलता है । दिव्य आत्मा को परमपिता परमात्मा के प्रकाश पुंज के साथ मिलकर प्रकाशित पुंज में मिलती है।

सत्य बचा है भगवान् का बनाया हुआ सत्य पुंज बाकी तो संसार की सारी कोशिश व्यक्ति व्यर्थ करता रहता है। आज कुछ न किया गया तो समय का बहाव सत्य को बहा ले जाएगा। नाम भी जायेगा निशाँन भी जाएगा।

सत्य को जानने वाले कबीर साहिब ––सभी में ईश्वर रूप देखते थे उनकी सेवा भगती से सभी परिचित है वे गरीबी में तो थे ही और जो कमाते वह संतो की सेवा में निकल जाता अक्सर उनके यहा संतो का आवागमन लगा रहता अपना भोजन का मुश्किल से निकलता था।

एक बार बरसात के कारण कबीर साहब कपड़ा बेचने बाहर न जा पाए, बरसात का मौसम घर में खाने को भोजन सामग्री बिलकुल कम थी, और अचानक संत महात्माओ की एक टोली उनके घर आ पहुची। कबीर ने अपनी पत्नी से कहा क्या कुछ भोजन सामग्री कुछ आटा दाल ला सकती है, पैसा चुका देगे। जिसकी कोई निश्चित आय नही उसको कौन सामान देता। लोई ने कहा की मै कोशिश करती हूँ। लोई कुछ दुकानदारों के पास गई पर सभी ने उधार देने से इंनकार कर दिया। एक गरीब जुलाहे की पत्नी को कौन उधार देता, जिसकी आय का कोई अता –पता नही। लोई इधर उधर भटक रही थी एक दुकानदार ने बुलाया और उधार देने को राजी हो गया। दुकानदार ने एक शर्त रख दी शर्त भी घटिया थी एक रात उसके साथ बितानी होगी, दुकानदार की नीचता भरी शर्त सुन कर लोई खामोश हो गई बोली मै कबीर साहब से पूछ कर आती हूँ। कबीर ने सुना बोला अभी हमें भोजन सामग्री की आवश्यकता है संत घर में भूखे बैठे है जल्दी से सामान ले आओ। लोई ने सेठ से सामान मांगा और बोली मै संतो को जिमा आऊं फिर आपके पास आती हूँ।

लोई ने खाना बनाया संतो को जिमाया। अब लोई को कबीर ने कहाँ वक्त आ गया, सेठ का कर्ज चुकाया जाये। मालिक सब भला करेंगे, चिता न करना सब ठीक हो

जाएगा। लोई चलने के लिए तैयार हो गई बोली बाहर तो वर्षा हो रही है। कैसे जाऊंगी? बाहर कीचड़ भी बहुत था। कबीर ने लोई को एक कम्बल दिया कहा जल्दी से इसे ओढ़ लो। मै तुम्हे कंधे पर उठा लेता हूँ। जल्दी ही दोनों दुकानदार के पास पहुंच जायेगे। लोई जल्दी ही सेठ के पास भीतर गई, कबीर साहब बाहर गेट के पास खड़े हो गए वहीं इंतजार करने लगे। लोई को देखकर दुकानदार बहुत खुश हुआ जब देखा बाहर तेज वर्षा है लोई के न कपड़े गिले है न पाँव गिले, पूरा बदन सुखा। उसे बहुत हैरानी हुई क्या कारण है। तुम कीचड़ भरी गली में से सुखी निकल आई बदन सुखा है पावँ बिलकुल सूखे। लोई ने कहाँ इसमे हैरानी की क्या बात है मेरे पति मुझे कम्बल औढा कर कंधे पर बैठा कर लाये है। यह सुनकर दूकानदार दंग रह गया, लोई का निर्मल ह्रदय निष्पाक चेहरा देख हैरानी में था।जब उसने कहा उसके पति उसे वापस ले जाने के लिए बाहर इन्तजार कर रहे है। दुकानदार को अपनी नीचता पर और कबीर साहब की महानता पर शर्म से पानी पानी हो गया। उसने कबीर को अंदर बुलाया लोई और कबीर से घुटने टेक कर माफी मांगी। उनको गुरु स्वीकार किया, कबीर ने माफ किया कहाँ उठो भाई कभी–कभी सभी रास्ते से भटक जाते है कबीर और उनकी पत्नी दोनों घर लोट आये। अगले दिन सेठ कबीर के घर पहुचा। सेठ विनम्रता पूर्वक सच्चा शिष्य बना।तत्व ज्ञानी गुरु भटके हुए लोगो को सन्मार्ग दिखाने आते है। सेठ का समर्पण भाव जाग गया, सोई आत्मा एकाएक जग उठी अपनी गलती का एहसास हुआ।

तत्व ज्ञानी गुरु मिलता है तब जीवन का एक बड़ा सघर्ष समाप्त हो जाता है। फिर जीवन एक खेल उत्सव बन जाता है एक सन्मार्ग मिल जाता है। फिर अँधेरे में शाखें हिलनी शुरू होती है अन्धेरा हिलने लगता है। ख्वाइशे गिरने लगती है, झरने लगती है, थोथे ज्ञान से मन हटने लगता है, सकून महसूस करता है ।

बाहरी पदार्थो के छल में न पड़े आत्मा सब के पार है, वहा न तन, न बुद्धि है न कोई इच्छा बचती है, इच्छा प्रवृति समाप्त हो जाती है। आप कल्याण की अवस्था को प्राप्त कर लेगे। आत्मा परम प्रकाश से मुखरित होना चाहती है, संसार का कोई पदार्थ आत्मा की तृप्ति नही। आत्मा की तृप्ति अपने भीतर है। वहि मिलेगी खोजिये माहासागर छिपा है अपनी आत्मा का मुकम्मल इलाज करिए। थोड़ी फुर्सत अपने लिए निकालिए फुर्सत के पल में सोचिये अपनी जिन्दगी को सुलझाने की कोशिश करिए। प्रभु का कानून अदृश्य है दिखाई नही देगा, सजाये भी दिखाई नही देगी। जहां बसते चारो धाम का निवास है, ऐसी लग्न लगा ले, देख कर समझ आएगा। नकल नही करना क्या बतायेगे, किसी के धोखे में न आना यह संसार एक दौड़ है एक भागता है सब उसके पीछे हो लेते है। नामी को ढूंढना आसान है गुप्त हो ज्ञानी हो सहज मिल जाए थोड़ा मुश्किल काम है।

व्यक्तियों के मन में एक धारणा बैठ गई है, मन्त्र लेलो काम हो जाएगा बेड़ा पार हो जाएगा। उन्हें यही सुविधा जनक लगता है फायदेमंद क्योकि उजाले को कभी देखा नही। जहां अनगिनत आनन्द है ध्यान देने वाली एक ही बात है। यहा बंदिशे भी कोई नही उठने की बजाय सभी घोर अँधेरे में गिर रहे है।

कभी पतंग को आकाश में उड़ते देखना, मै एक बार पंतग को ध्यान से देखती रही ध्यान विधि डोर जैसी है डोर के सहारे पतंग आकाश में उड़ती है। मै बच्चे को देखती रही बड़े ध्यान से पतंग उडाता रहा, मैने उसके पास जाकर डोर तोड़ दी हालांकि बच्चा नाराज हुआ। मैने देखा पतंग जमीन पर गिर गई। ध्यान भी कुछ इसी तरह है लेकिन ध्यान की डोर कोई दूसरा नही तोड़ सकता। ध्यान एक बार भीतर से जुड़ जाता है फिर संसार रूपी सागर में नही गिरता यह डोर भीतर से इतनी पक्की जुडती है। यह पतंग वाली डोर नही दूसरा आकर तोड़ दे। इसे स्वयं ही तोड़ सकते है यानि ध्यान करना छौड दे। ध्यान प्रभु के साथ जोड़ता है, कोई तोड़ नही सकता, वास्तव में जीवन उड़ने लगता है, रंग भरने लगते है। ध्यान की डोर रेशम से भी कमजोर होती है। ध्यान हृदय की अंतल गहराइयो में जाकर विशाल उचाइयों की उड़ान भरकर निकलता है। मुग्ध होकर देखना होता है हिलना नही अदभुद दृश्य रहस्य से भरा।

प्राचीन काल से ही संत महात्माओं का बड़ा आदर सत्कार होता रहा है। तत्व ज्ञानी संत कही जाया नही करते बल्कि राजा महाराजा दिव्य संतो की खोज में रहते थे बड़ा सत्कार भी होता। वहा जाकर जाती, धर्म की बात नही करते थे केवल शांति की खोज चाहते थे। तत्व का ज्ञाता कोई विरला ही होता था उनके हृदय में बड़ा परोपकार भरा होता था। वे भी सत्य बाटने के लिए कभी–कभी भ्रमण किया करते थे, सत्य की बात उन्ही से की जाती है जो सत्य समझने में सक्षम हो सत्य पर जिसका जीवन टिका हो। सत्य को पाना सभी के नसीब में नही होता जो बाहर की संसारी सृष्टि में खलल डालते हो। जो बाहरी नियम में उलझे रह कर गलत कार्यो में लींन रहते हो। वे सत्य से वंछित रह जाते है। सत्य के तथ्य को जान्ने के लिए संत बड़े उपाय करते थे।

एक बार मंदिर में पंडित जी कथा कर रहे थे, संगत बडी तादात में मौजूद थी। संत भी वहा पहुच गये संत को देखकर भगत खुशी से उछल पड़े संत का स्वागत किया। सभी ने कहा महाराज सत्य से थोड़ा परिचय कराये। कृपा हमको भी सत्य से अवगत कराए हम जानना चाहते है। संत से सत्य पर बोलते हुए पहला प्रवचन यही किया? क्या आप सभी गीता पढ़ते है, सबने बडी जोर से हामी भरी। दूसरा सवाल किया क्या आपने 19 अध्याय पढा है। जिन व्यक्तियों ने पढा है कृपा करके हाथ उपर करे !! संत बोले।

संत तो हैरान हो गया देखते है सभी ने हाथ उपर कर लिया। यह सब लीला देख कर संत हसने लगे और बोले क्या आप सभी आँखे बन्द करके पढते है। गीता के कुल

18 अध्याय है संत की बात सुनकर सभी बहुत शर्मिंदा हुए। प्रवचन समाप्त हुए सभी अपने घर जाने लगे। संत उस बूढे व्यक्ति के पास गये जिसने हाथ उपर नही किया था। वहा जाकर बोले सचमुच तुम सच्चे व्यक्ति हो। मेरा विश्वास है तुम जैसे सच्चे व्यक्ति धरती पर कुछ और हो जाए तो धर्म का कल्याण है। धर्म की हानि नही होगी, धर्म बच जाएगा। बुढ़ा व्यक्ति बोला महाराज आप गलत समझ रहे है। मेरे हाथ में बहुत दर्द होने के कारण मै हाथ उपर नही कर सका। हाथ मै भी उठाना चाहता था। व्यक्ति के भीतर अज्ञान का अन्धकार भरा पड़ा। ज्ञान की उपलब्धि पाने में कभी समर्थ नही हो सकता है।

उसी प्रकार पढ़े लिखे अज्ञानी व्यक्ति ज्ञान को हराने को तैयार रहते है। जिनका सत्य से कोई लेना देना नही कोई पहचान नही, यह सत्य है। सत्य को जानना ही तरना है इसे कोई भी जान सकता है। एक अनपढ़ भी जान सकता है एक बेकार भी जान सकता है। भले इस जगत में असफल रहा हो सफलता न मिली हो पर परलोक की सफलता उनका इन्तजार कर रही है। वे जाग जाए जो आत्माएं बहुत दुःख भोग चुकी मन निर्मन हो गया अगर मन सत्य पर टिका है तो उनके भी प्रभु बहुत नजदीक होता है। थोड़ी सी युक्ति जानने की बात है।यह सब जानने वाले के लिए आसान है। सच्चे व्यक्ति की नैनो की तपिश आँखों के पानी के साथ बह चुकी, नैन ही अनूठे है जल रूपी सागर में बह निकला। तन का सारा बबाल निकल गया फिर नैया डूबने का इन्तजार न कर। नीली छतरी वाले की सब पर नजर है। कैसा संकोच? वो सबको देख रहा है मै यही कहुगीं छोड़ो दंद–फंद का चक्कर आज और कल मे आज का दिन भी क्यों खोये इन घडियो में खोज ले।

जो लोग ज्यादा सोचते है वो अपने जीवन का तेज और शक्तिशाली तन में शक्तियों को व्यर्थ गवाँ देते है। अपने भीतर निरंतर विश्वास के साथ की साधना का तेज प्रवाह शक्ति की जड़ तक पहुचता। विश्वास में शक्तियाँ जमी है विश्वास जगाओगे शक्ति जागेगी। यह नित निरंतर साधना का सूत्र है, यह विश्वास खुद के भीतर है बहुत कुछ है जिससे हम दूर है, सारा आलम हाजिर है जागना जीवन का लक्ष्य है। जानो या न जानो, मानो या न मानो यह काम तुम्हारा है। यह आपका अपना इसका बोझ स्वयं उठाना है जब तक जीवन है, तब तक इसका असली स्वरुप न देख पाओगे तब तक वह हल्का नही होगा। बल्कि और भारी होता चला जायेगा । जीवन में कुछ छोड़ नही पाओगे बल्कि जो कमा रहे हो उसको सम्भालने का भार, रखने का भार, कहाँ चोरी की जाय कहाँ इमानदारी से काम चलेगा बेइज्जती का भार पता भी नहीं किस वजह से है। सो भी नही पा रहे है। दिख नही रहा है या वो बुद्धि नही की समझ सको वक्त से पहले अपने को मानव से राक्षस बना लिया। तभी तो कई बार बड़ो को कहते सूना है राक्षस बुद्धि का है। अभी कोई विरला ही समझ पाय, स्वयं का भार स्वयं को समझना

है। अपने गुणों को विकसित करना आवश्यक है ताकि अपना प्रभाव जान सके अध्यात्मिक जगत में ध्यान की प्रक्रिया को खेल समझे। गुरु गोरखनाथ ने कहाँ है हसिबां खेलिबा करीबा ध्यानम अर्थात ध्यान को हंसी खेल में लो इस खेल में निरंतर सावधानी और रचनात्मिकता की आवश्कता है यह खुद की पृष्ठ भूमि का सवाल है। खुद की पृष्ठभूमि में गुम होना है। एक बार ध्यान नजरो में चढ़ जाय फिर चाँद सितारे आकर्षित करने लगते है।

हे प्रभु प्रिय इन आँखों में इस तन में तू ही तू दिखाई देता है
मूंद कर आँखे साँसों भीतर शहनाइयो की गूंज में सुनाई देती है।

ध्यान का करना एक चमकदार रौशनी में कदम रखना है परमात्मा की लाईम लाईट के संकरे दरवाजे पर नजर रखनी आनी चाहिए। अपनी उपस्थिति दिव्य लाईट को प्रबल बनाती है। आप सभी को अँधेरे से बाहर निकलना होगा।रौशनी पर ध्यान रखेगे तो सदैव आप पर प्रभु की चमकदार किरणे पडती रहेगी, आपको लुभाती रहेगी। स्वयं के सामने का जैसा प्रदर्शन होगा वह सामने नजर आयेगा। यह स्वयं का अस्तित्व ही नही दिव्य रौशनी से सारा जगत भी नजर आएगा। दिव्य रौशनी से खामिया दूर हो जो भीतर में खाली स्थान होता है। वह प्रभु प्रेम से भरने लगता है। जीवन की सच्चाई सामने आती है, व्यक्ति एक नए जीवन में प्रवेश करता है।

अपने भीतर की बहुमूल्य ऊर्जा को खोलने का लक्ष्य बनाये,तभी प्रभु की छवि नजर आएगी वरना अँधेरे में खोकर रह जायेगे, खुद की छवि कभी न जान पायेंगे। स्वयं को प्रभु के सामने प्रदर्शित होने की कोशिंश करे प्रक्रिया अपनाए। प्रभु का दिया यह रचनात्मक शरीर से प्रभु को जानने का उपाय खोजे। जीवन का सार ही यही है। अपने आप में अनूठी शक्ति है ऊर्जा को खोजे बगैर खामखा युही बर्बाद कर देंगे और इस काया को रोग का घर बना लेगे। सूर्य सामने होता है उसका महत्व कोई समझ नही पाता अनुपस्थिति में ही पता चलता है गर्मियों में शीघ्र सूर्य की गर्मी चुभने लगती है। जब वर्षा के दिन सूर्य का इन्तजार होता है, वहि किरणे सर्दियों में आनंद देती है उसी प्रकार प्रभु के मार्ग में कई पड़ाव आते है।

दरसल प्रभु ने एक नकाब पहन रखा है। प्रभु के सामने फर्जी चेहरों का कोई काम नही। जो सदैव अपने फायदे के लिए दूसरी आत्माओं को दर्द देते रहे। उन चहरो के आगे मोटे–मोटे काले कम्बल गिर जाते है जो क्षमा याचना करने के बाद भले सरकते जाय। यही गहरा राज है सच्चे मनुष्य थोड़ा सा भी साध ले सध जाए।

आज मै यही बात समझाना चाहती हूँ, प्रभु है, बाहरी शोर की बजाए भीतर की गूंज सुनो ईश्वर है, सत्य है, ज्योत है पूरा का पूरा ब्रह्मांड है सत्य का स्रोत बह रहा है।

हमारा शरीर ही पंच तत्व पांच सत्य से बना है यह हमे लगातार संदेश दे रहे है। आकाश, पृथ्वी, जल अग्नि वायु आकाश तो पूरा का पूरा ब्रह्मांड है जो भीतर भी समाया है, इन आँखों यानी भीतर की आँखों से देखना स्वयं में देखना ही एक चमत्कार है। परमात्मा भी परखता है उसकी जिज्ञासा देखता है प्रभु भी साधारण व्यक्ति को तत्व ज्ञानी गुरु के पास नही भेजता। पहले वह भी देखता है पात्र सुपात्र कौन है? प्रभु की कृपा हो कोई तत्व ज्ञानी गुरु मिलता है। गुरु को सब पता होता है कितना चल सकता है यह कोई साधारण यात्रा नही बैठे और कटा ली टिकट यह यात्रा शक्ति के क्षेत्र की खुशकिस्मती की यात्रा है। यह इर्षा, द्वेष, छलावा आदि दोषों से बचना है सच्चाई के विपरीत न जाए। सच्चाई की खोज सच्चाई से की जाए। यह मन की अनंत के साथ यात्रा शुरू करनी है। यहाँ आत्म् समर्पण का समावेश हो तभी साक्षात्कार के बीज अंकुरित होते है। जीवन में ब्रह्मरस की धारा से शरीर महकने लगता है। सुगंध प्रवाहित होने लगती है।

काश एक बार तुम भी तल्लीनता से बैठ कर देखते। पश्चाताप कर भीतर का मलवा निकाल बाहर फैकते। मैने कईयो को मरते समय बहुत तडफते देखा बहुत दर्द में देखा। प्रभु 5 मिनट के लिए उलटी रील चलाता है। कर्मो को वसूलने का तरीका अनोखा है विचलित कांटो वाली राह श्वास को निकलने में भी रूह कांप जाती है। इसलिए सदैव अपने भीतर प्रभु के भावो से भरी रसधारा बहनी चाहिए। जो पत्थर रूपी ह्रदय को भी पिंघला देती है।

यह बिहार की सत्य घटना है मेरे पास एक परिवार ज्योतिष के कारण अपने बच्चो की कुंडली दिखाने अक्सर आया करते थे। कई बार मुझे बुलाया परन्तु दूर होने के कारण मेरा जाना नही हुआ। एक बार पड़ोसी अपनी गाड़ी से वहीं जा रहे उनका कोइ रिश्तेदार बीमार था काफी दिन से बिस्तर पर बीमार था, उसका समाचार था। मैने सोचा चलो मेरा काम भी हो जाएगा मै उनके साथ चली गई वैसे मै अकेली कहीं जाती नही थी। जिन्दगी के अनुभव ऐसे रहे आज भी याद करती हूँ रूह काँप जाती है।

दो घंटे बाद उन्होंने मुझे बुलाया आप दीदी देखो इनकी नाड़ी तो चल रही है या नही शायद् इनके प्राण निकल गये। परन्तु चेहरा देखने पर लग रहा था अभी प्राण है। मैने कहाँ आप किसी और को दिखाओ कोई बडी उम्र का व्यक्ति हो। अभी जीवित थी सभी ने बहुत मन्नत मांगी इनके प्राण छूट जाए। कुछ ऐसा लगा जैसे बड़बड़ा रही हो मेरे मन में आया एकाएक उनके पास चली गई। हमें चार बज गये थे देर भी काफी हो रही थी। मैने उनके सिर पर हाथ रखा और बोला आपको जो भी दिखाई दे बोलो या जो आपके मन में आये वह बोलो। जल्दी बोलो उन्होंने कोशिश की बोलने की तो बोली तो ऐसा बोली राम राम सब सुनते रह गए। बाद में सबने कहा ये इसी तरह की

औरत थी। पति को छोड़ दिया था किसी के भी यहाँ चली जाती थी बाद में पता चला जहाँ जाती वहीं से कुछ उठा लाती। सबको आपस में लड़वाती रहती सारी बात सत्य निकली। वह अपने गावँ के भाई लगते थे वहा गई उनकी नयी शादी हुई थी उनकी पत्नी की सोने की चूड़ियां उठा लाइ। एक के यहाँ गई घड़ी उठा लाइ बहुत बाते कबूल की कहती गई उसके बाद प्राण निकल गए। उस दिन पहली बार यह सब सुन कर मेरे रोंगटे खड़े हो गए।

आज सभी जगह यही सब चल रहा है सृष्टि में इसी कारण उथल–पुथल मची है कोई देख नही पा रहा। सर्वव्यापी परमात्मा में गहमागहमी मची है। सभी अपने सिरों पर पापो का बोझा लिए घुम रहे है। यह सब व्यर्थ का बोझ धरती माँ को नही सुहाता। बोझ से हल्का नही होगा समर्पण नही होगा। मैने ब्रह्मज्ञान के ब्रह्म को गहराई से जानकर करीब से देखकर सब लिखा। एक ब्रह्म वेता ही सृष्टि के मूल को जानकर लिख सकता है। यह भी प्रभु का आदेश समझ कर रही हूँ।

राह मुश्किल है बिलकुल नही है क्या दौलत में सकूंन मिला, जिन्दगी को आगे नही धकेलो, ढलती उम्र तो परछाईया भी भूल जाती है। जिन्दगी में हर पल खेल ही चल रहा है। खेल खेलते–खेलते उम्र की साँझ हो जायेगी पता भी न चलेगा। मेरे तो हृदय के दीप में जो भी उजियारा भरा है। उसी को लिखने को बेकरार हूँ कैसे लिखू? कैसे अपने आपको रखूं।मेरे भीतर कैसी खुमारी है। ये सब प्रभु की नवाजिसे है, पिलाई है कौनसी नजरो से मुझे भी खबर न हुई। हमने भी धुत रहने की हद कर डाली है। हमें तो अँधेरे से हाथ पकड़ कर उजाले में डाला है अब एक ही दर रह गया। जिन्दगी जीने के खुले दरवाजे है इमानदारी वफादारी बहुत बड़ा सिला अज्ञान का पर्दा हटा तो जाना। इस प्रकृति में मै अदभुद अद्ववितीय हो गई। सृष्टि ने किया मेरा संरक्षण मानव पल–पल खंडन करने को तैयार है। जो श्वासे देता है वह गिनती की देता है इसलिए गुनाहो की गिनती श्वास निकलने से पहले अवश्य कर लेना।

बाहरी जीवन में बहुत कुछ सिखा झूठा है जग दिखावा मत सोचना किसी के बारे में वर्ना जिन्दगी बीत जायेगी अपने जख्मों को धोते धोते। अपने जख्मो को प्रभु प्रेम से भरो शामिल हो जाओ उत्सव में प्रभु की मेहरबानिया बरसती है। घायल हृदय में ध्यान जल्दी ड़ालता है जैसे अचूक दवा हो विराट को जानने की। विराट का सागर एक शून्य में समाया है।

जेक वेलेंटाइन जैसे व्यक्ति को अपना जीवन मनुष्य रूप में अधूरा सा लग रहा था। साधारण मनुष्य जीवन में वह खुश नही था। वह अपने जीवन को खुशहाल बनानें के लिए निकल पड़ा, वह अपने जीवन में रंग भरना चाहता था सुंदर बनाना चाहता था। जीवन में कमी महसूस हुई, लाइफ में कुछ तो मिस है, खोज में निकल गया। वह तीन बड़े गुरुओ से मिला यथार्थ को जानना चाहता था। प्रभावशाली सत्य को जानना चाहता

था, दर्शन की खोज में अपनी अदभूद यात्रा के बारे में लिखा। इस यात्रा के दौरान अनेक बाधाओं और मुश्किलों से झुझना पड़ा। सर्वोतम जीवन जीने के लिए जबर्दस्त बाहरमुखी मेहनत की वह कुछ वर्ष पूर्व वकील था।वह जितनी मेहनत करता गया वैसे वैसे अहसास होता गया। सब हासिल होने के बाद भी सुखी नही अपने जीवन में अधूरापन महसूस करता रहा। सच्चा आनन्द तो भीतर छिपा है अमृत का महासागर भीतर खोजने से मिलेगा। आत्मा सब पदार्थो से उपर है प्रदुभाव मात्र है अपने को प्रत्येक क्षण ढूँढना है एक लम्बी यात्रा जो कर लेता है वह कल्पवृक्ष के समान हो जाता है ज्ञान की शाखाये निकलती है, वह कभी नही मरता। ज्ञान की महिमा अपरमपार है।

सिद्ध पुरुष हो या स्त्री वह इसी ज्ञान की बात करेगी अनंत की बार–बार बात करेगी वहि सुन सकता है जिस पर प्रभु की कृपा हो पढना तो बहुत बडी बात है। इस प्रकार जितनी बार पढेगा उतनी यात्रा हो जायेगी अनजाने में मेरा साक्षी भाव आप देख नही सकते है। मेरे अंग–संग प्रभु की लीला चल रही है।मुझे असली रास भा गया, बाहरी कोई आवश्कता नही रही। मै पल–पल प्रभु के सामने होती हूँ परन्तु रोज सुबह खुले का आनन्द प्रभु से रूबरू बेशुमार खुशी देता है।उस समय मुझे कुछ दिखाई नही देता सिवा अपने प्यारे के।कभी कभार मुझे कोई आवाज मारता तो लगता है, जैसे कोई गहरी नींद से जगा गया, एकदम उस पार से इस पार होना थोडा खलता तो था। पर किसी को कुछ कह भी नही सकती। ज्ञानी कभी आपको शास्त्र में नही उलझायेगा न कोई पूजा पाठ न मन्त्र या मूर्ति पूजा को कहेगा। ज्ञान तो इन सबको पार कर जाता है मुझे यह पता नही था ऐसा किसी विरले के साथ होता है, सागर का आनंद लेती रही पार तो वहीं हुआ जिसने पाया है। वह तो जागते हुए भी तैर रहा है सोते हुए भी तैर रहा है बाकी सब बेहोशी की नींद ले रहे है। पता नही सोने के बाद कहाँ है। सब भवसागर में डूबे पड़े है। मुझे तो नजर आ रहा है फर्क इतना सा है भव का पानी कोई देख नही पा रहा है। लेकिन ज्ञानी सोता हुआ भी प्रभु की गोद महसूस करता है। आत्मा का सुख तो केवल आत्म ज्ञान है अन्य कोई साधन नही, जो अपनी आत्मा में अमर तत्व को प्राप्त कर लेता है वहि सुखी होता है। एक प्रकाशमान व्यक्ति सभी में वह अमरत्व को देखता है। आज अगर मेरा थोड़ा भी बस चलता तो सबका खोद खोद बाहर निकाल देती पर अफसोस यह नही कर सकती हां इतना जरुर है प्यासे को मिल सकता है लेना चाहे उसी को मिलता है। जबरदस्ती तो दे ही नही सकते यही खामी है क्योंकी व्यक्ति अनिश्चित पदार्थो के पीछे भागता है वही लालसा उसे भटकाती है निश्चित को छोड़कर अनिश्चित के पीछे भागेगा तो नष्ट होगा ही। जो कभी नष्ट होने वाला नही इहलोक भी सुधरे परलोक भी सुधरे उसका कोई प्रयत्न नही तो डूबना निश्चित है।

सुख को पाने को लालायित न हो जो बेडरूम आज अपने लिए बनाया है उम्र ढलते ही वह पुत्र को मिल जाना है। खटिया बालकनी में आने का इन्तजार न कर या बाहर

का कमरा मिल जाएगा फिर इस योग्य ही नही रहेगे। ज्ञान प्राप्त कर सके ध्यान लगा सके जब तक जवान है सुख है। जैसे बुढापा आ घेरेगा बाहरी सुख तो भागने लगता है दन्त गये खाना गया शरीर के साथ शरीर का सुख गया यह सब कुछ यही का यही वक्त अनुसार छूटता चला जायेगा फिर किसी को बात करने की फुर्सत भी हो न हो पास बैठना कोई पसंद करे या न करे। रात भर अकेले खास्ते खास्ते दम निकल जाए जीते जी कोई साथ नही देता तो क्या मरने के बाद का इन्तजार है जाने कौनसी भटकना फिर से शुरू हो जाए।

जन्म मृत्यु का चक्रब्यूह काटने का एक ही उपाय है। दुसरा कोई उपाय नही बड़े हो जाओ प्रभु फिर भी साथ खड़ा रहेगा। वह एक बार खोज लिया जाये फिर साथ नही छोड़ता हां यह सब है तो आँखों का खेल अगर फिर संसार की ही बात करनी है दूसरो की बात करनी है फिर भाग जाता है प्रभु कहता है अब रह इनकी शरण मेरे साथ की क्या जरूरत। मस्त नियम है प्रभु के आनन्द का।अनोखा नियम है तत्व ज्ञान के उपदेश का।

मुस्लिम धर्म के अन्तिम पैगम्बर मुहम्मद साहिब थे, उनसे बहुत पहले एक हजरत मूसा नाम के पैगम्बर हुए। हजरत मूसा एक बार जंगल से निकल रहे थे तब उन्होंने एक गड़रिये को देखा। वह एक पत्थर पर आँख बन्द किये बैठा था और बोल रहा था कि ऐ खुदा –अगर तू मेरे सामने आ जाए तो मै तेरे चरण दबा दू, तुझे भोजन करा दू, सिर में तेल लगा दू। हजरत मूसा ने गडरिये के यह शब्द सुने तुरंत उसके पास गए और डाँटकर बोले– 'तू यह क्या काफिरो के समान कुफ्र बकता है। खुदा की कोई शक्ल है क्या, उसके कोई चरण है जो तू दबाएगा, क्या उसके कोई सिर है जो तेल लगाने की बात कर रहा है। यह तू कसूर कर रहा है। गडरिया घबरा गया और हजरत मूसा के चरणों में सिर रख कर रोने लगा। माफी मांग कर कहने लगा– मै बेवकूफ गडरिया क्या जानू। हजूर खुदा का ख्याल किस तरह करू आप बताकर जाए। मूसा कुछ क्षण रुके फिर सोचकर बोले– आफताब (सूर्य) खुदा तो सूर्य की रौशनी की तरह रौशन है। उसका नूर सारे ब्रह्मांड में फैला है। कोई रूप शक्ल नही, वहा पल–पल चल रहा है। गडरिये को उपदेश देकर मूसा चले गये। लेकिन वहा आकाशवाणी हुई मूसा तुम दुनिया में बन्दों को खुदा की राह दिखाने के लिए भेजे गये हो। यह आकाशवाणी भी हुई तुम उलटा काम भी कर रहे हो। गडरिया जो कह रहा था वह भाव विभोर हो बोल रहा था। क्या गलत था? तुमने जो रौशनी की तरह बताया क्या वह ठीक है? क्या वह सीधा साधा गडरिया समझ पायेगा? खुदा ने कहा – करोड़ो आफताबो की रौशनी मिलकर मेरी बराबरी नही कर सकती। मुसा –– ऐ मेरे मालिक आफताबो की रौशनी भी आपके सामने फीकी है। कोई बराबरी नही। आकाशवाणी – तुमने गडरिये को डांटा क्यों? जो मेरे बारे में सोचता है वह कभी बुरा नही कर सकता। यह गुनाह नही है,

गुनाह तुमने किया है।

हजरत मूसा ने वापस लौटकर गडरिये से क्षमा मांगी और कहा भगवान का प्रेम किसी रूप में भी फूटे। सबसे पहले भगवान से सम्बन्ध बनाना आवश्यक है। प्रभु का दुवार सच्चे भिक्षु के लिए सदैव खुला रहता है। व्यक्ति का चित दर्पण भाति है। किसी भी प्रकार की वासना रूपी मैल भीतर में नही जमनी चाहिए।

इसलिए सत्य का खोजी बनो किसी भी रूप में।। सत्य का खोजी वही है जो सत्य को नही जानता। सत्य का मतलब ही जो आप नही जानते उसकी धारणा बनानी बन्द करे।। मै सत्य के समर्थन में हूँ मेरे भीतर मंथन में सब भस्म हो सत्य उजागर हुआ।। अब मजा है खुदाये इश्क मे इलाही का ।। मै फकीर जोगन खुदा की बादशाही का ।। मेरे सबूत मेरी पक्की सच्चाई मेरी बेगुनाही खुदा को मंजूर है।। जिधर वो ले जाए मेरी मंजिल उधर है।। मेरे हाथो से लफ्जो (शब्दों) की कुदाल मेरे प्रभु के इशारे पर चलती है।। कोई प्यासा सेहरा ही जमीन पर इसे घूंट–घूंट पी पायेगा।। सोचती हूँ कोई देव आत्मा चुप्पी मेरी पढ ले वर्ना सारे शब्द व्यर्थ हो जायेगे।।

मैने कई बार घंटो ध्यान के बाद शाम को घुमने निकलती तो मुझे साधारण देखने में समय लगता या यूं कहो ध्यान वही रहता। मुझे कोई नमस्ते करता मुझे पता भी नही लगता मुझे बताया किसी ने मै बहुत घमंडी हूँ नमस्ते भी नही लेती पर ऐसा कुछ नही था। मै इतनी एकाग्र थी जैसे भीड़ में कही दूर कोई मंदिर में घंटिया बज रही हो ध्यानी वह बेकार का शोरगुल कभी नही सुनेगा उसका ध्यान वही मधुर घंटियों की आवाज सुनेगा। मै ज्यादा एकांत अकेले ही रहती थी अक्सर ध्यान में ही रहती मुझे होश नही होता । कई बार मेरे साथ ऐसा हुआ किसी ने डोर बेल किसी ने बजाई मुझे ध्यान से उठ कर जाना पड़ा। मै उस व्यक्ति को पहचान नही पाती मेरे साथ अक्सर ऐसा हुआ।

एक बार किसी खास जानकारी में शादी थी वैसे तो मै जाती नही थी वहाँ मुझे जबरन जाना पड़ा। लोग मुझसे मिलकर खुश ही होते थे। वहा कोई मुझे एक परिवार मिला बात हुई और दो दिन बाद ही कोई काम था मुझे मिलने आ गए। शायद उस समय इलाहाबाद दिन के तीन बज रहे थे। मै पूरे ध्यान समाधि में बैठी। डोर बेल बजी एकाएक उठ चली गई अब चली तो गई परन्तु मुझे किसी का चेहरा समझ न आये।मैने कहाँ कौन? आप पूरा विवरण बताये कहा मिले तब उन्होंने बताया मै तब तक भीतर से जाग चुकी थी बैठाया चाय पानी पिलाया।

बहुत गहराई है परमात्मा के दर की कोई ठौर नही बस प्रभु का वास है।सब तरफ देखना है तो देख लो वर्ना प्रभु का बिछाया ऐसा जाल भी है जो दिखाई नही देता। व्यक्ति अज्ञानवश स्वयं के बुने जंजाल में फसता जा रहा।

मरने के बाद किसने किसका वंश देखा है।राजे महाराजे कितनी शादियाँ करते थे।

कितनी रानिया और बच्चे होते थे। कितने राजा हुए किसका वंश चल रहा है। सब माया है पहले के बच्चे मान सम्मान जानते थे। आज कोई मान भी नही रहा बुढापा वैसे भी सभी का खराब है। जो दुसरो का बुढापा खराब करते है कभी–कभी सोचती हूँ उनका क्या हाल होगा। इसलिए ये प्रभु का दिया मौका है। खोना नही है पाना ही पाना है यहाँ थोड़ा सा आत्मसाक्षातकार होता है। उसी से छुटकारा है उसी से गति है। बाकि जो भी दान पुन्य उसका पुन्य यही तक का सम्बन्ध है आगे कुछ नही जाएगा। वर्ना मौत का भय निश्चित है सही है मनुष्य सोचता है मै देखता हूँ नहीं मनुष्य जन्म का अँधा है। संसार मे जैसे जैसे देखता है उसी प्रकार काम से अन्धा होता जाता है अब काम दोष एक थोड़े ही है।कोई शरीर का हो शराब का हो धन का हो या अन्य कोई भी काम वासना हो सकती है। यह शरीर के स्वास्थ्य के साथ वासना बढती घटती रहती है। अभी तो जवानी है तो कुछ याद नही वृद्धा अवस्था तो भयंकर डाकिनी है। जब वृद्धा अवस्था नजदीक आती है तब भी कुछ व्यक्ति सोच लेते है चलो गुरु की सेवा करले वो अच्छा।

मै सत्संग बहुत जाती थी वहाँ मै देखती लोग वहाँ बहुत सेवा करते लेकिन घर में आकर वहीं हाल साँस से झगड़ा समय पर खाना नही देना क्या सेवा सार्थक है। बाहरी कितना कुछ न करलो जब तक भीतर बदलाव नही आया बाहरी सब व्यर्थ है।

एक बार मैने छत से पीछे झाँकर कर देखा बुजुर्ग नब्बे साल के आँखों से पानी बहे जा रहा मुझे बड़ा दुःख हुआ अगले दिन मैने सडक पर जाती हुई उनकी पत्नी को देखा बुजुर्ग आंटी को बुलाया सारी बात पूछी तो उन्होंने बताया बेटा हम अभी आये है बरेली रहते अच्छा मन लगा था। अंकल रिटायर हो गए थे अच्छा चल रहा था।हमारी बहु हमको बार–बार पत्र लिखती रही और पत्र बहुत प्रेम भरे माताजी पिताजी आपको कोई तकलीफ नही होगी। अभी एक महीना भी नही हुआ उनको शुगर की तकलीफ है भूख लगती है। खाना बहू तीन बजे देती है सुबह सात बजे ब्रेकफास्ट लेने के बाद खाना तीन बजे मिलता है उनका भूख के कारण यह हाल होताहै। भूख बर्दाश्त नही होती। चलो ठीक है कोई बात नही खाना लेट हो जाता है। आप और चीजे उनके पास रखिये बिस्किट नमकीन जो उनकी इच्छा हो खा ले। बोली बहू साथ में जो दुकान है उनको मना कर दिया मैने कहा आप मुझे बताये जो चाहिए। मै आपको मगवा देती हूँ आप ले जाए कुछ दिन तो चलता रहा अब मै मन मौजी हरिद्वार निकल गई। पीछे से काफी क्लेश हो गया किसी पडोसी ने उनकी मदद की वहाँ से निकाल दिया। मुझे उनका फोन आया बताया उनको मारा गया सारा सामान पुराना होने के कारण बहु ने पहले ही बेच दिया। मेरी लगातार बात होती रही बहुत मुश्किल हुई वहा से निकलने के बाद फिर से घर बसाना मुश्किल था। किसी ने कोई हेल्प नही की कई बार मुझे बुलाया परन्तु मैं जा नही पाई उधर मेरा अकेले जाना हुआ नही। उसके बाद वे दोनों वृद्धा होम

में आ गये। वृद्धा आश्रम में भी मन नही लगा, मुझे बार बार फोन आते रहे मेरे पास पैसे तो होते नही थे।मैने कई लोगो से हेल्प मांगी पर किसी ने ध्यान नही दिया मै उन दिनों बहुत समाधिस्त रहती थी। कुछ ज्यादा ध्यान नही दिया। मेरा फोन भी मै ज्यादा नही सुनती थी बहुत एकांत हो गई थी। कुछ साल बाद मुझे उन बुजुर्ग आंटी की एक मित्र मिली। उन्होंने ने बताया उनका देहांत हो गया आपको बहुत याद किया। उनकी मृत्यु वृद्धा आश्रम में हुई उसके बाद उनके पुत्र डेड बोडी को घर लेकर गये दाह संस्कार के लिए अब मिटटी का क्या दाह संस्कार कुछ भी करो । जो असली चीज वो आत्मा थी वो अतृप चली गई।

फिर दुखी होते है कुंडली दिखाते है कोई भी कहेगा। पितृ दोष है फिर दान करो पुण्य करो। जो आत्मा को दुखी कर के भेजा है वही एक दिन वापस लोटकर आती है इस बात को कोई समझे या न समझे। लेकिन वक्त के अनुसार सब भूल जाते है कुंडलियो में उलझ जाते है दुःख के बाद सुख आयेगा यह निश्चित है। सुख का पता नही चलता, दुःख बहुत कुछ सिखा कर जाता है। एक के बाद एक चलेगा ही अपने करने पर निर्भर करता है किस प्रकार के कर्म करते है। सृष्टि में तो प्रेम ही प्रेम बसा है सर्वत्र प्रेम ही प्रेम दिखाई देता है। संसार में रहकर प्रेम विकृत हो गया। प्रभु का ज्ञान हुए बगैर जीवन में प्रेम माधुर्य से प्रेम की पेटी भर नही सकती।

ध्यान अपनी पहचान करवाता है। देखने को प्रभु ने आँख दी सत्य प्रेम को देख सके। कर्ण सत्य धुन सुनने को मिली ह्दय सत्य प्रेम बसाने को मिला। लेकिन संसार में रह कर आचरण में परिवर्तन आ गया। अपनी बाहरी योग्यता तो सभी जानते लेकिन भीतरी सम्पदा की योग्यता को जानना अत्याधिक आवश्कता है। आप दुनिया को अपनों को क्या दे रहे हो आपको स्वयं क्या मिल रहा है? जानना अत्यधिक आवश्यक है। जिन्दगी में एक पल ऐसा आयेगा। आप जब अपने बारे में जरुर सोचेगे। लेकिन तब बहुत देर हो गई होगी, समय रहते कुछ पल अपना मनन चिन्तन करना चाहिए। जिन्दगी में कई बार ऐसे व्यक्तियों से मिले होगे जब आप उनसे बात कर बहुत उर्जा महसूस हुई होगी। आप बहुत देर तक उस व्यक्ति की बातो को याद करते रहे होगे। मन में बार बार दोहराते रहे होगे, क्योंकी उर्जावान व्यक्ति जहाँ जाता है अपनी ऊर्जा, अपना ओरा उस वातावरण में छोड़ जाता है। वो पावर बह्मांड में समा जाती है नकारात्मक ऊर्जा ब्रह्मांड से टकराकर वापस स्वमं से टकराती है। इसलिए नाकारात्मक सोच वाले व्यक्ति सदैव असफल रहते है प्रभु का काम देना है वो सबको देता है उसी तरह नकारात्मक व्यक्ति का काम भी हो जाता है।

कई बार चर्चा होती है वो व्यक्ति कितना बुरा है फिर उसके सब काम हो रहे, मै कहती हूँ अभी तो आप उसी व्यक्ति में घूम रहे हो। क्या पता दूर से देखने पर व्यक्ति

की जो छवि नजर आ रही है पास मै कुछ और हो आपसे बेहतर हो इसलिए किसी के बारे मै सोचने से बेहतर है आप अपने चारो और का आभामंडल शक्तिशाली बनाये। ऊर्जा का पूरा खेल पलट कर ज्यादा से ज्यादा अपनी उर्जा को एकाग्र करे।

अभी कुछ दिन पहले मुझे एक प्रोफेसर मिलने आई।उसने बताया कल एक ट्राला उल्ट गया सब मर गये लेकिन एक व्यक्ति बच गया। उसमे एक अवगुण था शराब पीता था लेकिन वह व्यक्ति पढने वाले गरीब बच्चो की बहुत मदद करता। बहुत बडी दुघर्टना थी करीब 12–15 व्यक्ति मृत्यु को प्राप्त हुए। काफी बड़ा ट्राला था लोहे छड़ से भरा था 2–3 कार लपेटे में आई। उसके बाद एक पुलिस की जीप फंसे व्यक्तियों को निकालने ट्राले के साइड में जैसे ही रुकी ट्राला उस जिप पर उल्ट गया। सारे पुलिस वाले वहीं खत्म। क्या मुर्दा व्यक्ति को जिंदा किया जा सकता है? अतीत को कभी जिंदा नही किया जा सकता। फिर क्यों जिंदा व्यक्तिओ के बारे में सोचकर अपना समय बर्बाद कर रहे है। काल का भरोसा नही कब बाहों में जकड़ ले काल की रफ्तार बहुत तेज है। जिस दिन आखरी श्वास आएगी पता नही शरीर को कहां खाली करने ले जायेगी। समय बहुत कम और बहुत बलवान है बहुत कीमती है पल–पल को कमा लो या कुछ घडिया प्रभु के लिए निकाल लो। समय का इन्तजार मत करना कब शरीर को खाली करने का वक्त आ जाए।

वैसे सभी को आजादी है कोई किसी के बारे में कोई छवि बना ले। स्वयं के भीतर की छवि नही बिगड़नी चाहिए। अपने भीतर केवल परमात्मा के प्रति प्रेम की प्रगाढता अविरल भगती बहने दो ।निश्चित शुभागम विचारों का उदय होगा मनोवृति सबके प्रति बदल जायेगी।

दूर की चीजे सदैव आकर्षण का केंद्र बनती है। लुभाती है कई व्यक्ति दूसरो के बारे में सोचकर अपनी जिन्दगी इसी उधेड़बुन में निकल जाते है। अपनी जिन्दगी में कोई समस्या नही फिर भी बेफालतू की समस्या बना कर रखते है। किसी न किसी प्रस्ताव को किसी भी व्यक्ति उपर हो पकडे रहते है। कोई नया मिला उसमे लग गये क्या करे मन से लाचार है बेचारे। मन के रोगी है समभाव रह ही नही पाते। खुद के बिछाए जालसाज के खुद ही शिकार होते है स्वयं को पता नही होता बुरी तरह फंस जाते है।

झूठ का भी एक आकर्षण होता सबको नजर नही आता इसे एक रहस्यमयी अवधारणा के पर्दे में ही रखा जाए तो अच्छा है। फिर भी झूठे व्यक्तियों के लिए बड़ा स्वादिस्ट होता है। झूठ को सच बनाने के माहिर होते है बडे कलाकारी होते है ऐसे व्यक्ति। आखिर जिन्दगी की कमाई रंग तो लाएगी। अपने झूठ छुपाने के लिए दुसरो को झूठा साबित करने की कला भी अनोखी है। बड़े मजे लेकर सुनते है सुनाते है। न्यूनतम लिखते हुए भी मेरे प्यारे प्रभु का चिन्तन छूटता है झूठ चांडाल भांति होता है। इसलिए यह कर्म प्रभु के जज करने का है प्रभु के हुक्म पर जल्लाद का काम सजा

का है।जहाँ सत्य होता झूठ उड़ जाता है टिकता नही है लेकिन सत्य बड़ा कोमल होता है। भावहीन, करुनामय, गंभीर होता है इसके साथ सत्य ही तिरस्कृत होता है। जो व्यक्ति सत्य पर होता है सत्य बोलता है वह सदैव निन्दित रहता है, सत्य सदैव घायल मिलेगा। सत्य की उडान थोड़ी धीमी होती है। लेकिन बहुत उंची बहुत लम्बी सुखदायक और लाभदायक होती है। सत्य सदैव से अकेला होता है झूठ के बहुत साथी मिलेगे। सत्य का स्वाद कडुवा है लेकिन सत्य कभी धोखा नही देता। साधारण सत्य से भी कभी नही हटना चाहिये। सत्य में ध्यान केन्द्रित होता है अन्य विकल्पों से सहज दूर हो जाते। सत्य की निश्चित सीमाएं बनती जायेगी झूठ की कोई मृगमरीचिका नही रहती। चालक और चतुर व्यक्ति अंधा हो स्वयं के बिछाय जाल में फंसता चला जाता है। झूठ के साथ गुस्सा भी मिला दिया जाय। अपना आपा खो देता है और तहश में आ जाता है व्यक्ति की सारी उर्जा को साथ बहा ले जाता है । कमजोर व्यक्ति सच्चाई को न पहचान सकता है न चल सकता क्योंकी मानसिकता पर झूठ सवार होती है झूठ को अक्सर पर्दे में ही पाई जाती है। धीरे–धीरे झूठ को बाहर निकालिए। झूठ से बचने का प्रयास सच्चाई में जीने का प्रयत्न करिये। जीवन में झूठ को देखे कितने झूठ जिए आज तक। प्रभु का दिया जीवन को सम्भल कर जिए किसी भी प्रकृतिक उलंघन से बचे। मन की झील में स्वच्छ जल भरे उसकी निर्मलता बनाये रखे। कभी–कभी साफ झील का जल भी गंदा हो जाता है। स्वच्छ झील से जब जगली जानवर निकल जाते है। वह जल गंधला हो जाता है पीने लायाक नही रहता। झरने की चमक समाप्त हो जाती है उसी जल की मिटटी बैठने में समय लगता है।

प्रभु से सदैव प्रार्थना करे पल–पल प्रभु का शुक्रयादा करे। हे प्रभु मुझे नेक बन्दों की संगत मिले। सदैव नेकी की राह चलता रहूं यही मन्दिर, मस्जिद की यात्रा है। प्रभु की परमसत्ता का सदैव आनन्द महसूस करिए।

पहले सच के साथ रहना सच में बडी खूबसूरती होती है। सच से कितना दुःख हो लेकिन विरक्ति उत्पन्न होती है जो प्रभु का सत्य उजागर करने में बहुत सहायक होता। दुसरो द्वारा दिए गये दुःख यातनाऐ दुसरो की बातो से मिले घाव अनजाने में भीतर की बहुत बडी सफाई कर जाते है। उसके बारे कभी सोचना नही। क्योंकि अनजाने में दुसरा बहुत बड़ा काम कर जाता है। किसी का अपमान करना भी बहुत साहस का काम है जब भीतर में खूबसूरती से झूठ समा जाता है, वहि अपमान कर सकता है जिसका अंदाजा भी नही। ऐसा व्यक्ति पल में सारा मोह प्रेम समाप्त कर जाता है जो चाहकर भी कभी आप स्वयं नही कर सकते। जिन्दगी में सच भले कठोर हो लेकिन बडा सुखदाई है ऐसा व्यक्ति प्रभु की और सरक जाता है उसका भी धन्यवाद् किया जाय। कभी भी अपनी और से सफाई पेश करोगे तो झूठ के सामने सत्य हार जाता है। सत्य के सामने प्रभु प्रेम का मलमल का पर्दा रह जाता। झूठ के महल की दीवारें

बहुत कमजोर होती, भीतर का कमजोर व्यक्ति ऐसा कर्म करता है। प्रबल व्यक्ति तो झूठ सुनेगा ही नही।

सत्य को पाने के लिए अपना सुंदर व्यक्तित्व तैयार करे, दुसरो को दिखाने के लिए ही नही परमपिता परमात्मा के लिए खुद में सत्य भरे सदैव सत्य के साथ पेश आये। सत्य प्रभु के साथ प्रभु के नजदीक आ सकते है, स्वमं के सम्राट बनने के प्रबल उपाय है। अपने भीतर की ऊर्जा को पहचानिए स्वयं के सम्मान के साथ जो भी आपके आस पास हो सभी का सम्मान करिये। सामर्थ के अनुसार शहंशाह की तरह प्रत्येक वस्तु पेश करिए अपने अंदर छिपी शक्ति की कुंजी पहचानीये प्रभु की अपार सम्पदा आपका इन्तजार कर रही है। अपनी जिन्दगी के नए दिन की शुरुआत उत्साह और प्रेम से करिये। असफलता अपमान जो भी मिला उसे भूल जाए आगे की जिन्दगी में कोई स्थान नही दे, समय के साथ अपने क्षितिज को फैलाए। अध्यात्म में असफलता का कोई स्थान नही। बाहरी चमक धमक की बजाए भीतरी दिव्य चमक को पहचानने की कोशिश करे। प्रभु के महान कार्य की और बढेंगे तो विश्वास झलकता जाएगा। भीतर के सम्राट बनते जायेगे स्वमं के चारो और एक दिव्य आभामंडल पैदा होगा। बस काम इतना सा है आत्म विश्वास की कमी है तो वहाँ अंधविश्वास काम नही करेगा। वर्ना जिस दिव्य ज्ञान की बात कर रही हूँ। इसमें दुसरे को नही स्वयं को धोखा देना है। पर्याप्त विश्वास हो युक्ति भी शीघ्रता से काम कर जाती है। सुई में धागा बिना गाँठ वाला ही प्रवेश कर सकता है इसलिए व्यक्ति का सीधा सरल होना आवश्यक है प्रभु अस्तित्व में वहीं प्रवेश कर सकता है।

भगवान बुद्ध के भीतर गजब का आत्मविश्वास भरा था। एक ज्ञानवान आनन्दित संत और जागृत संत हुए है बुद्ध का अर्थ ही जागा हुआ यानि भीतर दिव्य प्रकाश से भरा हुआ । उन्होंने आंख खुलने का प्राकृतिक उपाय बताया उनके पास विशेष प्रक्रिया साँस की थी। बुद्ध ने आत्मविश्वाश के साथ अंतरमन की खोज की धर्म उनके स्वभाव और आचरण में बसता था। भगवान् बुद्ध ने गावं गावं जाकर उपदेश देते थे।साथ ही श्वास का निमन्त्रण भी था आओ अपने भीतर झाँको देखो अंदर दीया जल रहा है तुम भी जलाओ अपना दीया। जब तक दीया जल न जाय मानना नही अपना दीया जल जाए तब जानना देखना । अपना दीया जलते हुए देखना, दृष्टा भाव से सब साफ नजर आएगा ।

यह अनुभव की प्रक्रिया है कैसे पता चले जब कोई बीमार होता है कैसा लगता दवाई लेने के बाद स्वयं से बता सकता है वह ठीक महसूस कर रहा है या नही उसी तरह स्वमं का अनुभव है ज्ञान की तलाश है मन की खोज मन के चक्र में मन का यंत्र फिट है। परमात्मा तो सभी के भीतर साक्षी बैठा है। जो जीवन में मुक्त होना चाहते है अपने जीवन का निरिक्षण करना चाहते है। वरना जीवन को व्यर्थ जानकर बिना खोजे

बिना जाने व्यर्थ गवा देंगे पशु भाँती असली प्रभु प्रेम और सोंदर्य से वंचित रह जायेगे। जीवन तो आकारण ही व्यर्थ हो जाएगा शान्ति कौन नही चाहता खुशी कौन नहीं चाहता मन की प्रक्रिया को जानना होगा मन की प्रक्रिया जो समझ भी ले तो उसके जीवन का मान सम्मान दुःख सुख ,शांति अशांति सब संसार में रहते मोक्ष बन जायगी। विधि शांत करने की है मन को जानने की अपने जीवन की प्रक्रिया को पहचान प्रक्रिया ही पहचान करा सकती है। अन्य कोई साधन नही।कोई विशेष बात भी नही है ध्यान कैसे किया जाय सबसे आवश्यक बात ये है साधक पर कौन सी प्रक्रिया काम कर जाए। जाने किस साधक की कब आँख खुल जाय। कब प्रभु की और बढ़ जाए, कब कौन आगे बढ़ जाए। प्रकृति हमें पल पल सिखाती है हमें प्रकृति से सीखना चाहिए। जीना तो सिखाती साथ देना सिखाती है झुकना सिखाती है विशेष बात ये जानने में है ध्यान कैसे सिद्ध हो जाए??

भगवान बुद्ध की प्रक्रिया बहुत प्रचलित है बहुत आसान भी है यह स्वांस की क्रिया साँस का आना जाना देखना इस क्रिया को अनापानसती कहते है आती साँस जाती साँस की साक्षी भाव से देखना । यह विधि शुरू साँस से होती है और समाधि तक ले जाती है । यह स्वाभाविक प्रवृति है इसका का लाभ उठाना चाहिए यह योग्यता पर निर्भर करता है । मजबूरन या जबरदस्ती कोई न करे, भीतर पहुचने का शक्तिशाली अस्त्र है। साँस का लेना छोड़ना एक प्रकृतिक रूप है सांस तो सभी ले रहे है लेकिन पता नही यह एक पावरफुल विधि है यह साँस का होश जगाती है कहने में जितनी सामान्य लगती है उतनी है नही साँस का पता लगना चाहिए साँस जा रही है जिस तरह पानी भी भीतर जाता है लेकिन गजब का रहस्य है स्वम में अनोखा है।

दूसरा ध्यान में आता है त्राटक सबसे अधिक प्रचलित विधि साधक सारा ध्यान एक जगह समेट ले एकाग्र कर ले। सभी जगह से हटाकर एक जगह केन्द्रित कर ले। इस विधि में यही विशेष है सारा ध्यान एक और खींचना है नजर का टिकाना है नजर की भटकना बंद। भीतर में घूमते विचार भगाना सबसे पहले यही होता, तभी टिकता है ध्यान। विशेषतय एकाग्रता और निर्विचार होना है। एकाग्रता का बीज पड़ने की देरी है साधक निरंतर अभ्यास करता है तो समाधि तक पहुच जाता है देखते देखते पूर्णता में पहुंचना पूर्ण दृष्टा बनना ही प्रभु के मिलन का अदभुद सन्देश है। यहा तो जाना भी कही नही घर बैठे सुख सुविधा में करना और आसान है।

अपना मन पसंद संगीत ध्यान से सुनना ध्यान के करीब सरक जाता है। संगीत एकाग्र हो सुनने से शान्ति उदभव अहंकार विलीन हो जाता है। फिर मंजिल को पाना दूर नही। थककर मत बैठ जाना मानुष जन्म मौका है चूकना नही। संगीत सुनते सुनते भी आंखे रिक्त हो जायेगी। आँखों में प्रभु की तस्वीर उभर आएगी। सारे विचार रुखसत हो जायेगे अँधेरे में चिराग जल जायेगे।

अब बात आती है खुली आँख से या बंद आँख से वैसे तो हम काम करते भी कर सकते है हम क्या कर रहे है इसका होश रहना बाहरी कार्य कर रहे है लेकिन भीतर भी उतना ही ध्यान चल रहा है भीतर भी उतने गहरे हो रहे है। जाने कौन सी घड़ी घटना घट जाये कौन सी साँस प्रभु का मिलन करा जाये देखते रह जाये प्रभु पर नजर पड जाए, पर्दा हट जाये घटना घट जाये। चिर कर अँधेरो को उजाले का सूर्य उदय हो जाता है।

राबिया एक स्त्री होते हुए परमात्मा के सदैव रूबरू रहती बाते करती। यह सत्य है परमात्मा की खोज एक बार पूरी हो जाए फिर किसी भी अवस्था सदैव संग रहता है। प्रभु जैसा सच्चा मित्र कोई नही। मेरा स्वयं का अनुभव है, एक बार सुंदर प्रभात को देखकर किसी ने राबिया फकीर को आवाज लगाई। राबिया अपने झोपडे में आनंद में बंधी थी, राबिया झोपड़ी से बाहर आओ वहाँ अकेली बैठी क्या कर रही हो। जरा बाहर आकर देखो प्रभात का सुंदर नजारा, कितना आकर्षक नजारा देखो। आओ बाहर आओ रात के अँधेरे से कितनी खुबसुरत प्रभात का जन्म हुआ है। सुंदर मनोरम दृश्य राबिया ने भीतर से कहा तुम बाहर जिस प्रभात को निहार रहे हो। उसके जन्म को देख रहे हो मै भीतर से उसी को बनाने वाले को देख रही हूँ। किस तरह रात के गर्भ से सूर्य निकल रहा है। तुम भी भीतर आ जाओ फिर बाहर भीतर का कोई मतलब नही रह जाएगा।

सब तरफ सोंर्द्य ही सोंदर्य नजर आयेगा, केवल आंख बंद करने से नही होगा जब बाहरी दृश्य सब हट जाय दूर हो जाए भीतर दृश्य उभरने लगेगे। पलके गिर जाये उठाने पर भी नही उठे अदभुद नजारा। विचार मुक्त हो जाय शून्यता छा जाय। विचार और दृश्य की विस्मृति हो जाय इसका यही अर्थ है प्रकट हो जाये वही शाश्वत और चैतन्य है वहि मूल मै दबा पड़ा है आँख ही बदली बदली नजर आती है। महत्वकांशा बगैर जीवन का कोई विकास नही जीवन वही रुक जाएगा। रफ्तार गुम हो जायेगी खो जाएगा असली स्वरुप बीमारी का घर बन जाएगा। रुका हुआ जल जिस प्रकार बदबू देने लगता है। उसी प्रकार एक दिन इस शरीर का हाल हो जाएगा। किसी काम नही आयेगा।

सभी के भीतर आत्म ज्योति छुपी है। व्यक्ति की चेतना तल को छुए तभी आकाश मंडल की अनुभूतियाँ होती है पृथ्वी पर वह आत्मा मुक्त हो पाई। जिसने मुक्ति का प्रयास किया उसी ने ब्रहम का साक्षात दर्शन कर लीया, अनंत की सैर की । परमात्मा के सिवा अन्य विकास बेकार है, जगत को चलाने वाला तो भीतर बैठा साक्षी है ध्यानी हृदय में जान लेता है उसकी आँखे उभर आती है, यह सबसे अनोखी बात है अन्तस् भीगने लगता है झलकने लगता है यह प्रेम के कारण होता। भीतर की अपार शान्ति के कारण होता है क्योंकी प्रभु हृदय में प्रेम बरस जाता है जिसका कोई अंत नही

ध्यानी के लिए कैसी पूजा? कैसी अर्चना ? कैसी प्रार्थना? सब व्यर्थ है बेकार है उसके लिए जगत स्वपन मात्र रह जाता है। आंखे बंद कर ब्रह्मांड की सैर आंखे खोली जगत जगत नही दिखता उस पर एक पर्दा नजर आता है जगत पर पर्दा पड़ जाता है। मानसिक केंद्र जो जड़ बने हुए थे यहाँ आत्मा का अनुसरण करना है। ज्ञान का मार्ग हृदय है भीतर से उमड कर आता है ध्यान मै तूफान आता है एक झटके मै आकाश और मेघो में विचरण करते पाओगे । भीतर की जड़े हिल जायेगी दीवारे गिर जायेगी आकाश से गहरा सम्बन्ध फिर सब इधर उधर घूमता नजर आयेगा । भीतर सन्नाटा छा जाएगा आकाश सी शुन्यता छा जाएगी, पल में भीतर वीणा बज उठेगी फिर कोई धुन न सुहाएगी।

क्या कहू मोरे प्रियतम प्यारे, साँसों की बंसरी बजत मोरे हृदय
प्राण हुए खामोश समुन्द्र जहाँ पलते थे तूफान अंदर ठहरा जिस्म
साँस कहे बहे जाती हूँ दिन रात का भेद खोल जाती हूँ
धेर्य का हथियार सुरक्षा कवच दिए जाती हूँ
रब की रजा में खुश रह बेमिशाल अनुभव दे जाती हूँ
प्रभु का वंदन महकता अंदर, अँधेरे में अस्तित्व का चिराग दीखता है
मेरी चेतना जगी अस्तित्व का झरना बहता नजर आता है
पंछियों के मधुर कलरव शाखाए झूलती मै खो गई कोई हलचल नही
कानो में गजल कोई गुनगुना रहा ये कौन संगीत सुनाता रहा

मैने भीतर एक संसार देखा है, दिव्यता से भरपूर। पंरम विधि वही है जो स्वमं का दरवाजा खोल दे,रास्ता बता दे। संसार रूपी अन्धकार मै पड़े हुए वे अंधे हुए जाते है। ध्यान से लड़ना पड़ेगा सहज थोड़े ध्यान में जा सकते है सोचना नही करना है भीतर जो भी जंजाल है उलझना नही है यह एक बार पुनर्जीवन की यात्रा है नाभि चक्र का हिलना काम करना शुरू हो जाता है। जैसे नाभि का प्रवाह भाप की तरह उपर उठ जाता है अगर क्षमता है आप भी महसूस कर सकते है जैसे मैने पल पल को जिया महसूस किया । नाभि का हिलना अपने आप बहुत बड़ा काम कर जाता है नाभि जैसे गहरे से उठ कर उपर आती है यही से सारे विचार भाग जाते है नाभि की उष्णता उपर उठते हुए महसूस होती है कोई तर्क नही कोई बिना प्रमाण बस अनजाने में लगता है क्या हुआ भटके हुए को रास्ता मिल गया। यह अमृत का काम कर गया। जिस तरह पेड पौधे के उपर सूर्य की किरणे पड़ते ही खिल उठते है। एक नया जीवन प्राप्त करते है उसी तरह हमारे जीवन में दिव्य शक्ति से नवजीवन का संचार होता है।

मन रूपी बीज फूटने से भीतर का आश्चर्य जंनक विकास होता है।मैने तो पूरे तन

को खिलते हुए महसूस किया रोम रोम जाग जाता है इन्ही के साथ मानसिक शक्तिया प्रस्फुटित और विकसित होती है। जो निराशा पूर्ण विचार उन्नति में बाधक थे सदा के लिए समाप्त अपनी शक्ति की और आकर्षित होते चले जाएगे। सुख समृद्धि और मोक्ष की असली कुंजी यही है शुरू–शरू में ध्यान में कोई देख न पाए ध्यान में खुशबु तो मिलती है । एक अंधा भी बगीचे में चला जाये फूलो की सुगंध तो ले सकता है खुशबु तो पी सकता है एक पत्थर पानी में होता है तो सूर्य की तपिश से बचता है बाहरी थपेड़ो से बचता है। आंधी तूफान से बचता है पत्थर भी पानी में सुरक्षित है।

अन्धो के लिए यह संसार अन्धकारमाय है अंधकारमय जीवन जीता है। दुखो को भोगता संसारी व्यक्ति की तृष्णा कभी नही मरती सदैव जीवित रहती है तृशालू व्यक्ति भोग की तरफ भागता है भोगो के प्रति आसक्ति बनी रहती है एक पूरी हो दूसरी रोज नई तृष्णा जागृत रहती है प्रारब्ध कर्म के वश में है, जीवन मुक्त में और ग्रहण त्याग का व्यवहार सदा होता ही रहता है तो भी उसकी कोई हानि नही होती। विषयों में जब राग पूर्वक प्रवृति होती है तब पूर्व से उत्रोत्र तक विषयों में राग ही राग उत्पन्न होते है विषयों में द्वेष पूर्वक निवृति होती है किस प्रकार होती है। मैने कुछ दिन पहले एक सुंदर दृष्टांत भागवत कथा का सुना था। कुछ धुंधला सा याद है मै वह दृष्टांत भी लिखती हूँ।

एक राजा दुसरे शहर गया हुआ था उसको वहाँ बहुत समय हो गया था। यानि रहते रहते कई वर्ष बीत गये उधर रानी उदास तो थी ही साथ ही कामातुर होकर अपने महल के इधर उधर ताकने लगी। अचानक एक सुराफ का लड़का युवा अवस्था को प्राप्त अपने कोठे की छत पर खड़ा था। उसे खड़ा देख रानी का मन उस पर चला गया अब रानी ने बांदी को बुला कर कहाँ उस लड़के को बुला कर लाये। सेविका गई और उसी समय उसे बुलाकर ले आई दोनों बाते करने लगे बाते तो अभी शुरू ही हुई थी की सेविका भागी चली आ रही कहती हुई राजा साहब लोट रहे है। कमरे की और बढ़ रहे है आपके बारे में पूछ रहे है। लड़का घबरा गया डर गया मुझे छिपाओ कही रानी ने जल्दी से लड़के को पाखाने की नाली के नीचे खड़ा कर दिया। उन दिनों पाखाने खुले होते थे राजा तुरंत रानी के कमरे मे आ गया और राजा का पेट खराब और बहुत दर्द कर रहा था। उसको पतले दस्त लगे थे। कमरे में आते ही राजा बोला. "पानी लाओ पखाना जाना है"। राजा साहब का बुरा हाल था। इसलिए जैसे ही पखाना गया, वो सीधा उस लड़के के ऊपर गिरा। अब उस लड़के का पूरा शरीर गंदगी से भर गया, वहा खड़े–खड़े उसको बहुत आत्म ग्लानी हो गयी। पर उस समय कुछ कर नहीं सका। राजा जब पखाना करके चला गया, तब रानी ने सेविका से उसको गन्दी नाली से बाहर निकाला। फिर उस लड़के ने नदी पे जाकर स्नान किया, शुद्ध मिटटी लगाकर बार–बार नहाया और अपने कपडे साफ किये। तब घर वापस आया।

अगले दिन महल में राजा की अनुपस्तिथि में रानी ने उस लड़के को बुलाने भेजा।लड़के ने आने से साफ इनकार कर दिया। एक दिन रानी के पास गया, केवल दो–चार घंटे बात हुई उसका फल मुझे मिला। मेरे सिर पर किसी दूसरे का पखाना गिरा, मैला धोने मै पूरा दिन निकल गया। रोज–रोज में उससे सम्बन्ध रखता तो नाजाने मेरी क्या गति होती। मै अब कभी वहा नहीं जाऊंगा, ना कोई ऐसा करम करूँगा, मुझको वोह पखाना कभी नही भूल सकता और ना ही मै कभी भूल पाउँगा। मै अब कही कभी नहीं जाऊंगा, ऐसे ही वैराग जागता है। उस बालक को शुभ–अशुभ का ज्ञान हो गया। ऐसा ही विद्वान बालक राग–दुवेश में नहीं पड़ता। वह विषयों वासना से आप ही दूर हो जाते है और परम शांति और आनंद को प्राप्त होते है।

ऐसा व्यक्ति सहज ध्यान साधना को करता हुआ एक दिन आत्म ज्ञान को प्राप्त कर लेता है। सहज आत्म ज्ञान के लिए संतो के संग और प्रक्रिया ही काम आती है। ज्यादा व्यक्तियों के संग की बजाये एकांत का महत्व् बताया गया है। क्योंकि ज्यादा व्यक्ति गुरु के सानिध्य में शीघ्र फल को प्राप्त करते है। वर्ना ध्यान की बजाय गप–शप करते पाए जायेंगे। आत्म ज्ञान के लिए एकांत वास का अत्यधिक महत्व है।

मन का शुद्ध होना आवश्यक है। वर्ना दुखी मन पाप से भरा मन के साथ कुछ भी हासिल नहीं कर पायेगा। हमारा मन स्थिर हो गया उसी दिन विचारो का पुंज अपने आप रुक जायेगा। क्योंकि कलेश का कारण ही मन है, बार–बार जब विचार उठते है हमारे अन्दर आवेश बढ़ जाता है। इसी कारण गुस्सा आता है। ऐसे दुषित मन को कभी शांति नहीं मिलती। यह अवस्था है जितना जल्दी आप अपने पर विजय पा ले अच्छा होगा वर्ना मन आदी हो जायेगा।

मेरे पास एक स्त्री आई, वह अपनी सासं से बहुत परेशांन थी। उसकी शिकायत थी की वह कूड़ादान जांचती रहती है। मैंने उसकी सासं के बारे में पूरी जानकारी ली। बात बातो में पता चला की वह खाना बनाने और खाने दोनों की बहुत शौकीन थी, तो मुझे सारी बात समझ में आ गयी। इस समय वह काफी बूढी हो गयी थी लेकिन आज भी भोजन की शौकीन थी। मैंने उनको समझाया आपके घर में कोई भी खाने की वस्तु आये उससे थोडा सा अपनी सासं को निकाल कर पहले अवश्य दे। कहो थोड़ा है और बोलो पहले आप चखो। उन्होंने वैसे ही किया, खाने की मात्रा कम हो या ज्यादा तत् पश्चात उन्होंने रसोई घर में जाना और कूड़ादान देखना भी छोड़ दिया। मन को आप जिस और लगायेंगे वह उसी और लग जायेगा और उसी का आदी हो जायेगा।

मन जवानी में लगता है बुढ़ापा जवानी का गुलाम है। जवानी में सम्भला जा सकता है बुढापे में अपने आप को सम्भालना मुश्किल है विकार तो रम जाते है अंत मती सो गति क्या जाने क्या होगा। मैने बड़े–बड़े लोगो को रोते पाया। अपने को प्रभु के साथ मिलने के बाद या दिव्य दर्शन के बाद फिर किसी की व्यर्थ बातो का कोई असर नही

करता। फिर सारी सम्भाल प्रभु करता है वह जो उचित हो वहि स्थिति हमारे लिए प्रस्तुत करता है।

मेरी जिन्दगी का तजुर्बा शातिर दिमाग को छोडो
मेरे ह्रदय की बात जो दिखा लिखा मैने
सहज रहो दिन रात खुल के जीवो प्रकट करो अपना आप
गजब खेल दिमाग का मत होना बर्बाद
खुल के जीवो खुल के रोओं खुल के हंसो
प्रकट करो मन के भाव खुद के हालात खुद देख
जिन्दगी का तजुर्बा कच्चा रह गया मन में फरेब भर लिया
मेरी लिखी हर बात कोई समझ पायेगा सच्चाई का एहसास है
बदलते दौर में सबकी मजबूरी है सिखने की बजाए दूसरो को सबब देना
शोक शानदार है स्वार्थ सिद्ध करने का राम–राम जपना पराया माल अपना
मौत जिस दिन आयेगी यकींन आ जायेगा जीवन का सीधा परिचय करा जायेगी

सत्य का द्वार अभ्यास, समर्पण

मै तो यहाँ यही कहुंगी की बूँद बूँद से काम नहीं चलेगा। यह स्पष्ट कह दूं की विधाता का दिया समय बहुत अमूल्य है। हमारा शरीर शक्तियों का पुंज है, अपने भीतर विस्फोट हो जाने दो, खुलने दो ब्रह्म के द्वार, जगने दो भीतर का दीया, फिर सारा ब्रह्माण साफ–साफ दिखाई देगा। बस समुन्द्र में कूदने की देर है। भीग तो अपने आप ही जाओगे। दुनिया भर में इतनी सामग्री हो गयी है एकाग्रता की, ध्यान की, बस व्यक्ति बाहरी होकर रह गया। व्यक्ति केवल काया की चिंता करता है शरीर निरोगी रहता है।मन का योग नही करता चित शान्ति की कोई प्रक्रिया नही। रोज–रोज शरीर को चलाने के लिए यह सब करता है।यह सब बाहरी शरीर को चलाने का प्रयास करता है। शरीर चलता रहे अंत तो बुढापा घेरेगा। शरीर को चलाने का यत्न करता पर आत्मा का योग कोई नहीं जानता कैसे किया जाये। आत्मा को कैसे निरोग किया जाए? सबसे ज्यादा आत्मा घायल होती वो किसी को दिखती नही। उसको स्वस्थ रखे तो फिर व्यक्ति जवान रहता है भीतर की खुशी मृत्यु तक बनी रहती है और अंत में मृत्यु को भी खुशी–खुशी प्राप्त करता है। परन्तु यह कम हिम्मती काम नही है। ध्यान के सागर में कूदना तुफानो का डर न हो वहीं कूद सकते है यहाँ निर्दोष भाव वाला ही शामिल हो सकता है। जो दोषों से भरा है प्रभु को समर्पण करना ही मुश्किल है।

खुद का साँचा खुद बनाना और उसमे ढलना भी बहुत मुश्किल है। अपने अचेतन मन को अपने साँचे में ढालना। यहाँ चेतन अचेतन मन दोनों पर प्रभाव पड़ता है। अपने को पात्र बनाना साफ करना ताकि मन व्यर्थ की सामग्री से मुक्त हो सके। नींव बनानी आवश्यक है। प्रभु की दिव्य शक्ति की नीव, वर्षो लग जाते है नींव तैयार करने में। जिन लोगो के पास अपने सोचने के लिए समय नही वे अपने लिए डेड लाइन तैयार करे। जीवन में सभी वस्तुए दुबारा बना सकते लेकिन कल की बीती घडिया कभी वापस नही ला सकते। संसारी घटनाओं को अपनी आँखों से देखते रहो। दुसरो की सलाह मानते रहो, यहाँ तो दूसरो का सिखाया कोई भी नियम काम नही आता सब निकाल फेंकना

होता है। नयी परिस्थिति लाने के लिए भीतर शान्ति भरने के लिए प्रभु का दर्शन करने के निराहार अच्छा औजार है यहा खाना भी प्रक्रिया पर निर्भर करता है। किस समय क्या कितना खाना चाहिए। बहुत अनुभव का काम है। एक अनुभवी बता सकता है। यानी कम से भी कम खाना अतीत की सब जकड़न दूर फैंक दे। ज्ञानी व्यक्ति की प्रक्रिया का अनुसरण करना। महत्व पूर्ण बात अपने उपर विजय और प्रभु की मोहर लगाना है। अपनी आत्मा में श्वासों की घड़ीयो को सिद्ध करना प्रभु को पा लेना सत्य में उतरना है। ब्रह्माण्ड के असीम स्वरूप को अपने भीतर बाहर साक्षात देखना है।

आज पहले वाले सिद्ध संत दिखाई नहीं देते, सारा संसार बहुत भ्रमित है। किसी को विशवास दिलाना आसान नहीं है। मै वर्षो के अनुभव और प्रभु की अपार कृपा के बाद लिख रही हो। मुझसे कोई भी आध्यात्मिकता के बारे में झूठ नहीं बोल पाता। वैसे तो इतना अनुभव हो जाता है मस्तिष्क और चेहरे से ही व्यक्ति का पता चल जाता है। मेरी कई संतो से बात होती थी जो प्रवचन करते थे और कहते थे की दिव्य ज्योति प्राप्त है। जब मैंने लिखना प्रारम्भ किया तो मैने उनसे भी बात की। मैंने उनसे पूछा की आपको दिव्य प्रकाश की घटना किस प्रकार घटी। मै आपका अनुभव जानना चाहूंगी ताकि औरो के साथ भी बाँट सको।किसी को घटना घटे तो सहयोग मिले। लेकिन उन्होंने मना कर दिया और कहा की आप किसी किताब में क्यों नहीं पढ़ती, तब मुझे बहुत आश्चर्य हुआ बेहद दुःख हुआ। क्योंकि यह घटना अपने आप में आनन्द दायी और अदभुत है। यह घटना घटनी ही मुश्किल है।

व्यक्ति को दिव्य जागरण करने के लिए सीधा और सरल रास्ता अपनाना चाहिए क्योंकि पद्धतिया तो अनगनित है, ढेर पद्धतिया सामने परोस दी जाए तो व्यक्ति स्वयं ही घबरा जायेगा। और कई पद्धतिया तो बहुत मुश्किल और किलष्ट है। दिव्य जागरण के बाद व्यक्ति देव स्वरुप हो जाता है।

महर्षि वेद व्यास जी में यह दृष्टि जन्म से पाई गयी उनके लिए कुछ दुर्गम नहीं हुआ। अभ्यास के द्वारा सब कुछ पाया जा सकता है। दिव्य जागरण करने के रास्ते तो बहुत बताये गए है– मन्त्र, तंत्र, योग इनकी चर्चा ज्यादा की गयी है। श्रद्धावान ही मन्त्र साधना कर सकता है। यह मार्ग बहुत धीरे–धीरे आगे ले जाता है। व्यक्ति मन्त्र जप करेगा तो मन टिका रहेगा। मन्त्र समाप्ति के बाद मन फिर उसी अवस्था में लौट आता है। ध्यान प्रक्रिया के द्वारा मन सदैव के लिए स्थिर हो जाता है। महत्वपूर्ण बात ध्यान साधना के लिए किसी जंत्री के मुहूर्त की आवश्यकता नहीं है।

ऋषियों के अनुसार माथे के बीचो–बीच देखना भी ज्ञान की क्रिया बताई गयी है। यह काला एक बिंदु सफेद चार्ट पे लगा कर निरंतर अभ्यास से भी वह बिंदु चमत्कार और तेज स्वरुप में दिखाई देने लगता है। यह त्राटक क्रिया की सरल विधि है। कोई भी एकांत अपने कमरे में हलकी रौशनी के साथ कर सकता है। यह विधि सबसे ज्यादा उपयोग की जाती है। **अगर यह क्रिया गलत तरीके से की गयी तो इसका परिणाम भी स्वयं को भुगतना होता है।** पढ कर करने वाले की मेरी कोई

जिम्मेवारी नही किसी को कोई नुक्सान हो मै जिम्मेवार नही। क्योकि मै अपने शिष्यों को पल–पल मार्गदर्शन करती रहती हूँ।

यह बात उन दिनों की है जब मै बिलकुल युवा अवस्था में थी, मेरा अनुभव तो था पर मेरी बातो पर कोई विशवास नहीं करता था। मेरे साथ वाले घर में एक संत आया करते थे, संत उनकी पत्नी और उनकी एक बेटी थी। संत भगवा धारक थे। हमारे देश में भगवा धारको को बहुत सम्मान दिया जाता है। मै भी अक्सर उनसे मिलने जाती थी और उनका बहुत आदर सम्मान करती थी। मुझे इस बात का पता नहीं चला की वह कोई प्रयोग कुण्डलिनी शक्ति पर कर रहे है। एक दिन जब मै उनके यहा गयी तब मुझे ज्ञात हुआ की वह संत इस प्रकार का प्रयोग कर रहे थे और इसी दौरान उनकी आँखों की रौशनी चली गयी और वह हरिद्वार चले गए। वह जाकर उन्होंने अनेक संतो और ज्ञानीओं से पूछा लेकिन किसी भी साधू या संत से कुण्डलिनी शक्ति पर कोई जानकारी नहीं मिली। मैने सुना वह बहुत भटके आश्रम–आश्रम लेकिन कोई मार्ग दर्शक न मिला। जब मुझे इस बात की जानकारी हुई तो मुझे बहुत दुःख हुआ क्योंकी इसी प्रकार का वाकया मेरे साथ भी घटित हुआ था। प्रभु की अपार कृपा थी मै स्वस्थ हो गई वर्ना आँखों का नुक्सान होता। मेरी सच्ची लगन मुझे आगे खिचती रही। मैने भी अनजाने में आगे बढने खातिर कुछ प्रयोग ऐसे किये जिनका परिणाम घातक सिद्ध हो सकता था। बाहर बच्चा सडक पर गिरता है महसूस होता है दीखता है गोड़े छिल जाते है सब दिखता है। बाहरी सब दिखाई देता है। यह पूरी तरह भीतरी काम है भीतर का सिस्टम खोलना होता है तभी तो काम करेगा। यह स्वयं की घटनाए है स्वमं को दिखता है या कोई अनुभवी गुरु आपकी बात समझ सकता है।

लो आ गई जोगन जिन्दगी का सीधा परिचय
जरा आँख बन्द कर खुद को खोदने लगी
वास्तविक घटना पल–पल घटती दिखती गई
अंधियारे को चीर उजाले में नजरे थोड़ी बोझल हुई
महक खुशियों भरी झिलमिलाती सुबह हुई
मै ठहरी नही जमींन पर आकाश में उड़ने लगी
मै उडी हवा में तामिल कोई पूरी होने लगी
गिर गया अहंकार पिघलती रही बर्फ की तरह
सदियों से भटकती काया आत्म मुग्ध हुई
गुजरते हुए काफिले से सफर उजालो से भरा शुरू हुआ

ध्यान के द्वारा मोक्ष साधना

इस प्रकार की साधना किसी अनुभवी के आदेश के अनुसार ही करनी चाहिए। बहुत सावधानी की आवश्यकता है। अनुभवी के निर्देश अनुसार कोई भी विधि करने पर किसी प्रकार का नुक्सान नहीं होता। मेरा मानना यह है की सभी का स्वास्थ्य या शरीर एक सामान कार्य नहीं कर सकता। किसको को कोई क्रिया सहज लगती है, और किसी को कोई। ऐसा केवल कोई ज्ञानी और अनुभवी ही बता सकता है। क्योंकि आज मुझे यह अनुभव हो चूका है की परमात्मा ने सभी कुछ एक जैसा भले ही दिया हो। हमारे अंगो में शरीर के अनुसार फरक हमारी क्षमता अनुसार कर दिया। कोई किसी कार्य को जल्दी कर लेता है और कोई उसी कार्य को करने मै अधिक समय लगता है।

इस प्रकार मैंने अनुभव किया स्त्री हो या पुरुष बहुत जल्दी एकाग्र हो जाता है। किसी–किसी के मन की चंचलता इतनी अधिक होती है की कितना ही एकांत निर्जन स्थान पर रहे। उसकी एकाग्रता की बजाये और अशांत हो जाता है। मैंने अनुभव किया कभी–कभी बाहर एकांत साधक बहुत अशांत पाया। कई कुछ नियम अपनाते हुए मैंने देखा साधक का ध्यान में ही लग गया। साधक घर में ही एकाग्रता की और बहुत शीघ्रता से बढ़ गया। जंगल में जाने की जरुरत नहीं है। जिस भी स्थान पर साधक साधना कर रहा है वह पर्याप्त होना चाहिए। किसी प्रकार की परेशानी नहीं होनी चाहिए। अशांत मन के साथ साधक ध्यान क्रिया नहीं कर सकता। पहले आत्म शुद्धी की क्रिया करनी होती है, अशांत मन से साधक आत्म दर्शन और प्रभु दर्शन कैसे कर पायेगा?

सर्वप्रथम ध्यान के द्वारा ही मोक्ष प्राप्ति का रास्ता बताया गया है। सबसे पहले साधक को अपना सारा अहंकार पूर्ण रूप से छोड़कर प्रभु को समर्पित होना ही होगा। स्वयं को पूरा खाली करना ही होगा। पूर्ण तौर से खाली साधक ही स्वयं के स्वरुप को जान सकता है। मानसिक तौर से स्वस्थ व्यक्ति ही ध्यान कर सकता है। जिसकी मानसिकता ही डगमगा गयी। किसी भी प्रकार की हिंसा क्रोध, ईष्या व्यक्ति को अस्वस्थ

बनाती है। जो पहले ही इतना कष्ट भीतर में भरा हुआ है, वह ध्यान क्रिया कर ही नहीं पायेगा। सारे दुःख और कलेश का कारण नासमझी अज्ञानता है। आनंद सुख और शान्ति प्राप्त करने का एक ही साधन है। ध्यान–साधक को ऐसा स्थान ध्यान क्रिया के लिए उचित है जो स्थान एकाग्रता में सहायक हो। जहाँ बैठकर साधक शान्ति महसूस करे। जहाँ साधक बैठे वह स्थान शुद्ध हो जहाँ बाहरी दुनिया को कोई आवागमन न हो, जहाँ बैठकर अपने आप से बात की जा सके।

जिस प्रकार प्रेम एकाग्रता तलाश करता है उसी प्रकार ध्यानी भी एकाग्रता तलाश करता है। साधक इस अदभुत शक्ति के बारे में जान लेता है। फिर वह दिव्य दर्शन का प्यासा हो जाता है फिर परमात्मा के दर्शन की अपनी आत्मा में दिव्य ज्योति देखने की तरफ बढ़ जाती है। वह दिव्य सत्य जब प्रकट हो जाता है तो साधक आत्मा में परमातमा का सवरूप देखता रह जाता है। फिर तो साक्षात् दर्शन की प्यास और बढ़ जाती है फिर लगातार दर्शन के लिए प्रयत्न करता है। इसलिए प्रभु का दर्शन आसान नहीं है। प्रभु की कृपा कब बरस पडे। कब हमारी भृकुटी में सूर्य का उदय हो जाए कब चंद्रमा की चांदनी चमक पड़े फिर ना दिन है न रात। वहा सदैव प्रकाश ही प्रकाश दिखाई देता है लेकिन पड़ाव बहुत आयेंगे। यह सब साधक की विनम्रता पर निर्भर करता है। क्योकि अभिमानी टूट जाते है विनम्रता सदैव फलती फूलती है, ध्यान में साधक जितना गहरा उतरता जाएगा वह उतनी ही उच्ची अवस्था को प्राप्त होगा। साधक के मन की अन्य वृतिया स्वय ही समाप्त हो जाती है फिर कोई वृति जन्म नहीं लेती धीरे–धीरे साधक आगे बढ़ता जाता है। वह स्थिर रहने की अवस्था में आने लगता है। यह पूर्ण ग्यानी ही जान सकता है और साधक की क्या अवस्था है। पूर्ण तत्व ग्यानी उस तत्व तक पहुच पाते है। ध्यान के द्वारा उसी तत्व तक पहुच कर साधक फिर सभी में उसी तत्व को देखता है। समस्त ब्रह्माण में वही तत्व को देखता है। समस्त ब्रह्माण में वही तत्व समाया है। इन सभी रहस्यों को एक पूर्ण ज्ञानी ही समझ सकता है।

एक बार बाबा फरीद अपने ध्यान में बैठे थे। किसी यात्री ने पूछा बाबा बस्ती का रास्ता किधर को जाता है। फरीद अपने ध्यान सिमरन मस्ती में बैठे थे। हाथ से इशारा कर दिया यह रास्ता जाता है बस्ती को। युवक बाबा के बताये रास्ते पर निकल गया। चलते–चलते श्मशान घाट आ गया। फिर सोचा बाबा ध्यान मग्न थे, शायद गलती से गलत रास्ता बता दिया फिर वापस वही आ गया। बोला बाबा जी आपने रास्ता गलत बता दिया वहा तो श्मशान घाट है। फरीद जी कहने लगे मै इसी को बस्ती कहता हूँ। यहा जो आया बस गया वापस नही गया। सच ही तो कहा बाबा फरीद ने यह तन भी अपना नही यह भी प्रभु का दिया है, जाने कब वापस लेले, कब खाली करना पड जाए, कोई निश्चित नही। क्योकि जो श्मशान घाट गया वह बस गया वह वापस नही आया। इसलिए आये है तो जाना निश्चित है। राजा हो रंक हो फकीर हो क्या फर्क पडता है।

किसी भ्रम में मत रहना मुझे तो एक ही बात जँचती है प्रभु की पहचान कर लो। जाग जाओ और उजाले में विचरण कर लो। वर्ना अँधेरे में तो ठोकरे ही लगती है। अगर एक बार जाग जाएगा तो अन्धेरा पास नही आयेगा। देखा होगा जिसकी ऑखें नही उसको ठोकरे लगती है और सब उस पर तरस खाते है। आँख वाला ठोकर खाता है तो उस पर सभी गुस्सा करते है। आँख वाला होकर ठोकर खाता है। इसलिए मै यही कहूँगी इतनी बडी आंखे होने के बाद भी सभी समझ नही पा रहे कौनसी राह चलना है। कहा जाना है? सबकी अपनी विचार धारा है यह पथ विश्वास का है। अपनी पहचान जुडी है जो सर्वोपरी है। भय का पतन होगा पाप का विनाश होगा तभी प्राकृतिक भोज के अधिकारी बनोगे। खुले आसमान में खुल पाओगे तारो की रिमझिम बिजली की टिमटिम देख पाओगे।

भागना नही है जागना है यह बस कर्मो का मिशन है। कर्म प्रधान है अभी देर नही हुई तडक भडक से बाहर आने की जरूरत है यहाँ मन की जरूरत है। शब्दों का अर्थ समझ में आना चाहिए। मै अपने जिन्दगी में प्रत्येक व्यक्ति को अहमियत देती हूँ जो अच्छे होगे साथ देंगे साथ चलेगे। जो बुरे होंगे वो सबक देंगे। लेकिन बुरा कोई नही सभी में प्रभु का अंश है देखती हूँ, सबक देने वाले अधिक प्यारे पल–पल अपनी परख होती रहती है। मित्र और रिश्तेदारों से आईना–परछाई जैसा रिश्ता रखो आईना कभी झूठ नही बोलता परछाई कभी साथ नही छोडती।

एक को जानो मानो उसके साथ एक हो जाओ। सारा खेल एक शक्ति का है। प्रभु प्यारे की चर्चा कर मेरा मन हर्षित हो रहा है। एक में रम जाए एक को मनाले। तुम ही हो, तू ही तू तेरी शरण प्रेम की वाणी बोलना। एक की चढ़ाई शुरू कर लो। एक ही प्रार्थना है जान सको तो जान प्यारा आनन्द नियारा आनन्द। कई प्रभु प्यारे के फल के रस को प्राप्त कर लेते है। कई को देखना भी नसीब नही। तबला बजाने का ढंग तबला मास्टर ही जानता है उसकी उंगलिया तबले पर अपने आप तेजी से चलती है। उसका अभ्यास हो गया यहां आँखों का कोई काम नही। उसी तरह हारमोनियम भी बजाता है कानो से लय मग्न रहता है। राग और तर्ज पर ध्यान रहता है। अपनी ही धुन और लय मग्न हो जाते है। इसलिए ध्यान देना, सुरती सुनना, सुरती सीखना या अमल करना। जिस दिन एकांत के अच्छे श्रोता भी बन गये बात बन जायेगी। यहां वक्ता प्रभु प्यारा है। बडे किस्मत वाले होते है जिनको प्रभु चुन लेता है वो भी किस्मत वाले होते है जो प्रभु का उजाला भरा रास्ता चुन लेते है। ब्रह्म की प्राप्ति और ब्रह्म की संगत करे। मन की भ्रांतियों में न उलझे। आत्म निरीक्षण और आत्मविश्लेष्ण करे। परमात्मा एक का सम्बन्ध बेजोड, स्थिर है।

आत्मा की प्यास परमात्मा अनुभूति बैगेर अधूरी आत्मा। एक साधक की अंतर्दृष्टि स्थिर हो जाती है। फिर बाहरी और भीतरी दृष्टि एक हो जाती है। समस्त सृष्टि में उसी

तत्व का तेज दिखाई पड़ता है। संसार में बहुत कम व्यक्ति उस अवस्था तक पहुच पाते है। जो व्यक्ति भोग विलास में पड़े है वह आत्मदर्शन से वंचित रह जाते है। वह शरीर को ही सब कुछ मानते है। जिस व्यक्ति को विशवास है वह इस तत्व को पा सकता है। वही तत्व दर्शन का अधिकारी भी होता है। अज्ञानी व्यक्ति तो वासनाओ का भूखा इधर उधर घूमता रहता है। वह व्यक्ति धन कमाने, खाने–पीने, घूमने, मौज मस्ती को ही अपना जीवन समझता है। परम तत्व और आत्म दर्शन की बातो से तो कोसो दूर होगा। परन्तु आज का व्यक्ति बिलकुल भूल गया है की आत्मदर्शन इसी देह में हो सकता है। दुनियादारी निभाते–निभाते संसार रूपी सागर में रिश्ते ढोहता जा रहा है। यहाँ संसार तो एक जंजाल है इसमें फंसने की बजाये जीवन यात्रा सफलता के साथ की जा सकती है। ना त्याग की जरुरत है ना पीछे भागने की जरुरत है। यहा सारा काम विचारों की आजादी है।

हमें पता होना चाहिए हमारे विचारों को खाली कर ऊर्जा को किस दिशा में श्वास के साथ जोड़ना है। एक बार एक व्यक्ति चौराहे पर खड़ा एक बुजुर्ग से बात करने लगा और पूछने लगा यह राहे किधर को जा रही है। बुजुर्ग ने कहा तुम बताओ किधर जाना है। यात्री बोला मै नही जानता बुजुर्ग बोला फिर तो कोई भी राह पकड़ लो। क्या फर्क पडता है सही कहा जब पता ही नही मोक्ष का कोई लक्ष्य नही तो बुनियाद ही कमजोर है। समस्याओं की दौड़ तो जिन्दगी भर चलती रहेगी। प्राकृतिक सोंदर्य से बढकर कोई सौन्दर्य नही, प्रभु का सोंदर्य देखने की कोशिश अवश्य करे।

प्रभु दर्शन का मार्ग थोडा कठिन है। तत्व दर्शन के रास्ते में बाधाए तो आएँगी। लेकिन कष्टों और दुखो का निवारण इसी रास्ते पर है। इतिहास साक्षी है इस बात का अभ्यासी को ही तत्व दर्शन हुआ। यह मानव जनम मिला है इसे खोना नहीं चाहिए। इसका भेद जाने बिना मानव जनम बेकार कर दिया। यू ही व्यर्थ गवा दिया। फिर मनुष्य और पशु में कोई फर्क नहीं रह जाता। आज मनुष्य के लिए समय बहुत कम है। मनुष्य का मन भी अशांत है। अशांत चित प्रभु दर्शन कभी नहीं कर सकता।

मनुष्य का शरीर नाड़ियो का पुंज है और नाभि केंद्र है नाभि स्वस्थ है अपने स्थान पर मजबूती से टिकी है। उस व्यक्ति का ध्यान भी मजबूत होगा यानि बार–बार अभ्यास करने से ध्यान टिकना शुरू होता है क्योंकि दिव्य शक्ति जो ज्योति स्वरुप दिखाई देती है वह कुण्डलिनी शक्ति के नाम से बंद पड़ी है, जैसे–जैसे साधक ध्यान अभ्यास के लिए बैठता है साधक के लगातार अभ्यास से एक दिव्य शक्ति चक्रों को खोलती हुई ऊपर ब्रह्मरंद तक पहुचती है। साधक के शारीर में एक चमत्कारी बदलाव आता है। साधक शारीरिक तौर से भी स्वस्थ होता चला जाता है। देखते देखते वह दिव्य प्रकाश मंडल पर पहुच जाता है। हमारे शरीर में यह कुण्डलिनी शक्ति सर्पाकार बताई गयी है। इसे भी नाडी स्वरुप ही बताया गया है जब तक साधक की कुण्डलिनी शक्ति शुप्त अवस्था

में है वही मनुष्य का रज और वीर्य का केंद्र भी बताया गया है। जब तक कुण्डलिनी शक्ति का जागरण नहीं होता तब तक साधक वासना से घिरा रह सकता है।

कुण्डलिनी शक्ति के जागरण की कोई भी विधि तत्वज्ञानी गुरु के निर्देश अनुसार ही करना चाहिए वर्ना परिणाम घातक भी हो सकता है। आज अनेक शास्त्र कुण्डलिनी शक्ति पर लिखे जा चुके है। लेकिन केवल उन्हें पढ़ लेने से कुण्डलिनी शक्ति जागरित नहीं होती है। अगर कोई गुरु मिल जाये तो सहज ही शक्तिया जागृत हो जाती है। दिव्य प्रकाश मंडल के दर्शन सहज हो जाते है। दिव्य घाट में उतरने के लिए पोड़ी–पोड़ी उतरना पडता है फिर कोई खतरा नही। चुनाव तो खुद करना है दिव्य घाट उतर कर ब्रह्मलोक जाना है, जहां दिव्य आत्माए निवास करती है या सीधा शमशान घाट जहा स्वागत चांडाल करते है।

विचारणीय बात यही है शक्ति का बोध न सुनने से होता है न पढने से होता है। न शास्त्र से होता है। इन शक्तियों को अनेक नाम दिए गये अनेक रूपों में जिसने खोज की लिखने का प्रयास किया। राम, कृष्ण, स्वामी, भगवान, खुदा, अल्ला, रहीम, ईश्वर, रब, गोड, प्रभु, महावीर, बुद्ध, नानक, कबीर, रैदास, अन्य कितने ही सिद्ध संत हुए, कितने संतो के नाम लिखो जो–जो ज्ञान को पूर्ण तोर से उपलब्ध हुए वह दिव्य शक्ति की घुरी को जान गये। वह हमारे भीतर किस तरह घुमती है। मेरा यह अनुभव बड़ा चमत्कारी रहा। यह हमारा शरीर होते हुए फिर हमारा नियन्त्रण नही रह जाता। हमारे भीतर कितना पानी समा सकता है या भोजन की मात्रा सब तय हो जाती है। सबसे चमत्कारी मेरा अनुभव रहा। सब प्रभु की कृपा से पता चलता है।

ध्यान की क्रिया साधक के जीवन उत्थान के लिए बनाई गयी है। साधको ने अनेक क्रियाये अपनाई और वे लक्ष्य तक पहुचे। सिद्ध अध्यात्मिक गुरुओ ने सभी को अलग–अलग ध्यान क्रिया बताई है सबकी अलग–अलग क्रियाये है। ध्यान क्रियाये तो बहुत बताई गयी है जिनमे से कुछ तो इस प्रकार है. कुछ अभी भी गोपनीय बनी हुई है। भले ही ये क्रियाये गुप्त है परन्तु सिद्ध व्यक्ति को वह सभी आसानी से समझ आ जाती है। मैंने देखा है की ये क्रियाये आज गुप्त पड़ी है, सहज है परन्तु अभ्यास के द्वारा रहस्य उजागर करती है। मैंने खुद कई बच्चो से यह क्रियाये करवाई तो वे दिव्य प्रकाश के भागी बने। आज या तो किसी की उच्ची अवस्था है नहीं या कोई करवाना नहीं चाहता। साधक लगातार अभ्यास के बाद कुण्डलिनी शक्ति जागरण में सफल हो जाते है। और साधक की कुण्डलिनी शक्ति जाग्रत होकर उन्मुख हो जाती है। जैसे–जैसे यह कुण्डलिनी शक्ति नाडी की तरह गमन करती है। दिव्य प्रकाश का कम्पन्न वैसे वैसे शरीर में बढता है, साधक को डर लगने लगता है और घबराहट भी हो जाती है इसी कारण साधक अभ्यास करना छोड़ देता है। बहुतो से ऐसा सुना है। कईओ के साथ ऐसा हुआ भी है। साधक अपना अभ्यास जारी रखता है तो वही दिव्य

प्रकाश कई रूपों में प्रकट होता है। वही दिव्य प्रकाश लाल, नीला, सफेद, पीला कई रंगों में सामने आता है और यह रूप बहुत ही आनंद दाई होता है। यही दिव्य ज्योति के सारे शरीर को आनंदित करती हुई ब्रहम रध्रं तक पहुचती है। यह सब साधक के अभ्यास पर निर्भर करता है साधना अपने को कितना ऊपर उठा सकता है। साधक की आत्मा में प्रकाश होने पर ज्ञान का बीज फूटता है वर्ना प्रकाश के बगैर अज्ञानी ही बना रहता है जैसे ही दिव्य प्रकाश आत्मा में दिखाई देने लगता है वैसे ही संसारी माया जाल का पर्दा भी हटने लगता है उसी से साधक की शुद्ध और चैतन्य अवस्था आने लगती है। जो सदा से है सदा रहेगी इसलिए आत्मा को जान लेने के बाद बाकी सारे रहस्य आपने से खुलने शुरू होते है किस तरह प्रकृति के साथ आत्मा का गहरा सम्बन्ध है धीरे धीरे सामने आने लगता है। मनुष्य जब आत्मा को बाहर और भीतर से दोनों स्वरुप में आत्मा को जान लेता है यही आत्मा शरीर की माया स्वरुप से बाहर आने लगता है यह आत्मा शरीर में सदा रहने वाली नही अपना निवास स्थान के लिए तडफती है। शरीर के भीतर भूकम्प की तरह हिलाती है अब वह चाहे हार्ट अटेक का नाम दो या ब्रेन में होने वाली विभिन्न प्रकार की बीमारिया कहो कारण यही मेरा अपना अनुभव है। अन्य कोई भयानक रोग का रूप ले लेती है।

आत्मा सदैव जवान बनी रहती है, शारीर के कारण बाल्य अवस्था आती है फिर युवा, बुढापा आता है बुढापे में शरीर व् नाडी सुकडने लगती है। जिसके कारण शरीर कमजोर हो जाता है। चहरे की तो जैसे शाम हो जाती है, देह का सूर्य ढलने लगता है। यह सब नाशवान शरीर में है आत्मा तो वैसी की वैसी है। आत्मा तो न जाने कितनी योनिया भोग कर आई है।ये योनी छोडकर कोंन सी योनी का शरीर धारण करेगी। देह चेतना आत्मा के कारण है जैसे ही आत्मा देह को छोडती है सभी ने देखा होगा मृत शरीर को हाथ से पकड कर नाड़ी देखी जाती है। नाड़ी बंद हुई सभी कहने लगते है यह समाप्त हो गया, मिटटी हो गया, इसे उठाओ। अब यह देह पत्थर या लकडी वत जमींन पर पडी होती है। फिर देह न सुन सकती है न देख सकती है। देह में आत्मा ज्योति स्वरूप है आत्मा का चेतना स्वरुप विराजमान नही है। आत्मा आपना शरीर रूपी आसन छोड़ गई। शरीर की महिमा इसीलिए है शरीर में आत्मा का दिव्य रूप जाना जा सकता है अन्य सभी कर्म व्यर्थ यही रह जाने वाले है। ध्यान में आत्मा को स्थिर कर प्रभु के दिव्य पुंज के साथ जोड़ा जा सकता है। सृष्टि की कण–कण में प्रभु की दिव्य शक्ति समाई है इसीलिए कण कण में ज्ञानी दिव्य दर्शन करता है साफ साफ नजर आता है सृष्टि में प्रकृति और आत्मा का गहरा सम्बन्ध है। आत्मा एक शरीर में समाई है और पृथ्वी पर परमात्मा का दिव्य रूप कण–कण में समाया है। सभी के अंग–संग रूप का स्वरूप घूमता है पर आभास कैसे हो? देखा कैसे जाए? शक्ति का बक्सा बंद पडा है। अनंत ज्ञान का दर्पण साफ नही किया। अंतरात्मा का रूप कैसे जाने सत्य जब

तक प्रकट नही होगा जब तक मनुष्य जीवन बेकार पशु भाँती ही समझो।

ब्रह्म का सत्य आत्मा में प्रकट होने पर ही व्यक्ति आत्मदर्शी हो जाता है ब्रह्म का सत्य आत्मा में प्रकट होने पर ही मनुष्य जीवन सफल है बाकी सारा प्रयास संसार का है, संसार के साथ छूटने वाला है। फिर व्यक्ति प्रत्येक वस्तु में अपने प्रियतम परमात्मा का अक्श क्यों नही देखता। सत्य को जानने वाला व्यक्ति अपने को ऊर्जावान महसूस करता है। साधक की आत्मा और परमात्मा का एकीकरण हो जाता है सृष्टि में विराजमान शक्तियों को जान लेता है ज्ञाता हो जाता है।

स्वमं आत्म तत्व में रुकने से स्वयं की शक्ति का बढ जाना आकर्षण का बढना और स्वमं की ऊर्जा भी बढ जाती है।अध्यात्म इसी को कहाँ गया है अध्यात्म मै प्राण शक्ति का विकास हो ऊर्जा विधुत का काम करती है। कई बार इस प्रकार की साधना से पुराने रोग भी ठीक हो जाते है। रोग निवारण और प्रभु दर्शन कर व्यक्ति पूर्ण तोर से सुखी होता है। यह मार्ग व्यक्ति के स्वमं चमत्कार देखने का है। जैसे जैसे चमत्कार देखता है वैसे ही सूर्य का उदय होता है वैसे ही व्यक्ति में सूर्यगुण समावेश होता है। व्यक्ति चाहे तो दिल भीतर का अन्धेरा छंट सकता है। हर दिल में सवेरा हो सकता है महक तो खिलने के बाद आती है बीज तो भीतर है खुदा के लिए खुदाई की आवश्कता है। जगह जगह खुदाई से पानी नही निकलता पानी का तरीका ओजार सही जगह चलाए जाए तभी पानी की धारा फूटेगी। अगर आज मेरी बात समझ आ जाय बाहरी बातो से दुःख भीतर से सुख आता है। उसी तरह बाहरी साधनो से सुख भी भीतर महसूस होता है। सुख का पता नही चलता और दुःख पकड़ कर बैठ जाते है। आत्मा के साथ सब है।

आत्म ज्ञान के बाद सारे शब्द गायब, रूप गायब, कोई स्त्री नही कोई पुरुष नही, सारे चहरो का विनाश।एक ही सोंदर्य टिकेगा प्रभु के धाम का, आत्मा सदैव से सतलोक की आदि रही है। सदैव रहेगी आज व्यक्ति के दुःख का कारण केवल आत्मा का विस्मरण है। बाकी सब जानकारी है केवल स्वमं को भूल गया इसका आत्म विस्मरण हो गया है। अपने को केवल ध्यान के प्रकाश से जगाना है अज्ञानता को मिटाना है तो भीतर शांति ही शान्ति, आनंद ही आनंद, फिर प्रभु के धाम से उत्सव प्रेम बरसेगा।

बेकार ही अपने भीतर दुनिया की आवाजाही बड़ाई बन्दे, पांच तत्व का पुतला तूने मिटटी में मिलाया ।।

एक रहस्य मृत्यु का था साँस का पार न पाया, व्यर्थ पीड़ा भोगी मानव, जीवन का मर्म न जान पाया ।।

एक जीवित गुरु की तलाश यह सबसे जोखिम वाला काम है और गुरु मिल भी जाय जो जगा हो और दुसरो को जगाना जानता हो। यह जानना कठिन है, प्रभु दुवार इतना भी नजदीक नही की, बिन खटखटाये खुल जाए। बिन रोये आसू बहाये खुल जाए थोडा

टेढा जरुर है। मुश्किल नही नामुनकिन नही। द्वार खुलने का इंतजार करो प्रेम सहित श्रद्धा सहित राह पर टिके रहना है डगमगाना नही, हिलना नही,किसी की बातो में न आना। कुछ नही दिखता ऐसे ही बोलते है वे लोग कमजोर ह्रदय वाले होते है। जो स्वयं तो आगे बढ नही पाते दुसरो को गिराने के लिए तैयार रहते है। फिर वो कुछ और खोज रहे थे या खोजने वाले थे ही नही। खोजना कुछ और था राह मै धन पड़ा मिल गया, माया ने लुभा लिया वही रुक गये। संसार में सब छीन सकता है। धन हो न हो कोई फर्क नही पड़ता, चाहे धर्म हो धर्म होना आवश्यक है। यहाँ अपनी झोली में फूल गिरते है। यहाँ भीतर का प्रसव देखने वाली बात है परन्तु अपना मोक्ष कोई नही छीन सकता यह एक सुखद सपना ही नही है हकीकत है, मन को झकझोरता है मृत्यु को जीतता है। उपलब्धि को प्राप्त होता है, साक्षात्कार होता है, व्यक्ति प्रकट को देखने के लिए तैयार रहे कभी भी सामने आ सकता है।

अपने आनन्द दाई अनुभव के बाद आज कह सकती हूँ मनुष्य के भीतर कुंडलनी शक्ति रूप अदभुद खजाना दबा पड़ा है यह रहस्यमई तो है ही बहुत से व्यक्ति इस बारे में जानते भी नही होगे। शायद यह शब्द पहली बार सुना हो। सबके भीतर विराजमान शक्ति जान ही नही पाया कुंडलनी शक्ति नाम भी पहली बार सुने हो। क्या जान पायेगे? जिस तरह एक स्त्री के भीतर गर्भाशय है सबको मालुम है जब स्त्री माँ बनती है उसका गर्भाशय खुलता है, रहस्य खुलता है। उसी तरह कुण्डलिनी शक्ति सबके भीतर है जिसको इसका रहस्य पता चल गया वह प्रभु के अस्तित्व में भाग ले गया। प्रभु को करीब से जान गया। यह रहस्य सभी को जानना चाहिए। अपने भीतर एक पोटली पड़ी है उसको खोलने के बाद ही अन्य गांठे खुलती है। यह अमूल्य ज्ञान धन के लोभी के पास कभी नही मिलेगा। ज्ञानी और सुयोग्य गुरु के पास जाना चाहिए जो तत्व का ज्ञान रखता हो। जो गुरु इस रहस्य को नही जानता, आपको क्या दे सकता है। आप कभी प्रभु के अस्तित्व में प्रवेश नही कर सकते है।

एक बार झेन फकीर के पास एक व्यक्ति आया बोलता है, मुझे ध्यान करना सीखना है। झेन फकीर मस्ती में एक पहाड़ी पर बैठा था बोला तुम मुझे देखते रहो व्यक्ति बोला क्या पागल पन है। आप मुझे बताये ध्यान कैसे किया जाय? सब ने बताया आप एक सिद्ध फकीर है। आपके बारे बहुत सुना है में आपसे ध्यान सीखना चाहता हूँ तो फकीर ने कहाँ ठीक है तुम दो दिन यही रुक जाओ अब फकीर उसे अपनी कुटिया में ले आया। बोला मै जो–जो करता हूँ उसे ध्यान से देखते रहो। फकीर कभी खाना खाने लग जाए कभी नहाने लग जाए व्यक्ति ने सोचा कैसा पागल फकीर है। व्यक्ति ने कहाँ मुझे ध्यान सीखना है फकीर कहता है देखो मुझे ध्यान से देखते रहो मै कैसे खाता हूँ? कैसे सोता हूँ? कैसे नहाता हूँ? मै ध्यान मै कैसे होता हूँ? उसे देखो। व्यक्ति ने कहाँ यह सब में रोज करता हूँ दूसरो को देखता हूँ। अब तक तो मेने सुना ध्यान किया जाता

है लेकिन ध्यान में होना आज तक नही सुना फकीर कहता है यह बहुत मुश्किल है। फिर हम दोनों में से कोई पागल है, कौन पागल है, हम दोनों तो इस बात को तय कर न सकेंगे।

ध्यान क्या है? रुक जाओ बाहर से नही भीतर से हो जाओ खो जाओ ऑखें खुली है हाथ काम कर रहे भीतर थम गये बर्फ जम गई किसी को पता भी नही चला ध्यान काम करते करते हो गया। समय आ पहुचेगा जब प्रभु का साक्षात्कार हो जाएगा जिस दिन तुम चल दोगे उस दिन प्रभु भी चल देता है बल्कि प्रभु तो बरस रहा है चलना हमे ही पडेगा होना हमें पड़ेगा जब अस्तित्व का ध्यान कर लिया तभी हमारी यात्रा शुरू हो जाती है। भागवत प्रेम जगाना है तभी भाग्य भी खुलेगा प्रेम का तार शीघ्रता से जुड़ता है। प्रेम पास लाता है, दुश्मनी दूर करती है, कौन किस बात को समझता है, यह उसकी मानसिकता पर निर्भर करती है। प्रभु हमेशा उन्ही के पास आता है जो अपना है। उसमे खुश है, मग्न है, उनही के नजदीक भी रहता है। जो अपने पास ढेरौ होते भी छीन कर खाता हो भले ही कितना दानी हो प्रभु उससे भी कोसो दूर होता है। देखा जाए सारा खेल व्यक्ति के कर्म और उसकी मानसिकता का है।

यदि आपमें से किसी की इच्छा जाग जाये ज्ञान पाने की मै ऐसी दिव्य आत्मा का तहदिल स्वागत करुँगी और यदि दिव्य ज्ञान का कोई विद्वान् आपको मिले। जो सहज दिव्य गुरु मिल जाए जल्दी जाओ देर न करे। उसकी शरण में जाकर अवश्य लाभ उठाये। जो इस विधा में स्वमं पारंगत हो क्योंकि दिव्य ज्ञान का डोंगी ज्यादा दिन ठहर नही सकता, टिकना मुश्किल है यहाँ न साधक का ढोंग चलता है न गुरु का ढोंग चलता है। यहाँ गुरु और शिष्य दोनों झूठ के माया जाल में फसकर स्वयं का ही नुक्सान करेंगे। जहाँ बात बहुत बडी पवित्र जीवन शक्ति की हो रही हो वहां असत्य का कोई काम नही। दिव्य शक्ति के साथ कोई भी झूठ का खेल ज्यादा देर नही खेल सकता जल्दी ही सामने आता है। क्योंकि इतनी पवित्र शक्ति के साथ खिलवाड़ करना स्वयं का सर्वनाश करना है। प्रभु के बहुत कडे नियम है। बहुत परीक्षाओं के बाद अस्तित्व में प्रवेश मिल पाता है। कोई भी इस भ्रम में न रहे दुसरा पार उतार सकता है। हां गुरु के सानिध्य में ज्ञान मार्ग की शीघ्र उन्नति होती है। तत्व ज्ञानी और इस विधा में पारंगत होना आवश्यक है। प्रवचन से लुभाने वाले ग्रंथो दुवारा समझाने वाले बहुत है लेकिन केवल तत्व ज्ञान साक्षात्कार कराने वाले बहुत कम मिलेंगे।

गुरु और शिष्य सत्य के सानिध्य में है वहां देव तत्व परम तत्व की प्राप्ति अवश्य होती है। पुरे संसार में मनुष्य सबसे बुद्धिमान जीव मनुष्य है। केवल मानव ही कुंडलनी शक्ति का यह अदभुद प्रयोग कर सकता है चाहे वह स्त्री हो या पुरुष यह शक्ति दोनों के भीतर सम्माहित है। एक विलक्षण चमत्कार है। कई बार व्यक्ति सुनकर पढकर या किसी व्यक्ति से प्रभावित होकर, इस प्रकार की साधना शुरू तो कर देते है पर इस प्रकार

के साधक ज्यादा आगे नही चल सकते। कुछ समय साधना करने के बाद छोड़ देते है।

ध्यान साधना सबसे ज्यादा मन को प्रभावित करती है यह ज्ञान नाभि चक्र से उठता हुआ ह्रदय चक्र को प्रभावित करता हुआ आगे बढता है साधक जरा भी विचलित हुआ या एक बार अस्थिरता मन में आ जाती है तो वह साधक किसी नतीजे पर नही पहुच पायेगा। बल्कि उसका मन भी अस्त व्यस्त होता चला जाएगा और अधिक अज्ञानता साधक के मन को घेर लेती है विशवास खो जाता है इन सबसे बचना चाहिए। परिस्थिति कैसी भी हो अपना विश्वास बनाये रखे तत्व ज्ञानी गुरु खोज ले। जहां विश्वास नही वहाँ एकाग्रता भी नही टिकती मन में चंचलता बनी रहेगी, मन तनाव से भर जायेगा।इसी कारण ज्ञान कोसो दूर रहता है ध्यान विश्वास के साथ किया जाये चाहे किसी भी परिस्थिति में हो साधक के भीतर विश्वास है तो एक ध्यान की ताजगी बनी रहेगी। यही साधक को उपर ले जाती है और ज्ञान की उपलब्धी कराती है। यह परिवर्तन साधक के जीवन में सांसारिक उपलब्धी भी कराती है। उसके जीवन में आई कठिनाइयो अनुसार परिवर्तन भी होता है। कई बार प्रभु पर अटूट विश्वास जीवन में बहुत बडा परिवर्तन कर जाता है इस प्रकार के उदाहरण हमारे इतिहास में भी मिलते है। रास्ता चाहे ध्यान का हो या प्रभु विश्वास का चमत्कार होते तो सबने देखे है।

हमारे इतिहास में एक किस्सा मुगल बादशाह बाबर का आता है –––मुगल बादशाह बाबर के जीवन में एक अवसर ऐसा दुखद भरा आया, मुगल बादशाह बाबर का पुत्र राजकुमार हुमायुं ऐसा बीमार हुआ होश न रहा। ऐसी मूर्छा छाई की बेहोशी की हालत में कई दिन निकल गये हुमायु को होश न आया। बेहोशी थी की हटने का नाम नही ले रही थी दिन पर दिन बितते रहे बेहोशी नही टूटी एक से एक वैद हाकिमो का इलाज चलता रहा कोई दवा काम न कर रही थी। महल पर दुःख के बादल छा गये अब वैद्य हाकिम भी जवाब देने लगे अब यह कल सूर्य भी देख पाए मुश्किल लगता है। बाबर कई दिन का बैठा बैठा आंख लग गई। जब महल की स्त्रियों ने सुना कल का सूर्य नही देख पायेगा तो स्त्रियां रोने चिलाने लगी। बाबर की बैठे बैठे आंख लग गई थी स्वप्न देख रहा था, एकाएक आँख खुली।

अब बाबर को बहुत चिंता हुई उसके वंश का आखरी चिराग गद्दी का वारिस इस तरह बेहोश पड़ा है। उनसे देखा न गया सारी दौलत लगाने को तैयार एक से एक वैद्य हकीम भी हुमायुं को ठीक करने में असमर्थ थे कुछ समझ नही पा रहे थे।बाबर ने सोचा यह बादशाही किस काम की तब बाबर का आत्म विश्वास जागा और पूर्ण आत्म विश्वास के साथ ईश्वर की शरण में गया। खैर संकट तो बड़े बड़ो को हिला देता है बाबर पर ऐसा संकट आया की नास्तिक आस्तिक हो गया। बाबर एकांत में गया और अलाताला से पूर्ण समर्पण के साथ प्रार्थना की नमाज पड़ी। उस समय बाबर की आत्मा का

अनजाने में परमात्मा के साथ सीधा तालमेल बैठ गया। बाबर प्रार्थना में खो गया। नमाज पढ़ने के बाद बाबर सीधा हुमायु के पास आया हुमायुं को देखा फिर हुमायु के पलंग परिक्रमा करने लगा। (चक्कर) परिकर्मा लगाते समय मन ही मन प्रार्थना चल रही थी, सात परिक्रमा पूरी की भावविभोर हो प्रभु की शरण प्रार्थना चल रही थी। हे ईश्वर! मेरे शेह्जादे हुमायुं को ठीक कर दे। इसके बदले मुझे बीमार कर दे। ईश्वर से अंतरमन और रुद्र्भाव से विनती की कि बाबर का इतना दृढ संकल्प था की बाबर की परिक्रमा जैसे ही समाप्त हुई हुमायुं ने पहले ही आँख खोल दी। बाबर का ईश्वर के प्रति विशवास और समर्पण ने हुमायुं को ठीक कर दिया। लेकिन बाबर यह देख ही रहा था की आवेश का गश खाकर वही बेहोश हो गया। जहाँ खड़ा था वही गिर गया। यह सब इतनी तीव्रता से हुआ। इतिहास इस बात का गवाह है की हुमायुं खड़ा हो गया और बाबर के प्राण बेहोशी में ही निकल गए। उन्होंने दुबारा आँख नहीं खोली। प्राण पखेरू उड़ गए। इसलिए जब संकट आता है तो नास्तिक भी आस्तिक हो जाता है और ईश्वर तो शक्ति स्वरुप है। वह अनेक रूप में अपने भगतो को दर्शन देते है। बस विश्वास और श्रद्धा रखने वाले ही प्रभु को किसी भी रूप में पा सकते है।

ध्यान और प्रार्थना में एकाग्रता ही प्रभु की और ले जाती है। एकाग्रता मन और मस्तिष्क को शून्य की ओर ले जाता है। अपना ध्यान जहा केन्द्रित करेंगे। साधक की वही अनेक घटनाये घटनी शुरू हो जाएगी। यह ध्यान आकर्षण दिव्य शक्ति का है, प्रत्येक व्यक्ति में जो नित्य प्रवाहित हो रही है। साधक जो निरंतर साधना में रहते है उनकी मन, कर्म, वचन और भीतरी शुद्धी होने के कारण एक विशेष प्रकार की गंध आती है और यह गंध तो प्रत्येक व्यक्ति से निकलती है। प्रत्येक व्यक्ति की गंध उसके कपडो से तो तकरीबन सभी को मालुम होती है। मैंने बहुत साल ज्योतिष का कार्य किया तो मेरे सामने बहुत लोग बैठते। अध्यात्मिक होने के कारण मुझे उनकी गंध से चलने फिरने या बोलने से पता चलता था। वह व्यक्ति तो अपना हाथ दिखा कर चले जाते लेकिन मुझे काफी देर तक वहां का वातावरण प्रभावित करता तब तो बहुत ही अपने में समाही रहती ज्यादा सोचती नहीं थी।

लेकिन आज आपको बताना चाहती। प्रत्येक मनुष्य के शारीर से विछुतीय शक्ति एक प्रकार की गंध वातावरण में छोडती है। यह बात तो सिद्ध है वैज्ञानिको ने इस बात को और सिद्ध कर दिया। मनुष्य के शरीर से निरंतर निकलने वाली गंध मनुष्य के द्वारा प्रयोग होने वाली वस्तुए और वहाँ के वातावरण को प्रभावित करती है। मनुष्य की गंध जहाँ –जहाँ जाती है वहाँ के वातावरण में फैल जाती है और बहुत देर तक रहती है और महसूस की जा सकती है। इसी को प्रत्येक व्यक्ति का औरा कहाँ जाता है। आपने देखा होगा अपराधी को पकड़ने के लिए कुत्तो का इस्तेमाल किया जाता है। यह गुप्तचर कुत्ते सूंघकर पृथ्वी पर फैली गंध के सहारे अपराधी को पकड़ लेते है। इस बात

के तो बहुत सारे प्रमाण मिलते है वैसे भी आज तो वैज्ञानिक भी इस बात को मानते है। लेकिन वही व्यक्ति किसी गाड़ी पर सवार हो जाता है तो उसकी गंध गाड़ी में बंद हो जाती है। बहुत कम लोग इस बात को गहराई से मानते है जानते है। मेरा गहरा अनुभव रहा।

इसलिए गुरु और गुरु=भक्त दोनों का बहुत महत्व है। गुरु वही है जो ज्ञानी हो जो अपने शिष्य का अध्यात्मिक उत्थान की बात करे। आज गुरु के बिना मानस की जीवन नैया भवसागर में डामाडोल है ना जाने कितने दिन बीत गए कितनी राते सो कर गुजार दी। कितने वर्ष बेकार कर दिए। पता नहीं हम कितने जन्मो के बाद मनुष्य जन्म में आये। प्रभु को पाने का कोई प्रयास नहीं किया। यह संसारी जीवन तो निरंतर गतिमान है। इस शरीर में वासना ज्यो की त्यों बनी हुई है। केवल प्रभु के दर्शन की लगन नहीं लगाई। जिसके द्वारा ही व्यक्ति परम गति को प्राप्त करता है। क्या कभी अपने को प्रभू को समर्पित किया, परमात्मा की निस्वार्थ शरण ली, कभी पुकारा प्रभु को।

खुदा की करे जो बन्दगी,
खोया खोया सा खुदा है
बिन चाबी के फिर भी बंधा बंधा सा है
खुदा के दरबार में होगी जन्नत नसीब,
वो मेहरबान हुआ मेरा उसका मिलन हुआ,

पाप और पारा कभी नही पचता

पाप और पारा भला आज तक कोई पचा पाया है, यदि कोई व्यक्ति छिपकर पारा खा भी लेता है तो वह मनुष्य के शरीर से फूट निकलता है। यह मनुष्य की भूल है छिपकर किया गया पाप नही। पाप का फल उसे भोगना ही पड़ता है कई बार पीढी दर पीढी चलता है सन्तान को भी भोगना पड़ता है। सन्तान की तरक्की में माता पिता का किया पाप भी बाधा डालता है। संसार मे रहकर प्रत्येक मनुष्य अपने ही कर्मपाश में आप ही फस जाते है। इसलिए एकाग्रचित होकर अपने इष्ट का या हरिनाम सिमरन करे उससे भी आधी व्याधि नष्ट हो जायेगी। हरी नाम सिमरन एकाग्र चित होकर किया जाय तो भी शान्ति मिलती। जानबूझ कर या अनजाने में शुद्धता पूर्ण नाम लिया जाये तो ही लाभ होता है। लेकिन यहाँ ध्यान का मार्ग बिलकुल अलग है पूजा पाठ दुःख सुख यह सब अलग है।

ध्यान जब जागता है मनुष्य का विवेक और वैराग्य भी जागता है मुक्ति का पात्र तो केवल बुद्धि जीवी है सत्य जगता है संसार से तार टूटता है ब्रह्मांड से तार जुडता है। भगवान बुद्ध को समझा तो रुकेगा नही फिर परमात्मा से जुड़ा विचार भी वही से आने शुरू हो जाते है। सत्य ध्यान के गर्भ से निकलता है फिर स्वयं की तस्वीर साफ नजर आती है साथ ही दुसरे की भी यह सब ऐसा है स्वयं से बाहर निकलना आ जाता है यही से मृत्यु का खेल भी व्यक्ति जान जाता है।

मै भी एक वक्त था कृष्ण दीवानी रही मथुरा, वृन्दावन जाने का बहुत मोका मिला वहां अक्सर जाते रुकते। वहाँ के वातावरण में फैली गंध गोकुल में गोपिया आज भी महसूस होती है। कृष्ण नाम अपने आप में चमत्कारित है कृष्ण स्तुति पढ़ो मुंह से रस टपकता है। प्रेम उभर आता है, भीतर प्रेम ही प्रेम भर आता। व्यक्ति कृष्णा मूर्ति देखते ही उनकी और खिंचता चला जाता है गोपिया तो इतनी एकाग्र थी उन्हें तो गोकुल में कृष्ण के सिवा कुछ नही दिखता था। जिधर नजर डालती कृष्ण ही नजर आता, फिर ना कपड़ो का होश न काम काज का फिकर न लोकलाज न समाज ही दिखाई देता। गोपियों का

अंधा समर्पण था, कृष्ण की जैसे ही मधुर बंसी बजती तो गोपिया बेसुध हो घर से भागती थी। कृष्ण रास में नाचते नाचते बेसुध हो जाती सारे भेद गिर जाते कौन स्त्री कौन पुरुष कोई भान नही रहता।

मंदिरों का निर्माण इसीलिए किया गया एकांत ध्यान किया जाय, सच्ची लग्न लग जाए यदि साधक प्रभु के लिए तडफ उठे बैचेन हो जाए प्रभु मिलन को व्याकुल हो जाए तो परमात्मा का साक्षात्कार होता है वहीँ से गांठ खुलनी शुरू होती है, सारे बंधन समाप्त हो जाते है सारे संशय मिट जाते है जब तेजोमयी देव के दर्शन होते है। जन्म जन्म के पापो से छुटकारा मिल जाता है, सहज नाश हो जाता है, जब परब्रहम परमेश्वर का दर्शन होता है। यहाँ आकर सारी मुर्तिया अपने आप समाप्त हो जाती है। वहाँ न पत्थर की, न सोने की, न चाँदी की वहाँ कोई मूर्ति नही कोई दिया नही कोई बाती नही सब मोजूद है, यहाँ सभी कर्मकांड समाप्त होते है। सब मोजूद है प्रभु के दरबार में अपने आप सब जग रहा है सब चल रहा है। एक बार दिव्य रौशनी दिख जाए या एक दिया जग जाय हजारो जग जाते है। जीवन में आनंद और खुशिया भर जाती है वहाँ कोई दुःख नही कोई शोक नही बचता। सुख ही सुख प्रभु प्रेम और मस्ती यहाँ सब रोना समाप्त प्रभु प्रियतम के लिए प्रेम ही प्रेम बचता है। वह प्रभु ऊर्जा स्वरुप दिव्य ध्वनियो से भरा अनंत अनंत चमत्कारित अनहद नांद गूंज रहाँ है उत्सव दिन रात हो रहा है निरंतर तत्व ध्वनी बज रही है। भीतर भी सर्वत्र वो एक ही रूप में अनेक में समाया है, विशालता का कोई पार नही पाया।

प्रभु के इस तेजोमयी स्वरूप में पूरा ब्रह्मांड छिपा है, वहाँ कोई आलसी नही। सब तीव्रगति से गतिमान है। तेजोमयी चक्र तीव्र गति से चल रहा है साक्षात दिखाई पडता है चक्र के भीतर से ब्रह्मनाद की आवाजे सुनाई दे रही है। विभिन्न ध्वनियाँ एक–एक करके ध्वनी खुलनी शुरू होती है। यह स्वमं पर निर्भर करता है कितनी समझ पाते है सुन पाते है। सबकी अपनी समझ शंख बज उठे ब्रह्मांड के सारे भेद खुलने को जैसे तैयार थे। कोई किसी प्रकार का भेद नही कोई जाती नही कोई मजहब नही बचता। जो व्यक्ति जैसी ध्वनी सुनना चाहे वैसी ही ध्वनी सुनेगी मुस्लिम को अपनी आगाज सुनाई देगी, हिन्दू को अपनी घंटिया सुनाई देगी गीतों की धुनें बज उठेगी। इस बात का अनुभव अनेक ऋषि, मुनि, गुरुओ, व्यक्तियों ने किया। जिसके भीतर प्रकाश जगमगा उठे ऐसा व्यक्ति साधारण नही रह जाता है। यह बात बिना अनुभव के कहना आसान नही है पर ज्ञान का प्रकाश स्वयं के भीतर होने के बाद अज्ञान बचता ही नही वह अनंत प्रकाश है। अज्ञान वंश लोग परस्पर वाद विवाद में पड़ते है ज्ञानी शांत हो जाता है।कभी सुना है परमहंस कैसे बनता है? अगर किसी हंस को दूध और पानी मिलाकर दिया जाय तो भी हंस दूध–दूध पीकर पानी छोड़ देता है। जिनको आत्म ज्ञान हो जाता है वे संसार में रहते हुए संसार की वस्तुओ में लिप्त नही होता। मन में प्रकाश भरना है

तो मन स्थिर करना आवश्यक है यही प्रकाश भीतर बाहर सभी जगह साफ देखाई दे सकता है।

ईश्वर प्राप्ति के बहुत साधन है सभी अलग अलग प्रकार से अभ्यास करते है अपनी श्वास को की पहचान कर लेना बढिया तरीका है। आंखे बंद कर शांत बैठने सुविधा अनुसार यही प्रक्रिया करना। मन का देखना, अनुभव करना। श्वास का निकलना और श्वास का लेना इससे भी मन शांत होता है बेशक मन को शांत करने मै थोड़ी अधिक मेहनत करनी पड़े सफलता जरुर मिलती है। अपने आपको प्रत्येक दिन चेक करना चाहिये मन का परिक्षण एक सरल विधि है। अपने को देखना आज कहाँ—कहाँ भागा मन अपने को भीतर यानि अपनी देह में लोटाले। अगर मन में घबराहट होने लगे या मन उच्चाट होने लगे उसी वक्त आँखे खोल ले जरा सोचिये आपका मन कहाँ—कहाँ भटका कितनी बार भटका जो भी बाते साधक के भीतर दबी है वह सब सामने आयेगी। याद आएगा इस अभ्यास को जारी रखना है। इससे बैठने की क्षमता भी बढेगी साथ ही मन की एकाग्रता भी बढेगी। आसन की आराम देह एक मुद्रा में बैठे शुरू में थक जाय तो बदल सकते है। सर्दियों में अभ्यास तेजी से किया जाए सफलता तेजी से मिलती है मन का साधक को ध्यान रखना है कहाँ कैसे कियो हटा जैसे ही ध्यान हट जाय फिर पुनः श्वास पर ले जाये, श्वास की आवा जाहि पर रखना है। यह ही ध्यान बन जाएगा क्रिया बन जाएगी सध जाएगा। जिन्दगी एक सफर है आराम से चलते रहो जिन्दगी में उतार चढाव आते रहेगे। अवस्था बदलती रहेगी उसी तरह ध्यान में मन की अवस्था बदलती रहती है।

श्वाँस श्वाँस की सम्भाल कर, श्वाँस श्वाँस से पुछू कौन हूँ मै
तेरा मेरा क्या आकर्षण आती जाती श्वाँस के साथ खेल
पुछू किससे तेरा पता मेरी हर श्वाँस में कान्हा बसा
मन राधे का धाम है खुद को बचाया हर श्वाँस को चमकाया
श्वाँस तू कौन सी राह आती है मुझे भी ना बताती है
बच के निकल जाती है अब खोफ तुजको है खो ना दे मुझको
तेरे कारण जिन्दगी में खुशी बहुत है
आँखों से जिन्दगी की पहचान कराई है
सारे ब्रह्माण्ड ने खोल दिए किवाड़ मै घूम आई हूँ
उपर वाला अमृत का पिटार लिए बैठा मै खूब पीकर आई हूँ

प्राचीन बौद्ध मठो का ध्यान मार्ग

प्राचीन काल से ही बोद्ध मठो श्वास दुवारा स्वयं के भीतर झाँकना सिखाया गया है। यह बहुत सरल और अदभुत विधि है। इस विधि को विपश्यना भी कहा गया है, बस श्वास की आवा जाहि इस और कभी किसी का ध्यान नहीं गया। भगवान् बुद्ध करीब ढाई हजार वर्ष पहले हुए। उन्होंने भी भीतर ही भीतर मनन किया, अपनी सासं को आते जाते देखा। भगवान् बुद्ध मनन करके अपने भीतर साक्षात्कार को आना–पाना मार्ग यानी सासों का आना जाना निरिषण बताया। बाद में इस विधि को विपश्यना का नाम दिया गया। यह शारीर तो सभी का एक सा दीखता है लेकिन इसके भीतर जो तेजोमंयी ब्रह्मांड समाया है उसे देखने का सरल आसान उपाए नहीं है। इस विधि से बहुत साधक लाभ उठा सकते है। बैठना मात्र है आँखों को बंद करके कुछ दिन ध्यान देने की बात है फिर सब अपने आप होना प्रारम्भ हो जाता है। सुबह और रात अपने बिस्तर पर बैठकर अभ्यास कर सकते है। बस भोला बालक बनना है। कुछ कारण नहीं अब यहाँ देविय उर्जा से मिलन की बात है। छलांग तो लग नहीं सकती बस गति सबकी अपनी–अपनी है। सहज और धीमी गति से पतन नहीं होता यह गति भी पता न चलेगी तेज है, धीमी है। एक बार भीतर मुडं गए, केंद्र में झाँक लिया फिर उर्जा का श्रोत है उर्जा ही उर्जा अखंड उर्जा। सारे विचार समाप्त।

बस अपने प्रति जागरूक रहना है इन बातो का विश्वास नहीं होगा पर विशवास करना होगा। अपने केवल साक्षी भाव से अखंड अस्तित्व को देखना है यह आत्म–ज्ञान है जो इस शारीर से ही देखा जा सकता है। किसी भी प्रयास से एक बार झलक मिलना मुश्किल है। यह अंतरमन में झलक मिल गई दैवीय घटना घट गयी फिर भीतर बाहर सब एक सामान कोई कठिनाई नहीं, जिस किसी के साथ घटना घटी है वह चुप हो जाता, अगर वह किसी भी व्यक्ति से बात करेगा वह पागल ही कहेगा। सत्य को कहाँ नहीं जा सकता।

लाओत्से ने अपने शब्दों में कहाँ की जो कहा जा सके वह सत्य हो नहीं सकता, जो सत्य है वह बोल नहीं सकते, वह मौन रह गए। अपने जीवन के आखिरी दिनों में कुछ लिखने से भी इनकार कर दिया। उन्होंने कहाँ क्या कहूँगा? अगर कहूँगा तो असत्य हो जायेगा क्योंकि उस जगत के बारे में कुछ कहा नहीं जा सकता, जिसे देखने के बाद कहने को कुछ बचता ही नहीं।

आँखे बंद करो तो अन्तस्थ की गहराई नजर आती है। शारीर और मन दोनों का रूप और उनकी गहराई नजर आती है। बस भोले बालक बन और देख सृष्टि की सारी सरंचना नजर आएगी। मै तो कहुगी वाह वाह रे आँख, बस आँख होनी चाहिए। अब आँखे चाहे कैसी हो बस आँखों का कमाल है। हाँ, अगर आँख स्वस्थ है तो व्यक्ति भीतर बहार सर्वव्यापक निराकार परमात्मा को देख सकता है। ध्यान सिद्ध होने के बाद जो आँख खुलती है उसी में देखा जा सकता है। परमात्मा तो सामने है पर देखने की कोशिश ही नहीं करते। सबको सब नजर आता है बस परमात्मा ही नजर नहीं आता। बुद्धि की आँख खुल जाय तो ध्यान लगता है।

यहां कोई मन्त्र नहीं, कोई माला नहीं, कोई दान नहीं, कोई व्रत नहीं, कोई तप नहीं। हम क्या दे सकते है? परमात्मा जिसका दिया हुआ सब कुछ है वोह प्रभु सामने है और कोई देख नही रहा। वो नाद अनहद नाद जो कभी रुका नहीं बजता जा रहा है। वो मीठी ध्वनियाँ कभी एकांत में सुनने की कोशिश नहीं की। परमात्मा जब याद आये तब याद कर लो, सहेज लो, एक हो जाओ। सारी वासनाओं से बाहर आ जाओ। जिसे भी अपनी आँखों में उसका रूप दिखाई दिया वह गा उठेगा, नाच उठेगा, वह दीवाना हो जायेगा। फिर तो और और देखो भरपूर देखो देखते रहो। कैसे पालू एक बार फिर बार बार मिलने को दिल करता है। वह विराट स्वरूप भीतर में मौजूद है। अब कितनी डुबकी लगाओ, प्यास तोह बस बढती ही चली जाएगी। हर क्षण प्रतिफल उस अमृत का प्यासा रहेगा। एक खोजी ही परमात्मा को पा सकता है, एक शांत चित ही सुन सकता है। भीतर की अवस्था ही साक्षी है समाधी है।

यहा मुझे बुद्ध के शब्द बहुत अच्छे लगते है और मुझे बहुत अच्छा लगता है की वह परम शान्ति की भी बात करते थे। असीम निर्विकार अवस्था जहा सब शून्य हो जाता है। वह महासुख की प्राप्ति कैसे होती है? यह अवस्था स्वयं जानने के बाद पता लगता है। जिस का न आदि है न अंत है मध्य कैसे हो सकता है? यहाँ वास्तव में सहज समाधि लगती है। बिन परमात्मा कैसे जी रहे है सब प्रभु बिन जीवन जीवन नहीं जी रहे। समय पूरा कर रहे है प्रभु बिन जीना संभव नहीं। कितनी यात्रा कर लो कितने तीर्थ कर लो पाना तो उसी परमात्मा को है। सबको उसी की खोज है, यहाँ भी पूर्ण समर्पण का असली चमत्कार है, यहाँ क्रिया हृदय की है किसी को दिखने की नहीं है, श्रद्धा भीतर की उपज है उसका साक्षी तो स्वयं ही होना होता है। अध्यात्म में जाना है तो कहुगी अंधविश्वास

होना चाहिए। जहाँ कोई शंशय बचता ही नहीं। ऐसा विश्वास जहाँ सभी शंकाओं का अंत है। फिर परमात्मा से मिलन का निश्चय अटल है भरपूर श्रद्धा संकल्प क्रिया है, श्रद्धा सर्वमान्य है। मनुष्य की पक्की धारणा हो निष्ठां हो वहा श्रद्धा स्वयं बढ जाती है।

अध्यात्म में श्रद्धा बीज रूप में कार्य करती है। साधक विश्वास के साथ श्रद्धा, प्रेम पूर्वक विशवास करता है। सत्य अपने आप प्रकट होता है वहाँ किसी ज्ञान की आवश्यकता नही। जहाँ बीज बो ही दिया तो फूल और फलो से वृक्ष अपने आप लद्द जायेगा। फिर आनंद ही आनंद दिव्य प्रकाश का आलिंगन आँखों में एक चमक आ गयी, बंद आँखों से बहुत अँधेरा देखा। अब भीतर प्रकाश ही प्रकाश का स्पर्श होगा, यही आँखे दूरबीन का काम करेगी। जो आसमान अभी इतनी दूर नजर आता है वह सब अपने भीतर में मौजूद है। बाहर सामने दिखता है, ऐसा लगता है, देह का सम्बन्ध पुरे ब्रह्मांड से है। जो इसमें आत्मा है वह आकाश का हिस्सा है। बस आकाश स्वयं के भीतर देखना है तो वह कला जानने की जरुरत है।

मनुष्य ने कितने वर्ष बिता दिए काले अँधेरे में गहन अन्धकार में कब तक सोओगे। यही अन्धकार जाने कब मौत लेकर आ जाए। कब यह शरीर मिटटी हो जाये। देर न करे परमात्मा सामने उपस्थित है पहचान लो वह सब जगह मजूद है। वह सभी को देख रहा है, तुम ही नहीं देख पा रहे। पूरा अस्तित्व दिव्य तरंगो से परिपूर्ण है सोच भी नहीं सकते परमात्मा के दिव्य प्रेम का विस्तार। प्रभु ने हमे इस शरीर का स्वामी बनाया है इसका अवलोकन खुद कर सकते है।

श्वास के साथ चक्र भेदन करते रहो चक्र खुलने का स्वमं प्रमाण बनो। यह साधना पूर्ण संत की है। पूर्ण परमात्मा की प्राप्ति होती है। धार्मिक ग्रंथो का अध्ययन करने से और अम्ल करने से फल मिलता है लेकिन मोक्ष नही। वह पवित्र ध्यान प्रक्रिया जब भीतर में उतरती है सब बाते अच्छे से समझ भी आती है।

एक प्रार्थना प्रेम और विश्वास से भरी करे

आँखे बंद हो चाहे मन ही मन करे, चाहे एकांत बोल कर करे। मन में पूरा विश्वास हो हमारी प्रार्थना सुनी जा रही है। प्रार्थना चाहे अपने ईश्वर के प्रति हो चाहे किसी देव के प्रति हो माध्यम कोई भी हो पर पूरा विश्वास हो जैसा भाव आये प्रार्थना वैसे ही करे। मै कई बार रात दो–तीन बजे समाधी से उठती तो मेरे भीतर बेहद प्रेम भरा होता। मेरे मन से अपने आप शब्द निकलते थे। पहले तो मै उठकर अपने आंगन में चली जाती थी। मेरी यह क्रिया किसी को भी आज तक पता नहीं चली। आंगन में जाकर हाथ फैला कर मुख आसमान की और बस मुख से अपने आप शब्द निकलते। प्रभु तो बरस रहा सभी पर आँख खुली हो कोई देख पाए।

हे प्रभु कौनसा सद्‌गुण देखा मुझमे जो इतनी कृपा किनी ना मै संत, ना मै साधू, ना सर पर कोई जट्टा है।मैने उलटे सीधे नाम ध्याया अपनों ने मुझको विसराया। तूने मुझको गले लगाया। पूर्ण तेजोमयी दरबार दिखाया। हे परमपिता परमात्मा मेरे सारे दुःख मिट गए है। मै समर्पित हो गई, मै कैसे धन्यवाद करू तुम कहा से कौनसी दिशा से आये मै न जानू। मै चारो दिशाओ का धन्यवाद करती। मै धरती का धन्यवाद करू या आकाश का करू, आज प्रभु तुम्हारे प्रेम में मेरी आँखे भीगी है। इन आँखों से ओस की अमृत बुँदे देखू। मुझे तुम मिल गए, जीना जीना हो गया। जीना सार्थक हो गया। प्रार्थना के भीतर में बल आ जाता है। जब परम परमेश्वर प्रकट हो जाता है। हम तो धन्यवाद भी नहीं कर सकते यह शब्द छोटे लगते है। परमात्मा का तेजोमयी रूप जगत के मोह माया जाल में फसने नहीं देता। परमात्मा की तेजोवाणी ध्वनि पुरे ब्रह्माण्ड में फैली मोह लेती है। बस पकड़ ही नहीं सकते। उन्हें सुन सकते है, विभिन रूप, दृश्य देख सकते है। ब्रह्माण के विस्तार के साथ जगत का संचार है। परमेश्वर तोह हमारे अंग संग है। उसकी उपस्थिति एक तत्वदर्शी चौबीस घंटे महसूस करता है देखता है।

प्रभु की कृपा का अंकुर तो अपने भीतर ही फूटता है। पहली शुरुआत तो प्रभु कृपा की अवतरण तो हममे ही होता है। जरा सा भीतर खोलने की देर है। जन्म जन्मान्तरो की जो घेरा है वह भीतर मौजूद है। वह हमे घेरे हुए है। उसका जाल तो हमारे चारो तरफ फैला हुआ है। भीतर से जब घट में घटता है, असली कवच बनना शुरू हो जाता है। असली महा कुम्भ घटित हो जायेगा। भीतर ही भीतर ऐसा अमृत झरता है की साधक को नशा हो जाता है। परमात्मा के प्रेम रस में साधक डूबता चला जाता है।

मै चुपचाप गहन अध्ययन में लगी रही सोया हुआ था मुझमे कोई
जैसे सोया खुदा जागा, मै अपने जिस्म से बाहर आ खड़ी हुई

राम किशन परमहंस अपने भक्तो को कहाँ करते थे सुबह उठकर जोर–जोर से ताली बजाओ साथ ही हरी नाम सुमिरन करो। इसी तरह शाम को भजन किया जाय तो भी सरल तरीके से पापो का नाश होता है।

ध्यान और योग शास्त्र में खुले नेत्रों का महत्व बताया है जब मै इलाहाबाद कुम्भ मै ध्यान अवस्था में थी मुझसे एक व्यक्ति मिलने आया और मुझे आकर बोले आप जिस अवस्था में बैठी थी और बहुत आनन्दित थी आपकी बहुत उंची अवस्था लगती है मुझसे रहा न गया। मै आपसे अध्यात्म के बारे में पूछना चाहता हूँ। पहले मै आपको बता दू मेरे गुरु ने भी किसी वृक्ष या फूल पर ध्यान करना बताया अपनी दृष्टि टिका कर ध्यान करना है। आठ दस महीना मैने खूब नियम निभाया और मेरे साथ घटना घट गई मेरी दोनों भोवों के बीच आज्ञा चक्र जागृत हो गया। लेकिन किन्ही कारणों से मेरा ध्यान पीछे रह गया। जिस तरह आगे बड़ा उसी तरह पीछे भी रह गया तो मैने कहा ध्यान कभी पीछे नही होता जब लोभ जागता है परमात्मा का स्थान भर जाता है। लोभी व्यक्ति से परमात्मा सदैव दस कदम दूर रहता है।

वहाँ एक सच्ची घटना भी सुनने को मिली। एक प्रोफेसर को ध्यान अवस्था में भीतर से आदेश हुआ तू सब दान कर दे जो भी तेरे पास है। वह बेचेंन हो गया जैसे ही सुबह हुई उसने घर का सामान दान करना शुरू कर दिया। उनकी पत्नी ने पूछा यह क्या कर रहे हो जवाब मिला कुछ अपना नही सब यही छोड़ कर जाना है। कल का क्या पता? इसलिए आज ही सब दान कर रहा हूँ। अब लगता है पत्नी भी समझदार रही होगी जो कुछ बोली नही अक्सर तो ऐसा होता नही है। उनके दो लडके थे छोटे ही थे पॉच सात साल के सब कुछ दान कर पूरा परिवार हरिद्वार आ गये। वहा गंगा किनारे बैठ गये अब भगवा तो पहन नही रखा था साधारण व्यक्ति थे। किसी ने उन्हें दान दक्षिणा भी नही दी। दो दिन बित गये भूखे प्यासे। बच्चे भी भूखे किसी ने नही पुछा तीसरा दिन निकला प्रोफेसर ने अपनी पत्नी से पुछा तुमने कुछ सामान रखा है क्या?

एक दो बार तो मना कर दिया। तीसरी बार बहुत जोर देकर पुछा देखो कुछ रखा हो मुझे जरुर बता देना वर्ना मुश्किल हो जायेगी। फिर पत्नी ने कहा हां मैने एक सोने की अंगूठी रख ली। वह अंगूठी निकाल प्रोफेसर के हाथो में रख दी। फिर क्या था? प्रोफेसर ने माँ गंगा को समर्पित कर दी उसी समय गंगा जल में फैक दी। दो घंटे बाद कोई थाल में उनके लिए खाना लेकर आ गया। सुना उनका हरिद्वार में आश्रम बना। समर्पण भाव जागे तो ऐसा जगे वैराग जागे तो ऐसा जागे। यह जिन्दगी को चलाने का लक्ष्य था एक झटके में प्रभु की और मुड गये चलने को तैयार हो गये। बहुत कठिन होता है। लक्ष्य सही हो दिशा का अहसास करवाता रहता है।

यहाँ अध्यात्मिक उत्थान चाहने वाले साधक के अंतकरण में अद्वेत भाव की अखंड धारा बहनी चाहिए। यदि अंतकरण की अवस्था अशुद्ध है द्वेत दिखता है। साधक की उच्च अवस्था में अद्वेत भाव ही रहता है । रामकिशन परमहंस अपनी सर्वव्यापक आत्म चेतन्य भगती में मस्त रहते थे।

ध्यान करना अकारण है यह सभी धर्मो ने स्वीकार किया। हिन्दुओ और सूफियो ने तो योगशास्त्र के साथ परमात्मा के प्रति शरणागती को भी जोड़ा साधक की पूर्ण शरणागती होती है, तो उपलब्धि के द्वारा स्वयं द्वार खुल जाते है। ज्ञान खण्ड की आखरी उच्चाई नानक साहिब ने भी अद्वेत मानी जहाँ भीतर बाहर का सारा भेद समाप्त होता है। वहीं कबीर साहब कहते है, किसी घड़े में जल भरा है, जब वह फूट जाता है, बाहर भी वही जल गिरेगा। वह घड़ें के भीतर भी वैसा ही दिखता था बाहर गिरा तो भी वहीं जल यही अद्वेत का अनुभव है। जहाँ सारी वासनाय समाप्त हो जाती है यह केवल एक नादं ध्वनि शेष रह जाती है। पतंजलि ने इसी को ईश्वर कहाँ और के जप के साथ ध्यान बताया।

राग द्वेष छोड़कर आत्मस्थ होकर, परमात्मा को जिसने ध्याया जो सुख प्राप्त किया वह वाणी से कहाँ नही जा सकता। उपासना का अर्थ समीपस्थ होता है। सत्पुरुषो का संग तत्व ज्ञानी का संग सदा सुखदाई होता है। परमात्मा तो सदैव उपकार करने वाला होता है प्रभु प्रार्थना और भी सहायक होती है।

त्राटक द्वारा ध्यान करने की विधि बहुत है, बहुत विद्या सुनने और देखने में आती है इन पर विश्वास करना मुश्किल है। वह व्यक्ति विशेष ही होता है जो विश्वास कर अभ्यास करने के लिए तैयार होता है यही विश्वास अध्यात्मिक शक्तियों की और ले जाता है। मेरा स्वयं का अनुभव कहता है। जो इस मार्ग पर चलता है। वह व्यक्ति साधारण कतई नही होता है विशेष होता है। वह तत्व ज्ञानी गुरु खोजता है। व्यक्ति की इच्छा शक्ति और पूर्ण समर्पण ही गुप्त शक्तियों की और ले जाती है। यहाँ देवी देवताओं की मूर्तियों का भी ध्यान कर सकते है, खुली आँखों से सावधानी की आवश्कता है। क्योंकी मूर्तियों का स्वरुप जब प्रकट होता है तो साधक कई बार डर जाता है। जिन

दिनों मै समाधि में रहती थी।

मेरे पास माँ गायत्री के उपासक एक व्यक्ति अक्सर आया करते है वह भी माँ से कई बार बात कर चुके थे। मुझे माँ के किस्से सुनाते बताते रहते थे। एक किस्सा एक लड़की का बताया की वह माँ का ध्यान कर रही थी संकल्प लेकर, माँ काली प्रकट हो गयी और वह डर गयी आँखे खोल कर अपने कमरे से भागी और बाहर आकर गिर गयी और वह अकाल मृत्यु को प्राप्त हो गयी। इसलिए डरना बिलकुल नहीं चाहिए। गुरु का यही काम है वह प्रत्येक परिस्थिति में अपने शिष्य की रक्षा करते है। कई प्रकार के दृश्य दिखाई देते है, यह तो एक अच्छे संकेत है। आपकी साधना सही चल रही है। कई बार ऐसा दृश्य भी दिखाई देते है जो हमारे मन में दबे होते है।त्राटक के माध्यम से वे सभी दिखाई देने लगते है। यह साधना बहुत प्रभावशाली है।

परमात्मा के साथ हमारा बहुत गहरा सम्बन्ध है। इसलिए पुकार लो, पा लो, देख लो, यही सत्य है बाकी सब नाटक है। सब अपना अपना स्वभाव अनुसार नाटक कर चले जायेंगे। इसलिए अपने भीतर की गुफा खोदना खतरे से कम नहीं, दरअसल ध्यान में किसी दुर्घटना के बिना प्रवेश हो जाओ। चुपचाप मौन के साथ दिव्यता का आनंद ले यही असली केंद्र पर ले जायेगा। भीतर का केंद्र एक यंत्र की भाति काम करता है यहाँ दुर्घटना शब्द गलत है। वह तो बहुत प्यारी घटना है। उसका आनंद ले वही चमत्कार है। सुबह में या रात में पुरे पागल की तरह ध्यान करे। ध्यान की गहराई में उतरते जाए। वही एक क्षण आता है तभी मृत्यु भी बहुत करीब से नजर आती है लेकिन जीवन बहुत थोडा है यही रास्ता मुक्ति की ओर ले जाता है। फिर व्यक्ति वास्तविक भीतर से जुड़ता है उतना ही बाहर से जुड़ता है । इसलिए ध्यान में सजग रहते हुए अभ्यास करे। ध्यान में जितनी अधिक एकाग्रता आएगी उतनी ही शांति महसूस करेंगे। बाहरी यात्रा तो बहुत कर चुके बाहरी सम्बन्ध बहुत देख चुके। बाहरी संसार जान चुके है यह जगत माया है। यदि इसी तरह संसार में बंधे रहे तो मृत्यु का भय प्रत्येक क्षण डराता रहेगा। जिस दिन भीतर के द्वार खुल गए यह प्रक्रिया कैसे की जाए सभी के लिए जानना जरुरी है। ध्यान ऐसे फूटता है भीतर से जैसे बंजर जमीन में अचानक कही से पानी फूटता है और पता नहीं चलता किधर से पानी आया।

इन सबको जानने का माध्यम केवल यह शारीर है। सभी ने कहाँ है शास्त्र कहते है अपने को जाना जा सकता है। उसके साथ जिया जा सकता है। वहां प्रकाश ही प्रकाश है। वहां अँधेरे में भी प्रकाश की किरणे निकलती है। वहाँ अँधेरे में भी भांति–भांति के द्रश्य है अँधेरे में भी दिव्य ध्वनी है वहाँ प्रकाश में भी वही सब चल रहा है इसलिए अँधेरे–अँधेरे नहीं रह जाता। अपने भीतर सोया परमात्मा जाग जाता है तो ही शांति मिलती है। ईश्वर का स्वरुप पूर्ण ज्ञान का आनंद देता है। जन्मो जन्मो से भटक रहे हो जब मृत्यु आती है कुछ काम नहीं आता। ईश्वर कुछ नहीं चाहता बस

थोडा प्रेम चाहता है। थोड़े से प्रेम के बदले प्रभु तो बरस जाता है। इसलिए इस सफर की तैयारी कर जहाँ से वापिस लौटना ही नहीं प्रभु के साथ मिल जाना है। परमात्मा की शक्ति को राजी करोगे तो बेड़ा पार है।

गजेन्द्र मोक्ष का पाठ यही बताता है। प्रभु को पुकार लो वह प्रकट हो जायेगे, अपने विराट रूप के साथ प्रकट हो जायेगे। गजेन्द्र एक पशु होकर जब देखा सब के सब मुझे छोडकर चले गये वह अकेला रह गया। अब केवल ईश्वर ही बचा सकते है, वह बहुत डर गया और व्याकुल हो गया। तब प्रभु को पुकारने लगा। गजेन्द्र कहता है। हे प्रभु मै आपकी शरण हूँ मै सब और से निराश होकर आपकी शरण में आया हूँ मै इस समय उस सत तत्व को पहचान गया। यह साधारण व्यक्ति कैसे पहचान पायेगा आपका यह स्वरूप ही तेजोमयी है इसी प्रकार सभी जीव काल के पाश में बंधे हुए है। जिनके उपर मै का आत्मप्रकाश के उपर अज्ञान का आवरण चढा हुआ है। इस शरीर के साथ जीने का कोई फायेदा नही। उस काल चक्र से अपने को बचाने का अभी कोई उपाय नही। फिर अन्तकाल में जीव घबराता है। यह अविनाशी शरीर तत्व ज्ञान से ही दिव्य हो सकता है जो जान लेता है, वहि आत्मा पुण्यशाली और भाग्य शाली हो जाती है। जो ईश्वर के तत्व रस में डूबकर आनन्दित है केवल शुद्ध हृदय और प्रेम भाव से ईश्वर को पाया जा सकता है। प्रभु प्रेम में देहभान भूलकर ज्ञानी जन दिव्य ज्ञान में आनन्दित रहते है।

यह साधना अत्यंत महत्व पूर्ण मानी गई है, और आँखों के लिए बहुत लाभकारी है आँखों में विशेष तरंग का आभास होता है एक दिव्य चमक पैदा हो जाती है सही रूप से की गई साधना अवश्य फल देती है ध्यान के लिए एकांत कमरा एकांत स्थान हो आसन सुविधा अनुसार हो सुखद आसन हो शरीर को स्थिर और सीधा रखे। जो व्यक्ति पदमासंन, सुखासन, सिद्वासंन में नही बैठ सकते वे कुर्सी पर भी बैठ सकते है। जो कमर को सीधा रख सके, ध्यान का दूसरा अर्थ त्राटक है। त्राटक का अर्थ ही एक तक है यानी एक टक, इसमें पलकें पुतलियो का टिकना त्राटक है। पूरा शरीर एक आसन सुविधा अनुसार टिकाना है। गर्मियों में एक चार्ट पर बिंदु और सर्दियों मै कमरे में अन्धेरा एक जलता दीया उस दिव्य शक्ति के लिए जलता दिया बहुत लाभ मिलता है। इस दौरान भविष्य की बहुत सी बाते दिखाई देने लगती है स्वमं भी बहुत बातो का आभास होने लगता है। यह दिया आँखों के सामने और कमर सीधी हो कम्बल का आसन हो। थोडी कठिनाई आ सकती है गुरु के बगैर मुश्किल गुरु इसी रास्ते को सहज बना देता है। यात्रा पूर्णता की ओर ले जाता है।

इस साधना से आँखों पर किसी प्रकार का कुप्रभाव पढने की आशंका भी नहीं होती। तनाव भी अधिक नही पडता है। शुरू शुरू में समय कम फिर धीरे–धीरे बढाते जाए। यह साधना बिना छोड़े लगातार की जाए तो जल्दी ही भीतर में प्रकाश दिखाई देने

लगता है। दूसरा आप किसी भी रोशनी का अँधेरे में जाकर कर सकते है। कही बाहर है, किसी भी आसन में बैठे है, मौन में कर सकते है। साधना के लिए समय सुबह (तीन चार पांच) बजे का हो कम से कम साधना एक घंटा की जाय। खुली आँखों से साधना में आँखों से पानी बहना शुरू हो जाता है। फिर भी जब तक आँखे जमी रहे, जमाये रखनी चाहिए। सहन नहीं हो रहा तो कुछ देर बाद आँखे बंद कर लेनी चाहिए। यह क्रिया किसी भी बिंदु या किसी लौ पर बिना पलक झपकाए करने का अभ्यास करना चाहिए। शुरुआत के साधको के लिए यह सर्वोपरी क्रिया है। इसमें जैसे–जैसे साधक की दृष्टि स्थिर होती है, वैसे–वैसे भीतर से भी विचार शून्य होता है। जैसे ही साधक आँखे बंद करता है उसका ध्यान भी सहज लग जाता है। यह साधना बहुत प्रभाव शाली है। हमारे दोनों भवो के मध्य हलचल शुरू हो जाती है। यह प्रक्रिया तीसरा नेत्र खुलने में बहुत लाभकारी है। इस प्रकार के अभ्यास के दौरान आँखों की ज्योत दिए की ज्योत के साथ एक हो जाती है। यह अपने आप में एक अदभुत चमत्कार है। और बीच–बीच में लाल नीले रंग दिखना, तारे दिखना और भी आनन्दकारी होता है। यह साधना में सफलता देती है। इस प्रकार का अभ्यास सुबह और शाम रात को किया जाए तो अधिक सफलता देता है। दीये के अभ्यास में एकांत कमरा खिड़कियाँ दरवाजे बंद होने चाहिए। दीये की साधना सर्दियों में करनी चाहिए।

कोई भी साधना किसी जानकार या तत्व ज्ञानी गुरु के सानिध्य में की जाय। मैने सच्चे ह्रदय से साधनाओं का खुलासा आपके सामने किया। एक–एक अक्षर लिखने में प्रभु साक्षी रहा है अगर किसी के साथ कोई घटना घटती है डर जाता है मै जिम्मेवार नही हो सकती। सबकी अपनी यात्रा है अपने कर्म है। पाप कर्म भी सामने आते है भयानक दृश्य सामने आते। किसकी राह कितनी कठिन है। किसको कितना देता है सब प्रभु के हाथ है। हाँ गुरु का आशीर्वाद भरपूर काम कर देता है। मेरा अपना गहरा अनुभव है तभी सब मैने लिखा दिव्य तेजोमयी ऊर्जा का पवित्र सत्य लिखा। जो सृष्टि रचयिता है। मै दासी वास्तविक स्वरूप का दर्शन कर कैसे गुणगान करू शब्द नही मेरे पास।

इस प्रकार ध्यान में रहस्य की गठरी खुलती जायेगी, मन भीतर ही भीतर मुग्ध होता जाएगा। तभी स्वयं को जान पाओगे। हां ध्यान हमें अपने भीतर रहना सिखाता है होना सिखाता वर्ना तो दुसरो में ही घूमते रहते है। सिद्ध गुरु के सानिध्य में की गई निरंतर ध्यान की प्रक्रिय की गति तेज होती है आज्ञा चक्र के साथ प्रकाश के साथ–साथ शक्ति चक्र का दिखाई देना बहुत सौभाग्य शाली है। शक्ति चक्र की गति बहुत तेज होती है फिर यहाँ पूछने की जरूरत नही रोज नई घटनाए घटनी शुरू होती चली जाती है। प्रकाश के भीतर अणु–अणु की झलक मिलती चली जाती है। कण– कण प्रकाशमान है। मैने कई बार अपने को गोल चक्के में घूमता पाया, इसी तरह आँखों का बहाव भी

तीव्र यह सारा रहस्य तीसरा नेत्र जागृत होने के बाद होता है। इतनी तीव्र गति से घुमता पाया। सब बहुत तेजी से चल रहा है मुझे तो देख कर लगता है जैसे किसी के पास समय ही नही है। सारा कीमती समय जीवन की उधेड़ बुन में निकाल दिया। जीवन में सबसे कीमती अभ्यास छोड़कर संसार के होकर रह जाते है। यह अभ्यास जीवन के उस पार का ज्ञान कराता है। किसी भी हालत मै ऐसा गुरु खोज लेना चाहिए अन्यथा सहज चलने का अभ्यास जारी रखना चाहिए। अभ्यास से शरीर की स्थिरता बढती अस्तित्व में जीने की कोशिश करनी चाहिए, जीवन अस्तित्व के इस पार या उस पार का है। लेकिन साक्षात्कार अहम है बात ही कुछ और है।

एक बार सुकरात के साथ घटना घटी सुकरात गायब हो गये, यानी लापता हो गये। उन्हें खोजा गया कही पता न चला (48) अडतालीस घंटे बित गए। उन्हें ढूड़ते–ढूढ़ते अडतालीस (48) घंटे का लम्बा समय बित गया।सुकरात जहाँ जहाँ जाते सभी जगह कई–कई बार तलाशा गया सारा का सारा एथेंस सुकरात की तलाश में लगा था। जब पता चला वे एक वृक्ष के निचे खड़े पाये, वह पेड़ शहर से काफी दूर था, उनका आधा शरीर बर्फ से पूरी तरह ढका था। जोरो की बर्फ गिर रही थी, वह भी बर्फ की तरह हो गये थे। उनकी आंखे खुली थी आंखे भी पत्थर हो गयी थी, लोगो ने तो सोचा मर गया, लेकिन आंखे जैसे किसी खास चीज को देख रही हो आंखे स्थिर और अचल थी। एक व्यक्ति ने उनकी छाती पर हाथ रखा तो वे जीवित थे। लोगो को भरोसा हुआ चलो जीवित है उनकी छाती बहुत धीरे धीरे धडक रही थी। उन्हें बर्फ से निकाल कर हिलाया दुलाया गया। कुछ देर बाद जब सुकरात की चेतना लोटी होश आने पर पूछा गया तभी पता चला वे अडतालिश (48) घंटो से यहाँ है पर इन घंटो का जरा भी पता न चला। जैसे ये घंटे घटित ही नही हुए, वह इतनी देर इस देश, काल तक इस जगत में थे ही नही फिर लोगो ने पूछा आप कहा थे क्या कर रहे थे। हमने तो समझा आप मृत अवस्था में मृत्यु को प्राप्त हो गये। समय बहुत लम्बा हो गया था, तब सुकरात ने कहाँ, मै तारो का त्राटक कर रहा था, तारो पर टकटकी लगाकर देख रहा था। अचानक सब समाप्त हो गया तारे भी खो गये, ऐसा लग रहा था, सारा संसार कही विलीन हो गया है लेकिन सुकरात ने आपनी अवस्था बहुत शीतल शांत और आनन्द पूर्ण बताई। वह बहुत ही आनंददित अवस्था में पाए गये। अगर वह मृत्यु कही जाय तो वह हजारो जिन्दगी के बराबर है। अगर यही मृत्यु है तो मै बार बार इस मृत्यु मै जाना पसंद करूँगा।

यह बात सही है बिना जानकारी के इस प्रकार घटना घटती है। तो साधक बहुत आनन्दित होता है अब यहाँ सुकरात न मन्त्र जानता था, न तन्त्र जानता था, वह योगी भी नही था। किसी भी सचेतन रूप कोई विशेष अध्यात्मिक साधना से सम्बन्धित कुछ नही था और यह भी हो सकता है उस रात अचानक तारो को देखते देखते घटना घट

गई। घटना भी ऐसी घटी की बाहर तो घटी ही भीतर भी अंतर्मुख कर कर गई।

मेरे साथ इसी तरह कुछ घटनाये घटती रही, मै भी बडी हैरान आनन्दित होती कई बार बताने की कोशिश करती यह बाते हर व्यक्ति को समझ भी नही आएगी, जो समझ भी लेता है, समझो उसकी यात्रा शुरू हो जाती है समझना ज्ञानी संतो को उतना ही मुश्किल है जैसे यह ज्ञान गुप्त है। भगवा संत सबको समझ आयेगा यह राह बिलकुल अलग है। यहाँ हर वक्त बसंत ही बसंत भीतर देखो फूल ही फूल, बाहर फिर वही पतझड़ जंगल नजर आयेगा।मन की तह में छिपा महासागर में उठती तरंगे हर पल आनन्द भरती है। आज यह सब लिखते हुए बहुत आनन्द महसूस कर रही हूँ। जब जब इस प्रकार की घटनाए घटती है तो मोंन हो जाते है। आपना प्रकाश स्वमं देख सकते है, इस प्रकाश का अनुमान नही लगाया जा सकता है। यह जन्नत के नजारे से कम नही ब्रह्माड में झूलती शाखाओ को देखना है। अमर बेल का बढते घटते देना ब्रह्म की ह्वावो को झूमते देखना। यह सब हृदय के प्रकाश में मोजूद है सवाल अपने भीतर के अँधेरे बीच प्रकाश की खोज का है। जो खोजे उसी को मिले। अनुभव अनूठा हो जाएगा, अदभुद हो जाएगा, यहाँ समझाने योग्य नही बस जानने योग्य है। अपने भीतर अधेरे बीच मोजूद सुनहरी किरणों की बात है।

अँधेरे के निवारण की पद्धति तो बहुत है महात्मन जीजस की पद्धति बहुत सरल है। उन्होंने कहा झुक जाओ प्रेम से भर भर जाओ प्रेम हृदय की गहराइयो को छुए सारे रोग भी वही से समाप्त। भीतर का उजाला जीवन शक्ति है जो भीतर भीतर तन में अमरतत्व प्रदान करती है आज उस दिव्य आनन्द का प्रत्येक व्यक्ति भागी हो सकता। संसारी व्यक्ति भी अध्यात्मिक सुखो के लिए अपना ध्यान स्वासं पर केन्द्रित कर सकता है धीरे धीरे उच्च स्थिति प्राप्त कर सकता है। मन पर नियन्त्रण किये बिना कोई व्यक्ति अपनी अध्यात्मिक स्थिति में नही आ सकता। व्यक्ति संसार में किसी भी स्थान पर बैठा हो, गर्मी हो या सर्दी हो प्रयोग कही भी किया जा सकता है। चाँद तारे अपने इष्ट का त्राटक कर सकते है। प्रयोग में सहज होना आवश्यक है कोई जोर जबरदस्ती नही अपने को किसी प्रकार का नुक्सान नही पहुचाये। अगर अपने को थोडा भारीपन लगे या मुश्किल लगे साधना में थोड़ा रुक जाये आराम से धीरे धीरे आगे बढे। भीतर का मामला बड़ा नाजुक है सहज तरीके से भीतर विस्फोट होता है तो साधक आनन्द में आ जाता है। यह सभी प्रयोग अन्तर्मुखी ले जाते है। आज ज्यादातर बाहरमुखी बने है और तनावग्रस्त है इसलिए थोडा मुश्किल तो आएगी पर लाभ अवश्य मिलेगा, पहले तो मानसिक तनाव ही दूर होगा। अपनी दृष्टि किसी दूर किसी पहाडों पर भी जमाई जा सकती है, या किसी छोटी–गोल गुम्मद पर दृष्टि का अभ्यास किया जा सकता है। साधना के दौरान मौन का महत्व भी बड जाता है।

एक विशेष बात यह भी है साधक को किसी नशे से दूर रहना चाहिए या कोई रोगी

हो उसको भी अभ्यास नही करना चाहिए। कोई नेत्र रोगी हो इन सभी को तत्व ज्ञानी गुरु की शरण से लाभ मिल सकता है। अगर कोई किसी प्रकार का रोगी करना चाहे तो वह जानकार की सलाह से साधना करे लाभ अवश्य मिलेगा। साधना काल में वस्त्र ढीले ढाले आराम देह होने चाहिए उसी के साथ आसन का भी विशेष ध्यान रखना चाहिए। साधक कोई भी साधना करे पूर्ण जानकारी के साथ करना आरम्भ करना चाहिए। आधी अधूरी जानकारी स्वयं के लिए खतरा बन सकती है। इस प्रकार की साधना जीवन मुक्ति की साधना है। जीते जी सब चिंताओं से पार भीतर का सारा जमा मवाद बाहर एक नया जीवन शुरू होता है।

अगर किसी मूर्ति या चित्र पर अभ्यास करना हो वह रंगीन न हो, सादा चित्र का अभ्यास किया जा सकता है, किसी मूर्ति का अभ्यास करना हो उसकी आँखों में आँखे डालकर करना चाहिए। मूर्ति कम से पांच इंच की होनी चाहिए। आज्ञा चक्र में सारी शक्तिया विधमान है जैसे खुलता है शक्तिया नजर आने लगती है भले दिखे ना आभास होना शुरू हो जाता है। इसी के साथ हमारे तन में हमारी सुप्त अवस्था में पड़ी कुंडलनी शक्ति का जागरण भी होने लगता है। बिना जानकारी कभी सीधा सूर्य त्राटक नही करना चाहिए हा निकलता सूर्य यानि उदय सूर्य लाभदायक है। तेज रौशनी चढ़ता सूर्य अंधापन भी दे सकता है। इसलिए इस बात का सदैव ख्याल रखे, अभ्यास करते समय मन को शांत व् निर्विचार रखना आवश्यक है।

मै एक प्रभाव शाली साधना में साधारण जन को मन भीतर की असीम और अनंत के गुड रहस्यों का परिचय कराने आई हूँ। सभी को है अपने भीतर शान्ति और प्रसन्नता भरने का, मेरा अपना व्यक्तिगत अनुभव और वर्षो के बाद श्रद्धा और विश्वास के साथ आप सभी के सामने रखने का मेरा एक आसान तरीका, सभी अपने अंतरमन को जागृत करे। यह साधना सिद्ध होने के बाद जो भी विचार अपने भीतर से उठेगा वह सत्य साबित होगा। इसकी गहराइयो को समझना आवश्यक है, जो एक बार बात समझ लेता है, पहले वाणी से समझना आवश्यक है। यह शक्ति की बात तो बाद में अपने अनुभव से ही समझ आएगी। साधक का जागृत मन बता सकता है।भोलेपन में परमात्मा शीघ्र प्रवेश पाता है। भोले व्यक्ति परब्रह्म परमात्मा का स्वरूप अपनी आत्मा में शीघ्र देख पाता है। वही दिव्य रूप को पाकर जीव अपने हृदय में परम आनन्द को प्राप्त करता है।

ब्रह्मवैवर्त पुराण में आता है देवकी का आठवा गर्भ प्रकट हुआ, जो वायु से भरा था। नवां मॉस बित जाने के पश्चात दसवे मॉस में भगवान ने उस पर दृष्टि पात किया, भगवान की दृष्टि पड़ते ही तत्काल देवकी का सोंदर्य चोगुना हो गया। सोंदर्य इतना बढ गया की कंस ने देखा देवकी का मुख और नेत्र खिल उठे। देवकी तो तेज से प्रज्वलित हो योगमाया के समान दशो दशाओं को प्रकाशित कर रही है। मूर्तिमान ज्योति पुंज सी दिखाई पढ रही है। उसको देखकर असुर राज कंस को बड़ा आश्चर्य

हुआ। उसे मन में भय सताया सोचा इस बार इसकी जो सन्तान होगी वहि मेरी मृत्यु का कारण होगी। ऐसा सोचकर कंस ने देवकी और वासुदेव की रखवाली बढा दी। अपने सात दुवार वाले महल में छोड़ा। दसवा मॉस पूर्ण होने पर जब वह गर्भ वायु से पूर्ण हो गया। तब सबसे निर्लिप्त रहने वाले साक्षात भगवान् कृष्ण ने देवकी के ह्रदय कमल में निवास किया उसी समय महामनस्वी वासुदेव ने देवकी पर दृष्टि पात से ही समझ लिया प्रसव काल निकट है। रत्नप्रदीप से युक्त उस परम मनोहर भवन में उन्होंने ने तलवार लोहा जल अग्नि को लाकर रखा। मन्त्रज्ञ मनुष्यों भाई बहन की स्त्रियों को बुला भेजा। भय से व्याकुल वासुदेव ने विद्वान ब्राह्मण और बंधुओ को भी बुलावा भेजा। इस तरह रात, दोपहर बीत गया सब एकत्र हो गये। आकाश में बादल घिर आये बिजलियां चमकने लगी, अनुकूल वायु चलने लगी। निहित रक्षक घोर निंद्रा में हो शय्या पर निश्चिंत सो गये मानो मरकर अचेत हो गये हो। तब धर्म सहित सभी देव एकत्र होकर परब्रह्म परमेश्वर की स्तुति गान करने लगे।

हे भगवन समस्त संसार की उत्पति का स्थान है, आपकी उत्पति का स्थान कोई नही है, आप अनंत, अविनाशी, निष्पाप, सगुण, निर्गुण तथा महान दिव्य ज्योति स्वरुप है। आप निराकार होते हुए भी भगतो के अनुरोध से साकार बन जाते है। हे प्रभु आप पर किसी का अंकुश वा नियन्त्रण भी नही है। आप सर्वदा स्वछन्द सर्वेश्वर है। समस्त गुणों के आश्रय है आप संतो को सुख देने वाले दुष्टों को दुःख प्रदान करने वाले। दुर्गम स्वरूप एवं दुर्जनों के नाशक आप तक तर्क की पहुच नही होती आप सबके आधार है आप उपद्रव से शून्य है। उपाधि शून्य निर्लिप्त और निरीह है मृत्य की भी मृत्यु है। सबकी आत्मा में रमण करने वाले पूर्णकाम निर्दोष और नित्य है आप ही शौभाग्यशाली दुर्भाग्य रहित है। प्रवचन कुशल भी है आपको रिझाना और लांघना कठिन ही नही असम्भव है। आपके निस्वार्थ वेदों का प्रकट हुआ है। सम्पूर्ण वेद आपके ही स्वरूप है, आपके वेद वक्ता और सर्वव्यापी रहकर भी कभी किसी के सामने नही आता है। कोई विरला इसको जान पाता है, किसी के सामने भेद खुलता है, यह बात सही है, कोई प्रभु का प्रेमी जान पाता है। देख पाता है, वह अंग संग है। प्रभु का अध्यात्मिक ज्ञान ही सारभुत है। आन्नदाई और सब दुःख हरने वाला है।

सभी को सुख शान्ति देने वाला है सर्वत्र और समस्त जीवधारियो में जो जीव आत्मा है। वह सब प्रभु का प्रतिबिम्ब है। जिव आत्मा समस्त कर्मो का करता भी स्वयं है और भोगता भी स्वयं है। जीवन की सबसे बडी उपलब्धि तत्व ज्ञान का होना, सबसे कीमती उपलब्धि जो जीवन मरण तक का भेद खोलती है इस विधा का ज्ञान प्राप्त करने वालो एक बात और कह दू। यह विचारों से निकलती बनती विधा साक्षात्कार की अदभुद विधा है मन में विचारों की तरंगो को देखना अपने भीतर छिपे शक्ति चक्र की शक्ति की

पहचान करना है। हमारे तन में शुक्ष्म क्रियाओं और प्रतिक्रियाओं की पहचान किस तरह प्रभु से गहरा और गुप्त सम्बन्ध प्रकट करती है।

घट घट भीतर अमृत घाटी, अंदर अंदर दर की झांकी जाके देख
किया दफन कितना बेकाबू, भीतर लौ लगा के देख
उम्र गुजरती जीवन बाती बुझती जाती
इश्क कर खुदा से जिस्म में भेद छुपा अगाध
फिर घड़ी घड़ी घटना घटती जाती,
घोर अन्धेरा छटता जाता, घट भीतर कुटिया का जागरण
भीतर फैला प्रकाश होगा, अपने पराये का भान हटेगा,
भेद जाना जब अंधेर गुफा का, भ्रान्ति सब के पार हुआ,
गगन मंडल चमक उठा रौशन सारा ब्रह्मांड मिला,

जीवन की सबसे बडी उपलब्धि तत्व ज्ञान है। तत्व ज्ञान प्राप्त होने के बाद मनुष्य सुखी और शांत होता है। तत्व ग्यानी को ही श्रेष्ठ कहाँ गया है। मनुष के भीतर की सारी छटपटाहत शांत हो जाती है। क्योंकि वह तेजोमयी प्रकाश को जान जाता है। प्रकाश की तह तक जाने का प्रयास करता रहता है, साथ ही मस्तिष्क में चलने वाले विचारों को विचार शून्य करने में सरल हो जाता है। शरीर का प्रधान अंग आँख साधक जब अपनी दृष्टि को एकाग्र करने में सफल हो जाता है। जब हम आँख बंद करते है तब भीतर अनंत प्रकाश देख पाते है। आँखे बंद करके गहराई बंधती जाती है फिर इन्द्रियो की अच्छे ढंग से काम करने की शक्ति बढ़ जाती है। नाक से सूंघना और कान से सुनना सभी इन्द्रियों की एकाग्रता बढती है। हमारे शरीर में असीम चेतना भरी है जब हम बाहरी द्वार बंद करते है तभी चेतना क्रियाशील होती है। बस अपने नेत्र बंद कर भीतर की और एक बिंदु या चक्र या किसी प्रकार का चिन्ह हो दृश्य हो उस पर स्थिर रहे। किसी भी स्थिति में अपनी चेतना बनाये रखिये। चेतना स्थिर रहने पर ही भीतर अन्धकार समाप्त होने पर नीला, लाल, पीला, सुनहरे कई प्रकार के रंग देख पायेंगे, यह देखते–देखते आगे बढते जाए। पूरी सावधानी के साथ धीरे–धीरे गहरे उतरते जाए, दृष्टि भाव रखिये। भीतर के आकाश–मंडल को देखते जाए। इसी तरह चेतना सूक्षम होकर गहरी उतरती जायेगी।

इस प्रकार साधारण बिंदु के अभ्यास से शरीर में होने वाली शारीरिक और मानसिक बीमारियो से भी बचाव हो जाता है। शरीर में शक्तिशाली केद्रो में मुख्य केंद्र पर मौन हो जाए है। कई बार साधक ध्यान में मुख्य केन्द्रों का ध्यान भी करता है। एक एक चक्र अपने से जागने लगता है। केंद्र पर दबाव बढ़ता है केंद्र खुलने की कोशिश करता है। ध्यान से साधक आज्ञा चक्र पर अभ्यास अधिक लाभकारी रहता है। आँखे बंद

अंतरदृष्टि से अन्धकार दूर करने में सफल होता है।

बिंदु का अभ्यास कठिन नहीं है। यह साधना बिलकुल सरल है। आँखे खुली एक बिंदु पर स्थिर रहेगा। धीरे–धीरे मन अतर्मुखी हो जायेगा। सहज भीतर प्रवेश करता चला जायेगा। इस प्रकार ही साधना में कभी–कभी गहरी निद्रा महसूस करेगे, मन सोने को करेगा। कभी रोने को करेगा। कभी बहुत गुस्सा आएगा। भीतर के सारे विकार बाहर हो जायेगे। कभी बिंदु हिलता दिखाई देगा। इस प्रकार का अभ्यास किसी दिव्य जागृत व्यक्ति के सानिध्य में मिले तो जल्दी सफलता मिलती है।

मुझे तो आज ऐसा लगता है अध्यात्म विद्या जैसे कही गुम सी हो गई। मैंने जो समाधि का स्वाद चखा कोई सुनने को भी तैयार नहीं था। इस अमृत सागर में गोते लगाकर तो देखो। अगर सचमुच का साहस है अपने से जुड़ जाओ। किस बात का भय किस बात का डर। हमे एक चेतना भरी ताजगी से जीना है। हम साथ भी रह सकते है एक दुसरे में विलीन भी हो सकते है। केवल प्रेम भीतर में भर ले यहा कोई चालबाजी काम नहीं आती। जीसस ने एक बात सही कही दुसरे के सम्बन्ध में निर्णय मत लो ताकि दूसरा तुम्हारे सम्बन्ध में कोई निर्णय न करे। भीतर प्रेम बढाओ प्रेम को भक्ति बनाओ बाकी सब अपने आप हो जायेगा।

एक बार महात्मा बुद्ध किसी गाँव से गुजर रहे थे। एक युवक उनके पास आया और उनसे कहाँ मुझे शिक्षा दे। मै दुसरो की सेवा करना चाहता हूं कैसे करू भगवान् बुद्ध हसें और बोले पहले स्वयं होवो दुसरो को भूल जाओ। पहले स्वयं होवो बाकी चीजे तो स्वमं पीछे पीछे अपने आप चली आएगी। अभी तुम हो ही नहीं जब कभी भाव आता है वह वास्तविकता बन जाता है। यह व्यवहारिक है गुणों की चाह भीतर में जाननी चाहिए। व्यक्ति इसी जन्म में विकार मुक्त हो सकता है। इस पाठ पर उठाया गया कदम सुखद परिणाम दे सकता है। अभ्यास के साथ ही आत्मसाक्षात्कार हो सकता है।

आज व्यक्ति को किसी का भय नहीं हाँ ना ईश्वर का भय है, ना ही मनुष्य का भय रहा। न कुकर्म का कोई भय वह गलती करता है और कहता है।कानून की गुथी क्या है? गुथी से तो किसी ना किसी तरह छुट जायेगे कोई रास्ता निकल आएगा। किसी तरह इस संसार से तो जीत जायेंगे। व्यक्ति की बुद्धि बहुत तेज है बहुत दिमाग दोडता है पर यह नहीं मालूम की और उलझ गया प्रभु तो करीब से सब देख रहा है। क्या चौरासी के थपेडे से बच पायेगा। बेचारा कहाँ फसां जा रहा है। विवेक पर पर्दा डाल दिया। मन का आनंद भाव तो जैसे किसी ओर ने छीन लिया। आज संसार में अशांति बढती जा रही है। आपसी इर्ष्या, झगडे भी बढ़ते जा रहे है। सत्य की खोज का मार्ग ही भूल गया। जो संसार सागर में रहकर जीने योग्य बनाता है। हमे प्रभु की तेजोमयी शक्तियों के निकट लाता है। जो ऊर्जा प्रकृति की शक्तियों का स्वामी बनाकर रहना सिखाती है। हर क्षण प्रभु का मार्ग खुला है पर वह अपने भीतर से होकर जाता है।

यहाँ स्वार्थ काम नहीं करता। यह मानव तन फिर मिले ना मिले। बड़े भाग्य से मिला है यह अदृश्य शक्ति है। यह सत्य सभी के जीवन में घर कर सकता है।

यह अदभुत है पर अनहोनी नहीं प्रक्रति का यही नियम है। जीवन के अंतिम पड़ाव पर पहुंचने से पहले सभी को प्रयास करना चाहिए। इस प्रकार चमत्कार हो जाए, घटना घट जाए। इस जीवन में अदभुद प्रेम का जन्म हो जाये। मनुष्य के भीतर आत्मा बंधन में है उसी कारण कई बार बेचेंन हो उठती है। दम घुटता है शरीर रूपी पिंजरे का बंधन तोड़ बाहर निकलना चाहती है। व्यक्ति को दुनयावी कामो में फंसकर अपना ही विस्मरण हो जाता है। आत्मा को याद रहता है,मेरी दृष्टि में व्यक्ति केंद्र से हट गया है। बाहरी शोरगुल में फसकर रह गया है। मुझे परमात्मा की आँखे मिलने के बाद अहसास हो रहा है सच में संसार की आँखों के होते कैसा अंधा हुआ है सभी जगह भीड़ इकठी है। सभी को डर भी है इसी कारण दान करता है। बहुत से व्यक्ति होंगे जो मेरी बातो का भी खंडन करेंगे। पागल कहेंगे विवाद करेंगे क्योंकि वो कभी धार्मिक हो नही सकते कैसे धर्म का विरोध होता है, वह तो सदैव ही होता आया है लोगो ने दायरे की दीवारे बना रखी है। दीवारों का दायरा होता है। यहाँ बात अनंत की है अनंत ही अनंत। अनंत का विस्तार जहाँ खुला आसमान सबके पार, बादलो के पार, जहाँ परलोक है देखना चाहे जो देख सकता है।

मेरे पास जो भी आयेगा वह पायेगा वह खाली नही जायेगा। शर्त यही खाली होना चाहिए बिलकुल कोई सवाल नही जवाब नही केवल समर्पण और विश्वास के साथ सबको मिलेगा। यहाँ कोई धर्म की, कोई साहस की, कोई जात की, कोई धन की कोई धर्म की कोई बेडी नही। प्रभु ने बड़ा मस्त दिया है सब देकर ढक दिया उलझा भी दिया। क्या कारीगरी है देता है तो भर–भर देता है। जो खोज ले उसके लिए सब खोल दिया। भर–भर पीयो पीता जा और आगे बढता चल बाकि सभी प्यासे। उनके लिए एक बूंद भी नही । जिसको उपलब्ध हो जाए वह पुरे आकाश में विचरण करता है। आकाश का तार तार खुल जाता है। बाहरी जंजीर तो छोड़ी ही साथ ही भीतर की जंजीरे भी खोल दी। एक एक तार खुलता है बड़ा आश्चर्य जनक अनुभव है अब ऐसा अनुभव किसी विरले को होने वाला है। मैने घंटो भीतर एकतारा घंटे घड़ियाल सुने जैसे जैसे भीतर से खुलता गया, एक नया रहस्य खुल जाता। बाहरी तो प्रत्येक व्यक्ति चाहे कितना भी अमीर हो लेकिन भीतर से कितना दरिद्र दिखाई देता है फिर मन की शान्ति के लिए जाने किया उपाय खोजता है हल्का नशा भी करेगा । मुझे समझ नही आती भुलाना क्या चाहता है? असल में भीतर का खालीपन भरने की कोशिश करता है। भीतर में जो बबाल भरा है उसको दबाने की कोशिश करता है। साधनों में कौनसा सुख ढूढता है जल्दी ही एक साधन का सुख घट जाता है फिर कोई नया सहारा ढूढता।

सब कुछ होते परेशान क्योकि आत्मा का सुख तलाशने की कोशिश न की। नयी

गाडी में सुख तलाशने की कोशिश की पर वह तो फिर कुछ दिन में पुरानी हो जायेगी बाहरी तो सब चल है। भीतर भी सब चल है, लेकिन देखने के लिए खुद को रुकना पडता है। अपने को चलने से रुकने के विशेष उपाय है। सचखंड तो भीतर छिपा है ढूढ़ लो जान लो उसके जाने बगैर मुक्ति नही। जब तक देह में सिहरन न दोड़ेगी जब तक प्रभु से न मिलोगे, दिल की धडकने न बोल उठे। पैर थिरकने लगे झांझर बोलने लगे तो समझो करीब है मंजिल।

ध्यान भीतर की खुदाई है स्मरण रख सतत जारी रखना है। दीये तो जल रहे है ध्यान को घूंट–घूंट पियो, प्रभु किसी से खफा नही बस ओट में छिपा है। बादलो की ओट है धुंध को हटाना है। प्यारा सा चमत्कार दीया बादलो से घिरा है। नसीब वालो ने खोज लिया सबका अपना–अपना नसीब है। जो खोज लेगा उसके चारो और हरियाली छा जायेगी। उसकी राते भी झूम उठेगी। कैसा नशा है क्या बताऊ? बडी अजीब खुमारी है। किस का इन्तजार है असत्य से छुटकारा सत्य को जान लेने के बाद है। संसार में सब भटकती आत्माए है सबकी रौशनी गुम है। सभी अंधेरो के मुसाफिर है अंधेरो में गुम है। मुझे तो सभी के चहरे बेरंग नजर आते है। सही राह तो टोहने से मिलेगी चलने से आएगी। बड़ा चमत्कारी ढंग आँखे बन्द करनी है मुखड़ा कुछ देर आगे झुकाना है। छाती की टिक–टिक महसूस करनी है। दोनों छाती के बीच महसूस करना है एक विशाल सागरीय घटना आनन्द लिए बैठी है। गहराई को ललकारना है तरंगे उठनी शुरू होंगी चारो और फैल जायेगी। कोशिश नही छोङनी ध्यान का जल देते रहना है। कुछ वक्त कुछ दिखाई नही देगा जागने में झिझकता होगी। कोशिश पर परछाई सामने आ जाएगी। यह रचनात्मक सम्बद्ध स्वमं बनाना है। संयोग वश एक रचनात्मक गाँठ खुल गई काम बन गया। प्रभु का भीतर धरा दीया चिंगारी पकड लेगा।

सभी ने अपने ही तन को भूतो का बसेरा बना लिया। दुनिया को छोड़कर एक बार प्रभु को भीतर बसाकर अपनी हिचकियो में याद कर लो। पल पल साथ चलता है, देखने की कोशिश करले। उससे किनारा किया तो डूबना निश्चित है। अंधियारे में बैठ अँधेरे के आगोश में धीरे धीरे सरक दीपक की रौशनी कर अपने भीतर। यहा लोक और परलोक मिलेगे सच्ची मुहब्बत का दरबार मिलेगा । जीवन में सब छोड़ सिर्फ एक बार अपने प्रभु से खालिश प्यार कर ले। अटूट प्रेम का रिश्ता बांध ले लगाले अपने आग, खलबली मचा ले। न उलझ बेकार बातो में प्रभु बहता दिखाई देगा। ईश्वर सर्वत्र है, यह बात सही है, लेकिन सर्वव्यापक से स्वमं का तत्व जोड़ना आवश्यक है। आत्मा में एक रंग चढाना होगा, सच की पुकार होगी तभी साकार होगा, जीवन में क्या कमाना था क्या कमाया।

यह द्वार प्रेम का है प्रेम की गली अति सकरी तामे दो न समाय, गहरा सन्नाटा प्रेभी ने सोचा प्रेमिका अकेली है बाप खेत में गया चलो मिला जाय। वर्षो पुराना प्रेम था।

प्रेमिका के द्वार पर पहुचा भीतर गहरा सन्नाटा शांत, सब उदास नजर आ रहा था। द्वार पर पहुचता है दरवाजा खटकाता है प्रेमिका धीरे से बोलती है कौन? कौन है? कौन खटकाता है? द्वार पर कौन? मै हु तेरा प्रेमी मेरी आवाज पहचान दरवाजा खोल। क्या कहते हो मै हूँ, यह मेरा प्रेमी नही वापस लौट जा, वह वहीं से उलटा हो लिया। गहरा प्रेम था कोई प्रश्न नही सीधा जंगल चला गया कैसे मिला जाए कई राते निकल गई कई सूर्य उदय हो गये इधर उधर भटकता रहा। कई साल निकल गये एक फकीर के झोपड़े में रहा जो मिला खाया न मिला भूखा रहा, फिर एक दिन ऐसी अवस्था आ गई यह बात भीतर से समझ आई। फिर अपनी प्रेमिका से मिलने गया, फिर वहि अँधेरी रात शीतल पवन चल रही, हाथ से द्वार बजाया अंदर सहज धीमी और मधुर ध्वनि आई कौन है? तब बोला अब न पूछो कौन है अब तो तू ही तू सर्वत्र तू और कुछ और नही, यह द्वार केवल परमात्मा का हो सकता है।

अब मन की स्थिति बदल गई देखने वाली आँख मिल गई। सब साफ हो गया। सब परिवर्तित हो गया अणु–अणु खिल उठा। शून्य मय हो गया रास मय हो गया। प्रकाश देने वाली शक्ति दिखाई दे गई। प्रकृति क्रीडा करती दिखाई पड़ गई। अब वन की लताये पुष्पित होकर अपना सौदर्य चारो और बिखेरती नजर आ रही है। सम्पूर्ण चेतनता रोमांचित हो उठी। एक विशाल सरोवर के निर्मल पानी से प्यास बुझ गई। सुख स्नेह और आनन्द प्रदान करने वाली शक्ति का पता मिल गया। यही सच्चा आनन्द है। मानसरोवर का तट मिल गया मन निर्मल हो गया। वातावरण में आकर्षण बढ़ गया। भंवरो का समूह आकाश में मस्त हो नाचने लगा। घंटियों की मधुर ध्वनियाँ कान में गूंज उठी।

मै स्वमं फैले हुए सौन्दय का वर्णन करने में असमर्थ हूँ मधुर बहती पवन का वर्णन करना बडा ही मार्मिक है। प्रभु से मिलने पर श्वासे बहुत गहरी, ठंडी और लम्बी भरी जाती है। सम्पूर्ण आकाश में बादलो का मंगल गान चलता है। प्रकृति जैसे निखर गई हो आनन्द और उल्लास कहाँ नही जा सकता है।

बात यह आती है गुरु किसे बनाया जाये, किसका अनुसरण किया जाए । कौनसा गुरु रात का श्रृगांर करना सिखाये यह बात सबसे अमूल्य है। इस प्रकार की बात करता एक गुरु भी मिल जाए

श्रेस्कर है, ऐसे गुरु कम मिलते है बल्कि कोई विरला ही मिलेगा गुरु का चुनाव बडी सावधानी से करना। जो जानता हो वहि जना सकता है बिन जाने अध्यात्म का फल कैसे ?

एक बार बुद्ध के सामने देवता आकर खड़े हो गए और भगवान् बुद्ध से कहाँ आप चुप क्यों हो गए। अनेक अनेक युगों के बाद कभी कोई व्यक्ति इस परम अनुभव को उपलब्ध होता है लाखो लोग प्यासे है आप उनसे कहे। बुद्ध ने कहाँ जो समझ सकते

है मेरे अनुभव को वो तो मेरे बिना कहे ही समझ जायेगा। और जो नहीं समझ सकते उनके सामने मै सर पटकता रहूँ। तो भी वो समझने वाले नहीं। तो तुम मुझे क्यों परेशान करते हो। बुद्ध ने कहाँ मेरे बोलने का नहीं है। जो मैंने जाना है वह बोला नहीं जा सकता। जो मैं बोलूँगा वह वही नहीं रहेगा जो मुझमे घटा है। शब्दों में उसे बंधना मुश्किल है। और फिर जो नहीं समझेंगे वे कभी नहीं समझेंगे। जो थोड़ी समझ भी रखते है वह देर अबेर पहुच ही जायेंगे इसलिए मै क्यों परेशान होऊ?

देवता तो कुशल थे उन्होंने महात्मा बुद्ध को किसी तरह राजी कर लिया। राजी भी इस तरह किया कि बुद्ध से कहा आप बिलकुल ठीक कह रहे है। जो समझ सकते है वे आपको बिना कहे भी समझ जायेंगे, जो नासमझ है उनके सामने जिन्दगी भर सिर पटकते रहे तो भी नहीं समझेंगे। उनकी कुछ समझ में नहीं आएगा। मगर इन दोनों के बीच में भी कुछ लोग है जो अधूरे खड़े है जो नासमझ भी नहीं है आपके बिना वो समझदार न हो सकेंगे। आपके बिना ही वे नासमझ रह जायेंगे। आप उनके बीच में खड़े होकर थोड़े से लोगो के लिए बोले जिनके लिए शब्दों का भी सहारा हो जायेगा। महात्मा बुद्ध को कठिन पथ पर उत्तर देना पड़ा और वह राजी हो गए।

इसलिए इंसान को समझ लेना चाहिए कि समय कम है। पल–पल बीत रहा है, पल–पल मौत की और धकेल रहा है। ये संस्कारिक सुख तो अस्थाई है अगर मनुष्य जन्म पाकर भी न जाग पाए तो बहुत पछताना पड़ेगा। यह जीवन सरल है अध्यात्म इसका श्रृंगार है। एक नया रंग रूप झलकने लगेगा। मानव जीवन का सरल संगीत है। अध्यात्म में संगीत की गूंज सुनाई देगी। सृष्टि का श्रृंगार दिखाई देगा। जीवन एक उल्लास है, जीवन में आनन्द की ऋतू केवल अमृत ज्ञान है। अपनी आस्था मत डगमगाने देना आस्था को अंजाम तक पहुचाने की कोशिश करना। लक्ष्य को पाने की कोशिश करना। लक्ष्य बना लिया तो लक्ष्य दिशा की और ले जाती है। कामयाबी का द्वार निश्चित खुलेगा। निश्चित उपलब्धि प्राप्त हो जायेगी। यह सब हमारी दृष्टि की शुद्धता पर निर्भर करता है। मै तो अपने प्रभु को समर्पित हूँ, जिसने मेरे सामने सब प्रकट किया मै दिव्य जल में स्नान करती गई निखरती गई। दिव्य दृश्य सकारात्मक धारणाय और आत्म विश्वाश बढता गया। मेरे जीवन का सबसे बड़ा ओहदेदार मुझे प्रकाशित करता रहा। दिव्य ज्ञान शक्ति की पडने से असरदार असर करती रही। अभी अनजान न बनना अपना आत्म विश्वास बढा कर विकसित करने की कोशिश अवश्य करना। सिखने की तकलीफ अवश्य उठाना। अपने अचेतन मन की गहराई में पालथी मार बैठ जाना। बोलना नही बैठ जाना किसी की सुनना नही मोंन हो जाना। यहा बोलना कम करना अधिक कहते–कहते सुनते–सुनते थक जायेगे होगा कुछ नही। यहाँ मोन फूटता है। अपनी और देखना अत्म् निरिक्षण शुन्यता की साक्षी देगा। क्षणिक करना स्थाई का प्रभाव होगा। मेरी अनुकरणीय सलाह भीतर उतारने की कोशिश करना।

धरती पर जन्नत का खुला दरवाजा
ब्रह्मांड की बिखरी फुहारों का नजारा
आओ ब्रह्मांड की सैर को चले
मै खड़ी ब्रह्मांड बीच इत उत देखू,
ब्रह्म नूर बरसाया, कण कण का कमाल
एक नादं तो उपजा जगसारा क्या कहू भेद

हमारे भीतर

एक सतरंगे आकाश के चमत्कारी दृश्य दिखाई देते है।
जीवन को नया जीवन देने वाली उर्जा है जो हर साँस में होकर आती है।
स्रष्टि का कण कण प्रेम बरसाता है। ध्यान धरो सब आज्ञा चक्र में अपने आप हो जायेगा।
आकाश साफ कभी धूप खिलेगी कभी बद्री उठ उठ आएगी।
तेजी से छमाछम बूंदे बहती अपने आप जाएगी, जरा सा आगे बढेगी।
बदलिया खेल दिखलाएगी जाने कहाँ धूप की उज्वल किरणे फैल जाएगी।
सावधानी से गुनगुनाहट भी सुनते जायेंगे। पावन उर्जा ऊपर चढती जाएगी।
यही सत्य की प्रगति है, उन्नति है, धीमी धीमी पुरवाई चलेगी।
हल्का हल्का प्रकाश उस पार ले जायेगा, जैसे कभी आकाश की देखी हो बिजली गरजती।
मन खुशी से खिल उठेगा, जैसे ही अमृत रस की बूँद गिरेगी भीतर में,
दृष्टि में नयी चमक भर जायेगी, सब घट रहा है।

कृष्ण ने क्या कहा था? गीता में वह शब्द बार बार पढ़े होंगे। एक बार याद करो। अर्जुन की क्या कमी थी। वह कमी तो सभी जगह मिल जाएगी क्या थी? अर्जुन की जिज्ञासा क्या वह झूठ थी। कृष्ण के शब्द दोहराओ, क्या कहा था कृष्ण ने, शब्द तो वही के वही है पर आज ना कृष्ण जैसा समझाने वाला है, ना ही अर्जुन जैसा प्रश्न पूछने वाला है। बस वही सब बार बार पढ़ते है, सुनते है और भूल जाते है। जो जान लेता है, उसी के शब्दों में सत्य नजर आएगा। आज वैसा ज्ञानी कहाँ है, अगर है तो विश्वास ही नहीं। सत्य से तो कोसों दूर है सभी समझना भी नहीं चाहते। अगर जीवन में थोडा भी सत्य हो। प्रक्रिया द्वारा उतारने की कोशिश भी की हो तो भी जीवन सार्थक हो जायेगा। ऐसे जाग्रत मनुष्य का संगा भी मिल जाय फिर जीवन में समझो कोई कमी नहीं क्योंकि उसी प्रज्ञावान व्यक्तित्व के सानिध्य से ब्रह्माण्ड के भेद खुलते है।

एक आत्म् साक्षात्कार व्यक्ति के अस्तित्व में भेद भरे है। जब प्रभु ने सभी को यह मानव शरीर दिया है। उसमे कान, आँख, चेहरा, मुँह सब अपना–अपना दिया है, फिर

क्यों खबर नहीं। साँस का आना जाना प्राण है। क्यों उससे तार नहीं जोड़ते? क्यों प्राणों की ध्वनि मालूम नहीं होती? सभी धोखा खा रहे है स्वयं को जानने के लिए स्वमं ही उपाय करना होता है भीतर का सत्य अपने प्रयास से मिलता है। अपने अनुभव मे थोडा सत्य भी आ जाय, जीवन सार्थक हो जाता है।जीवन के सुखो और दुखो को भूलकर एक बार अपनी और झाकने की कोशिश करे। अपने भीतर की स्थिति बहुत कोमल और नाजुक है। थोडा सा बातो का असर भी भीतर खलबली मचा देता है। रोग उत्पन्न कर देता है। जब कोई कड़वे शब्द बोलता है दुखी हो जाते है, यही शब्द अपने भीतर को कमजोर करते है। यही तो जीवन की कसोटी है, जीस पर खरे उतरना है।भीतर तो बस जाते सहज नही निकल पाते। किसी को पता न चले शब्द ऐसा कमाल कर जाते है। हंसी खुशी से जुदा कर जाते है। तनाव बढ जाता है, सालो साल भी शब्द निकल नही पाते, भूल भले जाए कुछ समय। कड़वे शब्द याद आते है तो आज की बात नजर आती है। जैसे कोई घाव हरा हो जाता हो । मान सम्मान किया, मान मिले तो अच्छा लगता है। खुश हो जाते है और अपमान मिले तो बुरा लगता है दुखी दुखी हो जाते है। लेकिन अपमान भी बुरा कियो यह व्यक्ति की व्यक्तिगत कल्पना है वह आजाद है जरुरी नही उसकी सोच में अच्छे हो। ऐसी चाह ही क्यों रखना? ऐसी इच्छा ही क्यों रखना ?दुसरो से सम्मान मिले । अगर किसी ने कुछ कह भी दिया उस बात को बार–बार सोचना ही क्यों? फिर उस व्यक्ति का महत्व बढा रहे है। अपने को यह सोचकर सजा दे रहे है, बार बार वहीं बातो को मन में दोहराह रहे है।चित में उन्ही बातो का मनन करना अपना अपमान स्वयं भी बार–बार करना। जब किसी व्यक्ति पर गुस्सा सवार होता है वह खुद गुस्से के बस में होता है उस समय सुनना ही बेहतर है। एक तो उस समय जो भी भाव भीतर में भरे है वह निकालेगा कितनी कोशिश करो आप कुछ कहो समझ ही नही पायेगा। फिर क्यों वही बाते सोचकर अपने को कमजोर करना, यानी अपने आप से ज्यादा अपमानित होना पड़े क्यों? बगैर कारण सम्मान की चाह रखना भी सबसे बड़ा दुःख का कारण है। अगर गुप्त रोगों से बचना है तो अपनी सोच को बदलना होगा। क्या पता वह व्यक्ति अनजाने में बहुत बड़ा काम कर रहा हो। आपको पता भी न चले। कभी सोचना एकांत बैठ कर आपने बारे में आपका मोह डगमगा गया हो। थोडा हिल गया हो क्योंकि भीतर की अवस्था बहुत नाजुक होती है। उसको केवल प्रेम से भरा जा सकता है जो गुस्सा करे उसके लिए भी प्रेम सभी के लिए प्रेम।

यहाँ इच्छा रह ही नही जाती मांग रखना सबसे बडा दुःख का कारण है। मांग चाहे कोई भी वह सबसे बड़ा दुःख है। इच्छा तो दुःख देती है साथ ही चैन की साँस नही लेने देगी। इच्छा का कोई अंत नही खाली देना सिख गये तो सुख ही सुख। किसी को मिले प्रेम से, दो शब्द बोले प्रेम के देखो कितनी शान्ति मिलती अपने भीतर भी शान्ति

ही शान्ति। फिर किसी को कोई कुंडली दिखाने की जरूरत नही पड़ेगी। कोई पत्र दोष नही होगा। जीवन का आधा रहस्य तो इन्ही बातो में छिपा है। जो समझ आने लगता है आत्मिक और अध्यात्मिक उन्नति के लिए आवश्यक है स्वयं सम्मान देना सिख जाये जो भी आपसे जुड़े है। जैसा बने तोफहा दे सम्मान दे देना सिख जाय। भले दुसरा कद्र ना समझे लेकिन दूसरो को देखना नही सोचना नही वर्ना अपने लिए दुःख निर्मित कर लेना है।

अध्यात्मिक उन्नति के लिए यह आवश्यक है। जीवन में जो घट चुका उसे छोड़ दो, आने वाले सुनहरी पलो को जीवो, प्रेम से जीवो, एक ही गुण प्रेम का समस्त दोषों को ढक लेता है। सत्य और प्रेम का बल सबसे बड़ा है देखा जाये व्यवहारिक दृष्टि में प्रेम का बहुत महत्व है। स्वयं प्रेम से पूर्ण हो बाहरी और भीतरी विकास हो जाए फिर उस पर कोई सोपान न चढे एक के साक्षी हो जाओ। एक हो जाओ प्रभु के साथ एक हो जाओ। टुटा नाता जोड़ लो, प्रेम सत्य की सीढ़ी है पाया जा सकता है । प्रेम की शक्ति बहुत बडी शक्ति है। प्रभु का प्रेम तो अकारण ही बरसता है। वहाँ कोई बंधन नही खुला दरबार है कोई ताला नही, बस अपना प्रयास चाहिए कोशिश तो करनी होगी। यह पूरे अस्तित्व का आनन्द है, गजब का दिव्य लोक खुला मेरे सामने परमात्मा के विराट का सपना। दिव्य अमृत का महासागर तो अपने भीतर यानी एक पांच तत्व शरीर से होकर जाता है। भीतर प्रभु का अंश ही तो बीज रूप है पर पता किसी को नही ।

अपनी सम्भावनाओं का परिचय कराने बताने कोई न कोइ सदैव आता रहा है। बीज को स्वयं नही पता की वह किस तरह खिल सकता है। उसी तरह व्यक्ति को झांकना नही आता अपने भीतर कैसे देखा जाए झाँका जाये बाकी सब पता है उसी एक का विस्मरण हो गया है। अपनी व्यक्तिगत चिताओं से युक्त हो सब दूर कर दिया। जो वेदो का लिखा गाया, बाइबल बतलाती है, कुरान समझाती। पता नही कितना समय है। सृष्टि कितनी नाखुश नजर आती है परमात्मा की आपदाय धरती पर जीवो पर कहर बरसाती है तभी धरती माँ भी डगमगाती है।

पर कौन समझ पाए यह रहस्य? आंख वाला अच्छे से समझ पाता है। प्रेम का आभाव, चाहे किसी रूप में हो नफरत किससे करोगे सब में प्रभु अंश है सबके भीतर बीज पड़ा है। प्रभु ने बीज डाल कर भेजा है । जीवन सबसे बहुमूल्य तथ्य पर विश्वास तो करना ही होगा अन्तस् के दर्शन बगैर भाव शुद्ध नही हो सकते है। किया आप नही चाहते अपने भीतर प्रकाश भरना? क्या आप प्यासे नही?

क्या भीतर का एक आवरण भी हटाना नही चाहेंगे। यह यात्रा कहना मुझे जितनी आसान लग रही है। प्रयास तो अपना है कौन कितना आगे बढ सकता मुक्ति का एक बिंदु ही बहुत है। सहस्रार कमल की स्थति को पाना बहुत अनूठा मीठा अनुभव है। जो सांसारिक चिंताओं और बन्धनों के पार है। उस एक एक पल का आनन्द सारे दुःख

कष्टों के पार है।मैने उस पल में जो अमरस पीया। वह पूर्णता की स्थति वह महामृत्युंजय की स्थिति कुछ कहना आसान नही बस उसी को जीना है।

जीवन के असली आनन्द को आप नही चाहते आप भी प्रभु का आलिंगन करे। मुक्त आकाश में जीने का सबको हक है अपने भीतर की गांठो को खोले।सत्य की यात्रा पर स्वमं को निकलना है।

वशिष्ठ जी कहते है एक साधारण मनुष्य जन्म जन्मान्तरो से भटक रहा है अज्ञानता की आग में वासना की भट्टी में सदैव से जलता आया है। वे कहते है अब शांत हो ज्ञानी जन का आश्रय ले। संसार सागर से तरने का उपाय पुछ ले वर्ना तेरा विनाश निश्चित है।

अपने भीतर छटपटाहट मचती है तो कोई विरला भगत गा उठता है। कृपा निधान बचाओ मुझे रास्ता दिखाओ जो कुछ मेरे पास है सब आपका दिया है। कोई विरला भगत दीवाना होता है जब उसके भीतर तडफ मचती है। मैने कभी आपको पाने का अभ्यास नही किया यह शरीर ही है जिसके द्वारा बुद्धि रूपी यंत्र को प्रभु की और मोड़ा जा सकता है। इसी के साथ अदभुत दिव्य प्रकाश का साधक दर्शन पा सकता है। व्यक्ति संसार में रहकर जाने अनजाने कितने पाप कर बैठता है फिर भी प्रभु माफ करता है उसे बचाता है मौका देता है व्यक्ति के अंतर मन की एक आवाज होती है निकलती रहती है पर फुर्सत कहाँ सुनने की एक सूनापन है जो कभी महसूस नही करता है। प्रभु तो खोजने का संकेत मात्र देता है। पर व्यक्ति समय अनुसार सब भूल गया है। आज का व्यक्ति न तो किसी विद्वान् को खोजने की कोशिश करता है न किसी विद्वान् के पास गया। न कभी प्रार्थना ही की–हे प्रभु मेरे भीतर समर्पण की भावना भर दीजिये यह भी स्वयं का काम है झुकना स्वयं को है।

एक परमपिता परमात्मा है जिसके प्रेम को पाने के बाद अन्य किसी प्रेम की आवश्यकता नही पडती। प्रेम का एक बार पाना है यहाँ कोई धोखा नही है। उपलब्धि होने पर व्यक्ति प्रभु की कृपा दृष्टि से आनन्दित रहता है। अन्य सभी रिश्ते तो पराये है यही मिले और यही छुटने वाले है। एक सच्चा रिश्ता प्रभु प्रेम का है। परमात्मा तो मृत्यु तक साथ देता है अपने मिलन की अलौकिक अनुभूतियाँ देता है। यह तो सभी मानते है मनुष्य के भीतर अदभुत दिव्य शक्ति है जो लगातार एकसी नही रहती सूर्य उदय होने के साथ व्यक्ति भरपूर शक्ति महसूस करता है। उसी तरह जैसे जैसे दिन ढलता है भीतर की ऊर्जा भी घटती चली जाती है।

जीवन में ध्यान की कोई प्रक्रिया किसी सिद्ध फकीर या गुरु से पुछ कर उतार ली जाय तो हमारी भीतर की ऊर्जा कई गुना बढ जाती है। इस दिव्य शक्ति का मेरा निजी अनुभव होता रहा है। सम्पूर्ण ध्यान प्रक्रिया को विधि पूर्वक किया जाए तो प्रक्रिया फलित होती है। अगर सिद्ध के अंतर्गत प्रक्रिया की जाय तो कई गुना फल देती है ।

जब कोई व्यक्ति परमात्मा के साथ सीधा सम्पर्क बना लेता है तो वह सारी सृष्टि के मुखारविंद है। नतमस्तक होता है मेरे परमप्रिय परमात्मा को मेरा कोटि–कोटि नमन।

सभी ने देखा है देवी देवताओं और महापुरुषों के पीछे एक गोलाकार शक्ति चक्र कल्पना मात्र बनाया है। ऐसा शक्ति चक्र हमारे आभामंडल में सच में उपस्थित है। यह शक्ति चक्र हमें बहुत ऊर्जा प्रदान करता है। मै ये शक्ति चक्र सदैव से देखती आई हूँ, वैज्ञानिको की खोज ने भी साबित कर दिया यह बात पूर्ण तोर से स्पष्ट है।

आनन्द का साक्षातकार करना है तो मेहनत तो करनी होगी। सभी काम हाथ करते आँखों से दिखता है। जिन्दगी में सबसे अहम परमात्मा इन आँखों से नही दीखता। प्रभु का दिव्य रूप का महत्व समझ कर सलीके से ध्यान कीजिये। कम से कम आत्म संतुष्टि अवश्य मिलेगी। मोक्ष का द्वार खोलना कोई जादू की छड़ी नही। वास्तविक जीवन की कड़ीया खोलनी है। पक्षियों के लिए प्रभु ने भोजन का इंतजाम तो कर दिया लेकिन उन्हें अपने घोसले स्वयं तिनका–तिनका चुनकर बनाना होता है। जिन्दगी में थोडा सा बढ कर हासिल करने जरूरत है। कम से कम सुबह यह अनुभव करके अवश्य देखे सूर्य निकलने से पहले यह पल बहुत कुछ दे सकते है। एक चमत्कार देख ले सुबह निकलने से पहले एकांत खुले स्थान पर आराम देह अवस्था में बैठ जाय। जैसे सूर्य निकलता है ध्वनियो की गूंज मैने बहुत तेज ऊर्जा के साथ सुनी खैर मै तो पल–पल सुनती हूँ। उस समय कोई भी कोशिश कर सकता है। प्रभु छुपा छुपी का खेल अवश्य खेलता है। लेकिन जिस दिन शटर हटा दिया ध्वनी के साथ अमृत की पावन धारा बहनी शुरू हो जाएगी।

महात्मन सूरदासजी का प्रेम कैसे फूटता है, बताया जाता है, सूरदास जी जन्म से अंधे थे। कई कथाओ में आँखे भी बताई गई यह काल्पनिक भी हो सकता है। एक बार बडी मस्ती में कही जा रहे थे। जंगल का रास्ता था सुनने में आता है एक सुखा कुआं रास्ते में सूखे पत्तो से भरा था देख तो सकते नही थे तो गिर पड़े। सात दिन हो गए और वह भगवान् को पुकारते रहे। बड़े प्रेम और करुण से प्रार्थना करते रहे। उसी समय भगवान् ने आकर उनको बाहर निकाला। बाहर आकर वह अपनी नेत्रहीनता पर बहुत पछताने लगे की भगवान् के नजदीक आने पर भी मै उनके दर्शन नहीं कर सका रोने लगे समय बीत गया।

एक दिन सूरदास बैठे ऐसे ही विचार कर रहे थे ही उन्हें श्री कृष्ण और राधा की बातचीत सुनाई दी। श्री कृष्ण राधा से कहते है आगे मत जाना नहीं तो यह अंधा टांग पकड़ लेगा। राधा तो मानी नहीं बल्कि सूरदास से पूछने लगी की क्या तुम मेरी टांग पकड़ोगे सूरदास जी ने कहाँ मै अँधा हूँ कैसे पकडूँगा तब राधा उनके सामने जाकर अपने चरण का स्पर्श कराने लगी। कृष्ण बोले आगे से नहीं पीछे से पकड़ लेगा।

तब सूरदास ने सोचा श्री कृष्ण ने आज्ञा दे दी है। अब मै क्यों न पकडू। यह

सोचकर वह भी तैयार होकर बैठ गए। जैसे ही राधा ने चरण स्पर्श के लिए पैर आगे बढाया सूरदास ने चरण पकड़ लिए राधा जी पैर छुड़ाकर भाग गयी पर उनकी पायल खुलकर सूरदास के हाथ में आ गयी। अब राधाजी सूरदास से पायल मांगने लगी। मेरी पायल दे दो, मेरी पायल दे दो, मुझे रास करने जाना है। सूरदास कहते है मै अँधा मै क्या जानू किसकी पायल है। फिर कोई दूसरा मांगेगा तो मै क्या कहुगा। हाँ अगर मै तुम्हे देख लू तो दे दूंगा। तब राधा जी हंसी और सूरदास को दर्शन दे दिया।

श्री कृष्ण और राधा ने प्रसन्न होकर सूरदास से कहाँ तुम्हारी जो इच्छा हो मांग लो। सूरदास ने कहाँ आप देंगे नहीं। कृष्ण बोले तुम्हारे लिए कुछ भी अदेय नहीं है। हम वचन देते है, तब राधा बोली अवश्य देंगे जो चाहो मांग लो। सूरदास ने कहाँ जिन आँखों से मैंने आपको देखा है उन आँखों से मै संसार को नहीं देखना चाहता। मेरी आँखे यहीं फूट जाए। यह सुनकर राधा और कृष्ण की आँखों से छल–छल आंसू बहने लगे। देखते ही देखते सूरदास की दृष्टि पूर्ववत हो गयी।

आत्म ज्ञानी ज्ञान के बाद परमानंद में स्थित हो जाता है। फिर सर्वत्र एक ही परमात्मा को देखता है। फिर उसकी इन्द्रियों पर कोई प्रभाव नहीं पडता है। सारे शंशय केवल अज्ञानियों के लिए है जब तक तत्व दर्शन नहीं होता। इन्द्रिया, वाणी और मन अन्य भोग पदार्थो का सामान केवल अज्ञानियों के लिए है ब्रह्म की उपलब्धि से चित वृति स्वयं शांत हो जाती है। जब तक चित में वास्तविक ज्ञान नहीं होता तब तक सभी व्यक्ति देवी देवताओं की पूजा करते है। व्यक्ति के आत्म ज्ञान के बाद सब पूजा पाठ व्यर्थ हो जाती है। वास्तविक ज्ञान ही ईश्वर का साक्षात् प्रसाद है। जिस गुरु को स्वयं सूक्षम तत्व का बोध नहीं है ऐसा गुरु कभी भी सूक्ष्म तत्व के स्वरुप को कभी बयान नहीं कर सकता। वही आत्म तत्व से प्रकाशित गुरु कहलाने लायक नही है। वही विशुद्ध आत्मा जनम मरण से रहित है। एक आत्म प्रकाशित आत्मा ही जान सकती है सम्पूर्ण जगत मिथ्या है। सत्य तो एक ही ब्रह्म का सत्य है जिसमे सारा विस्तार सृष्टि का दिखाई देता है फिर इस शरीर का कोई अस्तित्व नहीं रह जाता।

जनम हुआ है मृत्यु भी निश्चित है जीव का सबसे बड़ा भय मृत्यु है। मनुष्य जनम के साथ मनुष्य का धर्म बन जाता है। वह मुक्ति का साधन करे। अज्ञानी को कभी एकता नजर नहीं आएगी। प्रकृति का वह तत्व भीतर ने दिखाई देता है उसी को ब्रह्म ज्ञान कहा गया है। वही ब्रह्म ज्ञान प्राप्त होने के बाद जन्म–जन्म के बंधन कटते है। यही मुक्ति का साधन है। मुक्ति का रास्ता है सम्पूर्ण शरीर से घूम कर जाता है। बाहरी यात्रा में केवल भटकना है। कई बार लाल बती पर गाड़िया रूकती देखती तो बहुत अच्छा लगता। इसी तरह आप सारा दिन भले ही काम करे, लेकिन जब भी समय मिले भीतर की ब्रेक लगा कर देख लो। थोड़ी देर भीतर ब्रेक का अभ्यास शायद लाल बती भीतर दिखाई पड जाय कितनी शान्ति देगी। बस मनुष्य को ब्रह्म के साथ एक होना है। यह

कृपा किसी विरले पर होती है। ईश्वर की कृपा के साथ संसार में विचरण करता है। अज्ञानी होना बडी बात नहीं है। अगर यह बात अज्ञानी को समझ आ जाये। वही प्रयास करता है लेकिन कुछ अज्ञान होने के साथ मुर्ख भी होते है जो अभ्यास करना तो दूर वह कभी समझ ही नहीं सकता। अपने प्रयास हो तभी ज्ञान समझ आता है।

जो साधक भीतर के मार्ग से भेद खोलता है चौरासी का बंधन उसी का खुलता है। जो नहीं खोलता वह भीतर गलना शुरू हो जाता है। कभी किसी गठरी में बंधा हुआ सामान देखा है। क्या हालत हो जाती है। कहां तो इसी शरीर के द्वारा प्रभु से एकाकार किया जा सकता है कहाँ फिर इसे ठीक रखने के लिए दुनिया भर की तरकीब की जाती है। आत्म ज्ञान के बाद पापो का नाश हो जाता है।

इसलिए अपना निर्यण स्वयं ही करना होगा। सांसारिक ज्ञान सभी को है। जो वास्तविक ज्ञान है वह किसी विरले को है। बडे भाग वाला होता है जिसने सत्य और असत्य को जान लिया।जिसने सच्चे बादशाह का पता लगा लिया पूरा सचखंड पहचान लिया। मेरे पास केवल सत्य की विभूति है। यह दिव्य विभूति केवल श्रद्धालुओ का जीवन उज्जवल करने के लिए है। चैन, सकून, शान्ति जो चाहेगा वह ही दिव्य व्यक्ति के पास जाएगा उसका सानिध्य पायेगा।

आज वास्तविक ज्ञान किसी को नहीं है इस स्रष्टि में जन्म लेने वाले प्राणियों की संख्या कम से कम सातसौ करोड़ बताई गयी है यही सुनते आये है नर शब्द का अर्थ ही मनुष्य है। सभी ऋषि मुनियों का कहना है भाई यह मनुष्य जन्म दुबारा नहीं मिलेगा। साहस करके कुछ यतन कर ले। अंत समय निराश होने से क्या मिलेगा। इस सृष्टि में विराजमान शक्ति को जानने का मानुष तन है। प्रभु ने अवसर दिया है अब भी समझ जाओ दुःख तो हृदय के क्षणिक भाव है। आनंद के लिए अपने आत्मा को जगाना जरूरी होगा। जीवन में ऐशो आराम सब कुछ नहीं है। यहा खाना पीना काम वासनाएं यह काम तो पशु पक्षी भी कर रहे है। फिर जीवन में यही सब है तो मनुष्य जीवन जन्म व्यर्थ है। मनुष्य और पशु में कोई अंतर नहीं है मनुष्य के पास बुद्धि है भाव है जो प्रकट कर सकता है। केवल मनुष्य अपने भीतर छिपा अध्यात्मिक ज्ञान प्राप्त कर सकता है। प्रयास सफल कर सकता है। अपनी आत्मा के असली स्वरूप को जान सकता है। आत्मा शुद्ध है शांत स्वरूप है। मरना और जीना सिर्फ शरीर का है। संसारी व्यक्ति केवल संसारी भोगो का रस लेते है। वह परम तत्व का आनंद से दूर है। बस थोडा अलग होकर जीना है। उसका आदि नहीं होना है। बस थोडा जागना है, बस भीतर की मणि पर जमी धूल को हटाना है। उसको चमकाना है। इतिहास हमे बताता आया है हमारा उधार प्रभु के मिलन के बाद है। किसी से कैसी लड़ाई कैसा संघर्ष, बस प्रभु मार्ग पर एक बार निकलने की देर है। उसके बाद कोई रास्ता नहीं बचता। यही जागरण की वेला है। संसार में सभी कुछ संभव है बस निराश होकर अपना जीवन नष्ट नहीं करना है।

जन्मो से सोई इन आँखों को जगाना है। सारी उर्जा समेटकर निरंतर ध्यान करते हुए एक और खीचना है।मठ में या गुरु के सानिध्य में ध्यान करने से ऊर्जा प्रवाह शीघ्र शुरू हो जाता। भगवान बुद्ध ने निरंतर बारह वर्ष कठोर तप करते हुए यह परम्परा शुरू की। भगवान बुद्ध एक दिन विश्राम में लेटे थे घटना घट गई। उर्जा ने सहज तरीके से चलना शुरू कर दिया।आज सब बदल रहा है। किसी में भी धेर्य, विश्वास, समर्पण नही रहा। उर्जा हमारे भीतर प्रवेश करती है विचारों में गतिशीलता देखी जा सकती है। समझ विकसित होती है गहनतम भावो द्वारा ही गहराई में उतरा जा सकता है। यह ऊर्जा भीतर खोपड़ी से खुल कर घुमती हुई निकलती है। त्रिनेत्र पर भृकुटी के बीच पहुचती है। तो क्रिकेट की बाल भागती नजर आती है। उसी तरह दिखाई देती है। कभी गरम आँख जैसी महसूस होती है, कभी भारीपन लगता है। सुनी–सुनी आँखे भर गई हो जैसे कोई छेद कर रहा हो। इस प्रकार खोपड़ी के भीतर में चहल पहल शुरू हो जाती है।

झेन का अर्थ है रुकना ठहरना केंद्र पर पहुच कर ही विश्राम करना। ऊर्जा अंदर जाती पुरे केन्द्रों में घुमती हुई अस्तित्व के साथ एकाकार होना। भीतर ही भीतर मुक्त आकाश में पक्षी भांति उड़ते रहो। ऊर्जा का स्पंदन महसूस करते हुए अपने आप प्रकृति के साथ सामजस्य बैठ जाएगा। अगर जीवित गुरु का सानिध्य मिलता है तो मार्ग बाधा रहित हो जाता है। कोई नुक्सान नहीं होता मौन की सम्पदा व्यक्ति की अमूल्य धरोहर है। मौन का अर्थ गहरे से समझ कर गहराई में उतरे चील की तरह सूने आकाश में उडान भरे। अपने श्वासो के बिच की गहराई समझ कर उसमे विलीन होने की कोशिश करे।

सत्य भीतर से अवतरित होता है। प्राणों में वीणा झंकृत होती है। झकझोरने एक ही शक्ति बहुत है वह काम गुरु का है। समूह में एकत्र हो अनेक व्यक्तियों के साथ ध्यान में शीघ्र जागरण होता है।

एक बार मुझे एक स्त्री बस में मिली। मै अकेली और सफर लम्बा था। बस से हरिद्वार जा रही थी, उस स्त्री ने बात–बात में बताया मेरे पति ऑफिस से आते ही साधना कक्ष में चले जाते थे। बस स्नान किया, कपडे बदले और घंटो माँ काली की अराधना व ध्यान करते सभी कुछ अच्छा चल रहा था। बस एक दिन रात 11 बज गए बाहर नहीं आये। वह पढ पढ कर ध्यान की विधियां करते रहते थे। उसने बताया दरवाजा ना खुलने पर दरवाजा तोडा गया। मेरे पति दरवाजे की तरफ मुंह करके बेहोश पडे थे। जब हस्पताल ले गए तो मृत घोषित कर दिया गया। इसलिए गुरु का होना आवश्यक है। भारत में अनन्त विधियाँ है कई बार कुछ विधियो से साधक को कष्ट उठाना पड़ता है मृत्यु तक हो जाती है। क्योंकि जो स्वयं इन सबसे गुजर चूका हो उसे सभी खतरों का पता होता है और वह पहले की बता देता है कहाँ कैसे करना है। गुरु

सारे खतरों से आगाह करता रहता है गुरु की शक्तिया रक्षा भी करती है। यहाँ 100 विधि जरूरी नहीं है, यहाँ एक ही विधि सहज तरीके से की जाए वह ज्यादा जरुरी है।

मेरे पास एक बच्चा अक्सर आता था अभी भी आता है। वह मुझे एक दूकान में मिला करीब 27 साल का है। वर्षो से ध्यान साधना कर रहा था। उसने सन्यास भी लिया हुआ था। मेरी बात हुई इतनी छोटी उम्र में सन्यास तब मुझे बताया मेरे पिताजी भी बहुत ध्यान करते थे। अभी नही रहे मेरी माँ है बहन की शादी हो गई। मै सुबह ध्यान जरुर करता हूँ। सब विस्तार से बताया। मुझे बडी हैरानी तो तब हुई जब बताया मेरे पास 100 से भी अधिक विधियाँ है। यह बात सच निकली जब मै उसके घर गई तो पता चला।विधियाँ तो बहुत थी पर आज तक कुछ दिखाई नही दिया। उसको पता चल गया मेरा जाने कैसे उसने काफी पढ रखा था। मैने उससे ध्यान सम्बन्धी कई सवाल पूछ लिए शायद इसलिए। मै भी विधियों की मात्रा सुनकर एक बार तो घबराई। एक साल तक मेरे पीछे लगा रहा आप मुझे बताओ कुछ भी ध्यान के बारे में बताओ। फिर मैने एक अच्छी प्रक्रिया बताई सब अच्छे से समझाया कुछ दिन चलता रहा।मेरे यहाँ अक्सर संत तो आते ही रहते है। मै उसको जरुर बुलाती हाँ भाग कर आ जाता किसी संत छोड़ना है लाना है। मैने उसका खूब सेवा भाव देखा दक्षिणा भी देना छोड़ना।

एक दिन मै ध्यान से उठी मन में भाव आया उसको सामने ध्यान कराया जाये। मै तो अक्सर ध्यान मेही रहती हूँ करीब शाम छः बजे का समय होगा बाहर से संत आये हुए थे हमने ध्यान किया वह बच्चा उनको छोड़ घर चला गया था। मेरे भीतर बार बार भाव आ रहा उसको ध्यान कराया जाये। मैने फोन किया बुलाया उसने सोचा शायद कोई काम होगा। वह आया मैने उसको ध्यान में बैठने के लिए कहा दस मिनट बाद मैने उसके चक्रो पर हाथ रखा उसका चक्र जागृत हो गया। फिर क्या था? गहरी समाधि में चला गया 2 घंटे बीत गए। मैने कहा धीरे–धीरे आंखे खोलो उठो अब उसकी तो आंख ही ना खुले। मुझे बार–बार कहे मेरी आंख नही खुल रही थोड़ी देर रुको। बडी मुश्किल से तीन घंटे बाद उठा बड़ा खुश हुआ। सहज प्रभु के दर्शन हो गये अदभुद नजारा दिख गया।

अभी भी आता है गुरु को सम्मान देता है।

सारा काम आँखों का है आँखों की आधी उर्जा तो सबकी बिलकुल बंद है। आधी उर्जा है जो केवल बाहर का देख सकती है। आधी उर्जा भीतर की जो अन्धकार बन कर बंद पड़ी है। एक ही बिंदु है हमारे सिर में उस बिंदु से सारे केंद्र जुड़े है। आँख नाक, कान, मुह सभी भीतर एक बिंदु से जागृत होते है। एक के जाग्रत होने पर सभी केंद्रो पर प्रभाव पड़ता है। पुरे शरीर की उर्जा एक ही है अगर वासना केंद्र पर उर्जा अटक जायेगी तो सारी उर्जा वही बहना शुरू कर देगी। ऐसा व्यक्ति काम वासना के

बाहरी कीचड़ में धंसता चला जाता है। सारी उम्र बीत जाएगी वह वासना की पूर्ति नहीं कर पायेगा। वासना का आकर्षण भी भीतर ही भीतर बदलता रहता है। वासना के कारण किसी प्रेम में पड़ा या धन के लोभ में पड़ा वासना भीतर ही पल पल अपना रूप बदलती रहेगी। जितनी वासना बढेगी सारी उर्जा बह निकलेगी। यह उसे भी नहीं पता। मौका मिला किसी तरह वासना पूरी करेगा। भीतर में जो बीज बोया बाहर वही निकलेगा। यह प्रेम तो केवल शब्दों में है। ऐसा व्यक्ति किसी से प्रेम कर ही नहीं सकता। वही वासना धन में परिवर्तित होती है वह व्यक्ति बड़े से बड़े काण्ड कर जाता है।

अभी हाल ही की बात है। एक व्यक्ति के बारे में सुनने में आया वह गरीब किसान का बेटा गावँ से शहर आया काम की तलाश में। सबसे पहले गाड़ियाँ साफ की अब एक से एक गाडी देख मन में आया मेरे पास भी गाडी हो। एक साल के भीतर खुद की गाड़ी खरीद ली। अपनी गाडी चलाने लगा। अब शहर की चकाचौंध में देख नशा बढता गया। किसी तरह बड़ी गाडी खरीदी कई काम बदले, छोटा घर बनाया। फिर बड़ा घर बनाया लेकिन फिर भी चैन कहाँ मिला। धन की वासना ने अंधा और कर्जदार बना दिया। लोग ब्याज मांगने घर आने लगे। परेशान हो कुछ व्यक्तियों को साथ मिला कर बैंक लूट लिया। शातिर दिमाग की सारी उर्जा धन पर लगी थी। परिणाम क्या होगा यह सोचा ही नहीं। दो साथी पकडे जाने की खबर मिलते ही आत्महत्या कर ली।जेल का डर, मार का डर सारी उर्जा ने उसे खुद ही मार डाला। अर्थात व्यक्ति के भीतर की इन्द्रियो से गहरा सम्बन्ध होता है। लेकिन जो सूक्ष्म उर्जा है वह तो सोई पड़ी है। बस वासना के अधीन हो गुलाम का काम करती है। यह धन की वासना का गुलाम बन कर एक कारीगर की तरह काम करते है। इन्द्रियो का कर्ता कहा जायेगा कोई भी काम नहीं करेगा तो कर्ता नहीं कहलायेगा।

ईश्वर तो एक दिव्य शक्ति मात्र है। परमात्मा कर्म करने की शक्ति देता है। इसी वातावरण के अनुसार सामग्री भी मिलती है। व्यक्ति कर्म करने के लिए स्वतंत्र है। वह क्या करना चाहता है वह खुद निश्चित करता है। व्यक्ति अपनी शक्ति का दूरपयोग कर खुद ही बाधक बनता है। वह कोई भी कर्म करे ईश्वर का वहा कोई रोल नहीं है इसलिए बुरे कर्म परमात्मा से दूर ले जाते है और अच्छे कर्म परमात्मा के नजदीक ले जाते है।

मनुष्य भले परमात्मा को न देखे, परमात्मा तो पल पल देख रहा है। परमात्मा से भले सब अलग नजर आते है लेकिन एक ज्ञान की आँख सब देख सकती है।वह कह सकता है हम उससे अलग नहीं है उसी का अंश है। परमेश्वर केवल देखता है मनुष्य भोगता है। शरीर के कारण ही सुख दुःख भोगता है।

बर्फीले पहाड़ो की बर्फ जब पूरी पिघलती है तभी पहाड़ का स्वरूप नजर आता है। उसी तरह आत्मा पर कई जन्मों के कर्म की गर्त जमी है। बस हमारे शरीर की उर्जा को एक मोड़ देना होगा। वर्ना विभिन प्रकार की योनियों में फिर से जन्म लेना ही होगा। स्रष्टि का चक्रव्यूह है कर्म के अनुसार चल रहा निरंतर चलता रहेगा। सृष्टि का अपना समय है समय तो मनुष्य के पास नहीं है। मौत तो तैयार खडी है कब आ जाये। समय जा रहा है।

मुझे तो अपने घर के नीचे वही मंजर नजर आता है
लाशो से भरा खण्डर नजर आता है।
ना जाने पहले यहाँ जंगल था, या शमशान घाट था।

क्या सोचना जब सभी को वही जाना है। परमात्मा ने चित में निवास किया जो किसी को दिखाई ही नहीं दिया, ना दिखाई देगा। क्योंकि उसे जानने के लिए खोजना होगा। भीतर का जंगल साफ करना होगा यानी वासना को समाप्त करना होगा। वासना का कोई घर है भीतर फिर भी सवार है व्यक्ति पर उसी प्रकार परमात्मा भी है बस देखना होगा अपने भीतर परमात्मा को।

इसलिए अपने को पहचान कर अपना मालिक बनो। भगवान बुद्ध को सब पता था। एक को पहचान उसका होजा। भगवान् बुद्ध के अंतिम वचन थे "आपो दीपो भव"मृत्यु के नजदीक थे मरने से कुछ घंटे पहले आनंद ने पूछा की आप के जाने के बाद हम क्या करेंगे। तब वह बोले की अच्छा ही होगा अब मैं जा रहा। तुम भी अपने स्वामी हो जाओगे। मुझे भूल जाओ और अपना दीया आप ही बनो। यह भी अच्छा होगा। जब मै नहीं रहुगा तो मेरे प्रभुत्व से भी तुम आजाद हो जाओगे। इसलिए अपने मालिक आप बनो।

अपने बैरी मत बनो, विश्व को मेरा यही सन्देश है। अपने मित्र बनो, मुझे तो सभी जीते हुए भी मरे हुए देखाई देते है। वासना के पीछे भागते दिखाई पड़ रहे है। अपनी आत्मा की जीवन शक्ति को पहचानो। जिस जीवन शक्ति से जीवीत तो है लेकिन जाग्रत नहीं है। जीवन शक्ति को जगाकर बादशाह बना जा सकता है। यहां कोई भिखारी नहीं है। यह दुसरो से भीख का सवाल ही नहीं उठता है। जाग्रत शक्ति जिन भी साधको ने प्राप्त की है इतिहास गवाह है मुक्ति मोक्ष और केवल्य का रास्ता यही है ।

दुसरे के बल पर सिद्ध किया हो यहा बल का तो काम ही नहीं है। दूसरा हमारे लिए मेंहनत करे और मोक्ष हमे मिले नही। यह दुसरे की कोई सहायता नहीं ली जा सकती है। प्रभु ने सिर्फ एक काम यही हमारे लिए छोड़ा है। जो गुरु के आदेश पर स्वयं ही करना होता है। मुक्ति का मार्ग स्वयं के भीतर है, स्वयं खोजना होता है। भीतर

के घर की सफाई करनी होगी। जो अभी तक उदास पड़ा है, उजाड़ पड़ा, सुनसान पड़ा है। अपने भीतर तो अपनी ही दृष्टि जायेगी दुसरा तो केवल बाहरी काया को देख सकता है। इसलिए कुछ सयमं बाहरी दृष्टि बंद करके भीतर आँख खोलनी होगी। इसी में तुम्हारा कल्याण है। बस आपने भीतर जो भी इर्षा, द्वेष भरी है, उसको मन से निकालना होगा। प्रेम में बदलना होगा, स्वयं में परिवर्तन करना होगा। प्रेम का घूंट पीना होगा तभी काला अन्धेरा छट सकता है। नसीब भी जगेगा सवेरा भी दिखेगा। कारण की चिंता न करना फैसले की चिन्ता करना ।

आँख खोलने के लिए प्रयास तो करना होगा यहाँ कोई कुंडली कोई रेखा या कोई भाग्यशाली हथेली की बात नही सभी की हथेलियों में मोक्ष पाना लिखा है। यह मन की बात है मन को सभी दिशाओं से मोडकर नियंत्रित कर प्रभु की और मोड़ा जाता है देखते देखते मानो खुशी के बादल फट पड़े हो और ऊर्जा से भर गये हो। इस प्रकार के शब्द प्रभु की उर्जा प्राप्त हो तभी लिखे जाते है। यह पावन शब्द पढ कर भी कोई जाग जाये कोशिश में जुट जाए।जीवन सफल माना जाएगा।

प्रभु कुछ भी अनायास नही करता पुण्य आत्माए जन्म लेती रहेगी। समय समय पर प्रभु संदेश देने के लिए सभी की आत्मा दिव्य अमृत की बूंद पाकर तृप्त हो सके। जिसने भी इस अमृत के सागर में डूबकिया लगाई गहराइयो को छुआ। इस अमृत को चखा उसकी वाणी बोल उठी। मृत्यु का चक्रब्यूह वही समझ पाया ।

मृत्यु के बंधन से छुटने की बहुत सहज विधि आज का मनुष्य इन सब विधियों से कोसों दूर है। इसलिए मृत्यु के भय से दुखी है मोत का कोई समय नही वह तो परछाई की तरह साथ चल रही है। जन्म होते ही साथ हो ली प्रभु भी उसी तरह साथ है सामने दीवार है।जो देखने की कोशिश करेगा दिखेगा। देखना कोई चाहता नही दिखता उसी को है जो देखना चाहता है।

एक बार एक वृद्ध अपनी खाट पर पड़ा पड़ा रो रहा था। आँखों से अविरल आसू बहे जा रहे। उस सेठ के पांच लडके थे जो पास खड़े खड़े देख रहे थे। उनमे से बड़े लडके ने पूछा पिताजी क्या बात है। आपको कौन सा दुःख सता रहा? आपने करोड़ो रूपये कमाए सबके लिए अलग अलग घर बनाये। फिर क्या गम है? हम सभी का कारोबार भी सही चल रहा है। हम सभी परिवार सहित खुश है। आप खुश हो रोवे नही।

तब पिता ने कहाँ – मैने 60 वर्ष तक सरकारी नौकरी और फिर 15 वर्ष मुनीम का काम किया। मै 75 वर्ष तक पाई पाई जोड़ सारी कमाई बैंक में जमा करवाता रहा। 75 सालो बाद आज आभास हो रहा है की। बैंक भी झूठा काम करने वाले भी झूठे सारे कागज झूठे। सारी कमाई झूठी झूठ में ही यही छुट जायेगी। मेरी आयु झूठा कारोबार करती रही। मैने सच्चा धन जो मेरे साथ जाता वह कमाया ही नही। न सतगुरु को

ढूंढा न सच्चे संत की तलाश की अब मेरी यही सीख है किसी सद्गुरु की शरण जाओ और अपना जीवन सफल बनाओ। वर्ना मनुष्य जन्म बेकार है, फिर जीते जी व्यक्ति मरा हुआ है। इसे चलाते रहो दवाइयों के साथ घुमाते रहो बड़े बड़े अस्पताल फर्क सिर्फ इतना है। जब तक धडकन है तो डाक्टर है खत्म तो फिर श्मशान है साथ ही योनियों का चक्रब्युह है। जो धनी है वह धन का प्रयोग करेगा ही बाकी मृत्यु तो सम्भव है। वह क्षण तो निश्चित है आकर रहेगा। मृत्यु भी एक बार याद आ जाए भय भी साथ लाती है। आत्मा के निकलते सब खत्म पीछे यह शरीर पत्थर है कितना नहलाओ चन्दन लगाओ फिर भी बदबू ही मारेगा दो दिन घर में नही रख सकते। फिर शमशान घाट ले जाओ मै जब शमशान घाट जाती हूँ या श्मशान घाट के सामने से निकलती तो श्मशान के गेट पर लिखा होता मोक्ष द्वार सोचने पर मजबूर हो जाती। आखिर मोक्ष तो भीतर से आता। सच में मृत शरीर का घाट है जहाँ शरीर को जलाया जाता है।

मेरे पडोस में एक स्त्री रहती थी उसकी माँ की इकलोती सन्तान थी। बल्कि उस स्त्री को एक पुत्री और एक पुत्र सन्तान थी। लेकिन वो अभी छोटे थे।हमारे देश में रिवाज है पुत्री माँ को नही नहलाती। बहुओं को ये अधिकार है और जमाई तो जम के दूत माने गये है। जमाई दरवाजे के बाहर खड़े रहे। एक कमरे में कुछ औरतें बैठी थी। मै भी बैठ गयी माहौल एक दम शांत। कुछ देर बाद पंडित आया और बोला कोई पुत्र वधू जाये और नहलाकर जल्दी बाहर लाओ समय हो रहा है। कोई नहीं उठा फिर पंडित ने कहाँ जब कोई नहीं उठा तो मै उठी और अन्दर गयी जहा मृत को लेटाया गया था। उसके बाद एक दो औरतें और आ गयी मेरे साथ बातो से पता लगा वे दूर की रिश्तेदार थी। मैंने जब उनके कपडे उतारे में हैरान थी, उनका शरीर भले ही मृत था लेकिन एक चमक नजर आई बिलकुल साफ शरीर था हमने नह्लाकर तैयार कर दिया। जब उन्हें उठाकर ले गए तो उनके परिवार की एक स्त्री से मेरी बात हुई तो मैंने पुछा क्या मृत पाठ करती थी। जहाँ तक मेरी समझ बताती है उन्हें कोई भयंकर रोग भी था। तब उन्होंने बताया वे 3 बजे उठकर नहाकर जाप व् ध्यान अवश्य किया करती थी। हाँ उनके पेट में डॉक्टर ने कैंसर की गाँठ बताई थी लेकिन हमने इन्हें बताना उचित नहीं समझा बस दवाई देते रहे। इसलिए श्रद्धा पूर्ण भाव से पूजा पाठ किया जाय परमात्मा प्रसन्न होते है, और उन्हें मौत का कष्ट नहीं सहना पड़ता। पूरी एकाग्रता से परमपिता परमात्मा की जब भी याद कि जाए कम से कम मौत का भय नहीं सताता।

परमपिता परमात्मा के तत्व पाने के लिए एकाग्रता आवश्यक है। गुरु द्रोणाचार्य ने जब पांड्वो और कौरव राजकुमारों को अस्त्र शिक्षा दी तब गुरु बीच बीच में एकाग्रता की परीक्षा लिया करते थे। एक बार गुरु ने एक लकड़ी का पक्षी बनाकर एक सधन धने पेड़ की उंची डाल पर रखवा दिया और राजकुमारों को आदेश दिया की उनको

बाए नेत्र पर बाण मारना है। सबसे पहले युधिष्ठर सहज भाव से बोले मुझे तो वृक्ष आप और सभी भाई दिखाई दे रहे है। गुरु ने कहा रख दो धनुष। युधिष्ठर ने धनुष रख दिया। फिर दुर्योधन आया और बाण चढाया। गुरु ने उससे भी वही प्रश्न पूछा। दुर्योधन ने कहा वही सभी कुछ मै भी देख रहा हूँ। इसमें क्या पूछना? सभी राजकुमारों के बाद जब अर्जुन की बारी आई। अर्जुन से गुरु ने पूछा तुम क्या देख रहे हो तब अर्जुन बोला मुझे केवल डाल दिख रही है। अर्जुन की एकाग्रता जैसे बढती वह आगे बढता है फिर पक्षी दिखाई देता है थोड़ी देर बाद केवल आँख दिखाई देती है। आँख ही लक्ष्य है। गुरु के आदेश पर अर्जुन पक्षी की बायीं आँख पर गहरा बाण छोड़ता है। इसलिए लक्ष्य की दृष्टि स्थिर होने के बाद दूसरा कुछ दिखाई न दे। इसी प्रकार ध्यान में दृष्टि स्थिर न हो तब तक अपनी आंतरिक चेतना को सूक्ष्म केंद्र उपलब्ध नहीं हो सकता है। इस तन में बहुत कुछ है पाने को आने वाले क्षण का इंतजार न करे। जो अभी चल रहा है उसी में पाने की कोशिश करो।

जीवन पर विचार करने योग्य यही विषय है। मोक्ष द्वार कैसे खुले? पाने को तो परमात्मा का एक ही तत्व है अमृत सागर की एक बूँद ही मोक्ष दिला सकती है। बाकी सारा जग व्यर्थ है भ्रम है। एक चेतना तत्व की सर्वोपरी है परम तत्व है कल्याण का स्वरुप है। अंतर्मन में बोध होना ही आत्मा का असली स्वरुप है।

सृष्टि की विशालता तो कही नहीं जा सकती यह तो अन्धो को शीशा दिखाने वाली बात होगी। क्योंकी ज्ञान अनुभूति से शुरू होता हुआ तह को जान पाता है। अनुभूति की परते खुलते ही शक्ति का चलना शुरू हो जाता है। इस बात का कोई प्रभाव नहीं पडता कब पर्दा खुले कब श्रद्धा जगी। जो अनुभूति करता है वही मनुष्य भव भय के बंधन से छूट सकता है। अन्य कोई रास्ता नहीं है। हाँ कर्म के आधार पर जन्म निश्चित है।

यह रास्ता सभी प्रकार के कर्म काण्ड से मुक्त करता है। यहाँ सारा अभ्यास अपना है वही अभ्यास सुखद परिणाम दे सकता है जब उस अदृश्य शक्ति को जान लेते है। अब उसे माँ के रूप में पुकारो या पिता का रूप कहो। इससे कोई फर्क नहीं पड़ता। एक अनुभवी व्यक्ति जान पाता है और इस प्रकार बात करता है आपको सावधान कर सकता है। वह अपनी सारी रहस्यपूर्ण जानकारी शब्दों में ब्यान कर सकता। शब्द तो शब्द है सब वही लेकिन अपने अनुभव के रहस्य पूर्ण वही व्यक्ति सिखा सकता है वह पल पल सावधान करता है। अपने को खोलने की चाबी मात्र किसी सिद्ध गुरु से जान ले। एक बार प्रभु की और नजर की आँखों में कृपा का दरिया बहना शुरू हो जाएगा। जिन व्यक्तियों का मन पढने सुनने भी रुंपातरण नही होता उन्हें विशुद्ध प्रेम से रिझाना होगा।

प्रभु के साथ बिताये सुखपूर्ण खुशगवारी लम्हों का ब्यान। प्रभु का बीज फलना

उसकी सौंधी सुगंध का आना यह आश्चर्य की बात नहीं है। मैंने प्रभु के साथ जुड़कर भीतर से खोज कर आनंद पूर्ण लम्हे बिताये और बिता रही। उनके सामने सारा संसार फीका नजर आता है। जैसे कोई रस नहीं कोई मिठास नहीं। लगता है जैसे चाय तैयार है बस चीनी की कमी है। जीवन तो सभी जी रहे है। बगैर रसपूर्ण सभी साधनों के वशीभूत जी रहे है।

कौन किसके वशीभूत है यह तो स्वयं ही जानना होगा। कई बार व्यक्ति वाणी से वशीभूत होता है। जब किसी से वाद विवाद होता है। व्यक्ति को आवेश के कारण राई जितनी छोटी सी बात पहाड़ जैसी लगती है। किसी से झगडा होने का कारण क्रोध है और व्यक्ति जान ही नहीं पाता वह क्रोध के वंशीभुत है।

एक बार एक कुंडली के सिलसिले में पति–पत्नी मुझसे मिलने आये। उस पत्नी ने कहाँ इन्हें बहुत गुस्सा आता है यह किसी की नहीं सुनते। मै भी बहुत बोलती इससे हमारा झगड़ा बहुत बढ जाता है। लेकिन आपने एक तरकीब बताई घर पर इसका उपाय केवल मौन है। मै आपको शान्ति का केवल उपाय बता सकती। आप भी शांत होगी घर में भी शान्ति आएगी। मै तो इस बात को भूल गयी। मै समाधि अवस्था से उठी और साधारण ही बोला था। लेकिन उसने मुझे धन्यवाद दिया जब भी हमारा झगडा होता है, जब भी मेरे पति क्रोधित होते है मै चुपी साध लेती। यह थोड़ी देर क्रोध कर अपने आप शांत हो जाते है। इससे यह तो आपको ज्ञात हो गया होगा की शब्दों का प्रभाव कितना होता है। जब दूसरे के बोले शब्द हम पर गहरा प्रभाव कर सकते है। कहने का प्रभाव अधिक पडता है। शब्दों को न टकराने दे कोई अपशब्द कितनी देर बोल सकते है। इसलिए अपने शब्दों को सफलता पूर्ण सामने रखे। शब्दों से व्यक्ति का वास्तविक जीवन सामने आता है। अंतकर्ण में निर्मलता और विचारों की शुद्धता भी नितांत आवश्यक है। अपने भीतर कटुता को जन्म न लेने दे। अपने भीतर क्रियातमक शक्ति को जीयो कर्ता भाव हो।

हमारी मानसिक और बोद्धिक शक्ति ही कमजोर होगी तो अमृत का पान कदापि नहीं कर सकता है। अमृत का पान करने के लिए दैवीय गुण भरने होंगे। पूर्ण दृढ़ता से पात्रता आवश्यक है। मन को नकारात्मक विचार भरने से रोकना होगा।

अपनी शक्तियों का ज्ञान मनुष्य ही जान सकता है। चित में जैसा बीज बोओगे वैसा ही फलेगा फूलेगा। महान अविष्कारक एडिसन ने भी कहाँ था। इस सम्पूर्ण संसार के कण कण में एक अमर आत्मा निवास करती है। वही आत्मिक अनुभूति ही परमात्मा का साक्षात्कार है। जो स्वयं अनुभूति प्राप्त कर लेता है वही आत्मिक अनुभूति मनुष्य की भलाई के लिए प्रेरित करता है। वही मानव का हितेषी है इस अमृत रुपी मिठास का हकदार प्रत्येक मनुष्य है। यह ईश्वरीय शक्तियो को सतत अभ्यास करने वालो ने जाना है शीघ्रता और जल्दबाजी तो शत्रु का काम करते है। आज बीज बोया और कल फसल

काट ले ऐसा नहीं किया जा सकता। अभ्यास भी सहज सहज पके सो मीठा होए। इसलिए सावधान रहकर अभ्यास करना चाहिए। मानव जीवन को यूही नष्ट कतई नहीं करना चाहिए। सत्य को पाना ही तपस्या का फल है तप के बल से ही प्रभु को पाया जा सकता है। जब तक अन्धकार रहेगा असली सत्य छिपा रहेगा। सत्य के प्रकट होने पर भीतर का अन्धकार तो भाग जाता है बाहर भी सारा रहस्य सामने आ जाता है। एक बार की बात है हम लोग चिड़ियाघर गए वहा हम भाई बहन हमारे चाचा और बहुत व्यक्ति थे। जैसे ही चिम्पांजी के पिंजरे के पास गए तो उसी समय दो व्यक्ति उनका खाना लेकर आये। वे दरवाजा खोल खाना भीतर रखने वाले थे। जैसे ही रखने लगे दोनों चिम्पांजी भाग निकले। उन्हें देख डर के मारे जनता भागी। भय के कारण भागे सब एक दूसरे पर गिरे। किसी तरह उनको पकड़ा और स्थिति को जल्दी संभाल लिया गया। कोई अनहोनी नहीं हुई।

यही अवस्था भीतर में आती है। एक सुदर घटना घटित होने ही वाली होती व्यक्ति डर जाते है। कई बार चिल्लाने लगते है। उठ कर भागने की कोशिश करते है। ऐसी अवस्था में भयंकर चोट का भय रहता है। इसलिए व्यक्ति अभ्यास छोड़ देते है। क्योंकि अचानक तीसरे नेत्र का विस्फोट होने ही वाला होता है। एक सूक्ष्म अवस्था का अवसर हाथ से निकलता जाता है। यह जीवीत गुरु की आवश्यकता होती है फिर कोई नुक्सान नहीं कोई डर नहीं होता। यही अवस्था बहुत सुन्दर होती है। तो सारा चक्रव्यूह अपने आप धीरे–धीरे समझ आने लगता है। शुरू में थोडा डर और भय लगता है। जैसे ही उर्जा का प्रवाह शरीर में शुरू हो जाता है। वह क्षण बहुत आनंदाई होता है। यह बात केवल कागज पर लिखने से या पढने से साबित नहीं होती। यह बात अनुभव के बाद प्रभु की अदभुत शक्तिया काम करती है। उन्ही के आशीर्वाद के बाद कोई लाखो में एक अनुभवी होता है। वही लिख पाता है। प्रभु की इस अपार शक्ति का छिपा रहस्य लिखने अपने को असमर्थ महसूस कर रही है। आज इस आधुनिक संसार में परमपिता के छिपे रहस्यों पर विशवास दिलाना संभव नहीं।

झैन गुरु बहुत सख्त होते थे वे जब भी ध्यान करवाते थे डंडा हाथ में रखते। पहुचे हुए गुरु तो सब साफ–साफ देख सकते है। वर्षो से एक शिष्य उनके सानिध्य में था। उसको पहचान गये इसके साथ घटना घटने वाली है। झेन गुरु उसी शिष्य को ध्यान करवा रहे थे दीवार की तरफ मुह करके बैठा दिया और बता भी दिया तुमको देखना है उठना नही। तस्वीर उभरने वाली है। अब दीवार पर देख रहा है जब घटना घटने का वक्त आये कभी खुजली हो जाय। कभी हिल जाय गुरु सब देख रहा है। कभी किसी लडकी से प्यार हुआ होगा वह याद आने लगा। अब गुरु से रहा नही गया सिर में डंडा मारा। डंडा जोर से लगा काम हो गया। रस्ता खुल गया फिर क्या गुरु के चरणों में गिरा बस बेहोश हो गया तक्षण प्राण निकल गए। उसके माँ बाप को पता चला

लडने आ गये हमने आपको अपना बेटा दान किया एक ही हमारा बेटा था। गुरु बोले आप क्या जानो किस अवस्था में प्राण गये वो अभी भी कितना खुश है बार–बार धन्यवाद कर रहा है। आज जमाना नही है किसी को जबरदस्ती तत्व ज्ञान कराया जाये। दो श्रद्धावान भी आ जाये तो बहुत है। जो मांगेगा भंडार का पता मिलेगा जो नही उसको तो समझो काले कुए से कैसे घसीटते हुए यमदूत लेकर जायेगे।

मनुष्य के भीतर में तरह तरह के रत्न की खान मौजूद है। बाहरी धन के पीछे लगा है लेकिन मनुष्य के पास संतोष रुपी धन नहीं है। इसलिए भीतरी सभी प्रकार के धन पर धूल मिटटी जमी हुई है। स्वयं के भीतर कचरा नजर आता है। जीवन के लम्बे अनुभव को एक एक अक्षर में उतारना चाहती। उसी परमपिता की बात करना चाहती। सत्य की शक्ति व्यक्तियों के चारो तरफ घूम रही है एक केंद्र से निकलता हुआ सारी सृष्टि में फैला है। यह सब देखा जा सकता है। अपनी आँख से बस थोड़ी आँख की मरम्मत करनी है। प्रयास तो स्वयं ही करना होगा। संसार में अंधों की दौड़ बढती जा रही है। व्यक्ति धन पाने के चक्कर में अपने पराये का भेद भूल गया। अच्छा बुरा, झूठ–सच की सुध–बुध खो बैठा है। इसीलिए सत्य से दूर होता जा रहा है। आज चारो तरफ मारा–मारी नजर आ रही है। जिसका जहा बस चले बुरे कर्मो के फेर में पड़ा है। दुसरो का गला काट धन जमा किया फिर भी संतोष नहीं।सभी शमशान के पंडो के समान नजर आ रहा है। पंडे तो कपडे भी उतार लेते है फिर भी पेट नहीं भरता। संसार से जाते हुए सभी का हाल खराब होगा। संसार में अभी अभद्र जीवन जी रहे है। जब तक थोड़ा सी भी सुध बुध नहीं जागति जीना बेकार है। सभी व्यर्थ जीवन जी रहे है। सभी एक सागर के बीच खड़े डूबे नजर आ रहे है। संसारी में सभी कुछ मिलने के बाद भी क्या समृद्ध हो पाओगे?

कभी शान्ति से बैठ कर सोचा है। घर है, गाडी है, काम काज है। सारे सपने पूरे हो गए फिर क्या होगा कभी सोचा क्या पाया है। संसार का चक्र तो चलता रहेगा जरूरी है प्रिय क्षण को साध ले। जीवन में वैसे भी तमाम स्थितिया तो आती जाती रहेगी। यह स्वयं सोचना है इन विविधताओं से कैसे बचना है। क्रोधान्ध उतेजित होकर अपनी योग्यता का विनाश मत करना। उदास और चिंतित मन चहरे पर उदासी ही बिखेरता। सर्वाधिक कीमती हमारा मस्तिष्क है। जहा अध्यात्म सम्बन्धित पूरा गहरा राज छिपा पड़ा है। आंतरिक दुर्बलता का उपाय कर आगे बढे। एक बार अपनी आँखे बन्द कर अपनी खोपड़ी के भीतर उतरने की कोशिश करिये। अपनी क्षमता को पहचान कर सम्भावना से उपर उठे। महसूस करे खुले दुवार पूरी स्वतन्त्रता। परिपूर्ण गहन अध्ययन करिये। समृद्ध व्यक्ति का मानसिक बल बढता है। प्रभु जब आंधी तूफान बरसाता है तो क्या अच्छा लगता। हमें बादलो से सजी भोर प्यारी लगती है चारो और हरियाली अच्छी लगती है। हमारे बुरे कर्मो से प्रभु भी नाखुश होता है। हमारे व्यवहार

का शक्ति और सृष्टि पर सबसे ज्यादा असर पडता है। संकल्प स्रोत के साथ सतत की खोंज गहरी खुदाई करनी होगी। उत्सव में शामिल होना है मेहनत तो करनी होगी सुन्दरता पाने की खुदाई स्वयं करनी होगी।

सिकंदर जब भारत में आ रहा था। तो एक संत का पता चला। उस महान संत का नाम डयोज्नी था। सिकंदर डयोज्नी से मिलने गया। बड़ा अदभुद संत था। महावीर के जैसे वह भी नग्न अवस्था में रहता था। वह युनानी संस्कृति का महावीर था। उसने सब कुछ त्याग दिया था। यह त्याग कुछ पाने के लिए नहीं किया था। यदि त्याग संसार में कुछ पाने के लिए किया जाए वह त्याग नहीं कहलाता। वह त्याग झूटी माया के लिए था। वह त्याग सच्चा नहीं है। कुछ पाने के लिए किया गया त्याग एक सौदा होता है। संसारी कामना तो पूरी होती है प्रभु के प्रेम से वंच्छित होता है। त्याग से दान से स्वर्ग मिलता तो साधारण व्यक्ति को कही जगह नहीं मिलती।

डयोज्नी एक सच्चा संत था उसने अपने पास केवल एक लकड़ी का पात्र रखा वह भी पानी पीने के लिए। वह कोई सम्पदा में नहीं गिना जायेगा। फिर एक दिन उसने एक छोटी बच्ची को अपने हाथ की अंजली से पानी पीते देखा तो उसने तुरंत ही अपना पात्र फेक दिया। उसने कहा जब एक बच्चा अपने हाथ से पानी पी सकता है। क्या मै बच्चे से कमजोर हूँ। तभी सिकंदर दुनिया को जितने के इरादे से भारत आ रहा था। किसी ने सिकंदर से कहा जहाँ तुम रुकोगे वहां एक महान संत रहते है।

वह रास्ते में ही आयेंगे। जो तुमसे बिलकुल उल्टा है। उससे कहा गया है की महाराज सिकन्दर विश्व साम्राज्य बनाने निकला है। यह सुना और उस संत ने अपना जल पान त्याग दिया। वह कहता है उसके बिना भी में सुखी। तो इतना भार भी क्यों ढोउ और तुम कहते हो सारे संसार पर सिकन्दर का साम्राज्य स्थापित हो जाए तो वह सुखी हो सकता।संत डयोज्नी तुमसे बिलकुल उल्टा है। वह सर्वथा विपरीत अच्छा हो एक बार उससे मिलते हुए जाना।

सिकंदर के चित को यह बात चोट की और उत्सुकता हुई। हमेशा हुआ है विपरीत सदैव मोहित करता है। विपरीत में एक तेज होता है यह दोनों का विपरीत आकर्षण है। विपरीत का विस्फोट सिकंदर डयोज्नी को भुला नहीं पाया। लेकिन उसको मन में प्रतिष्ठा की बात उठी उसने स्वयं डयोज्नी के पास जाना उचित न समझा। यह असंभव है डयोज्नी जैसा संत उसके पास आता। इसका उपाय क्या था? तब डयोज्नी को खबर भेजी गयी। अनेक सन्देश वाहक रास्ते से निकलते हुए कहते चले की सिकंदर महान इसी रास्ते से आ रहा है अच्छा हो आप एक बार उनसे मिले। अनेक सन्देश वाहक कहते निकले। डयोज्नी ने कहा महान सिकंदर यह बात तुमसे किसने कही? मैंने सोचा शायद सिकंदर ने कहा होगा। अपने महान सिकंदर से कह दो वह मुझे कुछ भी नहीं दे सकता। उन्हें मुझसे मिलने की भी जरुरत नहीं है। मै एक छोटा सा आदमी। बस समझो एक कुत्ता हूं मै आदमी भी नहीं जानवर हूं।

यह महान सिकंदर की प्रतिष्ठा के विरुद्ध है। उसे मुझ जैसे तुच्छ व्यक्ति से मिलना नहीं चाहिए। सन्देश वाहको को कहा, जाकर कह दे अपने महान सिकंदर से।

जिस दिन सिकंदर वहां से निकला डयोज्नी नहर के किनारे रेत पर नग्न अवस्था में लेटा था। सिकंदर के घुड़सवार निकलते रहे और धूल उडती रही, विशाल सेना निकलती रही जब सिकंदर ने देखा वह ज्यों का त्यों मस्ती में है धूल उड़कर उसके ऊपर पङ रही है, फिर भी कोई प्रभाव नहीं पड़ रहा। आखिर सिकंदर को यह सब देख हैरानी हुई सिकन्दर को डयोज्नी के पास जाना पड़ा। संत ने कहा– तुम दुनिया को जीतने जा रहे हो। यह सुनकर सिकन्दर ने अपनी आँखे बंद कर ली। यदि तुम सारे संसार को जीत लो तो क्या होगा? इस बात पर विचार किया। लगातार इस बात पर सोचने के बाद क्या होगा? कहा गया है की इस बात को सुनकर सिकंदर बहुत उदास हो गया। सिकंदर ने कहा ऐसी बात मत कहो। तब क्या होगा? इस बात से मुझे बहुत दुःख होता है। अन्दर चोट करती है। तब संत ने कहा वही होने वाला था तुम दुनिया को जीतकर भी दुखी होने वाले थे। इसमें मै क्या कर सकता हूं। मै तो केवल सोचता हूँ। तब इस नतीजे पर पहुचा। यह सब व्यर्थ है। तुम दुनिया जीत भी जाओ तो क्या होगा? सफलता प्राप्त कर लो फिर भी क्या होगा?

सिकंदर डयोज्नी जैसे संत के पास से बहुत दुखी होकर वापस लौटा। उसकी बाते सुनकर बहुत बैचेन हो गया। अपने साथियों से कहा यह आदमी बहुत खतरनाक है। उसने मेरे सारे सपने चकनाचूर कर दिए। कहते है सिकंदर ने उसे माफ नहीं किया। ना उसे भूल पाया, जिस दिन सिकंदर की मौत होने वाली थी, उसको याद किया और कहा वह संत सही था जीतने के बाद क्या होता?

अध्यात्म में जिसने भी प्राप्ति की खोज ने साबित कर दिया मनुष्य का शरीर चेतनमय है। इस शरीर के पास एक दिव्य प्रकाशपुंज है अपनी गति से घूम रहा है। जो साफ दिखाई पड़ता यही देवी देवताओं के चहरे के पीछे गोलाकार शक्ति चक्र कल्पना मात्र ही नही बनाया है। यह आभामंडल सच में दिखाई देता है। मै इस दिव्यपुंज को देखती आई हूँ। जिसका हमारे शरीर के साथ गहरा सम्बन्ध है। जो आँखों के देखने से सामने प्रकट हो जाता है। सदैव प्रकट रहता है, प्रकाश के इस दिव्य पुंज से जो तरंगे निकलती आई है। उसी से कई प्रकार की ध्वनी सुनाई देती इसे ओमकार नांद भी कहा है इस प्रकाश पुंज से मैने कई रंग बदलते देखे। प्रत्येक मनुष्य का शरीर चेतनमय है। जो शरीर हमे मिला है स्थूल शरीर है। जिसे हम देख रहे है जो प्रभु की देंन है। दुसरा इस शरीर के साथ कर्म कर सकते है। कर्म शरीर में आत्मा के दुवारा कई जन्मो की यात्रा करता है। शुक्ष्म शरीर ही स्थूल शरीर को चलाता है। मनुष्य के आत्म ज्ञान प्राप्त कर लेने के बाद ही इस शरीर के स्थूल, शुक्ष्म और कर्म मनुष्य के तीनो शरीर का रहस्य खुलता है। इस भेद को एक ज्ञानी ही जान सकता है। अज्ञानी तो

अहंकार वंश जीवन जीता है। अपनी आत्मा में परमात्मा का दिव्य रहस्य जान लेने के बाद मृत्यु का भय नही रहता है। मनुष्य को मोक्ष चाहिए तो केवल तत्व ज्ञानी गुरु के चरणों में समर्पित होना चाहिए। उसके बाद ईश्वर के प्रति समर्पण फल देता है। यह महत्व केवल तत्वदर्शी गुरु का है वो कही भी कैसा किसी हाल में मिल जाए। तत्व दर्शी गुरु को समर्पित हो अपने आपको खाली कर सोपना चाहिए अपने को प्रेम से भरना चाहिए। अपनापन समर्पण के साथ ही सभी दुखो का नाश है।

मुहमद गजनी ने सत्रह बार भारत पर आक्रमण किया और बेशुमार दौलत सोना–चाँदी, हीरे–जवाहरात की लूट की, वह अपने साथ ले गया। दौलत से उसका तहखाना भरा पड़ा था। मृत्यु का समय तो सभी का आना है। गजनी घबराया उसे आभास हो गया अब वह मरने वाला है। बचेगा नही तभी उसने हुक्म दिया। सारा खजाना निकालकर बाहर सजाया जाए। जब वह खजाना सजाया गया तो कई मिलो में आया। गजनी ने पालकी मगाई उसमे बैठकर देखा तो अंत में गजनी जोर–जोर से रो पड़ा। इसी खजाना को पाने के लिए जीवन लगा दिया न जाने कितने बच्चे यतीम किये, न जाने कितनी औरते मेरे कारण विधवा हुई। कितने बेगुनाहों की जान ली जवानो के कत्ल किये अब यह मेरे किसी काम का नही इस कमाई के लिए पागल था। यह सोच उसकी आंखे छलकने लगी।अंत दुःख की सिहरन उठी। इतिहास गवाह है इधर उधर भ्रमण करता रहा।दुःख की वेदना अस्तित्व को स्वीकार करती रही।

तभी तो परमात्मा का साक्षात्कार करना पहला और आखरी परम धर्म है।परमात्मा है यह स्वीकारना चाहिए। तारो से भरे ब्रह्मांडीय आकाश का दिव्य स्वरूप अपने भीतर कौन नही देखना चाहेगा। अपने जीवन में प्रभु को प्रमुख स्थान देकर मन को संतुलित रख आत्मविकास करने का प्रयास करना होगा।

मनुष्य जन्म मिला है जीवन का लक्ष्य होना चाहिए। व्यक्ति समस्त विधाओं से सम्पन्न होकर, एक विशेष शक्ति का कृपापात्र नही बनता। व्यक्ति का जीवन बेकार है यहा जो मिला वह तो यही छुटने वाला है। समाज में संसार में महान प्रतिभाशाली व्यक्ति अपनी समझ रखते है तभी उनका नाम भी है। लेकिन आपने आपको समझने की शक्ति उनमे भी नही है। दिव्य ज्ञान का सम्बन्ध तो दूर–दूर तक नही है। कितनी बडी गलती कर रहा है। व्यक्ति जगत में रहकर कहता है मै सुखी हूँ जो भी ऐसा सोचते है,वह कभी अपने भीतर के भाव पढने की कोशिश करे।क्या चल रहा है? उनके भीतर शान्ति है अशांति है, बैर है, विरोध। भीतर कौन आसन जमाए बैठा है। अनजाने किसको पन्नाह दे रहे है। कभी अपने को देखे और जाचिये एकांत में। मनुष्य शरीर धारण करने के बाद पारलौकिक सुख कदापि नही पा सकते, वह रास्ता कोई विरला बता सकता है।

जानन हांरा कोइ कोई होए बस एक ही बात विचारणीय है। हुसैन पीर पैगम्बर साहब क्या फरमाते है? याह अल्लाह तू मुझे सौ सालो की जिन्दगी देगा तो भी तुझे

पाने का गुनाह बार बार करूंगा, करता रहुगा। तेरी रहमत का कोई मोल नही अनमोल है और कहता है मेरे सौ सालो के गुनाह तेरी एक पल की रहमत बडी महान है।

एक बार व्यक्ति के मन में प्रभु के नाम की तड़फ भडक उठे। तन मन पवित्र रखो क्योकि तन भीतर पवित्र गुफा में प्रभु का डेरा है। अगर कोई भी षड्यंत्र किसी के प्रति करोगे स्वमं फसोगे, दुसरा नही उसको कुछ न होगा। तुम जब भी अपने मन भीतर किसी को याद करते हो उसके अवगुण लेते हो अपने सद्‌गुण उसको देते हो। ब्रह्मज्ञानी संत महात्माओ के बारे में सोचना भी प्रभु के करीब लाता है। आप जानते है, क्यों ज्ञानी बार–बार भगवान बुद्ध को दोहराते है? महावीर को दोहराया? मीरा का नाम आता है, राबिया का नाम आता है, कबीर, नानक क्यों? क्योंकि ज्ञानी संत जान लेता है ज्ञान का रस बड़ा मीठा है। जल की छोटी सी बूंद सागर में गिरकर अपना अस्तित्व समाप्त कर देती है। मिल जाती है घुल जाती है, उसी तरह मैंने जाना प्रभु अस्तित्व का आनन्द। जिन्दगी के सालो साल निकल गये पूर्ण होने के बाद खामोशी का आनन्द, पूर्ण अस्तित्व का आनन्द। यहाँ अपूर्णता का कोई स्थान नही, अंतरमन में जो संतुष्टि आती है, समस्त अंतरमन बरसने लगता है। परमात्मा की सबसे सर्वश्रेष्ठ रचना केवल व्यक्ति है मिटटी का पुतला बना इस तन में अनेक सम्भावनाय डाल दी।सम्भावनाओं को सम्भव स्वमं करना है। यही एक नन्हा सा बिज फलता है तो वटवृक्ष बनता है। नन्ही बूंद सागर में मिल सागर का आनन्द लेती वही रूप धार लेती है। जीवन का अमूल्य जिसने समझ लिया और यदि थोड़ा भी प्रयास किया वह पार हुआ।

शिव सोंदर्यतम तत्व बैठी–बैठी निहारु
आँखन में टीम–टीम नक्षत्र की झांकी निहारु
शिव सोंदर्य दर्शन कर हृदय की आँखे भरू
सुंदर संयोग सृष्टि की नवीनता और माधुर्य का
बादलो में छिपा झर–झर अमृत बहे चित द्रवित होय
प्रेम अनुभूति हृदय में शिवतत्व बहे दिन–रात एक होय
शिवतत्व का सृजन (सर्जन) अमंगल को मंगल करे
धर्म का संदेश यही अमंगल का नाश मंगल होय
अमंगल को धकेल पाछे मंगल की दिव्य ज्योत जरे

एक बार बाबा शेख फरीद ने अपने शिष्य को आवाज लगाई? शिष्य बोला हांजी बाबाजी आप क्या कर रहे हो। फरीद बोला में चलने की तैयारी कर रहा हूँ, शिष्य ने कहा बाबा जी आप तो आलथी पालथी मारकर बैठे है ये कैसी तैयारी? न कोई बक्सा. न कोई कपड़ा, न ठेला, न गठरी, कोई सामान इक्कठा नही किया। तब बाबा शेख

फरीद फरमाते है। मै अपने अंदर की तैयारी कर रहा हूँ। अपने मालिक को याद कर रहा हूँ। जब हुक्म मिले मै चल पड़ू दुनिया का मरना नही संत का मरना मरना है वह सीधा देव घर जाता है। दुनिया कहेगी मर गया, संत कहेगा अपने घर गया।

एक बार जंगल में एक ब्रह्मज्ञानी संत अपने आश्रम में ज्ञान के आनन्द में रहते थे। कई शिष्य भी थे। दूर होने की वजह से उनके आश्रम में कोई विरला ज्ञानी संत जाया करता क्योंकि जिसको कुछ लेना होता या पता होता है ज्ञान की भिक्षा मिलेगी अन्य कुछ नही ऐसा विरला कोई संत जाता है। जगता है वह संत अपने शिष्यों को कहाँ करता जब मै मरुंगा तुम्हे आकाश में घंटिया सुनाई देगी वर्षो से शिष्य रह रहे थे अटूट विश्वास था। कुछ दिन बाद मृत्यु का समय आ गया। संत ने कहाँ, मझे खुले आकाश के निचे लिटा दे, तभी उन्होंने उनको एक आम के पेड़ के निचे लिटा दिया। पेड़ पर आम पक गये थे, संत की नजर एक सुंदर आम पर गई और प्राण निकल गये। अब शिष्य तो आकाश की ओर ताकने लगे वहा कोई घंटी की आवाज सुनाई देगी लेकिन नही सुनाई दी। शिष्य बहुत दुखी हुए की हमारा गुरु झूठा निकला सांझ तक देखते रहे,ऐसा कुछ नही हुआ। सुबह एक ज्ञानी संत आ निकले। सिद्ध संत आश्रम पर आये और गुरु के बारे में पूछा तब शिष्य बड़े दुखी मन से बोले और सारी घटना बताई। उनको सारी बात समझ आ गई। वह ज्ञानी थे वह संत उसी स्थान पर गये जहाँ उनके गुरु को अंतिम समय लिटाया गया था। उनकी नजर आम पर गई उन्होंने वह आम तुडवाया। जब काटा गया उसमे एक कीड़ा निकला उस कीड़े को मरवाया तो आकाश में घंटिया बज उठी क्योकि आत्मा तो आम में फंस गई खाने का मन किया होगा अंत समय या फिर मुह में पानी आ गया।आत्मा ने कीड़े का रूप धार लिया। इसलिए कहाँ गया है अंत समय जो मती सो गति। इसलिए बिना ज्ञान मानव अविकसित है। मोह माया का भ्रमजाल पड़ा है कुछ दिखाई नही देता कुछ सुनाई नही देता। क्योकि प्रभु तो दिखाई देने के साथ साथ नादं भी बोल रहा है।

माला से मोती टूटता है तो बिखर जाता है उसकी कोई अहमियत नही कोई कीमत नही। जब तक माला में बंधा है कीमती है अनमोल है। माला का एक–एक मोती बड़ा महत्व पूर्ण है।

ध्यान वो जो नहावे, ज्ञानी गुरु जो ध्यावे, पापी पाप धो धो पार होए, ज्ञानी संत मिलन होए, कोटिन यज्ञ समान, धन वो घड़ी सोई किस्मत जगी ।

मेरे भीतर ब्रह्मज्ञान की वीणा बाजी, मेरे मालिक कृपा करी ह्रदय बीच वीणा बोली। गूंज उठी शहनाई मेरा तन मन पुलकित होय। तन भीतर में सम्भाल करी। बीज अंकुरित होया, स्वांस ध्यान की सम्भाल करी पौधा फुटा फलदार होया वृक्ष रूप धार लिया।

मेरा जीवन स्थिर आनन्द पूर्ण होया। मेरे एक बात ध्यान में आ रही है यदि कोई

भी संत जग में अंहकार और बाहर दिखावा कर रहा है। वह कभी संत नही हो सकता वह फरेब है ढोंग है। यह गुण तो साधारण मनुष्य में भी नही होने चाहिय संतो में होना तो और अत्याधिक खतरनाक है। संत परोपकार के लिए इनका इस्तेमाल करता है, परिणाम निकलने पर ही संत और ठग का पता चलता है। संसार के लोग हमारे मन में उदासी पैदा करते है उसी उदासी से परमात्मा का प्रेम उमड़ आता है तो भीतर हरी से तार जुडने लगता है वहि दुनिया से मुक्त होते है मन को जीत लेते है। वही दिव्य लोक का भागी हो जाता है, यह वह सरोवर है जहाँ क्वाँ, कोयल और बगुला गंगा नहाय नहाय हंस बंन उड़ जात। अर्थात यहाँ जो कोई भी आय सभी हंस बन जाते है। ये वो रास्ता है।

मेरे भीतर एक प्रार्थना चल रही थी कि हे प्रभु अब मुझे घर बार सन्तान कुछ नही चाहिए। तेरा आसरा चाहिए तेरा प्यार चाहिए। यह जगत समझे ना समझे मुझे कोई सरोकार नही। हे प्रभु अब मुझे तेरे सिवाय कुछ और माँगना नही अब मुझे तेरे सिवा कुछ नही आता। अपने प्यारे के सिवा कुछ सुनु नही, कुछ बोलू नही, नाही कुछ बोला जाए। तू बहुत प्यारा है मै तेरी शरण हूँ कभी कभी मन में भाव उठते रहते है। क्षमा याचना करती रहू कितनी कृपा बरसाई, मेरे दाता यही मेरे ह्रदय की प्रार्थना ह्रदय के फूल है। बिन आँखों की वर्षा ये फीका लगे मुझे थोडा पाने की चाह थी। तूने दाता झोली भर दी देख देख रूप में बलिहारी जाऊ। हे मेरे प्रभु बात सही है इत्र बेचने वाले को कभी शोर नही मचाना पड़ता। खुशबु से पता चल जाता है।इत्र बेचने वाला आया जगत में उसकी तो खुशबु से लोग बाहर आ जायेगे। इसी प्रकार जो समझदार होते है वह ज्ञानी की बातो से उसके व्यवहार से उसके किरदार को जान लेते है।मेरे पास कोई मिशन नही बस अध्यात्मिक रस है। जीवन में परिवर्तन आना चाहिए अपना भीतर जगना चाहिए। सारी सृष्टि खुशियों से भरी पड़ी है ईश्वर का कोई बटवारा नही, कोई सरहद नही जितना पार जा सकते स्वयं पर निर्भर करता है।

राबिया सूफी संत ने बहुत गरीबी में जन्म लिया। एक रात भंयकर तूफान आया और माता पिता काल–कलवित हो गये। उनके जाने के बाद राबिया किसी के हाथो गुलाम के रूप में एक सेठ को बेच दी गई। सेठ बड़ा क्रूर था दिन रात खूब काम लेता। राबिया दिन भर काम करती। आधी रात के समय कुरान पडती और प्रार्थना करती,"हे प्रभु तेरी सेवा कैसे करूं। मै चाहती हूँ मेरा दिन रात तेरी सेवा में बीते।मै क्या करू? मै केवल एक दासी हूँ और सारा दिन सेठ के काम में निकल जाता है। मै क्षमा चाहती हूँ प्रभु।" राबिया वहाँ सेठ के जुल्मो से तंग हो जंगल चली गई। वही योग साधना की और प्रभु की प्राप्ति की। एक दिन हुसैन ने राबिया से पूछा,"क्या तुम शादी करना चाहती हो?" राबिया बोली विवाह तो शरीर से होता है।मै अपना तन प्रभु को अर्पित कर चुकी हूँ। अब मेरे पास विवाह लायक शरीर रह ही नही गया। किस शरीर से शादी करू? बडी निराली भगत थी राबिया।

इसलिए यह तो प्राचीन परम्परा भले ही कर्मकांड की हो परन्तु खाली हाथ कही नही जाना चाहिए अन्य कर्मो के साथ मृत्यु को याद रख उसकी सामग्री भी जुटानी चाहिए। इस शरीर का महत्व समझ जीवन रूपी वाटिका में बसंत के फूल खिलाने चाहिए। शरीर का महत्व तभी जान पड़ता है लोक और परलोक सभी सुख मिलते है वर्ना तो व्यक्ति बडी बडी कामनाओं और इच्छाओ को लेकर इस संसार सागर से मृत्यु की घाट उतर जाते है। संसार के सुखो से जीवन कुछ समय तक हरा भरा अवश्य रह सकता है। शीघ्र ही उन व्यक्तियों के जीवन में पतझड़ के दिन आ धमकेंगे। पत्ते सूख जायेगे और पेड से गिर जायेगे। क्या इस जीवन को सुखी जीवन कह सकते है। मनुष्य संसारी प्रपन्न्ज में पडकर अपना कल्याण भूल बैठा है। आत्मदर्शन के बिना यह जीवन जीना भार जैसा है। इस भोगमय जीवन के चक्रव्यूह से बाहर निकलना होगा। मकडी को कभी ध्यान से देखना वह जाला कितनी सावधानी से बुनती है।कभी फंसती नही उसी तरह मानव को संसार रूपी भवसागर में फंसना नही चाहिए। जैसे संसार में किसी वस्तु को पाने का आनन्द व्यक्ति महसूस करता है उससे कई गुना शक्ति प्रभु को पाने के बाद मिलती है या यूँ कहूँ कोई मोल नही अनंत शक्ति की बात है। कभी कोई मोक्का सामने आये मनुष्य को आत्मकल्याण के लिए जागरूक होना चाहिए। वर्ना ये जीवन पशु समान है। पशु तो सेक्स केवल बच्चे पैदा करने के लिए करता है। एक इंसान ही है उसकी वासना कभी समाप्त नही होती। उसकी सारी ऊर्जा वासना पर केन्द्रित होती है। इसी ऊर्जा में अग्नि समान तपता रहता है, यही ऊर्जा उसके शरीर को दीमक की तरह कमजोर कर देती है या भीतर ही भीतर खा जाती है। शरीर में विभिन्न प्रकार के रोग लग जाते है। वह कितना सेक्स करेगा कितनो के साथ करेगा तो भी काम ऊर्जा आग की तरह भभकती रहती है। सभी शास्त्र मानव मात्र मार्ग दर्शक के लिए लिखे है मानव के भीतर अच्छे बुरे जो भी विचार आते है। वह उसके भीतर एक छाप छोड जाते है, मन मस्तिष्क में उठने वाले विचार ही संस्कारों को जन्म देते है। दिव्य चरित्र सब प्रकार से सन्मार्ग की और ले जाता है। व्यक्ति को काम, क्रोध, लोभ, मोह, अंहकार आदि विकारों से बचना चहिये। पांच विकारों में कभी सोचा पहला विकार काम आता है। मनुष्य की सारी ऊर्जा काम में नष्ट हो जाती है। वहि अटक कर रह जाती है ऐसा व्यक्ति कभी अपनी उर्जा को ज्ञान की और नही मोड़ पायेगा बल्कि अपनी विशेष उर्जा व्यर्थ गवां रहा है। अज्ञानता से भरे इस तन को अन्धकारमय जगत में डुबने से बचाय। अन्धकार को ज्ञान के प्रकाश से आलोकिक करे। ज्ञान के चक्षु अंधेर कोठरी के पार है। ज्ञान की परिभाषा वही अच्छे से समझा सकता जो स्वय उस कोठरी के पार गया हो। जैसे आकाश को देखते है आकाश के पार देखना आ जाये, सागर के तल को जान जाए। तन के विकृत स्थर को रोकना आ जाए यह अध्यात्मिक जीवन में सम्भव है। मूल धारणा होनी आवश्यक है, अभ्यास के बाद ही भेद खुलते। अध्यात्मिक जीवन में प्रवेश

कर सुचारू रूप से प्रक्रिया भीतर में चलनी आवश्यक है।

मुझे खुद को खुद से मुहब्बत हो रही है
अंदर बैठे खुदा को आसुओ से धो रही हूँ
गजब की मुहब्बत प्रभु से भीतर धमाके सह रही हूँ
खुद उजड़ कर ही संवर रही हूँ खत्म रिस्तो की हर वजह
आसमान से उतर आया तमाशा आँखो में झूल गया
अन्तस् डेरा खुदने ही खुद बनाया खुद से खुद को मुहब्बत हो रही है
खुद में ही छिपा खुदा मुझमे अहंम एक खुदा का नजारा मिला
धरती की हकीकत देख गुलिस्ता सृष्टी का खिलता नजर आया

अध्यात्म ज्ञान सर्वोपरी है इस ज्ञान की कोई सीमा नही। ज्ञान सदैव जवान बनाये रखता है। इस यात्रा पर चलने की देर है। कहा जाता है धर्मतत्व की खोज के कारण भगवान ईशा भारत देश आये। कई वर्षो तक भारत के बोद्ध योगियों के सान्निध्य में तपस्या की भारत के सिद्धान्तो का गहन अध्ययन किया । हिन्दू धर्म की आत्मा का उन पर गहरा प्रभाव पडा भगवान ईशा ने कहाँ यह मार्ग ऐसा है सुई के छेद मे से ऊट होकर निकल जाए। धन के बलबूते स्वर्ग के दरवाजे से निकल पाना असम्भव है। यह बात पूंजीपती हजम न कर पाए, इस कारण पुरोहित पुजारी धनी सभी उनके खिलाफ हो गये। ईश्वर पुत्र कहलाने वाले की यह बात किसी को समझ नही आई। वे उन्ही के षड्यंत्र में फस गये। सुई के छेद में से ऊंट निकल जाए यह बात अध्यात्म में इतनी गहरी है की आज मै आपने अनुभव से कहुगी सुई के छेद से हाथी का निकलना है। ऊट तो केवल इशारा था पूरा ब्रह्मांड दिखाई पड़ता है, बड़ा अजूबा है । ईश्वर पुत्र पर मुकदमा चलाया गया और प्राण दंड दिया गया। सूली मिली उनको सूली क्रूज पर चढा दिया गया । ईशा तो चले पर आजतक उनका ये मर्म किसी को समझ आया। आये भी कैसे इतना बडा और गहरा मर्म समझना क्या आसान है यह बात साधारण क्षमता से बाहर है। यह बात को वो ही समझ सकता है जो उतनी गहराई तक गया हो। तल तक तैर गया हो। तभी जान पायेगा। यह बात एक सुई के छेद से शुरू भले ही होती परन्तु पुरे अस्तित्त्व में से निकल जाना बहुत बडी बात है । जिस तरह का भगवान ईशा का जीवन रहा एक योगी जैसा योगी की तरह जीवन जीते रहे। उनका मार्ग उच्चा था कोई धर्म परिवर्तन नही। कोई संस्कार परिवर्तन नही कोई कर्मकांड नही सबसे बढिया मार्ग था सही रास्ता था।

यह मार्ग काया कल्प का है, मन का है, मन की मर्जी का है, अपनी समझ का है, जिसको समझना है, वह समझ जाएगा जिसको नही समझना वह कभी समझ नही

पायेगा । समझ लिया कौन सा रास्ता है? कैसे चलना है? रास्ता आसान है नही अपना रास्ता और कठिनाई पैदा कर देगा। नही चलना छोड़ देना बोलना नही कुछ क्योंकि यह सचाई का मार्ग है। अपने लिए नरक निर्मित हो जाएगा। जिन लोगो ने ईशा को सूली दी होगी बाद में कितना पछताएं होगे।अपने को कष्ट देने की कोशिश की होगी लेकिन तीर हाथ से निकल जाता है। वह वापस लौट कर नही आता। इसी तरह पाप होने के बाद उसका फल भोगना है वह किस रूप में आता है यह वक्त बताता है।इसलिए शब्दों का इस्तेमाल बहुत सोचकर करना चाहिए। कहे गये शब्द अगले के भीतर चोट कर गये आप कभी न जान पाओगे।इसलिए व्यक्तित्व के भीतर चेतना का जितना समावेश हो चमत्कार भी उतने अधिक है।

कायाकल्प उसी की होगी जो चाहेगा। अब अंगुलीमार डाकू का नाम सभी ने सुना है? अज्ञान वंश कितना पाप किया, वह भगवान बुद्ध को मारने भी पहुचा। उसके बाद क्या हुआ भगवान बुद्ध ने तो बौध धर्म की दीक्षा ही दे दी। दीक्षा लेने के बाद अंगुलीमार डाकू संत हो गया, ऋषि हो गया बुद्ध ने उसे हिन्दुस्तान से बाहर काम करने भेजा। कहा गया? उन्होंने उसे उसकी क्षमता अनुसार इंडोनेशिया भेजा इंडोनेशिया से जावा, मलाया, होते हुए सिंगापुर गया। अंगुलीमार बहराइच जिले से चला और बाईस सालो में सभी जगह बोद्ध धर्म का प्रचार करता हुआ संत बनकर रहता रहा। ज्ञानी संत महात्माओं के सानिध्य में आकर कोई भी बदल सकता है। यह महापुरुष ही कमाल कर सकते है।

संत – महात्माओं के हृदय से ठंडी बौछारे पडती है वह चित को निर्मल कर परम सत्ता का बोध करा सकती है। जीवन के सफर को भी तय करने का सलिखा जीवन जीने वाला ही सिख सकता है।

अपनी शरण का भाव रखना होगा हां शरण हूँ। तेरी शरण प्रभु की गुरु की संत मिले कभी न चूकना। फिर पुछो मन जैसे माँ की गोद होती बच्चा उछल कर बैठता है।वह गिरने नही देती समर्पित हो जाना ऐसी गोद मिले। फिर कोई दुःख का दरिया नही प्रभु अपने आप सम्भाल करता है। वहि से जीवन का आनन्द सुखमय, रसमय, आनन्दमय बनता है। विनयपूर्ण मागना आस्था सहित प्रार्थना करना। सभी धर्मो में सभी भाषाओं में प्रार्थना का विशेष महत्व मिलता है। कई नाम दिए आरती, वन्दना, प्रार्थना, अरदास विभन्न प्रकार से प्रभु के समक्ष प्रभु की कृपा मागते है। सच्चे मन से की गई एक घड़ी, आधी घडी, आधी से भी पुनि आध कही गई है प्रार्थना की जाय सफल हो जाती है।

सानिध्य जो किसी का भी हो अपना व्यवहार ईश्वर का रूप समझ कर कीजिये। जब खुदा के बन्दों से मीठा बोले उचित मोल और पूरा तोल के बोल संत महात्माओं की वाणी यही कह रही है क्या रंग लाइ है आज आपना वर्षो का अनुभव जो आनन्द कहते नही बनता। कोई कुछ कहे करे कोई फर्क नही पड़ना चाहिए। वह जो भी

व्यवहार कर रहा है। दुसरे के साथ नही अपने साथ कर रहा है। एक दिन सब उसी का किया उसी के सामने आने वाला है।

एक बार की बात है एक व्यक्ति ने विवाह के उपलकक्ष में एक दुकानदार से काफी भिन्न भिन्न प्रकार का सामान खरीदा । सेठ के युवा बेटे ने बिल तैयार किया जोड़ में एक हजार रूपये की गलती रह गई। ग्राहक ने जब बिल चेक किया तो बोला आपके बिल में एक हजार रूपये अधिक जोड़ दिए। दुकानदार युवक ने फट गलती की माफ़ी मांगी और कहाँ मैने अभी कार्य सम्भाला है। कार्य भार की वजह से मुझसे भूल हो गई मै आपसे क्षमा चाहता हूँ। आप स्वयं बिल ठीक कर ले और मुझे एक हजार रूपये कम दे दे। युवक का व्यवहार देखकर ग्राहक बहुत खुश हुआ। वर्तमान में आप जैसे दुकानदार मिलना कठिन है। युवा दुकानदार वह बड़ा हैरान हुआ पर विनम्रता से कहा यह चरित्र मुझे मेरे बाबाजी से मिला है। वह तत्व ज्ञानी थे। उन्ही ने यह बात सिखलाई झूठ मरने तक साथ जाता उसी तरह सच भी मरने तक साथ जाता है।उन्होंने मुझे यह शिक्षा दी है ग्राहक को बढिया सामान के साथ उचित मोल और उचित तोल का सदैव ध्यान रखना। कहा कभी खुदा के बन्दों से उच्चा बोल न बोलना। आज मेरे बाबाजी का बहुत नाम है उचित बोल, मोल, तोल जीवन क्षेत्र और व्यवसाय में क्या रंग लाइ होगी।

मै सारी बात सुनती रही युवक ने व्यसाय में आपना असली चरित्र भी निर्माण कर लिया उस युवक की अध्यात्मिक सिख मुझे भी दिल को छु गई। व्यक्ति ब्रह्म को जाने बिना ब्रह्म के व्यवहार से भी तर जाता है। यदि व्यक्ति अपनी आत्मा का विश्लेष्ण करे तो भी किसी का दिल नही दुखा सकता। एक व्यक्ति मुझे बता रहा था। मेरा परिवार सुखी है खुशिया और रहमते बरसती रहती है। मैने कहा आप इतनी युवा अवस्था में महापुरुषों का संग और समर्पण सिख गये इससे भी सेवा भाव जागता है। भगवान् की कृपा स्वमं जागती है। सुख का मतलब संतोष है दुसरा दुःख धोखा है। दुसरा सुख ही क्यों दे? वह जैसा देगा वैसा सब पायेगा। नैतिकता अपने हालात बदलती रहती है। अपने व्यवहार के साथ जैसा घड़ा वेसी ही नैतिकता (situational ethic) ड़लती जायेगी। किसी भी रीती रिवाज या धर्म प्रकृति हमारे भीतरी ठहराव को गलत नही ठहराएगी। गेहू का दाना अनाज भले कहलाये लेकिन गेहू रहेगा मक्का नही कहेगे।

कभी सोचा क्या हिटलर का व्यवहार सही था? यहा केवल हिटलर की सौच कह सकती है वह सही था। वह अपनी गलतियों का जिमेदार न हो लेकिन हत्या करना गहरा जुर्म माना गया। उसका जीवन जीते जी मरने जैसा था।

अध्यात्म में तकरार और अंहकार की बहस बाजी से बचना। बहस में चिल्लाने वाला बेवकूफ माना जाता है। हम कभी दुसरे से नहीं जीतते हम अपने से ही हारते है अपने से ही जीतते है। विरोध का मुद्दा सदैव निष्फल जाता है। समझदारी इसी में है निष्फल

बाते न करते हुए अपनी खबर लेनी शुरू करो। अपने भीतर का घटियापन खोज कर उचित समय पर बाहर निकाल फैकना। छोटी–छोटी बातो का दुसरो पर आक्रमण बंद कर धेर्य का हथियार अपनाओ। यही उचित होगा उचित समय अपना विचार प्रकट करे अगर दुसरा सुनने को राजी हो। वर्ना कोशिश नाकाम साबित होगी अपनी बात दोहराए नही।

पूर्णता का रास्ता जिन्दगी का सबसे बड़ा पडाव है विराट को पाना है तो कुशलता का पर्चा देना होगा। दिमाक में अहंकार का बीज कदापि न फलने देना। विचारों में उपजता अहंकार का बीज आग की लपटों का रूप ले लेगा, दिव्य ऊर्जा का सर्वनाश कर देगा। तर्क में ज्ञान का बीज को ठेस लगती है। भीतर ही रह जाता है हो सके तो ज्ञान और अज्ञान की बहस अतंस में छेड़ना। तमाम अंधेरो पर जीत हासिल करना। अपने भीतर के अँधेरे को हांकने की कोशिश करना अँधेरे के जाल में मत फंसना। अज्ञानता के दीये को प्रेम रस से भरे, आत्म बौद्ध का शाश्वत उपाय ज्ञान से भरा रहेगा। जीवन की उथल पुथल सहते हुए जगत में खरा उतरना है। पंच तत्व रूपी मिटटी की देह से विकृतियों अशुद्धियो को दूर करना है, इसे परिष्कृत करना है। मात्र एक बार घटना घटित होने वाली बात है। गुरु एक प्रयोगशाला भांति काम करता है। एक जड़ एक चेतन इसका तुलनात्मक विश्लेष्ण तार जुड़ने पर सतत प्रवाह प्रतिक्रियात्मक रूप लेती है। जड भाग समाप्त हो जाता है, चेतन भाग निरंतर प्रक्रिया कर लक्ष्य पर पहुच जाता है। विराट का आनन्द लेता है उसमे झूलता है। ध्यान ज्ञान का रास्ता आसान नही कुछ पल प्रकृति ठहर जायेगी ध्यान लगना समझो तलवार की धार पर चलना है प्रक्रिया में खरे उतरना गुप्त को प्रकट करना है। सब्र करना संत संतोष से काम लेते है।

मेरा जीवन

मेरा जीवन पौधे जैसा
कौन माली ने पौध लगाई
जाने कौन माली ने सींचा
जा दाता के दरबार लगाई

रंग बिरंगे फुल खिले
फूलो की बहार संग श्वास चला
विश्वास चला परिवर्तन चला
अब कैसा पतझड़ जीवन का

चुपचाप देखती रह गई
नीला आकाश सामने खडा
झरने हजार लिये झरा
भीतर रंग भरने लगा

फासले प्रभु के सारे मिटे
जाहिर है राज गहरा खुला
जन्नत का नजारा आँख में
खुल गया खेला आँख खुली में

सारा मेला एक मालिक का
सूरज चडा आकाश
नवयौवन मस्ती लेकर
मै क्यू रहू उदास

स्वागत करू ह्रदय में
नया जोश लेकर
सूर्य ने प्रकाश बखेरा
ढोलक साँझ मंजीरे लेकर

और गीतों की धुन को छेड़ा
मुखरित सारा वातावरण
मन नाच उठा मस्ती में खो गया
क्या कहू कहा नही जाये अन्तस् भरा कमाल

जिन्दगी की कुदरती खूबसूरती नैमत स्वीकारना

अपने भीतर कुदरती खुबसुरत नैमत महफूज पड़ी है। दिव्य ऊर्जा को कभी मजाक में न लेना। यही बात जागरूक कर देती है उसका अनुसरण उचित है यही अमूल्य है। इस प्रकार का एक गुरु भी मिल जाए श्रेयस्कर है। ऐसे गुरु बहुत कम मिलते है इसलिए गुरु का चुनाव बहुत सावधानी से करना चाहिए। ध्यान के साथ नरमी करुणा के साथ पेश आये तभी ध्यान पनपता है फलता है। थोड़ी सी मेहनत शामिल है बैठने की जब वो घडी आ जाये पल–पल का शुक्रिया अदा करे। प्रभु को जानने का समय आया शक्ति स्रोत के प्रति आभार प्रकट करना प्रयास ध्यान में लाना है।

शांतचित बैठकर अपनी विशिष्ट शक्तियों को जाना जा सकता है। कभी अपने अंतर्मन से बातचीत कीजिये। बारम्बार विचार कीजिये। कैसे अध्यात्मिक यात्रा के जाम का विकल्प अपनाया जाय।विकल्प में हिम्मत की जरूरत है खतरों के साथ लाभ अपार मोक्ष का रास्ता है। खुद को एक केंद्र बिंदु पर स्थापित कर दिव्यता भरी सृष्टि की पहचान करना। सोच समझकर उचित मार्ग को सक्रीय बनाए। अन्य उन्नति कर सकते है। आप क्यों नहीं कर सकते? खोजिये उन कारणों को जिन कारणों से आप पिछड़े हुए है। आत्म निरिक्षण कीजिये यह संभव हो सकता है अपने भीतर समुद्र की गहराई में हीरे मोतियों का भण्डार आपको भी दिखाई दे सकता है। अपने भीतर छिपे अध्यात्मिक तत्वों को खोजा जा सकता है।

एक बार तीसरा नेत्र खुल जाए फिर कोई बात ही नही रह जाती।सब एक हो जाता है एक में मिल जाते है। भीतर सोने की खान तो दिखाई देगी। आत्म निरिक्षण के द्वारा ही उसे खोजा जा सकता है। जीवन का विकास तभी पूरा होता है। अपने अनुभव के बाद बता रही हूँ। यह वर्षो का अनुभव यह पथ ही निराला है इस पथ पर चलना खालाजी का घर नहीं है। यहाँ तो सिर उतारकर गुरु चरणों में रखने वाली बात है। अर्थात अहंकार का त्याग करने वाला व्यक्ति इस राह पर चल सकता है। प्रेम और परमात्मा रास्ता एक ही है प्रेम शब्द बोलने से ही मिठास और रोमांच भर आता है।

प्रेम और प्रभु इनका कोई रूप आकार या शरीर नहीं होते। संतो ने जब प्रभु को जाना तो प्रेम को भगती के साथ जोडा। कबीर, मालिक, मोहमद, जायसी आदि बलिदीन कहा गया है। प्रेम का भाव मनुष्य के चित को सुन्दर बनाता है प्रेम के द्वारा चित में कोमलता मधुरता आती है। प्रेम पवित्र भावना को जगाने वाला होता है। प्रेम कभी नीच नहीं होता वह किसी रूप में सामने आये वह सदैव पवित्र होता है। प्रेम का महाभाव आता है उस्सी प्रकार प्रभु प्रेम से मिली दिव्य दृष्टि हमे जीना व् मरना सिखाती है। श्रद्धा भाव के साथ जुड़कर प्रेम भाँती–भाँती का रूप धारण करता है।

जीवन की पूर्णता ही सत्य को जानना है। अपने अन्दर की कमियों को दूर करने की कोशिश करनी चाहिए। अपने भीतर दीन हीन दुर्बल विचार को जन्म ना होने दे। इसलिए लगातार बारम्बार अपने विचारों को देखते रहे। चेक करते रहे। इस प्रकार सारी दुर्बलताए निकाल बाहर फैकिये अपने भीतर नयी ताजगी नया बल महसूस कीजिये। परमात्मा की रचना में बहुत दिव्यता भरी है। यह दिव्यता मानसिकता दृढ़ता से ही संभव हो सकता है मन की दरिद्रता से ही प्रभु की दिव्यता प्रकट हो सकती है। बुद्ध बनने के लिए बौद्धिक रूप में अपना सुधार करना आवश्यक है। देर सवेर सफलता अवश्य मिलेगी।

जब हमारा मन यह ठान लेता है हमे प्रभु को पाना है फिर हम कोई भी प्रक्रिया करते है। उसका ध्यान हमारे मन में रहता है।बस इसका अर्थ हुआ की ध्यान का प्रारम्भ मन में हो चूका है। हमारा चिंतन अवश्य लाभकारी सिद्ध होगा। इसी प्रकार विजय की सीडी बन सकती है। इच्छाशक्ति के साथ किया ध्यान मोक्ष दिला सकता है।

प्रिये आत्मन अपने जीवन को एक दिशा दे जीवन का सार क्या है? उसे समझो मानव जीवन अनमोल है। जीवन के सत्य और तत्व को समझे इसमें कोई संदेह शामिल न करे। मानव जन्म पर एकांत में विचार करे और बार बार करे। जीवन में खा लिया, पी लिया, सो लिए और संसार का व्यवहार निभा लिया। यहा की सारी कमाई यही छूटने वाली है। सभी अँधेरे में है चित की कोठरी अंधेर घुप पड़ी है यानी वर्षो की बंद पड़ी है अँधेरे से सभी को निकलना होगा। उजाला भीतर में भरना होगा। संसार में रहते हुए ध्यान की एकाग्रता रखनी होगी तभी प्रभु की कृपा पायी जा सकती है। वह ईश्वरीय शक्ति तो सभी में भरी पड़ी है। उस शक्ति से अलग कोई भी नहीं है। अज्ञात शक्तियों का भंडार खुल जाता है। बिजली के तार की भाँती करंट भर आता है। केवल यह प्रभु से जुड़ने की क्रिया मात्र आनी चाहिए। इस शक्ति से अन्तकरण में जो कम्पन्न होता है। उसी दिन से जीवन सत्य की और अग्रसर होता है सत्य तो प्रकट होता है देर सवेर इससे कोई इनकार नहीं कर सकता। चित में अपनी आत्मा का विकास आवश्यक है फिर शक्तियों का अखंड स्त्रोत खुल जाता है। जीवन भर का जितना कूड़ा जमा होता है वह सब साफ हो जाता है. नष्ट हो जाता है। अमृत जब झरने लगता है आत्मा तृप्त हो जाती है।

एक बार जंगल में एक शेर का बच्चा अपने झुण्ड से बिछड़ गया वह जंगल में कही दूर निकल गया। जब उसको कोई दिखाई न दिया तो अपनी माँ को पुकारने लगा, चिलाने लगा। रोने लगा बहुत परेशान होकर इधर उधर ताकने लगा। शोर को सुनकर एक भेड़ बाहर निकली और देखा एक बच्चा अकेला माँ के लिए रो रहा है वह भेड़ उसे अपने साथ ले गयी। अब शेर का बच्चा भेड़ो के साथ झुंड में पलने लगा। दिन बीतते चले गए। शेर का बच्चा भेड़ो से बड़ा हो गया। वह भेड़ो में रहकर अपना स्वरूप खो बैठा था। वह अपने आप को भेड़ ही समझने लगा था कई बार भेड़े उसके स्वरूप को देख डर जाती। एक दिन अचानक जंगल में शेर आ धमका। एक पहाड़ी पर चढ कर जोर की दहाड़ लगाईं अब भेड़ तो डर कर भागने लगी। परन्तु शेर का बच्चा उसे गौर से देखने लगा, कुछ देर बाद उसके भीतर एक प्रतिक्रिया हुई और उसकी तरंगे जाग उठी। उसके भीतर एक सिहरन उठी और जोर की चिलाया। कुछ ही देर में उसको अपने स्वरुप का ज्ञान हो गया की मै एक शेर हूँ। उसको वास्तविक ज्ञान हो गया, वर्ना भेड़ो में रहकर अपना भान ही न रहा। अपने आप को भेड़ समझने लगा था। अपने भीतर भेड़ जीतनी शक्ति महसूस करता था। शेर का स्वरुप देखकर असली शक्ति का जागरण हो गया। उसका भेड़ होने का भेद सारा भ्रम समाप्त हो गया। शेर के सामान शक्ति बढ गयी। उसका सिंहतत्व जाग्रत हो गया। जो उसके भीतर भेड़ का स्वरुप ले शक्ति सोई थी वह शक्ति जाग उठी। यह स्पष्ट है उदहारण में मनुष्य के भीतर तत्व शक्ति सोई है सोई शक्ति को अपने अन्तकरण से जगाया जा सकता है। ध्यान में उतरकर ही जगाया जा सकता है।

मनुष्य की शक्तियां जागने के बाद जब बाहर आती है तो आश्चर्य होता है। अपनी अवस्था तुच्छ प्रतीत होती है हम शक्तियों के बगैर कितनी दिन हिन् हालत में थे। आज प्रभु का स्वरुप सामने आया देख मन हर्षित होता है। दिव्य शक्तियों के जागरण के बाद ही आभास होता है। हम दिव्य शक्ति का ही अंश है। दिव्य शक्ति से घनिष्ट सम्बन्ध है उसके बगैर हमारा कोई वाजुद नहीं सब अधूरा है।पूर्ण विश्वास सहित चिन्तन करे ध्यान करे। कण–कण में व्याप्त उस बेअंत को जाने। मुक्ति धाम को जाने, आत्मा की अमरता पहचाने। यह शरीर मर–मर जाते है, आत्मा कर्मो अनुसार योनियों में भटकती रहती है। योनियों की भटकन आत्मा की जकडन चलती है। विभिन्न प्रकार से शरीर आत्मा के पुतले चलते रहते है, समय पूरा होने पर मिटटी में मिलते रहते है। व्यक्ति कितनी चतुराई करले सारी चतुराई यही खण्डहर हो जायेगी। सारी हकुमत, महल माटी हो जायेगे।

इस बात का आप स्वयं अनुमान लगा सकते है कल आप क्या थे आज अपने आप में ही महत्व बढ गया। प्रभु के अस्तित्व में शामिल हो गये अपनी अनुभूति को भविष्य में कैसे प्रकट कर सकते है। मनुष्य अपने अंतकर्ण की पूजा का लाभ स्वयं ही उठा

सकते है। भीतर की विशाल पूजा के मालिक स्वयं मनुष्य है। दबी हुई पूंजी की खुदाई स्वयं की प्यास करवाती है। दैवीय शक्तिया जिस प्रकार कण–कण में व्याप्त है। उसी तरह हमारे रोम–रोम में शक्तिया व्याप्त है। अपने अंत करण में उतर कर अपनी महानता का ज्ञान होता है । अन्दर की शक्ति अनुभव होने के बाद ही बाहरी शक्ति का स्वरुप नजर आता है अपनी शक्ति का ज्ञान होने के बाद ही साधक उच्ची उडान भरने लगता है। यह सब साधक की प्रक्रिया प्यास का फल है।

आप कौन है इस बात का महत्व बिलकुल नहीं है महत्व सिर्फ इस बात का है की आप मानव जन्म पाकर यह जान जाए आप के भीतर क्या संभावनाए है। कोई भी व्यक्ति अपनी जमा पूंजी से घाटे का सौदा करना पसंद नहीं करेगा। आप इसी से अनुमान लगा सकते है फिर आप अपनी अन्तकरण की शक्तियों को जाग्रत करने के बजाए बेकार की कडवाहट भरना कहा ही बुद्धिमता है।

परमपिता परमात्मा ने संसार की रचना बहुत सुन्दर की है जो भी अपना मेलजोल ध्यान क्रिया से बढाएगा वह ही उसका भागीदार हो पायेगा। क्योंकि मनुष्य के इर्द गिर्द दिव्य वातावरण की एक गंध सदैव मौजूद रहती है जो अत्यंत गुप्त है इसको गुप्त युक्तियों से ही जाना जा सकता है। चित में शुद्ध विचारों को ही भरना चाहिए। विचार भीतर ही भीतर फैलकर प्रसन्ता व खुशी का एहसास कराते है।

अध्यात्मिकता भीतर की प्राप्ति है इसमे बाहरी किसी वस्तु का काम नही। मनुष्य अमोलक जन्म की कद्र नही करता, वह सत्य को जीवन में उतारता नही चाहता। दिव्य शक्तियां केवल कल्पना मात्र नहीं है अगर ऐसा सोचता है यह मनुष्य की सबसे बडी भूल है। सभी में वही दिव्य शक्तियां और योगयताए भरी पड़ी है। केवल प्रक्रिया मात्र से कई गुण जगा सकते है। चित के जागरण के बाद वास्तविकता का पता चलता है सच्चाई क्या है अन्दर की गहराई में जाकर चिंतन करे खमोशी के दरम्यान शक्ति का दिया खुशी से महकता अनुभव होगा। यदि चित में विभिन्न प्रकार की शक्ति तरंगे पैदा होती है तो दृष्टा के अनुभव की अनुभूति भीतर ठहर गई। दिव्य तरंग उतरने का लक्ष्य श्वास की गहराई में ले जाएगा, तल की गहराई में खेलता नजर आएगा, ठहरता नजर आएगा। यत्न की आवश्यकता है, यह फल की इच्छा नहीं करनी चाहिए,जहा लालच जगा वही वह शक्ति दूर हुई। लालच जगने से बचना चाहिए। यह तो भरपूर कृपा ही बात है। अनंत की बात है यह बस अभ्यास की बात है। यह तो सब जानते है हम परम पिता परमात्मा की संतान है। परमपिता की रचना में कही कोई कमी नहीं, खजाना तो सभी के पास है। उसका पता भूल गए। ध्यान रुपी चाबी खो गयी है चाबियाँ तो बहुत है असली चाबी किसी बिरले के पास मिलेगी। खजाना अलसी संत से खुलेगा जो स्वयं दिव्यता से भरपूर होगा खजाना जानता होगा।

ऐसी घटनाए मेरे साथ लगातार घटती रही । मै अक्सर रात को ब्रह्म मुहर्त ही उठती, खेर मेरा सोना–सोना न रहा जागना–जागना न रहा। लेकिन अपना स्नान वगेरा समय ब्रह्म मुहर्त ही होता। मेरी यह घटना मै आज तक नही भूल पाई। शिवरात्री का दिन था सभी सुबह जल दूध लेकर मंदिर जाने वाले थे, शिवरात्री की रात्री मुझे अपने अंदर से ही आ रहा। प्रभु मुझे उस धक्का मुक्की वाली लाइन में खड़े नही होना फिर दूर से दूध जल फैकना यह मुझे नही करना। इस तरह आपका अभिषेक नही करना उस दिन मै दो बजे नहा कर मानसिक अभिषेक किया। वैसे तो कई बार ऐसा चमत्कार होता यह भी अनोखा लम्हा था मेरी जिन्दगी का।

मै शिवरात्री की उपासना यानी रात मै मानसिक ध्यान में थी । मानसिक पूजा ध्यान में कब चली गई और पता न चला कब अपने भीतर में गहरे समाधि में उतर गई रात करीब तीन बजे का समय होगा मेरा कमरा बिलकुल भीतर यानी एक स्टोर मै था जहा बाहरी किरण का कोई काम नही भीतर आने का घोर अंधेरगुप स्थान था। मै जियादा किसी से बात नही करती थी। यह मेरी जिन्दगी का बहुत ही आनन्द दाई लम्हा था। उस दिन मैने जो आश्चर्य जनक प्रकाशपुंज के अनजाने में तेज से भरे दर्शन किये भूल नही सकती। अपने प्यारे प्रभु को बार बार दंडवत होती हू नतमस्तक होती हू। अपनी ही आँखों पर भरोसा नही हो रहा था यह मै किया देख रही हूँ कही वो भ्रम तो नही था आज भी सोचती हूँ प्रभु किस तरह प्रकाश बरसा रहा था। जिसको बताने की तडफ आज तक महसूस करती रही। प्रत्यक्ष प्रकाश मेरी पूजा की कोठरी पूरी कोठरी प्रकाश से भरी एक बार तो डर भी लगा कही कोई दानव तो नही देव तो नही परन्तु इतनी रात मेरे लिए सूर्य उदय हुआ स्तब्ध थी प्रकाश के भीतर कुछ आकृति भी उभर रही थी जो साफ मुझे कुछ कहना चाहती थी लेकिन मुझे कुछ होश नही था मै अपनी आँखे कभी बंद करती कभी खोलती। इसी उधेड़ बुन में रही। क्या हो रहा है? प्रकाश के बीच शुकक्ष्म शरीर तो नजर आ रहा था लकिन जमीन पर पैर नही नजर आ रहे थे । प्रकाश के बिलकुल भीतर गहरे जैसे अधर में लटकी सी आकृति नजर आ रही थी।

घोर आश्चर्य यह सब क्या? कौन ? वह छवि बोलती रही पर वह सब उस समय मेरी समझ से बाहर था आज सारे रहस्य का खुलासा दिल खोल कर करुँगी। मेरे प्रभु मेरे साथ है भीतर बैठा है मै मै न रही मेरा ही शरीर मुझे मेरा नही लगता। आज तक ऐसा होता है, लगता है, सब ओपरा ओपरा हो गया प्रभु ने मेरा सब निश्चित कर दिया। अब आप सभी को सोचना है अगर आप अपने जीवन का उद्धार चाहते है तो जीते जी ही करना होगा। मुझे भीतर भीतर संकेत मिलते रहे मार्ग दर्शक मिलता रहा। जो होता उसी में भलाई सोचती पर इतनी बडी शक्ति की भागी बनूंगी कभी नही सौचा था। प्रभु का खुला उत्सव तन में बैठे–बैठे सैर मै धन्य हो गई।

मेरी बात नास्तिक या जो कर्मकांडी होगा उसे कभी समझ नही आएगी। उसी को समझ आएगी जो तत्व के रहस्य को समझते है जानना चाहते है। यह हमारे कई जन्मो की भक्ती पुण्य जुड़ते है तब यह आपार कृपा होती है। हां मैने इतना जरूर पढ और सुन रखा था की देव आत्मायें आती है, वह अपने भगत को परखती है जाचं पड़ताल करती है। तभी सम्बन्ध जोडती है, मै आपने इस दिव्य जन्म पर बहुत प्रसन्न हूँ। मुझ पर कोई विश्वाश करे या न करे मुझे उससे कोई फर्क नही पड़ता। मै किसी को विश्वास दिलाने का प्रयत्न कभी नही करूंगी युं ही साधारण जीवन भले ही जीती रहू। थोड़े प्यासो को दिव्य अमृत पिला सकी बहुत है यहा जबरन का काम ही नही फिर तो प्रभु के कार्य में खलल डालना है। मैने आपना समर्पण केवल दिव्य प्रकाश पुंज को कर दिया है । मार्ग दर्शक प्रभु की और से आते रहे वह करती रही और भगवान की अपार कृपा बरसी मुझ पर। मेरे भीतर अध्यात्म का वटवृक्ष बन गया है। जो चाहे प्रसाद ले सकता है बाटने के लिए आई हूँ जो समझ गया वह भी तर गया थोडा भी कर लिया कम से कम मनुष्य जन्म सफल बना लिया।

सब ओपरा ओपरा हो गया प्रभु ने मेरा सब निश्चित कर दिया। अब आप सभी को सोचना है अगर उद्धार चाहते है तो जीते जी ही करना होगा। मुझे भीतर–भीतर संकेत मिलते रहे मार्ग दर्शक मिलता रहा। मै जो होता उसी में भलाई सोचती पर इतनी बडी शक्ति की भागी बनुगी कभी नही सौचा था। यह हमारे कई जन्मो की भगती पुन्य जुड़ते है तब यह आपार कृपा होती है। हां इतना जरूर पढ और सुन रखा था की देवात्माय आती है, वह अपने भगत को परखती है जाचं पड़ताल करती है । तभी सम्बन्ध जोडती है, मै अपने इस दिव्य जन्म पर बहुत प्रसन्न हुं मुझ पर कोई विश्वाश करे या न करे मुझे उससे कोई फर्क नही पड़ता। मैने अपना समर्पण केवल दिव्य प्रकाश पुंज को दिया है। मार्ग दर्शक प्रभु की और से आते रहे वह वह करती रही, और भगवान की अपार कृपा है। मेरे भीतर अध्यात्म का वटवृक्ष बन गया है। जो चाहे प्रसाद ले सकता है बाटने के लिए आई हुं जो समझ गया वह भी तर गया थोडा भी कर लिया कम से कम मनुष्य जन्म सफल बना लिया।

असली जीवनदायी औषधि का मूलमंत्र जानने वाला कोई विरला होता है, वह अपना सम्बन्ध तो परमात्मा से जोड़ लेता है अन्य व्यक्तियों को भी प्रेरित करता है।

यह मार्ग दिव्य गति का मार्ग है रहस्य जान लेने का मार्ग है। बस थोड़ी समझदारी रखनी है बुद्धि और मन को मिला विचारों से खाली कर प्रभु से मिलना है तो। जो जिज्ञासु होंगे वह सब खोज लेगे मुझे भी प्रभु को भी। मेरे प्रिय जिज्ञासुओं मैने अपने भीतर के गुड रहस्यों का खुलासा किया है । इन रहस्यों का उद्‌घाटन अपने भीतर भी कर सकते है मै इन रहस्यो की परिकाष्ठा पर पहुच कर योग युक्त यह सब लिख रही हूँ। मुझे स्वयं आभास नही यह सब मुझसे कोंन सी शक्तियां करा रही है। मेरे जीवन का हर पल प्रभु परम के साथ बिता है और बिता रही हूँ।

तत्व ज्ञान का मर्म जान कर अति सरलता से समझाने का प्रयास किया है। श्री कृष्ण ने भी एक बात बार–बार कही मृत्यु का स्मरण रखो यही बात भगवान बुद्ध ने दोहराई। जो मुक्ति चाहता है तो मुक्ति हो सकती है अब आपसे कैसे निवेदन किया जाए इसके बगैर कोई रास्ता नही राम नाम लेने वालो का भी पतन हो सकता है यह रास्ता पूरी गारंटी का क्योंकि अपने को खोलने का रास्ता है। मेरे शब्दों में मेरे प्रभु का इशारा है। शब्दों का महत्व समझिये और प्रभु का साक्षात्कार कर प्रभु को मन भीतर भरकर आनन्द लीजिये। अपने अंदर का वातावरण आनन्ददायी बनाये जो शब्दों में कह देने से परवान नही चढ़ता। मैने सत्य को जाना आज का व्यक्ति सत्य के लिए भाव भी अर्जित नही करता वर्ना परमात्मा तो खुद वा खुद उतरता है। सत्य की झोली भरने के लिए तैयार खड़ा है। अपने जीवन की बाहरी तमाम दीवारें गिराकर भीतर मै सत्य को आन्तरिक शक्ति के बल पर जाना जा सकता है।

ध्यान प्रकिया द्वारा ही परिवर्तन हो सकता है प्रक्रिया को शीघ्र सिद्ध करने के लिए तत्व ज्ञान के यत्न की आवश्यकता है। अपनी ध्यान युक्ति पर स्थिर और दृढ रहना होगा, यहा किसी प्रकार का बहलाने वाला काम नही कोई कर्मकांड नही। यह भगवान बुद्ध वाला रास्ता है, भगवांन महावीर वाला है, नानक वाला, कबीर वाला, मीरा वाला है मस्ती से पाओ लेकिन पालो। सच्चे मन से ध्यान को अन्तकर्ण में उतार लो दृढ विश्वास श्रद्धा का सहारा ले तेजी से आगे बढोगे।जब सच्चे मन से ध्यान को अन्तकर्ण में उतारा जाए तो मुख मंडल के सामने दिव्य शक्ति का झरना प्रवाहित अवश्य होगा। व्यक्ति को अपनी क्षमताओं का विकास स्वमं करना होगा। आज का व्यक्ति संसार की इच्छाओं में पड़कर अपना दिव्य विकास का रास्ता बन्द कर लिया है। यही कारण है आज का व्यक्ति भयंकर महा रोगों से पीड़ित है। तन में जो मन की गांठ लगी है वो खुली नही भीतर जो सामग्री प्रभु ने भरी है वह सड़ने लगती है गलने लगती है रोग का कारण बनती है। जो बीज प्रभु ने बीजा है उसकी खुदाई की नही तो वह बदबू मारने लगता है। व्यक्ति को जवानी में ही रोग घेर लेते है। रोगों का यह कारण भी हो सकता है। भीतर पड़ी गांठे दुर्गुणों का रूप ले असली प्रतिभा को समाप्त कर देते है।

व्यक्ति अपने को निराला समझता है। दुनिया की चमक दमक देख मस्त हो जाता है। यदि इस देह में साँस की सुरती धुन चला ले तो भीतर का शब्द आप ही आप बोल उठेंगे।वहीं ज्ञान हो जाएगा तन की पूजा इसीलिए है, क्यों जगत की चिंता करना? क्यों अपनी तुलना किसी से करनी? ईश्वर की रचना कभी गलत हो सकती है। ईश्वर की सभी रचना सर्वश्रेष्ट है। अनमोल खजाने से चुक जायेंगे, मुझे समझ नही आ रहा, मै कैसे सभी के सामने अपना खजाना निकाल बाहर रख दूं। मै अपने अनमोल खजाने को लिख कर लुटाना चाहती हूं। जब विचारों में सत्यम् शिवम सुन्दरम् भर आता है तो प्रभु अपने आप उभर आता है। प्रभु के आशीर्वाद की क्रान्ति ब्यान करना आसान नही।

बंधुओ जो प्रकट है उसमे शामिल होने की कोशिश अवश्य करना। शामिल होने के अब तक बहुत मौके गवां चुके। अपने को साध कर असली साधु हो जाओ।

परमात्मा के बिना तो एक पत्ता भी नही हिलता, करन करावन आपे आप। घट घट की रुखाल में बैठा है साईं कोई जान ले कोई खोल ले घट अपना दर को जान ले। मौन परमशक्ति शाली हथियार है। मौन में सबसे बड़ा काम जीभ को स्थिर बनाना है। जीभ के द्वारा हमारी शक्तिशाली ऊर्जा व्यर्थ चली जाती है। खाने के साथ बोलने की सावधानी बरतनी चाहिए खाने में सभी सावधानी बरतते है।वर्ना यही जीभ गालो को काट खाए। बत्तीस दातो की आरी कितनी सावधानी से चलाना सीख जाते है। वो अपने भीतर चलानी है। जिव्हा से निकले शब्द दूसरों पर असर करते है उनका न स्वाद का पता होता है कितने मीठे है कितने कड़वे है। शब्दों के बोल तो दूसरे तक पहुचते है स्वमं को भी नुकसान पहुचाते यह गुप्त रहस्य जान नही पड़ता। यह कोई नही जानता बोलने से उर्जा व्यर्थ चली जाती है। यह अभ्यास बहुत बड़ा है शुरू में एक घंटे का धीरे धीरे बढाया जा सकता है। प्रातकाल सायंकाल मोंन के साथ अपने को जौड़िये।

गांधीजी एक दिन का मौन अवश्य रहते थे। जबकि उन्हें बहुत काम रहता मिलने वालो की कतार लगी रहती पर एक दिन मौन से आपनी बहुत ऊर्जा की बचत कर लेते। इस तरह वाणी में मौन सरस्वती का वास है। उसे व्यर्थ बातों में खोना नहीं चाहिए। अपनी उर्जा सचिंत करने में समझदारी है। मौन अध्यात्मिक उन्नति में बहुत बड़ा सहयोग कर सकता है।कम से कम जो पूंजी आप जानते है उसे तो अपनी और मोड़ सकते है। जो व्यक्ति दुसरो को मात देने खातिर षड्यंत्र रचने का अभ्यास अपने भीतर चलाते है। वह जानता नही अनजाने में अपना कितना बड़ा नुक्सान कर रहा है। जिस शरीर रूपी ट्रेन में बैठे है वह एक झटके में प्रभु कब फैंक दे और यहाँ मै ये कहुंगी प्रभु का कोई काम नही स्वम गिरना है स्वमं की शक्ति प्रभावहीन् हो जाती है। अपने कर्मो की कमाई का फल है। यहाँ प्रभु की दिव्य शक्ति को उत्तरदयी ठहराना बिलकुल गलत है। यह भूल कभी मत करना आम तौर पर समझ सकते है धरती पर चलते हुए गिरे तो दोष धरती का नही स्वयं का है चलने में ध्यान नही दिया। सभी जानते गुरुत्वाकर्षण शक्ति पुरे ब्रह्मांड में फैली है इस शक्ति का गहरा सम्बद्ध भीतर से खुलता है। प्रभु की शक्तिशाली ऊर्जा को उत्तरदायी ठहराना बिलकुल गलत है। ब्रह्मांड में फैली शक्ति के साथ दूर व्यवहार करना दुष्ट परिणाम देगा। ऊर्जा का सम्बद्ध दुष्ट व्यक्ति का उतना ही कमजोर होगा। परमात्मा का ध्यान पूजा का महत्व उतना नही पड़ता जितना हम कर्म करने में करते शक्ति से जुड़ने का इससे सरल कोई उपाय नही। अज्ञात सत्ता के प्रति विरुद्ध व्यवहार न कर जाए।

इस बात से बहुत व्यक्ति अनभिज्ञ होगे। यह जानना होगा हमे बोलने के लिए और भीतर ही भीतर षड्यंत्र रचने के लिए नस नाड़िया काम करती है। इनकी संख्या हमारे

शरीर में एकत्र हो कितना काम कर जाती है। ऋषि मुनियों ने इनकी सख्या एक सौ आठ बताई है। एक भी नस काम करना बंद करदे तो मुह से शब्द नही निकलेंगे, बेहोश हो गिर पड़ेगा चक्कर आयगे। यह रहस्य शायद आज तक बहुत कम लोग जानते होगे। बेहोशी में वाणी भी चली जाती है। यह सोचिये एक सौ आठ कल पुर्जो का कितना महत्व है एक भी चला जाये जबान बन्द इसलिए अपनी बहुत बडी ऊर्जा को व्यर्थ न गवाए। इसी ऊर्जा को अपनी और मोड़ सकते है।कम बोलना मौन का अभ्यास करना, और वैसे भी कितनी बात करोगे। अपनी वाणी सत्य वचन बोलने में इस्तेमाल करे।

अपनी वाणी में अनावश्यक शब्दों का इस्तेमाल बंद करे। गलत शब्दों के इस्तेमाल से मुह का माहोल के साथ मन भी बिगड़ता है। झुठी गवाही देना किसी को गुमराह करना, झूठी दिलासा में कभी न इस्तेमाल करना शब्द सब जानते है ये उलटा काम भी करते है। शब्द बडी हिम्मत का काम कर जाते है। वाणी में सत्य का होना बडी विश्लक्षणता है। अध्यात्मिकता की ये छोटी छोटी सीढ़ी उपर चढ़ने में मदद करती है। अध्यात्म इतना सरल नही की आप आँख बन्द कर बैठे और हो गये दर्शन। अध्यात्म का परिणाम जितना विशाल है उसी तरह सालो का पता नही लगता कहाँ गये। बिना पात्रता विकसित किये स्वयं का जागरण नही होता, कुंडलनी साधना की जानकारी उसी को हो सकती है जो स्वमं उस दोरान हादसे से गुजर चुका हो। खाली पढ़ने सुनने से शक्तियों का जागरण नही होता। कहने में सरल है जितनी गुप्त है उसी तरह दिव्य शक्तिया जब जगती है वह भी बहुत गुप्त है। यह मै कई बार कह चुकी स्वयं अपने साथ जब घटनाये घटती है तो बहुत चमत्कार दिखाई देते है लेकिन मेरे पास दिखाने को कोई चमत्कार नही ।

मै जब भी मृत शरीर को देखती जब आत्मा शरीर से निकलती है। आखें खुली स्थिर और जबान तो बिलकुल बंद हो जायेगी हाथ पैर फिर भी हिलते नजर आयेगें। मैने जाना मरते समय व्यक्ति की सबसे पहले जुबान बंद होती है आँखे खुली रहती है कई बार आँखों से पानी भी गिरता देखा ज्यादातर आँखों को हाथ से दूसरा व्यक्ति बंद करता है।

कई बार मृत शरीर को नहलाते ध्यान से देखा या स्वयं नहलाया तो ध्यान दिया। ध्यान का बहुत बढ़िया तरीका जाना इससे तो बढ़िया तरीका कोई नही हो सकता। सभी ने साँस पर जोर क्यों दिया कुछ तो रहस्य होगा। जब मैने अपने को उस अवस्था में लेकर गई तो क्या कहूं मैने आकाश को छु लिया या आकाश मैरे भीतर उतर गया गजब की तरकीब दी मेरे दाता ने जिसे आज तक कोई नही जान पाया।

मेरा अनुभव बड़ा दिव्यतापूर्ण ओजगुण से परिपूर्ण रहा। मृत्यु को देखकर ध्यान की विधि बहुत चमत्कारी सिद्ध हुई। यह मेरे लिए लिखना सम्भव नही क्योकि उस विधि

से उम्र भी बढती है दिव्य पट के द्वार भी झट खुलते है। कोई हादसा न हो प्राण डालने वाली शक्ति का चित्रण प्रस्तुत करना सम्भव नही। ओजस्वी गुणों से परिपूर्ण युक्ति का प्रतिनिधित्व् स्वम् ईश्वर है। यह शारीरिक उपलब्धि की उपेक्षा आत्मिक उपलब्धि दर्शन कर मेरा अनोखा समन्वय हुआ। सोंदर्यपूर्ण भावो को शब्दों में पिरोना जो सर्वत्र दिखाई पड़ता है। लिखना सम्भव नही ग्रन्थि बंधन खुले बगैर सृष्टि सम्भव नही। दिव्य गुणों में खरा हो उमीद की सम्भावना रहती है। इसलिए ध्यान शुरू करने से पहले मृत शरीर को देख लेना भी ध्यान हो जाएगा प्रभु के और करीब आ जाओगे। व्यक्ति का सिर भी नही हिलता । जीभ भी नही हिलती क्यों? कभी किसी ने नही सोचा होगा और ये पता नही कितने लोगो को शमशान घाट उतार आये। असली जीवनदायी औषधि का मूलमंत्र जानने वाला कोई विरला होता है, वह अपना सम्बन्ध तो परमात्मा से जोड़ लेता है अन्य व्यक्तियों को भी प्रेरित करता।

अध्यात्मिक ज्ञान अपना अनुभव है अनुभव करना होगा तभी जान पाओगे। अपनी दृष्टि विकसित करनी होगी। वासना के बंधन खोलने होंगे। साथ ही एक बात और स्पष्ट कह दू सम्भोग से समाधि की और प्रत्येक व्यक्तिभाग रहा है। मै जहां से देख रही हूँ अपना अनुभव कह रही हूँ। आमतोर पर सभी की ऊर्जा वासनाकेंद्र पर बह रही है। मेरे लिखे शब्द पढ कर आँखों में थोड़ी लज्जा भर आये आँखे झुक जाये। स्त्री हो या पुरुष सभी की हालत सभी के तन मन की हालत ह्रदय में वासना के पत्थर तोडती मिलेगी। जुगाड़ लगाती मिलेगी वासना पूरे शरीर से घूमती दिमाग तक पहुंच जायेगी।

कुण्डलिनी शक्ति का केंद्र नाभि है जो सोचते है सम्भोग के जरिये शीघ्र समाधि में चले जायेगे यह गलत है बल्कि अपने चक्र से भी नीचे गिर जायेगे। वासना एक चिंगारी रूप में सभी के शारीर में दबी पड़ी है। छोटी सी चिंगारी को हवा दोगे भबक जायेगी, उसमे आग की लपते ही उठेगी।

हमारे अखाडे है अन्य संत समाज है वहा स्त्रियों का प्रवेश निषेध है। वहाँ की हवा में जो शुद्धता महसूस होती है वह पवित्रता का सबूत है। मुझे कई बार मौका मिला यह सब देखने को संत समाज स्त्री को प्रवेश द्वार से बाहर रखते। तत्व ज्ञान पर मेरी कभी चर्चा नही हुई। लेकिन ब्रह्मचर्य बहुत बडी बात है। मै अपने संत समाज का दिल से अभिनन्दन करती हूँ। नमन करती हूँ प्रणाम करती हूँ मैने जो देखा मै लिखूगीं। असूल उनके जो भी हो अपने लक्ष्य के प्रति समर्पित है। ब्रह्मचर्य संत समाज की देंन है और चरित्र का निर्माण ब्रह्मचर्य से होता है। संत समाज चन्दन के वृक्ष भाँती सदैव महकता मिलेगा। चन्दन का वृक्ष कितना काटो तोड़ो वह ओजार भी महक जाएगा।

सम्भोग से समाधि में शरीर की सारी ऊर्जा यहाँ एकत्र हो जायेगी। शरीर का और नुकसान कर सकती है। कुछ देर बाद शान्ति के बजाय परेशानी में पड़ सकता है।एक स्तर होता है आत्म स्वयं और संतुलन का फायदे भी है बिगाड़ भी हो सकता है।

फायदा विरक्ति हो सकती है, या अधिक वासना में गिर सकते है। वासना में गिरना दल–दल में फसना है। यह भोग का मार्ग है,मै किसी के विरोध में नही हूँ, सभी आजाद है कोई मार्ग भी अपना सकते है। मैने इस बात को गहरे से जानकार लिख रही हूँ। मैने स्वमं ब्रह्मचर्य में कृपा लाभ देखा, बहुत सी बाते अभी भी बाकी है अभी नही लिख सकती। मैने बच्चो को ध्यान कराया सहज ही दिव्य तत्व दिखाई दिया। किसी ग्रहस्थी को जल्दी प्राप्त नही हूआ यह शुद्धता के कारण हुआ।

हां यह आनन्द की बात है ऐसे व्यक्ति ऐसा सोचकर बस सम्भोग का आनन्द अवश्य ले सकते है। सम्भोग को जितना ज्यादा समय देंगे उन्हें आत्मसंतुष्टि मिलेगी लेकिन कुछ समय बाद वे फिर वासना से ग्रसित अवश्य होगे। अध्यात्मिक उन्नति में तन शुधि बहुत जल्दी फलती है। अपनी ऊर्जा स्वयं में समेटना जिसे आ जाय किसी सम्भोग की आवश्कता नही। फिर भीतर आत्म मंथन हो गहरी समाधि में चला जाएगा। शास्त्रों में अर्धनारीश्वर कहा गया है। आधा शरीर नारी का आधा नर का अपने भीतर मंथन तीव्रता से हो समाधि शीघ्र लगती है। यहा सम्भोग जैसा शब्द इस्तेमाल कर लग रहा है धूल के कण धूल में ही समा रहे है। शरीर वासना से झुलसा हुआ है भीतर सम्भोग की गर्म हवाए चला शरीर को जला रही है। मेरे कहने का तात्पर्य है, सभी की वासना में हालत ऐसी हो जाती है जैसे मजदूर महिला दिन भर पत्थर तोडती जैसी रही होगी। आध्यात्मिकता स्वस्थ सुखी जीवन की आधारशिला है। तन की गहराई जानने की आवश्कता है, वर्ना शरीर और मन दोनों अस्वस्थ होगे। तत्व दर्शन के बाद तो सम्पूर्ण परिवेश बदल जाता है। तन का नव निर्माण हो जाता है। भीतर अनेक चक्रो को पार करता हुआ लक्ष्य की और अग्रसर होता है। सम्पूर्ण सृष्टि में सबका साँझा नजर आता है। पूरे अस्तित्व में अनेक आकाशवाणी ही नही सृष्टि में अनेक तत्व की गति का तेज संचार व् प्रकाशमान दिखाई पडता है। सर्वश्रेष्ट तत्व से दूर होने के कारण ही सभी का जीवन अस्त व्यस्त है।

क्योकि कुंडलिनी शक्ति में नाभि से ऊर्जा चक्रों को खोलती हुई ब्रह्म रन्ध तक पहुंचती है। ऐसे में शक्तिया नीचे तली में बैठ जाती है। यह स्थिति जब हम एक अवस्था पर पहुच जाते है जहाँ स्त्री पुरुष का भाव ही समाप्त हो जाता है। यह चक्र खुलने के बाद ही कमाल होता है। रामकृष्ण परमहंस का नाम सुनने में आता है वे अपनी पत्नी को भी माँ कह कर पुकारते थे यह अवस्था किसी विरले की आती है यह अवस्था केवल अध्यात्मिक है जहाँ प्रभु के सिवा कुछ और नजर नही आता क्योंकि सभी प्रभु का अंश है। प्रभु पर सब छोड़ कर्म कर और ध्यान कर सत्य का साथ न छोड़, सच्चाई हर युग कायम रहती है। सदैव अपनी कमजोरी पर नजर रखे कभी नजर अन्दाज न करे। कर्मो का हिसाब होगा तो कोई जवाब न होगा बुराई करने वालो और चालाकी से जीवन जीने वाले जो स्वयं डूब रहे है दुसरो को क्या पार उतारेंगे। सच्चाई हर युग में सदैव कायम

रहती है फलती है। भले दिखाई न दे सत्य का मार्ग कठिन है बड़ा फिसलना है।

एक कथा आती है, कथायें काल्पनिक हो सकती है। भगत भगवान से कहते है। भगवान आप हमारे उपर सदा कृपा करते रहते है सारा दिन भगतो की रखवाली करते हो फिर भी मुस्कराते रहते हो। सबका ध्यान रखते हो इसलिए भगवान आप थोडा आराम करो आपकी जगह कुछ देर मै खड़ा हो जाता हूँ। भगवान नही कहते रहे भगत बड़ा ढीठ था, माना नही जिद पे अड़ गया। तब भगवान ने उसको अपनी जगह खड़ा कर दिया, भगत को अच्छी तरह सभी बात समझाई की सुबह से शाम तक जो कुछ हो चुपचाप देखते रहना है बोलना नही। किसी की बात का सीधा जवाब नही देना, जो भी भगत मांगने आये, बस अंदर से आशीर्वाद देते रहना। इतना कह भगवान आराम करने चले गये।

एक भगत आया मैने फेक्ट्री खोली है उसका उद्घाटन है, प्रभु आशीर्वाद दो सब ठीक हो जाए। उसने प्रभु को माथा टेका तो नोटों से भरा पर्स निचे गिर गया, वह आशीर्वाद लेकर चला गया। थोड़ी देर में दूसरा व्यक्ति आया उसने कहा प्रभु मुझे दुकान खोलनी है।मेरे पास कुछ नही है, रुपयों का इंतजाम कर दो। मुझे आशीर्वाद दो जब आशीर्वाद लेने झुका, तो निचे नोटों से भरा पर्स पड़ा मिला, वह बहुत खुश हो गया भगवान ने तो हाथों हाथ इंतजाम कर दिया।बहुत खुश हुआ कूदता हुआ आनन्द में घर गया। इतने में एक नाविक आ गया अभी वह खड़ा ही हुआ था आशीर्वाद लेने को पहला भगत भी आ गया और आपना पर्स ढूढने लगा। जो नाविक खड़ा था उस पर शक करने लगा हो नहो इसी ने मेरा पर्स उठाया। उस नाविक से वह लड़ने लगा तुमने मेरा पर्स उठाया है। इतने में पुलिस आ गई। अब भगवान की जगह खड़े व्यक्ति से बोले बिना रहा नही गया। पुलिस को समझाया पुलिस की समझ में भी आ गया। शाम हो गई भगवान आ गये, भगत से बोले सब ठीक है। भगत ने कहा सब ठीक हो गया। व्यक्ति भगवान से कहने लगा हां सब ठीक कर दिया जिसका पर्स था उसको वापस दिला दिया। जो निर्दोष था उसको छोड़ दिया।

अब भगवान ने कहा ये क्या कर दिया, मैने तूमको चुप रहने को बोला था सब देखना है लेकिन तुम बोल पड़े यह ठीक नही किया। जिसका पर्स गिरा था वह पाप का कमाया धन था। जिसको मिला था उसको पैसों की जरूरत थी वह ईमानदार था। तीसरा जो व्यक्ति था वह नाविक था, उसका जहाज डूबने वाला था उसको बचाना था इसलिए उसको जेल भेज दिया था। भगत भगवान के चरणों में गिर पड़ा, हे प्रभु माफ करना, आप की जगह कोई नही ले सकता । मनुष्य को प्रभु ने बहुत आजादी दे रखी है जो चाहे कर्म करे कोई रोक टोक नही। पाप की कमाई अंत में उसी की दवाई पर खर्च होती है। मनुष्य का पिछला जन्म चाहे कैसा भी हो, पर इस जीवन को महान बना सकता है। उससे भी चुक रहा है अपने भीतर परमात्मा की खोज कर ले गुण निखार

ले। बंधा यौवन तन खोल ले प्रभु के पेड़ तले बैठ विशालता के दर्शन कर। मन को मंथना ही वास्तविक मंथन है मन भीतर विशाल समुन्द्र को जान। जिसका मंथन हो अमृत की प्राप्ति हो। मन रूपी तीव्र गति को रोक कर दसों इन्द्रियों का राजा बन सकते है। इन्द्रियों का स्थिर होना नियन्त्रण में आना यह ही अनंत कृपा स्वरूप बरस सकती है। यह रोकना ही अत्यंत दुष्कर है। अपनी तिजोरी के मालिक बनो जो प्रभु ने बना कर भेजा है। तिजोरी की मालकिन एक छोटी सी चाबी है, उसी की खोज करनी है। कम से कम कर्म से अध्यात्मिक बने। अध्यात्म वह अवस्था है जिसमे परमात्मा का अहसास ही नही परमात्मा साथ रहता। पूर्णता की पूरी गारंटी देता है पल–पल प्रभु के हस्ताक्षर ब्रह्मांड में चल रहे है लेकिन वहा पहुचंना होगा बगैर कृपा कुछ नही। काम में अध्यात्म लोगे तो माया का प्रभाव नही रहेगा। धीरे धीरे ब्रह्मज्ञान की अवस्था भी सम्भव होने लगेगी ।

ज्ञान सारे राग द्वेष से मुक्त करता है संत राबिया उच्च कोटि की संत रही है। भीतर जितनी गहरी रही आज वह सब समझ में आता है। मैने संत राबिया का जिक्र बार–बार किया इसलिए उसके पास दुःख और गरीबी के सिवा कुछ नही था। उसकी उच्चाई मुझे समझ आती है। इस उच्चाई पर कोई विरला पहुच सकता है जो इसी रस्ते चला हो।

वह अपनी बात बहुत सरलता और सहजता से रखती थी, क्योंकि ज्ञान आता है, तो अपेक्षित बदलाव भी करता है। एक बार हसन फकीर जब राबिया के पास आया तो अपनी रिधियों सिद्धियो का खूब बखान करने लगा। गा–गा कर सुनाने लगा। बात के बिच में राबिया का एक शागिर्द आ पहुचा। दोनों का इज्जत के साथ सज्जदा किया और सोने की अशर्फी भेट के तौर दोनों के सामने रख दी। संत राबिया शांत रही कोई प्रतिक्रिया व्यक्त नही की लेकिन हसन फकीर तो आग बबूला हो गये आंखे लाल हो गई जैसे बात बहुत बढ गई हो। जैसे साँप डंक मार गया हो हटाओ तौबा तौबा चिल्लाये शागिर्द बेचारा काँपने लगा जैसे कोई भारी गलती कर दी हो। राबिया यह सब देख रही थी अपनी निर्मल हंसी से देख रही थी। राबिया टोकते हुए बोली हसन भाई अभी तक सोने की जजीरो में जकड़े हुए हो? अभी भी सोना नजर आ रहा है हसन जरा झुझलाकर बोला मै खुद सोने से दूर हटने की बात कह रहा हूँ। राबिया ने जवाब दिया यह जकड़न ही तो है जो सोने के राग में जकड़े हुए हो। सोने की नफरत ने मन पकड़ा हुआ है। आप सोचने पर मजबूर हो गये। अपनी अवस्था सहज नही रख पा रहे।

जब तक अपने भीतर अँधेरी खाई की तय तक न जा पाय रूहानी तरक्की पूर्ण नही हो पाती। ब्रह्मज्ञान में तैरते रहो मेहनत रंग लाती है। अज्ञानता में जीवन जीना अपने आप में अभिशाप है । कोई भी ब्रह्मज्ञानी जब आता है सत्य का संदेश देता है। ज्ञान की अवहेलना करने वालो का जहा भी जाए काल भी साथ साथ जाए। अभिमान वंश

जो व्यक्ति स्वयं भ्रमित है वह दुसरो को भी भ्रमित करता है। ज्ञान सदैव जिज्ञासु के भीतर टिकता है। प्रेमी के भीतर टिकता है। मस्ती से भरा चेतन्य चित द्वारा प्रकाश की और बढे। देखने को कड़ी आंख चाहिए। आंतरिक प्रसन्ता से प्रकाश की आभा फैलती है। अनायास कोई दिव्य ज्योति देख ले उसकी आंखे लाल–लाल बडी–बडी सी दिखती है। परमात्मा की यही विशेषता कैसे लिखूं आठों पहर मेरे आँख के समक्ष रहता है। प्रभु की विशेषता कहने से भला अपने को कोई रोक पाया है। पूरी सृष्टि में भीतर बाहर खेलता नजर आ रहा है। सुख दुःख वास्तव में स्वयं की अवस्थाओं का नाम है कोई अवस्था अवश्य रहेगी। सभी के सामने विकल्प खुला है, दुःख–सुख या उत्सव एक अवस्था में व्यक्ति शीघ्र उकताने लगता है। अगर रोज पसंदीदा सब्जी पनीर या डाल मखनी खाओगे तो उकता जाओगे। प्रभु का बड़ा अनोखा नियम है। अगर जीवन में प्रभु के उत्सव से जुड़ जाते है। जीवन निराला सुखमय हो जाता, आनन्द का पल–पल बदलना नजर आता है, अगर कोई बटोर सकता है तो बटोर लो। प्रभु का मूल शक्ति केंद्र एक है राह बताने वाले अनेक हुए। संत महात्मा पीर पैगम्बर साधन बनते है। आत्मा पर पड़ी अज्ञानता की दीवार हटाने का साधन जुटाते है।

इसलिए बोलो गा मेरे मन गा
के हादसा हो जाए अंतर्घट खिल जाये
के अमृत झरता जाय मन बीच चैन समाय
के माया दूर भगाए सच्चा प्रेमी मिल जाय
पल–पल छीनता जाये उसको सफल बनाये
जन्मों की बिछड़ी आत्मा प्रेमी से मिल जाये
पालनहार को खोज सृष्टि दीखती डावांडोल

स्वयं ही समस्या है, स्वयं ही समाधान

निंदा प्रदुषण भाँती है यह मन मस्तिष्क में बुरी तरह फैल जाती है। इसी कारण शरीर में अज्ञात रोग उत्पन करती है। यह मनुष्य में अदृश्य विष का काम करती है। उम्र तो तेजी से ढलती है मनुष्य मृत्यु की और भी बडी तेजी से ले जाती है। जो व्यक्ति निंदा किये बगैर चैन नहीं पाता वह बड़ी तेजी से मृत्यु की और अग्रसर होने लगता हो। श्वास बेजान नजर आने लगती है। शक्तिशाली जीवन स्वयं चिता की और धकेल देता है। अपने इस निंदा नामी प्रदूषण के मूल को जानता ही नहीं है। फालतू का कचरा अंधाधुंध अपने भीतर में जमा किये जा रहा है। कौन क्या कर रहा है? गलत है सही है सभी अपने स्वभाव के अनुसार जी रहे है। सभी को आजादी है। क्यों मनुष्य अपने भीतर बहने वाले पानी को दूषित बना रहा है। श्वास को दूषित कर रहा है। पहले ही कई जन्मो के प्रदुषण से मन अशांत बना है। फालतू का भराव भीतर में मनुष्य किये जा रहा है। शुद्धिकरण का कोई प्रयास नहीं। भीतर से तो दूषित हो रहे है इस प्रकार की बातो से वायुमंडल को भी दूषित कर रहे है। मानव की देह हो यह तरंगे दूषित कर तडफन पैदा करती है। फालतू की बेकार बातो से उठने वाली तरंगे मनुष्य की देह में हानिकारक रसायन घोलती है। जिससे मनुष्य बिलकुल अनभिज्ञ है। जो मनुष्य के शरीर में अनेक बीमारियाँ उत्पन करती है। जो नये रोग उत्पन होते है इस तरह का कमजोर देह वाला व्यक्ति जल्दी पकड़ता है इसलिए फालतू की बातों से सावधान होने की आवश्यकता है। मनुष्य के अपने हाथ है सुखी व् निरोगी रहना। आज मनुष्य का जीवन बहुत व्यस्त है थोड़े से परिश्रम से अधिक आनंदमयी जीवन बिता सकता है।

स्वमं ही समस्या है, स्वयं ही समाधान है। थोड़ा सा अभ्यास वरदान साबित हो सकता है। संसार में दिव्य सत्य छिपा हुआ है जिस प्रकार रौशनी में दीया छिपा रहता है। आभास नही होता रौशनी में कितने दीये धर दिए जाए। उसी तरह श्वास में प्राण छिपे रहते है, ना जाने कोंन सी श्वास में मृत्यु भी उसी तरह छिपी रहती है।

ऐसा व्यक्ति किसी सच्चे साधू की बात क्या स्वीकार करेगा। जिस व्यक्ति के भीतर

में ही विभिन्न प्रकार का झूठ कपट धोखा भरा हो उसे तो अपने पास वहीं दुर्गुण दिखाई देगे। सत्य तो छिप जाता है। अपने आप छिपा रहता है आचरण और व्यवहार के कारण भी सत्य दूर रहता है।दिव्य तेज सत्य जब प्रकट होता है झूठ का नामोनिशान नहीं रहता। झूठ कपट सब जड़ सहित समाप्त हो जाते है। इसलिए आपसी व्यवहार में भी सत्य और प्रेम की बहुत आवश्यकता है। वैसे भी झूठ एक बार दो बार काम कर सकता है बार– बार नहीं करता। झूठ का पाखण्ड जब खुलता है सब सत्य भी बह जाता है। झूठ अपने ही तन में एकत्र हो फूटने लगता है।

मैं एक लिफाफे पर कहानी पढ़ रही थी। एक गडरिया अपने गावँ वालों को सताने के लिए रोज–रोज चिलाया करता शेर आया बचाओ – शेर आया बचाओ। उसका रोज का चिल्लाना था गावँ वाले जब आते तो वह कहता मैं तो मजाक कर रहा था। फिर एक दिन सचमुच का शेर आ गया। वह चिल्लाया, खूब जोर –जोर से चिल्लाया । उस दिन किसी ने उस पर विश्वास नहीं किया और शेर ने उसका शिकार कर लिया। इसलिए व्यर्थ की बातें निंदा चुगली करने वालो की अंत यही दशा होती है। ब्रह्माण्ड की शक्तियां भी इस प्रकार के व्यक्ति की मदद नहीं करती। इस प्रकार के व्यक्ति का सर्वत्र यही हाल होता है। इसलिए इस ब्रह्माण्ड में कही गयी छोटी–छोटी बात बहुत महत्व रखती है। सत्य और असत्य का भेद जानना आवश्यक है।सत्य क्या है? हम कौन सी माया में पड़कर सत्य को भूल रहे है। सत्य जब जागता है तो ह्रदय में झूठ की जलती हुई अग्नि को शांत कर देता है। प्रभु पर सब छोड़ कर्म कर और ध्यान कर सत्य का साथ न छोड़,सच्चाई हर युग कायम रहती है। सदैव अपनी कमजोरी पर नजर रखे कभी नजर अंदाज न करे। कर्मो का हिसाब होगा तो कोई जवाब न होगा, बुराई करने वालो और चालाकी से जीवन जीने वाले जो स्वयं डूब रहे हैं दूसरो को क्या पार उतारेंगे। सच्चाई हर युग में सदैव पल–पल फलती है।

जीवन का एक–एक पल अनमोल है । उसको सोचने और मजबूरी में न काटा जाए न जाने कितने पल व्यर्थ हो गये जीवन के पल–पल का आनन्द लेना चाहिए। पल–पल जीना चाहिए संसार में दुःख है तो उसका कारण भी है। संसार में तो जन्म से मृत्यु तक दुःख ही दुःख है दुःख केवल इस शरीर से है। भीतर खुशी जरा सी हो वह ब्रह्म रन्द को छूने लगती है अनजाने में मन में उमंग और उत्साह भर जाता है। खुशी को लालच में न बदले, ज्यादा लाभ के चक्कर में आपस में लड़ाई झगड़ा आपसी तकरार उत्पन्न होती है।

श्रेष्ट जन का सभी उदाहरण देते आये है, उन्हीं का अनुसरण किया है। किस्मत वाले होते है। ज्ञानी के ज्ञान का अनुसरण करते है। जो सदा से करता आया है करता रहेगा। सच्चा ज्ञान एक शुद्ध अविरल धारा है जिससे सभी का कल्याण ही होगा। यही ज्ञान योगमाया है। इसे योग के द्वारा ही समझा जा सकता है। साधना होगा गुरु की

बताई तरकीब से सीखना होगा। बहुत सहजता से लेना होता है। ज्ञान की इन्द्रियां आँख, नाक, कान, जीभ और त्वचा है सच्चा योगी ही अपनी इन्द्रियों को जगा सकता है। जो व्यक्ति को भोगो में आसक्त हो। लेकिन जबरन लगाया गया अंकुश हानिकारक होता है। इस प्रकार अन्तकरण की इन्द्रियों की उर्जा ठोस रूप में विद्यमान रहती है लेकिन अगर प्रकृति की गहराई में जाए साधारण वहां कुछ भी ढूंढे नहीं मिलेगा। मैंने तो बहुत ही नजदीक से देखा कण–कण की गति इतनी अधिक तेज है। उसे हम सीधा आँखों से नहीं देख सकते। वह ज्ञान के नेत्रों से देखा जा सकता है। कुछ भी कर्म करना व्यर्थ ही है कर्म करना स्वयं की रचना करना है। अब चाहे जीवन हो जगत हो या सृष्टि हो संसार में सभी व्यर्थ हो जाता है। प्रत्येक व्यक्ति बस बाहरी प्रयास कर रहा है। लगातार ऊपर उठने की प्रयास। बस संसार में साधन पाने का प्रयास है। कोई बताना चाहे भी सृष्टि का नियम समझने की कोशिश नहीं करता। उसके अनुरूप चलने का प्रयास ही नही किया। श्रेय तो इसी बात में है प्रकृति को समझे गहरे रहस्य खोजने की कोशिश करे। चक्रब्यूह को समझे जो व्यक्ति ऐसा नहीं कर पाता वह अपनी ही दिव्यता से चूक जाता है। अपने तेजोमयी ज्ञान से चूक जाता है। वैसे तो जानवर भी प्रकृति के नियम को समझते है। इसलिए मनुष्य अगर नहीं समझ पाता तो उसका जीवन जानवर से भी बदतर माना जायेगा। मनुष्य के मन में तो सदैव सेवा की चाह ही बनी रहती है। जो व्यक्ति पढने व् सुनने से भी उस तेजोमयी ज्ञान को नहीं समझता ऐसा व्यक्ति महामूर्ख समझा जायेगा।

चित में जैसा बीज पड़ेगा कर्म का फल उसी अनुसार बनता बिगड़ता है। ज्ञान का सार तत्व और तत्व दर्शन ही मानव का जीवन धर्म है धर्म तो यही से पूरा होता है। मानव मुक्ति का अन्य कोई उपाय नहीं। गहन आस्ता चक्रो को जगाने का प्रयास करना चाहिए। आनंद की साधना को जानना ही मूल् तत्व है। मूल तत्व का ज्ञान मुक्ति के बिंदु को जगाने के लिए होता है। जो मनुष्य तेजोमयी ज्ञान में एक बार जागकर उस शोर्य को जान सकता है।ज्ञान में धनी हो शोर्य कहने का प्रयास कर सकता है। हमारे भीतर भी कृष्ण, बुद्ध जैसा खून बह रहा है। इमानदारी और सच्ची लगन से ही दिव्य ज्ञान को पाया जा सकता है। जानने योग्य सृष्टि का एकमात्र अदभुद दिव्य रोमांचकारी दिव्य ज्ञान है। मनुष्य के भीतर प्राप्त करने की इच्छा मात्र जाग्रत होनी चाहिए।

मेरे जीवन में यही इच्छा प्रधान रही। मुझे कुछ साल मिल जाए।इस जीवन में कुछ व्यक्तिओं को भी जागरण के लिए प्रेरित कर जगाने का प्रयत्न कर पाऊं। यही जीवन की इच्छा है जिन दिव्य तरंगो में मै श्वास ले रही। प्रत्येक श्वास के साथ किस तरह प्राणों का मेल है मेरे मन में यही दिव्य तरंगे उठती रहती है। मेरा परम सौभाग्य है मै भारत में जन्मी और संसार में सबसे उच्च पवित्र ज्ञान को अपनी आँखों से अंत तक देख पाऊंगी। मै सदैव धन्यवादी रहूंगी जिस शक्ति ने मानव जीवन तथा प्रकृति का सम्बन्ध जो

पैदायशी है। उसकी सुन्दरता को आनंद को अपने भीतर से बाहर तक देख पायी। व्यक्ति नए–नए साधन खोजता फिर रहा है फिर भी ज्ञान से कोसों दूर है। सत्य की सफल साधना ही कठिन है कर पाना कठिन है लेकिन असंभव नहीं है।

दिव्य साधना अभ्यास करने की कोशिश करनी चाहिए। सत्य का पात्र खाली हो चलेगा तो पात्र भरेगा मैला पात्र कतई नहीं भरेगा। जीवन का बस यही सार तत्व है। सत्य कभी भी देख सुन कर नहीं वह दिव्य तरंगे सूर्य की किरणों के सामान भीतर से उजागर होती है फिर अपने ही प्रकाश से आप ही चमत्कृत होती है। यह भी सच है सभी में सत्य छिपा रहता है। बुरा तो कोई भी नहीं। संत कबीर की पंक्ति बुरा जो देखन मै चला बुरा ना मिल्या कोई। उनके जीवन का अनुभव में पढ रही थी पुस्तक में उन्होने अपने अनुभव उकरित में प्रकट किया।

किम्वदन्ती बहुत प्रसिद्ध है एक बार कबीर तीर्थ यात्रा को जा रहे थे रास्ते में एक स्थान पर लोगो की भीड़ जमा थी। बहुत शौर गुल था कबीर ने शोर सुनकर जानना चाह। भीड़ के बीच में पहुचे वहा जाकर क्या देखा की एक साधारण व्यक्ति को घेर रखा है और उसे बुरी तरह पीट रहे है कबीर ने एक से पूछा– भाई क्या किया है? उत्तर में ढेर आवाजे गरजी। एक ने कहा महात्मा जी इसने चोरी की है। दूसरा बोला यह विशवासघाती है, इसने अपने स्वामी के घर चोरी की है। तीसरे ने कहाँ जिस थाली में खाता उसी में छेद करता है। इसी बीच चौथा बोला घोर अंधेर कलयुग आ गया है। पांचवे ने कहाँ मारो इसे मार मार के खोपड़ी गंजी कर दो। बस फिर क्या था सभी उस पर टूट पड़े। घुसो और लात से मारने लगे वह चीखने चिलाने लगा। यह सब देखकर अनुभवी कबीर जी बोले ठहरो यह सच है इसने चोरी की है। इस व्यक्ति को सजा मिलनी चाहिए। परन्तु एक शर्त है। दंड देने का अधिकार उस व्यक्ति को है जिसने जीवन में कोई चोरी नहीं की हो। यह सुनते ही गावँ वालो को सापं सूंघ गया।

एक एक करके सब चुपके से निकल गये। केवल एक व्यक्ति रह गया। उसने कबीर से प्रार्थना की कि महात्मन आपने अपने जीवन में कभी कोई चोरी नहीं की अब आप ही इसे दंड दीजिये। तब कबीर बोले मै भी सभी की तरह चोर हूँ। फिर कबीर जी वहां से कुछ पकंतीयाँ गुनगुनाते निकले।

बुरा जो देखन मै चला बुरा ना मिल्या कोई,
जो मन खोजा आपना मुझसे बुरा ना कोय।

इसलिए संत जन कभी किसी में बुराई देख नहीं सकते। वह सभी में दिव्य सत्य को देखते है। जो स्वयं में भला है वह क्या दुसरे के अवगुण देखने में समय व्यतीत करेगा। किसी भी व्यक्ति की बुराई खोजने से क्या हाथ लगेगा। समय भी बर्बाद होगा और साथ

अपनी आत्मा के भीतर पाप का बीज भी उदय होगा। इससे इर्ष्या का जागरण होने से मन में केवल अभिमान ही उठेगा। दूसरो को नीचा दिखाने वाला व्यक्ति कभी भी श्रेष्ट नहीं बन सकता। निंदा चुगली करने वाले की पहले जिव्हा अशुद्ध हो जायेगी । सुनने वाले की दृष्टि में भी क्या इज्जत रह पाएगी। व्यक्ति भी यही कहेंगे आज इसकी निंदा कल उसकी, व्यक्ति का अपना व्यक्तित्व ही खराब होता चला जाएगा।

यहा तो मन शुद्ध करने की बात है। शुद्धता स्वयं के मन की चाहिए। संत तो सभी को स्वीकारते आये है। मन भला तो जग उजाला, संतो की रित और वृति क्षमा की है। चमत्कार देखना है तो अपने गुनाहों की माफी और भीतर की सफाई कर लेना। शांत चित्त हो आत्म निरिक्षण कर अपनी विशिष्ट योग्यताओं को पहचानने की कोशिश कर लेना। जागरूक हो, अपनी शक्ति को जगाने का प्रयास कर महत्व पूर्ण अवसर को जान लेना।

आनन्द की अनुभूति सुख, दुःख, के दायरे से बाहर निकलना है। सबसे पहले सत्य का ज्ञाता को पहचानना। अपनी खामियों की पहचान करना, उसको सुधारने में अखण्ड आनन्द की प्राप्ति है। परमात्मा का अंश आत्मा परमात्मा में मिलाना यही जीवन जीने की असली कला है। मै तो यही कहुगीं हमारी आत्मा मै ब्रह्मांड के सभी तत्व विद्यमान है देखने के बाद कुछ बाकी नही रह जाता।भीतर में गुणों को जागृत करने का प्रयत्न अवश्य करना चाहिए। अपने घट भीतर अशुद्ध संस्कारों को निकालने की कोशिश करे। कर्म और व्यवहार की दिशा का रुख ही बदल ले मन भीतर बीती स्मृतियों की प्रतिभा को जमने न दे। जड़ सहित उखाड़ फैकें वर्ना जीवन में सत्य का साक्षात्कार कभी न होगा। झूठी निंदा किसी की आलोचना से दूर रहे इसी परिणाम स्वरूप मानसिक पतन सहना होगा। अपनी निंदा की कभी प्रवाह नही करनी चाहिए। निंदक अनजाने आपके लिए बहुत बड़ा काम कर जाता है आपकी अपनी खामियो से अवगत करवा जाता है। उन कमियों को शीघ्रता से दूर कर आनन्द के स्रोत को आत्मा में अनुभव कर सकते है। सदा–सदा के लिए आनन्द के अधिकारी हो सकते है।

ध्यान ज्ञान का भंडार है ———चित का संतुलन और अपने मूल केंद्र में स्थित रहने के लिए ध्यान चाबी का काम करता है। अब किस उपर कौन सी लगती है, यह तो ज्ञानी हो कढा हुआ ज्ञान में तर हो। ज्ञानमय हो वही बता सकता है। भगवान ईसा के अनुसार एकाग्रता अंतरमन के साथ–साथ अंतर दृष्टि की और केन्द्रित करती है। इसलिए सभी प्रकाशमय हो सकते है इसमे कोई शंशय नही। परमात्मा के अस्तित्व भीतर प्रवेश पा सकते है। इसी तरह ध्यान के द्वारा चित की वृतिया एकाग्र होती है चेतन्य की घनीभूत शक्तियो से विस्फोट होता है। यही आत्मसाक्षात्कार की घटना घट जाती है। कभी देखा तेज चलती हवा को हवा का बहाव कितना तेज होता है हवा अपने साथ धूल के कणों को उड़ा आकाश में ले जाती है। वहि आंधी तूफान जब शांत होता

है। वायु पुनह अपनी सहज स्थिति में आ जाती है धुल के सारे कण जमीन पर गिर जाते है वायु और निखर जाती है शुद्ध और पवित्र हो जाती है। ध्यान की प्रक्रिया में भी कुछ इस प्रकार ही घटना घटती है कुछ समय बाद आकाश साफ स्वच्छ नजर आने लगता है। बाहिर्मुखी चेतना में अनेक परमाणु शामिल हो जाते है वह भीतर भी चलायमान हो जाती है। ध्यान के द्वारा चित शुद्ध हो अनेक मायावी अणु परमाणु से छुटकारा मिल जाता है। सहज बाहर हो जाते है चेतना कि शुद्धि ही बुद्ध का स्वरूप धारण करती है। कोशिश करनी होगी वह चरम सीमा आप सभी की भी आ जाए। प्रक्रिया ही दिव्य तत्व के साथ सम्बन्ध करवा सकती है। जीवन का असली जोड़ आत्मा और परमात्मा का है, बाकि सारे झूठे सम्बन्ध है दुनिया के दुनियादारी निभाने के लिए है।

ध्यान के बाद प्रक्रिया ध्येय भी मिल जाये एक हो जाना जब एक होते है वैराग जागता है। स्वयं फूटता है उस पर माया का कोई प्रभाव काम नही करता। ज्ञानी को आगे बढने से रोक नही सकता। साधक का ऐसा वक्त सामने आ जाता है भीतर परमात्मा के शब्द सुनाई देने लगते है साथ ही दिव्य जोत का बोध हो जाता है। साधक के मन सुरती सब तरफ से हटकर एक और केन्द्रित हो जाती है। यही पुर्ण दिव्य प्रकाश है प्रभु तो है ही ज्योति स्वरूप अति शुक्ष्म और चलायमान यही असल और खालिश आत्मा का ज्ञान है। यही रस कल्पनाओं के पार ब्रह्मरन्ध में झरने लगता है। यही दिय तत्व चेतन तत्व, ब्रह्म तत्व, अन्तर्मुखी होने के बाद अंतर्यात्रा में मन तैरने लगता है। तृप्त होने लगता है पूर्ण ब्रह्म तत्व का ज्ञान हो बाहरी भटकना समाप्त हो जाती है। समाधि और सुषुप्ति में मन निरस्त हो जाता है दोनों में दशा एकसी रहती है। सुषुप्ति में एक गजब की बेहोशी वा नशा छाया रहता। समाधि में जागरूकता बनी रहती है होश बना रहता है। होश आत्मा में प्रकाश का होना। स्वयं किसी भी अवस्था में हो या आसपास कुछ हो रहा है। आपके खिलाफ कोई षड्यंत्र कर रहा है। वह सब होश में दिखता है महसूस होता है।

स्वयं के भीतर एक सम्पदं है जो पूर्णता को तड़फता है, कोई भी उस कम्पन को महसूस नहीं कर पाता। व्यक्ति के बाहरी पदार्थो की भटकना बहुत बढ़ गई है। इसलिए मै यही कहुगीं जागो अपने परम लक्ष्य को जानो अपने को जगाओ। परमात्मा के अस्तित्व में शामिल होने का प्रयास करो।

आत्मा पर विजय पाओ यह अधिकार है। भीतर की सत्ता में अनेक रंग भरे है आत्मा को जगाने के बाद ही आत्मा के दिव्य रंगो तरंगों को देख सकते है।यह कोई मिलो का सफर नही जो पत्थरीला हो आप चल नही सकते। यह केवल आत्मा की ऊर्जा को जगा ऊर्जा स्रोत का बहाव ही आत्म साक्षात्कार करना है। आत्मा की विजय के लिए दृढ संकल्प हो जाओ, जीवन में आपना जो भी कार्य करे पूर्ण मोजुदगी से होश पूर्वक करना सिख जाय। आत्मविश्वास होना चाहिए। सोचने की प्रक्रिया पर ध्यान देना भीतर का नेतृत्तव् करना ही आत्मा ने अंदर अनुभति पानी है।

मेरे भीतर की छ्टपटाहट मे बंधन टूट गये,मै देखती रही सब बंधन दूर हुए, खुल गये।

जब हम परमात्मा के अस्तित्व से जुड़ जाते है सारा जगत अपना लगने लगता है। यह भावना खुद–ब–खुद बन जाती है भीतर से पैदा होती है।सारा जगत एक नूर की उपज है, एक ही परमात्मा की सन्तान है।फिर किसके साथ वैर विरोध जिसको हम राम, कृष्ण, अल्लाह, गोंड, वाहेगुरु के नाम से पुकारते है। अगर पहचान हो जाए तो सारे नाम खो जायेगे सारे शास्त्र खो जायेगे। अजीब है प्रभु का भेद, सारे भेद खोल देता है। तब शास्त्र पढने में आनन्द आता है। भागवत पढने में आनन्द आता है जो गुरुग्रंथ साहब में आता है, जो बाइबल में आता है जो कुरान में आता है। सभी में प्रभु प्यारो का प्रेम झलकता है। जिसने अपनी बिछड़ी आत्मा को परमात्मा से मिलाया। मन के पार चले गये उनकी राह में कोई वस्तु बेड़िया न डाल पाई।

मैने जाना अपने भीतर प्रकाश और अन्धकार के बीच किस प्रकार की महाभारत चली। यह युद्ध भीतर ही भीतर की शक्तियों से चलता है। यह चलता तो सभी के भीतर है अंतर्गत सग्राम है। तत्व गति की धारणा के एक मनोभौतिक सत्य है। यह धारणा प्राचीन काल से चली आ रही है, ज्ञान और अज्ञान के बीच चर्चा रू प्रकाश और अधंकार के बीच संग्राम की चर्चा। कैसी चर्चा? कोन्सा युद्ध? यह रहस्यमई तथ्य है। तत्व ज्ञान सदैव नूतन प्रकाश से उद्घटित होता है। यह सारा अपने भीतर अधंकार और प्रकाश का युद्ध ज्ञानमय लोक की दिव्य यात्रा है। मुक्त प्रकाशमय यात्रा है इसका चयन आपको करना अगर अपने भीतर का अन्धकार निकाल बाहर फैकना है या वासना से लिप्त अन्धकार मय जीवन जीना है। यह फैसला सभी का अपना होगा किसी की कोई दखल अन्दाजी नही होगी। ज्ञान की भूख जगती है तो व्यक्ति मुक्ति का साधन खोजता है। यहा केवल तत्व दर्शन ही पूरा का पूरा समुद्र की तह में जाने की बात है। मै तो यही कहुगीं जब तक तत्व दर्शन न होगा समझ में कुछ न आयेगा। यहाँ आत्मिक क्षेत्र की प्रगति के लिए मन स्तिथि स्वरूप मार्ग दर्शन सामग्री है मेरे पास यह ठीक उसी प्रकार है जिस तरह गर्भ में बालक है। एकांकी शिष्य का पुरुषार्थ अपने बलबूते पर उतना नही कर पाता। जितना करना चाहिए यह बाहरी ज्ञान नही अभ्यास से हो जाये यह स्वयं का निर्माण है। भीतर का तूफान छटता है या यूं कहो भीतर की आंधी ज्ञान की आंखे प्रदान कर जाती है। यह घटना कोई सामान्य घटना नही है। प्रभु को पाना केवल कल्पना नही है, मौन का फल भीतर की खुशबु है परमात्मा एहसास है जो अंदर बैठा है नूर बरसाता है। जीवन का वह बहुत अमूल्य क्षण होता है। जब अपनी आत्मा में पूर्णता का आनन्द मिलता है।

इस काया का बाहरी सोंदर्य किसी काम का नही जब तक भीतरी तौर पर नही सजाया। अध्यात्म समझो आखरी मंजिल जब तू और मैं का भेद मिटता है। सर्वव्यापक जोत एक तत्व मंजिल के पार ले जाती है। अगर जो कोई ज्ञान चाहता है, ब्रह्मज्ञानी को समर्पित हो जा। बस अपने को मजहब, लिंग, वर्ण, आयु आदि भेद से बचाना है। अगर किसी भी भेद में पड़ता है। ऐसा व्यक्ति मानसिक रोगी कहलायेगा। इस पीड़ा से बचने के लिए हृदय को साकारात्मक सोच से भरे और अध्यात्मिक भूख बढाये। जब सागर सामने आता है तो बूंद को बूंद होने का अहसास होता है। भीतर का अन्धेरा

कितना ही गहरा न क्यों हो पर दीपक जलता है, तो अन्धेरा एक पल भी नही टिकता। दिव्यज्ञान से सब पापो का नाश होता है। प्रकाश के समक्ष अन्धेरा टिकता नहीं है। मेरा मिशन केवल सत्य को जानना, अंत से बेअंत की बात होगी। सभी के हृदय बीच विशाल गहरा सागर भरा है मेरा अनुभव मेरे लिए है आपको बता सकती हु चला सकती हूँ।

एक दिन मै टहलते – टहलते स्विमिंग पुल जा पहुची और एकांत दूर बैठी बच्चियों को देख रही यह समय लडकियों का था।किस तरह कोच उनको एक – एक स्टेप बता रहा था। मै तो ब्रह्मज्ञान के बारे में सोच रही थी। आज सबसे कीमती विधा जो है कोई लेने के लिए तैयार नही। जिससे जन्म मरण के बंधन खुलते है। समझे भी कोई कैसे? क्यों समझे? आज इतना असत्य फैल रहा है। सारा वातावरण दुषित है। सभी का विशवास कही खो गया है अपने सम्बद्ध में बात कर सकती हूँ पराये के सम्बध में कह नही सकती ये आन्तरिक सम्बद्ध की बात है। विचार उपर उठते है बात यह लम्बी यात्रा की है शब्द तो गौण है विचार घूमते है। प्रभु की खूबसूरती को वर्णित करने के लिए मेरे पास शब्द नही शब्द सभी ने ले लिए जब–जब कोई दिव्यता से परिपूर्ण आयेगा वह कभी कही उलझायेगा नही जगाने की कोशिश करेगा भीतरी सम्पदा के रूबरू करवाने की कोशिश करेगा। योग्यताओं को निखारने में मदद करेगा।

कभी–कभी सुबह जल्दी उठकर देखो अँधेरे से सूर्य उदय होते उसकी बात ही अलग होती है। जो–जो दिखाई देता है वह भीतर में अनुभव करो काश भीतर भी इसी तरह उजाला हो जाए आनन्द का सूर्य खिल उठे। उस समय हवा सहित किरणे तन को स्पर्श करती है, आनन्द की लौ महसूस करो। उसकी अलग बात नजर आएगी उस हवा का आनन्द लेते समय महसूस करो वह भीतर से निकल रही है। किस तरह गुजरते हुए तन को छु रही है महसूस करो बादल घिर आये आकाश चढ आया पल पल का अहसास हो रहा। ऐसा रोज होता है आप आज महसूस करोगे तो सब नया नया सा लगेगा। वह व्यक्ति भाग्य शाली होगा जो घटना के प्रति जागरूक होगा। अपने भीतर परमात्मा का अकक्ष देख रहा होगा।एक अनजानी तलाश पूरी हो गई एक सुहाने सफर में निकल जायेगे।भीतर का विशाद तांडव करते हुए निकलते देखे किस तरह अपने आप अपनी क्लिनिंग हो रही है सब साफ हो गया। अपनी नजर को विकसित करे उस वक्त जो आनन्द है उसमें पूरा डूबने की कोशिश करे।जिस वक्त तत्व को महसूस किया उसी वक्त––वक्त बदल गया सब नया होगया। भाव पैदा करे प्रभु भाव से बंधे एक दिन सामने खड़े पायेंगे।

पियो ध्यान में प्रेम के प्याले, जियो जीवन को प्रभु हवाले
ज्ञान से जीवन लबालब भरा खोये ज्ञान के फूल मिले विरासत

यथार्थ ज्ञान पावन ऊर्जा

ध्यान के द्वारा व्यक्तित्व का आकर्षण और प्रभावशाली बनता है। किसी भी प्रक्रियां के द्वारा व्यक्ति में सोई महान शक्तियों को जगाया जा सकता है तभी यथार्थ ज्ञान प्राप्त किया जा सकता है । अपने भीतर प्रकाश का विश्लेष्ण करे ज्ञान की यात्रा भाव में होनी शुरू होगी पूर्ण समर्पण के मै–मै ना रहू तू–तू न रहे यह भाव चमत्कारित करने वाला होता है। समर्पण की रौशनी श्रद्धा अनुसार अवश्य होगी।

तलब उठेगी तन में होगा हंगामा, अंधेरो में उजाला होगा !!
सुखी नदियां सूखे नयन, बहता पानी नयन उजाला लबालब भरेंगे !!
मेरे शहर तन का कचरा साफ होगा दिया होश का जगमगाता मिलेगा !!
फिर एक दीवाना गहरा बेहोश मस्ती के आलम में डूबा मिलेगा !!
तब कहा मोक्ष, धर्म, अर्थ, काम की चाहना होगी !!
फिर कहा प्रभु के उपकार से उ़ऋणी हो पाऊंगी !!

शक्ति की कुंजी ध्यान शान्ति का रहस्य ध्यान है। ध्यान धीरे धीरे दिव्य तत्व की ओर ले जाता है। ध्यान का आकर्षण तत्व है। यह अध्यात्मिक क्रान्ति लाता है। भीतर ही भीतर ऐसा विस्फोट करता है सारा मालवा बाहर फैकता है। इसके द्वारा लोक और परलोक दोनों का सुधार है। मनुष्य जन्म का मूल ही परमात्मा के दर्शन तत्व है। जो सर्वव्यापक है ज्ञान पुरुष सदैव उसी आनंद में रहते है। ज्ञानी पुरुष तो समर्थवान बनता है वह सुख देने वाला होता है। वह शान्ति देने वाला वह समृद्धि देने वाला होता है। अब इधर उधर भटकने के बजाए सफलता का मार्ग अपनाया जाए। जहाँ सच्ची और स्थाई शान्ति है खुशी है यहा क्षणिक नहीं अक्षणिक है अनंत है। आज असल शान्ति और सफलता का आधार भूल गए। भगवान् कृष्ण ने स्वयं कहा है जिसकी बुद्धि में प्रभु का वास नहीं ऐसे मनुष्य का मन कभी स्थिर नहीं हो सकता जिसका मन ही अशांत

हो वह कभी सुख शान्ति का अधिकारी नहीं होता है। जिसका मन स्थिर है वह सुखो का लाभ उठा सकता है इसी मन को स्थिर करने के लिए योगीजन नियत समय पर योगाभ्यास करते है। आज सभी को माया ने भरमाया है या सभी माया के पीछे भाग रहे है। सभी को केवल शरीर नजर आ रहा है उसी को सजाने सवारने में लगे है। आत्मा का श्रृंगार तो जैसे खो गया है। आत्मा तो जैसे लुप्त है किसी को दिखाई नही दे रही है।

ध्यान में गुरु का दरबार खुलता है, जहाँ अखंड सत्संग का दर खुलता है। दिव्य जागरण का संगीत चल रहा है। प्रभु का आशीर्वाद पल पल झर रहा है मेह बरस रहा है। यहॉ पहुचने के लिए बुद्धि की शुद्धि की आवश्यकता है। भीतर में सुख शान्ति के भाव विचारधारा बननी चाहिए। सुख और दुःख दोनों शब्दों में सदैव एक शब्द साथ चलता है। दोनों शब्दों के पहले अक्षरों का बहुत महत्व है, एक शब्द है सु और दुसरा शब्द है दू । सु का मतलब सुंदर शुशील और दू का मतलब निकलता है दुषित, दरिद्र है स्वयं के विचार सुंदर है तो सुख का भागीदार और स्वयं के विचार दुषित है तो दुख के भागीदार होंगे। इसलिए अपनी विचारधारा और भावनाएं उज्ज्वल रखनी अति आवश्यक है। बस एक की शरण जाओ शरणी हो जाओ तत्व ज्ञानी को समर्पित हो जाओ। लाभ तो स्वयं को लेना है यह हर मर्ज का इलाज। बगैर खुले तो भीतर प्रवेश है नही सुख का संचार तो भीतर से होकर बाहर निकलता है। भीतर बाहर सर्वत्र दर्शन है। यहा सब मन का खेल कोई दिखा नही सकता है देख सकता है।।

तमना सबकी है सेहत के लिए अमृत फल का सेवन किया जाये, पीड़ा की डगर और तड़पन को छोड़कर सबसे हितकारी अमृत रस का सेवन किया जाय। इस फल में शरीर के सारे रोगो पर विजय पाने की क्षमता है । शरीर के लिए हितकारी तत्व शरीर में ही विधमान है। बीज भी मौजूद है, बीज फूटता है, पेड़ बढ़ने में समय लगता है, लेकिन फल अवश्य लगता है। फल का हितकारी तत्व अमीरस पीने की क्षमता होनी चाहिए। अन्य रोगों से बचने और नस नाड़ियो को स्वभाविक स्थिति में रखने के लिए प्रक्रिया सहायक सिद्ध होती है ।

अध्यात्मिक दृष्टि में कुंडलनी शक्ति जागृत करने में गरुड़ की कथा आती है। गरुडासन का विशेष महत्व है। पक्षियों का राजा गरुड माना गया है। जब लक्ष्मण को नागपाश ने जकड़ लिया, बुरी तरह ब्रह्मरन्ध बंध गये। तब जीवन की रक्षा करनी सब प्रकार से कठिन हो गई। तब गरुड का आवाहन किया, प्रार्थना की बुलाया गया। गरुड़ ने आते ही सर्पो को खाना शुरू किया अन्य सर्पो ने देखा तो सब छोड़ भागने लगे। सर्प भयभीत हुए भागने लगे अपने आप सारे बंधन खोल दिए। उसी तरह इस आसन की अवस्था कोई सिद्ध ज्ञानी करवाता है। यह विशाल पक्षी भगवान् विष्णु का वाहन है। इसी नाम पर आसन का नाम पड़ा युवा इस आसन को कर बहुत लाभ उठा सकते है।

यह आसन एक पैर पर खड़े हो दुसरे को लपेटा देना है इसी तरह हाथ को एक हाथ पर दूसरे हाथ को लपेटना है । पाँव जांघ पर होते हुए पिंडली पर जाए हाथों को प्रणाम की मुद्रा में रखा जाये। कोई युवा साधक ध्यान शीघ्र लाभ चाहता है तो इस आसन के अभ्यास से भीतर में तो नस नाड़ियो का गुच्छा जमा पड़ा है वह सीधे होने लगते है । इस आसन को दायां पैर के सामने से बाया पैर रस्सी की तरह लपेटा होना चाहिए। उसी तरह हाथ को परस्पर जोड़े बिलकुल नासिका के सामने। श्वास यथा शक्ति बाहर निकाले यथा शक्ति सामर्थ्य अनुसार रोके। साथ ही जघांओ से मूल बन्ध लगाये परस्पर जंघाओं को दबाते जाए। स्वाभाविक साँस तक कुछ देर रुके। यही क्रिया एक पैर से दूसरे पैर पर दोहराए उसी तरह हाथो की क्रिया को साँस को स्वाभाविक होने तक रुके फिर दोहराए। यह अभ्यास प्रत्येक दिशा में कम से कम एक मिनट अधिक से अधिक पांच मिनट तक रुके। किसी सलाहकार से सलाह अवश्य कर ले।

जो युवा वासना से ग्रसित हो ध्यान नही कर पाते उनके लिए लाभकारी है। कमर से निचले हिस्से के सारे दोष समाप्त हो जाते है, और कमर दर्द, स्लिपडिस्क आदि के दोष दूर हो स्वस्थ हो जाते है। साथ अंड कोष, हर्निया, आंतो का गिरना रोगों से लाभ मिले। सबसे अधिक असर नाडी पर पड़ता है, नाडी मंडल का बलीष्ट होना। साथ ही घुटनों का दर्द, गठिया शायटिका जैसे रोगों से छुटकारा पाया जा सकता। हाथो में कम्पन है तो उसमे भी लाभ मिलता है, भले ही देरी से मिले। गुदा, मूत्राशय स्वस्थ होता, ध्यान में नस नाड़ियो का शुद्धिकरण अति आवश्यक है। लाभ अधिक मिलता है शरीर में रक्त का भ्रमण अति आवश्यक है। पिंगंला नाडी शुद्ध होती है तो नासिका का प्रवाह दाई नासिका से बहने लगता है इसी कारण शरीर में गर्मी का संचार होता है । सूर्य भेदी नाड़ी की विशेषता है इस सूर्य भेदी प्राणायाम को जानकार सर्दियों में करना चाहिए। समस्त चक्रों को जागृत करने में लाभ मिलता है। प्राणायाम का भी ध्यान में विशेष लाभ है। ध्यान में बैठने के लिए सदैव कुछ बातों का ध्यान रखे। ध्यान में बैठने के लिए कम्बल का आसन हो सहज अवस्था हो जिससे शरीर में कोई विकार न आये परेशानी न हो। हाँ अगर रीड की हड्डी पर गर्दन सीधी रखे। चहरे पर सदैव प्रसन्नता के भाव रहे आँखे अधखुली हो या बंद हो। यथा शक्ति श्वांस भीतर ले और बाहर निकाले सारा ध्यान श्वांस पर रखे। अध्यात्म में सारा खेल श्वांस का है व्यक्ति का सुख भीतर की खोज है परम शान्ति और पूर्ण का ज्ञान है।

यदि मै अपनी पहले की जिन्दगी देखूं अब जिन्दगी और है बड़ा आनन्द है, मेरा मुर्शिद मिल गया। खाना, उठना बैठने, जागना सब बदल गया। पारस प्रभु ने छु दिया काया कचन हो गई। अपने अंदर प्रभु प्रेम भर गया, जाने कैसे प्रेम बढ गया। ज्ञान मिला झूम उठा तन मन काया उज्ज्वल हो चमक उठी। प्रभु प्यारे की आशिकी का आनन्द

ही कुछ और है। रोम रोम आनन्द में भर जाता है अंग अंग, संग संग देखा जब दूर हुई मेरी जन्मो की उदासी। परमात्मा के आशिको के बारे में क्या कहेंगे जिन्होंने मूल में सत्य शब्द प्रकट कर गहन ध्यान को जाना जो शाश्वत है, जो अजन्मा है। ज्ञान रूपी लौ लगाई तभी ज्ञान की सच्ची दौलत पाई मेरे भीतर तिमिर अंधकार का नाश हुआ। कभी ज्ञान के बारे अपने जीवन का निर्णय ले लेना एक बार बैठ सोच लेना। ये प्रभु परम की बात है जन्म मरण के छुटकारे की बात जो इस जन्म में सम्भव है। एक बार प्रभु प्रेम में पड़ कर देख लेना सहनशीलता से प्रभु की विशालता को देखने की कोशिश करना। परमात्मा का दर भी स्त्री के गर्भ की तरह खुलता है बच्चा बाहर आता है फिर रोता है उसी तरह गर्भ से परमात्मा के दिव्य मौन वाणियां निकलती है जब भी आधा अधूरा ही कहुगीं लेकिन परमात्मा बोलता है बात करता है लगता है जीवन सार्थक हो रहा है। सम्पूर्ण चेतना आकार में उतरने को तड़पती है हमारे भीतर आत्मा के गर्भ में असीम समुन्द्र कहो असीम ब्रह्मांड की विशालता समाई है। मैने सभी की भाषाए सुनी स्पष्ट सुनी क्या कहू कुछ कहा नहीं जाये। प्रभु प्रेम का विशिष्ट सपना साकार हुआ नींद चली गई, खाने का स्वाद चला गया। हल्का जागरण कहाँ अब तो पूरा सतखंड ब्रह्मांड मिल गया जाने कौनसे जन्म का खोया था, इस जन्म पाया। एकाकार हो गई तुम भी हो जाओ एक तत्व सर्वोच्च है।

एक बार समाचार पत्र सम्पादक ने छापाघर में जाकर खबर छापने वाले युवा युवक से कहा की हे प्यारे पुत्र तुम किसी लड़की के आशिक हो गये हो तुम्हारी आशिकी के लक्ष्ण तुम्हारा चेहरा ब्यान कर रहा है।

आशिकाना आशिको की या जो प्रभु प्रेम में पड़ता है उनकी नो निशानिया बताई गई है।

वादे पिसर (हे प्यारे पुत्र) मौलाना रुम के अनुसार हे प्रिय पुत्र

एक आशिक की नौं निशानियॉ कही गई है उसी तरह परमपिता के आशिको के बारे में यहीं निशानियाँ बताई। मौलाना रुम एक मुसलमान फकीर हुए । चाहे किसी स्त्री – पुरुष का प्रेम हो या प्यारे गुरु का हो पियारे प्रभु का आशिक हो। ये निशानियॉ इस प्रकार बताई है।

आहे सरदो – रंग जरदो – चश्मे तर – कम गुफ्तगू – कम खुरदनो – ख्वाबे हराम – बेकरारी – इंतजारी – द्स्तेसर या हस्तेसर ।

1. आहे सर्दो –––आह भरना, आहे भरना ठन्डे स्वाश भरना, कितनी सुन्दरता दिखती है, हर श्वास में पल पल आशिक का अहसास। ऑह, ऑह,
2. रंग जरदो ––– आशिक के लिए कहाँ गया है तुम्हारा रंग फीका पड गया, पिला पड गया है, ये कैसी आशिकी है?

3. चश्मेतर ––– यानि आँखों में समुन्द्र उतर आता है या तो आँखे पानी से तर रहेगी या नम रहेगी।
4. कम गुफ्तगू –– आशिक की आवाज ही नही निकलती अपने आप में रहने लगता है गुमसुम रहता है कम बोलता है ।
5. कम खुरद्नी ––– आशिक की भूख ही मर जायेगी, नामात्र भोजन लेगा यानि कम खायेगा।
6. ख्वाबे हराम – बस अपनी प्रेमिका के ख्वाब में खोये रहना, खाना, पीना, सोना, सब हराम हो जाता है, नींद भी नही आती।
7. बेकरारी –––भीतर ही भीतर मिलने की चाह की खुमारी दुखी और बेचेंन करती रहेगी। कुछ अच्छा नही लगेगा।
8. बेकरारी ––– मेन भीतर मिलन की आस इन्तजार की आस अपने प्रिय परमात्मा से मिलने की आस बंधी रहती है। यही हाल बेचारे आशिक का रहता है।
9. द्स्तेसर या हस्ताक्षर बार बार हाथो को रगड़ता रहेगा, दिल में सन्सनाहट सी महसूस होती रहेगी।

एक मुसलमान फकीर नमाज पढ़ रहा था लैला गजब की मिली मुझको संसार सागर से पार करता है। इसी तरह मेरा अखंड परमात्मा भी प्रेम में उतर उतर आता है। तड़प मचती है तो रूह में उतर आता मेरा प्यारा, प्रेम, सच्चाई, सहनशीलता, सहना और रहना सिखाता है। प्रेम ही वो सामर्थ रखता है, अस्तित्व को पाने की। जीवन का गुरु प्रेम और वक्त याद रखिये और चलते रहिये। सारा राज खुल जाएगा जब प्रेम का घर्षण होगा। भीतर रगड़ पडेगी तो दबाव पड़ेगा सम्भावना बढेगी मनुष्य जीवन धन्य होगा। फिर कोई खतरा नही सुरक्षित जीवन का आनन्द भर ले।

प्रेम का वट वृक्ष लगाओ फिर देखो कितने फूल खिलते है अपने आप बरसता है, खिलता है, राग रस, भाव, प्रभाव काया अनुभूति परम रहस्य मुक्त हो परम में डूबिये। प्रेम के अभाव में कभी प्रेम से सवांद तुलना नही करिए।

ब्रह्मज्ञान का बिज सबको बोना नही आता। जिसने अपने भीतर इस बीज को बढते देखा उसका पुर्ण तौर पर आनन्द लिया फल का रस लिया। ऐसा अनुभवी का सानिध्य मिले और वो युक्ति कराए बात तभी बन सकती है। बात बन जाय पर विश्वास कौन बैठाय। मेरे पास ज्ञान के सिवा कोई प्रवचन नही केवल विधियों का अनुभव है। परमात्मा ने देने में कोई कसर नही छोड़ी व्यक्ति दुर्भाग्य वंश कृपा का पात्र नही बन पाया। मै प्रभु को इस धरा पर किस तरह उठ ब्रह्मांड से जा मिली। उसी प्रेम मयी धारा की आप की तरफ बहाने की कोशिश है आप सभी के भीतर भी पड़ी मोक्ष की गांठ

खुल जाए।सागर तो बहुत बड़ा है पर अंजली में कितना भर पाते है देखना मुझे यही है। झोलिय तो तभी भरेगी प्रभु वाली झोली जिसको बुननी आ जायेगी। बर्तन तो सीधा ही भरता है, नूर तो दिन रात बरस रहा है।

जर्रे जर्रे में छोड़ी खुदा ने निशानी, जिस्म से रूह निकलने के आलम कई
धरती पर रह ध्यान में बैठ, खोल उड़ान के पंख सैर आकाश की कर

प्रार्थना में भावनाओं की आवश्यकता होती है । भाव जागते है भावनाएं गुनगुनाती है वहा ध्यान भी बंधने लगता है। शब्दों को कभी रटना नही रटे रटाये शब्द चलने तो लग जाते है मन कही और भाग जाता है। आरती गा रहे है मन कही और की सैर कर रहा है। प्रार्थना करने वाले व्यक्ति को धेर्य बाधंना होगा थोड़ा सम्भलना होगा। फल मिलने तक ध्यान रखना होगा भीतर पड़ा बीज को अंकुरित होने में समय जरुर लगता है, नामुनकिन नही है, सीधा वृक्ष पर कभी फल रखा है। ठीक समय पर स्थिति अनुसार सब होता है।

मेरे मौला की शान बडी निराली है गुरु ग्रन्थ साहब की सवारी देखी है वो जहां से निकलते सेवादार सफाई करते रहते है। यह बात कौन समझाये ये देह भी हमें किराये की मिली है जाने कब खाली करनी होगी इस काया को भीतर से निखार ले। आत्मा की सफाई कर ले। यही संदेश है सारा गुरु ग्रन्थ में ब्रह्मज्ञानी की बाणियां है न वहा नाच है न ताली है बैठ ध्यान से सुनना है जिसको सुनना आ गया उसका ध्यान भी सद जाएगा। एक ज्ञानी सारी बराकिया आसानी से समझ पाता है। ध्यान भीतर झरना चाहिए, ध्यान का झरना नही बहा, तो समझना प्रेम की कमी है, कही न कही, अहंकार छिपा है। प्रेम झूलता है तो ज्ञान की घटना पूर्णता का संदेश देती है। श्रद्धा ही अखंड की और ले जाती है, शून्य से पहुचना और शून्य से ज्यादा पूर्ण बीज कुछ नही है। जहाँ फल से फिर बीज बन जाता है, यह बात बीज की जागरूकता का उदय पुरे अस्तित्व में होता है।

प्रेम ---

प्रभु प्रेम की एक चिंगारी ही काफी थी
मेरी छातियां बल उठी प्रेम हृदय भबक उठा
पीडा अदभुद हृदय उठी तपिश में निकला प्रेम
अब कैसे प्रभु लौट जाऊ दर तुम्हारा छोड़ जाऊं
तुमको मेरी हृदय की पीड़ा खींच लाइ
ये विरह भरी वेदनायें सिर्फ प्रभु तुम्हे नजर आई

प्रभु प्रेम के बादल घिर आये अब ह्रदय की तडफन ले कैसे लौट जाऊं
अब तुम्हे बरसता देख ही लौट पाऊंगी आकाश से उतरो प्रभु
भीतर भरी प्रतीक्षा को मै न उजागर कर पाऊंगी
लागी कैसी प्रीत मै तुमको न रिझा पाऊंगी
भीतर भरी विरह अग्नि मै मतवाली मर मिट जाऊंगी
अहसास तुम्हारा मेरे भीतर किसको आभास कराऊं

ये अध्यात्म की कहानी जाने कैसे लिख गई
अनुभव ज्ञान बढ़ा मेरा अध्यात्म की हवा चली
संदेश तत्व ज्ञान का दे सभी को लौट जाऊंगी
गुलशन में गुल खिलता है तकदीर पर न छोड़ना
मस्तिष्क की अंधी कुटी में ज्ञान का दीया धरा
दिमाग में चल रहा अन्धकार खुल जाये
उजाले की एक किरण उम्मीद रख आँख में खोजा
ब्रह्माण्ड राह में जगमगाता मिल जाएगा
पूरा अस्तित्व खेलता नजर आयेगा

आज जगत का वातावरण मैला विषैला हो गया है। आज बाहरी सघर्ष और अनुभव का दौर चल रहा है। जीवन का दौर पहले भी कठिनाई भरा था आज भी है। आज ज्यादा पढ लिख गये, उसी तरह व्यक्ति बिखर भी रहे, रिश्ते बिखर रहे है, व्यक्ति स्वयं भी सकूंन की खातिर कहा–कहा भटकता है चैन नही है। यू कहियें जिन्दगी में गम की बरसात बेगानों का दौर चल रहा है। परिवारों में सगंठन बन रहे है सेहत खराब हो रही है। किसी को पता नही किस भागदौड़ में जी रहे है।

पवित्र साधना ज्ञान से सभी दूर हो रहे है अपने आपसे दूर है। अब आप ही बताये एक व्यक्ति किताबे पढ़ कर विभिन्न प्रकार की स्वादिष्ट मिठाइयां तैयार करता है। दूसरा व्यक्ति वो है जो बचपन से मिठाइयां बनाता आया है। दुसरा व्यक्ति गुरु के अनुभव में बचपन से बनाता रहा। आप किस व्यक्ति को श्रेष्ट कारीगर कहेंगे? जाहिर सी बात है दूसरा व्यक्ति अनुभवी है वह अधिक जानकारी रखता होगा। आखिर मै जिस ज्ञान में बचपन से स्नान करती रही खुद के आईने में झाँकना खुद को बदलना स्वयं ही हो जाता है। शायद किसी की तलाश पूरी हो जाय मै कर्तव्य परायण पूरी ईमानदारी से प्रभु का दिव्य ज्ञान बांटना चाहती हूँ। मेरी जिन्दगी का लक्ष्य मै नही जानती अनजाने मुझे यथार्थ की राह मिल गई। जिन्दगी चलती रही राह गहरी थी, उम्र पता नही कब बचपन जवानी के अंतिम पड़ाव पर ले गई कब बटंवारा कर गई। अकेली भी नही

अस्तित्व में घूमती रही यथार्थ के दिव्य माधुर्य का अवलोकन करती रही। पल–पल नइ प्रभात यह कोई संचित ज्ञान नही। इसका अवलोकन सुनहरी पर्दों की ओट में देखना है, देखना मात्र आ जाये। सम्पूर्ण व्यवहारिक सरंचना को झीनी झीनी बरखा के पार देखना आ जाय। संसार की भटकना समाप्त करने का बीज बोना है। ध्यान की विधि स्वभाव और प्रेम के साथ बीजी जाती है देखना है बोद्ध, कृष्ण, महावीर, मीरा, ईशा, मुहम्मद वाला रास्ता कौन सा अपनाना है। अवतारी पुरुष आते रहे निमन्त्रण देते रहे और रहेगे।

पाप और पुण्य उर्जा एक ही है यह विकल्प सभी के सामने है। वही कोई गाली दे रहा अनाप शनाप शब्द बोल रहा है। जो चुपचाप सुन रहा है, कोई जवाब नहीं दे रहा है शांत है, वह दे रहा है, दूसरा व्यक्ति शांत चित है, तो कहाँ जाएगा वह गालियाँ, वह निंदा उसी के पास लौट जाएगी। कई गुना बढ़कर उसी के पास वापिस लौट जाती है। यह सब अनजाने में कितना पापो का भार बढ़ जाता है। व्यक्ति अपनी प्रशंसा सुनकर प्रसन्न होता है। चुपचाप सुनता है उर्जा का प्रवाह तो सतत बह रहा है। आध्यात्मिक व्यक्ति अपनी उर्जा को कभी मलीन नहीं करता उसको कुछ भी प्रभावित नहीं करता। वह अपनी मनोवृति स्वच्छ रखता है। ऐसे व्यक्ति जो जो वस्तुए उनकी बुद्धि को मलीन करते है। उनका न तो सेवन करते है और ना ही धारण करते है। विद्वान व्यक्ति अपनी आत्मा का सत्य जान लेता है। इसलिए उसके भीतर सत्य की अमृतधारा ही बहेगी। व्यक्ति ध्यान न रखे कब पाप बनकर बहने लगती है, पता भी नहीं चलता। व्यक्ति को पाप शांति की जगह अशांति पैदा करेगा बैचेनी पैदा करेगा। क्रोध पैदा करेगा। निराशा पैदा होगी, रोग पैदा होंगे। फिर अपने को स्वस्थ विचार नहीं दे पायेगा। क्रोध में उर्जा बहेगी क्रोध का विस्फोट होगा। शरीर की आत्मा में अत्याधिक उर्जा छिपी है। वही शक्ति वही उर्जा भयंकर यातनाओं में डाल सकती है, और बचा भी सकती है। कई बार गुस्से में अँधा हो कर स्वयं को आग लगा देना या आत्महत्या करना वह एक क्षण में सब समाप्त। वही व्यक्ति को जरा सी आंच लगे भागता है। कई बार डर के सामने भी वही उर्जा काम कर जाती है।

मुझे एक स्त्री ने बताया वह वर्षो से बीमार थी उसके घुटनों में दर्द के कारण पैरो ने काम करना बंद कर दिया। एक दिन वह अकेली थी घर में अचानक बिजली की तारो के भिड़ने से घर में भयंकर आग लग गई वह चिल्लाई परन्तु उसकी आवाज किसी ने नहीं सुनी अब उस महिला को मौत सामने दिखाई पड़ रही थी उसकी आत्मा ने यह विचार तीव्र वेग से बहने लगा सारी शक्ति एक बिंदु पर आ गई वह भाग कर बाहर आ गई और ठीक हो गयी। वह आप जान सकते है कैसे हुआ। भय ने मस्तिष्क में प्रबल विचार दिया। मस्तिष्क में उठा विचार उसके अंगो को शक्ति दे गया। वह भाग उठी। यही साहस की उर्जा जो उर्जा महीनों से अपाहिज असहाय थी, अशक्त थी निर्बल थी।

वही विधुत शक्ति का काम कर गई। उस समय चलने में जो पीड़ा हुई होगी उसका भान ही नहीं रहा बस भयानक आग का खतरा दिखाई दिया। इसी उर्जा का स्वरूप कई रूप में देखने को मिलता है।

कोलंबस जैसे व्यक्ति की सफलता का रहस्य उनकी संकल्प शक्ति में छिपा था। कोलंबस ने जवानी में चलने का संकल्प लिया चलते रहना और आगे बढ़ना अपना ध्येय समझा आज जो व्यक्ति बस जिये जा रहा उसकी न कोई मंजिल है न उदेश्य है। कई बार मै महिलाओ को बोलती। थोड़ा समय अपने लिए निकालो पर वे कहती है समय नहीं है। मै पिछले दिनों महिलाओं के ऐसे ग्रुप से मिली जो 3 घंटे की किसी पार्टी से बाहर आई। मैंने उन्हें भी समझाया थोडा सा समय अपने लिए जिससे मन स्थिर हो सके।

परन्तु किसी को प्रेरित करना कोई सरल कार्य नहीं है। उनके भटकते विचारों को एकत्र करना आसान नहीं है। यात्री जब जब रास्ता भूलता है तभी मदद मांगता है, तभी मार्ग पूछता है, या व्यक्ति कठिनाइयों में विचलित होता है। तब मार्ग पर चलता है, क्योंकि इस प्रकार की पार्टी बिना काम के व्यक्ति को व्यस्त रखती है। वही मनोरंजन समझते है। बिना किसी ध्येय के व्यस्त रहना व्यक्तियों की अपार संख्या है। थोड़ी देर के लिए उनकी निराशाएं दूर लगती है।

आज के युग की मांग यही है अपनी शक्तियों को इधर उधर बिखेरे हुए है, आँखे बन्द है मनुष्य में शक्तिया है, औजार भी स्वयं के पास मौजूद है। उपकरणों यानी विधियों का ढेर लगा है यदि युवा रहते इन औजारों, उपकरणों, यंत्रो का प्रयोग नहीं किया तो सब बेकार है। ज्ञान के बिना जीवन जीना व्यर्थ है। गुरुओ की भीड़ हा इस भीड़ को देखकर सामान्य जन में एक डर पैदा हो गया है। उच्च श्रेणी का सरल गुरु न आपको चमत्कार दिखाएगा न सिद्धि देगा। वह केवल समय मांगेगा और प्रक्रिया देगा आगे आपको बढना है। उच्च श्रेणी में आपको पहुचना है। जो व्यक्ति अपनी अकर्मण्यता को त्यागकर इस मार्ग को चुनते है। निश्चित ही एक उदेश्य निर्धारित करते है वही मुझसे सम्पर्क कर सकते है।

सफेद पोश में झूठी शान को छोड़कर अपने उदेश्य की ओर निष्ठापूर्वक कदम बढाने का प्रयास करना होगा। आप इस और जितना जल्दी कदम बढ़ा ले उतना अच्छा है। संसार में सब कुछ पाने के बाद जीवन का बर्तन खाली का खाली है। जब तक खाली बर्तन को ध्यान रुपी रस्सी से बांधकर कुएं में नहीं उतारोगे तो बर्तन खाली का खाली रहेगा। ध्यान के द्वारा उतरा जाए तभी पात्र भीतर से भरेगा। सम्पन शक्ति और योग्यता तो भरी है बस उसे रूप देना बाकी है। उन्हें चमकाना है, रगड़ नहीं पाता। बस एक उदेश्य की ओर बढ़ना है। उर्जा तो अपने आप प्रखर कर बाहर आती है। निशाना लगाने की देर है। कभी किसी तीरंदाज को ध्यान से देखा है। उसकी दृष्टि केवल सुई

की नोक पर होती है लक्ष्य केवल बिंदु होता है जहाँ उसे गड़ाना होता है। एक बिंदु पर मन टिका है पूरी शक्ति योग्यता उस लक्ष्य पर है। उदेश्य और लक्ष्य का स्थिर होना आवश्यक है, व्यक्ति को ज्ञान सरलता से नहीं होता। वह व्यक्ति ही जानता है कोई कार्य सरल नहीं है।

एक बार मैं बस में हरिद्वार जा रही थी रास्ते में मेरे साथ एक पंडित जी बैठे थे। कम से कम छह–सात घंटे का सफर था लम्बा सफर था। मै अपनी आँखे बंद की और समाधी में आनंद में हो गई वह पंडित मुझे देखते रहे होंगे, मुझसे बात करने लगे। उनके मन में कई सवाल थे। वो पूछे पहले तो बताया मै कई वर्ष से नियमित ग्रन्थ पढ़ रहा। मै खाने पीने सोने का सब सुख भूलकर कठिन ग्रंथो को पढ रहा। कभी मनोरंजन की ओर ध्यान नहीं दिया। ग्रंथो के पढने से एक बात समझ आती है तत्व ज्ञान है सृष्टि ज्ञान है परन्तु आँखे बंद करू तो अँधेरा नजर आता है। अनेक ग्रंथो के निदान और उनकी परिभाषाये तो समझ आती है। पर उनका मूल समझ नहीं पाया। मुझे भीतर से बहुत ही खुशी हुई पंडित जी की प्यास बहुत बढ़ चुकी है। उन्हें थोड़ा सा प्रकिर्या का विस्तार से समझाया जाये तो शीघ्र ही प्रभु तत्व प्राप्त होगा। हम बाइस व्यक्ति थे। हरिद्वार पंहुच गये वह धर्मशाला में हाल में रुके। वहा स्नान के बाद मैंने ध्यान किया उन्हें भी एक प्रक्रिया बताई सही तरीका बैठने का बताया करवाया। पंडित जी का ऐसा ध्यान लगा कई घंटे आँख ही नहीं खुली फिर दूसरे व्यक्ति उन्हें धीरे से उठाकर लाये। वह बहुत खुश हुए मेरा बार–बार धन्यवाद करने लगे उनका वर्षो का तप था, प्यास थी, मै समझ गई थी। उनके भीतर ध्यान उतरा। उनको भीतर घटना घटनी बाकी थी, वे हमारे साथ दो दिन रहे एकांत और मौन रहे। शक्ति का उत्पादन बाकी था। सारी जानकारी अब सफल बन गई। उन्हें उर्जा बिंदु पर पहुँच गई। सभी के भीतर एक दिव्य मंदिर बना है रास्ता भूल गये प्रवेश द्वार बंद है अँधेरा दिखाई दे रहा है चाबी लगाना भूल गये है। दर्शन का अधिकार प्रत्येक मनुष्य को है वह चाहे स्त्री हो या पुरुष। यह प्रभु ने कोई झगडा नहीं रखा उच नीच का, रंग का सुन्दरता का, पद प्रतिष्ठा का। यहाँ सभी प्रवेश पा सकते है। प्रभु ने कोई भेद न छोड़ा। मै स्वयं वर्षो के अनुभव से जान पायी। जब भी किसी की प्यास जागी वह पल में पा गया। प्यास बुझाने की तरकीब पता होनी चाहिए। अटल विश्वास से जड तब पहुंच सकते है ध्यान का परिश्रम तो आत्मा को जानने तक का द्वार है, आत्मा तक पहुचने का द्वार है, फिर माया का जाल स्वयं अलग होने लगता है।

तत्व ज्ञानी गुरु क्या सिखाता है, और सिखाना भी क्या? वह स्थूल शरीर का इलाज करता है शुक्ष्म शरीर में रहना सिखाता है। वह केवल अपने मस्तिष्क और शरीर की उर्जा का प्रयोग करना बताता है। वे भाग्यशाली व्यक्ति है अन्य ज्ञान के साथ साथ अध्यात्मिक शक्ति का सार तत्व भी जान जाते है। इसलिए तत्व गुरु सदैव भीतरी कृत्यों पर जोर देते है।

जब मंसूर को फासी दी गई तो वह हंसता रहा। गर्दन काटी गई लेकिन हंसी उसी तरह फूटती रही। हंसी नही रुकी कुछ देर कटी गर्दन हंसती रही। तब एक भगत ने सूफी संत से पूछा की पैर में जरा सा काँटा चुभता है व्यक्ति दर्द से तडफता है। यहाँ मैसूर तो हंस रहा है, यह कैसे हो सकता है? फरीद सूफी संत ने तभी एक कच्चा नारियल उठाया और भूमि पर दे मारा नारियल गिरी समेत चूर चूर हो गया। भीतर गिरी सहित फूटा तभी सूफी फरीद संत ने एक पक्का नारियल उठाया उसको भूमि पर दे मारा नारियल तो टूट गया लेकिन गिरी साबुत रही।

फिर फरीद समझाते हुए कहते है। सभी कच्चे नारियल भांति है,गिरी खोल से पूरी तरह जुडी हुई है। इसी कारण शरीर के दुःख से सभी पूरी तरह जुड़े हुए है। जरा सा झटका लगते ही रोते है चिल्लाते परेशान हो जाते है। मंसूर पक्का नारियल था, यानि उसकी आत्मा रूपी गिरी शरीर रूपी खोल से अलग हो गई थी। खोल टूट जाए गिरी का क्या बिगड़ता है।इसी कारण मंसूर को को दुःख न हुआ ऐसा व्यक्ति दुखो से नही डरता। दुखो से उपर उठ जाता है सुखो के पार आनन्दित हो जाता है ।

मैने जाना प्रभु को क्या चाहिए? कुछ नही लेकिन अध्यात्मिक मिठास जिनमें भरी हो वह प्रभु के प्यारे है। दिव्या शक्तियाँ बरस जाती है, शरीर का भीतर से खुलने का आनन्द उपलब्धि के बगैर सम्भव नही। शरीर रूपी चादर में जितने चक्र छिपे है इन्ही अष्ट चक्रो का चक्र और पांच तत्व की सामग्री भरी है। इस चक्र से परमात्मा ने इस काया को बुन तैयार किया। इस बुनी चदरिया को सबने दागो दाग किया। यहाँ कबीर साहब बहुत सुंदर जवाब देते है मैने भी ओड़ी चदरिया ज्यो की त्यों लौटा दीनही वैसी की वैसी कोरी बना वापस कर दी। जिस जीव की चदरिया कोरी है, मन प्रभु भक्ती में लगाया, अपने को संसार के हर दाग से बचाया। पूर्ण सफलता तभी सम्भव है जब बोल उच्चा कर्म सच्चा हो।

मोलाना रूम सूफी फकीर हुए एकबार उन्होंने अपने बेटे को चिंताग्रस्त देखा गहरी सोच विचार में डूबा देखा। बड़े प्यार से पूछा क्या बात है बेटा? किस सोच में डूबे हो? बेटे ने कहा पिताजी मै इस बात की गहरी सोच में हूँ, परमात्मा की प्राप्ति कैसे की जाती है। मै बड़ा व्याकुल हूँ, परमात्मा से मिलने को बेताब हूँ, कहने लगा आप ही मेरे गुरु बन जाए। कृपया परमात्मा से मिलने का मार्ग बताये। तब मौलाना रुम अपने बेटे को बाथरूम में ले गया वहा पानी से भरा टब पड़ा था। बेटे को गर्दन से पकड़ा और मुँह पानी में डुबो दिया। उसका दम घुटने लगा फिर बाहर निकाला और कहाँ तुम्हारा यही मार्ग है, प्रभु के पाने का। पानी से निकाला तब तुमको चेन आया। जब तुमको पानी में रखा डुबोया तुम चिल्लाये घबराए उसी प्रकार संसार रूपी सागर से बाहर निकल कर ज्ञान रूपी सागर में डुबकी लगाओ। तब परमात्मा से मिल सकते हो, प्रभु से एक हो जाओ। जिसके भीतर तेज हो प्राप्ति वही है, ठंडक भी वही मिले लेकिन व्यक्ति ठंडक

को छोडकर संसार की तपश में बैठना पसंद करता है। यदि सूर्य के सामने पीठ करके बैठ जाओगे तो अपनी परछाई सामने नजर आएगी और यदि सूर्य के सामने मुँह करके बैठ जायेंगे तो वहीं परछाई पीछे चली जायेगी। यानि सूर्य रूपी तेज का सामना करने से हमारे सामने जो अंधकार होता है, वह पीछे चला जाता है। इसी तरह संसार की तरफ मुह करेंगे तो अन्धकार के सिवा कुछ नही मिलेगा।जिस व्यक्ति में प्रभु की दिव्यता भरी है, उसकी तरफ चलने से ही प्रकाश की ओर पहला कदम है। सामने जाकर उपाय करने पर जन्म–जन्म का अन्धेरा दूर होगा। दिव्य सत्य की प्राप्ति होगी।

प्राकृतिक आनन्द की परिभाषा कोई नही जानता आखिर आनन्द है क्या? कैसा आनन्द? कौन सा आनन्द? जिससे सब दूर है। मै यहा किसी विषय या वासना के आनन्द की बात नही कर रही हूँ, जिसे कोई खत्म नही कर सकता छीन नही सकता। सदैव एक जैसा रहता है, नित्य रहता है, आनन्द नित्य है, सर्वस्व है जिसको प्राप्त करने के बाद मुक्त आनन्द में जीते है। उसी प्रकृतिक आनन्द से सब अनभिग है। हृदय के किवाडो को खोलना होगा, अपनी आत्मा को शुद्ध बनाना होगा। ज्ञान आत्मा की विशालता के भेद खोलता है, उसका चरित्र निखरता चला जाता है। सम्प्रदाय ब्रह्म कृत्यों पर जोर देते है। सम्प्रदाय में व्यक्ति बाह्यमुखी होता है, समप्रदाय ब्राह्य मुखी होता है। व्यक्ति का चरित्र भी बाह्य मुखी बिखरता चला जाता है। उसका दृष्टिकोण बड़ा सक्रिय होता है वह मानव जाती को भेदभाव में बांटना अगर व्यक्ति धर्म को छोड़ते है। तो व्यक्ति समप्रदाय के जाल में फंसकर रह जाते है वह भूल जाते है मूलतत्व को। इसलिए सम्प्रदाय सक्रियता सिखाते है वह व्यक्ति को जात पात, रूप–रंग तथा उच–नीच के भेद से ऊपर उठने नहीं देते। परन्तु धर्म इन सभी से अलग है, वह व्यक्ति को अंतरमुखी बनाने का प्रयास करता है। धर्म सदैव अंतर्मुखी रहा है। धर्म व्यक्ति की आत्मा में बसा है। वह आत्मा की परते खोलता है वह चरित्र को उन्नत बनाता है। वह किसी प्रकार का भेदभाव नहीं करता। तत्व का आधार ही जीवन है इसी तत्व ज्ञान पर शरीर की दिवार खड़ी है। तत्व की बुनियाद देखने की जिज्ञासा जागेगी, भूख जागेगी, जी चाहेगा देख पायेंग। जीवन परमात्मा सृष्टि स्वरुप ही माना गया है। परमात्मा का अनंत रूप देखने के बाद कुछ भी रह नहीं जाता। वह अनंत है वह अबोध्य है, अगम्य है। वेदों, पुरानो, साहित्यों में दिव्य सृष्टि छुपी है, मनुष्य की सृष्टि छिपी है इसलिए सुबोध भी है सुगम भी है यह आसानी से जान सकता है। साहित्य सभी के सामने जवाब देह है। कर्मो के साथ जीवन का उदेश्य आनंद को प्राप्त करता है। मनुष्य अपना सारा जीवन संसारी वस्तुओ की खोज में लगा देता है और जीवन पर्यन्त असल खोज से वंछित रह जाता है। असली रतन तो पाया नही, मणि तो भीतर ही दबी रह गई। जिसन`दिव्य मणि को खोज लिया उस अमृत को पाया उसी ने गाया। किसी ने घर रहकर पाया किसी ने जंगल में पाया, सत्य का मार्ग खोजा। असली ऐश्वर्य की खोज

वह आनंद है। उस आनंद से ही सुन्दरता मिलती है, सत्य जो बादलो में छिपा है वह दिखाई देता है। उसी से आनंद की किरणे निकलती है। वही आनंद को दर्शाता है वह अखंड है वह अमर है वह दिव्य है। आज वर्तमान जीवन उलझनों से भरा है। यह भयानक समस्या सभी के सामने है। इसके विपरीत मनुष्य स्वयं मूल से विमुख है। स्वयं सुखी नहीं तो सुखी समाज का निर्माण कैसे कर सकता है। महान भविष्य का रास्ता कैसे खुल सकता है? सभी सुख साधन और वैभव व्यक्ति के जीवन को सुखी नहीं बनाते है। जब तक उसे आत्मीय ज्ञान न हो, उसकी आत्मा का दिया न जला हो। जब ज्ञानी गुरु हमे सानिध्य में व्यक्ति आता है, सानिध्य में आने से आत्मा का कल्याण है। प्रभु वो दिव्य अनुभूति और विभूति है जहा समस्त बंधन कट जाते है। सबकी अपनी सामर्थ्य अनुसार परमात्मा का नूर बरसता है। आत्मा को जानने के लिए केवल जीवित शरीर चाहिए कोई जाती, रंग, मजहब, कुछ नही चाहिए। ज्ञानी गुरु का आशीवाद चाहिए तभी भीतर का घनघोर अन्धेरा दूर होगा।

तत्व ज्ञानीगुरु से युक्ति मिल जाती है। विचार मिल जाता है। कोई सामग्री मिल जाती है, सिद्ध युक्ति आत्मसात कर लेते, वह आपकी हो जाएगी। आपने देखा होगा, मधु मखियाँ मधुसंग्रह के लिए कितनी मेहनत करती है। कोसों के चक्कर लगाती है, अच्छे फूलो पर बैठकर उनका रस चूसती है। मेहनत रंग लाती है, तभी तो उनके मधु में संसार की सर्वश्रेष्ट मधुरता होती है उस मधु के सेवन से कई रोग दूर होते है। उसी प्रकार व्यक्ति को तत्व ज्ञान होता है तो उसके सारे कलेश बीमारियाँ स्वयं समाप्त हो जाती है। शरीर की उर्जा पूंजी है। जीवन के अंत तक जितनी पूंजी हम लगाते है उतना ही हम पाते है। यह पूंजी अनमोल है इसका भेद कोई नहीं जानता जो इस भेद को जानता है। वही इस राह पर चलता है, अपनी ऊर्जा रूपी पूंजी लगाता है।

जिसके जीवन में तत्व रस है वहीं माधुर्य पाता है। सबका आधार उर्जा है बस दिशा चाहिए। आज ज्ञान और विज्ञान का संगम है। बहुत साधन उपलब्ध है, जीवन में कामयाबी बहुत आसानी से मिलती है। सारी नाकारात्मक उर्जा को हटाना है वही सकारात्मक उर्जा की दिव्य तरंगे बहने लगेगी। साधारण भाषा में आम आदमी को भी कामयाबी मिल सकती है। जीवन में सकारात्मक उर्जा के द्वारा अध्यात्म में आसानी से प्रवेश पाया जा सकता है। इसका एहसास तत्व को जानकार ही होता है। उर्जा किस दिशा में बह रही थी इस पर कौन–कौन से रंग चढ़े हुए थे। अंत में हम उतना ही प्राप्त करते है, जितनी उर्जा हम लगाते है। पूंजी प्रभु की ओर लगाते है। यह संसारी पूंजी नहीं है यह कुछ भी नहीं है बस थोड़ी सी उर्जा को पलटना है जिन्दगी के पन्ने थोड़े उल्ट कर पढने है। तभी अक्षर फूलों के नजर आयेंगे वर्ना तो अंगारे घोर गुफा में वो ही नजर आयेंगे। यही जीवन के भेद है। जो मनुष्य जानकर चलता है, यह फिर जिंदगी में कभी न खत्म होने वाली चीज है। हे मनष्य अभी भी समय है, ज्ञान की

कोशिश कर ले, यह पल भी बीत गया फिर वह पल कभी नही आएगा। क्योंकि खजाना तो मनुष्य के अंतराल में छिपा हुआ है। दिव्य कोष तो स्वयं ही खोलना होगा निकालना होता है। अगर समुद्र के किनारे पड़ी हुई सीपियों में प्रसन्न है, संतोष है, तो समुद्र के अंतराल का खजाना कौन बाहर लाएगा। जीवन का असली उत्सव खो रहे हो। श्रम तो करना होगा। दिव्य कोष तो भरा हुआ है।

मै तो आप सभी का ध्यान आकृष्ट कराना चाहती। मेरा ह्रदय तो भरा हुआ है मै घर बना चुकी। बस आप सभी को वह प्रसाद देने को आतुर हूँ। जिस व्यक्ति की मनोवृति में उत्सुकता जिज्ञासा के भाव भरे है, वह इस अभिन्न प्रकृति का हिस्सा बन सकता है। वह परमपिता के असीम उत्सव में प्रवेश पा सकता है। वह पल पल ध्वनि सुन सकता है। शरीर ही रहस्यों भरा है मनुष्य जीवन फलता है, खुलता है। मानव तन अंकुरित न किया तो रोगों का घर बन जाता है। इसलिए धर्म का मार्ग पकड़ना चाहिए। धर्म जीवन है धर्म सत्य को जानने से बनता है। वर्ना शास्त्रों में धर्म मौन है। जहाँ शक्ति है वहा धर्म गति है, जीवन का सत्य बाहरी आवरण को जानने से नहीं मिलता यह सोच हटानी होगी। सत्य शरीर का आंतरिक सूक्ष्म तत्व है। उसको जानने और पाने का एक केंद्र है। उस केंद्र को खोदना पड़ता है। भीतर आन्तरिक युद्ध जीत कर गहराई में जाना पड़ता है। उस एक केंद्र पर सब भूल जाना होता है। तभी सत्य की एक झलक उपलब्ध होती है। सत्य एक है उसको कहने का तरीका अलग हो सकता है। सत्य का कोई खंडन नही कर सकता है। सत्य वाटिका में खिले फूलों की तरह नजर आता है।

मैंने एक कथा पढ़ी थी– शहर में एक तरफ वैश्या का घर था एक तरफ साधू का। एक दिन अचानक सुबह वैश्य की मृत्यु हो गई और दोपहर को साधू की मृत्यु हो गयी। दोनों आमने सामने जीये और एक साथ मौत भी आई। यह आश्चर्य की बात थी। वैश्या और साधू को लेने दूत आ पहुचे। वैश्या के दूत वैश्या को स्वर्ग ले गये वही रास्ते में साधू के दूत मिले वह उसे नर्क ले जाने लगे। तब साधू बोला तुम्हे कुछ गलती हुई है, वैश्या को स्वर्ग मिला है, और मुझे नर्क– यह कैसा अंधेर है। तब दूत बोले नहीं महाराज न ही भूल है, न ही अन्याय। कृपया नीचे धरती की ओर देखिये। जैसे ही साधू ने नीचे धरती पर देखा, उसके शरीर को फूलों से सजाया जा रहा है विशाल जलूस निकला जा रहा है। हजारों लाखो लोग राम धुन गा रहे थे। शरीर को श्मशान की और ले जा रहे है। वहां चन्दन की चिता बनाई है, और दूसरी ओर उस वैश्या की लाश पड़ी है। उसे कोई उठाने वाला भी नहीं है। जानवर उसे नोंच नोंच कर खा रहे है। यह सब देख कर साधू बोला धरती के लोग ज्यादा समझदार है जो न्याय कर रहे है। दूतो ने जवाब दिया– धरती के लोग केवल वही जानते है जो बाहर था, उनकी पहचान बाहरी भगवा तक थी। शरीर की गहरी पहुंच उन्हें मालुम नही थी। असली सवाल शरीर का

नहीं मन का है। तुम केवल शरीर के सन्यासी थे, परन्तु तुम्हारे मन में क्या था? तुम्हारे मन में सदैव काम वासना जागती रही। तुम मन से सदैव सोचते रहते वैश्या के घर कैसा मधुर संगीत बज रहा है। कैसे सुन्दर नृत्य चल रहा है। वहां बहुत आनंद होगा। मेरा जीवन कैसा नीरस है।

दूसरी तरफ वह वैश्या थी जो निरंतर सोचती रहती साधू महाराज का जीवन कैसा आनंद पूर्ण है। रात में जब तुम भजन गाते थे, तो वह भाव विभोर हो रोने लगती इस तरफ तुम सन्यासी के अहंकार से भरते जा रहे थे। उधर पाप की पीड़ा से वह विनम्र होती जा रही थी। तुम अपने ज्ञान के कारण कठोर होते गये। वह अज्ञान बोध के कारण सरल होती चली गई। अंत में तुम्हारा अहंकार ग्रस्त व्यक्तित्व बचा। उसका अहम शून्य है। मृत्यु के समय चित में अहंकार भरा था, वासना भरी थी। वैश्या के चित में न अहंकार था न वासना भरी थी। वह प्रकाश प्रेम और प्रार्थना से परिपूर्ण थी। जीवन का सत्य बहुत आंतरिक है, आतरिक से भी आंतरिक रूप है। बाहरी आवरण सत्य नहीं है। जो सबको दिखाई देता है। सत्य भीतर में उपलब्ध है। वह सूक्ष्म रूप में बरसता है। इसलिए सत्य की खोज सर्वाधिक आवश्यक है। आत्म ज्ञान के अतिरिक्त कुछ नहीं। जो व्यक्ति जागने का साहस करता उसी समय शक्ति चक्र पूर्ण शून्य हो मन कि ओर चल देता है। मानव मस्तिष्क बुद्धि और हृदय से सम्पन्न है उसकी अनुभूति का सम्पूर्ण विषय उसी में मौजूद है।

कभी सोचा पर्यावरण शब्द का निर्माण जैसे हुआ यह शब्द सभी को पता है की परि और आवरण के योग से बना है जो हमारे चारों और फैलकर हमे ढके हुए है। यह इस तरह भी कह सकते है जो चारो ओर विद्यमान है यही पर्यावरण है। जिस प्रकार प्रकृति ने हमारे लिए एक स्वस्थ, सुन्दर और सुखद आवरण का निर्माण किया है। इसी आवरण का एक पर्दा और खुलता है। मनुष्य भौतिक सुखो में पड़ कर उस पर्दे को हटा नहीं पाया है। प्राकृतिक पर्दे को हटा नहीं पाया है जब प्राक्रतिक पर्यावरण इतना सुन्दर है जब व्यक्ति के भीतर से मात्र घटना है। प्रकृति का रूप निराला नजर आता है। आँखों की धूल छंट जाती है आँखों से पर्दा हट जाता है। आँखे खुल जाती है, कान खुल जाते है। फिर तो शब्द और विभिन प्रकार की ध्वनियाँ रह जाती है।

मै तो जैसे मौन हो गई, जैसे पुरानी आँखे कही खो गई। जैसे मैने नई आँखे बनवा ली हो। जैसे आँखौ का ओपरेशन हो गया।सत्य की यात्रा मे इतने खुबसूरत नजारे, सभी बाधा समाप्त, कोई तट नहीं कोई बंधन नहीं। सत्य के गुढ़ रहस्य खुलते चले गयें, जैसे तो किसी ओढे हुए रूप की चादर उतार दी हो। जो उसका कवच था वह अलग कर दिया हो। भीतर का वृक्ष रातो रात बढ गया हो, सामने फूल निकल रहे, फल लग रहे है, पक कर गिर रहे है, रस टपक गया पक्षी आ गये, पक्षियों की गूंज शुरू हो गई। बढती जा रही। नव जीवन का संचार हुआ ज्ञान भीतर प्रवाहित हुआ। ज्ञान से भरे नेत्र

घायल मन प्रसन्नता से गरज उठा। असीम सत्ता की जिज्ञासा पूरी हुई, मिलन की स्थिति बडी रहस्य वादी है। मेरा ह्रदय अनुशरण करता हुआ बढ़ता रहा। जीवन की सफलता को समझना, प्रेम, त्याग, उदात गुणों का होना आवश्यक है। प्रथम दर्शन की कोशिश करना दर्शन के बाद त्याग होता चला जाता है। दिखावा करने वालो का खण्डन हो जाता है, बात जब खुलती है, बाहरी ज्ञान भूल जाता है। ह्रदय प्रभु प्रेम की जीत से भर जाता है। नारियल की भांति कठोर व्यक्ति भी भीतर से विनम्र बनता जाता है। प्रभु का क्रियात्मक विवरण देख कर मन में उल्लास से भर जाता है जैसे मीलों दूर है एक झलक करीब दिव्यता दिखा जाती है। प्रकाश का हिस्सा बन जाती है विलक्षण झलक नजर आती है। कोई प्रतिबन्ध नही। स्वयं की अनुभूति की अभिव्यक्ति होती है। यथा ज्ञान – मै जहाँ बैठकर लिख रही हूँ कैसी मोहक शोभा प्रभु के सौपान की परम्परा सी दिख रही है। अनायास ही ऐसा महसूस होता है यह कौन सा दिव्य जंगल आ गया। मन की भ्रान्तियॉ दूर होती गई उसे दिव्यता से भरपूर कहू करोड़ो सुंदर पदार्थो में रहने वाला एक ही दिव्य गुण है, विशाल शक्ति ह्रदय आनन्द से भर खुशी से लहरा उठा। दिव्यता के विभिन्न रूप मेरे ह्रदय को तरंगित करते रहे, इस गुढ़ रहस्य को जान कर मै गूंगी बन गई थी। वर्षो का मौन टूटा है जो आज कहने की हिम्मत जुटा पा रही हूँ। यह बात मेरे सिवा कौन जान सकता था? किसी को कह पाना समझा पाना मुश्किल था। सौन्दर्य का कौन सा रूप ब्यान करूं? शब्द बड़े साधारण लगते। शब्दों का प्रयोग मुश्किल था, संसार का सारा बहम मिटता जा रहा था पावन पहचान होती जा रही थी। मेरे लिए उस दिव्यता से भरा सौन्दर्य का वर्णन करना जैसे गुड खाकर उत्पन्न आनन्द की मिठास को व्यक्त करना मेरी यह स्थिति बन गई। सौन्दय से भरपूर कल्पतरु की व्याख्या करना अति मुश्किल हो गया। जितना जिन संतो ने जाना गाया वह सार्थक होता गया सामने आता गया। सभी संतो ने प्रभाव शाली ढंग से सों। की चर्चा की। तत्व ज्ञानी गुरु कुछ नही छिपाना चाहता। वह अपनी स्थिति में मस्त रहता हुआ भाँती–भाँती के उदाहरण देकर समझाना चाहता। वह स्थिति अनुकूल ढलता हुआ अंतरमन और बाह्य सामंजस्य बैठाता हुआ कोई समझोता नही अत्यंत दुर्लभ तत्व का वर्णन करता है। प्रकृति का सौन्दर्य कई गुणा अधिक बढ़ जाता, उतार चढावों को देखती हुई अपनी स्थिति पर अडिंग रही। समाधि में तल्लीन रहते आत्म केन्द्रित हो सर्वश्रेष्ट प्रसाद पाती रही।

साक्षात् सत्य सामने आ गया तभी तो सभी ने कहाँ है कि प्रकृति का जीव से बहुत गहरा सम्बन्ध है। भीतर से आत्मा का आवरण उतरता है और बाहर से प्रकृति का आवरण उतरता है। सत्य को उघाड़ने का पात्र में सामर्थ्य होनी चाहिए। वह शक्ति स्वयं को अर्जित करनी होती है। वह घूँघट स्वयं उघाड़ने का साहस होना चाहिए। सत्य जानने का साहस होना आवश्यक है। स्वयं को देखने की शक्ति आत्मा का प्रकाश

स्वयं के ज्ञान का प्रकाश है पुरानो की एक कथा याद आ रही है।

एक नवयुवक ऋषि हरिद्म्त गौतम के आश्रम में पंहुचा। सत्य क्या है वह सत्य को जानना चाहता था। अखंडब्रह्म को देखने की उसकी बडी इच्छा थी। उसने ऋषि के चरणों में सिर रखा और प्रणाम किया। आचार्य में सत्य को खोजने आया। मुझ पर कृपा करे और ब्रह्म विद्या की शिक्षा दे। मै अंधा दिव्य तत्व देखना चाहता। यह संसारी अंधापन की बात नहीं है। वह सब देख सकता था।

ऋषि ने पूछा– वत्स तेरा गोत्र क्या है? तेरे पिता कौन है और उनका नाम क्या है? उस युवक को अपने पिता का कोई ज्ञान न था। नहीं गोत्र का पता था। वह अपनी माँ के पास गया और उससे पूछकर लौटा। उसकी माँ ने जो उसे कहाँ वही उसने ऋषि को बताया और बोला भगवन मुझे अपने गोत्र का ज्ञान नहीं है ना ही मै अपने पिता को जानता हूँ। मेरी माँ को भी मेरे पिता का ज्ञान नहीं है। उससे मैंने पूछा तो बताया। मै युवावस्था में अनेक पुरुषों में रमती थी और उन्हें प्रसन करती रही। उसे पता नहीं मै किसकी संतान हूँ। मेरी माँ का नाम जबाली है। इसलिए मै सत्यकाम जबाली। ऐसा ही आपको बताने के लिए कहाँ है। ऋषि इस सरल सत्य को सुनकर अतिभुत हो उठे। उन्होंने उस युवक को ह्रदय से लगा लिया बोले मेरे प्रिय वत्स तू निश्चय ही ब्राह्मण है। सत्य जानने की यही अवस्था है।जिसकी जिज्ञासा सत्य को जानने की हो वह ब्राह्मण कहलाता है। यह अवस्था का लक्ष्य है तू ब्रह्म को जरुर पा लेगा। सत्य स्वयं ही खोजता है जो ब्रह्म को जान लेता है वही ब्राह्मण कहलाता है। जो ब्रह्म को पा लेता है वह व्यक्ति भ्रम और भय के पार हो जाता है उस व्यक्ति के मन में कोई संदेह नहीं कोई संशय नहीं। वह पूर्ण रूप से ज्ञानी व् धनी हो जाता है इसलिए फकीर डूबकर तैरना सिख जाता है,उन्होंन ही संसार का भय भयभीत करता और नहीं सताता।

सुकरात को जब जहर दिया गया तो उनके शिष्य रोने लगे। क्योंकि उनको ज्ञान नहीं था वो जानते थे अब सुकरात नहीं बचेंगे वह मर जायेंगे। तब सुकरात ने कहाँ– तुम रो क्यों रहे हो? अब तक मैंने जीवन देखा है अब मौत को देखूंगा और अगर मर भी जाऊं आज नहीं तो कल मरना ही था। इसमे रोने की क्या जरुरत है। मै मरते हुए भी नहीं मरूँगा, शरीर बदलना है। सब कुछ जान लिया अब रोने की जरुरत नहीं। सुकरात ने बिना हिचकिचाहट के जहर पी लिया और शिष्यों से कहा यह रोने का समय नहीं है बहुत महत्व पूर्ण बात समझने का वक्त आया है। मेरे शरीर पर जहर का प्रभाव होने लगा है पैर सुन्न हो रहे है, घुटने तक जड़ता व्याप्त हो गई है। जहर का असर बढ़ रहा है अब मुझे पैरो की अनुभूति नहीं हो रही है। मेरी कमर तक का भाग संवेदनशील बन गया है। धीरे–धीरे सुकरात का सारा शरीर ठंडा होने लगा। सुकरात ने कहा जहर के प्रभाव से हाथ पैर छाती जड हो गई है। थोड़ी ही देर में मेरी जिव्हा भी निस्पंद हो जाएगी। इसलिए पहले एक महत्वपूर्ण बात सुनलो जीवन में जिसको नहीं

जान सका उसका अनुभव हो रहा है। अभी परन्तु मुझे कोई फर्क नहीं पड रहा। शरीर के सारे अंग सुन होने जा रहे है परन्तु मै उतना ही पूर्ण। जितना पहले था शरीर से मै स्वयं को अलग असंग महसूस कर रहा। अब तक जैसे जीवन को देखा वैसे ही मौत को देख रहा। यह मौत मेरी नहीं यह शरीर की मौत है। सुकरात ने जैसे जैसे शरीर छोड़ा वैसे वैसे अपना अनुभव लोगो को बताते गये। यह शरीर की मृत्यु है। आत्मा की नहीं शरीर छोड़ते हुए भी वे उतना ही पूर्ण दिखाई दिए। ऋषि मुनि यही कहते आये है, यह शरीर नाशवान है, परिवर्तनशील है, आत्मा सदैव एक रस रहती है। शरीर का सृष्टि से गहरा सम्बद्ध है। आत्मा का परमात्मा से सम्बद्ध हो जाता है, व्यक्ति जन्म और मृत्यु बंधन से छुटने में समर्थ हो जाता है। शरीर स्थूल है आत्मा सुक्ष्म है, परम तत्व की प्राप्ति इसके अतिरिक्त अन्य कोई मार्ग नही है। जो समझ जाते है वो व्यक्ति तत्व मार्ग पर चलने को तत्पर रहते है। वे व्यक्ति सिद्ध संत अथवा फकीर के संकेत समझ जाते है। उन्ही के संकेत अनुसार चलते है, जिसने भी फकीरी मौत को जाना उसे आत्मज्ञान हो गया शरीर की दृष्टि से उम्र का कोई महत्व नहीं। उम्र चाहे कम हो तत्व अनुभूति का प्रयास कोई भी कर सकता है। जिन जिन संतो ने गहराई से तत्व को जाना है वो ही इस अमृतमय अनुभव को कह सकते है। वे सब प्रकार के भय से मुक्त हो गये है उन्होंने ही अपना अनुभव सिद्ध वाणी में कहाँ। इसलिए अपने को दिन हिन् मत समझो आत्मा की महिमा को जान जाओ। जगाओ अपनी आत्मा को अनंत ब्रह्माण सभी के भीतर चमक रहा है। इसकी अनुभूति कर लो। अपनी वास्तविक स्वरुप को जान लो। आत्मा परमात्मा उसी प्रकार अलग दिखाई देता है जिस प्रकार अँधेरे से प्रकाश अलग है। अपने भीतर प्रकाश भरने के लिए साँझ लानी होगी फिर घोर अधंकार छंट कर सूर्य उदय होगा। आत्मिक ज्ञान धारण करने के बाद शरीर शरीर नही रह जाते, शरीर में आत्मा का अनुभव करने मात्र एक यंत्र महसूस होता है। यह असली स्वरूप मन और बुद्धि से परे की बात है।

मंसूर को भले सूली मिली हो उसके मन में कोई भ्रम नहीं था। सूली का कष्ट उसको स्पर्श भी न कर पाया। क्योंकि मंसुर अपनी आत्मा में जगे हुए थे वे जान चुके थे मै शरीर नहीं। शूली शरीर को लग सकती है पर उन्हें छू भी नही सकती इसलिए वे हस्ते हस्ते सूली पर चढ गये। वे अपनी असीम महिमा की शक्ति को जानते थे। जो अपनी आत्मा को जान लेता है। वह सुख दुःख के पार हो जाता है वह ईश्वर की सर्वोपर शक्ति के साथ सदैव प्रसन्न रहता है।

इस जीवन में मुझे भी कई बार मृत्यु का अनुभव हुआ। संतो का कहना है, नहीं यह जीवन रहेगा ना मृत्यु रहेगी। उस अमर तत्व को पीने के बाद तुम भी शिव बन सकते हो तुम भी अमर हो सकते हो। सभी अनंत अनादी सचिदानंद परम पिता परमात्मा का अंश हो। इस जन्म मरण के चक्कर को जान लो। खोखला जीवन मत जियो। किसी

संत का सानिध्य पाकर फकीरी मौत जान लो दिव्य मौत जान लो। फिर कोई दुःख नहीं कोई मृत्यु नहीं बस दृष्टा बन देखते रहो। अपनी मस्ती में मस्त रहो। जो भी आया है वह जाएगा।

व्यक्ति जब बाहर यात्रा पर निकलता है रास्ते के लिए ढेर खाना साथ ले लेगा। पानी की बोतल ले लेगा और रास्ते में स्टेशन पर देखेगा कुछ कमी हुई और लेगा, पानी खत्म हुआ खरीद लेना। उसके बिना एक मिनट भी काम नहीं चलेगा। कभी सोचा पानी से भी ज्यादा जरुरी हवा है हवा के बिना कोई एक मिन्ट भी नहीं चलता। हवा का सिलेंडर भर कर साथ क्यों नहीं चलते क्योंकि सभी जानते है हवा सर्वत्र है इसलिए हवा की किसी को चिंता नहीं। हवा से काम चल सकता है। पानी भोजन की जरुरत पड़ती है। उसकी तरह आनंद स्वरुप आत्मा में जागने का अपना कर्तव्य छोड़कर, ज्यादा महत्व स्थुल शरीर को पालने उससे सम्बंधित व्यवहार को पालने में लगे रहते है। शरीर अस्त है जड है दुःख स्वरुप है। इसको चलाने वाला सूक्ष्म भूतो से निर्मित सूक्ष्म शरीर है वही चेतन सत्ता देने वाला है। वही सूक्ष्मसत चित आनंद स्वरुप आत्मा है। अखंड आनंद परमात्मा में न तो उत्थान है, न पतन है, जनम है, न मरण है, सब एक रस है। व्यक्ति मोह्वंश अपना एक संसार खड़ा कर लेते है। एक दूसरे के साथ सम्बन्ध बंनाकर जानबुझ कर बंधन में पड़े रहते है। यही पतन का कारण है। जो व्यक्ति सूक्ष्म शरीर से प्रभु को जान लेता है। वह संसारी कर्म करते हुए अपने स्वरुप में रहता है। जिस शरीर को तुम मै मानते हो कभी सोचा है पीते हम पानी है अमृत जैसा मीठा पानी निकाला मूत्र गन्दा पानी।खाए तो छप्पन भोग भोजन, क्या बना विष्ठा। शरीर का संग करने से शरीर की ऐसी अवस्था बन जाती है। सत चित आनंद स्वरुप आत्मा अपने को भूलकर शरीर के साथ एक होकर स्वयं को मान लेता है। या दिन–हीन दुखो का घर बन जाता है। शरीर के द्वारा आत्मा अपने आप में जग सकती है देवो के देव भी अनुभुति मे सहायता करते है। व्यक्ति अपने आत्म स्वरुप को जानकार ही निर्भय ले सकता है फिर मृत्यु का कोई भय नहीं सताता। मृत्यु को देखते हुए जाता है। मौत भी डरने लगती है। वेदान्त का रहस्य सभी को समझना चाहिए। स्थूल शरीर से सूक्ष्म का विभाग है। जिसे मृत्यु कहाँ गया है वह विश्राम स्थल है। पूर्ण विवरण आत्मज्ञान को जानने के बाद है, सारी वासनाएं जड सहित भस्म हो जाती है। जीना मरना शरीर का है आत्मा का नही, आत्मा का फिर से नया शरीर धारण करना है।शरीर में रह सुख दुःख की ठोकरे खाता है, आत्मा की पहचान बगैर है। फिर जनम मरण चक्रब्युह चालू अब तो ये भी नहीं पता किस योनी में जन्म लेगा।

दुसरो को प्रभावित करने के लिए लोग शास्त्रों की बाते करते है उपदेश देते है परन्तु स्वयं की कोई अनुभूति नहीं होती। मृत्यु के विषय में भी विद्धतापूर्ण प्रवचन कह सकते है। मृत्यु से डरने वालो के लिए आश्वासन और धर्य के प्रवचन कर सकते है, जब उन्हीं

के सामने मौत आकर खड़ी होती है, तो उनकी काया कांप उठती है। क्योंकि उनका तत्व ज्ञान का कोई अनुभव नहीं है। कई बार व्यक्तियों को कहते सुना है जीवन और मृत्यु अपने हाथ नहीं है यह बात उनके लिए नहीं है जिन्होंने अध्यात्मिक रहस्य का पता नहीं लगाया। जो स्वयं को शरीर मानते रहे दीन–हीन समझते रहे। जबकि तरकीब भी जानते है परन्तु कोई हिम्मत वाला इस राह पर चलता है। तरकीब के लिए समय चाहिए एकांत चाहिए। किसी को कहो समय नही है, उनके बहुत काम छूटते है। मै बिलकुल खुल्म खुल्ला कंहुगी कोई डर नहीं। जिन्होंने रोते काँपते हुए मरना है। खूब भोग भोगो, किसी की परवाह मत करो। खाओ पियो और दुषित वातावरण का विषय सेवन करो। ऐसा जीवन जीने वाले अपने आपको शीघ्रता से मौत की और धकेलते है।उन व्यक्तियों के लिए जो मौत पर विजय प्राप्त करना चाहते है, जीवन को सही तरीके से जीना चाहते है। सिद्ध पुरुष या स्त्री के कहे अनुसार आसन, प्राणायाम, ध्यान और योग करो, आत्मा में चिंतन करो। ऐसा पद प्राप्त करो जहाँ मृत्यु की पहुंच नहीं, मृत्यु को भी देखते हुए मरता है। जिन्होंने भी जाना है वे इस अमृतमय अनुभव में गुजर कर भय मुक्त हुए। आत्मा को शस्त्र काट नहीं सकता अग्नि जला नहीं, सकती हवा सुखा नहीं सकती, यह रहस्य जानने के लिए स्वयं को जानना आवश्यक है।

बचपन बदला, योवन बदला, बुढापा आ गया सारा शरीर बदल गया फिर भी तुम वही हो आत्मा अमर है। उस पर काल का प्रभाव नहीं पड़ता। अपनी आत्मा की मंजिल को जानो। तभी मंगल होगा दुसरो के प्रति भी मंगल विचार रखो। मंगल ही मंगल है। जीवन मंगलमय होगा, मृत्यु भी मंगलमय हो जाएगी। जीवन और मृत्यु आत्मा और परमात्मा यही दो पहलु है। अपनी आत्मा को जगाने का। अपने अनुभव से गुजरते हुए अपने आत्म स्वरुप में आ जाना। ब्रह्म रूप को पाकर अपनी मंगलमय यात्रा का करना। मंगलमयी व्यवस्था पाना सबसे पहला कर्म ही मनुष्य भूल गया है। तत्व दृष्टि से तो मै कहुंगी एक मंगलमयी यात्रा हो रही है। यात्रा तो सभी की चल रही है परमात्मा स्वरुप भीतर भी वही दिखता है बहार भी वही। दूर तभी तक है, जब तक देख नहीं पाते। कभी सोचा शवयात्रा में मटका क्यों ले जाते है और फोड़ देते है।यह याद दिलाने के लिए देह भी मटके समान है। यह मटका रूपी काया सेवा करने के लिए मिला वर्ना जीर्ण शीर्ण होकर टूट–फूट जाएगा, समाप्त हो जाएगा। कोई दूसरी कर्मो अनुसार यदि माली अपने बाग बगीचे की काट–छांट न करे तो वह जंगल बन जायेगा। वह बगीचा –– बगीचा नहीं रहेगा। भयानक जंगल दिखाई पड़ेगा। मोह और अज्ञान के कारण सभी भटक गये है। लेकिन दृष्टि से पद प्रतिष्ठा का मिलना वाह वाह सुनना ही जीवन नही है। सम्राट सिकंदर अमृत की खोज में था जिसे पी कर अमर हो जाये। कभी मरना न पड़े। वह ऐसा अमृत जल चाहता था जिसे पीकर वह कभी नही मरे।

एक बार खोज पर विजय प्राप्त करता हुआ एक गुफा में पहुच गया। अपनी खोज

पर सिकन्दर बहुत खुश था गुफा के भीतर प्रवेश करने से पहले अपने सैनिको को बाहर ही रोक दिया। गुफा के भीतर अमृत जल का झरना बह रहा था। वह बडी खुशी और प्रसन्नता के साथ धीरे–धीरे गुफा में प्रवेश कर गया। ह्रदय तो खुशी और प्रेम से भरा था। उसकी सबसे बडी खवाइश पूरी होने जा रही थी। जैसे ही सरोवर के सामने पहुंचा अमृत का झरना देखा खुशी से उछल उठा स्वर्ण जैसा अमृत जल चाँदी सी किरणे पड़ रही थी। धीमी धीमी मंगल आवाजे करता हुआ जल बह रहा। अदभुद दृश्य था। सिकन्दर का मन खिल उठा। फिर वह अपने को रोक न पाया इतना सुंदर जल वह घुटनों के नीचे झुका अपने दोनों हाथ डुबोने के लिए जैसे ही शीतल जल में हाथ डाले स्पर्श से आनन्द भर गया सिकन्दर की सारी थकान दूर हो गई। अब हाथो की अंजली में जल भरा धीरे–धीरे मुंह तक लाया ह्रदय में हलचल बढ गई भीतर एक घबराहट महसूस हुई होंठ सुधारस पान को लालायित थे। हाथ होंठो तक पहुच ही गया था और पी भी लेता। तभी एक आकाशवाणी हुई – खबरदार सिकन्दर – उस निर्जन शांत गुफा में एकाएक किसी की आवाज गूंज उठी चौंककर सिकन्दर ने इधर उधर देखा, कुछ न दिखा फिर उपर एक कौवाँ बैठा दिखाई दिया। कौवां बोला खबरदार रुक जाओ जल्दी मत करो। जो भूल मैने की वह तुम मत करो, मुझे कोई साधारण कौवाँ मत समझो, मै कौवों का सम्राट हूँ। मै भी तुम्हारी तरह इस अमृत की खोज में निकला बहुत मेहनत की खोज करते करते मै यहा तक पहुचा मैने जल पी लिया। इसे पी कर मै मुसीबत में पड़ गया। सिकन्दर यदि तुम्हे यह जल पीना हो तो अवश्य पियो लेकिन मेरी पूरी बात सुनलो। यह जल पीकर मै अमर हो गया, जो भी जीवन मै करने की इच्छा थी वह सब कर चुका। मैंने जीवन की सारी मौज मस्ती कर ली। जीवन में जो चाहता है सोना, खाना, घुमना, सब कर लिया। अब कुछ नही बचा करने को। यह जीवन मेरे लिए भार बन गया। मरने के लिए पानी में कूदा डूबा नही, अग्नि में कूदा जला नही, तलवार की पेनी धार पर गर्दन घिसी धार खराब हो गई परन्तु गर्दन नही कटी । यह सब इस अमृत जल के कारण हुआ है। सोचा यही था अमर होकर सुखी हो जाउंगा। अब पता चला यह बहुत बडी मुसीबत है। यह जल पीना है तो अवश्य पीओ मैं मना नही करता। परन्तु मेरी एक विनती है, यहा से जाने के बाद मरने की कोई विधि मिले तो मुझे अवश्य भेजना।

थोड़ी देर के लिए गुफा में नीरसता छा गई। सिकन्दर के हाथ पैर ठन्डे पड़ गए उसके हाथो का अमृत जल गिर कर झरने में समा गया। दुबारा झरने में हाथ डालने की हिम्मत नही हुई। मन ही मन विचार करते खड़ा हो गया गुफा के द्वार की और चल दिया धीरे धीरे गुफा के बाहर आ गया पीछे मुडकर भी नही देखा। यह घटना सच है या नही इससे मुझे कोई सरोकार नही परन्तु इसमें एक तथ्य छिपा हुआ है। जितना जीवन जरूरी है उतनी ही मौत भी जरुरी है। मौत को जानना जरूरी है, दुखदाई मौत

न बने मौत को सुखदाई बनाने का यत्न करना चाहिए। जो भी दिखता है वह अनित्य है कोई विरला ही माया के पार का रस्ता दिखा सकता है। ऐसी है यह मोहिनी माया अपने किसी भी दुःख व् अशांति का कारण बाह्य मत खोजना। बाह्य परिस्थिति के कारण किसी को दोष न देना। कारण अपने भीतर खोजो निर्दोष भाव होना चाहिए निर्दोष भाव से कारण भीतर मिल जाएगा उसे दूर करने की चेष्टा न करे शांतचित रहने का यही बहुमूल्य उपाय है। आत्मा का अनुभव सबका व्यक्तिगत है इसको स्वीकारना होगा दुसरे का सम्राज्य उसका विकास है। जो अपनी आत्मा में स्थिर हो जाते है वे ही अपने शरीर पर राज कर सकते है। सब तरह से शांत व् प्रसन रहने का श्रेष्ठ साधन है। सभी के प्रति निर्मल दृष्टि रखो किसी के दोष देखना सबसे बड़ा दुर्गुण है। दुसरो के दोष देखने से पाप अर्जित होते है।

आत्मा का न आदि है न अंत है। आपने देखा आजकल जीव जन्तुओं की कमी दिखाई देती है। खास तौर पर खबर सुनने में आती है कि बाघों की संख्या घट गई। कभी शेरो की संख्या घट गई, कहाँ घट गई बस रूप बदल गया। भेड़िया से मनुष्य रूप ले लिया तभी तो एक लड़की को नोंच नोंच कर खा लेते है, मार देते है। क्या फर्क है? मुझे तो कोई फर्क नजर नहीं आता। मै जब बस में सड़क पर चलती तो मुझे उनके रूप नजर आते है बस देखो एक युवक सीट पर बैठा मिलेगा और बुजुर्ग खड़ा दिखाई देगा। कई दिन पहले मै छत से देख रही थी एक पति पत्नी सैर को निकले अचानक से सामने बाइक पर दो युवक आये और उनको पेट में कई चाकू मारे और भाग गए। करीब 10 बजे का समय यह किया होगा। बस कर्म वही आत्मा ने रूप बदल लिया है, अब अगली बार उनका भी यही हाल होना है। इसलिए अपने मन को उंचा उठाये। उसे उदार बनाये, उसे विचार मुक्त और विशाल बनाये। अपनी रचनात्मक शक्ति को जगाकर उसे शुभ कार्य में लगाए। एक प्रसन चित्त और महान व्यक्ति को ही लक्ष्मी जय माला पहनाती है। भूखे व्यक्ति के मन में पाप ही भरा रहता है यदि सारे संसार में सभी व्यक्ति ऐसे होते तो प्रभु की सृष्टि की रचना का कोई ध्येय नहीं होता।

दार्शनिक का पहला शब्द यही होता है। खोजता है मैं कोन हूँ? यह मनोविज्ञानिक सच है। दार्शनिक बेकन ने कहाँ अपने भीतर छिपे गुणों को ढूंढ़ो बाकि कार्य तो अपने आप होने लगेंगे। दिव्य ज्ञान का साक्षात्कार होने के बाद पल–पल सर्वत्र प्रभु की उपस्थिति भीतर बाहर सब और दिखाई देती है।उसी तरह सुकरात का कहना ––– मानव के चरित्र का विकास तभी हो सकता है जब व्यक्ति अपने भीतर की परतों को खोलता है। आज के समय जागरूकता बहुत बड गई है, प्रत्येक व्यक्ति अपने को दूसरे से ज्यादा बुद्धिमान समझता है। यह बात भी सही प्रत्येक व्यक्ति सभी कार्य स्वयं नही कर सकता है। सभी दूसरे पर निर्भर है। व्यक्ति आदत से मजबूर है गुरु के द्वार पर आता है तो भी अपना विजिटिंग कार्ड साथ लेकर चलता है।

एक बार झेन फकीर की कुटिया में जापान का गवर्नर पहुचा। वहाँ पहुंच कर अपना कार्ड एक शिष्य के हाथ में पकड़ा कर कहाँ की गुरु से मिलने आये है। शिष्य भीतर आकर गुरूजी आपसे मिलने आये है, अपना कार्ड भेजा है स्वयं बाहर खड़े है जिस पर नाम लिखा था और गवर्नर ऑफ टोकियो, कार्ड देखते ही गुरु ने कहाँ फेकों भगाओ इसे जो यहाँ आया है इसकी क्या जरूरत है। हटाओ इस व्यक्ति को भगाओ। यह द्वार उसके लिए नही है, शिष्य बाहर आया और जो गुरु ने कहा कह दिया।

तक्षण ही गवर्नर बात समझ गया और उसने ––गवर्नर ऑफ टोकियो – काट दिया कहा आप एक बार और कोशिश करे यह कार्ड वापस ले जाए और दिखाए। गुरु ने दुबारा कार्ड देखा और कहा अरे यह है, शीघ्र भीतर बुलाओ इस व्यक्ति को यह कोई पुराना परिचित लगता है। इसलिए परमात्मा के द्वार बाहरी उपलब्धि नहीं चलती। बाहरी नाम बाहरी सफलता यह सभी अड़चन है, इन सभी को छोड़ना होता है ।

एक बार गावं के नुक्कड़ पर एक व्यक्ति बेकार बैठा – बैठा सभी भैसों – गायो की गिनती किया करता उसे पता रहता आज कितनी गायें – भैंस जंगल से वापस लौटी। वह सुबह जंगल जाती गायें – भैस देखता।साँझ समय भी यही करता लेकिन दूसरो की गाये–भैस का एक रत्ति भी दूध मिलने वाला नहीं था। भगवान बुद्ध अपने भिशुओ से कहते है तुम उस व्यक्ति जैसे मत होना आज सभी विचारक उस व्यक्ति जैसे है । जो दूसरो का हिसाब रखते है अपनी श्वास का संग करके सत्य को खोजना। उसी में खो जाना आनन्द और कल्याण की जड़ में पहुचना वर्ना खड़े पानी में काई लगती है बह जाना अपने परमात्मा के साथ वर्ना विवेक नही होगा। जो आत्मा में स्थिर होंगे वहि वह ही अपने तन पर राज कर सकता है। सब तरफ से शांत और प्रसन्न रहने का श्रेष्ठ साधन सभी के प्रति निर्मल दृष्टि रखो किसी के दोष न देखो।

जर्रे जर्रे में छोड़ी खुदा ने अपनी निशानी, हर श्वास से पूछा पता बता खुदा का,
श्वास से श्वास को जोड़ सारे फासले को मैने मिटा दिया मुझने मुझको मिला दिया,
धरती पर रह, ध्यान में बैठ, उड़ान के पंख खोल, की आकाश की सैर, दिन में दिया जला,
जिस्म से रूह निकलने के आलम कई जाने, खुदा की कायनात में रौशन चेहरा अपना हुआ,

हे प्रभु मै आपकी रहस्यमय साधिका हूँ, ज्यों–ज्यों चित हुआ अनुरागी, मेरी गति न समझी कोई ने, ज्यों ज्यों डूबी घोर अँधेरे त्यों–त्यों काया उज्जवल होई, जाने कौन गति में पुण्य किन्हीं मेरी आत्मा में परमात्मा ने शांति और प्रेम से भर दीन्ही, जो सम्पूर्ण जगत में सर्वग्य है अंतकरण में ध्यान धर कमल फूल मन भीतर खुल गिनी, ब्रह्म जाल की उलझन भ्रम और जगत से बाहर हो लीन्हीं ।

मजे की बात है मै अनमोल ज्ञान की वारिश बन गई तीनो लोक का मधुर गान नृत्य

करत नीस दिन निस पल। परिवर्तन की एक माया नगरी विधमान है, विशाल, विराट, अनंत सर्वव्यापी परमात्मा मेरे अंग–संग है। स्वयं का विस्तार प्रभु के भीतर प्रवेश के बाद परब्रह्म अचल अविनासी प्रकट हो गया। प्रभु की यह अलौकिक लीला संसार सागर से पार उतारा ही सम्भव है। आवागमन के बंधन स्वयं भीतर कटते देखा जीते जी मुक्त रूपी आकाश में परमपद पा लिया। गजब की लीला देखी। मन की वीणा अनहद नाद हर पल झंकृत हुए । मोह का पाश खुलता जाए मोह्वश होता जाए। मेरी ब्रह्म अनुभूति बढती गई मेरे भीतर ब्रह्म का बोध और आत्मा अनुभति परमात्मा का एकमात्र परिचय रह गया। मेरे जीवन में ब्रह्म ज्ञान की एसी परिपक्व अवस्था पहुची जो होनी भी सम्भव थी मुझे अति तीव्र गति से सूक्ष्म दिव्य किरणों ने घेर लिया। अर्थात अनुभूति ही अनुभूति की प्रबल उत्कंठा के कारण प्रभु के आनन्दमयी रस में डूबी रही । लेकिन मेरे जीवन में दुःख–सुख सामाजिक अवसाद पूर्ण स्थिति बनी रही। मै ब्रह्म अनुभूति और अध्यात्म का सुनहरी दिव्य मार्ग छोड़ना नही चाहती थी, मै संसारी कामनाओं के वशीभूत नही होना चाहती थी। मै यह बात अच्छी तरह समझ गई थी, यह मेरे उत्थान की यात्रा है, मुझे चलना और गंतव्य तक पहुचना ही था।

सुकरात ने स्वयं अपने आत्म् साक्षात्कार के बाद कहा की ज्ञान चरित्र में उतरता है अपनी आत्मा में बोध होने के उपरान्त कुछ करने की आवश्यकता नही क्योकि बाहरी कर्मकांड से उपर उठ कर आत्मा में साक्षात्कार उच्च श्रेणी में आता है। मेरी अनुभूति अत्यधिक गहरी होती गई ब्रह्मज्ञान अपने भीतर रूपांतरित करने का एक मात्र ध्येय बन गया। तीव्र गति से अध्यात्मिक विवेक जागा अपने को रोकना सम्भव न था। मै जीवन की अनुकूल और प्रतिकूल परिस्थियों से गुजर कर शहंशाह से भीतर ही भीतर मिलन करती रही। मेरी आत्मा की खुराक मिलती रही विसक जागता रहा अध्यात्मिक विकास होता रहा। मेरे जीवन की साकारात्मक सोच का सघर्ष विचारो से मुक्त करता गया। मन ही मन दिव्य गहरा अहसास प्रभु की असीम अनुकम्पा उपलब्ध होती रही। अपनी आत्मा का स्वमं में निरिक्षण व मूल्याकं कर सवारती रही भीतरी श्रृंगार करती रही। अपने भीतर जीवन की कार्यशाला में जटिल से जटिल प्रश्नों का हल भी ब्रह्म में बड़ी सरलता से खोजती रही। ब्रह्म की पाठशाला में समस्याओं को बिना कहे वास्तविकता में क्रियात्मक दृश्य देखती रही गहन अध्ययन करती रही ।

मैने जाना दुःख भी एक कला है कुछ न कुछ दुःख की तह में गहरा छिपा होता है जो खोजने की कला अवश्य दे जाता है। इसलिए दुःख देने और षड्यंत्र रचने वालो का सदैव धन्यवाद करना मेरे मन ने स्वीकार कर लिया था। क्योंकि जगत के सभी भ्रमो से सहज मुक्त करवाने में उनका बहुत सहयोग रहा। तभी तो प्रभु की दिव्यता की मैहर मुझ पर बरसती रही, उनका क्या होगा। ये भी प्रभु जाने क्योकि मै उन सभी का धन्यवाद करती हूँ। पल–पल यही प्रार्थना करतीरही अब तू मेरा साथ न छोड़ना। प्रभु

की कृपा हुई जो ब्रह्म में प्रवेश मिला। खाने में अधिक मीठा भी हानिकारक है, और कड़वा भी उसी तरह जैसी करनी वैसी भरनी का नियम सभी पर लागू होता है। सारी सृष्टि में नियति का यही नियम है। मै जीवन में अत्यधिक आनन्द से आनन्दित होती रही जैसे जीवन जीने की कला कोई सीखाता रहा हो। सभी अतृप्त आत्माओं के लिए मेरे पास कहने को कुछ नही। उनके पास मेरे लिए कुछ नही उनका काम निराशा, गिले शिकवे देना। मैने जीवन की अनमोल घड़ियो को जाना उनकी पहचान हुई।जीवन में संकट तो पलते और कटते रहेगे, मेरे लिए तो अब न दर (मंदिर) में न हरम (काबा) में कोई फर्क रह गया था। मेरे साहिब की तरफ में झुकती चली गई। बाहरी व्यक्ति तो मुझे गैर जिम्मेदार ठहराए कोई प्रवाह नही थी। सृष्टि की इतनी बडी सत्ता से मिलने बाद मुझे सब नासमझ और गैर जिम्मेवार से नजर आते है। मेरा मार्ग प्रभु की और जाता था, उसी पर मर मिटने की कोशिश की मेरी प्रक्रिया संसार में आकर फिर अस्तित्व में प्रवेश पाना यहीं था।

भगवान बुद्ध की परम्परा हो या भगवान महावीर की परम्परा को मुझे आकर्षित करती रही। आकर्षित करने की ये पगडंडी मेरी मानसिक और अंतिम खोज थी। मैने जाना पूरा संसार एक दिव्य अस्तित्व से भरा पड़ा है, सभी भटक रहे है, भाग रहे है, इधर उधर व्याकुल है, आत्मा की तृप्ति के लिए मार्ग तो खोजते है, पर जो भीतरी मांग है वह पूरी नही हो पा रही। हाथ में माला मुह में मन्त्र मिलता है बाहरी माला मन्त्र का तालमेल बैठाने में लग जाते है जबकि यहा बाहरी तो कोई काम ही नही। सारा का सारा भीतर यानि अपने अंदर का काम है, जो भी कालिख इस संसार में आकर भीतर भर ली उसको धोने में समय लग सकता है पर नामुकिन नही है। ध्यान की बारीकी वहीं समझ सकता है जो इस पगडंडी पर स्वयं चला हो और ध्यान की पगडंडी बहुत बारीक है जो बिना कढे उसको जान नही पायेगा। करते रहो बाहरी एकत्र भीतरी प्राप्ति नही साक्षात्कार नही सब बेकार है।

मै बहुत ऐसे व्यक्तियों से मिली जिनके अपने आश्रम है। लेकिन जब भीतर की बात की तो अनसुनी कर जाते है और यह बात सही है जब तक अपने अंदर एक विस्फोट नही होता घटना नही घटती कोन मानेगा। खैर यह बात सबके लिए उचित नही आज सभी जागरूक है जान गये कुछ रहस्य तो है मै यही कहुंगी जानो उस रहस्य को कोशिश कर लो उतार लो प्रभु को भीतर बैरंग जिन्दगी छोड़ो भरो रंग अब वक्त आ गया है। मंजिल बिलकुल सामने है बस आँखों का धोखा है मिटा दो संसारी धूल भर लो प्रभु प्यारे का नूर, यहा कोई साथ देने का नही कोई वस्तु साथ चलने वाली नही। किसका इन्तजार आओ मेरे बहन भाई पियारे बच्चो बुजुर्गो मत उलझो किसी उपाय में छुटकारा नही केवल स्वयं की युक्ति अपने भीतर से होकर गुजरती है। मै तो रास्ता बता सकती हूँ दिव्य सत्ता की पूर्ण अनुभूति तुम्हे ही करनी होगी।

अनुभूति अपने प्राणों की स्थह पर छुपी है मेरे जीवन की सत्य यात्रा में मैने प्रगाढ प्रतिक्षण पूर्ण अनुभूति का आनन्द लिया। शब्दों का हेर फेर है मोंन में –– मै को हटाओ। यानी ठहर जाओ वही जहां हो। मोंन में अंतर नादं का प्रकट होना बहुत सहज है। अगर घड़ा स्वच्छ है, अपने भीतर डुबने की कोशिश करो नादं बजता सुनाई देगा घड़ा तो सभी का अमृत से भरा। संसार में पड़ कर व्यक्तियों की निंदा झूठ चुगली से अपने को भरकर, दिव्य अमृत को सुखा दिया, अमृत तो सुख गया इसलिए पहले सफाई की विधि कराई जाती है। बाद में ध्यान का बीज बोया जाएगा तभी बीज अंकुरित होगा। जमीन अच्छी तरह से खोद कर अच्छी खाद डाली जाए लेकिन यदि पानी खारा हो फिर भी बीज अंकुरित नही होता। सुधारने वाला कौन? खुद ने ही सुधार करना है। सबको अपना अपना सिस्टम बदलना होगा जो नस–नस में व्याप्त है। दूसरे को फालो करना छोड़ो अपने को फालो करने की आवश्यकता है। दिव्य प्रभु तो ध्यान में मिलेगा न रुपयों में, न तीर्थ, न मदिर, न दान में। यहाँ छोड़ना भी कुछ नही जहां है वही रुक जाओ। अगर है अपने को भरना वो भरने की तरकीब ही जाननी हूँ बस। जो भीतर से भरे हुए होगे वहीं बात कर सकते है, खिले फूल ही खुशबु बखेर सकते है। मै तो इतनी भरी हूँ की कोई प्यासा हो अध्यात्म का यह प्रसाद उसी और बह सकता है। अन्यथा किसी और नही जा सकता बड़ा अनमोल है, चमत्कारी है।

मस्करी करने वालो से तो दिव्यता कोसो दूर है। इस ब्रह्मांड में अनंत शक्तियों का भंडार फैला है । जिस व्यक्ति का आत्मिक विकास हो वहीं जान पाता महसूस करता है प्रभु की असली राम लीला देखता है सदैव आनन्दित रहता है। परमात्मा तो रूह में बरसात करता है तब खिलती है देह। भीतर की छिपी हुई सुन्दरता निर्मलता निखर कर आती है। प्रभु भी पवित्रता आत्ता है पवित्रता का अंदाजा कभी न लगाना समर्पण भाव से सब सम्भव हो जाता है। प्रभु की तलाश जब तक पूरी न हो तब तक कोई संशय, दुरी या मजबूरी भीतर न लाना। धर्म का स्थान व्यक्ति के मन के भीतर से होकर जाता है। अपने भीतर जब रास्ता साफ होने लगता है। तो हृदय में उत्पन्न कम्पन्न की तरंगे जब आज्ञा चक्र पर पहुचती है तो कोई उन्हें रोक नही सकता । धर्म आज्ञा चक्र में प्रकट होने लगता है, में तो कहूंगी धर्म के बगैर व्यक्ति अंधा है, पंगु है क्योकि धर्म का गहरा सम्बन्ध है । मै प्रभु की विधा में गुप्त रहना चाहूंगी प्रभु ने मुझे महारानी बनाया है।

हमारे समाज में नारी का मूल्य भी नही समझते और सबसे ज्यादा नारी देवी रूप में पूजी जाती है या अनजान बना हुआ है मै कई बार अकेली अपने आपसे बात करती मैने अपने मन को कभी व्यर्थ की उलझन में नही फंसाया। मुझे भीतर जवाब मिलते यहाँ तो प्रभु का राज्य रह गया था व्यर्थ के भाव और विचार मुझसे ही छिपने लगे थे। मेरे जीवन के सारे बाहरी सुख तो स्वप्न की तरह जाने कहाँ रह गये थे। कुछ भी शेष न रहा बाहरी कैसा सुख चेन सब मिट गया वक्त के साथ बह गया। किसी के साथ

बनावटी व्यवहार मुझे करना न आया। मैने दुनिया का पग–पग पर अपमान अनावश्यक बाते मेरा मन न झेल पाता मैने अपने ही घर यानी मन में रहना सीख लिया था। जहाँ प्रभु को अवतरित किया उसी कड़ी को पकड़ सदैव आनन्दित रहती। यह जीवन ही अनमोल सम्पती है, प्रभु की सम्पति में मिलके चलना इसका महत्व समझ गई। जब ह्रदय के अन्धकार में सूर्य की दिव्य किरणों में अज्ञात मधुर लोक प्रकट हुआ। मै गुप्त कुबेर की लक्ष्मी बनी अनजाने में ह्रदय में कोमलता का प्रकाश जाग उठा। यह मृत्यु का सुख और प्रलय भी देखू इन आँखों से एक बार तो दिल को बड़ा ठेस लगा। सारा गहरा रहस्य झेल पाई जब पता लगा सब मिटटी में मिल जाना है। सब समझी मिथ्या अभिमान व्यक्तियों का अपने आचरण से दूसरो को दुषित करना। अभिमानपूर्ण होकर आत्मा पूरी जिन्दगी बोझ ढोती रहती है। जब देखा विधाता का विधान किसी भी कर्म से छुटकारा नही है। मै कई बार ह्रदय में थोडा भी ठहरती तीखी अतृप्त बाते क्षण भर को संचार अवश्य कर जाती। आज में परमात्मा के दिए इस तन की अहसान मंद हूँ जो दिव्यता से भरे ब्रह्मांड को आत्मा में जाना जीवन में क्या अपना क्या पराया। सबकी अपनी खधी की हुई समस्याए है। प्यारे प्रभु की अनुभूतियाँ बडी प्रेम भरी है मेरे सुने मन में संगीत की लहर भर गई, प्रभु ने मेरे जीवन में बसंत और मकरंद की मादकता भर दी, प्रभु का अपार प्रेम देख कर में खो गई।

अनुभुतिमयी हो गई भावुक प्रकृति सी हो गई भीतर ही प्रयाग त्रिवेणी बहने लगी। अपने आप बढती जा रही खिंचती जा रही जाने अंजाने कौन सी शक्ति मदद कर रही थी। प्रवाहित त्रिवेणी की मधुर धुनें मुझे आकर्षित करती रही मै भी छलांगे लगाती सफलता के शिखर की और बढती रही। क्षण भर में प्रभु के अस्तित्व के वेग की ऊर्जा के साथ कहाँ पहुच जाती। जीवन में सबकी मैं फैल है। प्रेम से धर्म निति को अपनाओ, प्रेम किसी रूप में दे चूकना नही कभी व्यर्थ सोच विचार नही करना। प्रभु ने प्रेम की कोई विशेष ऋतू नही बनाई प्रेम सभी ऋतू में सम्भव है। प्रेम का तेज ह्रदय में प्रकाश का भंडार भर देता है, सुने नैनो में दिव्य प्रकाश उतर आता। प्रभु प्रेम में पड़कर एक पागलपन की सीमा को लांघ जाना। परिणाम की चिंता न करना, न सोचना, सफलता–असफलता सब प्रभु पर छोड़ना। बिन सोचे प्रभु का प्रेम मार्ग चुन लेना। एक पग धर देना फिर मंजिल की चिंता नही प्रभु दस कदम चल देता है। जिस दिन भाव जागृत हो गया समझना मंजिल दूर नही।

मैने प्रभु प्रेम का अपने जीवन में ऐसा सुंदर जाल बुना संसार बहुत दूर रह गया। दूर नजर आता है, यु कहू की प्रभु की छाया में धुधंला सा संसार नजर आता है। प्रभु रूपी जाले भीतर मेरा जीवन प्रसन्नता, उल्लास से भर गया।

बहुत सौभाग्यशाली हूँ मै प्रभु की दूत बनकर आई हु प्रभु संदेश लौटाने आई हूँ। चिंतित न होना अनुभूति वह क्षण है, जब प्रभु का आलिगन अपने भीतर होता है। वह

सुखद अनुभूति आत्मा प्रभु रस में डूबकर तृप्त होती है अपार संतोष शान्ति मिलती है। जैसे धरती की तपश में वर्षा के द्वारा आकाश की शीतलता उतर आई हो। प्रभु के अस्तित्व का वास्तविक अधिकार दिलाने आई हूँ, राह बताने आई हूँ। प्रभु सामने खड़ा प्रकाश पुंज उडेलने को तैयार। जरा आँखे तो सुधार कर हो तैयार, कर लो तैयारी राम मनावन की। प्रभु की और मुह करने को संचेत और विवश करती हूँ। हम प्रभु को नही बाँध सकते, लेकिन जिनको प्रभु के बगैर संसारी बंधन में रह कर दम घुट के मरना पसंद है। यह महामूर्खो की भयानक समस्या है। जिसने अपने सर्वनाश का निश्चय कर लिया ऐसा व्यक्ति अपने भीतर के कलुषित वातावरण से कभी मुक्त नही हो सकता ।

भेद जानने के लिए गुंगापन का अभिनय तो करना होगा। तभी प्रभु का असल रूप सामने आता है मन सुंदर रूप देख प्रेम से प्रफुल्लित हो उठता है। यहाँ छल प्रपंच का सहारा नही सत्य की साधना है आत्मा की परमात्मा से मिलाने का यत्न है। सत्य निश्चल है आकर्षित कर के भागता है, फिर स्वार्थ और कल्पना कोसों दूर कर देती है। आखें मुंद कर आज्ञा मानी जाए इससे बडा प्रमाण अन्य हो नही सकता। शाश्वत तत्व एक बार जगता है, अंगदृसंग है, असीम, अखंड है अपनी विकास प्रक्रिया जानना है। बोध गम्यता से तात्पर्य है किसी बात को समझ जाना यह गुण भाति होता है। व्यक्ति अपने में ही उलझा हुआ है, चेतना भी खोई और उलझी अदृश्य हो गई। विधि की अग्नि जलाओ विभिन्न स्तरों के पार सभी के तन के तल में शक्तियाँ छिपी है, आखों से गुजरती हृदय में प्रवेश कर खुदाई करती है। ब्रह्म ज्ञान एक सरोवर है, यह तपते हुए शरीर मरुस्थल की तरह एक् बूंद अमृत की भीतर जाये भीतर का अधूरापन दूर होता जाए। अस्तित्व का भागी बने, इसलिए आज व्यक्ति के स्वरूप का विकास अत्यंत आवश्यक है। मिथ्या संसार की और जागरूक न हो परमात्मा की शक्ति की पहचान मनुष्य जन्म में है। प्रभु को रिझाने की प्रक्रिया खोजिये। परमार्थ का रास्ता देखिये, ईश्वर को पाने की चाह जगानी है, तभी भीतर का पागलपन जाएगा। मन्दिर मस्जिद बहुत जा लिए अब अपने भीतर का मन्दिर खोजिये।

प्रकृति की ऊर्जा का नृत्य देख में वर्षो म्यूट संसार ने किया मुझे डिलीट

मुझे अदभुद ब्रह्मांड का नेटवर्क मिला और मै कनेक्ट होती चली गई, मेरा अकाउंट लोंग–इन रहता। इसलिए मेरा संदेश तो सभी के लिए यही है, आओ आप सब भी इसमें कनेक्ट हो जाओ। अपना अकाउंट साइन–उप हो जाओ। ताकि ब्रह्मांड के अस्तित्व में सदैव सदा लोंग–इन रहे। जिन्दगी सुधारनी है तो इस अदभुद नेटवर्क में सिर्फ एक बात फालो करनी है। सिर्फ ध्यान कैसे किया जाए? जिन्दगी के सारे वायरस अपने आप दूर हो जायेगे। सिर्फ एक बार आजमाए अपने जीवन को हो सकें अवश्य करे। सिर्फ एक बार का आना सारे वायरस धीरे धीरे डिटेक्ट करे। काम, क्रोध, लोभ मोह अहंकार को डिटेक्ट करे।भीतर आत्मा का श्रृगार करे, एक बार ब्रह्म का साक्षात्कार करने की कोशिश तो करे। इस तरह अपने भीतर ही नही समाज के भीतर भी आपका प्रोफाइल बेहतर बनेगा। सारी मानसिक परेशानियों में लाभ मिलेगा। मेरा तो ब्रह्मांड में अदभुद नेटवर्क लोंग–इन है। सर्वत्र सर्वव्यापक निराकार ब्रह्म ही ब्रह्म समाया। इसलिए दृष्टि का अवलोकन करो दिव्य दृष्टि मिल जाए, सर्वत्र रोशनाई का स्वरूप नजर आयेगा। प्रकृति की सृजन और श्रृंगार प्रक्रिया सभी के हृदय से होकर निकलती है। एक रस तत्व में मोजूद सभी कण–कण दिव्य प्रकाश पुंज अब खोल ज्ञान चक्षु, अपने मुर्शिद का दीदार करो। रचनहार को देख काटो चौरासी का बंधन, बो ब्रह्म का बीज भीतर पौधा अंकुरित होए पेड़ बने फल भी होए। सरोवर का भेद वो ही जाना जो कूदा पानी फिर तैरना सिखा। कभी हो सकता पेड़ पौधे जमीन को छोडकर आकाश में उगने लगे। यह रास्ता सत्य का है अन्धकार से प्रकाश की जाने वाला अर्थात झूठे संसार से पार मोक्ष का रास्ता।

इसलिए परिस्थिति कैसी भी हो निकल आओ बाहर, अपनी मन की स्थिति बदलनी होगी। अपनी आत्मा का कल्याण स्वयं करना होगा। अपनी आत्मा को सवारा जाये तभी तत्व का बोध होगा, ज्ञान की रौशनी से ही जीवन महकेगा, जीवन का उद्धार इसी में

कल्याण ही कल्याण है। सभी जवान हुए पता चला कैसे निकल गया समय इसलिए अनुभव भी बेकार यहा तो ज्ञान भीतर उतारना पड़ता है तभी उतरता है। खाना खाओगे तो भीतर जाएगा देखने से या सूघने से भीतर नही जाएगा और सबसे बडी बात भूख होगी तो खिलाओ खुशी से खायेगा। इसी तरह अध्यात्मिक ज्ञान की भूख वाला ही पा सकता है। दिव्य रौशनी भीतर जाएगी तो पता चलेगा कल्याण इसी में है अन्यथा कल्याण नही। सभी ने देखा है एक छोटा सा लोहे का टुकड़ा पानी में डूब जाता है परन्तु हजारो टन का जहाज तैरता रहता है। अध्यात्म वह जहाज है भव सागर से पार कराता है। जिसने अपनी आत्मा को प्रकाशित करना है वहि भाग्यवान दिव्य खजाना जो अजर अमर है वह तक्षण न रुक पायेगा। जो चल देगा उसके पाप कर्म भी वहीं रुक जायेगे। अंगुलीमाल जैसा व्यक्ति जो दुसरो की अंगुलिया काट कर पहनने में खुशी महसूस करता था। सत्संग मिलते ही तक्षण पाप कर्म छुट गया। संत का प्रभाव दुर्जन को भी बदल सकता है न जाने कितने व्यक्तियों को बदल दिया। कुछ भाग्यवान अमृत पी रहे है वरना तो आज का व्यक्ति निंदा चुगली घृणा, वैर, विरोध, का विष ही पी रहे है । मेरी चाहना तो यही सभी दिव्या प्रभु का मिलन करे।

मेरा सफर तो सार्थक हो गया घूमना फिरना उठना–बैठना चलना–फिरना सब प्रभु के तार के साथ मिल गया है। सारे वातावरण में दिव्य नादं सुनाई देती है। सही मायने में मेरा जीवन आनन्द से भर गया जीना सार्थक हो गया। श्वास श्वास का ध्यान है और श्वास की पहचान है।एक श्वास के साथ घट–घट विचरण करता है अजीब जी खुशी महसूस होती है अन्तर्यामी घट–घट की जानता है नजरो का कमाल है। जिसने मन की मैल धोनी है शब्द वहीं है कौन सुन कर अनसुना करेगा कौन अपनी नैया डुबने से नही बचाएगा। बड़े सौभाग्य से जीवन बदलने का मौका मिलता है, एक बार साक्षात्कार गर्भ से मुक्ति। ईश्वर को जानकार सत्संग करना सफल है।

एक बार भगवान यीशु की दो अनुयायी पाल और पिटर प्रभु का प्रचार करते घूम रहे थे कुछ वाद्य यंत्रो के साथ मस्ती में झूमते हुए कीर्तन कर रहे थे। व्यक्ति खड़े होकर उन्हें देखने लगे जब तक खत्म नही हुआ खड़े रहे। खत्म होने पर पूछा गया आप क्या कर रहे थे, तब उन्होंने बताया। हमे भगवान ने बताया प्रभु जानने का रास्ता (know god ye worship) यानी ईश्वर को जानकार किया गया सत्संग सबसे सर्वश्रेष्ट माना गया है। सत्य की जानकारी बगैर जीवन अधूरा और सूना है। यह तो सबकी निजी पूर्ति है। अपने आपको धोखे में रखकर जीवन जीना बेकार है, सत्य से वंछित होकर जीवन जीना अज्ञानता और महापाप है। अज्ञानता में अन्धेरा और पाप भरा मिलेगा और कुछ नही। ध्यान का सत्संग सर्वश्रेष्ठ और उपलब्धी कारक है। जो वास्तविक जीवन जीना और आनन्द लेना चाहते है। अध्यात्म प्रेम रस का स्रोत है, जहा नाममात्र का भी अभिमान नही।आज जगत में भौतिक अभिमान रह गया अभिमानी

व्यक्ति अपने अवगुण नही देख सकता, वह प्रत्येक पल दुसरो पर नजर रख नीचा दिखाने की कोशिश करता है।

शेक्सपियर का कहना है व्यक्ति को समाज में अपना थोडा भी अधिकार मिलता है अभिमान वंश काले और घिनोने कार्य करता है जिनको देख परमात्मा भी दुखी होते है। ऐसा व्यक्ति समाज विरोधी कार्य कर अपनी बहुमूल्य जीवन की बाजी हार जाता है। ब्रह्म में प्रवेश उन्ही को मिलता जिस पर प्रभु की अपार कृपा होती है। जो प्रभु प्यारा होता है वहीं व्यक्ति दिव्य ब्रह्मांड में प्रवेश पाता है। अर्थात जिनके पास सत्य है उसका संग पाना भी अध्यात्मिक उन्नति की निशानी है। भीतर पवित्र भावो की तरंगे उठना शुभता की निशानी है।जहां मन में शंशय ने घेरा वहीं शब्दों से तो गिरा ही पूरे अस्तित्व से भी गिरा। मन ही मोक्ष का कारण बन सकता है। जीवन की दशा तो भीतर से बदलती है अध्यात्मिक धारा तो भीतर से बढ़नी शुरू होती है।यह शाश्वत सत्य का संग है। पूरा अस्तित्व भाव से जुड़ा है। यहाँ वाणी का कोई काम नही, वाणी और मन को मोंन में लेजा कर सत्य असत्य का भेद खुलता। स्थिरता और दृढ विश्वास ज्ञान की परकाष्ठा पर पहुचा सकता है। ज्ञान की सरिता में नहाने से अभिशाप जैसे पाप, पितृ दोष, आदि का नाश होता। ब्रह्मज्ञानी दृष्टि द्वारा सृष्टि का आनन्द लेता हुआ जीता है।

ऐसे सच्चे प्रेम के किस्से आज भी सुनने को मिलता है। नशा प्यार का कहाँ–कहाँ ले गया, दुनिया की सारी बाजी हारी प्रेम की बाजी जीत ली। लैला–मजनू, शिरी–फरहाद, राधा– क्रिशचन आदि की प्रेम गाथा आज भी जीवित है। चेतन अवस्था में स्त्री–पुरुष का आपसी आकर्षण एक सीमा तक पहुच जाता है। सच्चा प्रेम सदैव एक दुसरे में परमात्मा के दर्शन करते है। उन्हें मृत्यु का भय नहीं सताता यह प्रेम इतना गहरा होता है, यह मानसिक मिलन का प्रेम सदैव जीवित रहता है। इसी प्रकार पुराण और वेद में भी अनेक कथायें सुनने को मिलती है। देवी देवताओं ने वरदान दिया भगतो के दुःख दूर हुए। उसी प्रकार उनके श्राप से भी पीड़ित हुए। मनुष्य के मस्तिष्क में विचारों की उर्जा अत्यधिक विस्तृत है। विचारों मेंविस्तृत तरंगे प्रेम में भी उतनी तेजी से चलती है, जितनी श्राप में चलती है। जीवन में सफलता और यश पाने के लिए अपनी उर्जा और अपने व्यक्तित्व का विकास करना चाहिए। सांचा सत्य सोच की उर्जा शीघ्रता से प्रभु की और जाने में सफलता होती है। तत्व उर्जा एक ओरचलती है, एकाग्रता के साथ चमत्कारित फल प्रदान करती आई है। प्राचीन काल से ही देखते आ रहे है, जो जहाँ ठहर गया चाहे मन चाहे स्थान हो। अब महल और कुटिया का फासला समाप्त हो जाता है, जिन्होंने चमत्कारित प्रभाव देख लिए उन्हें फिर जहर हो या कीलें ठोक दो या थूकों कोई फर्क नहीं पड़ता।साधारण व्यक्ति को जरा बुखार चढ़ता है उसकी भोजन में रूचि नहीं रह जाती उसकी भूख स्वयं मर जाती है। फिर कोई वैद्य या डॉक्टर ढूढ़ते है जल्दी सही हो जाए मिल जाए।

जोगी और प्रेमी मरने से न डरे ओके मन सदैव आनंद भरा रहे

जिसे अभी जीना कह रहे हो मरना कह रहे हो वह न जीवन है न मौत है असल आनंद देखने के बाद सब नकली सा लगता है। सभी देख रहे परिवर्तन उसी प्रकार जीवन का परिवर्तन मौत का परिवर्तन केवल परिवर्तन चल रहा है। सृष्टि का परिवर्तन वही जन्म रहा है वही समाप्त है। अब चाहे पेड़ पौधे का सर्जन हो पशु पक्षी का सभी का सर्जन फिर मृत्यु निश्चित है। उसी प्रकार नगर हो, जंगल, पहाड़ हो, मरुस्थल हो, सागर को या सरिता सभी परिवर्तन स्वरुप बहे जा रहे है। आज घाटियाँ खाईं बन गई व्यक्ति जिस शरीर को शरीर मान रहे है। समय रहते तो समझता नहीं जब कुछ कर सकता अब शरीर बुढा हो गया। उर्जा का कोश संसारी कार्यो में लगा दिया जो नया कोष बनाये उतनी ताकत नहीं रही अपना परिवर्तन कर सके। वैज्ञानिको का कहना भी है 7 वर्ष में तो शरीर का अत्यधिक परिवर्तन हो जाता है। उसी तरह स्थूल शरीर से सूक्ष्म शरीर का वियोग हो जाता है। फर्क इतना है सूक्ष्म शरीर देह बदलता है। व्यक्ति इसी वियोग में रोते है। बुढापे में मौत याद आती है अगर जवान होते मौत याद आती तो उसका यत्न कर लेता ताकि मौत को मात दे सकता। मौत का मुकाबला करने का आनंद आ जाता। पता चलता मौत क्या है, जीने का आनंद है फिर जाते तो पूरा जीते जी असल जीवन रस के साथ जीते। पूर्ण जीवन जीने के साथ पूर्णता आती, आनंद खोजना पड़ता है। प्रभु ने आजादी दी है, अब चाहे धन बटोर ले या आनंद का यत्न कर ले। लाखो लोग करोड़ो रूपये धन दौलत दूसरो के नाम वसीयत कर चले गये। इस जीवन के ऐशो आराम के लिए जीवन लगा दिया। आपार धन सम्पति इकट्ठी की क्या वह सुखी कर सकेंगी? इतना संग्रह क्यों? क्या सुखी कर सकेंगी? क्या भीतर आनंद दे पाएंगी? जहाँ पग–पग मृत्यु का भय। मौत का डर है।क्या यह जीवन सही है?

रविंदर नाथ जब मृत्यु के करीब थे तो इनके साथ बैठे एक बुजुर्ग मित्र ने कहाँ अब मरते वक्त तो भगवान् से प्रार्थना कर लो दुबारा जन्म ना मिले यह जीवन ना मिले। इस आखरी समय तो ईश्वर को याद कर लो इस आवागमन के चक्रब्यूह से छुटकारा मिले। इस चौरासी के चक्कर में न पड़ना पड़े। रविंदर नाथ बोले क्या कहते हो आप? मै ईश्वर से बार–बार यही प्रार्थना करू। मै तो मन ही मन प्रभु से कह रहा हूँ। हे प्रभु मुझे बार–बार मनुष्य जन्म दे मै इस योग्य हूँ तो मुझ पर यह कृपा बार–बार करना, बार–बार इस पृथ्वी पर भेजना बडी रंगीन है, बहुत सुन्दर है, ऐसे सुन्दर चेहरे, आँखे दी है, जहाँ चाँद–तारे ब्रह्मांड खूबसूरत दिखता है। अनंत तारे आसमान में खूबसूरत दीखते है, मै हैरान हूँ !! मै आनंद से भरा हूँ। अगर इस योग्य समझे तो हे परमप्रिय परमात्मा मुझे बार–बार इस दुनिया में भेजना। मै मन ही मन प्रार्थना तो कर रहा हूँ। मै मौत से नहीं डर रहा बस डर इस बात का है, कही अपात्र सिद्ध न हो जाऊ दुबारा इस दुनिया में आ न पाऊ। रविंदर नाथ की बाते कभी बुढ़ा नहीं बना सकती यह शरीर बुढ़ा हो जाये मनुष्य के भीतर जो आत्मा है वह जवान होनी चाहिए रविंदर की आत्मा जवान है।

वह फिर से जीवन जीने की मांग कर रही है। रविन्द्रनाथ ने मरते समय कुछ पल पहले कुछ कड़िया लिखवाई उसकी दो पंक्तियाँ है तुझे देखा तो मै नाचने लगा जीवन में सत्य का रस आने लगा कितनी प्रेम भरी प्यारी बात कही। वही दुसरे मित्र ने रविंदर नाथ से कहाँ तुम महाकवि हो गये हो तुमने छह हजार से भी अधिक गीत लिखे है। तुमसे बड़ा कोई कवि नहीं हो सकता। दुनिया में इस समय इतनी कविताएं नहीं लिखी गई। तभी रविन्द्र नाथ की आँखों से झर–झर पानी बहने लगा और कहने लगे मै तो भगवान से कह रहा हूँ, अभी मैने गीत गाये कहाँ है, मै गाना चाहता हूँ, साज बैठाना चाहता हूँ। मेरी तंबुरे की तैयारी अधूरी रह गई अभी तो ठोक पीट तैयार ही किया था। प्रभु का बुलावा आ गया। मेरी विदाई का क्षण आ गया मेरे तबुंरे के ठोकने पीटने से सभी ने समझ लिया मै महाकवि हो गया हूँ। मै प्रभु से यही प्रार्थना कर रहा हूँ, कह रहा हूँ संगीत का साज तैयार हो गया है और आप मुझे विदा कर रहे है। रविन्द्र मरते हुए भी बोल रहे थे, अभी तो मौका मिला मै खुशी के गीत गाऊं। अभी तो मै जवान हुआ हूँ, जब सारी तैयारी हो गई तो मौत को भेज दिया मुझे लेने के लिए। यहा सभी मुझे बुडा–बुजुर्ग कह रहे है, मै अभी जवान हूँ, यही कहते रहे मै अभी जवान हूँ। इसलिए मनुष्य जीवन बहुत सुंदर है। वही कह सकता जो उसकी सुन्दरता देख लेता है।

उसकी सारी कमिया सारी असुन्दरता समाप्त हो जाती है। वह फूल खिलते देखता है और खुशबु लेता है। यहाँ सारा काम नजर का है दृष्टि का ध्यान की सिद्ध प्रक्रिया का है। जब ध्यान जिन्दगी में उतरता है तो व्यक्ति जवान होता चला जाता है।

इसलिए मै तो यही कहुंगी अपनी लाइफ में मैडिटेशन ओंन करो मौत को नमन करो, मौत को देख मौत–मौत नही रह जाती यही जीवन का जीना है। रसमय जीवन है स्वादमय जीवन है। फिर मौत आती है पूर्ण होशपूर्ण। शरीर की खोल में आत्मा की पोल खोल यानी मौत की पौल खुलती होशपूर्ण देख। जिन्दगी में व्यक्ति मस्त होकर जीता है, अन्यथा मौत को जितने का कोई उपाय नही मौत से भाग नही सकते मौत का भय जरुर सताता है। मौत जीवन के साथ–साथ खड़ी पल–पल परछाई की तरह साथ चलती है,जहां गर्भ में बीज आया मौत का बीज भी शुरू होता है, साथ साथ चलता है। माता अपने बच्चे का ख्याल रखती है साथ ही मौत का भय भी सताता है, कही मौत उसे बिगाडने की कोशिश न करे।उसका रूप सुंदर हो बुद्धिमान हो क्या पता क्या से क्या बन जाए। प्रभु की और से दिमाक की कमी रही तो सबसे ज्यादा काम दिमाग का है, वही कमी रही तो जानवर जैसा जीवन हो जाता है। फिर कोई फर्क नही जानवर और इंसान में यह सभी जानते है। कितने माँ बाप अपने बच्चो को इस प्रकार बुढापे तक बोझ ढो रहे है। आपको सडक पर गली में पार्क में कही न कही देखने को अवश्य मिल जायेगे। ऐसे बच्चो का जीवन ढौर। (जानवर) जैसा हो जाता है। जीते जी मरे समान होता है। ढौर तो अपने काम नियमित करता लेकिन ऐसा व्यक्ति को सिखाया तो बहुत कुछ जाता है अब तो बुद्वि पर निर्भर है कितना परसेंट काम कर रही है।

साधारण संसारी मजबूरी में जीता है, अँधेरे में जीता है, मौत उसको आती है, घसीटती हुई ले जाती है। खैर मरना सभी को है यहाँ कोई बचने वाला नही है, केवल प्रभु का प्रेमी जो जान लेता है, वह अपने मालिक को अपनी काया के भीतर से टांका उधेड लेता है। भीतर से शरीर उधड़ता चला जाता है, चक्र रूपी टाँके खुलते चले जाते है उसके चहरे पर एक चमक आ जाती है शरीर पर झुरिया नही दिखाई देती। वह काया रूपी चोले में रहकर व्याकुल नही होता है। वह सृष्टि का अभिन्न अंग बन जाता है, फिर तो चले नवनित क्रन्दन अभिवादन करे सारा ब्रह्मांड बरसे बदरिया दिन रात प्रभु की नगरिया। ऐसा दिव्य लोक मिटने का स्वाद आ गया। इस विरह लोक में तृप्ति अमरलोक में हुई।

प्रिय में बार–बार करती रही
वन्दन मेरा बंधा हुआ था योवन
गुरु हथोडा बार–बार किया हृदय प्रहार
मै बैठी समुन्द्र किनारे लिए मन मौन का सामान
व्याकुल खोजती अंतर आत्मा हे गोविन्द तुझे पुकारती
काल चक्र का डर मेरा मन विलीन अन्तस् काँप रहा
तन–मन मेरा घायल घेरा लहर उठी हृदय हुआ प्रज्वलित

छिपा हुआ प्रकाश बोलता हुआ अंकुरित हुआ मन भीतर
उतरा बसंत गूंजती पतझड़ मौत का श्रृंगार देखू
झरते आसू कण–कण देखू झुलसे पाप तन में देखू
भृकुटी में होले–होले बोला शंखनादं उदासी मन की मिट चली
सदियों का बुझा दिया जगमगा उठा कण–कण इठलाता दिखा
मै सहमी खड़ी किनारे ये कौन ह्रदय घिरता झरता वैभव देखू
सफल हुआ जीवन घुलने लगी श्वास–श्वास ह्रदय रागिनी
मेरे कान कौन वेदना गूंजी आँखों में मची खलबली देखू

भय

मैने जब पुराण पढे, मौत की बहुत सी कथाये ंआती है यह शास्त्रीय शाब्दिक बात है। भय भीतर खड़ा है, वह मरता नही, दिखता भी नही शास्त्रों की जानकारी पकड़ लेते है। मोक्ष इस प्रकार मिलेगा आत्मा अमर है, अजर है इसी ब्रह्म में जीते है। मृत्यु के भय से इधर उधर भागते है पूजा पाठ करते है दान करते है।वह सब अज्ञानियों के लिए है डरता रहे, कुछ यत्न करता रहे, समझ आ जाये, मौत कितनी बदसूरत है, यमदूत को काला रूप दिया है लम्बा चोड़ा व्यक्ति भैसे पर सवार यह उन्ही को दिखाई देगा जिन्होंने काले काम किये, काले सांड पर सवार यमदूत काला नंग–धडंग रूप में आता है।अचानक यमदूत सामने खड़ा होता है, यमदूत देखते ही व्यक्ति को अटैक पड जाता है,व्यक्ति एक झटके में डर से मारा जाता है। यह अज्ञानी की मौत है,मौत का रूप भयानक जबरदस्ती खींचा जाना घसीटते हुए ले जाना। सम्भव तो तभी होगा जब भीतर साक्षात्कार होगा अपने भीतर आनन्द भरेगा परमात्मा दिखाई पड़ेगा। खोल दो अपने तन की खिडकियां उठने दे पर्दे आने दे, प्रभु की दिव्य तेज तरंगे भरने दे सुंदर ह्रदयंग को। गुजरने दे मधुर माधुर्य को, करने दे आत्मा को रूह की यात्रा। कर सघर्ष जित कर विकसित कर तन को।

वर्ना मौत के भय से तो हिटलर भी डगमगाया मौत का भय किसी को भी सता सकता है । मैने हिटलर के बारे में पड़ा की वह अपने कंधे को किसी को भी छूने नही देता था। हाथ रखना तो दूर की बात जबकि दुनिया भर में उसका नाम था। उसने कितने लोगो को एक साथ मौत की घाट उतारा। मै तो यही कहुगी यह उसका नशा रहा होगा जैसे किसी व्यक्ति को नशे की तलब लगती है तो तूफान से भी खेल जाता है। सिगरेट का नशेडी भीतर से कितना कमजोर होता है। शायद हिटलर का यही खेल रहा हो जब–जब तलब उठती लोगो को इक्कठा करता और मौत के घाट उतारता। भीतर से हिटलर कमजोर था तभी तो अपना कंधा किसी को छूने नही देता था, पास में किसी को आने नही देता था, दूर से ही बात करता था।

सुना है उसने शादी नही की, शादी करता तो स्त्री को छूना पड़ता शादी से डरा होगा स्त्री होगी तो पास में सोएगी क्या भरोसा सोते सोते गला दबा डाले मार डाले। वैसे हिटलर इतना बहादुर व्यक्ति भीतर मौत का भय छिपा था। कोई सोच भी नही सकता यह बहादुरी उपरी रही होंगी, लोगो में डर बैठ गया था उसकी सारी उर्जा मारने पर एकत्रित थी वहि काम कर रही थी।

हिटलर ने किसी से दोस्ती नही की, दोस्त से भी तो असुरक्षा हो सकती है। इसलिए वह कही नहीं जाता था न ऐसा काम करता जो कोई उसके कंधे पर हाथ रखना पड़े। प्रत्येक व्यक्ति से फासला चाहता था। बडी हैरानी होती है कई बार हिटलर की गर्दन की बात सुनकर उसका सबसे कमजोर हिस्सा रहा होगा। पता नहीं साँस भी ठीक से ले पता था के नहीं। कोई तो रहस्य छिपा होगा। क्या पता बचपन में किसी ने दबाने की कोशिश की हो वह बच गया हो। संकट सदैव याद रहता है, कभी भूलता नहीं मौत का संकट देखा हो तभी उसके भीतर भय छिपा था। सुना एक स्त्री हिटलर को बहुत प्रेम करती थी। हिटलर सदैव उस स्त्री को टालता रहा। भय के कारण हिटलर एक घर के तलहटी में छिपा हुआ था। बडी हैरानी हुई यह बात जान कर वह जान गया अब मौत नजदीक है अब वह बच नहीं सकता। मौत निश्चित है। उसे लगातार गोलियों की गूंज सुनती रही और दुश्मन के पैरो की आवाजे आने लगी। दुश्मन उसको धीरे–धीरे घेर रहा था। हिटलर को पक्का हो गया अब मौत से कोई बचा नहीं सकता। मौत से बचने का कोई उपाय नहीं तब आधी रात को उसने अपने व्यक्ति को भेजा जाओ उस स्त्री हो ले आओ। कही कोई पादरी मिल जाए उसे भी उठा लाओ। आधी रात को सोया मिलेगा जगा लाओ। मै शादी करना चाहता। वह व्यक्ति बोला ये कोई समय है शादी का। हिटलर ने कहाँ अब कोई भय नहीं अब मरना ही है कैसे मरू क्या फर्क पघ्ता है। मौत करीब है, अपने करीब किसी को भी लिया जा सकता है। दो घंटे पहले सेक्रेटरी और पुरोहित को लाया गया। यह समझ के बाहर था अब शादी किसलिए फिर सुहागरात मनाई जहर खाया फिर गोली चलाई दोनों मर गये। पत्नी को मारने की क्या जरूरत थी? कोई कमी रही होगी खलती होगी। अब क्या कहाँ जाए की अकेले मरना नहीं चाहता था या मरने के लिए दुसरे को साथ लेना चाहता था। अकेलापन खतरनाक हो गया था, मरने के लिए साथ चाहिए था। यह कैसी बहादुरी या कमजोरी कहेंगे। भीतरी मन जहाँ कमजोरी भरी पड़ी थी। भीतर डर पड़ा था। वर्षो का एकत्र डर था जो कह नही पाया शायद उस रात सब कह दिया हो। स्वयं सारी जिंदगी असुरक्षित महसूस करता रहा होगा हिटलर। अकेले मरने में भय सताया होगा। दूसरे आदमी का साथ चाहता होगा। इसको बहादुरी कहेंगे या भय कहेंगे। कहाँ गये हिटलर जैसे जिसने दुनियां को चुनौती दी थी क्या हाल हुआ? कैसी मौत मिली?

इसी तरह नादिर का किस्सा भी सुनने में आता है, जिसने सारी नहीं आधी दुनिया

तो जीत ली थी।कहा जाकर रुका? एक रेगिस्तान में जाकर रुका, अर्द्ध रात्री का समय रात्री में बैचेन इधर उधर घूम रहा था। सोता भी कैसे जिस तम्बू में सो रहा था वहां चोर घुस आये थे। वह तो कुछ धन लेना चाहते थे। नादिर डर कर बाहर की ओर भागा। इधर उधर भागने में कुछ दिखाई नही पड रहा था, तभी उसका पैर रस्सी में फस गया और गिर गया दुबारा उठा नहीं। मौत के आगौश में आ गया। इससे बढकर क्या धन सम्पति वैभव जमा कर पायेगा, वही परिणाम होगा जो इसका हुआ।गिरा भी ऐसा सीधा मौत को प्राप्त हुआ भीतर तो इतना सूक्ष्म है। डर, भय, घबराहट सीधा जान ले लेता है। भीतर की दरिद्रता व्यक्ति को अधिक बोझिल बनाती है। चाहे आप किसी भी स्थिति में हो। वह स्थिति कितनी ही भयानक हो चुकी हो। ऐसा व्यक्ति गुरु ढूंढं ले जो आपको भीतर मोड़ दे। करना कुछ नहीं है अपने को मोड़ना आना चाहिए। अपने आप समृद्धशाली बनते जायेंगे यह केवल भीतर से नहीं यह बाहर भी समृद्ध बनाएगा। यह पता होना चाहिए, प्राप्ती कैसे हो सकती है? उसका उद्‌गम स्त्रोत क्या है? ऊर्जा कहाँ से निकलती, क्या उर्जा से आप समृद्ध होना चाहते है। अपनी सौभाग्यशाली दृष्टि जमानी होगी,जमने के बाद मंथना फिर देखे कैसे समृधि की ओर बढ रहे है। असहाय तो वे है जो जानते नहीं है। जो जानते हुए टाल जाते है, वे गरीब भीतर दरिद्रता के सिवा कुछ नहीं बसी उनकी आत्मा का हनन हो रहा है। अधिकांश व्यक्तियों की ऊर्जा स्रोत बंद पड़ा है। हमारे मन के भीतर अदभुत शक्ति भरी है, शक्ति को जगाने के लिए अभ्यास के द्वारा सिद्ध आसन का प्रयोग आवश्यक है। मन के दुवारा समृद्धि सागर में आनंद के हिलोरे ले सकते है जहाँ धन नहीं, मन को दिशा में लगाया जा सकता है। व्यक्ति सौभाग्य का सच्चा आनंद जागता है। किसी भी हाल में अखण्ड ब्रह्माण के मूल मन्त्र को नहीं भूलना चाहिए।

सत्य को नहीं भूलना चाहिए। सत्य को पाने के लिए सुंदर बनना होगा मधुर बनना होगा। सत्य के लिए प्रयास होता तो सत्य मिलेगा। जैसे संघर्ष वैसा परिणाम यहाँ एक छोटा सा किस्सा याद आ रहा है। इमर्सन ने कहाँ है– पवित्र विचारों वाला प्रतिभाशाली व्यक्ति ईश्वर का साक्षात् प्रतिनिधि समझा जाता है, वह समाज को शुद्ध विचार देता है।सभी में परिवर्तन हो सके। वह अत्यंत गुप्त विचार भी देता है। उसका लाभ सभी को मिले, पुस्तक, बातचीत, गोष्ठियों के द्वारा सदैव सद्विचार देता है। प्रत्येक व्यक्ति अपना भीतर का वातावरण विशिष्ट और दिव्य बना सके। वातावरण में फैली दिव्य गंध का लाभ सभी को मिल सके। ऐसे व्यक्ति के सम्पर्क में जो भी आएगा वह अवश्य उसका भागीदार होगा। जो अत्यंत गुप्त है। कठिनाई से मिला इतर तो हर कोई सुरक्षित रखता है। कठिनता से मिला धन सब कोई सुरक्षित रखता है।

बाहरी गुलाब का इतर बनाने के लिए एक मन फूलों का अर्क निकाला जाता है वही अर्क भट्टी पर चढाकर उसका अर्क खिचता है, इसी प्रकार दस बीस बार उसे भट्टी पर

चढ़ाया जाता है। मन भर फूलों का तोला रती भर इतर निकलता है। बाहरी धन खर्च किया महत्व नही तोला भर इतर मिला। जो कुछ दिन में समाप्त हो जायेगा। परन्तु भीतर का इतर एक बार निकलना मुश्किल है निकलने के बाद वह कभी घटता नहीं है। बढता ही चला जाता है। यह अनमोल इतर है दुनिया में घूम लो सदैव रहने वाला इतर नहीं मिलेगा जिसकी गंध से मृत्यु भी खड़ी होकर बोलती है। मै आ गई और प्रेम पूर्वक सहेज कर ले जाती है।

कोई डर नहीं दिखता, कोई भय नहीं, कोई दुःख नहीं वह अपना काम सहज कर जाती है। इस प्रकार के इतर की कीमत मत आंकना। बस श्रद्धा और समर्पण के साथ अपने आप मिलने लगती है। निष्कर्ष यही है धन, यश, भोग के साथ आवश्यक है, उसके साथ यदि आत्म सुख जगाने का उदेश्य भी बनाओ जो शाश्वत है धनी बन जाओगे। कभी सोचा है धन दास की तरह सेवा भी करवाता है। धन ही सम्भालते रहे धन के स्वामी बन कर रहे। सभी ने देखा है बैंक के द्वार पर चोकीदार उसी तरह धन भी जिसके पास जाता है, अपना चोकीदार बना लेता है। इसलिए इन सब के साथ मन के स्वामी भी बन सकते है। अनजाने में सभी दास बन कर जी रहे है। कोई पद का कोई धन का किसी का तन ही अस्वस्थ है, किसी न किसी रूप में दास का जीवन जी रहे है। अपने स्वामी बन सकते है। एक संकल्प मन का स्वामी बना सकता है, ध्यान में शुद्धिकरण होता है फिर कृपा बरसती है। जैसे जैसे व्यक्ति तत्वज्ञान की ओर बढता है, यह सबका अपना निर्णय होगा। अपनी मर्जी होगी। मैंने तो अपना वर्षो का अनुभव आपके सामने रख दिया अच्छा लगे तो अपना लो आत्म सात कर लो। सभी आत्माय सोई है बस थोड़ा तपना बाकी है। ध्यान में रमना बाकी है कैसे रमा जाए। परमात्मा की मेंहर तो उसे देखने के बाद ही पता चलती है वह सामने खडा है देने को तैयार है, कण–कण से अमृत झरते देख रही हूँ, कई बार मेरी आँखे चौंधियाँ जाती है। दिव्य लाइट वहां की रौशनी देखते देखते जाऊं। मन ही मन मुस्कुराऊ मुहं में भीतर आपो आप मिठास घुलती जाए। साथ ही दिव्य ध्वनियाँ सुनती जाऊ। मै इस उत्सव में शामिल हो पायी।

आँखे खोल कर देखती तो भी एक सागर दिखाई पड़ता जो कोई देख नहीं पाता। मुझे सब डूबे नजर आते है कैसे कहु सागर का कोई बिंदु भी क्या सागर से जुदा है। एक–एक बूँद सागर से जुडी है एक एक तरंग से जुडी है। एक एक लहर सागर से जुडी है अब वह लहर सागर से जुडी है, लहर छोटी हो या बड़ी सभी सागर से सम्बन्ध बनाये है। सत्य बुद्धि जिसकी रहेगी वही तो सतज्ञान की और भागेगा। यह बहुत बडी बात है ब्रह्मज्ञान पाने के लिए एक से एक बड़े सम्राट, राजा, महाराजा बड़े बड़े संतो की खोज में रहे जो तत्व ज्ञान करा सके। वह तत्वदर्शी संत की तलाश में रहते थे। जहाँ आनंद मिले जहाँ अमृत मिले।। जो आनंद सागर का रास्ता जानता हो वही बता सकता है।

ऐसा संत कुटीयाँ में मिल सकता है। किसी साधारण शहर में मिल सकता है, महल में मिल सकता है। सोने की पहचान सुनार को है। सुनार ही वह खोट निकाल सकता है। उसी प्रकार तत्वदर्शी गुरु आपको देखना होगा। ढूंढना होगा। पहचानना होगा। एक ध्यानी जो स्वयं दिन रात सैर करता है। जब यह शरीर ब्रह्माण्ड में पहुंचता है, शरीर तो वही रहता है, परन्तु आत्मा पक्षी रूप में विशाल ब्रह्माण की सैर करती है तत्वदर्शी पुरे ब्रह्माण में द्रष्टा बनकर अंतर में झाँक सकता है। यह सब स्थिर पूजा दुवारा सिखा जा सकता है। कैसा है क्या है पूरी तरह समय में तभी आता है। जब गहराई से जान लेता है यह तो जीते भी स्वर्ग मरते भी स्वर्ग। जीवन जीना भी आनंद मरना भी सुखदाई। परन्तु आलसी, कंजूस, मुर्ख क्या जाने। जो सत्य की निंदा करे सत पुरुष को जानकार भी उसकी निंदा करे। झूठी साक्षी देने वाला हो, विरोध माता पिता से इर्ष्या करता हो, अपशब्द बोलने वाला हो। अपनी में आपसी अलगाव पैदा करता हो। वह चाहे कितनी ही उच्च्च कोख से जन्मा हो तो भी तत्व ज्ञान से दूर हो जाता है। फिर भी मै कहुगी सब भुलाकर एक बार इस मार्ग में आना चाहे तो प्रभु सब माफ कर देता है। बाल्मीकि जैसे चोर डाकू थे वे ऋषि हो गये।

प्रभु के नाम अज्ञात सत्ता की प्रेम भरी पाती

आज मुझे ऐसा लगता है–हे प्यारे प्रभु मुझे असीम सत्ता का खजाना मिल गया। वह किसी व्यक्ति की शक्ति नही एक विशाल ऊर्जा शक्ति स्रोत है। जबसे रिश्ता जुड़ा है कल्याण ही कल्याण और मैने बेशुमार प्रेम पाया। हे प्रभु आपके द्वाारा बरसी उर्जाशील कृपा मैं कैसे लिखू। मै अखण्ड प्रेम को शब्दो में कैसे लिखू। मेरे भीतर जन्मों–जन्मों की जमी गर्त साफ हुई खुला द्वार बैकुण्ठ का मै अपने भीतर अकक्ष तुम्हारा देखू। हे प्रभु अज्ञात सत्ता के उत्सव का नजारा साफ–पाक शब्दों मै कैसे लिखू। निर्माण ग्रन्थ के शब्द कोष भी बेशुमार प्रेम वर्षो का देख फीके दीखते है। मेरे तन की बिखरी चेतना ऊर्जा शक्ति को केंद्र दिशा मिली, मै सर्वप्रिय सत्य की धारा को शब्दों में कैसे अभिव्यक्त करू। हे मेरे प्यारे सृजनहार दुनिया के रचने वाले मै अपने भीतर कि अनुभुति कि बरखा मै खडी द्वार कैसे लिखु। मै अध्यात्म कि अनुभुति के मोति बिन आहत के घट कर झरोके से निकाल बेमिशाल लाइ हूँ, साक्षात परब्रहम को कैसे लिखुं। मेरे भीतर घटित क्रान्ति ने मेरी जर्जर शरीर में बल भर दिया इस अनुभुति का वर्णन करना असमभव है। आँखे मिचे मुख बन्द किये बैठी थी, सोई आत्मा जगाने के लिए मेरी भुजाओं का बल साथ दे गया। मेरी दिवानगी की जिद्द ज्ञान से परिपूर्ण खजाने का वर्णन जग को प्रेरणा देने के लिए कैसे लिखु।

सर्वप्रिय सत्य को कहने में मोंन बाधा बनी मेरे अंग–अंग और घट–घट बरसत देख मै पूर्ण अनुभूति का सत्य कहने में असमर्थ हुई। अपनी प्रगाढ अंतर नादं अनुभूति प्रतिशण श्वासों में पियारे की अनुभूति मै कैसे व्यक्त करूं। मै की परिभाषा खत्म हुइ मै–मै ना रहि। मै परिवर्तित हुई मै–मै को भूल गई मेरी बिखरी चेतना में सिमट गई। खत्म हुई मेरी गमो की मियाद तन किया अंतरमन के हवाले। तन की सारी पीड़ा छोड़ मेरा मन गया ऊर्जा की सरंगक्षण। वासना और पीड़ा के जाल से मुक्त हुई मै ब्रह्मांड की परम आजादी को कैसे लिखू।

मेरी वर्षो की यात्रा में आत्म विश्वासऔर ऊर्जा का लक्ष्य मिला। मेरी आंतरिक अन्तर्मुखी दिव्य ऊर्जा का आना सम्भव हुआ। आज मै ये कहती हूँ मेरे जनाजे का कन्धा तुम बनोगे। किस तरह कहूँ होश नही रहा दुनिया का अब मै कैसे चंद लब्जो में प्रभु का रहस्यमयी प्रेम लिखू। शब्द वही बुद्ध ने कहे, शब्द वही महावीर ने सुनाये। संतो, मुनियों ऋषियों वेदों, पुरानो ने गाये। मेरे भीतर समाया हुआ था अन्धकार और मेरे हृदय की वेदना ने पहुचाया अमर लोक उपलब्ध हुआ अमृत शब्द नही। प्रभु ने मेरा रीता तन मन तेजोमयी प्रकाश के संचार से भर दिया। दिव्य लोक की नित नई वेदनाओ की झंकार के मूल भाव को शब्दों में कैसे उतारु। कण–कण में समाया हृदय में निवास चंद लब्जो में कैसे समेटु। जिस्म में मिलना उस सर्वव्यापकता का कैसे रहस्य अभिव्यक्त करू। मेरे जीवन की विशालता का जगत ने कोई अस्तित्व न समझा। हे प्रभु तुम्हारी महानता की अनुभूति ने कैसे मेरी देह का श्रृंगार किया, मेरे प्यासे सूखे अधरों की तडफन को, मेरे सूने रीते तन–मन को पूर्णता से भर दिया कैसे लिखू। मेरी रूह के दरवाते खुले ब्रह्मांड में वो जादुई आलम बिछा, अपने इन कम्पन्न हाथो से कैसे लिखू। मेरी रूह की पुकार पूरी हुई पूर्ण मोक्ष और शान्ति धाम मिला, मेरी श्वासो का थमना लिखू या श्वाशो को बजना लिखू या लिखू श्वासो की रफ्तार लिखू। श्वासों की खामोशी लिखू, श्वासों ने मेरे सुने तन–मन समुन्द्र से गहरा उजाला भरा उस खुबसुरत दिव्य मस्ती के अहसास को कैसे लिखू। कैसे परम तत्व ने ब्रह्मांड में प्रकृति का भेद खोला, मेरा जिस्म कांप उठा मेरे होट फडफडाने लगे, मेरे हाथ सुन्न हुए मै कैसे लिखू। प्रभु का इस जिस्म में मिलना शक्तिशाली वेग कैसे लिखू। जादुई मिलन के प्रेम को चंद अल्फाजो में कैसे लिखू। मेरे भीतर का संगीत और ब्रह्मांड की बिखरी हुई शक्तिया खुल कर नाच रही संगीत गूंज उठा। मै चरम सीमा पर पहुची, मै सारे संसार को कैसे बताऊ। शब्द नही मेरे पास हे प्रभु कैसे महिमा मै तुम्हारी गाऊ। मेरा तन मन खुशी से गाने लगा, मेरे नैनो के तार ब्रह्मांड में जुड़ने लगे, नई ज्योति पूर्ण सुन्दरता लिए प्रकाशित होने लगी। मै कैसी नासमझ उतेजित हो प्रभु की अनुभूति बाँधने चली। अनंत बसंत मुझमे घुलने लगे मै कैसे लिखू। देवलोक में पल–पल फूल खिले ज्योति सदा बसंत भी बिखरा–बिखरा दिखता है। मेरे मन की अनुभूति कैसे ब्यान करू शब्द मेरे खो गये, मै खुद में गम हुई मै कैसे लिखू तारों का भेद देख मेरे नैनों से आसू छलकने लगे ब्रह्मांड की शोभा देख–देख मेरा हृदय उमड़कर आँखों से आसू छलके जाता है। मै कैसे अपने अनुभव का अनुवाद करू। मेरे जीवन की अमरता का अमरलोक मेरा मुक्ति दाता मै कैसे ब्यान करू। मेरा जन्म धनी हुआ। मै हृदय की गहराइयो से निरंतर आभार प्रकट करू। तुम्हारा निर्मल अखंड स्नेह प्रेम ने मेरा उत्साहवर्धन किया मेरे हाथो ने धर्म निभाया सरलता से सम्भावना व्यक्त की। तुमने प्रेम सुधा बरसाया भीतर क्रान्तिया घटने लगी। मै अदभुद बेजोड़ रिश्ता जाने कब रातो रात मस्ती में प्रभु प्यारे से जोड़ गई। अदुवितिया अनमोल रिश्ता ना किसी का मोताज छोटे–

बड़े शब्दों का मूल समझ कर बेजोड़ मस्ती में पहुच गई मै।

मै ब्रह्मांड से लाई चुन–चुन कर शब्द, मेरे जीवन में मेरी चेतना जगी मै भी साझीदार हुई। मेरी रूह में उतरे नित नया दिन खास। मेरे जीवन का श्लोक अंतिम है अध्यात्म जगत की मै कहानी बन जाऊ, अदुवितीय सत्य की जीत जगत में है। अचानक सत्य के शुद्धतम बोल बोले, कोई तो हिंसा भांति लगे जगत को। मेरी काया के नो द्वार खुले बोझिल जीवन के पार हुई, होश पूर्वक सूक्ष्म शक्ति जागी। प्रखर ऊर्जा फैली मन–मस्तिष्क में, अखंड झील में फूल खिले रहस्यवादी सजीव चित्रंरण कैसे उनका विवरण करू। हृदय में पूर्ण अनुभूति लेकर रहस्यवाद लगा मुझे बोद्धिक चिन्तन। अंतिम असीम चेतना का छोर पकड़ गई। जो समाया प्रकृति के अंश–अंश और अंग–अंग में। मै अध्यात्म से जागी, एक आलौकिक असीम सत्ता दिखाई प्रकृति ने मैने सर्वत्र फैली पवित्रता को स्वीकार किया, सत्कार किया। भुला आज का व्यक्ति रहस्यमयी प्रकृति को जड मानन की करे भूल। गगन मंडल से मेरा जुडा तारतम्य मंगल ही मंगल मेरे तन की मिटटी पक्की दिव्य रौशनी में भव सागर के पार हुई। अब मै सारा जहा देखू या ब्रह्मांड देखू दिव्य अनुभूति का सागर की अचल धारा का कैसे वर्णन करु।

मैने अपने मस्तिष्क में अनमोल मणि रत्न खोज लिया। तन में सत्य कल्पना के पार हुआ। तरंगित ऊर्जा का महासागर बहने लगा। जो अनमोल है, सच्चे हृदय से अपने तन में प्रभु का हवन किया, मन के सारे भाव भस्म किये। दिव्य ऊर्जा की लपटे निकली अभौतिक ऊर्जा की सीमा न रही, मै आत्मवान हुई।

मुझे प्रभु का आलिंगन मिले मै कैसे छोड़ दू? जो मुझे नही समझ पायेंगे या मेरे भीतर बैठे परमात्मा मेरे लिखे शब्दों से भी न समझ पायेगे वे फिर मुढमति होगे शंका का कोई समाधान नही। उनके प्रतिरोध की भावना मेरे साथ नही मेरे भीतर बैठे ईश्वर के साथ होगी। मेरा गुढ शाश्वत सत्य बहुत प्रभाव शाली है। मेरी इस यात्रा में मै एक बच्चे की तरह मचल गई हूँ निरंतर ब्रह्मांड की ओर बढती रही। अंतरिक्ष में सब घूम रहा है, जिज्ञासा शांत होती रही। जीवन की ऊर्जा शब्दों की विशालता में समझना होगा। मै अपनी अंतरमन की श्रद्धा यात्रा में लींन दुनिया से बेखबर जैसे घने सुनसान जंगल। जंगलो में पेड़, पेड़ो पर पड़ी अमृत बेल, बादलो में भरी धुंध रिमझिम गिरती बुँदे जैसे मेरे मन भीतर का खाली प्याला भरते सहजता से एक अध्यात्मिक उज्ज्वल पवित्र स्थान पर ले जाती जा रही हो। अब समझी संत का पागलपन जगत में कैसे जीते है। जो वास्तविक भेद खोल जगत के पार हो जीते है। निराकार सत्य को बुद्धि के ढर्रे से कैसे लिखू।

अमर बेल का बहुत ही सुंदर बिंब नजर आ रहा था। बडी सुंदर रही मेरी शोभा यात्रा, सुनाने की बडी तडफ थी।मेरे श्रेष्ट विचारों ने ली अंगडाई, प्रकृति झुकती खिलती देह में विलीनता नजर आई। वट की विशालता कैसे लिखू? देह में श्वासों की अकुलताये तन की विशालता कैसे लिखू? सोंदर्य भरी आकृति के सोंदर्य को कैसे

लिखू? भृकुटी का श्रृंगार सुर आनन्द कैसे लिखू? मेहरबां हुआ परमात्मा जमी से हटाया दुपट्टा मुक्त हुई, बाधा विहीन नैन डूबे, परमानन्द पलकें मचली आनन्द आह मस्तक पर दस्तक हुई हृदय में गर्जन मुसलाधार बरसा कृपा निधान कैसे लिखू?

मै जोगन जगत को छोड़ स्वर्ग से होकर आई हूँ। ब्रह्मं भेद का संदेश भूतल (पृथ्वी) पर लाइ हूँ। कैसे विश्वास दिलाऊ मै त्रिभवण आत्म–भू (स्वमं अपना आधार) अखिलेश (सारे संसार का स्वामी) की सुदरता कैसे लिखू?

मेरे मन का सेतु टूट गया, अपना अनुसरण कर चलती रही उपलब्धि हुई। मोक्ष का तरल पदार्थ मिला मुक्ति की खोज पूरी हुई श्वासों के सेतु पर बंधन न कोई भेद रहा। मै सर्वव्यापी निराकार परमात्मा की महिमा कैसे गाऊ प्रभु की नेहमतो से फुट पड़ा जिस्म आँख खुली की खुली रह गई दातार ने ऐसी लीला दिखाई प्रभु पियारे को आत्मा से निकाल कैसे लिखू।

जब प्रभु का आयेगा बुलावा, ये संदेश खुशी–खुशी जगत को दे परमात्मा में लींन हो जाऊंगी आलौकिक होगा मेरा मिलना।मै आखरी संदेश प्रभु का लिखवा जाऊगी। अंत में मेरे दिव्य प्रिय परमात्मा को दंडवत प्रणाम सभी की आत्मा बैठे परमात्मा को प्रेम नमन।

साध्वी चेतना

मंजर

मैने दुनिया से छिपकर एक हकीकत खोली
आँखों में ध्यान की प्रक्रिया लगा अंधेरो को जलाया
अंधेरो में दर्द जला गम जला उदासी जली मुझ में छिड़ी जंग
आँखों की निकली जलन मुझे तलाश थी उजाले की
अंधेरो में बैठना रास न आया स्वयं प्रमाण बनी
देव होने लगे मेहरबांन मुझ में मिटने लगा अन्धकार
जीवन में किसका वरदान कर गया भाग्य का निर्माण
छिपा रहस्य का तार जोड़ गया खोया था अस्तित्व
बाहरी ढांचा टूटने लगा प्रभात का स्मरण हो आया
खिल गये फुल परिंदे उडते नजर आने लगे गहरी नीद से जगी
चाँद तारो से संवरा जहाज ये कौनसे सफर में आ गई अकेली मुस्कराती
तेजस्वी रश्मि भीतर से गुजरती रही काया का रूप बदलती रही
मंजर खुद ही बोलने लगे सारा जहाँ रंगीन मौज में रहना आ गया
चुपचाप बहना जीवन का सलिखा आ गया तन हल्का बदलाव आ गया

श्रद्धा सुमन प्रिय को समर्पण – यथार्त को समर्पित जोगन

एक बात जिन्दगी में सदैव याद रखो क्षण–क्षण ध्यान प्रभु की और लगा रहे। जिससे भी मिले प्रेम से मिले समय प्रभु चर्चा में ही बीते। राह में धार्मिक प्रवृति का व्यक्ति मिले उसका सदैव मान करे।

एक बार पड़ोस में एक वृद्ध पुरुष बीमार पड गये। काफी वृद्ध हो गए थे शरीर भी जर्जर हो चुका था। देखने से काफी कमजोर लग रहे थे। घरवालो ने देखा तबियत ज्यादा खराब हो गई अस्पताल में भर्ती करवा दिया। अस्पताल दाखिल करवाने के बाद कई दिन लग गये हालत में मामूली सुधार आया। पड़ोस के कई व्यक्ति सेहत का हाल–चाल पूछने गये। अभिवादन के बाद पूछा, "कैसी तबियत है" बुजुर्ग यह सुनकर थोड़ा मुस्कराए फिर बोले यह शरीर यानी इमारत पुरानी हो गई है। दीवारे हिलने लगी है ढहने का खतरा बना हुआ है। डाक्टर यानि बड़े–बड़े मिस्त्रियो को बुलाया गया है। सभी जीजान से इमारत को गिरने से बचाने की कोशिश में लगे हुए है। अब बच गये तो ठीक है। गिर गई तो अपने नीज घर चले जायेगे। तत्व ग्यानी सदैव अपने नीज घर ही जाते है। असली घर बसेरा है।

यह मेरी कोरी कविता न समझना
मै जानती हूँ मैने अँधेरो को सींचा
भीतर भरा श्वास का हुंकार दे दे दस्तक
एक अनजानी रास, रंग, गूंज उठा ब्रह्मांड
मेरे मन का बड़ा उत्सव कोई न जान पाया
इस तन भीतर अंधेरा फुटा दुधिया किरणे निकली
घनेरी रात में सूर्य निकला आँखों में समाया

मेरा तन मन रंगा कोन ऋतू का करु बखान
मेरा मन फुल बना श्वास सोह्मं ब्रह्मरन्ध चढी
मै आकाश को छू सत्य का रहस्य दे चली जाऊंगी
जिसे चाहिए मोक्ष उसे समाधि दे जाऊंगी
परिचय बस अपना इतिहास में दे जाऊंगी

मै पूरे होश पूर्वक ध्यान में चहरे पर मधुर मुस्कान मेरे ह्रदय की कोमल श्रद्धा, निर्दोष भाव, सम्पूर्ण वातावरण आकर्षित और आनन्दित लगने लगा। मधुर शीतल वायु फैली सुगंध प्रवाहित पवन मुझे बार–बार स्पर्श कर ऐसा सुख प्रतीत होता जैसे मै स्वर्ग में बैठी कोई मेरा प्यारा प्रीतम इन्तजार कर रहा हो। मै एक बंद कली सी खिलने को बेकरार, मेरे होंट अछूते रह जाते। मेरे ह्रदय का तेज कम्पन स्पर्श पियारे प्रभु को कर जाता। मेरे चारो और एक प्रफुल्लित, आन्दमय वातावरण का निर्माण कर जाता। खुशी मेरे भीतर भर जाती। मै धीमी गति से मस्ती में इठलाती हवा के साथ बहती जा रही। बाहरी कुछ होश नही, स्वमं ही विचरण करती फिरती । प्यारे का एक स्पर्श शक्ति ऊर्जा भर जाती। सुख स्नेह आनंत और प्रकाश से परिपूर्ण सत्य परमेश्वर है।

मेरे नैना चढे आकाश में अपना नव वैभव कैसे दिखलाऊ,
मेरी आँखे विलसती प्रेम ज्योति में हुई समरस विराट चेतनता विलसती
गूंज सुनी शंख नांद और अदभुद प्रकाश कैसे बतलाऊ,
मेरी काया जगी हुआ सफल प्रयास, संदेश जगत को कैसे पहुचाऊ,
ईश्वरीय वरदान माने कोई भूतल भी स्वर्ग मानिंद हो जाए,
मै भरी अखण्ड ज्ञान के उपदेश, बनी मधूमास मेरा श्रृंगार किया सृष्टि,
प्रफुल्लित और आलौकिक मन से घुमड़ घुमड़, मै भी उमड़ी मिट चली

ब्रह्मांड का दिव्य प्रकाश देख मेरी आँखों में जैसे ही दिव्य प्रकाश भरा मेरी आँखे आकाश में चढ गई, वह नित नया वैभव देखू मै किसी को दिखा नही सकती। दिव्य रौशनी नैनो से खिलवाड़ करती खेलती नजर आ रही थी। उस दिव्य रौशनी, विराट चेतना शक्ति के साथ समरस यानी एक हो गई। नेत्रों का प्रतिबिम्ब एक हो गया। आकाश में शंखनाद की शहनाइयाँ गूंज उठी, बड़ा अदभुद आनन्दित प्रकाश दिव्यता और आनन्द से भर गया। मै समझा नही पाऊ और बतला नही सकती है। दिव्य रौशनी से मेरी काया भर उठी जगमग करने लगी मेरे सारे प्रयास सफल हो गये। यह संदेश संसार को कैसे पहुचाऊं। अगर कोई इसे ईश्वरीय वरदान मान ले सारी धरती स्वर्ग की तरह नजर आएगी। मै अखंड ज्ञान से भरने के बाद बोलना चाहती हूँ। मुझे ऐसा प्रतीत

हो रहा है जैसे शहद पर मक्खियाँ भिनभिनाती है वेसी मै हो गई हूँ। मुझे लगता है मेरा श्रृगार सृष्टि ने बड़े आनन्द, प्रेम और उत्साह से किया है। प्रेम से स्वागत करती रही मै ज्ञान में बढती रही। मै भी किसी की प्रवाह किए प्रभु की राह चलती रही पूर्ण तौर से समर्पित हो गई।

मै स्वर्ग से होकर आयी । दुनिया के लिए संदेश मै लायी ।
वहा जात–पात का वस्त्र नही, वहा मजहब का कोई तन्त्र नही।।
वहा श्रृंगार का कोई अस्तित्व नही, धन वैभव का मोल नही ।
वहा शिक्षा, ओहदे, कला, बल, कोशल का रति भर भी काम नही ।।

सोच

मै क्या थी क्या हो गई
सफर विचारो का था
मैने सोच को तराशा
ख्वाइशो को मसला
खामोशियो के संग हो ली
जिद्द थी एक को मनाने की
आंधी तूफान से सत्य को निकाल लाने की
आँखों में पलको बीच घटा उठी काली, छंटता गया अन्धेरा
आधी रात खड़े रोंगटे हृदय घबराया
आंखे खोल खोल खुद प्रभु को देखू
भीतर से गुजरती गई चेतन चेला करे धमाल
नाचे गावे धुन सुनावे कमाल
चला आ रहा है नूतन प्रकाश
पढ लेता काश मेरी खामोश आँखे कोई
शब्दों का जाल न बिछाना पडता
सत्य है जहा शब्दों का वहा अंत
अब छीन सकता नही अमृत कोई

अपनी भिक्षा का पात्र सदैव खाली रखना, परिस्थियाँ चाहे जो भी बने भीतर की करुना को न बदलना। आत्मा रूपी भिक्षा का पात्र भी बिन मांगे प्रभु की कृपा से टप–टप भरता रहेगा दिखाई भी न देगा। निर्मित हमारे भीतर ही होता एक अलौकिक

प्रतिभा उभरती है, वहि ह्रदय में मिठास भरता अलक्षित, सुने नयनो में घिर–घिर आता है। आती जाती श्वास की डोर से बाँध रखी है प्रीत, बना मेरा परिचित। स्वप्नों का चितेरा बरसता है नित ह्रदय में मेरे, कोन नित नइ सुगंध भरता है झंकार। पहचान करो वाणी का ह्रदय भरो सुविचार प्रेम से साहिब मिले उपजे घट ज्ञान तत्व।

यहाँ एक घटना बाबा की याद आती है एक बाबा सिद्ध सिला पर बैठ कर वर्षो से साधना कर रहे थे। साधना करते करते तपस्वी के ह्रदय में हिलोरे उठने लगी आवाज आई – ओ तपस्वी वर्षो बीत गए तपस्या करते–करते आज तेरी तपस्या परवान चढी है। क्या चाहता है? मांगना है मांग जो चाहता है मांग ले। भक्त कहने लगा– आज तो मांगूगा और अधिकार पूर्वक मांगूंगा। क्योंकी मैंने वर्षो घोर तपस्या की है? बड़े कष्ट सहे है। अन्दर से आवाज आई– भगत – मेरी कृपा माँगना चाहता है या अपनी तपस्या का फल माँगना चाहता है? भगत कहने लगा– भगवान् मुझे तो मेरी तपस्या का फल चाहिए। मैंने तपस्या की है कुछ और नहीं। तराजू में तोल मेरी तपस्या का फल मुझे दे दो। पच्चीस साल हो गए मुझे तपस्या करते हुए, न जाने जंगलो में कितना कितना भटका हूँ। गुफा में बैठ के समाधि लगाई। मुझे तो सिर्फ अपनी तपस्या का फल चाहिए।

कहते है की फिर आवाज आई। भगवान ने कहा– साधक सोच ले तपस्या का फल चाहिए या मेरी कृपा चाहिए। भगत भी बड़ा जिद्दी था। बोला प्रभु मुझे केवल मेरी तपस्या का फल दे दो, मुझे और कुछ नहीं चाहिए। कहते है– थोड़ी देर बाद जिस चट्टान पर बैठा था वह चट्टान हिली और उसमे से आवाज आने लगी। चट्टान बोली– भगवान जब एक तपस्वी हिसाब किताब के मामले मै मजबूत हो गया और हिसाब करने लगा तो आज हमारा भी हिसाब हो जाए। बारह साल से यह भगत मेरे ऊपर बैठ कर तपस्या कर रहा है तो हमारा हिसाब भी चुकता कर दो। हमे भी दो दिन के लिए इसके सिर पर बैठने का मौका दे दो। फिर बहती हुई गंगा की धारा से आवाज आई कि इस आदमी ने हमारा जल पिया, यहाँ नहाया और इसे गन्दा किया। हमे भी हिसाब चाहिए। फिर पेडो से आवाज आई, इस आदमी ने हमारे इतने फल खाए हमे भी हिसाब चाहिए। चारो तरफ आवाजे गूंजने लगी। तपस्वी घबरा गया और हाथ जोड़कर माफी मांगने लगा। तपस्वी बोला भगवन जो मैंने तपस्या की वह तो कुछ भी नहीं लेकिन उसके बदले जो संसार ने मुझे दिया उसका हिसाब चुकाना बहुत मुश्किल है। अब कुछ मांगने की हिम्मत नहीं रही। आपने इतना कुछ दे दिया बस अपनी कृपा दे दो, मुझे अपनी तपस्या का फल नहीं चाहिए। संसार में आकर जो मुझे मिला उसका बदला मै हरगिज नहीं चूका सकता। बस अपनी कृपा बरसाते रहना, मुझे सब कुछ मिल जायेगा। ।

मेरा अध्यात्म कब शुरू हुआ

मुझे नही मालुम था अध्यात्म क्या है? सचमुच कैसे शुरू हुआ हां अपने अंदर एक घुटन सी महसूस होती थी मुझे देवी देवताओं चित्र भी नजर आते थे। मुझे बहुत आवाजे सुनाई देती थी कई प्रकार की धुनें सुनाई देती। केवल सुनाई ही नही मेरे भीतर बजती थी जैसे–जैसे चक्र खुलते वैसे ही धुनें सुनाई देती थी। कई बार मुझे अपने अंदर से सवालो के जवाब अवश्य मिलते है। मुझे यह मालुम नही था यह सब क्या है? बस इतना जानती थी कुछ जानना है मुझे, मेरी ऊर्जा समर्पण केवल श्रद्धा भक्ती की और बहे चली। अन्य कही नही चली यहाँ तक मुझे पढने में भी कोई आनन्द नही आया।

मेरा शरीर लगता जैसे किसी जैल में बंद छटपटा रहा हो समझ नही पा रही थी कैसी आजादी। भीतर कुछ बंधन है, कुछ रुका सा है, कुछ जंजाल है, जो काटना चाहती हूँ। मै अपने स्वाभाव के कारण सभी से अलग हो गई हाँ आज यही कहूँगी। किसी को कोई दोष नही दूंगी अगर मुझे एकांत न मिलता क्या मै इतना बड़ा रहस्य जान पाती हरगिज नही। कभी नही जान सकती थी। आज तो मै बहुत खुश हूँ। मै इतनी गहराई मै आ गई जो मेरा हाथ पकड़ेगा वह भी पार हो जाएगा।

प्रार्थना आज तीस साल बाद भी करती हूँ पर आज बोलना नही पड़ता आज मोंन हो जाती हूँ। मै रात–रात को उठ कर प्रार्थना अवश्य करती। श्रद्धा से भरी प्रार्थना करती परमात्मा में खो जाती। कई बार प्रार्थना भी मुश्किल हो जाती पडोस के लोगो के साथ कुछ होता उन्हें तो यही लगता शायद मै कोई टोना टोटका कर रही हूँ उन्हें हानि हो रही है। मै ज्यादा छोटी–छोटी बातो पर ज्यादा ध्यान नहीं देती थी। मै अक्सर रात को छत पर अवश्य जाया करती। पड़ोस में महिला के पति तीन दिन से नही सोये। मुझे उस महिला ने बहुत खरी–खोटी सुनाई। बोली उस महिला ने कहा आप अपने को सुधार ले कुछ बाधा तो अवश्य डाल रही है। हम बहुत बैचेन रहते है, आज तो लगता है प्रभु को मुझ पर दया आ गई होगी जो बरस गया। मेरे अपनों की बहुत अनुकम्पा रही जो मै आत्मवान हुई बहुत सहयोगी रहे। कुछ पड़ोसीयों का हाथ रहा मै उन सभी

का तहदिल से धन्यवाद करती हूँ। कही न कही जगत मुझे अध्यात्म की और धकेलता रहा है। मेरी प्रभु की निजता बढती गई मै प्रभु को पा गई। मेरी मस्ती का कोई पार नही पा सकता मेरी एक यात्रा चलती रही भले थोड़ा भटकी समय लगा। मेरा भीतर का मंथन अथाह सागर की राह पर पहुचा गया।

मै किसी के सामने अपने को कभी नही रख पाई और नही मुझे रखना आया, संसारी व्यवहार में थोडा कमजोर थी। जितनी बाहरी कमजोर थी उतनी ही अंदर से एकाग्र मजबूत होती जा रही थी। सब अनजाने में हो रहा था। संसार निंदा का प्रत्यक्ष प्रमाण है उसके पास देने को कुछ नही। । मेरे जीवन में ऐसे व्यक्ति शामिल रहे जिन्होंने संसारी जो देना था कोई कमी नही छोड़ी। संसार का दिया अल्प विष भी अमृत का काम करता रहा। मेरे साथ यही हुआ, ऐतिहासिक सृजनात्क घटना घट गई। मै जाग गई मुक्त आकाश की सैर करने लगी। मेरे तो भीतर अमृत रस झरने लगा। एक बात समझ गई बाहरी संसार बडा चटपटा है उनके पास बातो के जंजाल के सिवा कुछ न मिलेगा। भीतरी बिलकुल खोखले। संसारियो में बाहरी झमेलो के बवंडर भरे पड़े है उनके भीतर बातो का बबाल फैला मिलेगा। वे बात को पकड़ कर बैठ जाते है।

किसी की भी निंदा करना समझ लो प्रत्यक्ष ईश्वर की निंदा है। मै ये बात अच्छे से समझ गई थी मै सभी के भीतर बैठे परमात्मा को ही देखती। हमारी एकदृएक बात ब्रह्मांड में प्रभु के पास पहुचती है। मुझे तो समझ आ गया जीवन का आनन्द क्या है। जीवन तो एक महौत्सव है। जिसको बोध हो जाता वह संसार की और नही भागता। ईश्वर ने हमारी रचना प्रत्यक्ष आनन्द के लिए की है। किसी भी हुनर की निंदा करना आसान है कोई सडक पर खड़ा होकर पेंटिग बनाता है तो समझो उसके भीतर कुछ चल रहा है, वह उसको कागज पर उतार कर ही चैन लेगा उसको शान्ति मिलेगी। बाहरी कितने धक्के मुक्के लगे उसकी उसको कोई प्रवाह न होगी।

मेरी तो पल–पल की फरियाद पुरे ब्रह्मांड में गूंज रही थी। पहुच रही थी मै बहुत आनन्दित हो रही। अपने ही जिस्म के गहरे राज जानती जा रही थी। साथ ही सब महसूस करती जा रही थी। मेरा एक एक टांका खुलता उसी प्रकार धुनें भीतर खुलती जा रही थी बजती जा रही थी। मेरा आनन्द बढता जा रहा था। मेरे तन भीतर श्वाँसो का चलना अति सुक्ष्म रहस्य समझ आने लगा। सारी मारा मारी तभी तक है जब तक शरीर में ऊर्जा का जोर चल रहा है। अपने अच्छे कर्मो का सुख स्वमं को मिलना है। यह शक्ति स्वयं में बनती है जाना भी कही नही। मुझे यह भी अच्छे से समझ आ गई। आप जैसे व्यक्ति के सानिध्य में रहो उसकी ऊर्जा उसी तरह हम पर काम करती है। प्रभाव डालती है या फिर अपना ओरा इतना मजबूत हो किसी की बात कोई असर नही करे। वैसे हम किसी के बारे अच्छा सोच सकते है तो सोचे वर्ना किसी के बारे गलत सोचने से अपना भी बिगड़ता है अपनी जबान अशुद्ध होती, फिर जो पूजा पाठ ध्यान

करेगे सब व्यर्थ हो जाएगा। अपने सुखो पर भी पूर्णविराम लग जाता है। किसी को भी गलत ठहराने वाला सिर्फ एक बार एकांत बैठ कर अपनी रील उलटी चला कर अवश्य देख ले वर्ना प्रभु तो चलाता है तो बड़े–बड़े हिल जाते है। एक बात और अफसोस की सभी को एक जैसा गर्भ मिलता है फिर सभी शरीर को मिटटी में मिलना है जो आत्मा अपने को जान लेती है वह ब्रह्माण्ड में जीवित रहती है। बाकि जीवन अपने कर्मो अनुसार योनी जीवन भोगती है। मुझे तो मौत का रहस्य यानी कर्मो अनुसार योनी भी मिलती यह भी बड़ा जबर्दस्त रहस्य समझ आ गया। आम व्यक्ति की समझ से बाहर है। मै तो यही कहुंगी गिरा दो जो भी भीतर जहर भरा है। जब समझ आये तभी सवेरा है।

अगर किसी की ऊर्जा देखनी हो अस्पताल में देख लेना। ऊर्जा से निर्बल व्यक्ति कैसा दिखता है। सारा काम ऊर्जा का है, कभी किसी को देखा बुढा हो जाता है लेकिन उसकी ऊर्जा जबान में उसी प्रकार चलती है वह बोलता जाएगा थकता नही। कुछ लोग भीतरी और बाहरी षड्यंत्र इतने बखूबी रचते है शायद वो लोग भगवान से नही डरते या फिर अपना सर्वनाश कर रहे है। ऊर्जा तो प्रत्येक व्यक्ति में भरी पड़ी है अपनी ऊर्जा को किधर इस्तेमाल करे यह सभी का अपना निर्णय होता है।

मै अपने में मस्त हो गई, मुझे खुली हवा में श्वाँस लेना आ गया था बात करना आ गया था। मेरी मर्जी केवल प्रभु तक सिमित हो गई मै उत्सव का हिस्सा बन गई। सर्वोच्च जीवन की चाबी मिल गई। कई जन्मो के कारण जो जो अधिकार खो बैठी थी वह सब मिल गया। मेरा मानना है जीवन जीने के कुछ पल सावधानी से प्रभु की और सरक जाना चाहिए। महान आत्मा की मैल साफ कर सत्य को पाने की कोशिश अवश्य करनी चाहिए। हृदय में खाली जगह कर प्रभु को कब्जा देना चाहिए। हम अपने प्रति जरा भी सावधान नही है। सभी के भीतर प्रभु की तिजोरी भरी पडी है चाबी का सही नम्बर कोन सा लीवर वाली चाबी लगेगी पता होना चाहिए। यह सम्पति बाहरी तौर से आँकी नही जा सकती। ब्रह्मं की छवि तो दिल में बरसती है आँखों से देखी जाती है। आसान है सुगम भी है, आत्मा की परीक्षा होती है। पाप की सामर्थ्य अनुसार परीक्षा होती है। व्यक्ति का मन कितने अपशगुन से भरा है। आखिर क्या है? मन के प्रदुषण का कारण? खोजने की कोशिश अवश्य करनी चाहिए।

मुझसे व्यक्ति मिलने आते जाते रहते। लेकिन किसी को आत्मा का बोध नही होता था केवल ज्योतिष के कारण मिलने आते थे। एक बार एक व्यक्ति जो राजनीति से जुडे थे मिलने के लिए कहा। अपने समुदाय में धन से सामाजिक रूतबा का प्रतीक थे। उन्होंने बताया काम के सिलसिले में मिलना चाहते है। वे साईं बाबा साउथ वाले उनके भगत थे। उन्होंने ना जाने कैसे मुझे पहचान लिया ये स्त्री ज्ञान से तर है। मेरे साथ उनकी बैठक काफी बढिया रही। उन्होंने मुझे जाते हुए कई बार धन्यवाद किया।

उन्होंने मुझे बताया पिछले कुछ महीनों से वे अपने आपको एकाग्र नही कर पा रहे। शक्ति की और केन्द्रित होना बहुत मुश्किल हो रहा है। वे शारीरिक तौर पर कठिनाई महसूस कर करे है। वे अपने को कमजोर और अप्रभावित महसूस कर रहे है। बताया मन अप्रसन्न है भीतर से शिकायते निकल रही है। प्रार्थना करते है यह प्रयास भी असफल रहा है और मुझे बताया आश्रम भी रह कर आये। भीतर ही भीतर निराशा की गर्त में डूबते जा रहे है। इन दिनों मुझे अनेक विचित्र अनुभूति हुई। आँखों से सब ओझल हो गया है आर्थिक स्थिति भी बिगडती जा रही है।

जब मुझे साक्षात्कार हुआ हम मनाली में थे पाँच व्यक्तियों का ग्रुप था। वहां का आनन्द कहते नही बनता दुबारा जाने का मौका नही मिला। अनजाने में क्या हुआ जो मुझे इतना परेशान कर रहा है।

मुझे यह तो समझ आ गया कुछ गहराई में छिपा है दबा पडा है। कुछ गलत हुआ है जो आज तक किसी के सामने नहीं खोला। मुझसे बात की तो बताया की आपने कभी किसी विषय पर बात नही की इसलिए आपसे मिलना मुश्किल था आप साधारण स्त्री भी नही लगी। हलाकि उन्हें मेरे यहाँ आने में काफी तकलीफ थी उनके साथ कई लोग थे जो बाहर ही रहे।

मै खामोश बात सुनती रही बातो से स्पष्ट था कोई गहरा जख्म था। नैतिक तौर पर कोई कार्य गलत हुआ है यह सब चेहरा देख कर पता लग रहा था। मैने उससे केवल एक प्रश्न पुच्छा प्रश्न के सुनते ही उसका चेहरा लाल पड़ गया, बड़ा शर्मिंदा नजर आ रहा था। मैने कहा एक बार जो भी जैसे भी हुआ आप बोलते जाओ। यही अवरुद्ध है जो शक्ति को रोके हुए है शक्ति का सामान्य प्रवाह नही हो रहा।

मुझसे डरने की जरूरत नही मै सत्य पर जीवन जी रही हूँ मै कभी किसी का बुरा नही सोचुगी। नही किसी को कभी नुक्सान पहुचाउगी, पहले थोड़ा डरा धीरे–धीरे बोला, फिर बोलना शुरू किया बिना हिचकिचाहट के जैसे जैसे बोला उसका भीतर का बबाल निकलता गया, सारा बोझ हल्का हो गया। शब्दों के प्रवाह के साथ उसकी आँखे भी बह गई। अंधकारमय विचार तूफान की तरह बह गये, मन का सारा दरिद्र बह गया। मन की मैल फुट कर बह निकली। सारा किस्सा सूनाकर अंतिम श्वाँस बहुत गहरी ली। शब्द समाप्त होते ही गहरी राहत मिली चेहरे पर कुछ शान्ति के भाव प्रकट हुए।

मै मौन थी, अपने आप बोला, आपने मेरी कमजोरी खोज ली, इसका हल यही था। आखिर मैने उसे एक सुझाव दिया तुम जाकर अपने गुरु और भगवान को जाकर सीधा समर्पित हो जाओ। बार–बार अपने गुनाह की माफी मांगो। आपको शीघ्र ही तत्व की प्राप्ति होगी ऊर्जा शक्ति महसूस होगी। जिसकी जो राशि है वह ब्याज सहित लौटाने की कोशिश करे। भले धीरे–धीरे लौटाए, मै जानती हूँ उस व्यक्ति में काफी

बदलाव आया होगा। तत्व रहस्य जानने के बाद व्यक्ति गलती करता है, तो वह पछतावे की आग में जलता रहता है। अपनी दिव्य शान्ति कभी गंवाना नही चाहता। वह भगवान की रहस्यमयी ऊर्जा पर केन्द्रित नही हो पा रहा था। उजाले का जीवन देखने के बाद अंधकारमय जीवन किसे पसंद आयेगा। मेरा काफी आभार प्रकट किया।

समस्याओं का समुन्द्र तो व्यक्ति के साथ–साथ चलता है। महान गुण का बोद्ध होना आवश्यक है। यह राह महान व्यक्ति ही बताता है।ज्ञान सिर्फ वर्तमान है इसी पल को साध लिया जाय तो ज्ञान उभर कर बाहर आ जाये। साधे कैसे? पता नही ज्ञान है क्या बाहरी ज्ञान से परिचित है भीतरी ज्ञान तो सुना भी नही जो ज्ञान अध्यात्मिक वर्षा है। जो बरस रहा है मेरे जीवन में प्रभु ऐसे बरसे मेरे स्वरूप की अभिव्यक्ति मेरे सामने आ गई। मेरे सामने का सारा पर्दा प्रेम भरी वर्षा में बह गया। जगत वैसे का वैसा वर्षो बित जाने के बाद भी जरा भी फर्क नही। मेरे सामने सिर्फ रहस्य प्रकट हुआ मुझे जो चाहिए था मिल गया। मेरे जीवन में सौ प्रतिशत प्रभु की इंट्री इसके कारण बाहरी कुछ न टिक पाया। मै प्रभु के साथ अपना संतुलन बैठा पाई संसार के साथ कोई किसी प्रकार का संतुलन न बैठ पाया। मेरे सामने आँख के सारे भेद खुल गये परमात्मा की अभिव्यति सामने खुल गई। एक विशेषज्ञ जिसने वर्षो आनन्द लिया वही दिखा सकता है, अत्यंत सूक्ष्म तत्व पकड़ा नही जा सकता। बहुत बारीक है। कोई विशेषज्ञ ही बता सकता है, जिसकी आँख खुल गई हो, जिसने आँखों से देख लिया हो। जो विराट का आदि हो गया हो। यह वर्तमान का काम है, यहाँ कोई योजना या सुझाव की आवश्कता नही यह भीतर की भूख है किसी–किसी की जागती है।

मेरे पास सृष्टि को देखने का ताबीज है अपने से देखा जाता है जो तत्व रसात्मकता को उत्पन्न करता है। हमारे भीतर एक भवन है सिंहासन खाली है सिर्फ गुरु के भीतर नही है सभी के भीतर है। सर्वस्व ईश्वर का राज्य है। यह विशेषज्ञो का काम है यानी गुरु का काम है। वह आपका सहायक बन सकता है शब्दों से किस प्रकार समझाया जाय। यह कल्पना मात्र नही है जो अनुभूतिपूर्वक है। यह जिसने वर्षो जिया हो प्रभु के प्रवाह के साथ। ब्रह्माण्ड में सब विद्यमान है, अनुभव कर सकते है। किसी झंझट में पडना आँख में ध्यान का अंजन डालना हलचल मच जायेगी समझना मंजिल करीब है अँधेरे में ढूँढना सर्वत्र को। आत्मअवलोकन करना, सृष्टि न्योता दे रही है पल–पल सामने मूल को कोई समझ नही पा रहा। अंतर वेदना को देखना, अंतर्वेदना में घटना छिपी है। दृश्य जागृत होना है।

मेरे पास ज्योतिष की वजह से बहुत व्यक्ति आते थे मै उपाय की साथ ध्यान भी बताती थी। शुरू में दुःख में होते निरंतर ध्यान करते भरोसे विश्वास के साथ करते। पहली बार कुछ दिन करने के गहरा अनुभव बताते। ताजगी महसूस होती कुछ दिन बाद ध्यान नही रहा समय नही दिया बोर होने लगे। बाद में बोलते अब ध्यान नही

लगता क्योकि बाहरी स्थिति बदल जाती। फिर ध्यान नही रह जाता पुराना हो जाता है उसमे असल अनुभव खो देते जैसे चाकू की धार कुछ दिन बाद खोटी हो जाती है ध्यान भी कुछ नया माँगता।

मै अपना किया लिखू दृश्य, ध्वनियों से घिरी विजन में सोचती,
संसार की दी पीड़ा प्रसव पीड़ा भांति जागी, कौन सा अमृत वेला कहू,
सहारा बना मेरा सर्वस्व विराट, एकाएक सारा दर्द बहा गया,
सोचने लगी समझ न आया, हलकी दस्तक हुई मस्तक
झंकझोर दिया मुझे, अन्तर्द्वन्द खत्म हुआ,
अकारण मन श्रद्धा से भर गया, दूर ध्वनी गूंज हुंकार सुनी,
झंकझोर मुझे मेरा हृदय पलट दिया,
इसका अंदाजा मुझे न था किसने मुझको छुवा,
पड़ी बिस्तर पर सोचते–सोचते आधी रात हुई,
अत्यंत प्रभावमयी और प्रभावशाली बनी देह,
भृकुटी का बंधन खुला, ध्यान इधर उधर भटक जाता था बेघर की तरह असुक्षित था,
कहा से चित में उजाला कूद पड़ा मै उजाले की ज्वाला निहारती रही,
सूरज उफनता हुआ समक्ष आ खड़ा हुआ।निकला सूर्य प्रकाश दिखाये,
गीत सुनाये हृदय को छू जाए, अखण्ड सौभाग्य जाग उठा, कौन जन्म के पुण्य उभरे,
अब धीरज कैसे धरु मन पुलकित होय। मै सर्वस्व को सौंप दिया,
मै थी बियाबान जंगल भाँती भीतर आप बरसने लगा विचारधारा के टूटे तार,
संसारी उपजे रिश्तो के हुई पार, हृदय बिच सारी सृष्टि का भेद पाऊ अगाध,

मै ऐश्वर्य की अधिकारी बनी सौभाग्य उदय हो गया। अध्यात्म शैली का सफल प्रयोग हुआ, मेरे हाथो की ऊर्जा दिव्य शक्ति शब्द लिखने में प्रयोग हुआ। मेरा अन्तस् प्रेम में भीग रहा था भटकती आत्मा को सचमुच सच्ची अनुभूति हुई। मै समर्थ हुई समझने लगी सोचने पर मजबूर हुई। कैसे तत्व की अनुभूति हुई? सच्ची अनुभूति जाने हृदय में क्या–क्या बुनती रहती दिखती है। मेरा रोम–रोम जाग उठा नाच उठा भोजन भांति प्रभु ने सब परोस दिया। फिर भी लगता है कुछ नही जानती अभी भी कम है। मेरा भीतर का कुवारा पन भर गया। ब्रह्म शब्द यानी विस्तार से भर गया। भीतर ब्रह्म फैलता गया मेरा जिस्म भी उसी प्रकार रुई भांति फैलता महसूस हुआ। ओःह मैने अदृश्य को खोज लिया, मै सन्यस्त हो गई मुझे स्वयं प्रभु ने सन्यस्त किया मै अपने भीतर की उच्चाई भरती गई। ब्रह्माण्ड की उच्चाई भर बोल उठी लिख उठी। मेरी आकांशा पूरी हुई, मेरी यात्रा प्रभु को स्वीकार हुई। मैने अंतर आत्मा को परमसत्ता को

जान लिया मै प्रज्ञावान हुई अज्ञात में उतरी कहा से प्रिय शब्द लाऊ प्रिय को कैसे लिखू? देखती रही मै निखरती रही उभरती रही, फैलती रही, ग्रन्थ पुराण बाहरी सब समाप्त भीतरी दरबार खुला। भीतरी लय में मय हुई आँख से झाँका मतवाली हुई पूरा अस्तित्व खेल रहा अमीरस बरसा रहा। मैने परमात्मा को पा लिया मेरा सन्यास पूरा हुआ। मेरे जीवन का विस्तार हुआ, अस्तित्व की मूल सत्ता को जाना ब्रह्माण्ड को जान लिया। सिद्ध कभी भटकता नही कभी गिरता नही राह दिखाता है। बीज तैयार करता है यह कोई अनहोनी नही यह सब अपने से होता है जिसने झोली भरनी है आयेगा अमृत बरसेगा यहाँ रोशन सारा अस्तित्व है। आँख जिसको खोलनी है उसको नजर आएगा। मीरा की प्रार्थना से फुल झरने लगे मीरा केंद्र कृष्ण में समा गई। मीरा का मै गिर गया प्रार्थना फल गई।

मै भीगी निरंतर सोंदर्य को चुपचाप निहारती रही।वर्तमान सबका हाजिर है इसे गवाओ नही, अपना जीवन सवारने का मौका इससे सुंदर समय नही मिलेगा। कुछ पाने की धुन जगे बौछार तभी पड़ेगी, सोचना मत। साँसों के चलते रहने में उत्सव का खुलना है अनोखा चमत्कारी अनुभव। चतुर वा पेने दीमाक में कोई युक्ति न काम आएगी। यह बात पहले कह दू इसे अपनी तोहिंन न समझना।जिन्दगी के पन्नो को पलटकर पढने की कोशिश करना। खुद के कर्म देखकर रंग बदलने लगेगा, अपने ही लिबास में हकीकत खोजने का प्रयास करना।

मै एक नार सृजन हार अन्तस् में निकला सृजन कोष
योग में सुरती श्वाँस सिंची मन सफल सार्थक प्रयोग हुआ
गोद मिली जग के पालन हार की प्रिय माधक घट घुंघट खोला
रोती थी विरह में सुनता ब्रह्माण्ड भीतर बैठा धीरज दे जाता
तन भीतर स्वर्ण गुफा फुट अँधेरा उजालो से आँख मिली

नैनों में बसा ज्ञान

जिन्दगी के लम्हों को श्वांसो में पिरोलो, प्रभु वाली निगाह में घुलने दो नजर,
नैनों में नजर को सुलगा अन्तस् ज्योत उभर आएगी, शक्ति की देहरी खोलेगी द्वार,
मोह माया से न कभी मुक्ति प्रभु उपस्थित है, व्यस्त रहकर शक्ति की तौहीन न कर,
शक्ति से जुड़ने का प्रयास कर, मुक्ति का रास्ता तलाश कर, फालतू सिसयाना बन्द कर,
वक्त का तकाजा मोक्ष का रास्ता है, इजहार का नही, ज्ञान में मजबूरी देख रहे हो,
जिन्दगी को मौत की और धकेल रहे हो, आभासी दुनिया की बातो को देते हो अहमियत,
अरे आया है चला जाएगा, महिमा शक्ति की कौन गायेगा, हृदय में प्रीती जगा,
सीधी सादी जिन्दगी को सबसे न्यारी बना, महिमा मंगलमय शक्ति की गा,
अपने को भाग्यहीन न समझ कमजोर न बना, यकीन मान शक्ति मौत से भी रक्षा करती है,
अपनी ऊर्जा को बिखरने से पहले, श्वासों के जरिये हृदय में सम्भालने की कोशिश कर,
मैने दिव्य ज्ञान वर्षो सीने में दबाए रखा, आज कागज पर उतारा है रहस्य का पता,
मै जौगन किसे सुनाऊ, हृदय की घटाओ को घुमडने से न रोक पाई, खुल गया ज्ञान का सावन,
गजब हालत मचाई भीतर नयनो के जरीय हृदय से अज्ञान के परिंदे उ़ने लगे,
अब मष्तिष्क में बजते है जलतरंग, बादलो से बरसा मौतियन सा जल, आलम है बहती गंगा का
अँखियन से हीरे लाल निहारु, मुह में मौन रस उतारू,
इतिहास गवाह रहा सबसे कीमती ब्रह्म ज्ञान को प्रणाम करू,

सादगी

सत्य सादगी से उभर आता है
जुबान खमोश समझ परे होती है
सत्य का सेलाब भीतर में उतर आता
उपर वाला क्या रंग दिखा जाए
अदालत उसकी महान होती है
शीशे जैसा साफ बना भेजा है
कर्मो से जो लिखा जाए
जजमेंट उपरवाले के हाथ होता है
रिहाई आत्मा की होती
जन्मो की कैद मुक्ति को तडफती है
हाड़ मांस के पिंजरे में रिहाई को तरसती है
मशरूफ हो यकीनन मौत तो जरुर आएगी
कभी अपना ख्याल करना वर्ना
आत्मा अलविदा कर जायेगी
श्वास भी अपना नियम भूल जायेगी

मुक्ति मोह नही बाँधता, टूटना भी मुक्ति नही, बिखरना भी मुक्ति नही, आधी अधूरी जिन्दगी को कर मुक्कमल, कशमकश भीतर की बाहर कर, निगाहों में मंजिल विशाल मयस्सर चाँद सा बस आरजू वहि कर,आचरण प्रेम से भर, उम्मीद की शमा को जलाये रख, किसी एक्सपर्ट की राय ले, कोई ज्ञानचंद मिल जाए, सुरग कहाँ है? शायद पता मिल जाए।

मै बावली गुरु गुर लिए फिरू मै गा रही देखो जमाना पागल कहे, मैने जाना दुनियाँ की सोच छोटी हो गई, मन की बात मन में ही रह गई, आखिर बात तो मै सारी

कह गई, देखलो ढेरो विशवास चाहिए, छेडिये एक जंग तन भीतर अँधेरे स्याह में उजाला भर जाए। भरोसा कर खुद की काबलियत पर कान में बांसों की बासुरी बजती धुन सुन जायेगी, श्वासों को बिन ले भीतर खेले आँख मिचोली।

प्रमाण ––– मुझसे और क्या पूछना चाहते हो? क्या प्रमाण चाहते हो? मेरा ठिकाना !मेरा गाँव ! यह सब जानकार क्या अपने जीवन की कौनसी समस्या हल करना चाहते हो या मुझे संसार की और घसीटना चाहते हो ! जिनसे आज तक दूर रही ! मेरा जवाब ! ना हिन्दू ! ना मुसलमान !ना जैन! ना ईसाई ! ना अरब की हूँ ! ना जापान से आई हूँ ! मेरे ख्याल से सभी को गर्भ मिला संसार में आने को ! वैसे मेरे पास क्या है? आप सभी के लिए कुछ नही ना पूजा ! ना माला ! ना जनेऊ ! यहा कोई धोखा नही !मैने अपने को जाना प्रभु को जाना चेतन्य क्या है ! मेरी इस किताब में प्रभु को उतारा है ! अपना दर्पण साफ करने का सवाल है ! अपने चारो तरफ झूठी परते जो डाल रखी है ! उन परतो को खोलते–खोलते खो जाना है! जिसके मन में जो प्रश्न उठेगा उसका जवाब देने को तैयार हूँ !इस दुनिया में रहकर कभी–कभी हंसी आती है ! इनका भी कसूर नही है ! लगता है गुरु देखने से पहले यही प्रश्न रहे होगे ! तभी ढोंगी बाबाओं के चक्कर में रहे होंगे! मनुष्य जन्म लेकर मजबूर है ! बैचारे पशु, पक्षी नही पूछ सकते ! पेड़ पौधे नही पूछ सकते वह क्षम्य ! बचा मनुष्य उसका पहला काम यह है !क्योकि यही उसका अक्षम्य पाप शुरू होता है ! किसी भी संत के प्रति ! ऐसे मनुष्य गुरु गुर लेने के काबिल नही ! घटनाए वहीं घटती है जहाँ पात्र भी शुद्ध हो ! यहाँ सर्वत्र प्रवाह अस्तित्व का दर्शन है ! प्रभु भाव पक्ष की दृष्टि से सफल ज्ञान है ! अंतर्दृष्टि से गुप्त कुछ नही ! अंतदृष्टि के भीतर तत्व प्रेम से ओत प्रोत है ! प्रेम की भावना से परिपूर्ण है ! यहाँ किसी के प्रति सवाल नही ! यहाँ सृष्टि के प्रति सत्यप्रियता मिलेगी ! स्पष्ट शब्दों में रचनाकार का गुणगान है !

जो व्यक्ति नीव का विकास चाहता है मै उसी केंद्र को स्मरण कराने आई हूँ। भीतर सुंदर प्रवृति वाला हो वर्ना भटक–भटक मरना है। जिनको तट की खोज है किनारा उन्ही को मिलना है। माँ का आँचल तो भरा ही रहेगा मेरी आँखों को विराट देखने के सिवा कुछ भाता नही आदत सी हो गई है। मेरे पास विविध विधियों का ढेर लग गया है। बारीक छवि की विविधताओं को कैसे लिखू। बारीक वस्तुओ को देखने के लिए चश्मा ढूढ़ते हो। मूल आत्मा शाश्वत है। हट किया तो दूर हट जाओगे आनन्द अनुभव कभी न पाओगे। अपने को उपजते देखना है तो मूल को पकडना होगा।

भजन जो सत्य कहता

छोडकर संसार को जब तू जाएगा,
कोई ना साथी तेरा साथ निभायेगा,
प्रभु का भजन (ध्यान) किया ना,
सत्संग किया दो घडिया,
यमदूत लगाकर तुझको,
ले जायेगे हथकड़िया, कौन छुड्वायेगा,
कोई ना साथी तेरा साथ निभाएगा,
छोडकर संसार को जब तू जायेगा ....
इस परिवार की खातिर,
तू पाप कमाता निस दिन,
श्मशान रखकर लकड़ी,
तेरे आग लगेगी एक दिन,
खाक हो जाएगा,
कोई ना साथी तेरा साथ निभाएगा,
छोडकर संसार को जब तू जाएगा ....
ये सत्संग की गंगा, तू संग लगाले गोता
वर्ना इस दुनिया से. तू जायेगा एक दिन रोता,
क्या करता मेरा मेरा ये दुनिया रैन बसेरा
यहाँ कोई ना रहने पाता,
चंद दिनों का डेरा हंस उड़ जाएगा
कोई ना साथी तेरा साथ निभाएगा
छोडकर संसार को जब तू जायेगा ....

गहरी तपती प्यास

सामने भरी दुपहरी दो मजदूर दो जून को पत्थर तोड़ते देखती रही,
मालिक काम दे मकान की बिल्डिंग में लिफ्ट से चढ़ गया देखती रही,
एक बोतल पानी था पी गये दो घूंट में दो बजे प्यास जगी एक भगा पानी लेने,
सोचा होगा नीचे ही किसी से मांग लू सात घर बेल बजाई कोई हरकत न हुई,
मै दूर सुराख से देखती रही आखिर कुछ घर छोड़ एक बेल बजाई महिला आई,
पानी लाइ साथ ही मीठा पानी भी बना कर लाइ मै बडी हैरत में थी दो जग पानी पीया,
मजदूर की प्यास गहरी तपती प्यास रही होगी जो इतना पानी भीतर ले गई,
बहुत फर्क हुआ महसूस, ऐसी की प्यास कैसी होगी, कूलर की प्यास, प्यास ने खोली पोल,
कैसा अदभुद नीरस हृदय धूप में तपता होगा निस दिन एक घुट पानी खातिर तरसता होगा,
समुन्द्र लांघने वाली थी तपती प्यास, क्या वे थे समाज सुधारक कितने जन की खोली पोल,
ज्यो ज्यो तपती प्यास, त्यों त्यों तरसती आत्मा, कैसी कसावट नाडी की अनुभूति होगी,
कैसा शुष्क तरसता जीवन होगा, आखिर मजदूर की प्यास की भी तो कोई क्षमता होगी,

उपलब्धि

बचैन ह्रदय की कर सम्भाल
बुढापे ने दी दस्तक सकूं की तलाश कर
रात निकल जाती है उमर बहा ले जाती है
यूं चलते चलते जिस्म में कहां पहुच जाएगा
ठहर जा जहाँ है वही जिस्म में रुक देख आलम भीतर का
जिन्दगी का मुसाफिर है आपनी राह की तलाश कर किसका इन्तजार
नूर भी चाहता है गरूर भी नही छोड़ता उतना ही दूर होता जाता है
ऋंचाये चाहती है जागरूक हो अपनी मानसिकता का हनन मत कर
देख काल लिए बैठा जमात ऐसी खबर सबको दिखाई देती नही
कश्ती तूफान की और अपने आप बहे जा रही सरक रहा है समझ नही आ रही
क्रिया एक ही है उबरने का ख्याल कर सत्य की अनुभूति कर ब्रह्म का सत्य देख

भीतर अगाध भरा ज्ञान

अपने आप में अभी भी गुम हूँ भेद है अनमोल कैसे खोल दू
सारा ज्ञान कमाल भीतर भेद भरे वेद पुराण कैसे निकाल रख दूं
जिन परिंदों ने कभी उडान नही भरी वो क्या जाने प्रतिभा आसमान की
सर्वोच्च ज्ञान की सत्ता उच्च शिखर पर तारो की चादर ओढे दो शब्दों में कैसे खोल दूं
गलतियों को मिटाना आसान नही सभी का तन बुझा हुआ दीपक रौशनी का इन्तजार है
सभी का तन खाली मकान कशती तैयार है बडे नादाँन है अभी भी परखते खुदा को है
खबर समुन्द्र की है रिक्त है ज्ञान ब्रह्मं सर्वव्यापी तत्व का मुख्य बिंदु गुम है सबका
इतिहास कारो ने अभी भी उज्ज्वल इतिहास की बात को दिल की गहराई से न जाना
जगत भरा उजियारा जागो और जगाओ सबके भीतर एक चोट कर प्रकाश को खोल दे

मन की दिव्यता

यह बात मै कह सकती हूँ
मन की सारी भ्रान्ति दूर होने के बाद
मन श्रद्धा प्रेम समर्पण से भर गया
मेरी खोज पहचान बनी अकारण ही हो गया
अध्यात्म सुंदर वट वृक्ष धर्म का सोंदर्यतम लिए है
करोडो दिव्य पदार्थ लिए अन्तस् समाया ओझल है
सोंदर्य का कौन सा विशिष्ट रूप लिखूं
ब्रह्माण्ड उल्लास भरा कण–कण तरंगित है
अभी तक मै पत्थर की तरह मौन बनी थी
मुझे कहने के लिए प्रभु आदेश हुआ
लिखने का साहस जुटा पाई शब्दों का सहारा लिया
सोंदर्य की चर्चा मेरे आत्म केंद्रित दृष्टि का दिव्य प्रसाद है
यह द्रव्य से भरा है प्रकाश से भरा है कैसे कहू
लगता है धरा–धरा कुछ भरा–भरा साथ–साथ प्रवाह की लय
प्रकाशित होता है पर्दा हटाता है तटस्थ दृष्टिकोण होना चाहिए

तत्व

प्रभु पुकारता है मैं हूँ, तू दृष्टि टिका, देख मेरा आकर्षण मै ही मै, सर्वत्र मै हूँ, सभी के केंद्र समाया हूँ। केंद्र का सार तत्व एक ही दिव्य केप्सूल हूँ। ब्रह्माण्ड में अनेक तत्व है प्रमुख तत्व की पहचान कर। अन्य सामग्री छोड़ जीवन का एक नया प्रयोग कर के देख।

कुछ लोगो को कंकड़ पत्थर चुनने की आदत है। यहाँ मेरे पास तत्व का अनंत का रंग शब्दों में कैसे भरू। रंग शब्दों में लिख कैसे लिखा भरा जाय। प्रमुख बात यही है, क्रिया का होना आरम्भ है। उसी से तत्व आकर्षण होता है। महत्व पूर्ण बात प्रक्रिया सही स्थान पर बैठ जाना। अपनी वाणी मौन कर प्रक्रिया भीतर रचकर ध्यान कर। अपने भीतर कोई सच्ची घटना याद कर सच्चाई की अनुभूति कर। मानव गुण जागृत कर। मानवता में दर उच्चा हासिल कर। भीतर मधुर माधुर्य गुण प्रवाह की पहचान कर। घटना के रहस्यत्मक तत्व का कैसे उद्‌घृत करू। सत्य की गहराई में जाकर जन साधारण के समक्ष उजागर करना मुश्किल है। तत्व की जानकारी हो यही बहुत है। ना जाने किन परिस्थितियों में सत्य का बोध हो जाए। कौन बोध करा जाये।

मै चाहती हूँ धरती पर प्रत्येक जीव में तत्व बीज बोया जाए।
श्रद्धा समर्पण की खाद डाली जाए मै जानती हूँ सभी जीव अँधेरे में पडे है।
मेरी इन विधियों को जो भी पड़ेगा करेगा जीवन में सत्य है फेरबदल होगा।
यह प्राचीन सत्य अपने भीतर राग रंग की गूंज चादँ सितारों का कोतूहल देख।
मेरे खेमे के अतिथि बन जाओ संसार से परे इतिहास में सत्य का पता दे जाउगी
ब्रह्माण्ड में देख अपनी आँखों से इत उत भागता उत्सव का नजारा।
प्राण की गंध तृप्त करे नथुने महक उठे, ऑखें हो जाए मदमस्त देख रंगीनी।
तू बोल उठे वाह वाह रे मेरे प्राण प्रिय, अँधेरा फोड़ चित जागा सर्वहारे का जन्म हुआ।

समाप्ति

आज मुझे इस पुस्तक की समाप्ति करनी थी मै काफी देर तक अपनी छत पर अकेली खड़ी सडक पर तकती रही। रात का समय था लोगो को आते जाते देखती रही भीड़ भी बहुत थी। सडक के किनारे पूजाघर था अपनी श्रद्धा अनुसार लोग आते जाते रहे प्रसाद चढाते रहे। सत्संग भी हुआ मै ध्यान मग्न प्रभु की दयालुता और सर्वव्यापकता की भीतर ही भीतर चर्चा में अपने में मग्न थी। वैसे भी मै घंटो एकांत बैठती थी, उसी तरह आज भी किसी को पता न चला मेरे भीतर क्या चल रहा था। मेरे लिए यह दिन बहुत खास था। मैने एक स्त्री होते हुए प्रभु के प्रति अपना नियम निभाया। प्रभु ने तो भंडार ही खोल दिया। धर्म की पहचान करवा संचालन करता ने अपना आशीर्वाद बरसा दिया।

मै बहुत देर से आँखे बन्द किये आत्म चर्चा में व्यस्त थी। धीरे–धीरे आँखे खोली, आँखे खोलते ही आँखों से आसू रिस आये। जैसे मेरा रोम रोम बह चला हो बोल रहा हो। मेरे तन में बडी आश्चर्य जनक सनसनाहट महसूस हुई। मेरी आँखों के पानी ने भी जैसे सब्र का बाँध तोड़ दिया हो। आँखों से गिरती टूटती बुँदे जैसे मुझे कुछ कहना चाह रही हो। दूर बरगद के पेड़ पर नजर गई झूलती हुई शाखाएं पत्तियों से विहीन कौन उन्हें बार बार हिला जाता है छेड़ जाता है। ये कौन खेल जाता है? फिर भी पूरा पेड़ साक्षी है चारो और से ढक कर रखा है।पत्तियाँ भले बदल जाती हो पर शाखाए वहीं पेड़ अपनी कहानी लिए खड़ा हो।

मेरी तृप्त आत्मा प्रभु की प्रसंसा किस तरह करु। मै भीगी आँखों से वृक्षों पेड़ पौधो को निहारती रही, फिर घुटनों के बल बैठ गई। प्रभु प्रेम भरे दर्द में पूरी तरह डूब गई और जमीन पर पूरी तरह झुक गई दंडवत हो गई। दर्द भरे स्वर में बोली प्रभु मुझसे जाने अनजाने कोई गलती हो मुझे माफ करना। आप बड़े दयालु है मेरे सारे गुनाह माफ किये आपने आशिशो के रत्न से मेरी झोली लबालब भर दी। थोड़ी देर में मै उठी हाथ फैलाकर घुमने लगी। प्रभु ने गजब का प्रसाद दिया। ना दिखाया जाता ना खत्म होता

बडता ही गया। आसमान की और नजर की अँधेरी रात पूर्ण चन्द्रमा लिए खड़ी मधुरिम सा स्वर कान में पड़ा मन मुग्ध हुआ आँखे जैसे बतियाने लगी हो। क्षण–क्षण आनन्द का आभास हो रहा था। मेरे लिए तो हर रात उजाले की थी। अँधेरा अँधेरा न रहा अँधेरे की अपनी कोई सत्ता नही जब अपने भीतर उजाला भर जाता है। अँधेरा न लाया जा सकता है न निकाला जा सकता है। जब तत्व ज्ञान का सूर्य निकल जाता है अँधेरे का कोई अस्तित्व नही रह जाता अँधेरा उजाले से भर जाता है। मेरी तो जैसे श्वासे थम गई हो उजाला ही उजाला भर गया हो। परन्तु ओझल ओझल सा अँधेरा भी संगीत की लहर भर गया। आज की ये रात भी मेरे लिए जैसे दिव्य अमृत का संदेश लेकर आई हो। रात ढलने वाली थी सुबह की खातिर कही टकरा न जाए। उजाला पलके उठाने के लिए तैयार था मुलाकात बाकी हो। मैने उस रात अँधेरे में उजाले का भरपूर रस लिया। जी चाह रहा था इन लम्हों को कसकें बाहों में भर लू। आसमा खुला था, परिंदों की तरह उड़ान भर लू। कैसा सयोंग अँधेरे में उजाले का योग अंदाजा लगाना मुश्किल। मुझे अपनी कामयाबी की किरणे और प्रभु की कृपा भरपूर आनन्द दे रही थी।

मै हैरान थी प्रभु ने मेरे जीवन को गीतों से भर दिया, राग–रंग से सजाया। मीठी खुशबु से महकाया मेरे पास प्रभु के संदेश पहुचने लगे। क्या कहू धुनें बज उठी, घुघरू खनक उठे, हृदय की भट्टियाँ ज्ञान से सुलग उठी, मानो मेरे साथ पेड पौधे पक्षी नाच गा उठे हो। मै हैरान थी मेरे सात घंटे किधर गये भीतर ही भीतर गहराई में जागी अवस्था में। वैसे मै सदैव ज्ञान चलती रही आज अहसास हुआ। रात के दो बज चुके थे। मै अपने कमरे में आई गहरा सन्नाटा भरा था। सब शांत नजर आ रहा था मै दो साल से एक ही कमरे में थी आज लगा जैसे मै किसी की कैद में थी मेरा ध्यान पूरा भीतरी लगा था कुछ होश नही किसी से क्या बात की। एक दो बार बाहर जाना पड़ा बाहरी वह सब मुझे याद नही। मेरे अंदर बाहर स्वभाविक प्रभु का प्रवाह तीव्र वेग से चल रहा था।

परमात्मा की विशालता का कोई वर्णन नही कर सकता मै और क्या कहूं अपने बारे में मैने प्रभु को देखने वाली निगाह पाई है। सत्य की परिभाषा में इतना कह सकती हूँ अटल सत्य है सदैव रहने वाला मुक्ति दाता एक ही है जो उसकी एक झलक भी पा जाये, बाकी सब भ्रम में पड़ना है। प्रतिशण सब बदल रहा है। सत्य हकीकत है हकीकत में विचरण करना आश्चर्य जनक है।

मेरा मन जोगन हो गया, तन बीच बंधा मन, मन का हो गया योग,
अब शब्दों का न रहा मोल, तन भीतर मिलन, हुआ सम्भोग बना संगम,
मन हुआ समाधि में लींन, उपलब्धी भीतर खजाना जोगन खोई अखण्ड,

एक बात और बता दू साधारणत्या भी जो सत्य के साथ जी रहा है और सत्य पर अड़ा है। वह भी समझो परमात्मा के साथ खड़ा है। परमात्मा उससे दूर नही है। परमात्मा उसके साथ खडा मिलेगा। जो असत्य के साथ जी रहा है असत्य के साथ खड़ा है उसके साथ सदैव काल खड़ा मिलेगा। वह काल के साथ खड़ा समझो। इसलिए मानव जन्म बड़ा अनमोल है बंदे इसे मिटटी में ना रोल। जिन्दगी का पल–पल कीमती है दुबारा हाथ नही आयेगा।

बहुत हो गया पत्थरों की मूर्तियों में प्राण प्रतिष्ठा अब ईश्वर का दिया शरीर में प्राण फुक लो। विवेक जागृत करलो अभी जिंदा हो। मुर्दा को तो श्मशान घाट पहुचाने की जल्दी होती है। कृपया अपनी तस्वीर को मौत से पहले सवार लो ध्यान दे लो सब सवर जाएगा। मन एकाग्र करके श्रद्धा से तरकीब भर लो। तुम भी अति उतम योगी कहलाओगे। जग तो अंधा कुआँ है अँधा जहरीले धुवाँ से भरपूर है उसी संग क्रीडा करते हुए जाना होगा। एक शब्द भर ले भीतर विश्वास––विश्वास बाकी सभी शब्द का विष बाहर निकालकर फैक। प्रेम की आस जगा मन में उजाला भर ले मन मग्न हो नैनो की नमी अंकुरित हो जायेगी। चमन में काली बदलिया खिलती नजर आएगी।

अपने भीतर उजाला जब उतरता है तो धरती के द्वार पर स्वर्ग उतर आता है। इतना कह सकती हूँ सोना तोड़ कर दुबारा बनाया जा सकता है परन्तु शरीर से प्राण निकाल जाने के बाद दुबारा भरे नही जा सकते। इसलिए यह देह सोने से भी कीमती है, अनमोल है।

परमात्मा की दृष्टि तो सभी पर बरस रही है, वास्तविक रूप कोई देख नही पा रहा। यही मनुष्य के विनाश का कारण है। वास्तविकता से कोई परिचित नही असल से कोई दूर नही, असल सभी के आस–पास है। अहंकार और अवगुणों का पर्दा पड़ा है यह सभी को स्वीकारना होगा।

वहा सभी व्यक्ति एक है सभी तीर्थ एक है कुछ अलग नही। इसलिए काशी–काबा का सदैव नाम आता है एक है उसी तरह राम–रहीम एक ही है। जिस प्रकार विभिन्न फूलो को एक धागे में पिरोया जाता है उसी तरह गुरु, पीर, पैगम्बर को भी एक ही सम्मान दिया जाता है। जिसने रहस्य जान लिया वही महान आत्मा है। उसके जीवन का मोल बढ जाता है। परमात्मा का साक्षात्कार करके भगवत चिन्तन में जो समय व्यतीत करता है। उसी का जीवन अनमोल है। परमात्मा ने सर्वोच मानव योनी में जन्म दिया है जीवन को सर्वोच कर्मो दुवारा सार्थक बनाया जा सकता है।

प्रत्येक कार्य को करने की विधि है विधि अनुसार किया गया कार्य अवश्य सम्पन्न होता है। उसी प्रकार स्वयं को जानने की विधि है विधि अनुसार शुरुवात की जाय तत्व ज्ञान अवश्य होता। एक परमात्मा को समर्पित हो सभी कार्य करे व्यर्थ का बोझ देह पर न लादे नही भीतर भरे।

ओउम जप अशांत मन और खाली समय बहुत लाभदायक होता है। यह अंतस मन और हृदय को शुद्ध करता है और एक तार में जोड़ने का सहज आसान उपाय है। ओ़उ़म – यानि ओ शब्द का अर्थ– उत्पन्न होना अन्तस् में पैदा होना। ओ के उचारण प्रजनन का कार्य करता है। उ – शब्द का अर्थ से तात्पर्य है उठना केंद्र का विकास होना खिलना। म शब्द का अर्थ मौन में चले जाना शांत बैठ जाना। जिसके भीतर ओउम भी सिद्ध हो गया वह भी शक्ति की और बढ़ जाता है अर्थात ब्रह्म में लींन ब्रह्मलीन होना। ब्रह्म में मस्त हो जाता है।

मै समाप्ति करने वाली थी, समाप्ति काल में आज ही एक महिला गुडगाँव से मेरे पास आई। मुझे अपनी समस्या बताई। वह काफी परेशान थी मुझे उसकी बाधा जड़ तक समझ आ गई। उसकी हालत देख कर आभास हो रहा था। वह तीन दिन से सोई नही थी मैने उसके बारे बहुत सी बाते बता दी मुझे पता था जो जो होता।

पैंतीस साल की योग करती थी सादा खाना सादा रहना। अधिकतर एकांत रहना, कम बोलना। शुक्ष्म नाड़ी शुद्धी प्राणायाम करती थी उसके बाद ध्यान करती है। उसकी कुंडलनी शक्ति ने थोडा सा करवट बदली अब महिला की बुरी हालत हो गई होता भी है। अवस्था पागल जैसी हो गई भीतर की मैन गाँठ खुल रही थी। भीतर बदलाव हो रहा था। यहाँ कोई बताने वाला हो यहाँ पता चलना चाहिये। यहाँ मार्ग दर्शक की आवश्कता है। कैसे सब करना चाहिए? यहाँ गुरु की आवश्कता होती है या किसी को गहरी जानकारी हो वह इस स्थिति से बाहर निकाल सकता है।

मेरे साथ अनजाने यह घटना घटी मुझे भी इस तरह का अनुभव बहुत गहराई से हुआ। खैर इस समय वर्षो का ढेरो अनुभव है,मैने उसे आते ही सारी बाते समझा दी और शक्ति पास की उसकी कुण्डलिनी चक्र को सीधा करवाया एक प्रक्रिया उसी समय कराई। श्वास की परेशानी थी जो ले नही पाती थी। मुझे बोली मुझे इनहेलर से श्वास लेने दो अपना पर्स देखने लगी। मैने कहा अब कुछ नही होगा सीधे लेट जाओ। उस युक्ति से उसी समय आराम मिला। आज चार दिन बाद से श्वांस सही से ले रही है। किसी और सामग्री की आवश्कता नही पड़ी। घर जाकर सोई बोली बहुत आराम मिला। अभी हल्का प्रकाश भीतर चलता महसूस कर रही है लेकिन अभी भी बहुत घबराई है। कुछ ही दिन में उसको प्रभु के साफ–साफ दर्शन होने वाले है। मैने उसका समर्पण भाव देखा वह अच्छा है।

मुझे ऐसे ही साधको की आवश्यकता है जो कुंडलनी शक्ति पर कही भी बैठे जागरण की कोशिश कर रहे है या कोई प्रक्रिया कर रहे है। उनके सामने कोई भी मुश्किल है, समस्या खडी हो गई। उनके सभी प्रश्नों को हल करने आई हूँ उनकी मदद करने आई हूँ।

दुसरो की ऊर्जा अंकुरित होते देख मेरा मन प्रसन्नता से भर जाता है। विराट का मिलन एक दैवीय घटना है। प्रभु मिलन को शब्दो में लिख शब्दों की विशालता को मै समझ पा रही हूँ। पूरे विश्व में सभी जीव में जीवन ऊर्जा को तो सभी समझते है। विशाल अस्तित्त्व की ऊर्जा के परम आनन्द को मनुष्य जन्म में जानकार मनुष्य मुक्ति का साधन खोज सकता है। अपने भीतर लौकिक और पारलौकिक भीतर से जानकर ही मृत्यु के भी पार हो सकता है।

प्रभु इम्तेहान जरुर लेता है बस यहाँ त्याग निष्ठां और समझदारी से काम लिया जाये। वहि प्रभु की कृपा होनी शुरू हो जाती है। आँख खुल जाती है बीज दबा हुआ बाहर आने लगता है। ज्ञान प्रतिशण बह रहा है ध्यान पूर्वक प्रक्रिया का अध्ययन करना होता है। आत्मविश्वास और समर्पण की आवश्कता होती है। मै सभी को इस दैवीय मार्ग का निमन्त्रण देना चाहती हूँ। कृपया मेरा निमन्त्रण स्वीकार करे सभी अध्यात्मिक पाठशाला में शामिल हो सको। दिव्य यात्रा के भागीदार बन सको। आत्मिक आनन्द की मंजिल तक पहुच सको। मृत्यु के रहस्य को जान सको देखो कश्ती कैसे माया के खूटे के साथ बंधी है। अर्थात मायाजाल में फंसी है, जीवन यात्रा के सभी मुसाफिर है। जीवन पडाव है मंजिल सबने अपनी–अपनी खोज ली लेकिन सबका भीतर का बर्तन उलटा का उलटा रह गया। अस्तित्व के कण–कण में खुशी बसती है अनहद नाद निर्विकार होने का लगातार संदेश दे रहा है भीतर लगातार सूर्य की किरणे उदय होने को तैयार खडी है। हवा भीतर ही भीतर मंद–मंद बहती शीतल मस्ती बिखेरती है। सभी अपने हृदय कमल को खिला ही नही पाते केवल प्रभु की लीला का पात्र नही बनता है। सभी पात्र में सम्भव हो सकता है जब दीपक में ध्यान प्रेम का तेल भरे तो सम्भव है। ज्ञान की बाती जलती है मन के भ्रम खुलते है। मस्तिष्क की कोठरी में प्रभु के दर्शन होते है। इसलिए जीवन में अन्य काम करते हुये प्रत्येक क्षण का इस्तेमाल कर लेना आवश्यक है।

किसकी सुनना चाहते हो एक व्यक्ति बिलकुल ठीक था अच्छा भला जवान लड़का एक्सीडेंट हो गया था अपनी कुंडली दिखाने आया था। अपनी लाठी कमरे से बाहर रखी अच्छी तरह चल रहा था। मैने देखा हैरान थी मैने कहा आप लाठी छोडो बोला अभी नही छोड़ सकता वैसे में ठीक हूँ डाक्टर ने भी कह दिया अब लाठी की कोई जरूरत नही। लेकिन वकील ने कहा अभी लाठी नही छोडनी सारा पैसा रुक जाएगा। किस–किस की सुनोगे माँ–बाप, भाई–बहन अब बताओ किसकी सुनोगे यही सारी कृपा रुक जाती है।परिवर्तन सृष्टि व् संसार का नियम है जिन्दगी में बहुत इम्तेहान देने पड़ते है प्रभु के अस्तित्व में फर्जी व्यक्ति हिस्सा नही ले सकता है। धरती गोल है फिर भी गोल घुमती दिखाई देगी। जगत के साथ सफर सदैव शिकायतों का ही रहेगा। भीतर की काली स्याही मिटानी पड़ेगी तभी साक्षात्कार होगा। अगर साक्षात्कार हो भी

जाए तो स्वमं के किये पाप कर्म अवश्य सामने आते है। प्रभु कृपा तुरन्त समाप्त हो जाती है। सबसे अधिक जान बुझ कर किये पाप कर्मो का हिसाब देना होता है भुगतना होता है कर्मो का लेखा प्रभु के पास है। लेकिन चलो तो सही यात्रा शुरू तो करो माना यात्रा पूरी होनी मुश्किल है। यात्रा शुरू होगी तो दूर झंडा दिखाई देगा। यात्रा पूरी भी अवश्य होगी।

आखिर में एक पागल खाने की कहानी याद आती है। एक पागल खाने में आग लग गई। हवा के तेज झोंको के कारण आग बस्ती में बुरी तरह फैल गई। हा हा कार मच गई बस्ती में आग फैलने से लोग पागल खाने की तरफ भागे। क्योकि पागल खाने के पास खुला स्थान था। घटना स्थल पर पहुच कर लोग दंग रह गए। सभी पागल पागलखाने की छत पर चढ़ गये। सारे पागल बेसुरी आवाजो में गाने और नाचने लगे। नीचे खड़े लोगो ने इशारा किया उतरो बहुत चिल्लाये लेकिन किसी ने उनकी बात नही सुनी। बल्कि आग को देख खुश हो रहे थे किसी को अपने नजदीक नही आने दिया। हमारे रंग में भंग मत डालो हमारी दीवाली आई है। सब देखते रह गये आग ने पागलो को अपनी लपेट में ले लिया। सभी बुरी तरह झुलस गये कबाब की तरह भुन गये। ऐसी दशा माया की चमक दमक में फंसे लोगो की है संत उन्हें लाख समझाये। कितना तत्व ज्ञान का उपदेश दे लाख भगती की प्रेरणा दे सच्चे संतो की बात भी पागलपन लगती है। काश मेरी तत्व ज्ञान की बात लोगो को समझ में आ जाये तो आधे से ज्यादा समस्या स्वयं ही हल हो जाए। रहस्य बहुत गहरा है रहस्य इतना ही नही है। ज्ञान के दरवाजे तो ध्यान में खुलते है तभी चन्दन की खुशबु आती है। एकांत वास अपने आप में खुल कर जीने का मजा है।

मेरे मस्तिष्क में गहरे विचार उतरे हृदय के तल से जा टकराई तरंगे उठी मस्तिष्क की विशाल उचांइयो में उड़ान भरने लगी। भीतर घोर मंथन वर्षो चलता हुआ समाप्त हुआ। रहस्य का गहरा राज अंतर में छिपा था। बड़ा ही आंतरिक था, हे प्रभु मै जोगन अपने भीतर प्रभु प्रेम भरा बीज बोया। जगत मेरे खिलाफ होया पर मेरे हाथ का लिखा हुआ ये पत्र तत्व ज्ञान से छपा है प्रभु तुम हर घड़ी देख रहे हो। तुम्हारी अदालत में मैने ध्यान का मुकदमा चलाया आपने भरोसा कर मुझे जीत दिलाई है। पृथ्वी की सारी अड़चन मेरी दूर हो गई है। अब मै मै नही और न किसी सीमा में बंधी हूँ। मेरी मस्जिद भी तू, मेरी मंदिर भी तू, मेरी गिजाघर भी तू, मेरा गुरुद्वारा भी तू। मेरा उजाला तू ही तू, मनुष्य रूप में हो चुकी बहुत सी मूढताए। अब मनुष्य की समस्याए तो कभी हल न होगी। ध्यान के सिवा बाहर निकलने का कोई उपाय नही। अकड़े पड़े है धन, पद के अहंकार में धरती पर सारे प्राणी।

सजदे में जो झुकी, तो झुकती चली, रस्ते में खुद ही खुदा से मिली,
खुदा की राहो से अनजान थी, ज्ञान का राज खुला सृजनता से अवगत हुई,
ये कोन मिला सोच से बाहर हुई स्वयं की सीमाओं के पार हुई
उस पार झाँकते हुए, सत्य चिराग बुझने से पहले, बस्ती रंगीन हुई,
ख्याल था जिन्दगी का, मौत से पहले पहचान हुई, मन झरने लगा,
मन भीतर जोड़ लिया, अज्ञान से निकली, शुद्ध ज्ञान बोलने लगा,
ज्ञान विवेक यात्रा पे चली, मुक्ति के धाम चली, मृत्यु सत्य को पहचान चली,

मै खास तौर से बताना चाहुगी ध्यान प्रक्रिया और कुण्डलिनी शक्ति पर ही बात करूंगी। इसके अलावा किसी और सांसारिक विषय पर बात नही करुगी। मेरा शरीर बहुत शुक्ष्म अवस्था में है मेरा मुझमें कुछ नही रहा जैसे सब प्रभु का हो गया है। प्रभु के अधीन हो गई हूँ, मै बहुत मुश्किल से इस शरीर के भीतर रह रही हूँ। मैने अनजाने में कई बार शरीर से बाहर आई। कैसे आई मुझे नही मालुम लेकिन यह अनुभव बहुत खतरनाक है कभी किसी को नही करना चाहिए जान से हाथ धोना पड़ सकता है। कभी भी कोई ध्यान अवस्था में हो उसको छेडना नही चाहिए नही हिलाना चाहिए। मै तो ध्यान के कारण सदैव एकांत रहती थी। मै अक्सर शुरू–शुरू मंदिर कीर्तन जाया करती थी सबको बोलती थी। किसी का भी कभी भी ध्यान लग जाए उसको छेड़ना नही चाहिए। कई महिलाये भजन में मस्त हो जाती थी उनका ध्यान लग जाता है। एक बार एक स्त्री का ध्यान लगा था। बाहर से एक स्त्री आई उसने जगह लेने के लिए उसको हिलाया। वो अपनी मस्ती में थी उसके बाद उसको अधरंग मार गया। बेचारी पेरालाइसिस से बहुत दिन तक बीमार रही। मै वैसे तो कोने में बैठती थी लेकिन उसके बाद मैने मन्दिर जाना भी छोड़ दिया।

मेरे मस्तिष्क में विभिन्न प्रकार की तरंगो उठने के कारण प्रकृति की समस्त क्रियाये अपने सामने देखती रही संसार में रह अवश्य रही थी परन्तु संसार आँखों से ओझल होता जा रहा था। भीतर ही भीतर चित और मस्तिष्क विभिन्न प्रकार की वृतियो को निरंतर महसूस करती रही। मैने जाना सारा प्रकाश आत्मा का है चित में पहले अँधेरा भरा था। जब आत्मा प्रकाशित हई चित भीतर का सारा अँधेरा दूर होते हुए देखा। आत्मा को हम खाली करते है तो आत्मा में प्रकाश भरता है प्रक्रिया प्रकाश को खीचने का माध्यम बनती है। आज्ञा चक्र तक फिर भी सभी पहुच जाते है लेकिन इससे आगे की यात्रा अति कठिन है। जिसकी दृष्टि टिक गई बाहरी संसार से हट गई भीतर से कुदरती वैराग फुट पड़ा तभी ध्यान की अति शुक्ष्म गहराइयो को छू सकते है। पूर्ण सीधी और आत्मा परमानन्द को प्राप्त करती है। यहाँ सब अपने आप विलीन हो जाता है। यही परमात्मा का धाम कहा गया है। सारे केन्द्रों को पार करता हुआ अखण्ड केद्र

जहाँ समस्त गति विधियाँ समाप्त सभी मिल रहे है सारी सृष्टि का विस्तार नजर आता है। कोई सीमा नही अपने में सिमटकर सृष्टि में विलीन हो जाता है। भीतर अंग–अंग और दृष्टि में एक प्रकार की सुन्दरता समा जाती है। यहाँ विचारों की समाप्ति हो जाती है।प्रभु की राह की कोई कड़ी नही बचती।

मधुर मधुर मिलन, चारो धाम, नई शाम,
अम्बर भरा रस, खोल दिया खाता, दाता,
निरंतर पीती जाती, मूल में उतरती जाती,
पड़ा बीज डिब्बी में, ध्यान में अंकुर फुटा,
सकारात्मक सीढी, उपर को चढती जाती,
आत्मा जन्म पड़ी, तत्व ज्ञान जागा, अकारण

तत्व ज्ञानी का महत्व जो लोग जानते है वो मुझे अपनी कुटिया बनाने के लिए दक्षिणा अवश्य देंगे। दानी तत्व ज्ञानी को दान देकर लाभ उठा सकते है। मुझसे मिलने के लिए पहले समय लेना होगा। उसके बाद मिलूगीं अन्यथा व्यर्थ किसी से नही मिलूगीं। सभी आत्माओं में बैठे परमात्मा को मेरा नमन। उन सभी आत्माओं को मेरा आशीर्वाद जो जो इस पुस्तक को पढेगें।

अधिक जानकारी के लिए हमारी वेबसाइट या ई–मेल maaharichetna@gmail.com website: maaharichetna.com या फोन न0 8199060991, 09729993447 पर सम्पर्क करे।

एक खुराक अमृत

खुराक तत्व की मिली वादा कण कण ने किया
पहेली मौत की थी उलझी तत्व ज्ञान से सुलझी
सुना था मुर्दा घाट पे चांडाल और चुडेलो का राज
पाप खोलता नर्क के द्वार पापी रोता चांडाल घर
घट में बूंद अमृत की पड़ी द्वार स्वर्ग के खुले
यकीनन अब मै द्वार प्रभु के खाली न जाउगी
मुद्दतो बाद सम्भली हूँ बंधन बन्दिशो के खुले
जीवन की घडियो को पिरोयाँ श्वासों में–घोल अमृत का झरा
पंख न हुए तो क्या सफर आसमा का किया नजर सब आता गया
हृदय भीतर धधकती अग्नि में तत्व ज्ञान की आहुति पूर्ण हुई
खिल उठा तन मन खुशबु महक उठी रोम रोम
आँख घूरती रही पूर्ण अस्तित्व का हिस्सा कैसे बनी
अब मजा फकीरी का राज गहरा खुलता गया

विचार ———

1. जो सोचो उसी समय करो कल वर्ना काल का निर्णय होगा काल का जान यानि कल क्या हो नही पता। काल बड़ा निर्दयी है उसका एतबार करना जान जोखिम में डालना। काल का काम कभी पोस्टपोंड नही होता। काल स्थित रहता है कभी स्थगित नही होता। समय का अनुकरण करे कल के संक्रामक रोग से बचे।
2. जीवन का बोध स्वयं की सम्भावनाये जागृत होने पर अनंत क्षमताये खुलती है।
3. आत्मज्ञान के लिए क्षण–क्षण को पवित्र बना उपलब्धी को प्राप्त होना।
4. मृत्यु का डर ध्यान में दर्पण बन शुद्धतम ज्ञान बरसाता है।
5. जीवन का सर्वोच ज्ञान अध्यात्मिक है इसे स्वीकारना होगा।
6. जीवन में कडवाहट भरनी है या मिठास यह स्वमं का फैसला है।
7. ध्यान में बैठने के बाद पाप कर्म और पुण्य कर्म आपस में टकराते है उस कम्पन्न से उपलब्धि होना निश्चित है। पाप कर्म आगे शिला की तरह उपलब्धि को रोकते है। पुण्य कर्म में शीघ्रता से सद्राव की छाया सामने आने लगती है।

श्वास से तत्व उजागर

मुझे बनानी है फौज तत्व ज्ञानियों की
फिर तस्वीर उभरेगी सच्चे मानव ज्ञान की
कण–कण की खबर पहुचानी है जन–जन तक
ढूढना है कोने कोने से सच्चा साधक
ऐहतिहात इतनी सी रखनी है
मायाजाल की लपटों से बचना है
श्वासों का साक्षी आना–जाना देखना है
मुझे लिखनी है इतिहास की सच्चाई
लो आ गई उत्सव की भौर चहु और बरखा बरसी
गजब की खुमारी कैसा नशा थाम लेती हूँ अपने आपको
कहती हूँ सबको रुखसत करो अपने दर्द को किसका इन्तजार
नोच न अपने आपको, न् दुसरो को ताना दे, पोटली पापो की खोल
छुटकारा न पाओगे सत्य के बगैर क्यों भटका खोया–खोया अंधेरो में
खुद में सकुन तलाश करले मन कहता है कलम से कह जाऊं अपनी हर बात
अध्यात्म शब्द मार्गदर्शक है चलना अपने आपको पड़ता है
सोच कर देख ले निर्माण आपना आप करना है
फुल काँटों को सहकर प्रक्रिया में खिल उठता है
दुःख और कष्ट जीवन को निखारते है सजाते है
दुखो की गूंज खोलती है दुवार कर्णप्रिय का
एक शब्द महान प्रेम का प्रेमी की कुक गूंज उठे
जवानी संग उठे प्रभु की घटा मतवाली
जिन्द्गी की श्वास से कर्मो का हिसाब करले
यहाँ फर्जी वाडे का काम नही हृदय की कालिख साफ करले
खुद को साबित कर जरा सम्भलकर
बिन मंजिल प्रभु के चिल–कौवे खायेगे नोंच कर
जिन्दगी को यु न जाने दे माना खेल खुले की छुट है
ठीक है हाल वहि है यमराज की जेल मंजूर है
पाप से तुरंत न रोका गया जालिमो से होगा सामना
इसलिए अकड़ बन्द कर दिल दरिया बना प्रभु को भीतर बसा

सुनहरी भौर

मै भीतर भोर देख पल–पल आनन्द विभोर हो जाती हूँ
आत्म ज्ञान के उजाले से अज्ञान जिन्दगी को छोड़ आगे बढ़ जाती हूँ
प्रभु ही जाने किस उजाले का भटकी चिराग थी जो जला दिया
समुन्द्र सामने कर जिन्दगी को हल कर दिया
तन को खुशबु ताजगी आनन्द से भर दिया
संसारी आंधिया मिट गई दुनिया पर भारी पड़ गई
मेरी जिन्दगी की किताब कण–कण के उत्सव से भर गई
कोई फाड़ जाये अपनी जिन्दगी से पन्ना अब कोई शौर नही
दुनिया न मिटा सकेगी हस्ती मेरी सृष्टि की खुली किताब हूँ
जो बिखर कर निखरी हूँ अस्तित्व गवाह है प्रभु का शुक्रिया है
मेरी आस्था ज्ञान की परीक्षा कोई लेले उजाला मिल रहा है जगत दाता का
मेरे भीतर तपिश उजाले की नूर उसी का मुझे सरूर उसका
लुप्त दुनियाँ से प्रभु का ज्ञान है मनुष्य जन्म पाकर भी गिद्ध और चिल हो गये है
नोचती लाशो को टूटती चूड़ियों को सरे आम देखा है
खनकती जवानी को देखा जिस्म जड़ से उखाडते जिन्दा इंसान को देखा
इसमे जवानी का जोर कहू, चिराग किसी घर का जले, कोई बहाना नही
विदा होने लगा सत्य अँधेरे में रह अंधा होने लगा इंसान
भटका हुआ अँधेरे से टकराया है मर्यादा न रही कोई राक्षस हुआ जाता है
रातो में रात से सघर्ष कर क्या जवानी के विषाद का अनुभव करता
खुद को खुद ही जलाता अज्ञान के अँधेरे में पड़कर बहक गई जवानी बहकी निगाह
धक्का दे रहा है अपने आपको भरे बाजार वासना के अन्धकार में
तत्व ज्ञान तिरोहित हो गया काम ऊर्जा रह गई क्षणभर भूल अपने को राक्षस हो गया

प्रोग्राम

ध्यान योग साधना विशेष

बुकिंग राशि जमा होने पर मानी जायेगी प्रोग्राम के सात दिन पहले बुकिंग बन्द हो जायेगी।

1. आमने सामने वार्तालाप ध्यान सम्बन्धी अपने प्रश्न जो भी कोई पूछना चाहे या किसी को ध्यान में किसी प्रकार की समस्या आ रही हो। बहुत दिनों से ध्यान कर रहे है कोई अनुभव नही हुआ उसका कारण जान सकते है। कोई भी विधि जानना चाहते हो। सभी समस्याओं का निवारण होगा। (प्रत्येक माह के दूसरे शनिवार) एक सामूहिक सम्मेलन होगा सभी भाग ले सकते है।
2. कृष्ण जन्म अष्टमी महारास
3. शिवरात्री महारास
4. प्रत्येक नवरात्री ध्यान पर गुप्त अनुष्ठान होगा
5. बाकी प्रोग्राम की समय–समय पर जानकारी दी जायेगी

अधिक जानकारी के लिए हमारी वेबसाइड (website: maaharichetna-com पर सम्पर्क करे। 8199060991, 09729993447

कोई मुझे दान दक्षिण देना चाहता है किसी के मन में भाव उठे
श्रद्धा अनुसार दान अवश्य दे दान सुपात्र को दिया कई गुना फलता

Chetna Bhagat
Account no : 31215537510
IFSC: SBIN0014637
SBI